Hügel/Elzer

Das neue WEG-Recht

ISBN 978 3 406 55286 1

Berichtigungen

Aufgrund eines bedauerlichen Versehens wird in § 7 Rdnr. 47 des Werks die für Modernisierungsmaßnahmen i.S.v. § 22 Abs. 2 WEG erforderliche, doppelt qualifizierte Mehrheit der Eigentümer fehlerhaft erläutert. Gemäß der gesetzlichen Regelung können entsprechende Modernisierungsmaßnahmen „… abweichend von Absatz 1 durch eine Mehrheit von drei Viertel aller stimmberechtigten Wohnungseigentümerim Sinne des § 25 Abs. 2 und mehr als der Hälfte aller Miteigentumsanteile beschlossen werden."

In § 8 des Werks wird an diversen Stellen zur Beschluss-Sammlung statt § 24 Abs. 7 WEG fälschlicherweise § 27 Abs. 7 WEG angegeben.

Wir bitten unsere Leser um Beachtung.

Verlag C. H. Beck

Hügel/Elzer
Das neue WEG-Recht

Das neue WEG-Recht

von

Prof. Dr. Stefan Hügel
Notar in Weimar

und

RiAG Dr. Oliver Elzer
Dezernent für Aus- und Fortbildung am Kammergericht Berlin

Verlag C. H. Beck München 2007

Zitierweise: Hügel/Elzer, Das neue WEG-Recht, § ... Rdnr. ...

Verlag C. H. Beck im Internet:
beck.de

ISBN 978 3 406 55286 1

© 2007 Verlag C. H. Beck oHG
Wilhelmstraße 9, 80801 München
Druck und Bindung: Nomos Verlagsgesellschaft
In den Lissen 12, 76547 Sinzheim

Satz: Druckerei C. H. Beck Nördlingen
(Adresse wie Verlag)

Gedruckt auf säurefreiem, alterungsbeständigem Papier
(hergestellt aus chlorfrei gebleichtem Zellstoff)

Vorwort

Das Gesetz zur Änderung des Wohnungseigentumsgesetzes und anderer Gesetze gibt dem WEG ein neues Antlitz. Wie bei keiner Reform zuvor sind mit der Novelle einschneidende Neuerungen verbunden. Richter, Rechtsanwälte, Notare, Verwalter, Beiräte und Wohnungseigentümer stehen vor einzigartigen Herausforderungen. Die wichtigsten Stichworte sind die Teilrechtsfähigkeit des Verbandes Wohnungseigentümergemeinschaft und die Stärkung der Handlungsfähigkeit einer Mehrheit der Wohnungseigentümer durch neue Beschlusskompetenzen. Ein ganz besonderes Gewicht haben ferner die vorrangige Berücksichtigung bestimmter Forderungen in der Zwangsversteigerung, das neue Verfahrensrecht in Wohnungseigentumssachen sowie die Beschluss-Sammlung.

Das vorliegende Buch will bei den notwendigen Neuorientierungen eine Hilfestellung bieten. Es ist kein Lehrbuch, sondern stellt allein die Änderungen vor. Wo es nötig schien, haben wir zur Orientierung zwar kurz die bisherige Rechtslage dargestellt. Schwerpunkt der Darstellung ist aber jeweils die sorgfältige Einführung in die Regelungsschwerpunkte und die damit in Zusammenhang stehenden Probleme. Besonderer Wert wurde darauf gelegt, Grundstrukturen herauszuarbeiten. Zum Teil haben wir dabei vor allem aus didaktischen Gründen eine Frage an mehreren Stellen angesprochen. In jedem Falle haben wir versucht, vor allem die praxisrelevanten Brennpunkte herauszuarbeiten und durch Fälle, Checklisten und Tabellen anschaulich darzustellen. Die einzelnen Paragrafen decken inhaltlich die gesamte Reform ab und fassen den aktuellen Informations- und Diskussionsstand zusammen.

Weimar/Berlin, im April 2007　　　　　　　　　　　　Stefan Hügel und Oliver Elzer

Inhaltsübersicht

	Seite
Vorwort	V
Inhaltsverzeichnis	IX
Abkürzungs- und Literaturverzeichnis	XXI
Literatur zur WEG-Reform	XXV
Einleitung	1
§ 1 Die Zustimmung dinglich Berechtigter zu Vereinbarungen	5
§ 2 Länderöffnungsklausel für Aufteilungsplan und Abgeschlossenheitsbescheinigung	12
§ 3 Die teilrechtsfähige Wohnungseigentümergemeinschaft	16
§ 4 Aufhebung von Veräußerungsbeschränkungen	77
§ 5 Die Änderung des Kostenverteilungsschlüssels	83
§ 6 Die Entziehung des Wohnungseigentums	103
§ 7 Bauliche Veränderungen	108
§ 8 Beschlussrecht	120
§ 9 Wohnungseigentümerversammlung	149
§ 10 Notverwalter	153
§ 11 Aufgaben und Befugnisse des Verwalters	157
§ 12 Verwalterbestellung	187
§ 13 Verfahrensrecht	190
§ 14 Aufhebung der §§ 51 bis 58 und 59 WEG	270
§ 15 Änderungen des ZVG	271
§ 16 Änderungen des RVG	289
§ 17 Änderungen von ErbbauVO und LuftVG	290
§ 18 Übergangsvorschriften	291
Anhang	
1. Synopse zum neuen und alten WEG	293
2. Änderungen im Verfahrensrecht	327
Sachverzeichnis	329

Inhaltsverzeichnis

	Rdnr.	Seite
Vorwort		V
Inhaltsübersicht		VII
Abkürzungs- und Literaturverzeichnis		XXI
Literatur zur WEG-Reform		XXV
Einleitung	1	1
I. Allgemeines	1	1
II. Anlass der WEG-Reform	3	1
III. Ziele und Eckpunkte der Reform	6	2
IV. Konzeption des Buches	7	3
§ 1 Die Zustimmung dinglich Berechtigter zu Vereinbarungen	1	5
I. Vereinbarungen	1	5
II. Die Zustimmung dinglich Berechtigter zu neuen Vereinbarungen (§ 5 Abs. 4 WEG)	2	5
1. Bisherige Rechtslage	2	5
2. Die Neuregelung in § 5 Abs. 4 WEG	6	6
III. Kritik und Anwendungsprobleme	10	7
1. Fehlende Legaldefinition	11	7
2. Begriff und Wesen des Sondernutzungsrechts	12	8
3. Keine Zustimmung bei gleichzeitiger Verbindung mit Sondernutzungsrecht	16	8
4. Wertungswiderspruch zu anderen Vereinbarungen	25	10
IV. Verbleibende Zustimmungsfälle	27	10
§ 2 Länderöffnungsklausel für Aufteilungsplan und Abgeschlossenheitsbescheinigung	1	12
I. Allgemeines	1	12
II. Aufteilungsplan	2	12
III. Abgeschlossenheitsbescheinigung	6	13
IV. Zuständige Behörde	11	14
V. Die Länderöffnungsklausel für Sachverständige	12	14
1. Die Öffnungsklausel nach der Neuregelung in § 7 Abs. 4 WEG	12	14
2. Mögliche Sachverständige	13	14
3. Entsprechende Anwendung verwaltungsrechtlicher Vorschriften	14	15
4. Notwendige Form	15	15
5. Vor- und Nachteile einer Zuständigkeitsübertragung	17	15
§ 3 Die teilrechtsfähige Eigentümergemeinschaft	1	16
I. Rechtliche Einordnung	1	16
1. Die früher vorherrschende Ansicht	1	16
2. Die teilrechtfähige Eigentümergemeinschaft nach dem Verständnis des BGH	2	16
3. Die teilrechtfähige Wohnungseigentümergemeinschaft nach dem neuen WEG	4	17
a) Die Neuregelung in § 10 Abs. 6 Satz 1 und 2 WEG	4	17
b) Rechtliche Bewertung	6	17
aa) Theorienstreit	9	18
bb) Einheitstheorie	10	18
cc) Trennungstheorie	11	18
dd) Die Konzeption des Gesetzgebers	14	19
ee) Ergebnis	18	20
ff) Neues Verständnis von Wohnungseigentum	22	21
gg) Zuordnung einer Maßnahme	23	21
4. Sonderproblem: Rechtsfähigkeit einer Untereigentümergemeinschaft	25	22

Inhaltsverzeichnis

	Rdnr.	Seite
II. Die Teilrechtsfähigkeit	34	24
1. Begriff der Teilrechtsfähigkeit	34	24
2. Umfang und Bereich der Teilrechtsfähigkeit	35	24
a) Allgemeine Überlegungen	35	24
b) Negative Abgrenzung	38	25
c) Unstreitige Verwaltungsmaßnahmen	41	25
d) Sozialansprüche	46	26
e) Verwaltervertrag	47	27
f) Verkehrssicherungspflichten	51	28
g) Die Gemeinschaft als Inhaber dinglicher Rechte	55	29
aa) Grundbuchfähigkeit	55	29
bb) Grundbuchrechtliche Bezeichnung der Eigentümergemeinschaft	56	29
cc) Grundpfandrechte	57	29
dd) Beschränkte persönliche Dienstbarkeiten	61	30
h) Der Verband als Wohnungseigentümer	72	32
aa) Grundsätzliche Eignung	72	32
bb) Erwerb aufgrund eines Mehrheitsbeschlusses	74	33
cc) Sachenrechtlicher Erwerbsvorgang	75	34
dd) Mögliche Fälle eines Eigentumserwerbs	78	34
ee) Grenze der Erwerbsfähigkeit	81	35
i) Der Verband als Grundstückseigentümer	82	35
j) Weitere Bereiche der Rechtsfähigkeit	86	36
3. Ausübung von Rechten und Wahrnehmung von Pflichten der Gemeinschaft	87	36
4. Beginn der Rechtsfähigkeit	91	37
a) Teilung nach § 8 WEG	92	37
b) Teilung nach § 3 WEG	94	38
5. Insolvenz der rechtsfähigen Gemeinschaft	96	38
6. Ende der Rechtsfähigkeit	99	39
a) Allgemeines	99	39
b) Vereinigung aller Wohnungseigentumsrechte	100	40
c) Vertragliche Aufhebung	103	40
III. Der neue § 10 Abs. 1 WEG und die Neunummerierung in § 10 WEG	105	41
1. Die Neuregelung in § 10 Abs. 1 WEG	105	41
2. Die neue Nummerierung in § 10 WEG	108	41
IV. Regelungsinstrumente der Wohnungseigentümergemeinschaft	110	42
1. Allgemeines	110	42
2. Das geeignete Regelungsinstrument	113	42
3. Der Beschluss	116	43
4. Die Vereinbarung/Gemeinschaftsordnung	117	43
a) Allgemeines	117	43
b) Anspruch auf Abänderung der Gemeinschaftsordnung (§ 10 Abs. 2 Satz 3 WEG)	122	45
aa) Alte Rechtslage	122	45
bb) Die Neuregelung in § 10 Abs. 2 Satz 3 WEG	123	45
cc) Verhältnis von § 10 Abs. 2 Satz 3 WEG zu den Fällen einer Veränderung der Gemeinschaftsordnung durch Beschluss, insbesondere zu § 16 Abs. 3 WEG	129	46
c) Abänderung der Gemeinschaftsordnung auf Grundlage einer rechtsgeschäftlichen Öffnungsklausel (§ 10 Abs. 4 Satz 2 WEG)	133	47
aa) Grundsätzliche Überlegungen	133	47
bb) Die rechtliche Qualität von Mehrheitsentscheidungen auf Grundlage einer Öffnungsklausel	136	48
cc) Vereinbarte und beschlossene Sondernutzungsrechte	139	49
dd) Unklarer Anwendungsbereich	143	51
ee) Grundbucheintragung	145	51
V. Das Vermögen der Wohnungseigentümergemeinschaft	149	52
1. Zuordnung und Abgrenzung	149	52

Inhaltsverzeichnis

	Rdnr.	Seite
a) Träger des Verwaltungsvermögens	149	52
b) Zeitlich betroffenes Verwaltungsvermögen	151	53
2. Gegenstände des Verwaltungsvermögens	152	53
3. Unterscheidung Verbandsvermögen/Gemeinschaftliches Eigentum i. S. v. § 1 Abs. 5 WEG	155	54
4. Übergang des Verwaltungsvermögens	156	54
5. Anlage der gemeinschaftlichen Gelder	159	55
6. Übergang des Verwaltungsvermögens bei Vereinigung aller Wohnungseigentumsrechte	161	56
a) Die Neuregelung in § 10 Abs. 7 Satz 4 WEG	161	56
b) Kritik	162	56
c) Vertragliche Aufhebung von Wohnungseigentum	164	56
VI. Ausübungsbefugnis der Eigentümergemeinschaft für gemeinschaftsbezogene Rechte und Pflichten	165	57
1. Allgemeines zur Neuregelung in § 10 Abs. 6 Satz 3 WEG	165	57
2. Abgrenzung zu den eigenen Rechten und Pflichten des Verbands	171	58
3. Abgrenzung zu den individuellen Rechten und Pflichten der Wohnungseigentümer	173	59
4. Gemeinschaftsbezogene und sonstige Rechte und Pflichten	175	59
a) Die gesetzliche Differenzierung	175	59
b) Gemeinschaftsbezogene Rechte und Pflichten	179	61
aa) Begriff der Gemeinschaftsbezogenheit	179	61
bb) Gemeinschaftsbezogene Rechte und Pflichten	180	61
c) Sonstige Rechte und Pflichten	181	62
d) Sonderproblem: Mängelrechte gegen den Bauträger	182	62
aa) Ausgangspunkt	182	62
bb) Gemeinschaftsbezogenheit der Mängelrechte	185	63
VII. Das neue Haftungssystem der Wohnungseigentümergemeinschaft	186	66
1. Das Haftungssystem des BGH	186	66
2. Die anteilige Haftung nach der gesetzlichen Neuregelung	190	67
a) Das Haftungssystem	190	67
b) Kritik	193	68
3. Auseinanderfallen von Außenhaftung und Innenhaftung	196	69
4. Sonderfälle einer gesamtschuldnerischer Haftung	201	70
5. Haftungsvoraussetzungen	203	70
a) Verbindlichkeit des Verbands	203	70
b) Entstehungszeitpunkt der Verbindlichkeit	207	71
6. Unmittelbarkeit der Haftung	208	71
7. Einwendungen und Einreden des haftenden Wohnungseigentümers	210	72
8. Verhältnis der haftenden Wohnungseigentümer untereinander und zum Verband	212	72
9. Die Nachhaftung	215	72
10. Die Haftung des Bucheigentümers	219	73
11. Durchsetzung der Haftung	221	74
12. Sicherheiten der Gläubiger für diese Haftung	222	74
13. Anspruchskonkurrenz	225	75
14. Die Haftung des Wohnungseigentümers gegenüber der Gemeinschaft	226	75
15. Gläubigerstrategien	228	76
§ 4 Aufhebung von Veräußerungsbeschränkungen	1	77
I. Veräußerungsbeschränkungen nach § 12 WEG	1	77
II. Grund für die Neuregelung	5	78
III. Die Neuregelung in § 12 Abs. 4 WEG	7	78
1. Allgemeines	7	78
2. Kritische Würdigung der Neuregelung	9	79
3. Erforderliche Beschlussmehrheit	12	79
4. Einschränkungen der Beschlusskompetenz	13	80

Inhaltsverzeichnis

	Rdnr.	Seite
5. Umfang der Beschlusskompetenz	14	80
6. Zeitpunkt der Aufhebung	15	80
7. Die Löschung im Grundbuch	17	81
a) Grundsatz	17	81
b) Die Erleichterung in § 12 Abs. 4 Satz 3 WEG	18	81
c) Grundbuchberichtigung	19	81
8. Verhältnis von § 12 Abs. 4 WEG zu § 10 Abs. 2 Satz 3 WEG	22	82

§ 5 Die Änderung des Kostenverteilungsschlüssels ... 1 83

I. Allgemeines	1	83
1. Der Kostenverteilungsschlüssel	1	83
2. Die Änderung des Kostenverteilungsschlüssels in der Vergangenheit	3	83
3. Die verbrauchsabhängige Verteilung der Kosten nach der Rechtsprechung des BGH	4	83
II. Die Neuregelungen in § 16 WEG	8	84
III. Beschlusskompetenz zur Abänderung des Kostenschlüssels nach § 16 Abs. 3 WEG	10	85
1. Die Neuregelung in § 16 Abs. 3 WEG	10	85
2. Erfasste Kostenarten	11	85
a) Allgemeines	11	85
b) Betriebskosten	13	86
c) Verwaltungskosten	14	87
d) Nicht erfasste Kosten	16	87
3. Erforderliche Mehrheit	17	87
4. Grenzen einer ordnungsmäßigen Beschlussfassung	18	87
a) Der Beschluss zur Erfassung der Kosten	18	87
b) Der Kostenverteilungsbeschluss	19	88
c) Ordnungsmäßige Beschlussfassung	21	88
aa) Grundsatz der ordnungsmäßigen Beschlussfassung nach § 16 Abs. 3 WEG	21	88
bb) Zusammenhang zwischen Erfassung und Kostenverteilung	23	89
d) Beurteilungsspielraum der Eigentümergemeinschaft	25	89
aa) Grundsatz	25	89
bb) Die Wahl des Verursachungsschlüssels	26	90
cc) Die Wahl der verbrauchsabhängigen Erfassung und Verteilung	28	90
e) Maßstäbe für eine Einzelfallgerechtigkeit/Gerichtliche Überprüfung	31	91
f) Folgen einer nicht ordnungsmäßigen Beschlussfassung	32	91
5. Zweitbeschluss zur Kostenverteilung	33	91
6. Grundbuchberichtigung	42	93
7. Anspruch auf Änderung des Verteilungsschlüssels	50	95
IV. Beschlusskompetenz zur Kostenverteilung nach § 16 Abs. 4 WEG	52	95
1. Normzweck	52	95
2. Fälle einer Beschlusskompetenz nach § 16 Abs. 4 WEG	58	96
3. Kostenverteilung für den Einzelfall	59	97
4. Ordnungsmäßige Beschlussfassung	62	97
5. Der neue Verteilungsschlüssel	63	97
6. Erforderliche Mehrheit	69	98
7. Fehlende Mehrheit	78	100
8. Kostentragungspflicht des nicht zustimmenden Eigentümers	79	100
V. Anteil des nicht zustimmenden Eigentümers bei Aufhebung der Gemeinschaft	80	100
VI. Einschränkungen der Beschlusskompetenz nach § 16 Abs. 3 und 4 WEG	81	101
VII. Kosten eines Rechtsstreits	84	101

§ 6 Die Entziehung des Wohnungseigentums ... 1 103

I. Allgemeines	1	103
II. Voraussetzungen für die Entziehung	2	103
1. Generalklausel des § 18 Abs. 1 WEG	2	103
2. Die besonderen Tatbestände nach § 18 Abs. 2 WEG	4	103
3. Verwirkung	7	104

Inhaltsverzeichnis

	Rdnr.	Seite
4. Durchsetzung	8	104
5. Unabdingbarkeit	12	104
III. Die Neuregelung	13	104
1. Die alte Regelung	13	104
2. Die Neuregelung in §§ 18, 19 WEG	15	105
a) Versteigerung nach dem Zwangsversteigerungsgesetz	15	105
b) Ausübung des Rechts zur Entziehung und zur Zwangsvollstreckung	23	106
aa) Recht zur Entziehung nach § 18 WEG	23	106
bb) Recht zur Zwangsversteigerung nach § 19 WEG	24	106
cc) Entscheidung über eine Ausübung	25	107
§ 7 Bauliche Veränderungen	1	108
I. Bisherige Rechtslage	1	108
II. Die Neuregelungen in § 22 Abs. 1 WEG	3	108
1. Allgemeines	3	108
2. Die Beschlusskompetenz in § 22 Abs. 1 WEG	5	109
a) Begriff der baulichen Veränderung	6	109
b) Abgrenzung zur Instandhaltung/Instandsetzung	8	109
c) Modernisierende Instandsetzung	9	109
3. Zustimmung aller beeinträchtigter Wohnungseigentümer	13	110
a) Rechtliche Einordnung der Zustimmungserklärung	13	110
aa) Bisherige Rechtslage	13	110
bb) Die Einordnung nach der Neuregelung	15	111
b) Zustimmung aller beeinträchtigter Wohnungseigentümer	17	111
aa) Zustimmende Beschlussfassung	17	111
bb) Beeinträchtigung	18	112
c) Bindung von Rechtnachfolger an eine erteilte Zustimmung	21	113
aa) Zustimmung durch Beschluss	21	113
bb) Zustimmende Vereinbarung	22	113
4. Anspruch auf bauliche Veränderung	24	113
III. Modernisierungsmaßnahmen/Anpassung an Stand der Technik	27	114
1. Die bisherige Rechtslage	27	114
2. Die Neuregelung in § 22 Abs. 2 WEG	30	115
3. Voraussetzungen für eine Beschlussfassung	31	115
a) Modernisierungsmaßnahme	31	115
b) Anpassung an den Stand der Technik	32	115
c) Sinnvolle Maßnahmen	33	116
4. Grenzen der Beschlusskompetenz	34	116
a) Umgestaltung der Anlage	34	116
b) Unbillige Beeinträchtigung	36	116
5. Doppelt qualifizierte Mehrheit für die Beschlussfassung	39	117
6. Anspruch auf Modernisierungs- oder Anpassungsmaßnahmen	42	118
7. Keine abweichenden Vereinbarungen	43	118
8. Verhältnis zur modernisierenden Instandsetzung	45	118
IV. Das Stufenverhältnis für bauliche Maßnahmen	46	118
V. Regelungen zur Kostentragung	48	119
§ 8 Beschlussrecht	1	120
I. Überblick	1	120
II. Mangelhafte und nichtige Beschlüsse	4	121
1. Allgemeines	4	121
2. Einzelheiten	6	121
a) Neue Reihenfolge	7	122
aa) Nichtigkeit	8	122
bb) Schwebend unwirksame Beschlüsse	9	122
cc) Beschlussmängel	10	123
b) Klagefrist	11	123
3. Übersehene Nichtigkeit	12	123

XIII

Inhaltsverzeichnis

	Rdnr.	Seite
III. Beschluss-Sammlung	15	124
1. Allgemeines	15	124
2. Sinn und Zweck	17	124
a) Information	17	124
b) Verhinderung des Zentralgrundbuchs	18	125
c) Bindung der Wohnungseigentümer; Existenz	20	126
3. Inhalt der Beschluss-Sammlung	21	126
a) Verhältnis zur Niederschrift	23	126
b) Verhältnis zum Grundbuch	24	127
c) Einzelheiten	25	127
aa) Beschlüsse	26	127
(1) Versammlungsbeschlüsse	26	127
(2) Schriftliche Beschlüsse gem. § 23 Abs. 3 WEG	27	128
bb) Gerichtsentscheidungen, § 24 Abs. 7 Satz 2 Nr. 3 WEG	28	128
(1) Grundsatz	28	128
(2) Vergleiche	29	129
cc) Fortlaufende Eintragung und Nummerierung	30	130
dd) Anmerkungen und Löschungen	31	130
(1) Soll-Inhalt	31	130
(2) Kann-Inhalt	34	131
ee) Unverzüglich	35	131
ff) Form der Beschluss-Sammlung	36	132
d) Guter Glaube	38	134
4. Aufgabenkreis des Verwalters	39	134
a) Ordnungsmäßige Führung	40	135
b) Abberufung	41	135
c) Haftung	42	135
aa) Gegenüber Verband und Wohnungseigentümern	42	135
bb) Gegenüber Dritten	46	136
5. Führung durch den Vorsitzenden der Wohnungseigentümerversammlung	47	137
6. Einsichtnahme in die Beschluss-Sammlung	51	138
a) Wohnungseigentümer	51	138
b) Dritte	53	139
7. Die Beschluss-Sammlung als Beweismittel	54	139
8. Korrektur unrichtiger Beurkundungen	55	140
IV. Neue Beschlussmacht in Teilbereichen	56	140
1. Hinführung	56	140
2. Einzelheiten	58	141
a) Art und Weise von Zahlungen	58	141
b) Fälligkeit von Forderungen	59	142
c) Verzug	61	142
aa) Folgen des Verzugs	61	142
bb) Beginn des Verzugs	62	142
d) Besondere Kosten	63	143
aa) Für eine Nutzung	64	143
bb) Für einen besonderen Verwaltungsaufwand	66	144
cc) Darstellung in der Jahresabrechnung	71	145
3. Originäre Beschlussmacht	72	145
V. Neue Beschlussanforderungen	73	145
1. Hinführung	73	145
2. Neuerungen	75	146
a) Drei Viertel aller stimmberechtigten Wohnungseigentümer	76	146
b) Mehr als die Hälfte aller Miteigentumsanteile	78	147
3. Nicht Erreichen des Quorums	80	147
4. Abdingbarkeit	81	148

Inhaltsverzeichnis

	Rdnr.	Seite
§ 9 Wohnungseigentümerversammlung	1	149
I. Einführung	1	149
II. Einberufungsfrist	2	149
1. Neuregelung: Zwei-Wochen-Frist	3	149
2. Sollvorschrift	4	149
3. Abdingbarkeit	6	150
III. Der Verband als Wohnungseigentümer	7	151
IV. Neue Anforderungen an die Versammlungsniederschrift	8	151
§ 10 Notverwalter	1	153
I. Bisherige Rechtslage	1	153
II. Neue Rechtslage	3	153
1. § 26 Abs. 3 WEG a. F. als Fürsorgeverfahren	4	153
2. Kein eigener Anwendungsbereich mehr	5	154
a) Dringlichkeit	6	154
b) Antrag eines Dritten	7	154
III. Bestellung als Maßnahme ordnungsmäßiger Verwaltung	9	154
§ 11 Aufgaben und Befugnisse des Verwalters	1	157
I. Einführung	1	157
1. Allgemeines	1	157
2. Systematisierung	5	158
a) Verwalteraufgaben für den Verband	7	159
b) Verwalteraufgaben für die Wohnungseigentümer	9	159
c) Originäre Verwalteraufgaben	11	159
3. Funktion und Aufbau von § 27 WEG	14	160
II. Geschäftsführung, § 27 Abs. 1 WEG	20	161
1. Hinführung	20	161
2. Einzelheiten	22	162
a) Allgemeines	22	162
b) § 27 Abs. 1 Nr. 1 WEG: Beschlüsse und Hausordnung	28	164
c) § 27 Abs. 1 Nr. 2 WEG: Instandhaltung und Instandsetzung	31	164
d) § 27 Abs. 1 Nr. 3 WEG: Eilmaßnahmen	36	166
e) § 27 Abs. 1 Nr. 4 und Nr. 5 WEG: Zahlungen	43	165
f) § 27 Abs. 1 Nr. 6 WEG: Verwaltung eingenommener Gelder	45	167
aa) Grundsatz	45	167
bb) Vermögen der Wohnungseigentümer	45	168
g) Information über Rechtsstreitigkeiten: § 27 Abs. 1 Nr. 7 WEG	51	168
aa) Unterrichtungspflicht	51	168
bb) Begriff des Wohnungseigentümers	54	169
cc) Art und Weise der Information	56	169
dd) Kosten	57	170
h) Abgabe von Erklärungen/Grundversorgung: § 27 Abs. 1 Nr. 8 WEG	58	170
3. Geschäftsbesorger bei Fehlen eines Verwalters	59	170
III. Vertretung	60	170
1. Vertretung der Wohnungseigentümer	62	171
a) § 27 Abs. 2 Nr. 1 WEG: Willenserklärungen und Zustellungen	64	172
b) § 27 Abs. 2 Nr. 2 WEG: Eilmaßnahmen, vor allem Passivprozesse	65	172
aa) Grundsatz	65	172
bb) Führen eines Rechtsstreits	66	172
(1) Einschaltung eines Rechtsanwalts	66	172
(2) Verfahrensführung	67	173
(3) Verwalterwechsel	68	174
c) § 27 Abs. 2 Nr. 3 WEG: Vertretung in Rechtssachen, Aktivprozesse	69	174
d) § 27 Abs. 2 Nr. 4 WEG: Vereinbarungen mit Rechtsanwälten	71	175
aa) Vertretungsmacht	71	175

Inhaltsverzeichnis

	Rdnr.	Seite
bb) § 16 Abs. 8 WEG	76	176
cc) Beauftragung eines Rechtsanwalts	77	177
2. Vertretung des Verbandes Wohnungseigentümergemeinschaft	78	177
a) § 27 Abs. 3 Satz 1 Nr. 1 WEG: Willenserklärungen und Zustellungen	81	178
b) § 27 Abs. 3 Satz 1 Nr. 2 WEG: Eilmaßnahmen, vor allem Passivprozesse	82	179
c) § 27 Abs. 3 Satz 1 Nr. 3 WEG: Instandhaltung und Instandsetzung	83	179
d) § 27 Abs. 3 Satz 1 Nr. 4 WEG: Maßnahmen gem. Abs. 1 Nr. 3, 5 und 8	85	179
e) § 27 Abs. 3 Satz 1 Nr. 5 WEG	86	180
aa) Allgemeines	86	180
bb) Darlehen	89	181
f) § 27 Abs. 3 Satz 1 Nr. 6 WEG: Gebührenvereinbarungen	90	181
g) § 27 Abs. 3 Satz 1 Nr. 7 WEG: Erweiterung der Verwalterrechte	91	181
aa) Inhalt	91	181
bb) Ergänzung der Verwalterrechte durch Vereinbarung	92	181
cc) Ergänzung durch Beschluss	93	181
dd) Grenzen	95	182
3. Vertretung des Verbandes durch die Wohnungseigentümer	96	182
a) Gesamtvertretung: § 27 Abs. 3 Satz 2 WEG	98	182
aa) Voraussetzungen	99	183
(1) Verwalter fehlt	100	183
(2) Fehlende Berechtigung	104	184
bb) Gemeinsames Handeln (Gesamtvertretung)	105	184
cc) Zustellungen, § 170 ZPO	108	184
b) Einzelvertretungsmacht: § 27 Abs. 3 Satz 3 WEG	109	185
aa) Allgemeines	109	185
bb) Zustellungen	111	185
IV. Unentziehbare Rechte	112	185
V. § 27 Abs. 5 WEG: Absonderung eingenommener Gelder	113	185
1. Hinführung	113	185
2. Kritik	114	186
VI. Vollmachts- und Ermächtigungsurkunde	115	186
§ 12 Verwalterbestellung	**1**	**187**
I. Hinführung	1	187
II. Neues Recht: Höchstbestellungsdauer von drei Jahren für Erstverwalter	2	187
1. Anwendungsprobleme	4	188
a) Bestellung im Teilungsvertrag	4	188
b) Kurzfristige Neubestellung	6	188
2. Berechnung der Frist	7	188
3. Verstöße	9	188
4. Altbestellungen (Übergangsrecht)	10	189
§ 13 Verfahrensrecht	**1**	**190**
I. Einführung	1	190
II. Überblick zum neuen Recht	6	191
III. Zuständigkeit	9	192
1. Örtliche Zuständigkeit	10	193
2. Sachliche Zuständigkeit	12	193
a) Binnenrechtsstreitigkeiten: § 23 Nr. 2 Buchstabe c GVG	12	193
b) Klagen Dritter: § 43 Nr. 5 WEG	13	193
3. Rechtsmittel	14	193
a) Berufung	14	193
aa) Berufung in Binnenstreitigkeiten, § 43 Nr. 1 bis 4 und Nr. 6 WEG	16	194
bb) Streitigkeiten gem. § 43 Nr. 5 WEG	18	194
b) Revision	19	194
c) Überblick	20	195

Inhaltsverzeichnis

	Rdnr.	Seite
4. Mahnverfahren: § 43 Nr. 6 WEG	21	196
a) Hinführung	21	196
b) Anwendungsbereich	24	196
aa) Verbandsanträge	24	196
bb) Anträge der Wohnungseigentümer oder des Verwalters	27	197
5. Zuständigkeitsstreitigkeiten	29	197
6. Nichtzulassungsbeschwerden: § 62 Abs. 2 WEG	32	198
a) Binnenrechtsstreitigkeiten	32	198
b) Klagen Dritter	33	198
IV. Begriff der Wohnungseigentumssachen	34	198
1. Einführung	34	198
2. § 43 Nr. 1 WEG	40	200
3. § 43 Nr. 2 WEG	44	202
4. § 43 Nr. 3 WEG	46	203
5. § 43 Nr. 4 WEG	51	204
6. § 43 Nr. 5 WEG	52	205
a) Hinführung	52	205
b) Anwendungsbereich	55	205
aa) Kläger: Dritter	55	205
bb) Beklagter	56	205
cc) „WEG-Bezug"	59	206
(1) Klagen in Bezug auf das gemeinschaftliche Eigentum	60	206
(2) Klagen in Bezug auf die Verwaltung des gemeinschaftlichen Eigentums	61	206
(3) Klagen in Bezug auf die Verwaltung des Sondereigentums	62	206
(4) Internationale Zuständigkeit	63	207
7. § 43 Nr. 6 Satz 1 WEG	64	207
V. Verfahrensrechtliche Besonderheiten der Wohnungseigentumssachen	65	207
1. Überblick	65	207
2. Besonderheiten für die Klageschrift	67	208
a) Sammelbezeichnung, § 44 WEG	71	208
aa) Rechtsstreit, an dem alle Wohnungseigentümer Partei sind	73	209
bb) Rechtsstreit, an dem nicht alle Wohnungseigentümer Partei sind	77	210
cc) Bezeichnung des Verbandes	80	211
b) Zustellungsvertreter	81	211
aa) Rechtsstreit, an dem alle Wohnungseigentümer Partei sind	81	211
bb) Rechtsstreit, an dem nicht alle Wohnungseigentümer Partei sind	83	211
c) Unbestimmter Antrag	84	211
3. Zustellungen an die Wohnungseigentümer, § 45 WEG	86	212
a) Einführung	86	212
b) Verwalter als Zustellungsvertreter der Wohnungseigentümer	90	213
aa) Voraussetzungen	90	213
bb) Kardinalpflicht: Information der Wohnungseigentümer	96	215
cc) Ausnahme: Interessenskollisionen	97	215
dd) Verhältnis zu § 172 ZPO	103	216
ee) Verhältnis zu § 27 Abs. 2 Nr. 1 WEG	105	216
ff) Zustellungen an den Verband	106	217
c) Ersatzzustellungsvertreter	107	217
aa) Bestellungspflicht	107	217
bb) Verhältnis zum Verwalter	109	218
cc) Person des Ersatzzustellungsvertreters	112	218
d) Gerichtlicher Ersatzzustellungsvertreter	114	219
4. Anfechtungsklagen, § 46 WEG	117	220
a) Kläger	120	220
aa) Wohnungseigentümer und Verwalter	120	220
bb) Verband Wohnungseigentümergemeinschaft	123	221
cc) Dritte	124	222

Inhaltsverzeichnis

	Rdnr.	Seite
b) Beklagter	125	222
aa) Gesetz	125	222
bb) Gewillkürter Beklagter	128	223
c) Anfechtungsfrist	129	224
aa) Allgemeines	129	224
bb) Materiell-rechtliche Ausschlussfrist	131	224
cc) Berechnung der Frist	132	224
dd) Wiedereinsetzung in den vorigen Stand	137	225
d) Anfechtungsantrag	144	229
e) Anfechtungsgrund: Begründung und Begründungsfrist	148	229
aa) Einführung	148	230
bb) Neues Recht	149	230
bb) Begründung	152	231
cc) Begründungsfrist	153	231
f) Prozessverbindung	158	232
g) Anerkenntnis	159	232
h) Nichtigkeitsgründe	160	232
aa) Einführung	160	232
bb) §§ 46 Abs. 2, 48 Abs. 4 WEG	162	233
cc) Hinweispflichten des Gerichts	164	234
i) Eilmaßnahmen	167	235
aa) Problem	167	235
bb) Wegfall von § 44 Abs. 3 WEG a. F.; §§ 916 ff. ZPO	168	235
j) Insolvenz des Anfechtenden	169	235
k) Rechtsschutzbedürfnis	171	236
l) Feststellungsklagen	174	237
aa) Fristungebundene Feststellungsklagen	176	237
bb) Fristgebundene Feststellungsklagen	177	237
m) Anforderung eines Kostenvorschusses, § 12 Abs. 1 Satz 1 GKG	178	238
n) Schiedsbarkeit	179	239
o) Vergleich	180	239
p) Darlegungs- und Beweislast	181	239
5. Prozessverbindung mehrerer Anfechtungsklagen, § 47 WEG	182	239
a) Einführung	182	239
b) Verbindungsvoraussetzungen	184	240
c) Wirkungen	187	241
d) Unterbliebene Verbindung	191	242
6. Beiladung, Wirkungen des Urteils: § 48 WEG	192	242
a) Hinführung	192	242
b) Beiladung	194	242
aa) Beiladung der Wohnungseigentümer	194	242
bb) Beiladung des Verwalters	202	244
cc) Beiladung des Verbandes	204	244
dd) Beitritt	205	244
ee) Veräußerung des Sondereigentums	206	245
ff) Durchführung der Beiladung, § 48 Abs. 2 Satz 1 WEG, und Kosten der Beiladung	209	245
c) Rechtskrafterstreckung, § 48 Abs. 3 WEG	210	245
d) Übersehene nichtige Beschlüsse, § 48 Abs. 4 WEG	213	246
7. Regelungsstreitigkeiten, § 21 Abs. 8 WEG	215	246
a) Hinführung	215	245
b) Voraussetzungen	217	247
aa) Selbstorganisationsrecht	219	247
bb) Nach dem Gesetz erforderlich	220	247
cc) Keine Regelung	222	248
c) Subsidiarität	223	248
d) Unbestimmter Antrag; Kostenentscheidung (§ 49 Abs. 2 WEG)	226	250

Inhaltsverzeichnis

	Rdnr.	Seite
8. Kostenentscheidung, § 49 WEG	229	250
a) Einführung	229	250
b) § 49 Abs. 1 WEG: Regelungsstreitigkeiten	232	250
aa) Einführung	232	251
bb) Voraussetzungen	233	251
cc) Rechtsmittel	234	251
c) § 49 Abs. 2 WEG: Kostentragungspflicht des Verwalters	235	252
aa) Einführung	235	252
bb) Veranlassung der Tätigkeit durch Verwalter	237	253
cc) Grobes Verschulden	238	253
dd) Rechtliches Gehör	241	254
ee) Rechtsmittel	244	254
ff) Rechtskraft	245	255
d) Begrenzung der Kostenerstattung, § 50 WEG	246	255
aa) Hinführung	246	255
bb) Kosten eines gemeinsam bevollmächtigten Anwalts	249	256
(1) Grundsatz	249	256
(2) Ausnahme	251	256
(3) Anwendungsprobleme	252	256
(4) Vertragspartei	253	257
9. Gebührenstreitwert in Wohnungseigentumssachen, § 49a GKG	254	257
a) Bezifferte Klagen	257	257
b) § 49a Abs. 1 GKG	259	258
aa) Überblick	259	258
bb) Normalstreitwert, § 49a Abs. 1 Satz 1 GKG	261	259
cc) Mindeststreitwert, § 49a Abs. 1 Satz 2 Fall 1 GKG	263	260
dd) Höchststreitwert, § 49a Abs. 1 Satz 2 Fall 2, Satz 3 GKG	265	260
c) § 49a Abs. 2 GKG	269	261
d) Inhaltsübersicht des GKG	273	262
10. Eilverfahren in Wohnungseigentumssachen	274	262
a) Hinführung	274	262
b) Neues Recht	275	262
11. Vergleiche in Wohnungseigentumssachen	277	263
VI. Verfahrensrecht des Verbandes	279	264
1. Parteifähigkeit	279	264
2. Prozessfähigkeit	281	265
a) Passivverfahren	282	265
b) Aktivverfahren	283	265
3. Gerichtsstand und Schiedsvertrag	285	265
4. Bezeichnung des Verbandes im Prozess	287	266
5. Altverfahren	289	266
6. Alttitel	291	267
7. Rechtskraft	292	267
8. Sonstiges	293	267
§ 14 Aufhebung der §§ 51 bis 58 und 59 WEG	1	270
I. Zuständigkeits- und Verfahrensregelungen für Entziehungsklagen	1	270
II. Aufhebung des § 59 WEG	3	270
§ 15 Änderungen des ZVG	1	271
I. Einführung	1	271
II. Zwangsversteigerungsantrag	7	273
1. Durch den Verband oder einen Wohnungseigentümer	7	273
a) § 10 Abs. 3 ZVG	9	273
b) § 10 Abs. 1 Nr. 2 ZVG	16	275
aa) Fällige Ansprüche	20	276
bb) Vorschüsse und Rückstellungen	28	277

Inhaltsverzeichnis

	Rdnr.	Seite
cc) Rückgriffsansprüche einzelner Wohnungseigentümer	30	277
dd) Rückständigkeit der Ansprüche	32	278
ee) Höhe der Ansprüche	36	278
ff) Nochmalige Anmeldung	38	279
c) § 10 Abs. 1 Nr. 5 ZVG	39	279
d) §§ 10 Abs. 1 Nr. 1 ZVG und 156 Abs. 1 Satz 2 ZVG	41	279
2. Durch einen Dritten	45	281
a) Allgemeines	45	281
b) Anmeldung	46	281
c) Glaubhaftmachung	47	282
d) Rechtsbehelfe	51	283
3. Verband Wohnungseigentümergemeinschaft als Ersteigerer	53	284
4. Bestehen bleibende Rechte	54	285
III. Zwangsverwaltung	60	286
1. Allgemeines	60	286
2. Ausgaben der Verwaltung	62	286
3. Verfahrensfragen	63	287
IV. Insolvenz des Wohngeldschuldners	65	287
§ 16 Änderungen des RVG	**1**	**289**
I. Vergütungsvereinbarung	1	289
II. Redaktionelle Änderungen	4	289
§ 17 Änderungen von ErbbauVO und LuftVG	**1**	**290**
I. Änderungen der ErbbauVO	1	290
1. Bestehen bleiben der Erbbauzinsreallast	1	290
2. Redaktionelle Anpassungen	3	290
II. Änderungen des Luftfahrzeuggesetzes	4	290
§ 18 Übergangsvorschriften	**1**	**291**
I. Änderungen von WEG, GKG, GVG, RVG und ZPO	1	291
1. Inkrafttreten	1	291
2. Laufende Verfahren	4	291
a) Verfahren in den jeweiligen Instanzen	4	291
b) Rechtsmittel	5	292
3. Beschluss-Sammlung	6	292
4. Höchstdauer der Bestellung, § 26 Abs. 1 Satz 2 Halbsatz 2 WEG	7	292
5. ZVG und §§ 53 ff. WEG a. F.	8	292
6. Teilrechtsfähigkeit	9	292
II. Änderungen der ErbbauVO und des Luftfahrzeuggesetzes	10	292

Anhang

1. Synopse zum neuen und alten WEG		293
2. Änderungen im Verfahrensrecht		327
Sachverzeichnis		**329**

Abkürzungs- und Literaturverzeichnis

Hinweis: Spezielle Literatur (insbesondere Zeitschriftenaufsätze) zur WEG-Reform ist in einem gesonderten Verzeichnis ab S. XXV aufgelistet.

a. A.	anderer Ansicht
a. a. O.	am angegebenen Ort
Abl.	ablehnend
ABl	Amtsblatt
Abs.	Absatz
Abschn.	Abschnitt
a. E.	am Ende
a. F.	alte Fassung
AGB	Allgemeine Geschäftsbedingungen
AIZ	Allgemeine Immobilienzeitung
AktG	Aktiengesetz
Allg. M.	allgemeine Meinung
Alt.	Alternative
a. M.	anderer Meinung
Anh.	Anhang
Anl.	Anlage
Anm.	Anmerkung
AnwK-BGB	AnwaltKommentar zum BGB, 2003 ff.
Art.	Artikel
Aufl.	Auflage
Az.	Aktenzeichen
Bamberger/Roth	BGB, Kommentar, 1. Aufl. 2003
Bärmann/Pick	Wohnungseigentumsgesetz, Kommentar, 17. Aufl. 2006
Bärmann/Pick/Merle	Wohnungseigentumsgesetz, Kommentar, 9. Aufl. 2003
Baumbach/Lauterbach/ Albers/Hartmann	Zivilprozessordnung, Kommentar, 65. Aufl. 2007
BayHZ	Bayerische Hausbesitzerzeitung
BayObLG	Bayerisches Oberstes Landesgericht
BayObLGZ	Amtliche Sammlung von Entscheidungen des BayObLG in Zivilsachen
BeckOK-GBO	Hügel (Hrsg.), Beck'scher Online-Kommentar zur Grundbuchordnung
bestr.	bestritten
betr.	betrifft
BeurkG	Beurkundungsgesetz
BewG	Bewertungsgesetz
BGB	Bürgerliches Gesetzbuch
BGBl	Bundesgesetzblatt Teile I, II, III
BGH	Bundesgerichtshof
BGHZ	Amtliche Sammlung von Entscheidungen des Bundesgerichtshofes in Zivilsachen
Bl.	Blatt
BlGBW	Blätter für Grundstücks-, Bau- und Wohnungsrecht
BMJ	Bundesminister(ium) der Justiz
BMWi	Bundesminister(ium) für Wirtschaft
BR	Bundesrat
BR-Drucks	Drucksache des Bundesrates
BT	Bundestag
BT-Drucks	Drucksache des Bundestages

Abkürzungsverzeichnis

BVerfG	Bundesverfassungsgericht
BVerfGE	Amtliche Sammlung der Entscheidungen des BVerfG
bzgl.	bezüglich
bzw.	beziehungsweise
c. i. c.	culpa in contrahendo
d. h.	das heißt
DNotZ	Deutsche Notar-Zeitschrift
Drucks.	Drucksache
DWA	Deutsches Wohnungs-Archiv
DWE	Der Wohnungseigentümer
DWW	Deutsche Wohnungswirtschaft
EG	Europäische Gemeinschaft; Einführungsgesetz
Einf.	Einführung
Einl.	Einleitung
ErbbRVO	Verordnung über das Erbbaurecht
Erman	BGB, Kommentar, 11. Aufl. 2004
EStG	Einkommensteuergesetz
f./ff.	folgende
FG	Finanzgericht
FGG	Gesetz über die Angelegenheiten der freiwilligen Gerichtsbarkeit
FGPrax	Praxis der freiwilligen Gerichtsbarkeit
Fischer-Dieskau/ Pergande/Schwender	Wohnungsbaurecht, Kommentar (Loseblattsammlung)
Fn.	Fußnote
FS	Festschrift
FWW	Die freie Wohnungswirtschaft
GBO	Grundbuchordnung
GE	Das Grundeigentum
gem.	gemäß
GenG	Genossenschaftsgesetz
ggf.	gegebenenfalls
GKG	Gerichtskostengesetz
GmbH	Gesellschaft mit beschränkter Haftung
GmbHG	Gesetz betreffend die Gesellschaften mit beschränkter Haftung
GrEStG	Grunderwerbsteuergesetz
GVG	Gerichtsverfassungsgesetz
GWB	Gesetz gegen Wettbewerbsbeschränkungen
GWW	Gemeinnütziges Wohnungswesen
Halbs.	Halbsatz
Handbuch der Grundstückspraxis	*Lambert-Lang* (Hrsg), 2. Aufl. 2005
Hügel/Scheel	Rechtshandbuch Wohnungseigentum, 1. Aufl. 2002
h. L.	herrschende Lehre
h. M.	herrschende Meinung
Hrsg.	Herausgeber/herausgegeben
HuW	Haus und Wohnung
i. d. F.	in der Fassung
i. d. R.	in der Regel
IMR	Immobilienverwalter & Recht
insb.	insbesondere
InsO	Insolvenzordnung
i. S. d.	im Sinne des/der
i. S. v.	im Sinne von

Abkürzungsverzeichnis

i. Ü.	im Übrigen
i. V. m.	in Verbindung mit
Jauernig	BGB, Kommentar, 11. Aufl. 2004
JMBl.	Justizministerialblatt
JR	Juristische Rundschau
JW	Juristische Wochenschrift
JZ	Juristen-Zeitung
Kap.	Kapitel
KG	Kammergericht, Kommanditgesellschaft
KK-WEG	KompaktKommentar Wohnungseigentumsrecht (Hrsg. *Riecke/Schmid*), 2006
KK-Miet	KompaktKommentar Mietrecht (Hrsg. *Schmidt*), 2006
Köhler	Das neue WEG, 2007
Köhler/Bassenge	Anwaltshandbuch Wohnungseigentumsrecht
KostO	Kostenordnung
KostRspr	Kosten-Rechtsprechung, Entscheidungssammlung
LG	Landgericht
LM	*Lindenmaier/Möhring*, Nachschlagewerk des BGH in Zivilsachen
LS	Leitsatz
MaBV	Makler- und Bauträgerverordnung
MAH Aktienrecht	Münchener Anwaltshandbuch Aktienrecht (Hrsg. Schüppen/Schaub), 2005
MDR	Monatsschrift für Deutsches Recht
MietRB	Der Mietrechtsberater
MittBayNot	Mitteilungen des Bayerischen Notarvereins, der Notarkasse und der Bayerischen Landesnotarkammer Bayern
MünchKommBGB	Münchener Kommentar zum BGB, 4. Aufl. 2001 ff.
MünchKommZPO	Münchener Kommentar zur Zivilprozessordnung, 2. Aufl. 2000 ff.
m. w. N.	mit weiteren Nachweisen
MWSt	Mehrwertsteuer
m. zust. Anm.	mit zustimmender Anmerkung
n. F.	neue Fassung oder Folge
Niedenführ/Schulze	WEG, 7. Aufl. 2004
NJW	Neue Juristische Wochenschrift
NJW-RR	NJW-Rechtsprechungs-Report Zivilrecht
NotBZ	Zeitschrift für die notarielle Beratungs- und Beurkundungspraxis
NRW	Nordrhein-Westfalen
n. v.	nicht veröffentlicht
NZM	Neue Zeitschrift für Miet- und Wohnungsrecht
o. g.	oben genannte
oHG	Offene Handelsgesellschaft
OLG	Oberlandesgericht
OLGZ	Rechtsprechung der Oberlandesgerichte in Zivilsachen
p. a.	per annum
Palandt	BGB, Kommentar, 66. Aufl. 2007
pVV	positive Vertragsverletzung
PWW	Praxis Wohnungswirtschaft
PWW/*Bearbeiter*	*Prütting/Wegen/Weinreich* (Hrsg.), BGB, Kommentar, 2. Aufl. 2007
Rdnr.	Randnummer
RE	Rechtsentscheid
Rechtshandbuch Immobilien	hrsg. von *Koeble* (Band 1, Stand: 14 Lfg. 2004; Band 2, Stand: 15. Lfg. 2005)

Abkürzungsverzeichnis

RGRK	BGB-Kommentar, 12. Aufl 1974 ff. (Mietrechtsteil von Gelhaar)
Riecke/Schmidt/Elzer	Die erfolgreiche Eigentümerversammlung, 4. Aufl. 2006
Röll/Sauren	Handbuch für Wohnungseigentümer und Verwalter, 2002
Rpfl	Der Deutsche Rechtspfleger
RpflegerG	Rechtspflegergesetz
Rspr	Rechtsprechung
RsprN	Rechtsprechungsnachweis(e)
RVG	Gesetz über die Vergütung der Rechtsanwältinnen und Rechtsanwälte (Rechtsanwaltsvergütungsgesetz) v. 5. 5. 2004, BGBl I, S. 718
s.	siehe
S.	Satz, Seite
Sauren	Wohnungseigentumsgesetz, 4. Aufl. 2001
Schöner/Stöber	Grundbuchrecht, 13. Aufl. 2004
Soergel	BGB, Kommentar, 13. Aufl. 1999
sog	sogenannte(r)
Staudinger	BGB, Kommentar, 13. Aufl. 1998 ff.
Stöber	Forderungspfändung, 14. Aufl. 2005
st. Rspr.	ständige Rechtsprechung
s. u.	siehe unten, siehe unter
Thomas/Putzo	ZPO, Kommentar, 27. Aufl. 2005
TME	Taschenlexikon miet- und wohnungsrechtlicher Entscheidungen
u. a.	unter anderem; und andere
u. ä.	und ähnliche(s)
Urt.	Urteil
usw.	und so weiter
u. U.	unter Umständen
vgl.	vergleiche
VO	Verordnung
VOBl	Verordnungsblatt
Vorb.	Vorbemerkung
WE	Wohnungseigentum
WEG	Gesetz über das Wohnungseigentum und das Dauerwohnrecht
Weitnauer	Wohnungseigentumsgesetz, Kommentar, 9. Aufl. 2004
WuH	Wohnung und Haus
WuM	Wohnungswirtschaft und Mietrecht
z. B.	zum Beispiel
ZdWBay	Zeitschrift der Wohnungswirtschaft Bayern
ZFG/ZfgG	Zeitschrift für das gesamte Genossenschaftswesen
ZfgWBay	Zeitschrift für gemeinnütziges Wohnungswesen in Bayern
ZfIR	Zeitschrift für Immobilienrecht
ZIP	Zeitschrift für Wirtschaftsrecht
ZMR	Zeitschrift für Miet- und Raumrecht
ZNotP	Zeitschrift für die Notarpraxis
Zöller	ZPO, Kommentar, 26. Aufl. 2007
ZPO	Zivilprozessordnung
z. T.	zum Teil
ZVG	Zwangsversteigerungsgesetz
ZwVbVO	Zweckentfremdungsverbotsverordnung
ZWE	Zeitschrift für Wohnungseigentum
z. Z.	zur Zeit
zzgl.	zuzüglich

Literatur zur WEG-Reform

Abramenko, Die Gläubiger der Wohnungseigentümergemeinschaft und ihr Schutz. Kritische Anmerkung zur „Gegenäußerung der Bundesregierung", ZMR 2006, 496
ders., Anmerkungen zum Entwurf eines Gesetzes zur Änderung des WEG, ZMR 2005, 22
ders., Die Entfernung des zahlungsunfähigen oder unzumutbaren Miteigentümers aus der Gemeinschaft, ZMR 2006, 338
ders., Die Teilrechtsfähigkeit der Wohnungseigentümergemeinschaft: Aktuelle Diskussionen und Probleme, ZMR 2006, 409
ders., Parteien und Zustandekommen des Verwaltervertrags nach der neuen Rechtsprechung zur Teilrechtsfähigkeit der Wohnungseigentümergemeinschaft, ZMR 2006, 6
ders., Praktische Auswirkungen der neuen Rechtsprechung zur Teilrechtsfähigkeit der Wohnungseigentümergemeinschaft auf das materielle Wohnungseigentumsrecht, ZMR 2005, 585
ders., Zu den praktischen Auswirkungen der neuen Rechtsprechung zur Teilrechtsfähigkeit der Wohnungseigentümergemeinschaft auf das Verfahrensrecht, ZMR 2005, 749
Algermissen, Recht und Realität der privatrechtlichen Streitverfahren in Wohnungseigentumssachen, 2000
Armbrüster, Gläubigerschutz bei der Wohnungseigentümergemeinschaft, ZMR 2006, 653
ders., Anmerkungen zur Stellungnahme der Bundesnotarkammer zur WEG-Reform, ZWE 2003, 355
ders., Auswirkungen der Rechtsfähigkeit der Gemeinschaft der Wohnungseigentümer auf die Reform des WEG, ZWE 2006, 53
ders., Der Verwalter als Organ der Gemeinschaft und Vertreter der Wohnungseigentümer, ZWE 2006, 470
ders., Teilrechtsfähigkeit in der Praxis, GE 2007, 420
ders,. Überlegungen zur Reform des Wohnungseigentumsrechts, DNotZ 2003, 493
ders., Zum Gesetzentwurf einer WEG-Reform, AnwBl 2005, 16
Becker/Kümmel/Ott, Die rechtsfähige Eigentümergemeinschaft (Teil 1): Rechtsnatur, Entstehen und Beendigung, MietRB 2006, 225
dies., Die rechtsfähige Eigentümergemeinschaft (Teil 2): Vermögensorganisation, MietRB 2006, 252
dies., Die rechtsfähige Eigentümergemeinschaft (Teil 3): Vertretungs- und Haftungsfragen, MietRB 2006, 276
dies., Die rechtsfähige Eigentümergemeinschaft (Teil 4): Gerichtliches Verfahren, MietRB 2006, 311
Blankenstein, WEG-Reform 2007, Freiburg/Berlin/München 2007
Böttcher/Hintzen, Reform des Wohnungseigentumsgesetzes, ZfIR 2003, 445
Bonifacio, Der Entwurf einer wohnungseigentumsrechtlichen Anfechtungsklage nach der ZPO – Königs- oder Irrweg?, ZMR 2005, 327
Briesemeister, Das Rechtsmittelverfahren in Wohnungseigentumssachen, ZWE 2007, 77
Bub, Das Verwaltungsvermögen, ZWE 2007, 15
ders., Der schwebend unwirksame Beschluss im Wohnungseigentumsrecht, FS Seuß (2007), 53
ders., Die geplante Novellierung des WEG, NZM 2006, 841
ders., Die Wohnungseigentümergemeinschaft im Prozess und ihre Vertretung durch den Verwalter, FS Blank (2006), 601
ders., Rechtsfähigkeit und Vermögenszuordnung, ZWE 2006, 253
Deckert, Zur Führung der Konten einer Wohnungseigentümergemeinschaft (Wer ist Inhaber des Kontos? Bedarf es der Aushändigung von Eigentümerlisten?), ZMR 2007, 251
ders., Die Beschlusssammlung – Ein Danaergeschenk der WEG-Reformer für Wohnungseigentumsverwalter?, NZM 2005, 927
Demharter, Das Zentralgrundbuch – mehr Licht als Schatten?, Rpfleger 2007, 121
ders., Gesetzentwurf zur Änderung des WEG und anderer Gesetze – Ein kritischer Überblick über die wichtigsten Änderungen, NZM 2006, 489
Derleder/Fauser, Die Haftungsverfassung der Wohnungseigentümergemeinschaft nach neuem Recht, ZWE 2007, 2
Drasdo, Totgesagte leben länger – Der Notverwalter nach § 26 III WEG, NJW-Spezial 2005, 385
Elzer, Der abändernde Zweitbeschluss: Vom notwendigen Ausgleich zwischen Schutzbedürftigkeit und Flexibilität, ZMR 2007, 237

Literatur zur WEG-Reform

ders,. Die Hausordnung einer Wohnungseigentumsanlage, ZMR 2006, 733
ders., Die fehlerhafte Verkündung eines positiven Beschlusses, ZWE 2007, 165
ders., Die Teilrechtsfähigkeit der Wohnungseigentümer-Gemeinschaft, MietRB 2005, 248
ders., Die WE-Gemeinschaft ist teilrechtsfähig: Eine erste, bewusst kurze Übersicht für die Praxis, WE 2005, 4
ders., Ermessen im Wohnungseigentumsrecht, ZMR 2006, 85
ders., Vom Zitter- zum Zwitterbeschluss, ZMR 2006, 683
ders., Zur Reichweite der Vermutung der Vollständigkeit und Richtigkeit einer Urkunde, JR 2006, 447
Frohne, Folgen der WEG-Reform (Stand vom 8. 3. 2006) für den Verwalter, ZMR 2006, 588
ders., Stellungnahme zum am 25.5.2005 vom Bundeskabinett beschlossenen Gesetz zur Änderung des Wohnungseigentumsgesetzes und anderer Gesetze, ZMR 2005, 512
Gottschalg, Das neue Verfahrensrecht: Erkenntnisverfahren, ZWE 2007, 71
Häublein, Der Erwerb von Sondereigentum durch die Wohnungseigentümergemeinschaft – Zulässigkeit, Voraussetzungen und Konsequenzen für die Wohnungseigentumsverwaltung, FS Seuß (2007), 125
ders., Insolvenzverfahren über das Vermögen der Wohnungseigentümergemeinschaft?, ZWE 2006, 205
ders., Wohnungseigentum, quo vadis? – Überlegungen zur geplanten Novellierung des Wohnungseigentumsgesetzes –, ZMR 2006, 1
Hansens, Die Vergütung im Wohnungseigentums-Verfahren, Teil 2: Die Vergütung im Verfahren nach §§ 43 ff. WEG und in der Zwangsvollstreckung, RVGReport 2005, 162
Hinz, Reform des Wohnungseigentumsrecht – Eine Stellungnahme aus amtsgerichtlicher Sicht, ZMR 2005, 271
Hogenschurz, Der Ersatzzustellungsvertreter nach § 45 WEG in der Fassung des Gesetzentwurfs der Bundesregierung zur Änderung des Wohnungseigentumsgesetzes und anderer Gesetze, ZMR 2005, 764
ders,. Im Überblick: Die Entziehung des Wohnungseigentums, NZM 2005, 611
Hügel, Die Teilrechtsfähigkeit der Wohnungseigentümergemeinschaft und ihre Folgen für die notarielle Praxis, DNotZ 2002, 753
Jacoby, Das private Amt, Tübingen 2007
Köhler, Das neue WEG, Köln 2007
ders., Änderung des Wohnungseigentumsgesetzes? – Der Gesetzentwurf der Bundesregierung –, ZMR 2005, 19
Löke, Divergierende Entscheidungen im Beschlussanfechtungsverfahren, ZMR 2003, 722
Mayer, Kommt doch ein neues WEG, RpflStud. 2006, 71
Meffert, Aufgaben und Befugnisse des Verwalters, GE 2007, 559
Merle, Zur Vertretungsmacht des Verwalters nach § 27 RegE-WEG, ZWE 2006, 365
Mohr, Teilrechtsfähigkeit der Wohnungseigentümergemeinschaft oder Gesamtschuldnerschaft im öffentlichen Recht bei Verfügung und Vertrag, ZMR 2006, 910
Müller, Der Vertragspartner des Verwalters, FS Seuß (2007), 211
ders., Zwangsversteigerung von Wohnungseigentum, ZWE 2006, 378
Nissen, Der Insolvenzantrag für die insolvente Wohnungseigentümergemeinschaft, ZMR 2006, 897
Paefgen, Gläubigerschutz in der WEG-Novelle, ZfIR 2006, 529
Pause, Vogel, Auswirkungen der Teilrechtsfähigkeit der Wohnungseigentümergemeinschaft auf die Verfolgung von Mängeln am Gemeinschaftseigentum gegenüber dem Bauträger, NJW 2006, 3670
Rau, Kostenentscheidung zu Lasten des Verwalters in Anfechtungsverfahren nach dem WEG, ZMR 1998, 1
Reichert, Der Wohnungseigentümer als Zustellungsvertreter nach dem RegE-WEG, ZWE 2006, 477
Röll, Zur Reform des Wohnungseigentumsgesetzes, Rpfleger 2003, 277
Sauren, Ausnahmen für öffentliche Abgaben im neuen Haftungssystem des BGH zum WEG?, ZMR 2006, 750
ders., WEG-Novelle 2005/2006 – Beschlussbuch und ZPO-Novelle, MietRB 2005, 244
Schäfer, Kann die GbR Verwalter einer Wohnungseigentümergemeinschaft sein?, NJW 2006, 2160
Schmid, Das WEG entdeckt das Mietrecht – Zum Entwurf eines Gesetzes zur Änderung des Wohnungseigentumsgesetzes, ZWE 2006, 27
F. Schmidt, Die konkludente Beschlussfeststellung, ZWE 2006, 164
J.-H. Schmidt, Darlehensaufnahme durch die rechtsfähige Wohnungseigentümergemeinschaft – wer wird Vertragspartner und wer haftet?, ZMR 2007, 90

Literatur zur WEG-Reform

Schneider, Das neue WEG – Handlungsbedarf für Erbbaurechtsausgeber, ZfIR 2007, 168
ders., Beschlussbuch statt Grundbuch?, ZMR 2005, 15
ders., Das vernachlässigte Wohnungserbbaurecht, ZMR 2006, 660
ders., Immobilienerwerb durch den Verband der Wohnungseigentümer, Rpfleger 2007, 175
von Oefele/Schneider, Zur Einführung des Zentralgrundbuchs durch die WEG-Reform, DNotZ 2004, 740
von Oefele, Das Zentral-Grundbuch: Welche Vorteile hätte eine Einführung im Rahmen der WEG-Reform?, DWE 2002, 120
Vogl, Zu den Möglichkeiten einer Wohnungseigentümergemeinschaft, sich gegen Zahlungsausfälle eines insolventen Mitgliedes zu schützen, ZMR 2003, 716
Wenzel, Der Bereich der Rechtsfähigkeit der Gemeinschaft, ZWE 2006, 462
Witt, Arrest und einstweilige Verfügung in WEG-Streitigkeiten, ZMR 2005, 493
Zieglmeier, Auswirkungen der Teilrechtsfähigkeit auf das kommunale Abgabenrecht, MietRB 2006, 337

Einleitung

I. Allgemeines

Wohnungseigentum ist eine aus der Immobilienlandschaft der Bundesrepublik Deutschland nicht mehr wegzudenkende Eigentumsform. Dies gilt sowohl für die zahlenmäßige Verbreitung als auch für die hohe Akzeptanz innerhalb der Bevölkerung. Dabei gibt es Wohnungseigentum hierzulande erst seit dem 20. 3. 1951, dem Tag, an dem das **Gesetz über das Wohnungseigentum und das Dauerwohnrecht** (Wohnungseigentumsgesetz) in Kraft trat.

Die **stürmische Verbreitung** von Wohnungseigentum lässt sich am besten dadurch verdeutlichen, dass die Gesamtzahl der errichteten Eigentumswohnungen etwa auf 5 Millionen geschätzt wird. Diese Zahl gibt zu erkennen, welch große Bedeutung Wohnungseigentum und das dieses im Wesentlichen bestimmende Wohnungseigentumsgesetz besitzen. Das Wohnungseigentumsgesetz bildet letztlich die juristische Grundlage für alle diese Gemeinschaften; bestehende Probleme oder Streitigkeiten sind primär anhand seiner Vorgaben zu lösen.

II. Anlass der WEG-Reform

Das Wohnungseigentumsgesetz erfuhr seit seinem Inkrafttreten stets nur leichte Veränderungen. **Größere Reformvorhaben**, die immer wieder diskutiert worden sind, wurden **nie** verwirklicht. Einen letzten, erfolglosen Vorstoß für eine namhafte Umgestaltung gab es im Jahre 1989.[1] Der Ruf nach einer Reform verhallte freilich niemals – und wurde im Herbst 2000 unüberhörbar. Mit einer Entscheidung vom 20. September 2000 versagte der BGH nämlich einer lange Zeit geübten Praxis die rechtliche Anerkennung. Nach dieser Entscheidung[2] war es in bestimmten Bereichen, nämlich dort, wo das Gesetz oder eine Vereinbarung durch einen Beschluss dauerhaft verändert werden sollten („vereinbarungsändernde Beschlüsse"), nicht mehr länger möglich, eine Änderung der Gemeinschaftsordnung durch einen zwar rechtswidrigen, aber im Falle einer unterbliebenen Anfechtung und Ungültigerklärung bestandskräftigen Beschluss (sog. **Zitterbeschluss**) herbeizuführen.

Die Begründung des BGH hierfür war überzeugend. Eine Mehrheitsherrschaft bedarf gem. § 23 Abs. 1 WEG der Legitimation durch Kompetenzzuweisung, da das Gesetz für Regelungen der Wohnungseigentümer grundsätzlich Vereinbarungen vorsieht und die Mehrheitsmacht durch Beschlussfassung auf bestimmte Regelungsbereiche beschränkt. Durch einen Beschluss konnte nach dieser, die Rechtslage klarstellenden Entscheidung, also nur dann eine Angelegenheit i. S. v. § 23 Abs. 1 WEG geordnet werden, wenn das Gesetz oder eine Vereinbarung den Wohnungseigentümern für die Ordnung eine Beschlussmacht einräumten. Da einerseits die **Einstimmigkeit** jedenfalls in mittleren oder größeren Wohnanlagen **kaum erreichbar** war und andererseits das geltende Recht eine Kompetenz für Mehrheitsentscheidungen für bestimmte Maßnahmen nicht

---

[1] Hierzu *Bielefeld* DWE 1995, 134 ff.
[2] BGHZ 145,158 = NJW 2000, 3500 = ZWE 2000, 518 = DNotZ 2000, 854 = NotBZ 2000, 375 = MittBayNot 2000, 546 = MittRhNotK 2000, 390 = FGPrax 2000, 222 = NZM 2000, 1184 = ZMR 2000, 771.

Einleitung 5, 6

oder nur begrenzt vorsah, mussten die Wohnungseigentümer spätestens seit diesem Zeitpunkt von Maßnahmen vielfach Abstand nehmen, auch wenn diese im Einzelfall durchaus sinnvoll erschienen. Damit drohte nach Ansicht der Praxis eine Versteinerung bestehender Eigentümergemeinschaften.

5 Die Bundesregierung wollte sich der in der Folge dieser Entscheidung erhobenen Forderungen, das WEG zu reformieren und Mehrheitsentscheidungen einen breiteren Raum zu gewähren, nicht verschließen. Das Bundesministerium der Justiz legte in der Folge mit Stand vom 1. 10. 2004 zunächst einen Referentenentwurf eines „Gesetzes zur Änderung des Wohnungseigentumsgesetzes und anderer Gesetze" vor.[3] Bevor eine wirkliche Diskussion stattfinden konnte, beschloss das Bundeskabinett dann bereits am 25. 5. 2005 eine überarbeitete Fassung des Entwurfs. Der Bundesrat nahm zu diesem Entwurf in erster Lesung am 8. 7. 2005 Stellung.[4] Er bat dabei um eine Prüfung, ob eine zwischenzeitlich am 2. 6. 2005 ergangene Entscheidung des BGH zur **Teilrechtsfähigkeit** der Wohnungseigentümergemeinschaft Änderungen der beabsichtigten Novelle erforderlich mache. Der BGH hatte mit dieser wohl wichtigsten Entscheidung zum Wohnungseigentumsrecht[5] seine bisherige Rechtsprechung geändert und entschieden, dass die Gemeinschaft der Wohnungseigentümer „teilrechtsfähig" ist.[6] Die Gemeinschaft sei ein Rechtssubjekt eigener Art, nämlich eine durch Gesetz zu einer Organisation zusammengefasste Personenmehrheit. Sie könne neben den Wohnungseigentümern im Rechtsverkehr auftreten. Die Bundesregierung kam diesem Wunsch der Länder nach und erachtete in ihrer Gegenäußerung vom 9. 3. 2006[7] weitere Änderungen des WEG für notwendig.

III. Ziele und Eckpunkte der Reform

6 Die nun verabschiedete WEG-Novelle hat **im Wesentlichen** in folgenden Punkten die bisherige Struktur des WEG verändert:
- Im neuen Recht sind mehr als bislang Mehrheitsentscheidungen der Wohnungseigentümer zulässig. Die Änderungen finden sich hier vor allem in den §§ 12, 16, 21 und 22 WEG.
- Die rechtlichen Verhältnisse zwischen dem Verband Wohnungseigentümergemeinschaft, den Wohnungseigentümern und Gläubigern sind klarer geregelt worden. Die Novelle trägt vor allem durch Änderung der §§ 10 und 27 WEG der Entscheidung des BGH zur Teilrechtsfähigkeit Rechnung. Neu gegenüber dieser Entscheidung ist allerdings das jetzt geltende Haftungssystem. Anders als vom BGH vorgezeichnet, bleibt die Außenhaftung der Wohnungseigentümer, wird aber auf ihren Miteigentumsanteil begrenzt.
- Künftig richtet sich das Verfahren in Wohnungseigentumssachen nach der Zivilprozessordnung (ZPO) und nicht mehr wie bisher nach dem Gesetz über die freiwillige Gerichtsbarkeit (FGG). Geändert wurden deshalb die §§ 43 ff. WEG. Ferner wurden die §§ 53 ff. WEG entbehrlich.

---

[3] Dokumentiert in November Beilage der ZMR 2004.
[4] BR-Drucksache 397/05.
[5] Siehe *Hügel* DNotZ 2005, 753.
[6] BGH NJW 2005, 2061 = ZMR 2005, 547 = NZM 2005, 543 = ZIP 2005, 1233 = DStR 2005, 1283 = DNotZ 2005, 776 = FGPrax 2005, 143 = MietRB 2005, 232 = NotBZ 2005, 327 = ZNotP 2005, 381.
[7] BT-Drucksache 16/887 S. 56.

- Das Gesetz hat die Möglichkeiten, sich über den Inhalt der aktuellen Beschlüsse und der für die Wohnungseigentümer geltenden gerichtlichen Entscheidungen näher zu informieren, verbessert. Dazu ist in § 24 Abs. 7 WEG eine Beschluss-Sammlung beim Verwalter eingeführt worden.
- Schließlich hat die Novelle für bestimmte Forderungen in § 10 Abs. 1 Nr. 2 ZVG ein begrenztes Vorrecht vor Grundpfandrechten in der Zwangsversteigerung eingeführt.

IV. Konzeption des Buches

Das vorliegende Buch möchte die **Neuregelungen des WEG umfassend** darstellen. Die Ausführungen erfolgen getrennt nach der jeweils geänderten Vorschrift, wobei die Neuerungen selbstverständlich in einen Gesamtkontext gestellt werden. Nicht Gegenstand des Werks ist dagegen eine Gesamtdarstellung des Wohnungseigentumsrechts. Bei der Bearbeitung wurde besonderer Wert darauf gelegt, nicht nur den Regelungsgehalt, sondern bereits jetzt erkennbare praktische Probleme zu erörtern. Die Ausführungen verbleiben demgemäß nicht im theoretischen Bereich. Vielmehr sollen die Erläuterungen durch gebildete Beispielsfälle und Schaubilder plastisch und transparent werden. Darüber hinaus enthält das Buch auch zahlreiche praktische Tipps für die Umsetzung des neuen Wohnungseigentumsrechts in der Praxis.

§ 1 Die Zustimmung dinglich Berechtigter zu Vereinbarungen

I. Vereinbarungen

Das Verhältnis der Wohnungseigentümer untereinander bestimmt sich grundsätzlich nach den Regelungen der §§ 10 ff. WEG. Nach § 10 Abs. 2 Satz 2 WEG können die Wohnungseigentümer durch Vereinbarungen ihr Gemeinschaftsverhältnis auch abweichend von den gesetzlichen Vorgaben frei regeln. Die Gesamtheit solcher, das Verhältnis der Wohnungseigentümer untereinander regelnder Vereinbarungen wird **Gemeinschaftsordnung** genannt.[1]

Vereinbarungen können nach § 5 Abs. 4 Satz 1 WEG zum Inhalt des jeweiligen Sondereigentums gemacht werden. Dies erfolgt durch Eintragung der Vereinbarung in das Grundbuch gem. § 10 Abs. 3 WEG. Weil die Eintragung von Vereinbarungen in das Grundbuch das Sondereigentum ausgestaltet, wird verständlich, dass ein solcher Vorgang auch die Rechte dinglich Berechtigter beeinträchtigen kann.

II. Die Zustimmung dinglich Berechtigter zu neuen Vereinbarungen (§ 5 Abs. 4 WEG)

1. Bisherige Rechtslage

Bei einer Änderung der Gemeinschaftsordnung durch eine (abändernde) neue Vereinbarung war nach der bisherigen Gesetzeslage in entsprechender Anwendung von §§ 876, 877 BGB eine **Zustimmung dinglich Berechtigter** am Wohnungseigentum und meist auch von Vormerkungsberechtigten **erforderlich**, soweit die Änderung durch Grundbucheintragung zum **Inhalt des Sondereigentums** und damit zur Änderung des Eigentumsinhalts werden sollte. Hintergrund dieser ganz herrschenden Auffassung in Rechtsprechung und Literatur[2] war, dass durch die vereinbarte Veränderung auch der Inhalt des betroffenen Sondereigentums tangiert und somit die dingliche Berechtigung an diesem Sondereigentum ebenfalls beeinträchtigt wird. Nur wenn eine **rechtliche Benachteiligung** der Berechtigten ausgeschlossen werden konnte, war eine solche Zustimmung entbehrlich.[3]

Zustimmungspflichtig waren demnach stets Vereinbarungen, die den Wert des Wohnungseigentums als Haftungsgegenstand minderten, wie Benutzungsbeschränkung für Gemeinschaftseigentum durch Zuweisung eines Sondernutzungsrechts an einen Wohnungseigentümer oder Begründung von Verfügungsbeschränkungen. Dieses Erfordernis galt aber nur für Vereinbarungen, die in das Grundbuch eingetragen werden sollten. Da schuldrechtliche Vereinbarungen nicht durch eine Grundbucheintragung zum Inhalt des Sondereigentums werden, somit Sondernachfolger nicht binden, sondern grundsätzlich nur temporär gelten, bedurfte es für eine Veränderung nur schuldrechtlicher Vereinbarungen und keiner Zustimmung dinglich Berechtigter.

Bei Großanlagen konnte deshalb eine Änderung der Gemeinschaftsordnung eine **Vielzahl von Zustimmungen** dinglich Berechtigter nach sich ziehen. Die Unkosten der

---

[1] Ausführlich zu Vereinbarungen § 3 Rdnr. 117 ff.
[2] Bamberger/Roth/*Hügel* § 10 WEG Rdnr. 12; KK-WEG/*Elzer* § 10 Rdnr. 166 jeweils m. w. N.
[3] BGH NJW 1984, 2409; BayObLG DNotZ 1990, 381.

wegen § 29 GBO öffentlich zu beglaubigenden Erklärungen erreichten leicht eine Höhe, die eine geplante und notwendige Veränderung als außerhalb jeder Relation erscheinen ließ. Vergegenwärtigt man sich, dass diese Prozedur auch für erforderlich gehalten wurde, wenn wirtschaftlich kein Sondereigentum benachteiligt wurde, wird verständlich, weshalb der Gesetzgeber von dem strengen Zustimmungserfordernis abrücken wollte.

5 **Beispiel:**

Nach der Rechtsprechung des BGH war für die nachträgliche Begründung von Sondernutzungsrechten eine Zustimmung der Grundpfandrechtsgläubiger jeder Sondereigentumseinheit selbst dann notwendig, wenn jeder Wohnungseigentümer der betreffenden Anlage einen Stellplatz erhalten hatte. Entscheidendes Kriterium für dieses Ergebnis war, dass der Ausschluss des Mitgebrauchs an den anderen Stellplätzen als rechtliche Beeinträchtigung zu betrachten war.[4]

2. Die Neuregelung in § 5 Abs. 4 WEG

6 Diese Rechtslage und deren praktische Handhabung haben den Gesetzgeber bewogen, an den bisherigen § 5 Abs. 4 WEG zwei neue Sätze anzufügen. Nach dieser Neuregelung ist eine Zustimmung von Gläubigern einer Hypothek, Grund- oder Rentenschuld oder einer Reallast nicht mehr generell erforderlich, sondern nur wenn ein Sondernutzungsrecht begründet oder ein mit dem Wohnungseigentum verbundenes Sondernutzungsrecht aufgehoben, geändert oder übertragen wird. Bei der Begründung eines Sondernutzungsrechts ist die Zustimmung des Dritten nicht erforderlich, wenn durch die Vereinbarung gleichzeitig das zu seinen Gunsten belastete Wohnungseigentum mit einem Sondernutzungsrecht verbunden wird.[5]

7 Damit bedarf eine Vereinbarung oder die Veränderung einer Vereinbarung nach der Neuregelung nur noch in **zwei Fallkonstellationen** der Zustimmung Dritter, nämlich wenn

(a) es sich um andere dingliche Belastungen der Sondereigentumseinheiten als Grundpfandrechte oder Reallasten handelt oder

(b) bei Belastung von Sondereigentum mit Grundpfandrechten oder Reallasten dann, wenn die fragliche Vereinbarung die Begründung, Aufhebung, Änderung oder Übertragung von Sondernutzungsrechten zum Inhalt hat. Diese grundsätzliche Zustimmung bei der Begründung von Sondernutzungsrechten ist im konkreten Einzelfall aber nur von den dinglich Berechtigten solcher Wohnungseigentumsrechte erforderlich, die nicht selbst mit einem Sondernutzungsrecht verbunden werden.

8 Im Übrigen ändert § 5 Abs. 4 WEG nichts daran, dass die **Zustimmung entbehrlich** ist, wenn **keine Beeinträchtigung** des Rechts vorliegt. Die Neuregelung beinhaltet nämlich eine Einschränkung, nicht aber eine Erweiterung des Zustimmungserfordernisses, das sich weiterhin aus den §§ 876, 877 BGB ergibt. Dies folgt bereits aus dem Wort „nur" und wird durch die Wörter „nach anderen Rechtsvorschriften notwendige (Zustimmung)" unterstrichen.[6]

Zusammenfassend lassen sich die Fälle, in denen eine Zustimmung dinglich Berechtigter zur Begründung, Aufhebung, Änderung oder Übertragung eines Sondernutzungsrechts nicht erforderlich sind, wie folgt im **Überblick** darstellen.

---

[4] BGH NJW 1984, 2409.
[5] Grundsätzlich zustimmend zu dieser Lösung *Abramenko* ZMR 2005, 22, 23; *Hinz* ZMR 2005, 271, 272; *Frohne* ZMR 2005, 512, 513; *Demharter* NZM 2006, 489, 490.
[6] BT-Drucksache 16/887, S. 15.

III. Kritik und Anwendungsprobleme

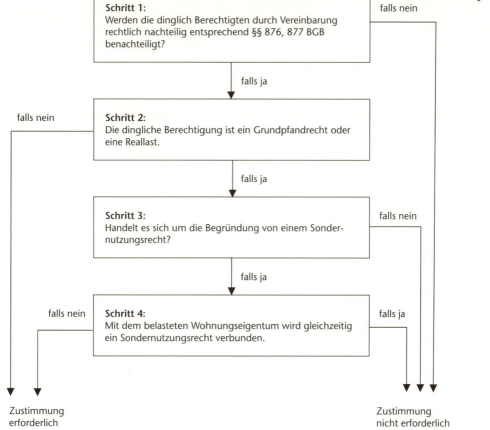

III. Kritik und Anwendungsprobleme

Auch wenn diese Neuregelung auf den ersten Blick als wünschenswerte Erleichterung in der Praxis angesehen werden kann, ergeben sich schnell Abgrenzungsfragen und Wertungswidersprüche.

1. Fehlende Legaldefinition

In § 5 Abs. 4 WEG wird erstmals der Begriff „Sondernutzungsrecht" in das WEG eingeführt. Der Gesetzgeber verzichtet allerdings dabei auf eine gesetzliche Definition dieses Begriffes. Er hält dies weder für erforderlich noch für sinnvoll, da sich dieses Rechtsinstitut als Schöpfung der Praxis auch ohne Legaldefinition bewährt habe.[7] Diese Meinung kann nicht unwidersprochen bleiben. Zwar sind Sondernutzungsrechte aus dem Wohnungseigentumsrecht tatsächlich kaum mehr wegzudenken, gleichwohl kann von einem **geklärten Rechtsbegriff** in diesem Zusammenhang **nicht** gesprochen werden.

---

[7] BT-Drucksache 16/887, S. 16.

2. Begriff und Wesen des Sondernutzungsrechts

12 Nach § 13 Abs. 2 WEG steht jedem Miteigentümer der Gebrauch am gemeinschaftlichen Eigentum zu. Sofern es sich um einen ordnungsmäßigen Gebrauch handelt, erfolgt innerhalb der Gemeinschaft eine Regelung durch Mehrheitsbeschluss (§ 15 Abs. 2 WEG). Soweit einem Wohnungseigentümer ein darüber hinausgehendes, ausschließliches Nutzungsrecht an Teilen des gemeinschaftlichen Eigentums (z. B. Terrasse, Garten, Pkw-Stellplatz) überlassen wird, bedarf es der Zustimmung aller Wohnungseigentümer, weil dadurch deren **Mitgebrauchsrecht entzogen** und dadurch die gesetzliche Regelung in 13 Abs. 2 WEG abgeändert wird. Die Einräumung eines ausschließlichen Nutzungsrechts zugunsten eines bestimmten Wohnungseigentümers enthält eine **entziehende und** eine **zuweisende Komponente**.[8] Inhaltlich stellt ein Sondernutzungsrecht immer eine Gebrauchsregelung dar.[9]

13 Durch den Entzug des Mitgebrauchs und der dadurch bedingten Änderung der gesetzlichen Regelung in § 13 Abs. 2 WEG stellt die Begründung eines Sondernutzungsrechts nach dem Verständnis der Rechtsprechung **keine bloße Gebrauchsregelung** nach § 15 Abs. 2 WEG dar, sondern eine gesetzesändernde Vereinbarung.[10] Die Dogmatik von Sondernutzungsrechten kann jedoch auch nach dieser neueren Entwicklung noch nicht als geklärt angesehen werden,[11] insbesondere bleibt die **Abgrenzung zu bloßen Gebrauchsregelungen** nach § 15 Abs. 2 WEG schwierig.[12]

14 Auch die Rechtsprechung ist sich hierbei nicht immer sicher. So besteht nach unzutreffender Ansicht des OLG Hamm eine Beschlusskompetenz der Eigentümerversammlung für eine Gebrauchsregelung, durch die eine gemeinschaftliche Gartenfläche räumlich aufgeteilt und die gebildeten Teilflächen jeweils einer Gruppe von Miteigentümer zur ausschließlichen Benutzung zugewiesen werden. Es handele sich hierbei um eine Gebrauchsregelung und nicht um die Begründung eines Sondernutzungsrechts.[13]

15 Andere Oberlandesgerichte wiederum lehnen die Eintragung einer Gebrauchsregelung im Grundbuch ab, weil in den entschiedenen Fällen kein ausschließliches Nutzungsrecht für einen Wohnungseigentümer begründet wurde und nur ein solches als Sondernutzungsrecht im Grundbuch eintragungsfähig sei.[14] Eine **gesetzliche Definition** des Begriffs „Sondernutzungsrechts" wäre daher zwar ungemein diffizil, vor diesem Hintergrund aber gleichwohl **wünschenswert** gewesen.

3. Keine Zustimmung bei gleichzeitiger Verbindung mit Sondernutzungsrecht

16 Auch die Ausnahme vom Zustimmungserfordernis bei gleichzeitiger Verbindung mit einem Sondernutzungsrecht in § 5 Abs. 4 Satz 3 WEG ist nicht unproblematisch. Der Gesetzgeber hatte den Fall einer gleichzeitigen Verteilung von etwa **gleichwertigen Sondernutzungsrechten** vor Augen. Wie aber stellt sich der folgende Fall dar?

Beispiel:

17 Eine Wohnungseigentumsanlage besteht aus zehn Wohnungen, von denen neun noch dem Bauträger B gehören, eine dem Eigentümer A. Die neun Wohnungen sind mit einer Gesamtgrundschuld für die Bank

---

[8] OLG Hamm WE 1999, 138; BayObLG Rpfleger 1990, 63.
[9] *Hügel/Scheel* Rdnr. 297.
[10] BGH NJW 2000, 3500.
[11] Ausführlich hierzu *Häublein*, Sondernutzungsrechte und ihre Begründung im Wohnungseigentumsrecht, 2002.
[12] Ebenso *Demharter* NZM 2006, 489, 490.
[13] OLG Hamm ZMR 2005, 400.
[14] So OLG Naumburg FGPrax 1998, 92; OLG Jena Rpfleger 1999, 70.

III. Kritik und Anwendungsprobleme

des Bauträgers belastet, die Wohnung von A mit einer Grundschuld für seine finanzierende Bank. A und B vereinbaren nun, dass auf der Grundstücksfläche zehn Pkw-Stellplätze als Sondernutzungsrechte begründet werden, von denen A neun und B einen erhalten soll.

Nach der Neuregelung bedarf es keiner Zustimmung der Globalgläubigerin, obwohl sie auf diese Weise wirtschaftlich und rechtlich einen erheblichen Nachteil erleidet. Der Bauträger kann so an der Bank vorbei nicht unerhebliche Entgelte vereinnahmen, ohne dass seine Bank hiervon Kenntnis erhält. Die gesetzliche Neuregelung ermuntert einen bestimmten Typ Bauträger geradezu, Stellplätze in Form von Sondernutzungsrechten erst nach der Teilungserklärung durch Vereinbarung mit den zukünftigen Erwerbern zu begründen, um so die Stellplatzveräußerung ohne Wissen und Mitwirken der Globalgläubigerin vorzunehmen.

Auch in anderen Fallkonstellationen eröffnet § 5 Abs. 4 WEG **Umgehungsstrategien** im Hinblick auf eine notwendige Zustimmung von Grundpfandrechtsgläubigern. Hierzu folgendes

Beispiel:

In einer Eigentumswohnungsanlage mit zwanzig Einheiten, die alle mit Finanzierungsgrundschulden belastet sind, soll für einen Wohnungseigentümer nachträglich ein Sondernutzungsrecht an einem Pkw-Stellplatz bestellt werden.

An sich wäre hierzu die Zustimmung der jeweiligen Bank der neunzehn Einheiten, die kein Sondernutzungsrecht erhalten sollen, erforderlich. Zur Vermeidung der nicht unerheblichen Kosten für die Zustimmungserklärungen und zur Verringerung des Zeitaufwands wird die Praxis sicher schnell auf die Lösung kommen, den anderen neunzehn Einheiten ebenfalls ein Sondernutzungsrecht zu bestellen. Da § 5 Abs. 4 Satz 3 WEG nicht auf einen in etwa gleichwertigen Inhalt der jeweils verbundenen Sondernutzungsrechte abstellt,[15] können diese anderen neunzehn Sondernutzungsrechte einen völlig anderen Inhalt haben und geringwertigst sein.

Beispiel:

So genügt es nach dem Wortlaut des Gesetzes beispielsweise, den anderen Einheiten jeweils eine Fläche von je 1 qm an einer gemeinsamen Grundstücksfläche zuzuordnen. Auch eine Glasscheibe im jeweiligen Sondereigentumsbereich oder der jeweilige Klingelknopf an der gemeinsamen Klingelanlage könnte als geeignete Fläche für ein Sondernutzungsrecht in Betracht kommen.

Für diese Flächen kann die Eigentümergemeinschaft sogar weiterhin unterhaltungs- und kostentragungspflichtig bleiben, da ohne ausdrückliche anderslautende Regelung bei einem Sondernutzungsrecht die Kosten bei der Gemeinschaft verbleiben.[16] In jedem Fall lässt der Wortlaut der Neuregelung bei einer solchen Gestaltung die Notwendigkeit einer Zustimmung der Grundpfandrechtsgläubiger entfallen. Die in § 5 Abs. 4 benannten Ausnahmefälle für ein Zustimmungserfordernis bieten damit Grundlage für eine „**geschickte**" Gestaltung in der Praxis.

Verstärkt werden die hieraus resultierenden Zweifel an der neuen gesetzlichen Bestimmung, wenn man bedenkt, dass Regelungen der Wohnungseigentümer, die auf Grund einer in der Gemeinschaftsordnung enthaltenen **Öffnungsklausel** getroffen werden, wegen der Bestimmung in § 10 Abs. 4 WEG Beschlussqualität zukommen soll. Damit bedürften solche Beschlüsse kraft gesetzlicher Anordnung nie der Zustimmung dinglich Berechtigter, obwohl sie in einer Vielzahl von Fällen denselben Inhalt besitzen

---

[15] Kritisch hierzu auch *Demharter* NZM 2006, 489, 490.
[16] KG MietRB 2005, 267 mit Anm. *Hügel*; KK-WEG/*Abramenko* § 13 Rdnr. 39.

wie eine Vereinbarung. Dies gilt vor allem dann, wenn Sondernutzungsrechte über eine Öffnungsklausel begründet werden.[17]

4. Wertungswiderspruch zu anderen Vereinbarungen

25 Zwar ist dem Gesetzgeber darin zuzustimmen, dass es sich bei Sondernutzungsrechten um die wirtschaftlich bedeutendste Ausprägung von Vereinbarungen handelt. Ein Sondernutzungsrecht steht Sondereigentum wirtschaftlich sehr nahe. Gleichwohl darf nicht übersehen werden, dass auch durch sonstige nachträgliche Vereinbarungen tief in den Inhalt eines Sondereigentums eingegriffen werden kann. Zu denken ist beispielsweise an eine **nachträgliche Nutzungsbeschränkung** einer Teileigentumseinheit, die vorher unbeschränkt für jedes Gewerbe genutzt werden durfte, nach der Änderung aber nur noch als Büroraum. Auch durch eine nachträgliche, zu Lasten einer bestimmten Einheit gehende **Kostentragungsregelung** kann eine wesentliche Beeinträchtigung erfolgen.

26 Insoweit kann die Gesetzesbegründung nicht überzeugen, wenn dort festgestellt wird, dass zum Zeitpunkt des Abschlusses solcher Vereinbarungen noch nicht konkret festgestellt werden könnte, ob durch sie eine Einschränkung der Verwertungsmöglichkeit erzeugt werde. Dies sei erst im Zeitpunkt der Vollstreckung möglich.[18] Vielmehr wirkt die Neuregelung in ihrer Beschränkung auf Sondernutzungsrechte **nicht frei von Wertungswidersprüchen**.

IV. Verbleibende Zustimmungsfälle

27 Liegen die Vorraussetzungen für ein Wegfallen des Zustimmungserfordernisses nicht vor, verbleibt es bei der bisherigen Gesetzeslage, d. h. es müssen die Zustimmungen der jeweilig dinglich Berechtigten eingeholt werden. Dies betrifft vor allem die Fälle, in denen ein Recht in Abt. II des Grundbuchs eingetragen ist, **wie beschränkte persönliche Dienstbarkeiten, Grunddienstbarkeiten, Nießbrauch, Wohnungsrecht sowie Dauerwohn- und Dauernutzungsrechte**. Zu Recht weist die Gesetzesbegründung darauf hin, dass die Anzahl solcher Rechte im Vergleich zu Grundpfandrechten gering ist und deshalb aus Gründen der Praktikabilität auf eine Einschränkung der Zustimmungsbedürftigkeit verzichtet werden kann,[19] zumal insbesondere Dienstbarkeiten und Vorkaufsrechte meist auf dem Grundstück selbst lasten und durch eine Vereinbarung der Wohnungseigentümer nicht berührt werden können.[20]

28 Das Gesetz enthält – anders als im ursprünglichen Entwurf vorgesehen – nun keine ausdrückliche Regelung für im Grundbuch eingetragene **Vormerkungen**. Die generelle Zustimmungspflicht durch Vormerkungsberechtigte wäre mit dem Wesen und der Wirkung einer Vormerkung dogmatisch kaum in Einklang zu bringen gewesen.[21] Vielmehr bleibt es wie bisher der Rechtsprechung und der Praxis überlassen, die Behandlung der verschiedenen Anwendungsbereiche einer Vormerkung im Rahmen der §§ 876, 877 BGB und damit auch des § 5 Abs. 4 WEG zu beurteilen.

---

[17] Ausführlich zu diesem Widerspruch § 3 Rdnr. 140.
[18] BT-Drucksache 16/887 S. 15.
[19] BT-Drucksache 16/887 S. 16.
[20] *Schöner/Stöber*, Grundbuchrecht Rdnr. 2849; *Röll* MittBayNot 2002, 399; a. A. BayObLG MittBayNot 2002, 397 = NJW-RR 2002, 1526.
[21] Eine berechtigte Kritik an einer solchen Lösung findet sich bei *Klein* ZWE 2005, 133.

IV. Verbleibende Zustimmungsfälle

Praxistipp

In allen Fällen, in denen auch nach der Neufassung des § 5 Abs. 4 WEG noch eine Zustimmung dinglich Berechtigter erforderlich ist und in denen das Einholen dieser Erklärungen zeitaufwändig und/oder kostspielig ist, bietet sich wie bisher der Weg über ein **Unschädlichkeitszeugnis** an. 29

Die Bundesländer[22] haben ein auf Art. 120 mit Art. 1 Abs. 2 EGBGB beruhendes Gesetz, das Unschädlichkeitszeugnis betreffend, erlassen.[23] Danach wird im Falle der Veräußerung eines Grundstücksteils dieser Teil von den Belastungen befreit, wenn von der zuständigen Behörde festgestellt wird, dass die Rechtsänderung für die Berechtigten unschädlich ist. Die meisten landesrechtlichen Unschädlichkeitsgesetze finden ihrem Wortlaut nach zwar keine Anwendung im Wohnungseigentumsrecht. Gleichwohl besteht Übereinstimmung, dass sie über ihren Wortlaut hinaus im Bereich des Wohnungseigentums ebenfalls Anwendung finden.[24] Dies gilt insbesondere auch, wenn sich die Beeinträchtigung für die Berechtigten nicht aus der Veräußerung eines Grundstücksteils, sondern durch die nachträgliche Begründung von Sondernutzungsrechten ergibt.[25] 30

---

[22] Siehe die Auflistung bei Meikel/*Böttcher* GBO § 27 Rdnr. 103.
[23] Allgemein hierzu *Demharter* MittBayNot 2004, 17.
[24] BayObLG MittBayNot 2004, 43 = FGPrax 2003, 215 = ZfIR 2003, 781 = ZWE 2004, 275; OLG Hamburg MittBayNot 2002, 399; so jetzt ausdrücklich auch Art. 1 Abs. 2 BayUZG.
[25] BayObLG MittBayNot 1988, 75.

§ 2 Länderöffnungsklausel für Aufteilungsplan und Abgeschlossenheitsbescheinigung

I. Allgemeines

1   Das Gesetz verlangt in § 7 Abs. 4 WEG, dass bei der Begründung von Wohnungseigentum der Eintragungsbewilligung, die dem Grundbuchamt zum Vollzug eingereicht wird, ein Aufteilungsplan und eine Abgeschlossenheitsbescheinigung als Anlage beizufügen sind. Beide Anlagen finden nur Beachtung, wenn sie jeweils von der Baubehörde mit Unterschrift und Siegel oder Stempel versehen sind. Hierdurch werden bauliche Fragen dem Grundbuchamt in der notwendigen Form nachgewiesen. **Beifügen** bedeutet hierbei nicht Mitbeurkundung als Anlage (§§ 9 Abs. 1 Satz 3, 44 BeurkG), sondern Aufteilungsplan und Abgeschlossenheitsbescheinigung müssen zur Eintragung vorgelegt und die Zusammengehörigkeit mit der Eintragungsbewilligung deutlich werden.[1]

II. Aufteilungsplan

2   Der zur Bildung von Wohnungseigentum erforderliche Aufteilungsplan ist in § 7 Abs. 4 Nr. 1 WEG definiert als „eine von der Baubehörde mit Unterschrift und Siegel oder Stempel versehene Baubezeichnung, aus der die Aufteilung des Gebäudes sowie die Lage und Größe der im Sondereigentum und der im gemeinschaftlichen Eigentum stehenden Gebäudeteile ersichtlich ist; alle zu demselben Wohnungseigentum gehörenden Einzelräume sind mit der jeweils gleichen Nummer zu kennzeichnen". Es ist allerdings nicht erforderlich, dass jeder Raum, der zur selben Einheit gehört, mit derselben Nummer bezeichnet ist. Entscheidend ist nur die Beachtung des **Grundsatzes der Bestimmtheit**. Die Nummern müssen nicht fortlaufend sein; sie können sich durch Beifügung eines Buchstabens unterscheiden. Es genügt, wenn die zusammengehörigen Räume farbig umrandet und mit einer Nummer versehen sind.[2] Eine farbige Umrandung besagt nicht, dass alles, was sich innerhalb der Umrandung befindet, Sondereigentum einschließlich etwaiger notwendigerweise gemeinschaftlicher Teile wird. Das Gesetz lässt hier eine gewisse Freiheit für den Aufteilungsplan zu. Auf jedem Fall muss die **Identifizierbarkeit** gesichert sein.

3   Da der Aufteilungsplan von der Baubehörde mit Unterschrift und Siegel oder Stempel versehen sein muss, stellt er einen amtlichen Plan dar, der den Anforderungen von Nr. 2 ff. der Allg. Verwaltungsvorschrift für die Ausstellung von Bescheinigungen gemäß § 7 Abs. 4 Nr. 2 und § 32 Nr. 2 WEG vom 19. 3. 1974[3] zu entsprechen hat. So muss er mindestens einen Maßstab von 1:100 haben. Bei bestehenden Gebäuden hat er dem tatsächlichen Baubestand und bei zu errichtenden Gebäuden den bauaufsichtlichen (baupolizeilichen) Vorschriften zu entsprechen.[4]

4   Der Aufteilungsplan ist somit die **Grundlage für die sachenrechtliche Aufteilung** des ursprünglich einheitlichen Anwesens in mehrere Eigentumseinheiten. Der Aufteilungsplan hat für das Wohnungseigentum eine vergleichbare Aufgabe wie das Liegenschafts-

---

[1] BayObLG DNotZ 2003, 275 m. Anm. *Schmidt*; OLG Zweibrücken MittBayNot 1983, 242; Würzburger Notarhandbuch/*Hügel* Teil 2 Rdnr. 1540.
[2] BayObLG Rpfleger 1982, 21.
[3] BAnz. 1974, Nr. 58, abgedruckt bei *Hügel/Scheel* Anhang I.
[4] BayVGH NZM 1999, 260.

kataster für die Lage eines Grundstücks in der Natur.[5] Er sichert die **sachenrechtliche Bestimmtheit**. Er hat die Aufgabe, die Aufteilung des ganzen Gebäudes nach Größe und Lage des Gemeinschaftseigentums und Sondereigentums sowie deren exakte räumliche Abgrenzung zueinander darzustellen,[6] er muss diese eindeutig und klar erkennen lassen. Hierzu hat die Bauzeichnung i.d.R. Grundrisse der einzelnen Stockwerke einschließlich Keller und Dachgeschoss sowie auch Schnitte und Ansichten des Gebäudes zu enthalten.[7]

Vor diesem Hintergrund wird deutlich, dass Fehler und Unterlassungen bei der Erstellung des Aufteilungsplans erhebliche Auswirkungen besitzen können. Werden Räume beispielsweise nicht als zu einer bestimmten Einheit gehörend gekennzeichnet, kann an diesen Sondereigentum nicht entstehen. Sie verbleiben vielmehr im gemeinschaftlichen Eigentum. Die Bestätigung des durch den Antragsteller eingereichten Aufteilungsplanes ist daher keineswegs nur ein lästiger, rein bürokratischer Akt, sondern **bedarf einer fachlichen Kompetenz**.

III. Abgeschlossenheitsbescheinigung

Das Grundbuchamt darf die Aufteilung in Wohnungseigentum nach § 7 Abs. 4 Nr. 2 WEG nur eintragen, wenn ihm eine Bescheinigung der Baubehörde vorgelegt wird, dass die Voraussetzungen des § 3 Abs. 2 WEG vorliegen. In dieser Vorschrift ist eine der grundlegenden Anforderungen zur Bildung von Wohnungseigentum enthalten. Die Bildung von Wohnungseigentum soll nur dann erfolgen, wenn die Wohnungen oder sonstigen Räume in sich abgeschlossen sind.

Zweck des Abgeschlossenheitserfordernisses ist es, eine **eindeutige räumliche Abgrenzung** der Sondereigentumsbereiche untereinander sowie zum gemeinschaftlichen Eigentum zu gewährleisten und dadurch Streitigkeiten zu vermeiden, wie sie unter der Geltung des früheren Stockwerkeigentums als Folge unklarer Verhältnisse entstanden sind.[8] Diese gesetzliche Anforderung dient damit nur dem Schutz solcher Wohnungseigentümer, die durch eine fehlende oder weggefallene Trennung der verschiedenen Bereiche berührt werden, nicht aber dem Schutz anderer Wohnungseigentümer.[9]

Eine **gesetzliche Definition des Begriffes Abgeschlossenheit** enthält das WEG **nicht**. Die Abgeschlossenheit ist ein tatsächlicher Zustand und **erfordert dreierlei**: Abgeschlossenheit gegenüber anderem Sonder- oder Gemeinschaftseigentum, Zugangsmöglichkeit und eine bestimmte Ausstattung.[10] So muss eine Wohnung zur Führung eines selbständigen Haushalts geeignet sein, also beispielsweise mit Küche und Toilette ausgestattet sein. Einen Anhalt gibt Nr. 5 der Allgemeinen Verwaltungsvorschrift zu § 7 Abs. 4 Nr. 2 WEG.[11] Zu abgeschlossenen Wohnungen können zusätzliche Räume außerhalb des Wohnungsabschlusses gehören.[12] Die Baubehörde kann die Erteilung der **Abgeschlossenheitsbescheinigung** nicht davon abhängig machen, dass die Anforderungen des aktuellen Bauordnungsrechtes des jeweiligen Bundeslandes hinsichtlich der Trennwände und Geschossdecken erfüllt sind.[13]

---

[5] KK-WEG/*Schneider* § 7 Rdnr. 84.
[6] BGH NJW 2004, 1798; BGH NJW 1995, 2851.
[7] BayObLG DNotZ 2003, 275.
[8] GmS-OBG, BGHZ 119, 44; *Rapp* MittBayNot 1995, 283.
[9] BGH NotBZ 2001, 105 m. Anm. *Hügel*.
[10] *Röll* MittBayNot 1991, 241; zustimmend m.w.N. Staudinger/*Rapp* § 3 WEG Rdnr. 15.
[11] BAnz. 1974, Nr. 58, abgedruckt bei *Hügel/Scheel* Anhang I.
[12] Nr. 5a der Allg. Verwaltungsvorschrift a.a.O.
[13] GmS-OBG NJW 1992, 3290.

9 Mit der Abgeschlossenheitsbescheinigung der Bauaufsichtsbehörde ist dem Grundbuchamt **nachzuweisen**, dass die Voraussetzungen des § 3 Abs. 2 WEG vorliegen. Dadurch wird das Grundbuchamt der Notwendigkeit enthoben, selbst nachzuprüfen, ob die Voraussetzungen in Wirklichkeit vorliegen. Der teilende Eigentümer ist verpflichtet, der Baubehörde eine den tatsächlichen Gegebenheiten entsprechende Bauzeichnung vorzulegen.[14]

10 Das Gesetz enthält hier eine **Sollvorschrift**, der Ordnungsfunktion zukommt.[15] Bei einem Verstoß gegen dieses Erfordernis ist das eingetragene Wohnungseigentum weder nichtig noch anfechtbar.[16] Erkennt jedoch das Grundbuchamt, dass die Wohnungen nicht in sich abgeschlossen sind, so hat es die Anlegung der Wohnungsgrundbücher selbst dann zu verweigern, wenn eine Abgeschlossenheitsbescheinigung der Baubehörde vorliegt.[17]

IV. Zuständige Behörde

11 Die **Bauaufsichtsbehörde** ist grundsätzlich die zuständige Stelle für die behördliche Bestätigung von Aufteilungsplänen und zur Erteilung der Abgeschlossenheitsbescheinigung. Zu Recht verweist die Gesetzesbegründung darauf, dass es auch weiterhin sinnvoll ist, die Einhaltung der gesetzlichen Vorgaben von fachlich kompetenten und vom Bauherrn unabhängigen Personen prüfen zu lassen.[18]

V. Die Länderöffnungsklausel für Sachverständige

1. Die Öffnungsklausel nach der Neuregelung in §§ 7 Abs. 4, 32 Abs. 2 WEG

12 Die Neuregelung belässt es in § 7 Abs. 4 WEG bzw. § 32 Abs. 2 WEG bei der **grundsätzlichen Zuständigkeit der Baubehörde**, führt jedoch gleichzeitig eine **Öffnungsklausel** für die Bundesländer ein, die es diesen ermöglicht, durch Rechtsverordnung die Zuständigkeit anstelle der Baubehörde auf einen öffentlich bestellten oder anerkannten Sachverständigen für das Bauwesen zu übertragen. Damit soll den veränderten tatsächlichen und rechtlichen Verhältnissen im Bauwesen seit Inkrafttreten des WEG Rechung getragen werden.[19] Dieser Zuständigkeitstransfer kann generell oder nur für bestimmte Fälle, etwa nur für genehmigungsfreie Bauvorhaben, erfolgen. Die Landesregierungen können zudem nach § 7 Abs. 4 Satz 5 WEG ihre Ermächtigung zum Erlass einer Übertragungsvorschrift auf die Landesbauverwaltungen übertragen.

2. Mögliche Sachverständige

13 Die Regelung stellt auf einen „**öffentlich bestellten oder anerkannten Sachverständigen**" ab. Hierzu zählen sowohl die etwa von einer Industrie- und Handelskammer **öffentlich bestellten** (§ 404 Abs. 2 ZPO) und die nach den landesrechtlichen Bauvorschriften **staatlich anerkannten Sachverständigen**. Auch soweit die Bauvorschriften der Länder Sachverständige nach Fachbereichen unterscheiden, ist dies hier nicht von Bedeutung, da die für den Aufteilungsplan und die Abgeschlossenheitsbescheinigung erforderlichen Kenntnisse bei den Sachverständigen aller Fachbereiche vorhanden sind.

---

[14] BayObLG MittBayNot 1994, 225.
[15] BGH NJW 1990, 1111; OLG Köln NJW-RR 1994, 717.
[16] BayObLG Rpfleger 1980, 295.
[17] BayObLGZ 71, 102.
[18] BT-Drucksache 16/887 S. 17.
[19] BT-Drucksache 16/887 S. 17.

V. Die Länderöffnungsklausel für Sachverständige

Diese Personengruppe gewährleistet die vom Gesetzgeber gewünschte Unabhängigkeit gegenüber dem teilenden Eigentümer. Diese ist erforderlich, damit die Genauigkeit der Angaben im Aufteilungsplan hinreichend sicher geprüft werden kann. Sie wäre nicht gewahrt, wenn der Bauvorlageberechtigte den Aufteilungsplan ausfertigen oder wenn er die Abgeschlossenheit bescheinigen könnte.[20]

3. Entsprechende Anwendung verwaltungsrechtlicher Vorschriften

Sofern ein Land von seiner Übertragungskompetenz Gebrauch macht, gelten aufgrund § 7 Abs. 4 Satz 4 WEG bzw. § 32 Abs. 2 Satz 4 WEG die Bestimmungen der Allgemeinen Verwaltungsvorschrift für die Ausstellung von Abgeschlossenheitsbescheinigungen vom 19. März 1974[21] entsprechend. Dies hat auch zur Folge (vgl. Nr. 8 der Vorschrift), dass der Sachverständige eine Abgeschlossenheitsbescheinigung über ein genehmigungsfreies Bauvorhaben erst erteilen darf, wenn die Unterlagen bei der Baubehörde eingegangen sind und mit dem Bauvorhaben nach Ablauf der Wartefrist begonnen werden darf.[22]

4. Notwendige Form

Die Grundbuchordnung bestimmt in § 29 GBO, dass eine Eintragung nur vorgenommen werden soll, wenn die zur Eintragung notwendigen Voraussetzungen durch öffentliche Urkunden nachgewiesen sind. Diese grundbuchrechtliche Anforderung war nach bisheriger Rechtslage kein Problem für den Vollzug einer Teilungserklärung im Grundbuch. Die durch die Bauaufsichtsbehörde gesiegelte Abgeschlossenheitsbescheinigung nebst den behördlich bestätigten Aufteilungsplänen genügten dem formellen Grundbuchrecht. Öffentlich bestellte oder anerkannte Sachverständigen hingegen besitzen kein grundbuchrelevantes Siegel. Ihre Bescheinigungen genügen daher nicht der von § 29 GBO geforderten Form.

Im Gesetzesentwurf wurde dieses Problem zunächst übersehen. Erst am Ende des Gesetzgebungsverfahrens wurde man auf dieses Formproblem noch aufmerksam und löste es, indem man die von öffentlich bestellten oder anerkannten Sachverständigen erstellten Anlagen nach § 7 Abs. 4 WEG bzw. § 32 Abs. 2 WEG schlicht von dem **Formerfordernis des § 29 GBO befreite**.

5. Vor- und Nachteile einer Zuständigkeitsübertragung

Ob die Länder von der Öffnungsklausel regen Gebrauch machen werden, bleibt abzuwarten, erscheint aber eher unwahrscheinlich. In einer großen Anzahl der praktischen Fällen erfolgt die Aufteilung in Wohnungseigentum in einem **engen zeitlichen Zusammenhang mit Baumaßnahmen**, sei es, weil es sich um einen Neubau handelt, sei es, weil bei einem Altbau die Immobilie zum anschließenden Verkauf erst noch umfangreich saniert und umgebaut werden muss. Für solche größere Bauarbeiten ist **in der Regel eine Baugenehmigung** notwendig, für die die Baubehörde in jedem Fall zuständig ist. Die Erteilung der Abgeschlossenheitsbescheinigung ist dann ein Folgeprodukt, das kaum zusätzlichen Arbeitsaufwand, wohl aber zusätzliche Gebühren für die Behörde mit sich bringt. Der Sachverständige müsste sich hingegen völlig neu in die Unterlagen einarbeiten. Diese Überlegungen dürften eher zu einer Zurückhaltung bei den Landesregierungen im Hinblick auf eine Übertragung der Zuständigkeit führen.

---

[20] BT-Drucksache 16/887 S. 17.
[21] BAnz. 1974, Nr. 58, abgedruckt bei *Hügel/Scheel* Anhang I.
[22] BT-Drucksache 16/887 S. 17.

§ 3 Die teilrechtsfähige Wohnungseigentümergemeinschaft

I. Rechtliche Einordnung

1. Die früher vorherrschende Ansicht

1 Wohnungs- und Teileigentum sind in § 1 Abs. 2 und 3 WEG definiert als die unauflösliche Verbindung von Bruchteilsmiteigentum am Gemeinschaftseigentum mit dem Sondereigentum an Räumen. Die **dogmatische Interpretation des Rechtsinstituts Wohnungseigentum** wurde seit Verkündung des WEG **sehr kontrovers diskutiert.** Nach überwiegender Ansicht wurde Wohnungs- und Teileigentum primär rechtlich durch die Miteigentümergemeinschaft nach Bruchteilen charakterisiert und dementsprechend als besonders ausgestaltetes Miteigentum nach Bruchteilen verstanden.[1] Andere dogmatische Ansätze waren beispielsweise „dreigliedrige Einheit von Miteigentum, Sondereigentum und Teilhabe am Gemeinschaftsverhältnis",[2] dingliche Gesellschaft[3] oder grundstücksgleiches Recht.[4] Nach herrschender Auffassung bildete die Wohnungseigentümergemeinschaft eine Miteigentümergemeinschaft nach Bruchteilen, bei der jedoch die Regelungen der §§ 741 ff. BGB gegenüber den Vorschriften der §§ 10 ff. WEG in den Hintergrund traten. Sie wurde dementsprechend als eine **modifizierte Bruchteilsgemeinschaft** bezeichnet.[5] Eine Wohnungseigentümergemeinschaft hatte konsequenterweise nach bislang herrschender Meinung keine eigene Rechtspersönlichkeit und war als solche weder rechts- noch parteifähig. Es waren immer die Wohnungseigentümer berechtigt und verpflichtet.[6] Die Gemeinschaft selbst konnte deshalb weder klagen noch verklagt werden.

2. Die teilrechtfähige Eigentümergemeinschaft nach dem Verständnis des BGH

2 Mit Beschluss vom 2. 6. 2005 hat der BGH Wohnungseigentümergemeinschaften für rechtsfähig erklärt.[7] Die Gemeinschaft der Wohnungseigentümer ist nach Ansicht des BGH **rechtsfähig,** soweit sie bei der **Verwaltung des gemeinschaftlichen Eigentums** am Rechtsverkehr teilnimmt. Das WEG enthalte zwar keine ausdrückliche Regelung zur Rechtsfähigkeit der Wohnungseigentümergemeinschaft, schließe sie aber auch nicht aus. Aus der Konstruktion des Wohnungseigentums als einer Kombination von Sondereigentum und Bruchteilseigentum lasse sich nicht herleiten, dass der Gesetzgeber die

---

[1] So BGH NJW 2002, 1647; BayObLG DNotZ 1998, 127; Staudinger/*Rapp* Einl. zum WEG Rdnr. 23 ff.; Weitnauer/*Briesemeister* WEG vor § 1 Rdnr. 38; Bamberger/Roth/*Hügel* § 1 WEG Rdnr. 2; *Sauren* WEG Vorbem. Rdnr. 17; KK-WEG/*Förth* § 1 Rdnr. 3; AnwK-BGB/*Heinemann* § 1 WEG Rdnr. 1.

[2] *Bärmann* NJW 1989, 1057; MünchKommBGB/*Commichau* Vor § 1 WEG Rdnr. 21; ähnlich Bärmann/Pick/Merle/*Pick* Einl. WEG Rdnr. 19.

[3] *Junker*, Die Gesellschaft nach dem Wohnungseigentumsgesetz, S. 75.

[4] *Merle*, Das Wohnungseigentum im System des bürgerlichen Rechts, S. 165 ff.

[5] BGH NJW 1999, 2109; BayObLG DNotZ 1985, 424; Bamberger/Roth/*Hügel* § 10 WEG Rdnr. 3 m. w. N.

[6] Vgl. BGH NJW 1998, 3279; BayObLG NZM 2002, 298.

[7] BGH Beschl. vom 2. 6. 2005 – V ZB 32/05, NJW 2005, 2061 = ZMR 2005, 547 = NZM 2005, 543 = ZIP 2005, 1233 = DStR 2005, 1283 = DNotZ 2005, 776 = FGPrax 2005, 143 = MietRB 2005, 232 = NotBZ 2005, 327 = ZNotP 2005, 381.

I. Rechtliche Einordnung

Gemeinschaft als Bruchteilsgemeinschaft nach den §§ 741 ff. BGB konzipieren wollte. Zwar sollte das Wohnungseigentum als echtes Eigentum ausgestaltet werden. Dies betreffe aber nur die sachenrechtliche Seite, nicht die korporative Ausgestaltung der Wohnungseigentümergemeinschaft im Rechtsverkehr. Für eine Rechtsfähigkeit spreche die organisatorische Struktur der Wohnungseigentümergemeinschaft (Gemeinschaftsordnung als Satzung, Entscheidungsmöglichkeit durch Mehrheitsbeschluss, die Existenz von Gemeinschaftsorganen sowie Dauerhaftigkeit der Gemeinschaft), die Entstehungsgeschichte sowie der Regelungszusammenhang der §§ 27, 28 WEG. Für die Teilrechtsfähigkeit der Gemeinschaft spreche zudem ein unabweisbares praktisches Bedürfnis.

Andererseits bedeute die Zuerkennung einer Teilrechtsfähigkeit **nicht**, dass die Wohnungseigentümergemeinschaft eine besondere Form der **Gesellschaft bürgerlichen Rechts** sei. Die Einbindung in den Verband werde nur als „notwendiges Übel" hingenommen. Die Teilungserklärung mit Gemeinschaftsordnung stehe deshalb einer Vereinssatzung näher als einem ausgehandelten Gesellschaftsvertrag. Die Wohnungseigentümergemeinschaft vereine Elemente verschiedener Verbandstypen in sich, ohne insgesamt einem von ihnen anzugehören. Sie sei ein rechtsfähiger Verband „sui generis". Im Gegensatz zu anderen Verbänden sei ihr Zweck nicht frei vereinbar oder gegenüber dem gesetzlichen Leitbild abänderbar. Sie bleibe auf die Verwaltungsfunktion im Innern und die Erleichterung des Rechtsverkehrs nach außen beschränkt.

3. Die teilrechtsfähige Wohnungseigentümergemeinschaft nach dem neuen WEG

a) Die Neuregelung in § 10 Abs. 6 Satz 1 und 2 WEG

Die Novelle des WEG normiert die vom BGH festgestellte Rechtsfähigkeit der Wohnungseigentümergemeinschaft nun ausdrücklich. Nach § 10 Abs. 6 Satz 1 WEG kann die **Eigentümergemeinschaft** im Rahmen der gesamten Verwaltung des gemeinschaftlichen Eigentums gegenüber Dritten und Wohnungseigentümern selbst Rechte erwerben und Pflichten eingehen. Sie ist **Inhaberin** der als Gemeinschaft gesetzlich begründeten und rechtsgeschäftlich erworbenen **Rechte und Pflichten**.

Mit dieser Vorschrift folgt der Gesetzgeber dem vom BGH entwickeltem Modell einer teilrechtsfähigen Eigentümergemeinschaft und stellt dieses auf ein sicheres Fundament. Nach Ansicht des Gesetzgebers spreche wesentlich mehr für als gegen eine Teilrechtsfähigkeit. Hierdurch würde das Wohnungseigentumsrecht praktikabler gestaltet. Zudem habe die Rechtsprechung der Entscheidung des BGH bereits Rechnung getragen, so dass aus Gründen der Rechtssicherheit der Entscheidung des BGH zu folgen sei.[8] Erst mit dieser Neuregelung in § 10 Abs. 6 Satz 1 und 2 WEG werden bestehende **Zweifel** in der Literatur, wonach für eine Teilrechtsfähigkeit nach der bisherigen Rechtslage keine ausreichende Rechtsgrundlage bestehe,[9] **hinfällig**.

b) Rechtliche Bewertung

Der BGH wollte die Rechtsfähigkeit auf den Bereich beschränkt wissen, in dem die Gemeinschaft im Rahmen der Verwaltung des gemeinschaftlichen Eigentums am Rechtsverkehr teilnimmt. Diese Vorstellung nimmt § 10 Abs. 6 Satz 1 WEG auf, indem die Rechtsfähigkeit für den Bereich der gesamten Verwaltung begründet, aber auch beschränkt wird.

---

[8] BT-Drucksache 16/887 S. 56.
[9] *Bork* ZIP 2005, 1205; *Lüke* ZfIR 2005, 516; *Rapp* MittBayNot 2005, 449; *Hügel* DNotZ 2005, 753.

7 Durch diese Konstruktion einer (nur) teilrechtsfähigen Eigentümergemeinschaft verbleibt notwendigerweise der restliche Teil der Rechte und Pflichten bei den Wohnungseigentümern selbst. Die Novelle definiert diesen Bereich in § 10 Abs. 1 WEG positiv, in dem dort bestimmt wird, dass Inhaber der Rechte und Pflichten nach den Vorschriften dieses Gesetzes, insbesondere des Sondereigentums und des gemeinschaftlichen Eigentums, die Wohnungseigentümer sind, soweit nicht etwas anderes ausdrücklich bestimmt ist. Diese Regelung dient damit der erforderlichen Abgrenzung der Rechte und Pflichten der Wohnungseigentümer einerseits und der Gemeinschaft der Wohnungseigentümer als eigenes Rechtssubjekt im Sinne von § 10 Abs. 6 WEG andererseits.[10]

Hinweis:

8 Die rechtsfähige Wohnungseigentümergemeinschaft wird im Gesetz als **Gemeinschaft der Wohnungseigentümer** bezeichnet. Meint das WEG die Wohnungseigentümer in ihrer Individualität, ist schlicht von **Wohnungseigentümer** die Rede.
In diesem Buch wird die rechtsfähige Gemeinschaft grundsätzlich als **Verband** bezeichnet, um eine eindeutige Kennzeichnung und Abgrenzung zur daneben bestehenden Bruchteilsgemeinschaft zu erreichen.

aa) Theorienstreit

9 Diese **Differenzierung** zwischen der **Gesamtheit der Wohnungseigentümer** als Teilhabern der Bruchteilsgemeinschaft und der **rechtsfähigen Wohnungseigentümergemeinschaft** ist das wohl wichtigste dogmatische Problem im neuen Wohnungseigentumsrecht. Es wird – wie kaum anders zu erwarten – äußerst kontrovers diskutiert.

bb) Einheitstheorie

10 Ein Teil der Literatur[11] sieht diesen Zusammenhang folgendermaßen: Es handele sich stets um **dieselbe Gemeinschaft,** sie trete nur in zwei unterschiedlichen Bekleidungsformen auf. Einmal hat sie – bildlich ausgedrückt – den Mantel des Verbands umgehängt, im anderen Fall schmückt sie sich mit dem Umhang der Bruchteilsgemeinschaft (sog. Einheitstheorie). Eine Trennung in zwei Gemeinschaften widerspreche dem Sinn und Zweck der Teilrechtsfähigkeit, die Handlungsfähigkeit der Gemeinschaft im Rechtsverkehr zu erleichtern, indem sie genau das Gegenteil bewirke. Eine Bestimmung und Abgrenzung der Aufgaben und Zuständigkeiten der Gemeinschaft könnte demzufolge nur danach erfolgen, ob es sich um eine Angelegenheit der Verwaltung des gemeinschaftlichen Eigentums handle, es also um eine Art Geschäftsführung in Bezug auf die Verwaltung des Gemeinschaftseigentums gehe.[12] Sei dies zu bejahen, seien Rechte und Pflichten der Gemeinschaft als Rechtssubjekt (Verband) zuzuordnen.[13]

cc) Trennungstheorie

11 Der überwiegende Anteil in der Literatur[14] lehnt diese Einheitstheorie zutreffenderweise ab und begreift die Bruchteilsgemeinschaft und die Wohnungseigentümergemein-

---

[10] BT-Drucksache 16/887 S. 60.
[11] *Wenzel* ZWE 2006, 462, 463; *Armbrüster* ZWE 2006, 470, 471; *Bub* ZWE 2007, 15, 19; *ders.* NZM 2006, 841, 847; *ders.* ZWE 2006, 253, 257; ähnlich *Häublein* FS Wenzel S. 175, 198 f.
[12] *Wenzel* ZWE 2006, 462, 463.
[13] *Wenzel* NZM 2006, 321, 322.
[14] *Abramenko* ZMR 2006, 409, 410; *Demharter* NZM 2005, 489, 491; *Gottschalg* FS Seuß, PiG 77, S. 113, 114; *Hügel* DNotZ 2005, 753, 757 f.; *Jennißen* NZM 2006, 203, 204; *Müller* FS Seuß, PiG 77, S 211, 213; *Sauren* ZWE 2006, 258, 259; *J.-H. Schmidt* ZMR 2007, 90, 91; *Sommer* ZWE 2006, 335, 337; KK-WEG/*Elzer* § 10 Rdnr. 37.

schaft grundsätzlich als **zwei unterschiedliche Gemeinschaften** (sog. Trennungstheorie[15]). Es bestehen nämlich zwei unterschiedliche Eigentumsbereiche. Einmal das gemeinschaftliche Eigentum am Grundstück und am sonstigen Gemeinschaftseigentum im Sinne von §§ 1 Abs. 5 WEG. Dieses ist den Wohnungseigentümern zwingend als Bruchteilseigentum zugeordnet. Verbunden mit dem jeweiligen Sondereigentum ist es normales Immobilieneigentum, das jedem Wohnungseigentümer als echtes zivilrechtliches Eigentum im Sinne von § 903 BGB zusteht. Dieses sachenrechtliche Institut fällt in keinem Fall in den Bereich der Rechtsfähigkeit der Gemeinschaft. Dies wird auch von den Vertretern der Einheitstheorie so gesehen.[16]

Daneben existiert eine weitere Form gemeinschaftlichen Eigentums – das Verbandsvermögen, weil die Wohnungseigentümergemeinschaft nach § 10 Abs. 6 Satz 1 WEG nun selbst Trägerin bestimmter Werte (des sog. Verwaltungsvermögens) ist. An diesem Verbandsvermögen stehen den einzelnen Wohnungseigentümern keinerlei Eigentümerrechte zu, sie sind lediglich für die Zeit ihrer Eigentümerstellung an einer Wohnungseinheit Mitglied dieses Verbandes. Das Verbandsvermögen ist dem Verband in alleiniger Berechtigung zugeordnet. Dies ist schlicht die Konsequenz aus der Zuerkennung einer partiellen Rechtsfähigkeit und entspricht den bekannten gesellschaftsrechtlichen Vorgaben. Soweit ein Verband die Fähigkeit besitzt, eigene Rechte und Pflichten getrennt vom Eigentum seiner Verbandsmitglieder zu erwerben, kommt es automatisch zu einer **Separierung** des Verbandsvermögens vom Vermögen der einzelnen Gesellschafter. Eine **gleichzeitige Eigentumszuordnung** eines Rechts zu beiden Vermögenssphären ist **nicht denkbar**.

Konsequenterweise übt für das Verbandsvermögen das gesetzlich festgelegte Organ und für das Gesellschaftervermögen der jeweilige Gesellschafter die Eigentümerbefugnisse aus. Etwas anderes kann auch nicht im Wohnungseigentumsrecht gelten. Die Bruchteilsmitberechtigung jedes Wohnungseigentümers wiederum ist eingebunden in eine Bruchteilsgemeinschaft. Hierdurch wird aber sein Bruchteil nicht zum Verbandsvermögen, sondern bleibt Anteil in einer Bruchteilsgemeinschaft. An diesen Grundsätzen der sachenrechtlichen Eigentumszuordnung muss sich jedes Verständnis von Wohnungseigentum und Eigentümergemeinschaft messen lassen. Es bestehen eigentumsrechtlich **zwei getrennte gemeinschaftliche Vermögensmassen,** die aber nicht einfach zusammengefasst werden können, sondern entsprechend der sachenrechtlichen Eigentumszuordnung auch weiterhin getrennt voneinander betrachtet werden müssen.

dd) Die Konzeption des Gesetzgebers

Die **Gesetzesbegründung** macht deutlich, dass auch der Gesetzgeber bei der Neuausrichtung des WEG durch die Novelle von zwei getrennten Gemeinschaften ausgeht. So kann man dort lesen, dass § 10 Abs. 1 WEG der erforderlichen Abgrenzung der Rechte und Pflichten der Wohnungseigentümer einerseits und der Gemeinschaft der Wohnungseigentümer als Rechtssubjekt (Verband) andererseits diene. Die Gemeinschaft sei im Übrigen zu unterscheiden von der nicht rechtsfähigen Gesamtheit der Wohnungseigentümer als Teilhaber der Bruchteilsgemeinschaft. Der Gesetzgeber will mit dem in § 10 Abs. 1 Satz 1 WEG enthaltenen Wort „selbst" die eigenständige Stellung der Gemeinschaft als Verband gegenüber den Wohnungseigentümern verdeutlichen.[17]

Erkennbar liegt somit dem Verständnis der Gesetzesbegründung die **Existenz von zwei Gemeinschaften** und nicht nur die unterschiedlichen Beziehungen zugrunde, die

---

[15] Diese Bezeichnung geht zurück auf *Wenzel* ZWE 2006, 462, 463.
[16] *Wenzel* ZWE 2006, 462, 463; *Armbrüster* ZWE 2006, 470, 474; *Bub* ZWE 2006, 253.
[17] BT-Drucksache 16/887 S. 60.

zwischen den Wohnungseigentümern in Bezug auf die Verwaltung des Wohnungseigentums und in Bezug auf die sachenrechtlichen Grundlagen der Gemeinschaft bestehen.[18] Auch ein Blick auf die Neuregelung in § 27 Abs. 2 und 3 WEG macht dies überdeutlich. In § 27 Abs. 2 WEG wird der Verwalter berechtigt, im Namen aller Wohnungseigentümer mit Wirkung für und gegen sie in dort bestimmten Angelegenheiten tätig zu werden. § 27 Abs. 3 WEG hingegen regelt die Berechtigung des Verwalters, im Namen der Wohnungseigentümergemeinschaft als Verband mit Wirkung für und gegen diesen Verband in dem dort geregelten Bereich zu agieren. Mit anderen Worten: **§ 27 Abs. 2 WEG regelt die Vertretungsmacht** des Verwalters für die Angelegenheiten, die in den **Zuständigkeitsbereich der Bruchteilsgemeinschaft** fallen, **§ 27 Abs. 3 WEG** hingegen die **Vertretungsmacht** für die Wohnungseigentümergemeinschaft als **Verband.**[19] Diese Differenzierung ist nur vor dem Hintergrund des Vorhandenseins zweier unterschiedlicher Gemeinschaften sinnvoll. Nach dem Verständnis der Einheitstheorie ist diese Unterscheidung hingegen schlicht überflüssig, weil es sich letztlich stets um dieselbe Gemeinschaft handelt.[20] Man wird aber schwerlich davon ausgehen können, dass der Gesetzgeber bewusst und sehenden Auges eine derart umfangreiche Regelung wie § 27 Abs. 3 WEG mit den hiermit verbundenen Abgrenzungsschwierigkeiten zu § 27 Abs. 2 WEG neu in das WEG aufnimmt, wenn er nicht von der Notwendigkeit einer solchen Norm ausgegangen wäre.

16 Aber auch die Bestimmung des § 10 Abs. 7 Satz 4 WEG lässt dieses Verständnis des Gesetzgebers deutlich werden. Der angeordnete Übergang des Verwaltungsvermögens auf den Grundstückseigentümer bei Vereinigung aller Wohnungseigentumsrechte in einer Hand hat nur dann eine Bedeutung, wenn man von zwei getrennten Vermögenssphären ausgeht.[21]

17 All dies zeigt, auch der Gesetzgeber ging bei der Novelle des WEG von zwei Gemeinschaften – einer Bruchteilsgemeinschaft und einem Verband – aus.

ee) Ergebnis

18 Vor diesem Hintergrund kann die Einheitstheorie nur abgelehnt werden. Es käme nämlich sonst zu einem Verband, der – ähnlich einem Verein – Alleineigentümer des Verbandsvermögens ist und der gleichzeitig identisch ist mit der Gesamtheit der Bruchteilsmiteigentümer. Er wäre Alleineigentümer und Bruchteilsgemeinschaft in einem. Auch wenn alle Wohnungseigentümer an beiden Gemeinschaften beteiligt sind, so können diese doch nicht als identisch angesehen werden, da es sich um zwei unterschiedliche Beteiligungsformen handelt, Bruchteilsmitberechtigung einerseits und Mitgliedschaft andererseits.[22] Ein solches **janusköpfiges Gebilde**,[23] das bei unveränderter Identität, teils als rechtsfähiger Verband, teils als Bruchteilsgemeinschaft im Rechtsverkehr auftritt, findet keine Grundlage im deutschen Verbandsrecht.[24]

19 Die **Gesellschaft bürgerlichen Rechts** kann **nicht** als **Parallele** dienen. Dort ist das gesamte gemeinschaftliche Vermögen gesamthänderisch gehaltenes Verbandsvermögen. Dies ist nicht ein Nebenaspekt, sondern ein **gravierender struktureller Unterschied** zur

---

[18] So aber *Wenzel* ZWE 2006, 462, 463.
[19] Siehe dazu im Einzelnen § 11 Rdnr. 159 ff.
[20] Diese Ansicht vertritt konsequenterweise auch *Armbrüster* ZWE 2006, 470, 476.
[21] Dies erkennt auch *Bub* ZWE 2007, 15, 19 an, der zu den Vertretern der Einheitstheorie zählt. Er hält deshalb die Regelung in § 10 Abs. 7 Satz WEG für verfehlt.
[22] A. A. *Häublein*, FS Wenzel, S. 175, 198.
[23] Zu dieser Bezeichnung siehe *Hügel* DNotZ 2005, 753, 760.
[24] *Hügel* DNotZ 2005, 753, 760 f.; ebenso *Abramenko* ZMR 2006, 409, 410; *Elzer* ZMR 2006, 628, 629; *Jennißen* NZM 2006, 203, 204.

I. Rechtliche Einordnung

Teilrechtsfähigkeit der BGB-Gesellschaft.[25] Für die Gesellschaft bürgerlichen Rechts wird – soweit ersichtlich – von niemandem vertreten, dass es sich um eine einheitliche Personengruppe handele, die für gemeinschaftliche Angelegenheiten teils als Verband, teils mangels Rechtsfähigkeit nur im Zusammenwirken aller Mitglieder tätig werde. Vielmehr meint Teilrechtsfähigkeit der Gesellschaft bürgerlichen Rechts, dass ihr nur ein bestimmtes Spektrum an Rechten und Pflichten zusteht.[26] In diesem Bereich ist sie aber vollständig von den Gesellschaftern getrennt, insbesondere im Hinblick auf die unterschiedlichen Vermögensmassen der Gesellschaft einerseits und der einzelnen Gesellschafter andererseits. Gerade der Blick auf die Gesellschaft bürgerlichen Rechts macht die Unhaltbarkeit der Einheitstheorie deutlich.

Damit wird nur das System von zwei getrennten Gemeinschaften sowohl der Idee einer Teilrechtsfähigkeit als auch der Gesetzesnovelle gerecht. Sowohl **Verfügungen** als auch die **Verwaltung** in jedem Gemeinschaftsbereich sind somit grundsätzlich **rechtlich getrennt** zu bewerten. 20

Praxistipp:

Das dogmatische Verständnis der teilrechtsfähigen Wohnungseigentümergemeinschaft ist keinesfalls nur von theoretischem Interesse, sondern hat unmittelbare Auswirkungen in der Praxis. Nach der hier vertretenen Trennungstheorie verfügt über das Verbandsvermögen der Verband, vertreten durch das Organ Verwalter (§ 27 Abs. 3 Satz 1 WEG).[27] Der Anteil eines jeden Wohnungseigentümers am gemeinschaftlichen Eigentum ist zunächst untrennbar mit dem betreffenden Sondereigentum verbunden (§ 6 Abs. 1 WEG), kann aber in dieser Verbindung von jedem Eigentümer selbst übertragen werden. Für die Verwaltung des jeweiligen Eigentums als Ausfluss des Eigentumsrechts kann nichts anderes gelten. Die beiden Vermögensbereiche sind auch im Hinblick auf die Verwaltung zunächst getrennt voneinander zu sehen. Es bestehen an sich zwei Gemeinschaften, die jeweils verwaltet und organisiert werden müssen. Man wird sich in der Praxis damit behelfen können, dass im Rahmen einer Eigentümerversammlung je nach dem konkreten Einzelpunkt einmal die Wohnungseigentümer in ihrer Vereinigung als gemeinschaftliche Eigentümer und einmal die Wohnungseigentümer als Mitglieder des Verbands Wohnungseigentümergemeinschaft entscheiden. Am theoretischen Ausgangspunkt ändert dies jedoch nichts. 21

ff) Neues Verständnis von Wohnungseigentum

Die Teilrechtsfähigkeit bedingt ein verändertes Verständnis vom Wohnungseigentum und der Eigentümergemeinschaft. Die Theorie von der modifizierten Bruchteilsgemeinschaft und dem besonders ausgestalteten Miteigentum lässt sich schwerlich aufrechterhalten. Jeder Wohnungseigentümer ist mit dem Zeitpunkt des dinglichen Rechtserwerbs automatisch (Zwangs-)Mitglied der Eigentümergemeinschaft. Er ist Mitglied eines personenrechtlichen Verbands, dessen Befugnissen er sich nicht entziehen kann. Insofern verdient die Theorie, die das Rechtsinstitut Wohnungseigentum als „**dreigliedrige Einheit von Miteigentum, Sondereigentum und Teilhabe am Gemeinschaftsverhältnis**"[28] versteht, nun grundsätzlich Zustimmung, wobei allerdings unter Teilhabe am Gemeinschaftsverhältnis sowohl die Mitgliedschaft im rechtsfähigen Verband als auch die Beteiligung an der daneben bestehenden Bruchteilsgemeinschaft zu verstehen ist. 22

gg) Zuordnung einer Maßnahme

Unabhängig davon, welchem Verständnis von der Wohnungseigentümergemeinschaft man zuneigt – Einheitstheorie oder Trennungstheorie –, ist in Zukunft die Frage nach 23

---

[25] A. A. *Armbrüster* ZWE 2006, 470, 472.
[26] So zutreffend *Abramenko* ZMR 2006, 409, 410.
[27] Fehlt ein Verwalter, obliegt die Vertretung den Wohnungseigentümern, § 27 Abs. 3 Satz 2 und 3 WEG, dazu § 11 Rdnr. 96 ff.
[28] *Bärmann* NJW 1989, 1057; MünchKommBGB/*Commichau* Vor § 1 WEG Rdnr. 21; ähnlich Bärmann/Pick/Merle/*Merle* Einl. WEG Rdnr. 19.

der Zuständigkeit für die jeweilige Angelegenheit zu beantworten. Da nach der hier vertretenen **Trennungstheorie** je nach Zuordnung unterschiedliche Rechtssubjekte betroffen sind, hängt konsequenterweise die Antwort davon ab, ob durch die betreffende Maßnahme das **Verwaltungsvermögen als Verbandsvermögen** oder das **Miteigentum** betroffen ist. Die **Einheitstheorie** hingegen macht die Beantwortung abhängig von der Frage, ob sich aus der Verwaltung des gemeinschaftlichen Eigentums Rechte und Pflichten ergeben, die für den Rechtsverkehr von Bedeutung sind. Maßgeblich soll sein, welchem **Rechtskreis** die betreffende Angelegenheit zuzuordnen sei.[29] Wahrscheinlich werden die Ergebnisse sich im Einzelfall häufig nicht unterscheiden. Gleichwohl erfolgt die Darstellung der Zuständigkeit in diesem Werk ausschließlich auf Grundlage der für zutreffend gehaltenen Trennungstheorie.

☞ **Praxistipp:**

24 In Zukunft muss stets geklärt werden, welche Rechte und Pflichten nun den Wohnungseigentümern selbst, der Bruchteilsgemeinschaft und dem Verband zuzuordnen sind. Problematisch wird diese Abgrenzung vor allem bei der Frage, welche Rechte und Pflichten dem Verband im Hinblick auf das von ihm nur verwaltete, aber fremde Gemeinschaftseigentum zustehen.[30]

4. Sonderproblem: Rechtsfähigkeit einer Untereigentümergemeinschaft

25   Bei Mehrhausanlagen ist regelmäßig in den Gemeinschaftsordnungen die Bildung von **Untergemeinschaften** vorgesehen. Jedes Gebäude soll soweit wie möglich verselbständigt und wirtschaftlich als eine einzige, getrennte Eigentumswohnungsanlage behandelt werden. Die jeweilige (Unter-)Eigentümergemeinschaft erhält das umfassende Sondernutzungsrecht am gesamten gemeinschaftlichen Eigentum dieses Hauses. Hierüber entscheiden die Eigentümer dieses Hauses allein. Sie tragen hierfür auch allein die Kosten der Unterhaltung und Instandhaltung. Es wird deshalb für dieses Haus auch eine eigene Instandhaltungsrücklage gebildet. Diese Eigentümer halten eine eigene Eigentümerversammlung für die hausinternen Angelegenheiten ab; nur sie sind hierbei stimmberechtigt. Die Gesamteigentümergemeinschaft besitzt nur noch Entscheidungskompetenz, soweit gemeinschaftliches Eigentum nicht einem der Häuser zur Sondernutzung zugewiesen ist (z. B. gemeinsame Grünflächen).

26   Solche Untergemeinschaften besitzen indes keine eigene rechtliche Existenz, sondern sind Ergebnis einer in der Gemeinschaftsordnung der Gesamteigentümergemeinschaft enthaltenen Vereinbarung. Sie sind damit (nur) Teil der rechtsfähigen Gesamteigentümergemeinschaft und selbst **nicht rechtsfähig**.[31] Rechtsfähigkeit kommt nur der Gesamteigentümergemeinschaft zu. Verträge über die Versorgung bzw. Entsorgung der einzelnen Häuser oder über die Durchführung von Sanierungs- oder Reparaturarbeiten an diesen Gebäuden können dementsprechend auch nur von der Gesamteigentümergemeinschaft abgeschlossen werden. Vor diesem Hintergrund sind die bisher für Mehrhausanlagen entworfenen Lösungen problembehaftet.

27   Eine **künftige Gestaltungsmöglichkeit** kann darin liegen, wie bisher das Stimmrecht über Entscheidungen für die einzelnen Häuser jeweils ausschließlich den jeweiligen Eigentümern zuzuweisen. Solche **Stimmrechtsregelungen** werden durch die Teilrechtsfähigkeit nicht berührt.[32] Kombiniert werden kann dies mit einer **internen Kostenverteilungsvereinbarung**, welche die Kosten und Lasten der einzelnen Gebäude(n) entspre-

---

[29] *Wenzel* NZM 2006, 321, 322; *ders.* ZWE 2006, 2, 6.
[30] *Elzer* ZMR 2006, 628, 629.
[31] *Wenzel* NZM 2006, 321, 323; *Jennißen* NZM 2006, 203, 206.
[32] *Wenzel* NZM 2006, 321, 323; a. A. *Jennißen* NZM 2006, 203, 206.

chend trennt. Auch wenn die Untergemeinschaft auf diese Weise im Innenverhältnis allein für ihre eigenen Kosten aufzukommen hat, kann nicht übersehen werden, dass solche Regelungen problematisch sind, weil alle Wohnungseigentümer der Gesamtanlage gem. § 10 Abs. 8 Satz 1 WEG dem Vertragspartner entsprechend ihrer Miteigentumsquote für die durch diesen Vertrag ausgelösten Kosten haften.

28 Das **Risiko einer Haftung** der übrigen Miteigentümer könnte durch eine Vereinbarung des Inhalts minimiert werden, dass der Verwalter solche Verträge im Namen der Gesamtgemeinschaft, aber im Interesse der Untergemeinschaft nur dann abschließt, wenn die betreffende Untergemeinschaft die Bezahlung durch **vorhandene Finanzmittel** oder durch eine vorherige Sonderumlage garantieren kann. Eine solche Lösung bindet jedoch den Verwalter nur im Innenverhältnis und lässt die anteilige Außenhaftung unberührt.[33]

Formulierungsvorschlag für eine Mehrhausanlage mit drei separaten Gebäuden:

a)
29 Bei Regelungen in dieser Gemeinschaftsordnung ist immer davon auszugehen, dass die auf dem Grundstück aufstehenden Gebäude, im Aufteilungsplan mit Haus A, Haus B und Haus C bezeichnet, im Ergebnis soweit wie möglich getrennt und unabhängig voneinander behandelt werden. Alle Eigentümer eines Hauses bilden hinsichtlich ihres Gebäudes eine eigene und separate Gemeinschaft.

b)
30 Der Gemeinschaft der Häuser A, B und C steht die Nutzung ihres Gebäudes jeweils gemeinschaftlich unter Ausschluss der Nutzung durch die anderen Miteigentümer der anderen Häuser zu. Diesem Sondernutzungsrecht unterliegt das gesamte gemeinschaftliche Eigentum des jeweiligen Hauses, insbesondere die konstruktiven Teile des Gebäudes sowie die technischen Einrichtungen und gemeinschaftlichen Anlagen, soweit diese nicht im Sondereigentum eines Wohnungseigentümers stehen oder aufgrund anderweitiger Regelung einem Wohnungseigentümer zur Sondernutzung zugewiesen sind. Die Miteigentümer eines Hauses besitzen sämtliche Rechte und Pflichten an ihrem Gebäude so wie wenn es sich um eine eigene Eigentümergemeinschaft handeln würde, insbesondere entscheiden sie allein über bauliche Maßnahmen an ihrem Gebäude. Das äußere Erscheinungsbild der gesamten Wohnanlage darf jedoch durch bauliche Veränderungen nicht beeinträchtigt werden. Im Zweifel entscheidet der Verwalter für und an Stelle der gesamten Wohnungseigentümer über die Zulässigkeit einer solchen Veränderung.

c)
31 Die Kosten und Lasten des gemeinschaftlichen Eigentums verteilen sich wie folgt:
Die Gemeinschaften an den Häusern A, B und C tragen Kosten und Lasten ihres Gebäudes so wie wenn sie eine eigene und getrennte Eigentümergemeinschaften wären. Es werden rechnerisch getrennte Instandhaltungsrücklagen gebildet. Die Verteilung innerhalb dieser Gemeinschaften erfolgt nach den jeweiligen Miteigentumsbruchteilen.
Die restlichen, nicht auf eine Hausgemeinschaft verteilbaren Kosten und Lasten tragen alle Wohnungseigentümer der gesamten Wohnanlage entsprechend ihrer Miteigentumsanteilen.
Im Übrigen gelten die Regelungen hinsichtlich von Kosten und Lasten nach § ... dieser Gemeinschaftsordnung.

d)
32 Die Gemeinschaft aller Wohnungseigentümer sowie die Gemeinschaften der Häuser A, B und C halten je eine Eigentümerversammlung ab.
Das Stimmrecht in der Eigentümerversammlung richtet sich nach den Miteigentumsbruchteilen. Dies gilt sowohl für die Gesamteigentümergemeinschaft als auch für die jeweiligen Untereigentümergemeinschaften. In den Eigentümerversammlungen der Häuser A, B und C sind nur die jeweiligen Wohnungseigentümer stimmberechtigt.

e)
33 Entscheidet eine Untereigentümergemeinschaft über die Durchführung einer Instandsetzungs- oder Instandhaltungsmaßnahme bzw. eine sonstige bauliche Veränderung, darf der Verwalter den entsprechenden Vertrag mit dem hierzu beauftragten Unternehmen erst dann abschließen, wenn die betreffende Untereigentümergemeinschaft über die erforderlichen finanziellen Mittel verfügt.

---

[33] Siehe hierzu § 3 Rdnr. 190 ff.

II. Die Teilrechtsfähigkeit

1. Begriff der Teilrechtsfähigkeit

34 Eine **gesetzliche Definition** des Begriffs der Rechtsfähigkeit besteht **nicht**. Klar ist jedoch, dass mit Anerkennung einer (Teil-)Rechtsfähigkeit grundsätzlich die Fähigkeit einhergeht, Rechte zu erwerben und Verbindlichkeiten einzugehen (§ 14 Abs. 2 BGB). Teilrechtsfähig wiederum meint nicht eine Rechtsfähigkeit minderer Art. Der Begriff soll nur deutlich machen, dass es um die volle Rechtsfähigkeit eines Personenverbands in bestimmten Beziehungen und die uneingeschränkte Verneinung der Rechtsfähigkeit in anderer Hinsicht geht.[34] Die Rechtsfähigkeit der Wohnungseigentümergemeinschaft ist also (nur) **bereichsmäßig beschränkt**. Werden diese Grenzen beachtet, ist die Rechtsfähigkeit jedoch **inhaltlich unbeschränkt**,[35] sofern sich nicht etwas anderes aus dem Umstand ergibt, dass die Wohnungseigentümergemeinschaft keine natürliche Person ist.

2. Umfang und Bereich der Teilrechtsfähigkeit

a) Allgemeine Überlegungen

35 Die Teilrechtsfähigkeit der Wohnungseigentümergemeinschaft ist nach der Novelle des WEG in § 10 Abs. 6 Satz 1 WEG verankert. Der Gesetzeswortlaut vermeidet aber den engeren Begriff „Verbindlichkeit" des § 14 Abs. 2 BGB und wählt stattdessen den weiteren Begriff „Pflicht".[36] Hierdurch soll deutlich werden, dass der Verband der Wohnungseigentümer nicht nur Verbindlichkeiten rechtsgeschäftlich begründen, sondern auch gesetzlichen Schuldverhältnissen, insbesondere deliktsrechtlichen Pflichten unterworfen sein kann.[37] Aus dem Wortlaut ergibt sich zudem, dass die Rechtsfähigkeit sowohl das **Außenverhältnis** des Verbands zu Dritten als auch das **Innenverhältnis** zu den Wohnungseigentümern erfasst.

36 Rechtfähigkeit kommt der Eigentümergemeinschaft nach § 10 Abs. 6 Satz 1 WEG im Rahmen der gesamten Verwaltung des gemeinschaftlichen Eigentums zu. **Gesamte Verwaltung** meint dabei die gesamte Geschäftsführung zugunsten der Wohnungseigentümer in Bezug auf das gemeinschaftliche Eigentum, nicht nur die im 3. Abschnitt des 1. Teils des WEG unter der Überschrift „Verwaltung" genannten Maßnahmen. Demnach werden auch Rechtsgeschäfte und Rechtshandlungen einbezogen, bei denen es um die Verwaltung des Gebrauchs der im Gemeinschaftseigentum stehenden Teile der Wohnanlage oder um die verwaltungsmäßige Umsetzung einer von den Wohnungseigentümern beschlossenen Entziehung des Wohnungseigentums geht. Die Rechtsfähigkeit soll sich somit nach dem Willen des Gesetzgebers nicht nur auf einen Teilaspekt der Verwaltung beschränken.[38]

37 **Nicht entscheidend** für die Frage, ob eine Angelegenheit den rechtsfähigen Verband betrifft, ist, ob die betreffende Maßnahme **ordnungsmäßiger Verwaltung** entspricht. Die Reichweite der Rechtsfähigkeit der Wohnungseigentümergemeinschaft muss zum Schutz des Rechtsverkehrs abstrakt ermittelt werden können. Nur so lassen sich Sicherheit und Bestandskraft des Rechtsgeschäfts objektiv gewährleisten. Ausschlagge-

---

[34] *Bub* ZWE 2007, 15, 20; *Wenzel* ZWE 2006, 462; KK-WEG/*Elzer* § 10 Rdnr. 36.
[35] *Hügel* DNotZ 2005, 753, 755; ebenso *Schneider* ZMR 2006, 813, 814.
[36] BT-Drucksache 16/887, S. 60.
[37] *Wenzel* ZWE 2006, 462.
[38] BT-Drucksache 16/887, S. 60.

bend kann somit nur sein, ob eine bestimmte Angelegenheit als Verwaltungsmaßnahme zu klassifizieren ist. Ob darüber hinaus der Rahmen der Ordnungsmäßigkeit eingehalten wurde, betrifft nur das Innenverhältnis der Wohnungseigentümer und des Verbands.[39] Das **Risiko** der Einordnung eines Geschäfts als Verwaltungsangelegenheit trägt daher die **Gemeinschaft**, nicht der Geschäftsgegner.[40]

b) Negative Abgrenzung

Soweit die zu regelnde Angelegenheit in die Zuständigkeit eines Sondereigentümers oder der Bruchteilsgemeinschaft fällt, ist sie konsequenterweise nicht dem Bereich der Teilrechtsfähigkeit der Eigentümergemeinschaft zuzurechnen. § 10 Abs. 1 WEG bestimmt dementsprechend, dass Inhaber der Rechte und Pflichten nach dem WEG, insbesondere im Hinblick auf das **Sondereigentum** und das **gemeinschaftliche Eigentum**, die Wohnungseigentümer selbst sind. Alle diesbezüglichen Regelungen zählen **nicht** zu den Verwaltungsangelegenheiten und sind somit nicht dem Verband zugewiesen.

Eine solchermaßen beschränkte Teilrechtsfähigkeit bedingt notwendigerweise, dass die **dinglichen Grundlagen der Gemeinschaft nicht** in den Bereich der teilrechtsfähigen Gemeinschaft fallen, weil das sachenrechtliche Eigentum wegen § 10 Abs. 1 WEG bei den Wohnungseigentümern selbst verbleibt. Es zählt nicht zum Verbandsvermögen. Die Gemeinschaft als Verband kann dementsprechend auch nicht über diese Rechte verfügen. Alle dinglichen Veränderungen am Gemeinschafts- und Sondereigentum können demnach weiterhin nur durch die Wohnungseigentümer selbst in der durch § 4 Abs. 1 und 2 WEG bestimmten Form erfolgen. Hierüber besteht Einigkeit.[41]

Praxistipp:

Sollen die sachenrechtlichen Grundlagen der Wohnungseigentümergemeinschaft verändert werden, beispielsweise die Miteigentumsbruchteile verändert werden oder Sonder- in Gemeinschaftseigentum bzw. Gemeinschafts- in Sondereigentum umgewandelt werden, kann eine sachgerechte Lösung auch nach der WEG-Novelle nie im Rahmen einer Eigentümerversammlung erfolgen. Es bedarf vielmehr einer notariellen Urkunde und der Eintragung der Änderung im Grundbuch.

c) Unstreitige Verwaltungsmaßnahmen

Teilrechtsfähigkeit besitzt die Eigentümergemeinschaft nach § 10 Abs. 6 Satz 1 WEG im Bereich der **gesamten Verwaltung** des gemeinschaftlichen Eigentums. Der Begriff der Verwaltung wird nach allgemeinem Verständnis weit ausgelegt.[42] Verwaltung im Sinne des WEG ist jede Entscheidung und Maßnahme, die eine Regelung der Sachlage oder eine Geschäftsführung in rechtlicher oder tatsächlicher Beziehung zum gemeinschaftlichen Eigentum enthält und im Interesse der Gesamtheit der Wohnungseigentümer erforderlich ist bzw. liegt.[43] Die wichtigsten Verwaltungsaufgaben sind in § 21 Abs. 5 WEG aufgezählt. Rechtlich ist Verwaltung abzugrenzen gegenüber Verfügungen, wirtschaftlich gegenüber Neuerungen, die über eine ordnungsmäßige Verwaltung hinausgehen.[44]

---

[39] *Schneider* ZMR 2006, 813, 815.
[40] *Wenzel* ZWE 2006, 462, 469.
[41] Z. B. *Wenzel* ZWE 2006, 462, 464.
[42] BayObLG NZM 1998, 1012; *Wenzel* ZWE 2006, 462, 464; *Hügel/Scheel* Rdnr. 208.
[43] Bärmann/Pick/Merle/*Merle* § 20 WEG Rdnr. 6; ähnlich BGH ZMR 1993, 173; siehe auch KK-WEG/*Elzer* § 10 Rdnr. 75 ff.
[44] Staudinger/*Bub* § 20 WEG Rdnr. 6, 9.

42 In Anlehnung an Seuß[45] und Schmidt[46] lassen sich folgende **Aufgabenbereiche** aufzählen:
- Allgemeine Verwaltung mit Innenorganisation (Bürobetrieb, Buchführung) und Objektverwaltung (Grundleistungen der ordnungsgemäßen Verwaltung wie Durchführung von Beschlüssen, Überwachung des Zustands, Vertragsabschlüsse usw.);
- Objektbewirtschaftung (Instandhaltungsmaßnahmen, Wartung und Pflege der Einrichtungen und Anlagen, Hausmeister, Sicherstellung von Ver- und Entsorgung, Reinigung);
- organisatorische Verwaltung (z. B. Eigentümerversammlung, Verwaltungsbeirat, Wahrnehmung von Ansprüchen der Gemeinschaft);
- Wirtschafts- und Vermögensverwaltung (z. B. Wirtschaftsplan, Geldverwaltung, Geldanlagen, Rücklagen, Sonderumlagen, Jahresabrechnung, Informationspflichten);
- technische Verwaltung (Pflege, Wartung, Durchführung von Instandhaltung und Instandsetzung, Schadensfeststellung, Herbeiführung von Beschlüssen, Notmaßnahmen).

43 Diese aufgelisteten Angelegenheiten zählen zweifelsfrei zu dem Bereich der Verwaltung, auf den sich die Rechtsfähigkeit der Eigentümergemeinschaft erstreckt. In diesem Bereich kann somit der Verband nach § 10 Abs. 6 Satz 1 selbst Rechte und Pflichten erwerben, d.h. die erforderlichen und zweckdienlichen **Verträge mit Dritten abschließen** und auch **Eigentum** an für die Verwaltung zweckdienlichen und erforderlichen beweglichen Sachen, gleich welcher Konsistenz, erwerben.

Beispiel:

44 Als Beispiele dürfen Heizöl, Gas, Einrichtungsgegenstände, Rasenmäher, Wäschespinnen und dergleichen genannt werden. Auch die Beauftragung von Handwerkern für erforderliche Instandhaltungs- und Instandsetzungsmaßnahmen am gemeinschaftlichen Eigentum oder die Einstellung eines Hausmeisters fallen in den Zuständigkeitsbereich des rechtsfähigen Verbands.[47]

45 Darauf hinzuweisen ist, dass hier der **eigentliche Vorteil einer Rechtsfähigkeit** der Eigentümergemeinschaft liegt und dies auch der Beweggrund für den BGH und den Gesetzgeber war, die Neuausrichtung des Wohnungseigentumsrechts vorzunehmen. Nicht geklärt war nämlich nach der alten Rechtslage, wie bei Dauerschuldverhältnissen, z.B. der Belieferung mit Energie und Wasser, der zwischen dem Dritten und den Wohnungseigentümern in ihrem jeweiligen Bestand abgeschlossene Vertrag bei einem Eigentümerwechsel auf den neu eintretenden Eigentümer übergeleitet werden konnte.[48] Einigkeit bestand im Ergebnis darin, das diejenigen Wohnungseigentümer haften sollten, welchen die Leistung auch tatsächlich zugute kam. Begründet wurde dies teilweise mit einer rechtsgeschäftlichen Auswechslung des Vertragspartners oder über eine entsprechende Anwendung von § 10 Abs. 4 WEG.[49]

d) Sozialansprüche

46 Weiterhin ist der Verband Inhaber der sich aus dem Gemeinschaftsverhältnis ergebenden Sozialansprüche. Hierzu zählen insbesondere der sich gegen den einzelnen Eigentümer richtende Anspruch auf ordnungsmäßige Verwaltung, vornehmlich auf eine ausreichende Finanzausstattung, sowie der Anspruch auf Zahlung des Wohngelds.[50]

---

[45] *Bärmann/Seuß*, Wohnungseigentum B Rdnr. 408 ff.
[46] *Schmidt* ZWE 2000, 507.
[47] Vgl. *Schneider* ZMR 2006, 813, 815; *Wenzel* ZWE 2006, 462, 464.
[48] *Elzer* ZMR 2004, 873 ff.
[49] Siehe die Nachweise unter Ziffer III.6.d. der Entscheidungsgründe von BGH NJW 2005, 2061.
[50] *Wenzel* ZWE 2006, 462, 465.

e) Verwaltervertrag

47 Der **Abschluss des Verwaltervertrages** zählt zunächst ebenfalls zu den Verwaltungsangelegenheiten.[51] Da die Wohnungseigentümer hierbei gegenüber dem Verwalter im Rechtsverkehr auftreten, handelt der Verband als Rechtssubjekt.[52] Andererseits kann nicht übersehen werden, dass der Verwalter nach der klaren Konzeption des § 27 Abs. 2 und 3 WEG neben dem Verband auch die Wohnungseigentümer selbst vertritt. Damit stellt sich die Frage, ob der Verwaltervertrag nur zwischen dem Verband und dem Verwalter oder zusätzlich auch noch mit den Wohnungseigentümern selbst abzuschließen ist.[53]

48 Wollte man einen **dreiseitigen Vertrag** bejahen, würde man die Vorteile der Teilrechtsfähigkeit in diesem Bereich zerstören. Im Falle der Sonderrechtsnachfolge eines Wohnungseigentümers wäre die Überleitung des Verwaltervertrags auf den neuen Wohnungseigentümer wieder ungeklärt bzw. dogmatisch nur unbefriedigend zu lösen. Zudem sollten nicht die Wohnungseigentümer, sondern der Verband nach der Konzeption des § 10 Abs. 6 Satz 1 und 2 WEG im Bereich der gesamten Verwaltung, zu dem der Abschluss des Verwaltervertrages ohne Zweifel zählt, nach außen Vertragspartner gegenüber Dritten sein. Auch nach der Haftungskonzeption des § 10 Abs. 8 Satz 1 WEG soll nur der Verband für Verträge, die durch den Verband abgeschlossen werden, haften, die Wohnungseigentümer nur entsprechend ihrer Miteigentumsquote. Diese gesetzliche Konstruktion würde negiert, wenn der Verwaltervertrag zusätzlich auch mit jedem Wohnungseigentümer abgeschlossen werden würde. Zudem hat der Umfang der Tätigkeit für die Wohnungseigentümer wohl eher nur untergeordnete Bedeutung.[54]

49 **Vorzugswürdig** erscheint daher trotz bestehender dogmatischer Bedenken, in dem **Verwaltervertrag** (nur) einen Vertrag zwischen der **Eigentümergemeinschaft und dem Verwalter** zu sehen.[55] Der Verwalter hat jedoch bei Erfüllung dieses Vertrages auch auf die schutzwürdigen Belange der einzelnen Wohnungseigentümer Rücksicht zu nehmen. Der Verwaltervertrag ist somit als Vertrag mit Schutzwirkung zugunsten Dritter auszulegen,[56] was zur Folge hat, dass die Hauptleistung zwar grundsätzlich dem Verband zusteht, die Wohnungseigentümer jedoch durch Einbeziehung in die vertraglichen Sorgfalts- und Obhutspflichten selbst vertragliche Schadensersatzansprüche geltend machen können. Die Konstruktion als echter Vertrag zu Gunsten Dritter mit den Wohnungseigentümern[57] erscheint dagegen eher problematisch, weil der Verwaltervertrag für die Wohnungseigentümer auch Verpflichtungen in sich birgt.

Praxistipp:

50 Vorzugswürdig ist indes in jedem Fall, bei Abschluss von neuen Verwalterverträgen ausdrücklich zu klären, ob der Verwalter neben dem Verband auch den einzelnen Wohnungseigentümern vertraglich unmittelbar verpflichtet sein soll.[58] Eine solche Handhabung vermeidet diesbezügliche Auslegungsfragen von vorneherein.

---

[51] *Müller* FS Seuß, PiG 77, S. 211, 212.
[52] *Wenzel* ZWE 2006, 462, 464.
[53] In diese Richtung *Müller* FS Seuß, PiG 77, S. 211, 220.
[54] *Abramenko* ZMR 2006, 6, 7; *ders.* ZWE 2006, 273, 274; a. A. *Müller* FS Seuß, PiG 77, S. 211, 217.
[55] OLG Düsseldorf NJW 2007, 161; OLG Hamm NZM 2006, 632 = ZMR 2006, 633; *Abramenko* ZMR 2006, 6, 8; *ders.* ZWE 2006, 273, 274; *Wenzel* ZWE 2006, 462, 464, *Elzer* MietRB 2007, 45.
[56] So OLG Düsseldorf NJW 2007, 161; KK-WEG/*Elzer* § 10 Rdnr. 39; *Wenzel* ZWE 462, 464.
[57] So OLG München IMR 2007, 127; *Abramenko* ZMR 2006, 6, 8.
[58] *Elzer* MietRB 2007, 45.

f) Verkehrssicherungspflichten

51   Zu den **gemeinschaftlichen Verwaltungsaufgaben** zählt grundsätzlich auch die Wahrung der Verkehrssicherungspflichten. Andererseits kann nicht übersehen werden, dass die **originäre Verkehrssicherungspflicht** als solche den **Grundstückseigentümer** trifft. Das sind gem. § 1 Abs. 5 WEG die Wohnungseigentümer als Bruchteilsberechtigte.[59] Vor diesem Hintergrund stellt sich die Frage, ob die Wahrnehmung der Verkehrssicherungspflicht durch den teilrechtsfähigen Verband die einzelnen Wohnungseigentümer von der eigentlich ihnen obliegenden Verantwortlichkeit befreit. Die wohl überwiegende Ansicht sieht nur den Verband als Verpflichteten.[60] Da der Verband aber weder eigentumsrechtlich noch haftungsrechtlich der Grundstückseigentümer ist, wird auch eine gemeinsame Verkehrssicherungspflicht von Wohnungseigentümern und Verband nebeneinander vertreten.[61]

52   Die Beantwortung dieser Frage hat sich nach der Novelle des WEG daran zu orientieren, ob die Wahrnehmung der Verkehrssicherungspflicht eine Angelegenheit der gesamten Verwaltung im Sinne von § 10 Abs. 6 Satz 1 WEG darstellt. Da dies unzweideutig zu bejahen ist, fällt die Sicherung der Verkehrpflicht in den **Bereich des rechtsfähigen Verbandes** der Wohnungseigentümer. Nur dieser Ansatz vermeidet unnötige Komplikationen. Der Verband haftet bei einer Pflichtverletzung für alle Schäden, die hierdurch einem Dritten zugefügt werden. Für den Verband nimmt der Verwalter diese Obliegenheit wahr, die mit einer entsprechenden möglichen eigenen Haftung des Verwalters verbunden ist. Etwas anderes kann sich nur ergeben, wenn den Wohnungseigentümern eine Gefahrenquelle bekannt ist, sie aber gleichwohl beschließen, keine entsprechenden Maßnahmen zu ergreifen. In einem solchen Fall können unmittelbar gegen den Verwalter keine Ansprüche gerichtet werden.[62] Ist ein Verwalter nicht vorhanden, so haben wegen § 27 Abs. 3 Satz 2 WEG die Wohnungseigentümer selbst diese Aufgabe zu übernehmen. Verletzen sie diese Verpflichtung, erscheint eine Haftung der Wohnungseigentümer aufgrund der durch sie für den Verband wahrzunehmenden Verkehrssicherungspflicht als möglich.

53   Damit fällt die Wahrung der Verkehrssicherungspflicht **in den Bereich des teilrechtsfähigen Verbands** der Wohnungseigentümer. Der Abschluss eines Vertrags, mit dem der Verkehrssicherungspflicht durch Übertragung der Räum- und Streupflicht, der Reinigung u. ä. genügt werden soll, kommt dementsprechend im Regelfall zustande zwischen dem Verband und dem beauftragten Unternehmen. Bei einer Schlechtleistung stehen vertragliche Schadensersatzansprüche folgerichtig primär auch der Eigentümergemeinschaft als Verband zu.[63] Eigene Ansprüche der Wohnungseigentümer gegen den Vertragspartner können nur über die Konstruktion eines Vertrages zu Gunsten Dritter bzw. eines Vertrages mit Schutzwirkung zu Gunsten Dritter begründet werden.

54   Eine **Benachteiligung der Geschädigten** ist in der alleinigen Verantwortlichkeit des Verbands **nicht** zu sehen. Zwar müssen sie sich grundsätzlich mit ihren Ansprüchen an den Verband wenden. Da jedoch die Wohnungseigentümer verpflichtet sind, den Verband mit den erforderlichen finanziellen Mittel auszustatten, müssten im Schadensfall notfalls im Wege der Sonderumlage so lange Zahlungen von den Miteigentümer angefordert werden, bis begründete Schadensersatzansprüche befriedigt werden können. Im

---

[59] Vgl. *Fritsch* ZWE 2005, 384, 386; *Jennißen* NZM 2006, 203, 204.
[60] OLG München ZMR 2006, 226 mit Anm. *Elzer* = NZM 2006, 110; *Fritsch* ZWE 2005, 384, 386; *Wenzel* NZM 2006, 321, 323.
[61] *Elzer* ZMR 2006, 229.
[62] *Wenzel* NZM 2006, 321, 323; a. A. *Demharter* ZWE 2006, 44, 45.
[63] *Elzer* ZMR 2006, 227.

II. Die Teilrechtsfähigkeit

Regelfall wird aber durch den Abschluss eines ausreichenden Versicherungsvertrages ein solcher Rückgriff auf die Wohnungseigentümer nicht notwendig werden.

g) Die Gemeinschaft als Inhaber dinglicher Rechte

aa) Grundbuchfähigkeit

Die Teilrechtsfähigkeit der Wohnungseigentümergemeinschaft bedeutet grundsätzlich auch, dass diese Inhaberin dinglicher Rechte sein kann. In seiner Entscheidung zur Teilrechtsfähigkeit hat der BGH demgemäß ausdrücklich festgestellt, dass die Eigentümergemeinschaft als Gläubigerin einer **Zwangssicherungshypothek** in das Grundbuch eingetragen werden kann.[64] Der Problembereich des § 47 GBO ist, anders als bei der Gesellschaft bürgerlichen Rechts, nicht eröffnet, weil nicht eine Mehrheit von Berechtigten, sondern **ein Berechtigter** einzutragen ist.[65] Alle Mitglieder des Verbands sind im Grundbuch in ihrer Eigenschaft als Wohnungseigentümer eingetragen und somit in einem öffentlichen Register aufgeführt. Diesbezügliche Probleme bei der Gesellschaft bürgerlichen Rechts sind bei der Wohnungseigentümergemeinschaft nicht anzutreffen.[66] Die grundsätzliche Grundbuchfähigkeit der Eigentümergemeinschaft als Verband steht demnach außer Frage.[67]

bb) Grundbuchrechtliche Bezeichnung der Eigentümergemeinschaft

Die bislang nach § 15 Abs. 1 GBV notwendige Eintragung aller Wohnungseigentümer als Gläubiger unter Angabe von Namen, Vornamen, Wohnort und Beruf ist Vergangenheit. Stattdessen ist nun der teilrechtsfähige Verband im Grundbuch einzutragen. Die Eintragung hat den Berechtigten **eindeutig zu bezeichnen**. § 10 Abs. 6 Satz 4 WEG bestimmt hierzu, dass jede Gemeinschaft die Bezeichnung „Wohnungseigentümergemeinschaft", gefolgt von der bestimmten Angabe des gemeinschaftlichen Grundstücks, zu führen hat. Die Kennzeichnung des Grundstücks kann durch die **postalische Anschrift** oder die **Grundbuchbezeichnung** erfolgen.[68] Beide Varianten sind geeignet, eine eindeutige Identifizierung der berechtigten Gemeinschaft entsprechend § 15 GBV zu bieten. Geeignet ist somit eine Bezeichnung „Wohnungseigentümergemeinschaft Parkallee 18, Berlin".[69] Eine Bezeichnung mit „Wohnungseigentümergemeinschaft Gemarkung Berlin-Mitte, Flur 2, Flurstücke 165" entspricht selbstverständlich ebenso diesen Anforderungen, dürfte aber für die Wohnungseigentümer selbst weniger eingängig sein und sich damit kaum als Regelbezeichnung durchsetzen.

cc) Grundpfandrechte

Die Eigentümergemeinschaft als Verband kann zunächst Berechtigte einer **Zwangssicherungshypothek** sein.[70] Die Grundbuchfähigkeit ist aber nicht auf Sicherungshypotheken beschränkt. Der Verband der Wohnungseigentümer kann darüber hinaus In-

---

[64] BGH NJW 2005, 2061.
[65] *Böhringer* Rpfleger 2006, 53, 55; *Bub/Petersen* NJW 2005, 2560; *Wilsch* RNotZ 2005, 536, 539.
[66] *Demharter*, NZM 2005, 601, 602.
[67] Vgl. *Hügel* DNotZ 2005, 753, 768; *Rapp* MittBayNot 2005, 449, 458; *Häublein* FS Seuß S. 125, 133.
[68] BT-Drucksache 16/887, S. 62.
[69] *Demharter* NZM 2005, 601, 602.
[70] BGH NJW 2005, 2061.

haber von **Grundschulden** oder **sonstigen Hypotheken** sein,[71] sofern die zu sichernde Verbindlichkeit dem Verwaltungsvermögen zugerechnet werden kann. Um den Verband nicht auf die nachrangige Eintragung einer Zwangssicherungshypothek im Falle von Beitragsrückständen eines Wohnungseigentümers zu verweisen, wird deshalb sogar von *Rapp* empfohlen, bereits bei der Begründung von Wohnungseigentum eine nicht abtretbare Buchgrundschuld zu Gunsten der Wohnungseigentümergemeinschaft als Verband in alle Wohnungsgrundbücher eintragen zu lassen. Die Höhe sollte den geschätzten zwei- bis vierfachen Jahresbetrag des Beitragsvolumens umfassen.[72] Ob die finanzierenden Grundpfandrechtsgläubiger, insbesondere Bausparkassen und Hypothekenbanken, der jeweiligen Einheiten aber eine solche – mögliche – Gestaltung in der Praxis akzeptieren, bleibt abzuwarten, erscheint jedoch als zweifelhaft. Zudem erscheint eine solche Gestaltung vor dem Hintergrund, dass Wohngeldansprüche in einem Zwangsversteigerungsverfahren nach der Neuregelung in § 10 Abs. 1 Nr. 2 ZVG aus der Rangklasse 2 befriedigt werden, als überflüssig.

58 Bei der **Löschung** solcher für den Verband eingetragener Rechte wird dieser in Zukunft vertreten durch den Verwalter. Er ist allein zur Abgabe einer löschungsfähigen Quittung oder Löschungsbewilligung berechtigt. Praktische und rechtliche Komplikationen in diesem Bereich haben sich erledigt.

59 Bereits **eingetragene Zwangssicherungshypotheken für die Wohnungseigentümer** selbst werden allerdings kaum als Hypotheken für den Verband umgedeutet und entsprechend berichtigt werden können. Diese Rechte sind nach der alten Rechtslage sachenrechtlich in den Personen der Eigentümer selbst entstanden. Die nachträgliche Änderung der Rechtsprechung kann schwerlich zum Wegfall einer dinglichen Berechtigung führen. Auslegungsmöglichkeiten sind, anders als im Schuldrecht, begrenzt. Das Grundbuch ist somit durch die Teilrechtsfähigkeit nicht unrichtig geworden.[73] Für diese Altfälle ist somit wie bisher eine **Löschungsbewilligung aller Wohnungseigentümer** erforderlich.[74]

☞ **Praxistipp:**

60 Das Erfordernis einer Löschungsbewilligung aller Wohnungseigentümer für Altfälle kann durch eine Erklärung des Verwalters vermieden werden, nach der sich die Wohnungseigentümer nach Zahlung für befriedigt erklären. Dies hat zur Folge, dass die Hypothek als Grundschuld auf den Zahlenden übergegangen ist. Für die Abgabe einer solchen **löschungsfähigen Quittung** in notariell beglaubigter Form wurde der Verwalter auch schon in der Vergangenheit als berechtigt angesehen.[75] Die Löschung des Grundpfandrechts für die Wohnungseigentümer erfolgt dann im Wege der Grundbuchberichtigung nach § 22 GBO.

dd) Beschränkte persönliche Dienstbarkeiten

61 Zur Realisierung einer Eigentumswohnungsanlage ist es häufig erforderlich, für das aufzuteilende Grundstück Dienstbarkeiten zu bestellen.

Beispiel:

62 Solche Dienstbarkeiten können notwendig sein, um nicht eingehaltene **Grenzabstände** rechtlich abzusichern oder öffentlich-rechtlich erforderliche und/oder von den Erwerbern gewünschte **Stellplätze** auf dem Nachbargrundstück zu realisieren.

---

[71] *Hügel* DNotZ 2005, 753, 769; *Wilsch* RNotZ 2005, 536, 358; *Rapp* MittBayNot 2005, 449, 458; *Wenzel* ZWE 2006, 462, 465.
[72] So Beck'sches Notarhandbuch/*Rapp* A III Rdnr. 149.
[73] So aber *Schmidt* NotBZ 2005, 309, 312; wie hier *Demharter* Rpfleger 2006, 120.
[74] Ebenso LG Frankfurt RNotZ 2006, 63.
[75] BayObLG NJW-RR 1995, 852 = MittBayNot 1995, 283.

II. Die Teilrechtsfähigkeit

Traditionell erfolgt die rechtliche Gestaltung dergestalt, dass zu Gunsten des Eigentümers des Wohnungseigentumsgrundstücks eine **Grunddienstbarkeit** nach § 1018 BGB im Grundbuch des dienenden Grundstücks eingetragen wird. **63**

Praxistipp: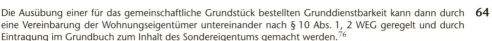
Die Ausübung einer für das gemeinschaftliche Grundstück bestellten Grunddienstbarkeit kann dann durch eine Vereinbarung der Wohnungseigentümer untereinander nach § 10 Abs. 1, 2 WEG geregelt und durch Eintragung im Grundbuch zum Inhalt des Sondereigentums gemacht werden.[76] **64**

Ist die Eintragung einer Grunddienstbarkeit vollzogen, kann einer **Veränderung** dieser sachenrechtlichen Situation nur unter **Zustimmung** des Eigentümers des herrschenden Grundstücks, mithin **aller Wohnungseigentümer** vorgenommen werden. Beabsichtigt der Eigentümer des dienenden Grundstücks beispielsweise, auf seinem Grundstück ein Erbbaurecht zu bestellen, kann die in diesem Fall nötige Zustimmung zum Rangrücktritt der Grunddienstbarkeit hinter das Erbbaurecht insbesondere bei größeren Anlagen leicht zur Unmöglichkeit des geplanten Vorhabens führen. Vor diesem Hintergrund erscheint es verlockend, das Recht nicht in Form einer Grunddienstbarkeit, sondern mittels einer beschränkten persönlichen Dienstbarkeit abzusichern. Berechtigter wäre dann die rechtsfähige Eigentümergemeinschaft als Verband, für die der Verwalter als handelndes Organ bei einer eventuellen Veränderung allein mitwirken kann. **65**

Grundsätzlich können beschränkte persönliche Dienstbarkeiten für natürliche und juristische Personen sowie rechtsfähige Personengesellschaften wie Vereine, Aktiengesellschaften, Genossenschaften, Handelsgesellschaften und Körperschaften des öffentlichen Rechts[77] bestellt werden. Da die Wohnungseigentümergemeinschaft insoweit durch den BGH als rechtsfähig und grundbuchfähig anerkannt wurde, spricht nichts dagegen, den Verband auch als **Berechtigte einer beschränkten persönlichen Dienstbarkeit** zu betrachten. Die Kontroverse bei einer Gesellschaft bürgerlichen Rechts, ob eine solche Gesellschaft als Berechtigter einer beschränkten persönlichen Dienstbarkeit in Betracht kommt,[78] und wie diese gegebenenfalls im Grundbuch eingetragen werden soll,[79] kann für die Wohnungseigentümergemeinschaft außer Betracht bleiben. Berechtigter ist nämlich auch hier nur der Verband, nicht alle Wohnungseigentümer. **66**

Sofern das zu sichernde Recht dem Verwaltungsvermögen zugerechnet werden kann, ist somit die Bestellung und die Eintragung einer beschränkten persönlichen Dienstbarkeit für eine Wohnungseigentümergemeinschaft rechtlich **zulässig**. Das Grundbuchamt ist allerdings zur Prüfung berechtigt, ob die Dienstbarkeit der Gemeinschaft zusteht, da das Grundbuch die Erwerbsfähigkeit zu prüfen hat.[80] Die Bestellungsurkunde hat daher die Zuordnung zum Verwaltungsvermögen darzulegen.[81] Weitere Darlegungen oder gar Nachweise sind grundsätzlich entbehrlich.[82] **67**

---

[76] BayObLG Rpfleger 1990, 354; OLG Stuttgart NJW-RR 1990, 659; Bamberger/Roth/*Hügel* § 10 WEG Rdnr. 11.
[77] MünchKommBGB/*Joost* § 1090 BGB Rdnr. 32; Palandt/*Bassenge* § 1090 BGB Rdnr. 3; Bamberger/Roth/*Wegmann* § 1090 BGB Rdnr. 3; AnwK-BGB/*Otto* § 1090 BGB Rdnr. 4 jeweils m.w.N.
[78] Bejahend LG Landshut MittBayNot 1998, 261; AnwK-BGB/*Otto* § 1090 BGB Rdnr. 5; Würzburger Notarhandbuch/*Munzig* Teil 2 Rdnr. 2357; *Schöner/Stöber* Rdnr. 1196; ablehnend dagegen Bamberger/Roth/*Wegmann* § 1090 BGB Rdnr. 3; wohl auch Staudinger/*Mayer* § 1090 BGB Rdnr. 3.
[79] Überwiegend wird vertreten, dass die Gesellschafter in „Gesellschaft bürgerlichen Rechts" eingetragen werden müssten, so *Demharter*, GBO § 47 Rdnr. 21; AnwK-BGB/*Otto* § 1090 BGB Rdnr. 5; Würzburger Notarhandbuch/*Munzig* Teil 2 Rdnr. 2357; Handbuch der Grundstückspraxis/*Wilke*, Teil 6, Rdnr. 65.
[80] Vgl. hierzu *Demharter*, GBO § 19 Rdnr. 95.
[81] *Wilsch* RNotZ 2005, 356, 540.
[82] *Schneider* ZMR 2006, 813, 816.

68 Auch wenn somit die Bestellung einer **beschränkten persönlichen Dienstbarkeit** für die Eigentümergemeinschaft als **zulässig** anzusehen ist, erscheint ihr Einsatz in der **Praxis** regelmäßig dennoch als **untauglich**. Dazu darf nochmals der Fall der Stellplätze auf dem Nachbargrundstück bemüht werden. Letztlich kann nämlich nie ausgeschlossen werden, dass sich alle Einheiten im Eigentum einer Person befinden und diese die Immobilie insgesamt veräußern möchte. Verkauft der Eigentümer nun die Immobilie in Form von Wohnungseigentum, wird dieser Vorgang steuerrechtlich als Veräußerung von so vielen Einheiten gewertet, wie die Anlage Einheiten besitzt. Dies löst in aller Regel nach der sog. „3-Objekt-Grenze" eine Steuerpflicht beim Veräußerer aus.[83] Dies kann leicht dadurch umgangen werden, dass zunächst das Wohnungseigentum nach § 9 Abs. 1 Nr. 3 WEG aufgehoben wird und anschließend die Immobilie als Gesamtheit Vertragsgegenstand wird. Ein solcher Veräußerungsvorgang wird steuerlich nur einmal gezählt. Ist aber der Verband Berechtigter einer beschränkten persönlichen Dienstbarkeit, ist dem Eigentümer diese Gestaltung verwehrt, da er anderenfalls die beschränkte persönliche Dienstbarkeit zum Erlöschen bringt. Diese Zwangslage lässt sich durch die Bestellung einer Grunddienstbarkeit vermeiden.

69 Ein ähnliches Problem ergibt sich, wenn sich **alle Wohnungseigentumsrechte in einer Person vereinigen**. Nach der Neuregelung in § 10 Abs. 7 Satz 4 WEG geht das Verwaltungsvermögen, zu dem auch die beschränkte persönliche Dienstbarkeit zu rechnen ist, auf den Eigentümer des Grundstücks über.[84] Unabhängig von der Frage, inwieweit diese Rechtsnachfolge mit dem in § 1092 Abs. 1 Satz 1 BGB normierten Grundsatz der Unübertragbarkeit einer beschränkten persönlichen Dienstbarkeit in Einklang zu bringen ist, kann dieser Übergang auf den Alleineigentümer zum **praktischen Untergang der Dienstbarkeit** führen, nämlich dann, wenn nach der Vereinigung wieder eine Wohnung vom Alleineigentümer an einen Dritten veräußert wird. In diesem Fall geht diese Dienstbarkeit mangels gesetzlicher Regelung nicht wieder auf den (neuen) Verband der Wohnungseigentümer über, sondern verbleibt beim ehemaligen Alleineigentümer. Dieser kann die Dienstbarkeit aber wegen § 1092 Abs. 1 Satz 1 BGB nicht auf den Verband übertragen.

70 Damit erscheinen die Bestellung und die Eintragung einer beschränkten persönlichen Dienstbarkeit für eine Eigentümergemeinschaft als Verband zwar rechtlich zulässig, praktisch aber nur von untergeordneter Bedeutung. Regelfall einer dinglichen Absicherung wird die Grunddienstbarkeit bleiben.

☞ **Praxistipp**

71 Für **Altfälle** bedeutet dies: Bisher eingetragene Grunddienstbarkeiten können nach der Rechtsprechungsänderung des BGH **nicht** in beschränkte persönliche Dienstbarkeiten „**umgedeutet**" oder „**berichtigt**" werden. Dies verbieten bereits die allgemeinen sachenrechtlichen Grundsätze. Zudem verbleibt auch nach dieser Entscheidung des BGH ein wesentlicher Unterschied zwischen diesen beiden Dienstbarkeitsformen, so dass nicht davon ausgegangen werden kann, dass die eingetragene Grunddienstbarkeit als beschränkte persönliche Dienstbarkeit bestellt worden wäre, wenn zum Bestellungszeitpunkt die Rechtsfähigkeit der Eigentümergemeinschaft bekannt gewesen wäre.

h) Der Verband als Wohnungseigentümer

aa) Grundsätzliche Eignung

72 Die Teilrechtsfähigkeit der Wohnungseigentümergemeinschaft besteht insoweit, als sie im Rahmen der Verwaltung des gemeinschaftlichen Eigentums am Rechtsverkehr teilnimmt. Vor allem bei Großanlagen ist es üblich, dass der Hausmeister in der Anlage selbst wohnt. Die betreffende **Hausmeisterwohnung** wird in diesen Fällen meist nicht

---

[83] Siehe hierzu Hügel/Scheel/*Wälzholz* Rdnr. 1457.
[84] Siehe hierzu § 3 Rdnr. 161 ff.

zum Sondereigentum erklärt, sondern befindet sich im gemeinschaftlichen Eigentum aller Wohnungseigentümer, wobei klargestellt werden darf, dass hierunter das gemeinschaftliche Eigentum im Sinne der §§ 1 Abs. 5, 5 Abs. 3 WEG zu verstehen ist. Zwar ist eine Hausmeisterwohnung an sich regelmäßig sondereigentumsfähig, jedoch entsteht Sondereigentum an Räumen nach § 1 Abs. 5 WEG nur insoweit, als es ausdrücklich vereinbart wurde.[85]

Nun lässt sich unschwer argumentieren, dass eine solche Hausmeisterwohnung für die Verwaltung des gemeinschaftlichen Eigentums notwendig und zweckdienlich ist und somit dem Verbandsvermögen der Eigentümergemeinschaft zugeordnet werden kann. Die Eintragung des **Verbands als Wohnungseigentümer** lässt sich somit aufgrund der eindeutigen Rechtsprechung des BGH nicht ablehnen.[86] Anders lautende Rechtsprechung und Literatur zur Gesellschaft bürgerlichen Rechts sind auch insoweit nicht auf die Wohnungseigentümergemeinschaft übertragbar. Allerdings ist eine eindeutige Zuweisung zu diesem Verbandsvermögen notwendig. Letzteres ist jedoch vom Grundbuchamt nicht zu überprüfen, weil zumindest beim Erwerb innerhalb der Immobilie eine Vermutung für eine Zugehörigkeit zum Verwaltungsbereich besteht.[87]

bb) Erwerb aufgrund eines Mehrheitsbeschlusses

Da der Erwerb einer solchen Immobilie – auch im Wege einer Zwangsversteigerung[88] – in diesem Sinne eine Maßnahme der Verwaltung darstellt, können die Wohnungseigentümer im Rahmen ordnungsmäßiger Verwaltung jenen mit **Mehrheit beschließen**.[89] Dieser Ansicht kann nicht entgegen gehalten werden, dass nach herrschender Ansicht eine Veränderung der sachenrechtlichen Grundlagen nur durch eine Auflassungserklärung aller Wohnungseigentümer möglich sei.[90] Durch den Erwerb einer Wohnungseinheit durch den Verband werden die **sachenrechtlichen Grundlagen** der betreffenden Wohneigentumsanlage in **keiner Weise** verändert. Auch wird keinem Wohnungseigentümer durch einen solchen Erwerbsvorgang gemeinschaftliches Eigentum i. S. v. § 1 Abs. 5 WEG aufgedrängt.[91] Eigentümer wird nämlich ausschließlich der Verband. Die einzelnen Mitglieder sind an diesem nur über ihre Mitgliedschaft beteiligt. Die Zulässigkeit eines solchen Erwerbs begründet sich vielmehr daraus, dass er sich als **Maßnahme der gesamten Verwaltung** darstellt. Außerhalb dieses Bereichs ist ein Eigentumserwerb schlicht unzulässig. Stellt sich aber der beabsichtigte Erwerb als Verwaltungsmaßnahme dar, besteht für die Eigentümergemeinschaft in diesem gesamten Bereich **Beschlusskompetenz**. Nicht entscheidend ist, ob der Erwerb als eine Maßnahme ordnungsmäßiger Verwaltung i. S. v. § 21 Abs. 3 WEG anzusehen ist. Die Frage der Ordnungsmäßigkeit betrifft nur das Innenverhältnis der Wohnungseigentümer. Die Reichweite der Rechtsfähigkeit der Gemeinschaft muss zum Schutz des Rechtsverkehrs abstrakt ermittelt werden können.[92]

---

[85] Siehe BayObLG ZWE 2000, 78; *Hügel/Scheel* Rdnr. 26.
[86] *Hügel* DNotZ 2005, 753, 771 f.; ebenso *Abramenko* ZMR 2006, 338, 340; *Häublein* FS Seuß, PiG 77, 125, 132; *Jennißen* NZM 2006, 203, 205; *Rapp* MittBayNot 2005, 449, 458 f.; *Schneider* ZMR 2006, 813, 814; *Wenzel* NZM 2006, 321, 323; *ders.* ZWE 2006, 462, 464; *Wilsch* RNotZ 2005, 536, 540; a. A. LG Nürnberg-Fürth ZMR 2006, 812 mit ablehnender Anm. *Schneider*.
[87] *Schneider* ZMR 2006, 813, 816; *Häublein* FS Seuß, PiG 77, S. 125, 134.
[88] Dazu § 15 Rdnr. 53.
[89] *Häublein* FS Seuß, PiG 77, 125, 148; *Wenzel* ZWE 2006, 462, 469; *ders.* NZM 2006, 321, 323; zweifelnd *Schneider* ZMR 2006, 813, 815. Zu diesen Fragen siehe auch § 3 Rdnr. 37.
[90] BGH NJW 2003, 2165; BayObLG DNotZ 2002, 149; KG ZMR 1999, 204.
[91] Ausführlich hierzu *Häublein* FS Seuß, PiG 77, 125, 144 ff.
[92] Siehe § 3 Rdnr. 37.

cc) Sachenrechtlicher Erwerbsvorgang

75 Da eine solche durch den Verband zu erwerbende Wohnungseinheit vom gemeinschaftlichen Eigentum im Sinne des § 1 Abs. 5 WEG strikt getrennt gesehen werden muss, sind zur Überführung in das Verbandsvermögen konsequenterweise die **sachenrechtlichen Regeln** der § 4 Abs. 3 WEG, §§ 873, 925 BGB einzuhalten. Dies hat zum Ergebnis, dass an solchen Räumen zunächst separates Wohnungseigentum gebildet und dieses in das Eigentum der Wohnungseigentümergemeinschaft als Verband aufgelassen werden müsste. Erst dann zählt dieses Wohnungseigentum zum Verbandsvermögen.[93]

76 **Altfälle** von solchen Räumlichkeiten, die im gemeinschaftlichen Eigentum der Wohnungseigentümer i.S.v. §§ 1 Abs. 5, 5 Abs. 3 WEG stehen, lassen sich keinesfalls in Verbandsvermögen umdeuten. Dies scheitert schon daran, dass für die betreffende Hausmeisterwohnung kein eigenes Wohnungseigentum begründet wurde, das im Eigentum des Verbands stehen könnte. Ein solcher sachenrechtlicher Begründungsakt lässt sich nicht über eine Umdeutung oder Auslegung erzielen. Die Hausmeisterwohnung steht in einem solchen Fall im **gemeinschaftlichen Eigentum aller Wohnungseigentümer.**

☞ Praxistipp:

77 Ob die Wohnungseigentümergemeinschaft als Verband das Eigentum an der Hausmeisterwohnung erwerben oder diese im gemeinschaftlichen Eigentum nach §§ 1 Abs. 5, 5 Abs. 3 WEG stehen soll, ist eine Frage des Einzelfalls. Der höhere finanzielle Aufwand für die zusätzliche Wohnungseinheit spricht eher dagegen. Andererseits hat so die Eigentümergemeinschaft die Möglichkeit, diese Wohnung an einen Dritten unkompliziert zu veräußern, falls sie nicht mehr zu gemeinschaftlichen Zwecken benötigt wird. Verbleibt die Wohnung zunächst im gemeinschaftlichen Eigentum i.S.v. § 1 Abs. 5 WEG, würde die nachträgliche Bildung von Sondereigentum an diesen Räumen einen sachenrechtlichen Veränderungsakt erforderlich machen, an dem alle Eigentümer mitwirken müssten. Das dürfte bei größeren Gemeinschaften die spätere Veräußerung faktisch unmöglich machen. Entscheidet man sich aber für die Zuordnung zum Verbandsvermögen, ist dieses Wohnungseigentum dem unmittelbaren Zugriff der Gläubiger ausgesetzt.

dd) Mögliche Fälle eines Eigentumserwerbs

78 Neben dem Erwerb der Hausmeisterwohnung ist auch ein Erwerb von Teileigentum durch den Verband möglich, wenn dieses von der Eigentümergemeinschaft benötigt wird, beispielsweise als **Müllraum oder Fahrradraum.** Ebenso kann der Erwerb einer Wohnung von einem finanziell stark belasteten Eigentümer als eine Maßnahme der Verwaltung und somit als zulässiger Eigentumserwerb angesehen werden.[94]

79 Zulässig ist nach den vorstehenden Aussagen auch der **Erwerb mehrerer Einheiten,** sofern der Erwerb eine Verwaltungsmaßnahme darstellt. Entscheidend ist nämlich nicht die Anzahl oder die Größe der zu erwerbenden Einheiten, sondern ausschließlich, ob sich der Erwerb dem Bereich der Teilrechtsfähigkeit zuordnen lässt.

80 Ist der Erwerb einer Wohnungs- oder Teileigentumseinheit innerhalb der eigenen Anlage durch den Verband rechtlich zulässig, kann für einen Erwerb einer solchen Einheit in einer **fremden Anlage** nichts anderes gelten. Benötigt beispielsweise die Gemeinschaft eine Hausmeisterwohnung und lässt sich diese nicht in der eigenen Anlage realisieren, ist der Erwerb einer solchen Wohnung auch in einer anderen Wohnanlage zulässig.[95]

---

[93] Zum Problem der „Insichmitgliedschaft" siehe *Häublein* FS Seuß, PiG 77, 125, 134 ff.
[94] *Häublein* FS Seuß, PiG 77, S. 125, 132; *Wenzel* ZWE 2006, 462, 464; *Jenißen* NZM 2006, 203, 205.
[95] *Wenzel* ZWE 2006, 2, 7.

ee) Grenze der Erwerbsfähigkeit

Eine **Grenze** im Hinblick auf einen möglichen Erwerb ist in dem Fall zu ziehen, in dem der Verband **alle Einheiten** der eigenen Anlage erwerben möchte. Ein solcher Erwerb lässt sich zum einen kaum als Maßnahme der Verwaltung des gemeinschaftlichen Eigentums begreifen. Zum anderen käme es zu einer Vereinigung aller Wohnungseigentumsrechte in einer Hand, die nach § 10 Abs. 7 Satz 4 WEG zu einer Gesamtrechtsnachfolge auf den Grundstückseigentümer führt. Damit würde der teilrechtsfähige Verband kraft Gesetzes beendet,[96] weshalb er nicht mehr Wohnungseigentümer der Anlage sein könnte. Dieser sicher eher theoretische als praktische Fall eines Erwerbs aller Einheiten durch den Verband lässt sich somit nicht in das System des § 10 WEG im Hinblick auf den teilrechtsfähigen Verband einfügen und ist daher abzulehnen.[97]

i) Der Verband als Grundstückseigentümer

Auch der Erwerb einer zusätzlichen **realen Grundstücksfläche** durch die Eigentümergemeinschaft als Verband ist **möglich** und in bestimmten Fällen auch sinnvoll. Ist diese Fläche nicht notwendig für das aufgeteilte Grundstück, sondern lediglich eine nützliche und zweckdienliche Erweiterung des Grundstücks, so ist zulässig, dass die Gemeinschaft dieses neue Grundstück nicht als gemeinschaftliches Eigentum i. S. v. § 1 Abs. 5 WEG erwirbt.

Beispiel:

Eine Wohnungseigentümergemeinschaft möchte zur Erweiterung der Grünfläche von dem Grundstücksnachbarn eine zusätzliche Fläche von 200 qm erwerben.

Die zwingenden Vorgaben des §§ 1 Abs. 4 und 5 WEG stehen einer solchen Sichtweise nicht entgegen. Nach § 1 Abs. 4 WEG kann Wohnungseigentum nur an einem Grundstück gebildet werden, das dann notwendigerweise im Eigentum aller Miteigentümer stehen muss. Das neue, zusätzliche Grundstück würde aber nicht dem aufgeteilten Grundstück zugeschrieben, ein Verstoß gegen § 1 Abs. 4 WEG somit nicht erzeugt. Als zwingendes gemeinschaftliches Eigentum in Mitberechtigung ist nach § 1 Abs. 5 WEG zudem nur das aufgeteilte Grundstück zu bewerten. Kann das zusätzliche Flurstück als Verbandsvermögen eingeordnet werden, besitzt somit die Eigentümergemeinschaft die Möglichkeit, dieses Grundstück als separaten Gegenstand wie jeden anderen Gegenstand des beweglichen Verwaltungsvermögens (z.B. Rasenmäher) als Verbandsvermögen zu erwerben. Der Vorteil eines solchen Erwerbs besteht darin, dass der **Verwalter** als Organ beim **Erwerbvorgang allein** zu handeln vermag und somit nicht die formgebundene Mitwirkung aller Wohnungseigentümer erforderlich ist, was insbesondere bei größeren Eigentümergemeinschaften zu erheblichen Komplikationen führen kann.

Praxistipp:

Soll allerdings eine reale Teilfläche des gemeinschaftlichen Grundstücks veräußert oder eine Teilfläche zur Arrondierung des aufgeteilten Grundstücks hinzuerworben werden, kann dieser sachenrechtliche Vorgang nur durch alle Wohnungseigentümer in ihrer Eigenschaft als gemeinschaftliche Eigentümer vorgenommen werden.[98] An diesen Grundsätzen ändert sich durch die Anerkennung der Teilrechtsfähigkeit nichts. Das

---

[96] Siehe § 3 Rdnr. 161.
[97] Zum vergleichbaren Problem der sog. Keinmann-GmbH im GmbH-Recht siehe Baumbach/Hueck/ *Hueck/Fastrich* GmbH-Gesetz § 33 Rdnr. 14 m. w. N.
[98] Vgl. Handbuch der Grundstückspraxis/*Hügel* Teil 9 Rdnr. 257.

Grundstück ist gemeinschaftliches Eigentum nach § 1 Abs. 5 WEG. An diesem gemeinschaftlichen Eigentum steht den Wohnungseigentümern eine Mitberechtigung nach § 1 Abs. 2 WEG zu. Es zählt somit zwingend nicht zum Verbandsvermögen der Eigentümergemeinschaft. Mangels Eigentümerstellung kann somit auch die Gemeinschaft selbst nicht über dieses Eigentum verfügen. Dementsprechend kann der Verwalter in diesem Bereich auch nicht als Organ für die Gemeinschaft solche Rechtsvorgänge abschließen, obwohl insbesondere bei Bagatelleverfügungen wie Straßengrundabtretungen durchaus ein praktisches Bedürfnis hierfür besteht. Angemerkt sei, dass solche Vorgänge auch nicht als eine Maßnahme ordnungsmäßiger Verwaltung angesehen werden können, die mit Mehrheit der Stimmen beschlossen werden könnten. Es ist auch nicht möglich, den Verwalter durch eine Regelung in der Gemeinschaftsordnung zu solchen Verfügungen zu ermächtigen.[99] Die Veräußerung oder der Erwerb eines realen Grundstücksteils berührt das sachenrechtliche Grundverhältnis der Wohnungseigentümer. Verdinglichte Ermächtigungen in Gemeinschaftsordnungen sind in diesem Bereich nicht möglich.[100]

j) Weitere Bereiche der Rechtsfähigkeit

86 Die Gemeinschaft ist rechtsfähig im Rahmen der gesamten Verwaltung (§ 10 Abs. 6 Satz 1 WEG). Folge einer solchermaßen definierten Rechtsfähigkeit ist die **Wechsel- und Scheckfähigkeit** der Wohnungseigentümergemeinschaft, da beide Zahlungsweisen im Rechtsverkehr auch für Eigentümergemeinschaften durchaus üblich sind.[101] Auch die **Erbfähigkeit**[102] ist zu bejahen, sofern ein Wohnungseigentümer im (eher seltenen) Einzelfall seiner Wohnungseigentümergemeinschaft Vermögenswerte durch Verfügung von Todes wegen zukommen lassen möchte. Voraussetzung ist jedoch, dass die zugewendeten Vermögenswerte dem Verwaltungsvermögen zugeordnet werden können und eine solche Anordnung durch den Erblasser auch erfolgt ist.

3. Ausübung von Rechten und Wahrnehmung von Pflichten der Gemeinschaft

87 Die Eigentümergemeinschaft als Verband ist gem. § 10 Abs. 6 Satz 1 WEG selbst Trägerin von Rechten und Pflichten. Sie nimmt daher wie jeder **Rechtsinhaber** alle Rechte wahr, die ihr zustehen. Der Umfang der wahrzunehmenden Pflichten wird durch diesbezügliche Rechtsgeschäfte des Verbands sowie durch das Gesetz bestimmt.

Beispiel:

88 Zu den Rechten und Pflichten des Verbands zählen alle Forderungen oder Ansprüche aus den von ihm abgeschlossenen Verwaltungsrechtsgeschäften wie Kaufverträge, Lieferverträge, Instandsetzungsverträge und Verträge zur Regelung des Zahlungsverkehrs. Der Verband ist weiterhin Inhaber der ihm aus dem gesetzlichen Gemeinschaftsverhältnis gegen die Wohnungseigentümer zustehenden Ansprüche, insbesondere auf Sicherstellung einer ausreichenden Finanzausstattung und auf Zahlung der Beiträge.[103]

89 Die **prozessuale Seite** der Wahrnehmung aller eigenen Rechte und Pflichten findet sich in § 10 Abs. 6 Satz 5 WEG. Nach dieser Vorschrift kann die Gemeinschaft vor Gericht **klagen** und **verklagt** werden.[104] Dies ist letztlich nur die Konsequenz aus der Zuerkennung der Teilrechtsfähigkeit.

---

[99] So aber *Weikart* NotBZ 1997, 89, 91.
[100] BGH NJW 2003, 2156; BayObLG ZWE 2000, 182; Würzburger Notarhandbuch/*Hügel* Teil 2 Rdnr. 1530.
[101] *Abramenko* ZMR 2005, 585, 589; *Elzer* MietRB 2005, 248, 250; *Pauly* WuM 2002, 531, 533; *Sauren* ZWE 2006, 258, 266; *Raiser* ZWE 2001, 173, 178, zweifelnd jedoch im Hinblick auf eine Wechselfähigkeit.
[102] *Abramenko* ZMR 2005, 585, 589; *Elzer* MietRB 2995, 248, 250; *Sauren* ZWE 2006, 258, 266; *Maroldt*, Die Rechtsfolgen einer Rechtsfähigkeit der Gemeinschaft der Wohnungseigentümer, 2004, S. 39.
[103] *Wenzel* ZWE 2006, 462, 464.
[104] Ausführlich hierzu § 13.

II. Die Teilrechtsfähigkeit

Abzugrenzen ist die Wahrnehmung eigener Rechte und Pflichten von denjenigen, für die der Verband die **Ausübungsbefugnis** nach § 10 Abs. 6 Satz 3 WEG besitzt. In diesem Bereich handelt der Verband zwar auch im eigenen Namen, aber für einen fremden Rechtsinhaber.[105]

4. Beginn der Rechtsfähigkeit

Unsicherheiten bestehen bei der Frage nach dem Beginn der Rechtsfähigkeit einer Wohnungseigentümergemeinschaft. Einschlägige Vorschriften wie § 21 BGB für den Verein oder § 11 Abs. 1 GmbHG für die Gesellschaft mit beschränkter Haftung bestehen nach dem WEG nicht. Eine Registrierung des wohnungseigentumsrechtlichen Verbands ist für dessen Entstehen weder vorgesehen noch erforderlich. Entscheidend für den Beginn der Rechtsfähigkeit kann daher nur sein, ab wann nach allgemeinen wohnungseigentumsrechtlichen Grundsätzen eine Eigentümergemeinschaft als existent anzunehmen ist. Hierbei ist zunächst eine **Differenzierung** zwischen der **einseitigen Aufteilung** nach § 8 WEG und der **vertraglichen Begründung** von Wohnungseigentum nach § 3 WEG erforderlich.[106]

a) Teilung nach § 8 WEG

Die einseitige Aufteilung wird sachenrechtlich wirksam mit Anlegung aller Wohnungsgrundbücher. Jedoch bedarf es für das Entstehen einer Eigentümergemeinschaft zusätzlich der Veräußerung und Eigentumsumschreibung eines Wohnungseigentums, da für eine Gemeinschaft mindestens **zwei verschiedene** Eigentümer vorhanden sein müssen. Erst ab diesem Zeitpunkt liegt grundsätzlich eine Eigentümergemeinschaft nach dem WEG vor.[107]

Gleichwohl ist anerkannt, dass auch vor diesem Zeitpunkt eine sog. **werdende Wohnungseigentümergemeinschaft** bestehen kann. Klassisches Beispiel hierfür ist der Erwerb von einem Bauträger. Hier erfolgt die Eigentumsumschreibung nicht selten erst Jahre nach dem Besitzübergang auf den Käufer. Die herrschende Meinung möchte eine sachgerechte Lösung in diesen Fällen dadurch erzielen, dass unabhängig von der Eigentumsposition ein im Grundbuch noch nicht eingetragener Erwerber bereits ab Eintragung der Auflassungsvormerkung und Besitzübergang wie ein Wohnungseigentümer behandelt wird, zusammen mit den weiteren Erwerbern, die dieselbe Rechtsposition einnehmen, und dem aufteilenden Eigentümer.[108] Auch wenn nicht alle Fragen im Hinblick auf diese Rechtsfigur gelöst sind,[109] besteht jedoch weitgehend Übereinstimmung, dass aufgrund praktischer Notwendigkeit für solche Gemeinschaften die Vorschriften des WEG Anwendung finden, soweit nicht den Umständen nach eine Eintragung im Grundbuch notwendig ist.[110] Untersucht man diese Grundsätze auf ihre Aussagekraft

---

[105] Siehe § 3 Rdnr. 165 ff.
[106] Ebenso *Elzer* MietRB 2005, 248, 250.
[107] BayObLG ZMR 2004, 767; OLG Hamm ZMR 2003, 776; KG ZMR 2003, 52; OLG Karlsruhe ZMR 2003, 374; Hügel/Scheel Rdnr. 72; KK-WEG/*Elzer* § 8 Rdnr. 96; a. A. AG Hohenschönhausen ZMR 2007, 153 mit Anm. *Meffert*; für eine Einpersonen-Eigentümergemeinschaft auch *Becker* FS Seuß, PiG 77, S. 19, 38; *Becker/Kümmel/Ott* MietRB 2006, 225, 227. Siehe zu dieser Frage § 3 Rdnr. 99.
[108] BGH NotBZ 2004, 63; OLG Hamm, DNotZ 2000, 215; OLG Zweibrücken, WE 1999, 117.
[109] Streitig ist vor allem, wann eine werdende Gemeinschaft endet; mit Eintragung des ersten Erwerbers im Grundbuch, so OLG Düsseldorf ZMR 2007, 126; BayObLG NJW 1990, 3216; Palandt/*Bassenge* vor § 1 WEG Rdnr. 5; Staudinger/*Rapp*, § 8 WEG Rdnr. 26, oder mit Eintragung des letzten Erwerbers, so *Heismann* ZMR 2004, 13; *Coester* NJW 1990, 3184; LG Ellwangen NJW-RR 1996, 973.
[110] OLG München ZMR 2006, 308; OLG Hamm 2005, 219; BayObLG NJW 1990, 3216.

hinsichtlich des Beginns der Teilrechtsfähigkeit der Wohnungseigentümergemeinschaft, so ergibt sich, dass auch werdende Eigentümergemeinschaften **Verwaltungsvermögen bilden müssen**. Mit faktischem Beginn des Gemeinschaftslebens wird es notwendig, einen Wirtschaftsplan zu beschließen und entsprechende Wohngeldzahlungen anzufordern. Nur so kann die – rechtlich an sich noch nicht existierende – Gemeinschaft die ab Gebrauch einzelner Wohnungen notwendigerweise zu erfüllenden Aufgaben wahrnehmen. Anders ist eine werdende Eigentümergemeinschaft nicht denkbar. Wendet man aber auf solche werdenden Eigentümergemeinschaften zu Recht die Vorschriften des WEG an, ist es nur konsequent, auch solche Gemeinschaften als rechtsfähig anzusehen, soweit sie bei der Verwaltung des gemeinschaftlichen Eigentums am Rechtsverkehr teilnehmen. Ergebnis kann demnach nur sein, dass auch **werdenden Eigentümergemeinschaften** ab dem Zeitpunkt **Teilrechtsfähigkeit zukommt,**[111] ab dem sie nach den Grundsätzen für diese Rechtsfigur als werdende Eigentümergemeinschaft eingestuft werden.

b) Teilung nach § 3 WEG

94 Bei der vertraglichen Begründung von Wohnungseigentum ergibt sich ein etwas anderes Bild. Zunächst entsteht Wohnungseigentum nur, wenn sämtliche Wohnungseinheiten im Grundbuch gebildet sind.[112] Bereits zu diesem Zeitpunkt entsteht aber schon eine Eigentümergemeinschaft, da beim Begründungsakt bereits eine Gemeinschaft von Eigentümer vorhanden war. Bei einer Aufteilung nach § 3 WEG hat die Rechtsfigur der werdenden Eigentümergemeinschaft grundsätzlich keinen Platz.[113] Damit beginnt für diesen Fall die Rechtsfähigkeit der Wohnungseigentümergemeinschaft mit grundbuchlichem Vollzug des Aufteilungsvertrags.

95 Zusammenfassend ergibt sich folgende Übersicht zum Beginn des rechtsfähigen Verbands Wohnungseigentümergemeinschaft:

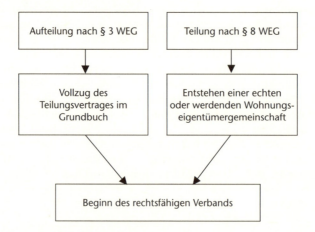

5. Insolvenz der rechtsfähigen Gemeinschaft

96 Jede Wohnungseigentümergemeinschaft ist gem. § 11 WEG **unauflöslich.** Die Vorschrift schließt die Auflösungsmöglichkeiten, die es für die Gemeinschaft nach dem

---

[111] Ebenso KK-WEG/*Elzer* § 8 Rdnr. 100; kritisch *Sauren* ZWE 2006, 258, 261.
[112] Würzburger Notarhandbuch/*Hügel* Teil 2 Rdnr. 1507; Palandt/*Bassenge* § 4 WEG Rdnr. 1.
[113] BayObLG NZM 2000, 665; KG ZWE 2001, 277.

BGB gibt (Teilungsversteigerung gemäß §§ 749 Abs. 1, 753 Abs. 1 BGB, Versteigerung durch Gläubiger gemäß § 753 Abs. 1 BGB), aus. Im Gegensatz zur Gemeinschaft nach dem BGB ist die Wohnungseigentümergemeinschaft auf Bestand gerichtet; § 11 WEG gibt dem Wohnungseigentum die hierfür notwendige Sicherheit kein Wohnungseigentümer kann die Aufhebung der Gemeinschaft verlangen, auch nicht aus wichtigem Grund. Ein Pfändungsgläubiger und der Insolvenzverwalter müssen wegen § 11 Abs. 2 WEG dies ebenfalls gegen sich gelten lassen. Gläubiger eines Wohnungseigentümers können nur nach den §§ 864 ff. ZPO in das Wohnungseigentum vollstrecken.

Im Zuge der Novellierung des WEG wurde die Frage intensiv diskutiert, ob der teilrechtsfähige Verband der Wohnungseigentümer insolvenzfähig ist. Erste gerichtliche Entscheidungen zu diesem Problem waren zwischenzeitlich mit unterschiedlichem Ergebnis[114] ergangen. Im Entwurf des Gesetzes zur Novellierung des WEG war in § 11 Abs. 3 WEG eine Regelung enthalten, welche eine Insolvenzfähigkeit der Eigentümergemeinschaft vorsah, gleichzeitig aber an der Unauflöslichkeit der Gemeinschaft festhielt. Nach Anhörung der Sachverständigen im Rahmen des Gesetzgebungsverfahrens wurde diese Lösung wieder verworfen und stattdessen der nun geltende § 11 Abs. 3 WEG neu in das WEG eingefügt. Nach dieser Vorschrift findet ein **Insolvenzverfahren** über das Verwaltungsvermögen der Eigentümergemeinschaft **nicht statt**. Diese Kehrtwendung des Gesetzgebers ist zu begrüßen, da die Kosten eines Insolvenzverfahrens in keinem angemessenen Verhältnis zu den Vorteilen eines solchen Verfahrens gestanden hätten und es zu erheblichen praktischen Schwierigkeiten wegen der sich überschneidenden Tätigkeiten des Insolvenzverwalters und des Wohnungseigentumsverwalters gekommen wäre.

Damit steht den Gläubigern einer Wohnungseigentümergemeinschaft ein nicht insolvenzfähiger Verband gegenüber. Dies bedeutet indes keinen Nachteil für die Gläubiger. Eine Vollstreckung in das Vermögen des Verbands ist bis zur vollständigen Befriedung möglich. Gegebenenfalls müssen die Wohnungseigentümer durch Sonderumlagen für eine ausreichende Liquidität sorgen. Der entsprechende Anspruch der Gemeinschaft gegen seine Mitglieder unterliegt ebenfalls der Pfändung durch die Gläubiger.

6. Ende der Rechtsfähigkeit

a) Allgemeines

Ein rechtsfähiger Verband wird im Regelfall durch ein gesetzlich festgelegtes Auflösungsverfahren beendet. Ein solches **Liquidationsverfahren** ist für die Wohnungseigentümergemeinschaft **nicht** vorgesehen. Die Frage nach der Beendigung des rechtsfähigen Verbandes kann daher ebenso wie die Frage nach dem Beginn nur nach den allgemeinen wohnungseigentumsrechtlichen Grundsätzen beantwortet werden. Nach diesen ergibt sich, dass für eine Eigentümergemeinschaft mindestens **zwei verschiedene Eigentümer** vorhanden sein müssen.[115] Eine **Einmanngesellschaft** war nach bisher herrschender Ansicht nicht möglich.[116] Dementsprechend bedeutet dies nach gängiger Meinung den Untergang der Gemeinschaft bei Vereinigung aller Einheiten in einer Hand.[117] Diese vorherrschende Meinung war indes vor dem Hintergrund zu sehen, dass die Eigentümer-

---

[114] Gegen eine Insolvenzfähigkeit AG Dresden NJW 2006, 1071; LG Dresden NJW 2006, 2710; für eine Insolvenzfähigkeit AG Mönchengladbach NJW 2006, 1071.
[115] BayObLG ZMR 2004, 767; OLG Hamm ZMR 2003, 776; KG ZMR 2003, 52; OLG Karlsruhe ZMR 2003, 374; *Hügel/Scheel* Rdnr. 72; KK-WEG/*Elzer* § 8 Rdnr. 96.
[116] Für eine Einpersonen-Eigentümergemeinschaft nun AG Hohenschönhausen ZMR 2007, 153 mit Anm. *Meffert; Becker* FS Seuß, PiG 77, S. 19 (38); *Becker/Kümmel/Ott* MietRB 2006, 225, 227.
[117] *Kreuzer* ZMR 2006, 15, 17.

gemeinschaft nach ebenfalls überwiegender Ansicht als modifizierte Bruchteilsgemeinschaft einzuordnen war. Eine Einmanngesellschaft konnte mit diesem Verständnis nur schwer in Einklang gebracht werden. Nachdem nun die Eigentümergemeinschaft als teilrechtsfähiger Verband anzusehen ist, wäre an sich nun auch eine Einmann-Wohnungseigentümergemeinschaft diskussionsfähig. Diese brächte in einigen Bereichen sogar beachtenswerte Vorteile mit sich.

b) Vereinigung aller Wohnungseigentumsrechte

100 Nach der ausdrücklichen Regelung in § 10 Abs. 7 Satz 4 WEG ist solchen Einmann-Wohnungseigentümergemeinschaften allerdings die rechtliche Grundlage entzogen worden. Zwar bestimmt das WEG in dieser Vorschrift nicht, dass die Wohnungseigentümergemeinschaft als Verband in dem Augenblick endet, in dem sich alle Wohnungseigentumsrechte in einer Hand vereinigen. Vielmehr begnügt sich das Gesetz damit, dass es einen **Übergang des Verbandsvermögens** auf den Eigentümer anordnet, der alle Wohnungseigentumsrechte in einer Hand hält. Dies bedeutet aber das **faktische Ende des Verbands**, weil damit kein Verband mehr existiert, der eigene Rechte und Pflichten besitzt. Sämtliche Aktiva und Passiva der bisherigen Wohnungseigentümergemeinschaft gehen auf den Alleineigentümer über.

101 Entsteht eine **erneute Wohnungseigentümergemeinschaft** als Verband durch Veräußerung einer Einheit, ist diese **nicht identisch** mit dem vorherigen Verband. Sämtliche Beschlüsse und Vereinbarungen der erloschenen Gemeinschaft haben keine Relevanz mehr für den neuen Verband, soweit sie nicht durch Grundbucheintragung zum Inhalt des jeweiligen Sondereigentums geworden sind. Auch Verträge des untergegangenen Verbands mit Dritten haben keine Bedeutung für die neu entstehende Gemeinschaft. Zwar ist der Alleineigentümer Gesamtrechtsnachfolger des verschwundenen Verbands, weil § 10 Abs. 7 Satz 4 WEG diese Gesamtrechtsnachfolge anordnet. Der neue Verband ist jedoch keineswegs Gesamtrechtsnachfolger des Alleineigentümers und kann dies auch nicht sein, weil durch den Übergang des Verbandsvermögens auf den Alleineigentümer eine Vermischung mit dessen übrigem Eigentum erfolgt, die eine erneute Separierung durch Gesamtrechtsnachfolge per se unmöglich macht. Die Gesetzesbegründung, die davon ausgeht, dass der neuen Gemeinschaft das bisherige Verwaltungsvermögen wieder erneut zustehen würde,[118] ist schlicht unzutreffend. Hierzu bedürfte es einer gesetzlich angeordneten Rechtsnachfolge. Damit kommt es durch die **Vereinigung aller Wohnungseigentumsrechte** zu einer **Auflösung** des teilrechtsfähigen Verbands.

☞ Praxistipp:

102 Soll die unerwünschte Auflösung des Verbands durch Vereinigung aller Wohnungseigentumsrechte in einer Hand vermieden werden, bietet es sich gegebenenfalls an, die letzte Einheit nicht durch dann einzigen Eigentümer erwerben zu lassen, sondern durch eine ihm nahestehende Person. Dies kann beispielsweise sein Ehegatte, ein Kind oder eine ihm gehörende juristische Person sein.

c) Vertragliche Aufhebung

103 Neben der Vereinigung aller Einheiten in einer Hand kann eine Wohnungseigentümergemeinschaft auch durch eine vertragliche Aufhebung nach § 4 WEG beendet werden. Eine solche Aufhebung führt ebenso zur Beendigung des teilrechtsfähigen Verbands.

---

[118] BT-Drucksache 16/887 S. 63.

Zusammenfassend ergibt sich folgende Übersicht zum Ende des rechtsfähigen Verbands Wohnungseigentümergemeinschaft:

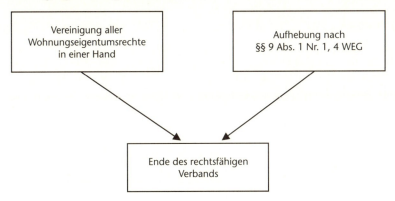

III. Der neue § 10 Abs. 1 WEG und die Neunummerierung in § 10 WEG

1. Die Neuregelung in § 10 Abs. 1 WEG

Durch die Novelle wurde in § 10 WEG ein neuer Absatz 1 eingefügt, durch den eine Abgrenzung der Rechte und Pflichten der Wohnungseigentümer einerseits und der Gemeinschaft der Wohnungseigentümer andererseits erfolgen soll. Hiernach sind Inhaber der Rechte und Pflichten nach dem WEG, insbesondere des Sondereigentums und des gemeinschaftlichen Eigentums, die Wohnungseigentümer, soweit nicht etwas anderes ausdrücklich bestimmt ist.

Die Vorschrift verdeutlicht die im Wohnungseigentumsrecht **maßgebliche Stellung der Wohnungseigentümer**. Durch die beispielhafte Aufzählung von Sondereigentum und Gemeinschaftseigentum soll dem Missverständnis vorgebeugt werden, die Eigentumsrechte könnten Teil des Vermögens der Gemeinschaft als Verband sein.[119]

Die in § 10 Abs. 1 WEG gewählte Terminologie ist allerdings nicht glücklich gewählt. Nach bisherigem Verständnis wurde unter Rechten und Pflichten der Wohnungseigentümer die aus dem Gemeinschaftsverhältnis der Wohnungseigentümer nach §§ 10 ff. WEG resultierende Rechtsbeziehung, dh. schuldrechtliche Beziehung, verstanden. § 10 Abs. 1 WEG vermengt nun die sachenrechtlichen Grundlagen, Sondereigentum und Gemeinschaftseigentum, und Rechte und Pflichten aus dem Gemeinschaftsverhältnis.[120]

2. Die neue Nummerierung in § 10 WEG

Durch den neuen § 10 Abs. 1 WEG mussten notwendigerweise auch die unverändert gebliebenen Bestimmungen in § 10 WEG angepasst werden. So sind die bisherigen § 10 Abs. 1–4 WEG nun zu den § 10 Abs. 2–5 WEG geworden.

Praxistipp:
Solange noch nicht alle Kommentare und Bücher zum WEG als Neuauflage nach der Novelle vorliegen, ist dies bei der Arbeit mit der Literatur stets zu berücksichtigen. Anderenfalls sind Missverständnisse vorprogrammiert.

---

[119] BT-Drucksache 16/887 S. 60.
[120] So zutreffend DAV-Stellungnahme zur WEG-Reform NZM 2006, 767, 769.

IV. Regelungsinstrumente der Wohnungseigentümergemeinschaft

1. Allgemeines

110 Wohnungseigentum ist nur in Gemeinschaft mit anderen denkbar.[121] Diese Gemeinschaft bedarf für ein gedeihliches Miteinander einer Regelung hinsichtlich der Rechte und Pflichten ihrer jeweiligen Mitglieder. Gesetzliche Vorgaben für das Gemeinschaftsverhältnis sind im 2. und 3. Abschnitt des I. Teils des WEG, nämlich den §§ 10 ff. WEG, enthalten. Das Gesetz stellt dabei in § 10 WEG eine Reihenfolge auf: Gesetz, Vereinbarungen, Beschlüsse. Das Gesetz hat zudem eine doppelte Funktion. Zum einen bestimmt es, was zwingend ist und weder durch Vereinbarung noch durch einen Beschluss geändert werden kann. Zum anderen hat es eine Hilfsfunktion, indem es überall dort anzuwenden ist, wo keine anderweitige Vereinbarung getroffen ist.

111 Hieraus wird deutlich, dass das WEG der Wohnungseigentümergemeinschaft zwar bestimmte zwingende Vorgaben macht, den Eigentümern darüber hinaus jedoch Autonomie zur Regelung ihrer Angelegenheiten einräumt. Das **WEG** enthält **keine abschließende Aufzählung der Bereiche**, in denen die **Wohnungseigentümergemeinschaft** zu selbständigen Regelungen **entscheidungsbefugt** ist. Ihre diesbezügliche Kompetenz ergibt sich vielmehr aus den einzelnen Bestimmungen und deren Auslegung.

112 Maßgebliche **Ausgangsvorschrift** zur Bestimmung des Inhalts und Umfangs der Regelungskompetenz der Eigentümergemeinschaft ist **§ 10 Abs. 2 WEG**. Diese Vorschrift enthält für die Wohnungseigentümer eine grundsätzlich **umfassende Regelungskompetenz** und erlaubt es ihnen, von den Vorschriften des WEG abweichende Vereinbarungen über ihr Verhältnis untereinander zu treffen, soweit gesetzlich nicht zwingend etwas anderes bestimmt ist. Unabdingbare gesetzliche Vorgaben sind insbesondere im WEG selbst enthalten.

2. Das geeignete Regelungsinstrument

113 Das WEG gibt für die Verwirklichung dieser Regelungskompetenz der Wohnungseigentümer eine **wichtige Unterscheidung** vor. Die Eigentümer können ihre Belange durch **(Mehrheits-)Beschlüsse** und/oder durch **Vereinbarungen** regeln. Gemäß § 23 Abs. 1 WEG unterliegen nur solche Angelegenheiten einer Beschlussfassung durch die Mehrheit, über die nach dem WEG oder nach einer getroffenen Vereinbarung der Wohnungseigentümer auch durch Beschlussfassung entschieden werden darf. Die **Mehrheitsherrschaft bedarf somit einer Legitimation durch eine Kompetenzzuweisung**. Eine Beschlusskompetenz ist aber nach dem Willen des Gesetzgebers nicht die Regel, sondern die **Ausnahme**. Sie ist nur für untergeordnete Belange wie Ausgestaltung des ordnungsmäßigen Gebrauchs nach § 15 Abs. 2 WEG und die ordnungsmäßige Verwaltung des gemeinschaftlichen Eigentums nach § 21 Abs. 1 und 3 WEG vorgesehen. Hierdurch unterscheidet sich das Wohnungseigentumsgesetz bewusst von körperschaftlich organisierten Verbänden des Gesellschaftsrechts.[122] Wohnungseigentum ist nämlich primär echtes Immobilieneigentum und keine gesellschaftsrechtliche Beteiligung.

114 Vereinbarungen und Beschlüsse unterscheiden sich qualitativ.[123] Ein allstimmiger Beschluss wird nicht dadurch zur Vereinbarung, dass ihm alle Eigentümer zustimmen.

---

[121] Bärmann/Seuß/*Schmidt* B Rdnr. 1.
[122] BGH NJW 2000, 3500.
[123] *Hügel* DNotZ 2001, 176, 186; Staudinger/*Bub* § 23 WEG Rdnr. 163; Bärmann/Pick/Merle/*Merle* § 23 WEG Rdnr. 24.

Der Beschluss ist, anders als etwa im Gesellschaftsrecht, nicht als umfassendes Regelungsinstrument der Eigentümergemeinschaft ausgestaltet, sondern grundsätzlich den Verwaltungsangelegenheiten und den Regelungen für einen ordnungsmäßigen Gebrauch vorbehalten. Als Zweck des Mehrheitsprinzips kann im Wohnungseigentumsrecht ausschließlich das Interesse an einer effektiven Organisation angesehen werden, es geht nicht um eine demokratische Willensbildung innerhalb der Eigentümergemeinschaft.[124] Dementsprechend ist der Mehrheitsmacht immer durch das verfassungsrechtlich geschützte Immobilieneigentum „Wohnungseigentum" Grenzen gesetzt. Außerhalb der Verwaltung gilt grundsätzlich das Vertragsprinzip, das eine Vereinbarung erfordert.[125] Vereinbarung und Beschluss besitzen unterschiedliche Rechtsqualität und weisen einen nicht nur graduellen Unterschied auf.

Die WEG-Novelle hat für die **Beschlusskompetenz** der Wohnungseigentümer eine deutliche **Erweiterung** gebracht. Ein primäres Ziel der Gesetzesänderung ist es, die Willensbildung in der Eigentümergemeinschaft durch zusätzliche Beschlussmöglichkeiten zu erleichtern.[126] Solche neuen Beschlusskompetenzen finden sich in §§ 12 Abs. 4, 16 Abs. 3 und 4, 21 Abs. 7 sowie 22 Abs. 1 und 2 WEG. Hierdurch wird aber an dem dargestellten Grundsatz nichts geändert. Eine Beschlussfassung ist nur in den Angelegenheiten zulässig, in denen den Wohnungseigentümern eine Beschlusskompetenz eingeräumt ist. Fehlt eine solche Beschlusskompetenz, ist ein gleichwohl gefasster Beschluss grundsätzlich unwirksam.[127]

3. Der Beschluss

Allgemeine Ausführungen und Erläuterungen zum Beschluss und zur Beschlussanfechtung finden sich unter § 8. Die neuen Beschlusskompetenzen werden jeweils im Sachzusammenhang an anderen Stellen dargestellt und erörtert. So finden sich Ausführungen zu den Beschlusskompetenzen gem. § 12 Abs. 4 WEG unter § 4 Rdnr. 7 ff., gem. § 16 Abs. 3 und 4 WEG unter § 5 Rdnr. 10 ff., gem. § 21 Abs. 7 WEG unter § 8 Rdnr. 56 ff. sowie gem. § 22 Abs. 1 und 2 WEG unter § 7 Rdnr. 5 ff.

4. Die Vereinbarung/Gemeinschaftsordnung

a) Allgemeines

Die Wohnungseigentümer können im Rahmen der ihnen durch das Gesetz eingeräumten Autonomie ihr Gemeinschaftsverhältnis untereinander abweichend vom Gesetz durch Vereinbarungen regeln. Vereinbarungen sind (**mehrseitige**) **Verträge** der Wohnungseigentümer. Sie sind somit ihrem Ursprung nach rein schuldrechtlicher Natur,[128] die Kennzeichnung als schuldrechtlicher Kollektivvertrag[129] ist zutreffend. Es gelten für sie deshalb die Vorschriften des Allgemeinen Teils des BGB.[130] Hierüber besteht

---

[124] *Graßhof* ZWE 2003, 33, 37.
[125] *Häublein* ZWE 2001, 2, 4.
[126] BT-Drucksache 16/887 S. 1.
[127] BGH NJW 2000, 3500.
[128] BGH NJW 1984, 612; Staudinger/*Kreuzer*, § 10 WEG Rdnr. 62; Bärmann/Pick/Merle/*Pick* § 10 WEG Rdnr. 25; *Häublein*, Sondernutzungsrechte und ihre Begründung im Wohnungseigentumsrecht, S. 24; *Ott*, Das Sondernutzungsrecht im Wohnungseigentum, S. 13.
[129] OLG Köln DNotZ 2002, 227; Bärmann/Pick/Merle/*Pick* § 10 WEG Rdnr. 25.
[130] Bärmann/Pick/Merle/*Pick* § 10 WEG Rdnr. 31.

118 Eine Vereinbarung kann aufgrund ihrer Einordnung als Vertrag grundsätzlich nur durch **alle Wohnungseigentümer** getroffen werden. Die **Gesamtheit** solcher, das Verhältnis der Wohnungseigentümer untereinander regelnder Vereinbarungen wird **Gemeinschaftsordnung** genannt. Die Gemeinschaftsordnung bildet die Grundordnung der Wohnungseigentümer, die „Satzung", die auch durch den Alleineigentümer nach § 8 WEG wirksam errichtet werden kann.

119 Ziel des gesamten Regelungswerkes ist die **Sicherung eines dauerhaften und geordneten Zusammenlebens** der Wohnungseigentümer. Dieser Zweck kann nur dann erreicht werden, wenn auch Rechtsnachfolger an einmal getroffene Regelungen gebunden sind. Die Möglichkeit einer solchen Bindung von Sondernachfolgern eröffnet das WEG durch § 10 Abs. 3. Mit der Eintragung der Vereinbarung in das Grundbuch entfaltet diese Wirkung gegenüber Sondernachfolgern des Alteigentümers. Ansprüche, die sich aus der Gemeinschaftsordnung herleiten lassen, werden dadurch aber nicht zum dinglichen Recht. Die herrschende Meinung spricht insoweit aber von einer **verdinglichten Struktur der Gemeinschaftsordnung**.[132] Ein Zwang, Vereinbarungen mit einer solchen Wirkung zu versehen, besteht nicht. Eigentümergemeinschaften können frei wählen, ob sie eine einer Vereinbarung zugängliche Regelung mit „dinglicher" Wirkung ausstatten, oder ob sie sich damit begnügen wollen, dass die Vereinbarung nur im Innenverhältnis der Eigentümer wirkt.

120 Die Eigentümergemeinschaft, in die jeder Erwerber eintritt, besitzt zum Zeitpunkt des Eigentumswechsels regelmäßig bereits eine Gemeinschaftsordnung. Sofern diese im Grundbuch eingetragen wurde, wirken die dort statuierten Vereinbarungen auch ohne ausdrückliche Regelung im Erwerbsvertrag aufgrund § 10 Abs. 3 WEG gegen den neuen Eigentümer. Etwas anderes gilt jedoch für nicht im Grundbuch eingetragene Vereinbarungen, sog. **schuldrechtliche Vereinbarungen.** Sie entfalten nur relative Wirkung. Sie binden nur die an ihnen Beteiligten, also die Wohnungseigentümer, die zum Zeitpunkt des Zustandekommens der Vereinbarung Eigentümer der betreffenden Gemeinschaft sind und bei ihrem Abschluss mitgewirkt haben.[133] Solche schuldrechtliche Vereinbarungen werden nach Ansicht der Rechtsprechung insgesamt hinfällig, wenn ein Sondernachfolger in die Gemeinschaft eintritt und Vereinbarungen dieser Art nicht beigetreten ist.[134]

121 Diese Unterscheidung zwischen schuldrechtlichen und „dinglichen" Vereinbarungen liegt auch § 5 Abs. 4 WEG zugrunde. Nach Satz 1 dieser Vorschrift, der auch nach der Novellierung des WEG in unveränderter Form fortbesteht, können **Vereinbarungen** nach den Vorschriften des 2. und 3. Abschnittes des WEG zum **Inhalt des Sondereigentums** gemacht werden. Damit ist zunächst die Regelung in § 10 Abs. 3 WEG angesprochen, nach der eine Vereinbarung dann gegen einen Sondernachfolger gilt, wenn sie im Grundbuch eingetragen ist. Weil hierdurch Rechtnachfolger gebunden sind, wird die getroffene Regelung zum Inhalt des betreffenden Sondereigentums.

---

[131] Ausführlich zu dieser Frage *Häublein*, Sondernutzungsrechte und ihre Begründung im Wohnungseigentumsrecht.

[132] Bärmann/Pick/Merle/*Merle* Einl. WEG Rdnr. 45 ff.; Weitnauer/*Lüke* WEG § 10 Rdnr. 35; Bamberger/Roth/*Hügel* § 10 WEG Rdnr. 7; Schöner/Stöber Rdnr. 2885.

[133] BGH NJW 1984, 612; *Kümmel*, Die Bindung der Wohnungseigentümer und deren Sondernachfolger an Vereinbarungen, Beschlüsse und Rechtshandlungen nach § 10 WEG, S. 7; *Häublein*, Sondernutzungsrechte und ihre Begründung im Wohnungseigentumsrecht, S. 24.

[134] BayObLG RNotZ 2005, 233; OLG Saarbrücken MietRB 2005, 150; BayObLG NZM 2003, 321; OLG Köln NZM 2001, 1135; a.A. *Hügel* FS Wenzel S. 219, 231; kritisch auch *Häublein* DNotZ 2002, 229.

b) Anspruch auf Abänderung der Gemeinschaftsordnung (§ 10 Abs. 2 Satz 3 WEG)

aa) Alte Rechtslage

Ergebnis der dargestellten Grundsätze ist, dass jeder Wohnungseigentümer an eine vorhandene Vereinbarung gebunden ist, gleich ob er an deren Abschluss beteiligt war oder sie beim Eintritt in die Eigentümergemeinschaft so vorgefunden hat. Möchte er die Veränderung einer bestimmten Regelung, so kann dies nur durch eine **abändernde Vereinbarung** erfolgen, die ebenfalls einer Mitwirkung aller Wohnungseigentümer bedarf. An diesem Erfordernis sind in der Vergangenheit häufig abändernde Vereinbarungen gescheitert, weil die notwendige Einigung aller Wohnungseigentümer in einer Wohnungseigentumsanlage allenfalls in kleineren Anlagen zu erreichen ist. Ein Anspruch des einzelnen Eigentümers auf Abänderung der vorhandenen Gemeinschaftsordnung wurde von der Rechtsprechung in der Vergangenheit nur in Ausnahmefällen bejaht. Leitgedanke dieser restriktiven Haltung war, dass sich jeder Wohnungseigentümer auf den Bestand des vorhandenen Regelungswerks verlassen können muss.[135] Der Grundsatz der Rechtssicherheit gehe dem Abänderungsinteresse des einzelnen Wohnungseigentümers vor. Diesem sei zudem die Gemeinschaftsordnung beim Erwerb der Wohnung bekannt gewesen. Dementsprechend wurde ein solcher Anspruch nur gewährt, sofern **wegen außergewöhnlicher Umstände** ein Festhalten an der Gemeinschaftsordnung **grob unbillig war und gegen Treu und Glauben verstieß**.[136] Damit gab es einen Abänderungsanspruch nur in seltenen Ausnahmefällen.

bb) Die Neuregelung in § 10 Abs. 2 Satz 3 WEG

Mit der in § 10 Abs. 2 Satz 3 WEG enthaltenen Neuregelung soll ein Abänderungsanspruch des einzelnen Wohnungseigentümers erleichtert werden. Jeder Wohnungseigentümer kann nach dieser Vorschrift eine abweichende Vereinbarung verlangen, soweit ein **Festhalten an der geltenden Regelung** aus schwerwiegenden Gründen unter Berücksichtigung aller Umstände des Einzelfalls, insbesondere der Rechte und Interessen der anderen Wohnungseigentümer, **unbillig** erscheint. Diese Norm hat somit zweierlei zum Ziel. Zum einen wird der bisher aus § 242 BGB und dem Treueverhältnis der Wohnungseigentümer untereinander abgeleitete Abänderungsanspruch **gesetzlich normiert**, zum anderen soll die **Eingriffsschwelle abgesenkt** werden. Denn vor allem die gerichtlichen Entscheidungen zur Möglichkeit der Abänderung des Kostenverteilungsschlüssels haben nach Ansicht des Gesetzgebers einen zu strengen Maßstab im Hinblick auf eine Anpassung der Gemeinschaftsordnung aufgestellt.[137]

Die Neuregelung lässt die bisherige Rechtslage im Kern unverändert. Sie gibt den Gerichten aber Anlass, bei der Bewertung der Frage, wann ein Anspruch zu bejahen ist, von der geltenden Rechtsprechung abzuweichen und die bisherige Schwelle zu senken. Ein **konkreter Schwellenwert** im Hinblick auf die Frage, ab wann von einer unbilligen Kostenverteilung auszugehen ist, ist in der Neuregelung **nicht** enthalten. Damit soll die notwendige **Flexibilität** im Einzelfall gewährleistet werden. Nach der Gesetzesbegründung soll beispielsweise bei einem Anspruch auf Änderung des Kostenverteilungsschlüssels ausgeschlossen werden, dass ein Anspruch wegen eines Missverhältnisses der Kostenregelung – soweit es nicht um kleinere und damit nicht spürbar belastende Geld-

---
[135] KG NZM 2004, 549; OLG Düsseldorf NZM 1998, 867 für den geltenden Kostenverteilungsschlüssel.
[136] BGH NJW 2003, 3476; BGH ZMR 1995, 483, 455; BayObLG NZM 2001, 290.
[137] BT-Drucksache 16/887 S. 18.

beträge geht – erst bejaht wird, wenn das Mehrfache dessen zu bezahlen ist, was bei sachgemäßer Kostenverteilung zu tragen wäre.[138] Ob § 10 Abs. 2 Satz 3 WEG allerdings überhaupt für eine Veränderung des Kostenverteilungsschlüssels geeignet ist, erscheint zweifelhaft.[139]

125 Die Senkung der Eingriffsschwelle gegenüber der früheren Rechtslage wird dadurch zum Ausdruck gebracht, dass statt auf die bislang erforderlichen „außergewöhnlichen Umstände" nunmehr auf **„schwerwiegende Gründe"** abgestellt wird. Diese liegen eher vor als außergewöhnliche Umstände. Zudem muss die bestehende Regelung in der Gemeinschaftsordnung künftig nicht mehr grob unbillig sein und damit gegen Treu und Glauben verstoßen. Ausreichend ist vielmehr, dass ein Festhalten an der geltenden Regelung **unbillig** erscheint. Der Wortlaut macht deutlich, dass für den Betroffenen kein so großer Nachteil erforderlich ist wie bei dem bisherigen Maßstab der groben Unbilligkeit.[140] Wie sich ebenfalls aus dem Wortlaut der Regelung ergibt, müssen die Rechte und Interessen der anderen Wohnungseigentümer aber weiterhin in die Abwägung miteinbezogen werden. Die Anforderungen an einen Anpassungsanspruch bleiben auch so in Zukunft weiterhin erheblich. Dies soll den erforderlichen Schutz des Vertrauens der Wohnungseigentümer in die bestehende Situation gewährleisten.

☞ **Praxistipp:**

126 Die Neuregelung enthält somit **unbestimmte Rechtsbegriffe**, deren Inhalt von der Rechtsprechung im Einzelfall festgestellt werden muss. Die Frage, ob schwerwiegende Gründe vorliegen und ob die bestehende Regelung unbillig erscheint, lässt sich nicht allgemein beantworten.

127 Eine Einschränkung des Abänderungsanspruchs dahingehend, dass Umstände, die für die Vereinbarung wesentlich sind, sich geändert oder als falsch herausgestellt haben müssen, enthält die Neuregelung nicht. Solche Umstände können bei der Beurteilung der Unbilligkeit berücksichtigt werden, sind aber nicht Anspruchsvoraussetzung. Vielmehr soll ein Abänderungsanspruch auch in den Fällen möglich sein, in denen die Gemeinschaftsordnung sich von Anfang an als verfehlt erweist, in denen sich also später weder etwas geändert noch als falsch herausgestellt hat.[141]

128 Der Anspruch kann sich nur auf Abänderung einer bestehenden Vereinbarung richten. Ein Abänderungsanspruch im Hinblick auf die **sachenrechtlichen Grundlagen** der Gemeinschaft ist in § 10 Abs. 2 Satz 3 WEG aufgrund des klaren Wortlauts und der systematischen Stellung der Vorschrift hingegen **nicht** enthalten. Der Gesetzgeber hat bewusst von einem solchen weitergehenden Anspruch abgesehen, weil es in den praktischen Fällen, in denen vor Gericht eine solche Zustimmung begehrt wird, letztlich fast immer um die Änderung der schuldrechtlichen Kostenvereinbarung, also um den Regelungsgehalt des § 10 Abs. 2 Satz 3 WEG, nicht aber um die sachenrechtliche Zuordnung geht.[142]

cc) Verhältnis von § 10 Abs. 2 Satz 3 WEG zu den Fällen einer Veränderung der Gemeinschaftsordnung durch Beschluss, insbesondere zu § 16 Abs. 3 WEG

129 Wendet sich ein Wohnungseigentümer gegen den in der Gemeinschaftsordnung enthaltenen Kostenverteilungsschlüssel, stehen ihm nach der Neufassung des WEG grundsätzlich **zwei Möglichkeiten** offen. Er kann zum einen eine Beschlussfassung nach § 16

---

[138] BT-Drucksache 16/887 S. 19.
[139] Siehe § 3 Rdnr. 129.
[140] BT-Drucksache 16/887 S. 19.
[141] BT-Drucksache 16/887 S. 19.
[142] BT-Drucksache 16/887 S. 19.

IV. Regelungsinstrumente der Wohnungseigentümergemeinschaft 130–133 § 3

Abs. 3 WEG zur Veränderung des geltenden Kostenverteilungsschlüssels bewirken.[143] Im Rahmen seines Anspruchs auf ordnungsmäßige Verwaltung nach § 21 Abs. 4 WEG kann ein Wohnungseigentümer auch gerichtlich aktiv werden. Nach dem Wortlaut des § 10 Abs. 2 Satz 3 WEG steht ihm daneben aber auch ein Anspruch auf Abänderung des Kostenverteilungsschlüssels unter den dort normierten Voraussetzungen zu. Hiervon geht auch die Gesetzesbegründung aus.[144]

Indes **fehlt** es bei den Neuregelungen in § 16 Abs. 3 WEG und § 10 Abs. 2 Satz 3 WEG an der **notwendigen Abstimmung**.[145] Es erscheint wenig sinnvoll, dass ein Wohnungseigentümer einen individuellen Anspruch auf Abänderung des bestehenden Kostenverteilungsschlüssels gem. § 10 Abs. 2 Satz 3 WEG ohne vorherige Befassung der Eigentümerversammlung mit diesem Begehren gerichtlich geltend machen kann. Der gerichtlichen Geltendmachung eines solchen Anspruchs ohne Behandlung in der Eigentümerversammlung fehlt nach allgemeinen wohnungseigentumsrechtlichen Grundsätzen das Rechtsschutzbedürfnis.[146] Für eine Abänderung des Kostenverteilungsschlüssels durch die Gemeinschaft im Rahmen einer Eigentümerversammlung hat der Gesetzgeber aber eine explizite Beschlusskompetenz mit der Neuregelung in § 16 Abs. 3 WEG geschaffen. **130**

Das Verhältnis dieser beiden Abänderungsvarianten für die Kostenverteilung ist deshalb dahingehend zu verstehen, dass für die Abänderung der Kostenverteilung § 16 Abs. 3 WEG als **lex specialis** dem allgemeinen Anspruch auf Abänderung nach § 10 Abs. 2 Satz 3 WEG vorgeht. Das Gesetz gewährt (nur) unter den in § 16 Abs. 3 WEG genannten Voraussetzungen eine Veränderungsmöglichkeit des geltenden Kostenverteilungsschlüssels. Diese Vorgaben könnten unterlaufen werden, wenn eine Veränderung auch über § 10 Abs. 2 Satz 3 WEG möglich wäre. Zudem wäre eine Abänderung über § 10 Abs. 2 Satz 3 WEG stets nur von vorübergehender Natur, da aufgrund § 16 Abs. 5 WEG die Beschlusskompetenzen in § 16 WEG nicht durch eine Vereinbarung eingeschränkt oder ausgeschlossen werden können. **131**

Dieses Normenverhältnis ist aber nicht auf die Beziehung von § 10 Abs. 2 Satz 3 WEG zu § 16 Abs. 3 WEG beschränkt. Die gleichen Aussagen treffen auch auf die anderen Fälle zu, in denen nach der Novelle die bestehende Gemeinschaftsordnung durch einen Beschluss der Wohnungseigentümer abgeändert werden kann. So erfolgt durch die **Aufhebung einer Veräußerungsbeschränkung nach § 12 Abs. 4 WEG** ebenso eine Veränderung der Gemeinschaftsordnung wie bei einer **dauerhaften Kostenregelung nach § 21 Abs. 7 WEG**. Diese speziellen Änderungsmöglichkeiten gehen dem allgemeinen Abänderungsanspruch aus § 10 Abs. 2 Satz 3 WEG ebenfalls vor. **132**

c) Abänderung der Gemeinschaftsordnung auf Grundlage einer rechtsgeschäftlichen Öffnungsklausel (§ 10 Abs. 4 Satz 2 WEG)

aa) Grundsätzliche Überlegungen

Das Wohnungseigentumsgesetz stellt den Wohnungseigentümern **zwei Handlungsformen** zur Verfügung – **Vereinbarung** und **Beschluss**. Andere Regelungsinstrumente kennt das WEG für die Wohnungseigentümer nicht; tertium non datur.[147] Weiterhin bestimmt das Gesetz, in welchen Fällen die Wohnungseigentümer das Instrument Vereinbarung oder Beschluss zur Anwendung bringen müssen. Beide Regelungsinstrumente **133**

---

[143] Siehe hierzu § 5 Rdnr. 10 ff.
[144] Vgl. BT-Drucksache 16/887 S. 19.
[145] *Abramenko* ZMR 2005, 22, 23; *Hinz* ZMR 2005, 271, 272.
[146] Vgl. BGH ZMR 2003, 937; OLG Hamm ZMR 1995, 498.
[147] *Hügel* DNotZ 2001, 176, 186; *Wenzel* ZWE 2000, 2, 3.

besitzen **unterschiedliche Rechtsqualität,** nicht nur graduelle Unterschiede. Sie sind für verschiedene Regelungsbereiche angedacht. Die weniger wichtigen Angelegenheiten der laufenden Verwaltung können mittels eines Mehrheitsbeschlusses geregelt werden. Die grundlegenden Angelegenheiten bedürfen aber einer (vertraglichen) Vereinbarung aller Wohnungseigentümer. Eine Bestandskraft ist dementsprechend auch nur für Beschlüsse vorgesehen, da es in diesen untergeordneten Bereichen den Wohnungseigentümern zugemutet werden kann, sich innerhalb einer bestimmten Frist gegen einen möglicherweise anfechtbaren Beschluss zu wehren. Erfolgt eine Anfechtung nicht, ist die getroffene Regelung hinzunehmen.

134 An getroffene Beschlüsse sind Sondernachfolger eines Wohnungseigentümers immer gebunden (§ 10 Abs. 4 Satz 1 WEG), obwohl sie bei der Beschlussfassung selbst nicht mitgewirkt haben. Dies ist unproblematisch, weil der Regelungsgehalt von Beschlüssen nach den Vorstellungen des WEG nur untergeordnete Bedeutung besitzt. Vereinbarungen hingegen binden Sondernachfolger nach § 10 Abs. 3 WEG nur, wenn sie im Grundbuch eingetragen sind. Damit wird der gesteigerten inhaltlichen Bedeutung Rechnung getragen. Durch die Eintragung im Grundbuch wird das Vorhandensein einer Vereinbarung publik und der Inhalt der getroffenen Vereinbarung dokumentiert. Diese Differenzierung zwischen Beschluss und Vereinbarungen ist einer der grundlegenden Gedanken des WEG und findet konsequenterweise Ausfluss darin, dass sich **beide Instrumente** im Hinblick auf **Abschluss, Inhalt, Form, Bindung von Rechtsnachfolgern** und eventueller Zustimmung dinglich Berechtigter am Wohnungseigentum **unterscheiden.**

135 Der Bundesgerichtshof hatte in seiner Entscheidung vom 20. 9. 2000 gerade einer Vermischung dieser beiden Regelungselemente eine klare Absage erteilt und die Möglichkeit von „Zitterbeschlüssen", deren Inhalt an sich einer Vereinbarung bedurft hätte, verworfen. Er hat Beschlüsse, die vom Gesetz abweichen oder eine Vereinbarung ändern, u. a. mit Rücksicht darauf für nichtig erklärt, dass hierdurch die erforderliche Transparenz beeinträchtigt würde.[148] Dieser Transparenz könne allein eine Grundbucheintragung hinreichend Rechnung tragen.

bb) Die rechtliche Qualität von Mehrheitsentscheidungen auf Grundlage einer Öffnungsklausel

136 Die Novelle des WEG weicht diese grundsätzliche Differenzierung in wesentlichen Bereichen auf. Zum einen eröffnet sie nun die Möglichkeit, Beschlüsse in Angelegenheiten zu fassen, die vorher aufgrund der grundlegenden inhaltlichen Bedeutung für das Zusammenleben der Wohnungseigentümer nur im Wege einer Vereinbarung geregelt werden konnten (vgl. §§ 12 Abs. 4, 16 Abs. 3 und 4, 22 Abs. 2 WEG). Zum anderen **qualifiziert** § 10 Abs. 4 Satz 2 WEG ausdrücklich Regelungen, die aufgrund einer in der Gemeinschaftsordnung enthaltenen rechtsgeschäftlichen Öffnungsklausel (nur) von einer Mehrheit der Wohnungseigentümer getroffen werden und deren Inhalt vom Gesetz abweicht oder eine Vereinbarung ändert, als **Beschluss.** Damit soll nach den Vorstellungen des Gesetzgebers sowohl in den Bereichen, in denen eine gesetzliche Beschlusskompetenz besteht, als auch in den Fällen, in denen eine rechtsgeschäftliche Öffnungsklausel eine Möglichkeit zur Beschlussfassung eröffnet, eine **Abänderung der geltenden Gemeinschaftsordnung** auch im **Beschlussweg** möglich sein.

137 Mit der Neuregelung in § 10 Abs. 4 Satz 2 WEG wollte der Gesetzgeber auf die Diskussion über die dogmatische Einordnung von Mehrheitsentscheidungen, die auf Grundlage einer vorhandenen Öffnungsklausel durch die Eigentümergemeinschaft ge-

---

[148] BGH NJW 2000, 3500.

IV. Regelungsinstrumente der Wohnungseigentümergemeinschaft

troffen werden, reagieren. Wurde nämlich zunächst weitgehend unkritisch davon ausgegangen, dass eine Mehrheitsentscheidung immer einen Beschluss der Wohnungseigentümergemeinschaft darstellt, hatten sich zwischenzeitlich verschiedene Ansichten herauskristallisiert. Eine Meinung sah solche Entscheidungen nach wie vor als Beschluss an und behandelte sie konsequent als Beschluss.[149] Zunehmend wurde jedoch anerkannt, dass Inhalt solcher Mehrheitsentscheidungen meist eine Angelegenheit ist, die an sich nur mittels einer Vereinbarung geregelt werden könnte. Zur Verdeutlichung dieses Sachverhalts wurde der Begriff „Mehrheitsvereinbarung" vorgeschlagen.[150] Zur **Bindung von Sondernachfolgern** an solche getroffene Vereinbarungen war sich die zwischenzeitlich herrschende Meinung einig, dass Mehrheitsvereinbarungen **im Grundbuch eingetragen** werden müssen.[151] Die Begründung für dieses Ergebnis war allerdings zweigeteilt. Die eine Ansicht begriff Mehrheitsvereinbarungen weiterhin grundsätzlich als Beschlüsse, die aber auf Grund ihres speziellen Inhalts im Grundbuch eingetragen werden durften und mussten.[152] Die andere Meinung hingegen verstand Mehrheitsvereinbarungen als Vereinbarungen und sah die Grundbucheintragung deshalb als erforderlich an.[153]

Diesem Verständnis will die Novelle des WEG in § 10 Abs. 4 Satz 2 WEG entgegentreten. Dort wird entgegen dem hier entwickelten Gedanken solchen Mehrheitsentscheidungen gesetzlich Beschlussqualität unterstellt. Hintergrund dieser Regelung ist die Furcht vor einer Überfrachtung des Grundbuchs. Zu welchen Konsequenzen dieser gesetzlich angeordnete **Systembruch** führt, darf anhand der Begründung von Sondernutzungsrechten kurz erläutert werden.

138

cc) Vereinbarte und beschlossene Sondernutzungsrechte

Sondernutzungsrechte können bei vorhandener Öffnungsklausel auf Grundlage einer solchen Mehrheitsentscheidung begründet werden.[154] Damit sind **zwei Arten von Sondernutzungsrechten** das Ergebnis, je nach Entstehungsgeschichte. Normale, durch Vereinbarung entstandene Sondernutzungsrechte, die ganz einhellig als Vereinbarung eingestuft werden,[155] und solche, die aufgrund zugelassener Mehrheitsentscheidung entstanden sind, denen Beschlussqualität zukommen soll. Damit gäbe es in Zukunft zwei Arten von Sondernutzungsrechten – **vereinbarte und beschlossene Sondernutzungsrechte**, eintragungsfähige, bzw. zur Herbeiführung der Wirkung des § 10 Abs. 3 WEG eintragungspflichtige, und nichteintragungsfähige, auch ohne Grundbucheintra-

139

---

[149] Z.B.: BGHZ 95, 137, 140 = NJW 1985, 2832, 2833; *Häublein*, Sondernutzungsrechte und ihre Begründung im Wohnungseigentumsrecht, S. 223; *Becker* ZWE 2002, 341; *Sauren* WEG § 10 Rdnr. 30; AnwK-BGB/*Schultzky* § 10 WEG Rdnr. 20.

[150] *Hügel* DNotZ 2001, 176.

[151] Siehe nur *Hügel* DNotZ 2001, 176, 191; *Wenzel*, FS für Deckert S. 517, 530; *Schneider* ZfIR 2002, 108; *Ott* ZWE 2001, 469; Bärmann/Pick/Merle/*Merle* § 23 WEG Rdnr. 20; Weitnauer/*Lüke* WEG § 10 Rdnr. 51; *Buck*, Mehrheitsentscheidungen mit Vereinbarungsinhalt im Wohnungseigentumsrecht, S. 108.

[152] *Wenzel*, FS für Deckert S. 517, 530; *Schneider* ZfIR 2002, 108; *Ott* ZWE 2001, 469; *Grebe* DNotZ 1987, 16; Bärmann/Pick/Merle/*Merle* § 23 WEG Rdnr. 20; Weitnauer/*Lüke* WEG § 10 Rdnr. 51.

[153] *Hügel* DNotZ 2001, 176, 191; *ders.* ZWE 2001, 578; *ders.* ZWE 2002, 579; zustimmend *Böttcher* RpflStud. 2002, 148; *Böhringer* NotBZ 2003, 288; *Schmenger* BWNotZ 2003, 83; im Ergebnis ebenso KK-WEG/*Elzer* § 10 Rdnr. 279 ff.

[154] *Hügel* DNotZ 2001, 176, 183; *Gaier* ZWE 2005, 39, 40; *Wenzel* FS Deckert S. 517, 528.

[155] BGHZ 73, 145 = NJW 1979, 548 = DNotZ 1979, 168; BayObLG DNotZ 1998, 127 und DNotZ 1998, 385; siehe hierzu auch *Schuschke* NZM 1999, 241; Bärmann/Pick/Merle/*Pick* § 10 WEG Rdnr. 24.

gung gegenüber Sondernachfolgern wirkende Sondernutzungsrechte. Je nach Art der Begründung des Sondernutzungsrechtes bedürfte es zudem der Zustimmung eventuell vorhandener dinglicher Berechtigter bzw. nicht dieser Zustimmung, da die Neubegründung eines Sondernutzungsrechts als Änderung der Gemeinschaftsordnung der Zustimmung dinglich Berechtigter bedarf,[156] wohingegen Beschlüsse der Wohnungseigentümer grundsätzlich keiner Zustimmung dinglich Berechtigter bedürfen.[157] Unklar wäre auch die Übertragung eines durch Beschluss entstandenen Sondernutzungsrechtes, da nur die Übertragung eines normalen Sondernutzungsrechtes als Inhaltsänderung des Sondereigentums nach den Bestimmungen der §§ 877, 873 BGB durch Einigung und Eintragung im Grundbuch realisiert werden kann.[158] Im Gegensatz zu einem normalen Sondernutzungsrecht, das nach überwiegender Ansicht gutgläubig erworben werden kann,[159] wäre ein beschlossenes Sondernutzungsrecht wohl auch nicht gutgläubig erwerbbar. Weiterhin würde durch solche Mehrheitsbeschlüsse aufgrund vorhandener Öffnungsklausel und der daraus resultierenden Nichteintragungsfähigkeit im Grundbuch die Publizität des Grundbuches noch weiter ausgehöhlt, als das bisher bereits der Fall war. Gerade auch dieser Gesichtspunkt hatte den BGH veranlasst, der in der Praxis immer weiter um sich greifenden Fehlentwicklung entgegenzuwirken.[160]

140 Im Übrigen **widerspricht sich** die Novelle des **WEG selbst,** wenn sie in § 5 Abs. 4 WEG für die Bestellung, Aufhebung und Änderung von Sondernutzungsrechten mittels einer Vereinbarung die **Zustimmung dinglich Berechtigter** für erforderlich erachtet, für „beschlossene" Sondernutzungsrechte dies aber nicht für notwendig ansieht.[161] Aufgrund der praktischen wie wirtschaftlichen Bedeutung von Sondernutzungsrechten sieht der Gesetzgeber nämlich (weiter) den Bedarf, in diesem Bereich auch um das Einverständnis der Grundpfandgläubiger nachzusuchen. Erfasst werden von dieser Ergänzung in § 5 Abs. 4 WEG allerdings wegen der Neuregelung in § 10 Abs. 4 WEG ausschließlich *vereinbarte* Sondernutzungsrechte, nicht aber solche, die aufgrund einer rechtsgeschäftlichen Öffnungsklausel **durch Mehrheitsbeschluss** eingeräumt würden. Zu einem Beschluss müssen dinglich Berechtigte nämlich nie ihre Zustimmung erteilen. Dies ist im Hinblick auf die Grundwertung des WEG, dass Beschlüsse inhaltlich nur untergeordnete Bedeutung haben, verständlich. Versteht man nun aber Entscheidungen auf Grundlage einer Öffnungsklausel immer auch nur als Beschlüsse, können auf diese Weise Beschlüsse mit einem Inhalt entstehen, für die das WEG eine Vereinbarung und damit nach bisheriger Rechtslage eine Zustimmung dinglich Berechtigter für erforderlich hält. Solche Mehrheitsentscheidungen mit Vereinbarungsinhalt will der Gesetzgeber nun nicht einmal aus dem Grundbuch ersichtlich werden lassen. Damit würde derart beschlossenen Sondernutzungsrechten eine stärkere „Durchsetzungskraft" eingeräumt werden. Dies alles würde zudem geschehen, ohne dass Grundpfandrechtsgläubiger überhaupt davon Kenntnis erlangen könnten.

141 Ergebnis eines solchen Verständnisses wäre, dass jede Eigentümergemeinschaft bei vorhandener Öffnungsklausel zukünftig Abänderungen ihrer Gemeinschaftsordnung wohl **nur noch im Beschlussweg,** nicht jedoch im gesetzlich eigentlich vorgesehenen

---

[156] BGH NJW 1984, 2409; BayObLG DNotZ 1990, 381 mit Anm. *Weitnauer; Ertl* DNotZ 1979, 267; *Lüke* WE 1998, 204; *Sauren* WEG, § 15 Rdnr. 13.
[157] Bärmann/Pick/Merle/*Pick* WEG § 10 Rdnr. 56; Soergel/*Stürner* § 10 WEG Rdnr. 11.
[158] BGHZ 73, 145 = NJW 1979, 548 = DNotZ 1979, 168; Bärmann/Pick/Merle/*Pick* § 15 WEG Rdnr. 18; *Ott* ZWE 2001, 16.
[159] BayObLG DNotZ 1990, 381; OLG Hamm NJW-RR 1993, 1295; Staudinger/*Rapp* Einl. WEG Rdnr. 74; a. A. *Weitnauer* DNotZ 1990, 389; *Demharter* DNotZ 1991, 28.
[160] Siehe hierzu *Schmidt* NZM 2000, 902.
[161] Siehe § 1 Rdnr. 24.

Vereinbarungsweg vornehmen wird. Die aufgezeigten Vorteile einer solchen Lösung wären zu verlockend.

Dieses **widersprüchliche Ergebnis** aus der aufgezeigten fehlenden Abstimmung der Ergänzungen in § 10 Abs. 4 WEG einerseits und § 5 Abs. 4 WEG andererseits kann jedoch nicht im Sinne des Gesetzgebers liegen und zeigt nachhaltig den Systembruch und Wertungswiderspruch auf, der durch die beabsichtige Gleichsetzung einer an sich vorliegenden Vereinbarung mit einem Beschluss in § 10 Abs. 4 WEG erzeugt wird. 142

dd) Unklarer Anwendungsbereich

Betrachtet man vor diesem Hintergrund die Regelung in § 10 Abs. 4 Satz 2 WEG, bleibt der Regelungsgehalt der Norm unklar. Die Neuregelung bezieht sich ausdrücklich nur auf „Beschlüsse, die auf Grund einer Vereinbarung" gefasst wurden. Qualifiziert man aber Mehrheitsentscheidungen auf Grundlage einer Öffnungsklausel als Vereinbarung, werden **Regelungen mit Vereinbarungsinhalt** von § 10 Abs. 4 Satz 2 WEG **nicht erfasst**. Zu demselben Ergebnis gelangt man, wenn man in der Mehrheitsentscheidung eine Leistungsbestimmung der Wohnungseigentümer im Beschlussweg sieht, die so erreichte Regelung aber als Vereinbarung.[162] Vereinbarungen binden nach der eindeutigen Vorgabe des WEG Sondernachfolger nur dann, wenn sie im Grundbuch eingetragen sind. Diese zwingende Vorgabe in § 10 Abs. 3 WEG kann durch die Neuregelung in § 10 Abs. 4 Satz 2 WEG nicht konterkariert werden. Somit ist vielmehr davon auszugehen, dass Mehrheitsentscheidungen mit Vereinbarungsinhalt, die auf Grundlage einer rechtsgeschäftlichen Öffnungsklausel ergehen, nur dann **Sondernachfolger binden,** wenn die so bewirkte Vereinbarung **im Grundbuch eingetragen** wird. Die **Neuregelung** in § 10 Abs. 4 Satz 2 WEG hat entgegen der Vorstellungen des Gesetzgebers an diesem Ergebnis **nichts geändert.**[163] 143

Zweifel dürften darüber hinaus verbleiben, wenn eine Gemeinschaft von Wohnungseigentümern im Rahmen einer vereinbarten Öffnungsklausel für ein Mehr an Transparenz optiert und die Grundbucheintragung zur Wertsteigerung ihres Grundbesitzes ausdrücklich zur Wirksamkeitsvoraussetzung erhebt. Unterstellt, der Gesetzgeber hätte mit § 10 Abs. 4 Satz 2 WEG tatsächlich auch die beschriebenen Mehrheitsentscheidungen als Beschlüsse qualifiziert, würde dies einer solchen Vereinbarung entgegenstehen? Mit anderen Worten: Enthält § 10 Abs. 4 Satz 2 WEG insoweit eine nicht disponible gesetzliche Vorgabe? 144

ee) Grundbucheintragung

Damit ist die aufgezeigte Streitfrage über die rechtliche Klassifizierung von Mehrheitsentscheidungen auf Grundlage einer Öffnungsklausel wohl auch nicht durch die Novelle des WEG entschieden worden. Aus diesem Grund empfiehlt es sich bis zur endgültigen Klärung dieses Problems, die nach hier vertretener Auffassung **notwendige Grundbucheintragung** bei der Formulierung einer rechtsgeschäftlichen Öffnungsklausel mitzubedenken. 145

Ungeklärt ist derzeit noch, ob diese Grundbucheintragung in Form einer **Bewilligung** der Wohnungseigentümer zu erfolgen hat. Leichter zu verwirklichen wäre die erforderliche Grundbucheintragung, wenn man der Meinung folgt, die hierfür eine **Grundbuchberichtigung** durch Vorlage eines nach § 26 Abs. 4 WEG unterschriftsbeglaubigten Versammlungsprotokolls genügen lässt.[164] Zu dieser Lösung kann man jedoch nur ge- 146

---

[162] So KK-WEG/*Elzer* § 10 Rdnr. 297.
[163] A. A. *Köhler* Rdnr. 159
[164] *Schneider* ZfIR 2002, 108, 119; *Wenzel* in FS Deckert, S. 517, 530.

langen, wenn man § 10 Abs. 3 WEG in einem anderen Sinne versteht, als es das traditionelle Verständnis ist. § 10 Abs. 3 WEG spricht von „Vereinbarungen, durch die Wohnungseigentümer ihr Verhältnis untereinander in Ergänzung oder Abweichung von Vorschriften dieses Gesetzes regeln, wirken gegen Sondernachfolger nur ...". Sieht man bereits im Abschluss einer Vereinbarung, die nicht im Grundbuch eingetragen wurde (sog. „schuldrechtliche Vereinbarung") eine Veränderung auch des Inhalts des Sondereigentums, weil hierdurch eine vom Gesetz oder einer Vereinbarung abweichende Regelung getroffen wird, kann man zu dem Schluss gelangen, dass bereits durch eine solche Veränderung des Inhalts des Sondereigentums das Grundbuch unrichtig wurde.[165] Die Eintragung einer Mehrheitsvereinbarung stelle demgemäß nur die Berichtigung des unrichtig gewordenen Grundbuchinhalts dar.

147 Gegen diese Ansicht sprechen erhebliche Gründe, insbesondere steht es nach der hier vertretenen Auffassung den Wohnungseigentümern völlig frei, eine Vereinbarung zu „verdinglichen". Wünschen die Eigentümer eine lediglich schuldrechtlich wirkende Vereinbarung, entfaltet diese zwar Wirkung unter den Wohnungseigentümern, gestaltet aber **nicht den Inhalt** des jeweiligen **Sondereigentums** aus. Dies kann nur die Eintragung einer Vereinbarung im Grundbuch bewirken. Die Eintragungswirkung kann somit nicht darauf reduziert werden, dass sie nur für eine Wirkung gegen Sondernachfolger nötig sei. Sie ist vielmehr bereits für eine „dinglich wirkende" Inhaltsgestaltung des Sondereigentums erforderlich. Vereinbarungen verändern ohne Grundbucheintragung nicht den Inhalt des Sondereigentums. Aus diesem Grund genügt eine Grundbuchberichtigung nicht. Da dieses Problem aber noch auf die endgültige Lösung wartet, sollte eine Öffnungsklausel **beide Varianten der Grundbucheintragung abdecken.**

☞ **Praxistipp:**

148 Die Grundbuchberichtigung bedarf keiner besonderen Berücksichtigung in der Formulierung der Öffnungsklausel, wohl aber die Eintragung auf Grund der Bewilligung aller Wohnungseigentümer. Bei größeren Wohnungseigentumsanlagen kann nämlich eine Vielzahl von Bewilligungen erforderlich sein. Deshalb sollte größter Wert darauf gelegt werden, dass in der Öffnungsklausel eine Vollmacht bzw. Ermächtigung zur Eintragung von Mehrheitsvereinbarungen in das Grundbuch enthalten ist. Man wird im Einzelfall entscheiden müssen, wer der geeignete Bevollmächtigte ist. Bei kleineren Anlagen dürfte dies in der Regel der Verwalter sein. Bei größeren Anlagen kann angezeigt sein, die Ausübung der Vollmacht von der Zustimmung des Vorsitzenden des Verwaltungsbeirates abhängig zu machen, um so eine gegenseitige Kontrolle zu ermöglichen. Nur sollte dies nicht in der Form einer Gesamtvollmacht geschehen, da für den wegen § 29 GBO notwendigen grundbuchtauglichen Nachweis zwar für den Verwalter die erleichterte Nachweismöglichkeit des § 26 Abs. 3 WEG zur Verfügung steht, nicht jedoch für den Vorsitzenden des Verwaltungsbeirats. Zu denken wäre allenfalls an eine analoge Anwendung von § 26 Abs. 3 WEG, die jedoch nach herrschender Meinung nicht möglich ist.[166] Deshalb erscheint es sinnvoll, eine dem Grundbuchamt gegenüber unbeschränkte Vollmacht für den Verwalter zu erteilen, deren Ausübung im Innenverhältnis aber von der Zustimmung des Vorsitzenden des Verwaltungsbeirats abhängig zu machen.

V. Das Vermögen der Wohnungseigentümergemeinschaft

1. Zuordnung und Abgrenzung

a) Träger des Verwaltungsvermögens

149 Eine der zentralen Konsequenzen der Teilrechtsfähigkeit ist, dass der Verband der **Wohnungseigentümer** selbst als Träger bestimmter Werte (des sog. **Verwaltungsvermögens**) anzusehen ist. Dies gilt jedoch nur, soweit der Gemeinschaft Rechtsfähigkeit zu-

---

[165] So *Schneider* ZfIR 2002, 108, 117; *Wenzel* in FS Deckert, S. 517, 530.
[166] Staudinger/*Bub* § 26 WEG Rdnr. 524.

wächst, d.h. soweit sie im Rahmen der Verwaltung des gemeinschaftlichen Eigentums am Rechtsverkehr teilnimmt. Die Novelle des WEG übernimmt diese Konsequenz aus der Anerkennung der Teilrechtsfähigkeit der Wohnungseigentümergemeinschaft und normiert sie in § 10 Abs. 7 Satz 1 WEG ausdrücklich. Die Vorschrift ist in Ergänzung zu § 10 Abs. 6 WEG zu sehen. Nach dieser Vorschrift kann die Gemeinschaft selbst Rechte erwerben und Pflichten eingehen kann. Sie ist zudem Inhaberin der als Gemeinschaft erworbenen Rechte und Pflichten. Die in § 10 Abs. 7 WEG zum Ausdruck kommende Vermögenszuordnung ergibt sich daher bereits notwendigerweise aus der Teilrechtsfähigkeit der Gemeinschaft.[167]

Damit hat sich eine seit Inkrafttreten des WEG geführte **Diskussion erledigt.** Umstritten war nämlich, ob das Verwaltungsvermögen zum gemeinschaftlichen Eigentum der Wohnungseigentümer i.S.v. § 1 Abs. 5 WEG zählt oder ob an jedem Gegenstand eine eigene Bruchteilsgemeinschaft besteht.[168] Dieses Vermögen, dessen genaue Zusammensetzung freilich stets unklar blieb, steht nun im Eigentum des Verbands. Dort verbleiben die Gegenstände auch bei einem Eigentümerwechsel. Der Sonderrechtsnachfolger hat zwanglos an ihnen teil, unabhängig davon, ob er das Eigentum rechtsgeschäftlich oder durch Zuschlag in der Zwangsversteigerung erwirbt. Hierin liegt einer der zentralen Vorteile der neuen gegenüber der bisherigen Rechtslage. Für den Übergang von der bisherigen Gemeinschaft zustehenden Forderungen bzw. ihr obliegenden Pflichten auf den Erwerber im Falle des Eigentumswechsels mussten nämlich komplizierte rechtliche Konstruktionen bemüht werden. 150

b) Zeitlich betroffenes Verwaltungsvermögen

Durch § 10 Abs. 7 WEG soll sichergestellt werden, dass auch solches Verwaltungsvermögen, das bereits zum Zeitpunkt des Inkrafttretens des Änderungsgesetzes vorhanden war, dem Verband als Rechtssubjekt gehört und nicht den Wohnungseigentümern in Bruchteilsgemeinschaft. Die Neuregelung erfasst somit alle im Rahmen der gesamten Verwaltung des gemeinschaftlichen Eigentums erworbenen Sachen und Rechte, gleich, ob der Erwerb schon vor langer Zeit stattgefunden hat,[169] in der Zeit seit dem 2.6.2005 stattfand oder erst in Zukunft stattfinden wird.[170] 151

2. Gegenstände des Verwaltungsvermögens

Die Gegenstände des Verwaltungsvermögens werden in § 10 Abs. 7 Satz 2 bis 4 WEG festgelegt. Zunächst zählen hierzu gem. § 10 Abs. 7 Satz 2 WEG alle im Rahmen der gesamten Verwaltung des gemeinschaftlichen Eigentums erworbenen **Sachen** und **Rechte** sowie die entstandenen **Verbindlichkeiten**. Damit wird deutlich, dass das Verwaltungsvermögen nicht nur aus Aktiva, sondern auch aus Passiva besteht. Zu dem Verwaltungsvermögen zählen somit insbesondere alle Forderungen, die dem Verband zustehen. Dies sind insbesondere Wohngeldschulden der Eigentümer aus Abrechnungen, Wirtschaftsplänen und Sonderumlagen, aber auch alle Forderungen aus vertraglichen Beziehungen, bei denen der Verband selbst Vertragspartner ist. 152

Auch für Verbindlichkeiten der Gemeinschaft bedarf es bei einem Rechtsübergang keiner gesonderten Schuldübernahme oder ähnlicher Konstruktionen mehr. Die Ver- 153

---

[167] *Bub* ZWE 2007, 15 hält deshalb § 10 Abs. 7 WEG streng genommen auch für überflüssig.
[168] Siehe hierzu *Wicke* ZfIR 2005, 301; *Rapp* ZWE 2002, 557 jeweils m.w.N.
[169] Zu möglichen verfassungsrechtlichen Bedenken hinsichtlich der Überleitung von „altem" Verwaltungsvermögen siehe *Bub* NZM 2006, 841, 843 sowie ZWE 2007, 15, 16.
[170] BT-Drucksache 16/887 S. 63.

bindlichkeiten treffen die **Gemeinschaft** unabhängig von ihrem jeweiligen Mitgliederbestand und unabhängig davon, ob sie gesetzlich oder rechtsgeschäftlich begründet sind. Weiterhin zählen nach § 10 Abs. 7 Satz 3 WEG zum Verwaltungsvermögen insbesondere auch die Ansprüche und Befugnisse aus Rechtsverhältnissen mit Dritten und mit Wohnungseigentümern sowie die eingenommenen Gelder. Hierdurch soll zum Ausdruck kommen, dass auch die der Gemeinschaft gemäß § 10 Absatz 6 Satz 3 WEG zustehende Befugnis zur Ausübung der gemeinschaftsbezogenen Rechte sowie Wahrnehmung der gemeinschaftsbezogenen Pflichten und die von dem Verwalter gemäß § 27 Abs. 1 Nr. 6 WEG eingenommenen Gelder zum Verwaltungsvermögen gehören.[171]

154 Letztendlich zählen zum **Verwaltungsvermögen** alle Rechte und Pflichten, die der Verband im Rahmen seiner **Teilrechtsfähigkeit** nach § 10 Abs. 6 Satz 1 und 2 WEG erworben hat. Insoweit kann im Hinblick auf die Zusammensetzung des Verwaltungsvermögens auf die Ausführungen zum Bereich der Teilrechtsfähigkeit verwiesen werden.[172]

3. Unterscheidung Verbandsvermögen/Gemeinschaftliches Eigentum i. S. v. § 1 Abs. 5 WEG

155 In Zukunft gibt es nun **zwei Arten von gemeinschaftlichem Eigentum**. Zum einen das weiterhin den Miteigentümern in Mitberechtigung zustehende gemeinschaftliche Eigentum an den gemeinschaftlichen Räumen und Gebäudebestandteilen als echtes Immobilieneigentum, zum anderen das Verbandsvermögen. An diesem Verbandsvermögen stehen den einzelnen Wohnungseigentümern keinerlei Eigentümerrechte zu, sie sind lediglich für die Zeit ihrer Eigentümerstellung an einer Wohnungseinheit Mitglied dieses Verbandes. Die beiden Vermögensmassen müssen daher in Zukunft strikt voneinander **getrennt betrachtet** werden und unterliegen unterschiedlichen rechtlichen Vorgaben. Über das Verbandsvermögen verfügt der Verband, vertreten durch das Organ Verwalter. Der Anteil eines jeden Wohnungseigentümers am gemeinschaftlichen Eigentum kann in Verbindung mit dem dazugehörigen Sondereigentum von jedem Eigentümer selbst übertragen werden.

Hinweis:
Einer gesonderten Behandlung bedürfen auch die zwar vom Verband durchzusetzenden, ihm aber nicht zustehenden Ansprüche, beispielsweise Schadensersatzansprüche wegen einer Beschädigung des gemeinschaftlichen Eigentums. Die im Rahmen einer Geltendmachung solcher Ansprüche erzielten Erlöse zählen nicht zum Verbandsvermögen und sind von diesem getrennt zu halten.[173]

4. Übergang des Verwaltungsvermögens

156 Da das rechtliche Schicksal des Verwaltungsvermögens bis zur Entscheidung des BGH zur Teilrechtsfähigkeit der Eigentümergemeinschaft[174] nicht abschließend geklärt war, entsprach es gängiger Praxis, in Erwerbsverträge von Wohnungseigentum eine Übertragung des Anteils des Veräußerers am Verwaltungsvermögen aufzunehmen, um in jedem Fall den Übergang dieser Vermögensbeteiligung abzusichern. Einer solcher Regelung bedarf es in Zukunft nicht mehr, sie wäre sogar unzutreffend. Dem Veräußerer steht **kein Anteil am Verwaltungsvermögen** zu, den er übertragen könnte. Eigentümer des Verwaltungsvermögens ist nur der Verband, an dem der jeweilige Wohnungs-

---

[171] BT-Drucksache 16/887 S. 63; kritisch hierzu Stellungnahme des DAV zur WEG-Reform NZM 2006, 767, 769.
[172] Siehe § 3 Rdnr. 35 ff.
[173] Siehe hierzu § 11 Rdnr. 49.
[174] BGH NJW 2005, 2061.

eigentümer nur über seine Mitgliedschaft beteiligt ist.[175] Die einschlägigen Musterformulierungen sollten somit unverzüglich angepasst werden.

Praxistipp:
Sofern sich in Verträgen noch eine solche Formulierung findet, dürfte diese unschädlich sein. Zunächst kann hierdurch ein Übergang materiellrechtlich nicht bewirkt werden. Ein Schadensersatzanspruch des Erwerbers über §§ 280, 275 BGB erscheint ebenfalls ausgeschlossen, weil ihm durch seinen Eintritt in den Verband wirtschaftlich und faktisch die für diese Wohnung gebildete Instandhaltungsrückstellung zu Gute kommt und er das übrige Verwaltungsvermögen mit den anderen Eigentümer zusammen nutzen kann. Mehr hätte ihm eine Übertragung eines Anteils am Verwaltungsvermögen auch nicht geboten.

Abzuwarten bleibt, wie sich diese Änderung auf die Bemessung der **Grunderwerbsteuer** auswirken wird. Nach der alten Rechtslage wurde der Anteil an der Instandhaltungsrückstellung als eine mit einer Geldforderung vergleichbare Vermögensposition betrachtet und deshalb nicht in die grunderwerbsteuerlich relevante Gegenleistung einbezogen.[176] Da eine Anteilsübertragung nun nicht mehr erfolgt, könnte diese steuerrechtliche Sichtweise aufgegeben werden. Andererseits wird die Instandhaltungsrückstellung für jede Wohneinheit getrennt gebildet und ausgewiesen. Da sich so in jedem Fall der Betrag der angesammelten Instandhaltungsrücklage ermitteln lässt, erscheint eine wirtschaftliche Sichtweise, die eine Übertragung dieser Rücklage in den Kaufvertrag hineininterpretiert, durchaus vertretbar.[177] Bis zur Klärung dieser Frage durch die Finanzgerichte sollte in jedem Fall dieser Betrag als Teil des Gesamtkaufpreises getrennt ausgewiesen werden, um das Finanzamt auf diesen wirtschaftlichen Zusammenhang hinzuweisen und um die Grundlage für eine reduzierte Grunderwerbsteuerfestsetzung der Behörde mitzuteilen.

5. Anlage der gemeinschaftlichen Gelder

Ein Vorteil ergibt sich in der Praxis für die Verwaltung gemeinschaftlicher Gelder. Diese erfolgt nach § 27 Abs. 1 Nr. 6 WEG durch den Verwalter. Hierbei hat er die gemeinschaftlichen Gelder wegen § 27 Abs. 5 Satz 1 WEG von seinem Vermögen gesondert zu halten. Dies kann durch ein offenes Treuhandkonto oder offenes Fremdkonto geschehen.[178] Auch wenn bei Verwendung eines offenen Treuhandkontos die Eigentümer bei Insolvenz des Verwalters über § 771 ZPO und § 47 InsO geschützt sind, ist aufgrund dieser Gefährdung das Fremdkonto, also ein Konto auf den Namen der Wohnungseigentümer mit dem Verwalter als Bevollmächtigten, vorzuziehen und war in der Praxis wohl auch der bisherige Regelfall. Damit waren aber stets die Wohnungseigentümer selbst Kontoinhaber. Deshalb war die Eröffnung eines solchen Kontos vor allem bei größeren Gemeinschaften mit einem erheblichen Aufwand verbunden. Den Kreditinstituten mussten Personalausweise und Unterschriftsproben aller Miteigentümer sowie jeweils eine Vollmacht für den Verwalter vorgelegt werden.

Dieses praktische Problem ist nun beseitigt. Die Verwaltungsgelder stehen der Wohnungseigentümergemeinschaft als Verband zu. **Kontoinhaber** kann somit die **Eigentümergemeinschaft** als Verband selbst sein. Vertretungsberechtigtes Organ für die Gemeinschaft ist in diesem Bereich der Verwalter, so dass auch Vollmachten nicht mehr

---

[175] *Schmidt* NotBZ 2005, 309, 314 begreift hingegen diese Beteiligung als eine Art Gesamthand, die sich in der Miteigentumsanteilsquote darstellt. Auch *Bub* ZWE 2007, 15, 19 sieht im Verwaltungsvermögen Gesamthandseigentum.
[176] BFH NJW-RR 1992, 656; *Gottwald*, Grunderwerbsteuer, S. 19.
[177] Ebenso *Kahlen* ZMR 2007, 179.
[178] BGH NJW 1996, 65; OLG Hamm NZM 1999, 1153 Palandt/*Bassenge* § 27 WEG Rdnr. 22; a. A. Staudinger/*Bub*, BGB, § 27 WEG Rdnr. 189, der Treuhandkonten nicht zulässt.

erteilt werden müssen. Da demnach die Verwaltung der gemeinschaftlichen Gelder unkompliziert über ein eigenes Konto der Gemeinschaft abgewickelt werden kann, wird man in Zukunft aufgrund der potenziellen Gefährdung ein **offenes Treuhandkonto,** das auf den Namen des Verwalters eröffnet ist, **nicht** mehr für **zulässig** halten können.[179] Angemerkt sei, dass hierdurch im Gegenzug auch die Pfändung des Gemeinschaftskontos erleichtert ist.

6. Übergang des Verwaltungsvermögens bei Vereinigung aller Wohnungseigentumsrechte

a) Die Neuregelung in § 10 Abs. 7 Satz 4 WEG

161   Nach § 10 Abs. 7 Satz 4 WEG geht das Verwaltungsvermögen auf den Eigentümer des Grundstücks über, wenn sich sämtliche Wohnungseigentumsrechte in einer Person vereinigen. Das Gesetz begründet mit dieser Regelung einen neuen Fall einer gesetzlich angeordneten **Gesamtrechtsnachfolge.** Alle Aktiva und Passiva der bisherigen Wohnungseigentümergemeinschaft gehen auf den Alleineigentümer über. Er haftet demnach auch in vollem Umfang für die Verbindlichkeiten der Gemeinschaft.[180] Es gibt dann kein Verbandsvermögen mehr. Maßgeblicher Zeitpunkt i. S. v. § 10 Abs. 7 Satz 4 WEG ist der **Vollzug** der Vereinigung aller Wohnungseigentumsrechte im **Grundbuch.**

b) Kritik

162   Die gesetzliche Neuregelung kann nicht restlos überzeugen. So entsteht in dem Augenblick wiederum erneut eine Wohnungseigentümergemeinschaft, in dem der Alleineigentümer eines der Wohnungseigentumsrechte veräußert. Allerdings ist dies eine **neue Gemeinschaft,** die nicht mit der vorherigen Gemeinschaft gleichgesetzt werden kann. Gefasste Beschlüsse und Vereinbarungen der erloschenen Gemeinschaft haben grundsätzlich keine Bedeutung mehr für die neue Gemeinschaft. Auch vertragliche Beziehungen der untergegangenen Gemeinschaft mit Dritten haben keine Bedeutung für die neu entstehende Gemeinschaft. Nur der Alleineigentümer ist gem. § 10 Abs. 7 Satz 4 WEG Gesamtrechtsnachfolger des ehemals existierenden Verbands, nicht jedoch die neue Gemeinschaft. Die Gesetzesbegründung, die davon ausgeht, dass der neuen Gemeinschaft das bisherige Verwaltungsvermögen wieder erneut zustehen würde,[181] ist mit der Gesetzeslage nicht in Übereinstimmung zu bringen.[182]

163   Der neuen Eigentümergemeinschaft bleibt daher nichts anderes übrig, als **alle Verträge neu** abzuschließen oder durch Vertragsübernahme auf die Gemeinschaft überzuleiten. Deshalb wäre es sinnvoller gewesen, den Übergang des Verwaltungsvermögens auf den Zeitpunkt zu bestimmen, in dem die angelegten Wohnungsgrundbücher auf Antrag des Alleineigentümers im Grundbuch geschlossen werden. Bis zu diesem Zeitpunkt hätte die Wohnungseigentümergemeinschaft als Einmann-Gemeinschaft weiterbestehen können. Ein solches Modell hätte die aufgezeigten Schwierigkeiten vermieden.

c) Vertragliche Aufhebung von Wohnungseigentum

164   Im Rahmen einer vertraglichen Aufhebung von Wohnungseigentum nach §§ 9 Abs. 1 Nr. 1, 4 Abs. 1 WEG werden zwar in der Regel keine besonderen Probleme im Hin-

---

[179] *Hügel* DNotZ 2005, 753, 760; *Merle* ZWE 2006, 365, 369; *Sauren* ZWE 2006, 258, 262; ähnlich *Schmidt* NotBZ 2005, 309, 311; siehe auch § 11 Rdnr. 88; a. A. OLG Hamburg ZMR 2007, 59 unter Verkennung der veränderten Rechtslage.
[180] *Becker* FS Seuß, PiG 77, S. 19, 26.
[181] BT-Drucksache 16/887 S. 63.
[182] Siehe hierzu bereits § 3 Rdnr. 101.

blick auf das Verbandsvermögen entstehen, da sich die beteiligten Eigentümer im Zuge der vertraglichen Einigung gleichzeitig über die Verteilung des Verbandsvermögens auseinandersetzen werden. Notwendig ist dies aber nicht. Heben die Wohnungseigentümer somit das Wohnungseigentum vertraglich auf ohne eine Bestimmung über das Vermögen des Verbands zu treffen, enthält das WEG **keine Regelung zur Vermögensnachfolge**. § 10 Abs. 7 Satz 4 WEG regelt direkt nur die Gesamtrechtsnachfolge des Alleineigentümers. Das WEG enthält insoweit eine Regelungslücke, die durch eine **analoge Anwendung** des § 10 Abs. 7 Satz 4 WEG zu schließen ist. Dies bedeutet, das Verbandsvermögen geht in dem Verhältnis auf die Miteigentümer des Grundstücks über, auf das sich diese bei der Aufhebung des Wohnungseigentums geeinigt haben.

VI. Ausübungsbefugnis der Eigentümergemeinschaft für gemeinschaftsbezogene Rechte und Pflichten

1. Allgemeines zur Neuregelung in § 10 Abs. 6 Satz 3 WEG

Die Gemeinschaft der Wohnungseigentümer übt nach der Neuregelung in § 10 Abs. 6 Satz 3 WEG die **gemeinschaftsbezogenen Rechte** der Wohnungseigentümer aus und nimmt die **gemeinschaftsbezogenen Pflichten** der Wohnungseigentümer wahr. Dies gilt auch für sonstige Rechte und Pflichten der Wohnungseigentümer, soweit diese gemeinschaftlich geltend gemacht werden können oder zu erfüllen sind. Solche Rechte und Pflichten der Wohnungseigentümer, die bislang von der Gesamtheit der Wohnungseigentümer geltend gemacht und erfüllt wurden, sind nun zukünftig von der Gemeinschaft auszuüben und zu erfüllen. Dies bedeutet, dass die Befugnis zur Ausübung von Rechten und zur Wahrnehmung von Pflichten (Ausübungsbefugnis) aus der bisherigen Kompetenz der Gesamtheit der Wohnungseigentümer ausgegliedert und der Gemeinschaft zugeordnet wird. Der Verband kann die ihm zur Ausübung zugewiesenen Rechte im eigenen Namen einklagen.

165

Die Normierung der Ausübungsbefugnis soll es nach den Vorstellungen des Gesetzgebers ermöglichen, dass die bestehende Rechtsprechung des BGH, nach der die Gesamtheit der Wohnungseigentümer die Befugnis hat, die Geltendmachung von Individualansprüchen durch Mehrheitsbeschluss an sich zu ziehen und sie auf diese Weise zu gemeinschaftsbezogenen Ansprüchen zu machen, ohne systematischen Bruch weiterhin Anwendung finden und auch fortgeführt werden kann. Die Normierung der **Ausübungsbefugnis** anstelle einer **Vollrechtsübertragung** berücksichtige darüber hinaus, dass den Wohnungseigentümern weiterhin die maßgebliche Stellung und der Gemeinschaft nur eine gleichsam dienende Funktion zukommen soll. Ansonsten könnte der mit der Normierung der Rechtsfähigkeit eingeschlagene Weg bei extensiver Auslegung der Vorschriften zu einer nachhaltigen Minderung, wenn nicht Aushöhlung der Individualrechte der Wohnungseigentümer und so letztlich zu einer Gefährdung des Wohnungseigentums als echtem Eigentum führen.[183]

166

Die Änderung der Zuordnung von der Gesamtheit der Wohnungseigentümer zur Gemeinschaft führt **nicht** zu einem **Inhaberwechsel**. Inhaber der Rechte und Pflichten bleiben die Wohnungseigentümer.[184] Daraus folgt auch, dass die Wohnungseigentümer

167

---

[183] BT-Drucksache 16/887 S. 61.
[184] BT-Drucksache 16/887 S. 61.

weiterhin selbst entscheiden, ob ein bestehendes Recht überhaupt ausgeübt werden soll. Es sind somit für die Ausübung eines gemeinschaftsbezogenen Rechtes immer **zwei Ebenen zu unterscheiden,** nämlich zunächst die Entscheidung der Wohnungseigentümer über das **„Ob" einer Ausübung** sowie **die Ausübung** durch den Verband.

168 Andererseits schließt eine solche Ausübungsbefugnis des Verbands die Ausübung der dem Verband zur Ausübung zugeordneten Rechte und Pflichten durch die Wohnungseigentümer selbst aus. Wird der Verband nicht tätig, kann der einzelne Eigentümer nur seinen Anspruch auf ordnungsmäßige Verwaltung nach § 21 Abs. 4 WEG geltend machen.

169 Durch die in § 10 Abs. 6 Satz 3 WEG enthaltene Ausübungsbefugnis verfolgt der Verband **fremde Rechte im eigenen Namen.** Er kann hierbei alle Erklärungen abgeben und Handlungen vornehmen, die im Zusammenhang mit der Erfüllung erforderlich und zweckdienlich sind. Dem Verband steht allerdings nur eine Ausübungsbefugnis und **keine Verwertungsbefugnis** zu. Dies bedeutet, Verfügungen über die Rechte der Wohnungseigentümer sind ihm nicht gestattet.

Praxistipp:

Möglicherweise sind allerdings Verfügungen des Verbands im Rahmen eines **Prozessvergleichs** über eine entsprechende Anwendung von § 81 ZPO zulässig.[185]

170 Die **Rechtsnatur der Ausübungsbefugnis** wird dementsprechend materiell als ein gegenständlich beschränktes, treuhänderisches Verwaltungsrecht des Verbands in Bezug auf Rechte und Pflichten der Wohnungseigentümer und verfahrensrechtlich als eine gesetzliche Prozessstandschaft beschrieben.[186]

2. Abgrenzung zu den eigenen Rechten und Pflichten des Verbands

171 Die Eigentümergemeinschaft als Verband ist gem. § 10 Abs. 6 Satz 1 WEG selbst Trägerin von Rechten und Pflichten. Sie nimmt daher wie jeder **Rechtsinhaber** alle Rechte wahr, die ihr zustehen.[187] Der Umfang der wahrzunehmenden Pflichten wird durch diesbezügliche Rechtsgeschäfte der Gemeinschaft sowie das Gesetz bestimmt. Soweit der Verband selbst Träger von Rechten und Pflichten ist, ist die Wahrung dieser Rechtstellung keine Frage einer Ausübungsbefugnis des Verbands. Er übt in diesem Bereich **keine fremden, sondern eigene Rechte** aus. Eine zusätzliche Ausübungsbefugnis gem. § 10 Abs. 6 Satz 3 WEG ist aus diesem Grund nicht notwendig. Die Zuständigkeit ergibt sich unmittelbar aus dem materiellen Recht.[188]

Beispiel:

172 Ist ein Wohnungseigentümer mit Wohngeldzahlungen seit längerer Zeit erheblich in Verzug, steht dem Verband selbst ein Zurückbehaltungsrecht hinsichtlich der Versorgung mit Energie und Wasser zu.[189] Der Verband ist Inhaber der Wohngeldforderungen. Die Versorgungsleistungen werden vom Verband vergleichbar einem Zwischenhändler an den Endverbraucher weitergegeben.[190] Der Verband kann daher im eigenen Namen (§ 10 Abs. 6 Satz 2 WEG) eine **Versorgungssperre** gegen den zahlungsunwilligen Wohnungseigentümer bewirken.

---

[185] Siehe zu dieser Frage § 13 Rdnr. 277.
[186] *Wenzel* ZWE 462, 466; *Elzer* MietRB 2006, 195.
[187] Siehe hierzu § 3 Rdnr. 87.
[188] Siehe hierzu die Ausführungen zum Bereich der Rechtsfähigkeit unter § 3 Rdnr. 35 ff.
[189] OLG Frankfurt ZWE 2006, 450 mit Anm. *B. Müller.*
[190] *Gaier* ZWE 2004, 109, 112.

3. Abgrenzung zu den individuellen Rechten und Pflichten der Wohnungseigentümer

Von den gemeinschaftsbezogenen Rechten und Pflichten sind die individuellen Rechte und Pflichten der Wohnungseigentümer zu unterscheiden. Ihre Geltendmachung und Wahrung ist **Sache eines jeden Wohnungseigentümers** und wird durch die in § 10 Abs. 6 Satz 3 WEG geregelte Kompetenz der Gemeinschaft nicht beeinträchtigt. Dies verdeutlicht der Gesetzeswortlaut durch die Formulierung, „soweit diese (aufgrund eines Mehrheitsbeschlusses) geltend gemacht werden können oder zu erfüllen sind." Außerdem folgt dies aus § 10 Abs. 1 WEG.

Neben den im Gesetz genannten Rechten, wie etwa dem Recht auf **Anfechtung eines Beschlusses** durch Klageerhebung (§ 46 Abs. 1 WEG) oder dem Anspruch auf **ordnungsmäßige Verwaltung** (§ 21 Abs. 4 WEG), zählen zu den Individualansprüchen auch **Schadensersatzansprüche** der Wohnungseigentümer untereinander oder gegen Dritte, etwa wenn eine Beeinträchtigung des gemeinschaftlichen Eigentums nur einen einzelnen Wohnungseigentümer schädigt und eine gemeinsame Empfangszuständigkeit der Wohnungseigentümer nicht begründet ist.[191] Auch bei dem Anspruch aus § 1004 BGB auf **Beseitigung und Unterlassung** einer Beeinträchtigung des gemeinschaftlichen Eigentums gegen einen Miteigentümer handelt es sich um einen Individualanspruch.[192] Dass der Gebrauch – soweit es um seine Beeinträchtigung geht – nach dem WEG nunmehr ein Teilaspekt der gesamten Verwaltung ist und demnach in die Kompetenz der Gemeinschaft fällt, steht dem nicht entgegen. Die Kompetenzverlagerung der gemeinschaftlichen Verwaltungsangelegenheiten von der Gesamtheit auf die Gemeinschaft als Verband ändert nichts daran, dass es sich insoweit um einen Individualanspruch handelt. Dabei ist insbesondere von Bedeutung, dass ansonsten das Wohnungseigentum als echtes Eigentum durch den einzelnen Wohnungseigentümer nicht hinreichend geschützt werden könnte.[193]

4. Gemeinschaftsbezogene und sonstige Rechte und Pflichten

a) Die gesetzliche Differenzierung

Das **Gesetz differenziert** bei der Normierung der Ausübungsbefugnis zwischen **gemeinschaftsbezogenen** und **sonstigen** Rechten und Pflichten. Soweit eine Gemeinschaftsbezogenheit zu bejahen ist, besteht eine **unmittelbare Ausübungsbefugnis** des Verbands. Handelt es sich hingegen um sonstige Rechte und Pflichten, die gemeinschaftlich geltend gemacht werden können oder zu erfüllen sind, bedarf es für eine diesbezügliche Ausübungsbefugnis des Verbands einer **vorherigen Entscheidung** der Wohnungseigentümer, durch die sie das Recht oder die Pflicht zum Gegenstand der Ausübungsbefugnis des Verbands machen. Solche Rechte und Pflichten sind zwar potentiell für eine Ausübung oder eine Erfüllung durch die Gemeinschaft geeignet, unterliegen aber nicht einem Zwang zur gemeinschaftlichen Ausübung. *Wenzel* bezeichnet diese beiden Varianten als „geborene" und „gekorene" Ausübungsbefugnis.[194]

Die wie dargestellt in § 10 Abs. 6 Satz 3 WEG geregelte Ausübungsbefugnis lässt sich mit der nachfolgenden **Übersicht** skizzieren:

---

[191] Vgl. BGHZ 115, 253.
[192] Vgl. BGHZ 116, 392.
[193] BT-Drucksache 16/887 S. 62.
[194] *Wenzel* ZWE 2006, 462, 467.

176

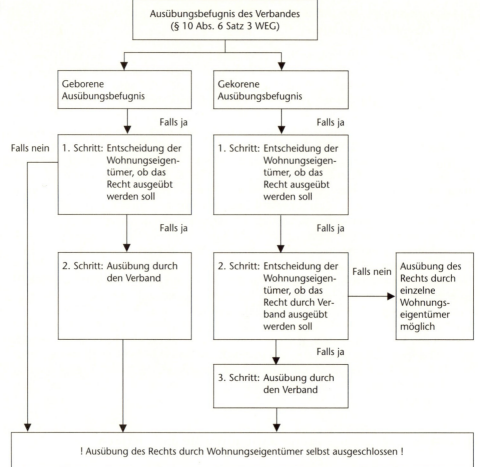

177 Ob ein Recht oder eine Pflicht als „gemeinschaftsbezogen" (geboren) oder „sonstig" (gekoren) einzuordnen ist, gibt § 10 Abs. 6 Satz 3 WEG nicht vor. Diese Klassifizierung ist durch Auslegung und anhand der Interessenlage der Gesamtheit der Wohnungseigentümer nach billigem Ermessen zu ermitteln.[195] Hierbei kann auf die zu dieser Frage bereits ergangene Rechtsprechung und veröffentlichte Literatur zurückgegriffen werden.

178 Die Unterscheidung zwischen einer gekorenen und geborenen Ausübungsbefugnis erscheint zwar auf den ersten Blick plausibel, ist jedoch gleichwohl nicht unproblematisch, weil sich die Zuordnung zu der einen oder anderen Fallgruppe nicht immer mit der hinreichenden Eindeutigkeit vornehmen lässt und die Begrifflichkeit teilweise in sich widersprüchlich bzw. überlappend und damit irreführend ist. *Wenzel* ist zuzustimmen, wenn er feststellt, dass nicht der Begriff der „Gemeinschaftsbezogenheit" entscheidend ist, sondern ob **Rechte und Pflichten gemeinschaftlich geltend zu machen oder zu erfüllen** sind.[196]

---

[195] BGH ZMR 1993, 173.
[196] *Wenzel* ZWE 2006, 462, 467.

b) Gemeinschaftsbezogene Rechte und Pflichten

aa) Begriff der Gemeinschaftsbezogenheit

179 Weder das Gesetz noch die Gesetzesbegründung enthält eine Definition des Begriffs „Gemeinschaftsbezogenheit". Die Gegenäußerung der Bundesregierung bezeichnet ihn lapidar als in der Rechtsprechung, Lehre und Praxis bekannt.[197] Dies bedeutet jedoch nicht, dass dieser Begriff rechtlich hinreichend geklärt wäre. Vielmehr ist er nach wie vor Gegenstand rechtswissenschaftlicher Diskussionen.[198] Letztlich wird hiermit auf die Rechtsprechung des BGH zur Geltendmachung gemeinschaftsbezogener Forderungen der Wohnungseigentümer abgestellt.[199] Nach dieser können solche Ansprüche mit Rücksicht auf das Interesse der Gesamtheit der Wohnungseigentümer nur von dieser, nicht aber von den einzelnen Wohnungseigentümern geltend gemacht werden. Für sie ist kennzeichnend, dass die mit dem Anspruch geltend gemachte Leistung allen Wohnungseigentümern gemeinsam zusteht, d.h. dass sie eine **gemeinsame Empfangszuständigkeit** haben. Für die Pflichten ist auf eine **gemeinsame Haftungszuständigkeit** abzustellen.[200]

bb) Gemeinschaftsbezogene Rechte und Pflichten

180 Zu den gemeinschaftsbezogenen Rechten und Pflichten zählen insbesondere die Ansprüche auf:
- Schadensersatz wegen **Verletzung des gemeinschaftlichen Eigentums**.[201] Inhaber solcher Ansprüche sind die Wohnungseigentümer, nicht die rechtsfähige Gemeinschaft.[202] Bei Schadensersatzansprüchen ist es im Übrigen nicht von Bedeutung, gegen wen sie sich richten. Auch Schadensersatzansprüche gegen den Verwalter sind gemeinschaftsbezogen,[203] sofern der Schaden nicht nur bei einem Wohnungseigentümer eingetreten ist.[204]
- Die Ausübung des **Entziehungsrechts** steht nach der Neuregelung in § 18 Abs. 1 Satz 2 WEG dem Verband zu, soweit es sich nicht um eine Gemeinschaft mit lediglich zwei Wohnungseigentümern handelt.[205]
- Die Ausübung der **Zwangsvollstreckung** aufgrund einer rechtskräftigen Verurteilung zur Veräußerung des Wohnungseigentums steht nach der Neuregelung in § 19 Abs. 1 Satz 2 WEG ebenfalls dem Verband zu, soweit es sich nicht um eine Gemeinschaft mit zwei Wohnungseigentümern handelt.[206]
- Die **Vermietung von Gemeinschaftseigentum**. Sie erfolgt im Namen des Verbandes, nicht im Namen der Wohnungseigentümer.[207] Die Miete steht dem Verband als Vermieter zu, nicht den Wohnungseigentümern als Grundstückseigentümern.[208]

---

[197] BT-Drucksache 16/877 S. 61.
[198] Vgl. nur *Baer* BTR 2006, 113; *Wenzel* ZWE 2006, 109, 111.
[199] Vgl. BGHZ 106, 222; 111, 148; 115, 253; 116, 392; 121, 22; KK-WEG/*Abramenko* § 43 Rdnr. 3; Bärmann/Pick/Merle/*Merle* § 21 WEG Rdnr. 6f., 22; Niedenführ/Schulze/*Niedenführ* § 21 WEG Rdnr. 10 ff.; Staudinger/*Wenzel* Vorbemerkung zu §§ 43 ff. Rdnr. 75; jeweils m. w. N.
[200] So *Wenzel* ZWE 2006, 462, 467; kritisch zu dem Kriterium der Empfangszuständigkeit *Baer* BTR 2006, 113, 114.
[201] BGHZ 121, 22 = NJW 1993, 727.
[202] *Lehmann-Richter* ZWE 2006, 413, 414.
[203] BGHZ 106, 222.
[204] BGHZ 115, 253; *Wenzel* ZWE 2006, 462, 467.
[205] Vgl. § 6 Rdnr. 23.
[206] Vgl. § 6 Rdnr. 24.
[207] *Wenzel* NZM 2006, 321, 322; *Merle* ZWE 2006, 128, 130.
[208] KK-Mietrecht/*Riecke*/*Elzer* Teil 12 Rdnr. 12; teilweise abweichend *Jennißen* NZM 2006, 203, 204.

- Der **Aufopferungsanspruch** eines Wohnungseigentümers gem. § 14 Nr. 4 HS 2 WEG richtet sich wegen gemeinsamer Haftungszuständigkeit gegen die Gemeinschaft.[209]
- Ob für die Wahrung der **Verkehrssicherungspflicht** eine Ausübungsbefugnis besteht, hängt davon ab, welcher Ansicht man bei der Frage folgt, wem die Verkehrssicherungspflicht obliegt – nur dem Verband oder dem Verband und den Wohnungseigentümern.[210] Bejaht man eine doppelte Zuständigkeit sowohl vom Verband als auch von den Miteigentümern, besteht eine eigene Pflicht des Verbands wie auch eine Ausübungsbefugnis des Verbands für die Wohnungseigentümer.
- Ein **Aufwendungsersatzanspruch** des Verwalters für Anschaffungen zugunsten der Gemeinschaft, wenn der Gegenstand nicht in das Verwaltungsvermögen des Verbands fällt.[211]
- Die Durchsetzung eines **Notwegerechts** ist ebenfalls gemeinschaftsbezogen, auch wenn das Recht selbst den Wohnungseigentümern als Bruchteilsmiteigentümern zusteht.[212]
- Die Ausübung einer für das aufgeteilte Grundstück bestellten **Grunddienstbarkeit** ist gemeinschaftsbezogen, auch wenn Dienstbarkeitsberechtigte die Wohnungseigentümer selbst als Grundstücksmiteigentümer sind.[213]

c) Sonstige Rechte und Pflichten

181 Zu den „sonstigen" der Gemeinschaft neben jedem Wohnungseigentümer zustehenden Rechten zählen gemeinschaftliche Ansprüche, die bisher von der Gesamtheit der Wohnungseigentümer aufgrund eines entsprechenden Mehrheitsbeschlusses[214] geltend gemacht werden können, ihr aber nicht ausschließlich zustehen. Es geht insbesondere um die Geltendmachung gemeinschaftlicher Ansprüche gegen einen Wohnungseigentümer gemäß § 1004 BGB auf **Beseitigung und Unterlassung** einer Störung,[215] etwa die Beeinträchtigung des gemeinschaftlichen Eigentums durch bauliche Veränderungen und die Wiederherstellung des früheren Zustandes. Solche Ansprüche stehen zunächst jedem Wohnungseigentümer individuell zu.[216] Dies hindert die Gemeinschaft nach einem Mehrheitsbeschluss nicht, den Anspruch zu verfolgen.[217]

d) Sonderproblem: Mängelrechte gegen den Bauträger

aa) Ausgangspunkt

182 Hat ein Wohnungseigentümer seine Wohnung von einem Bauträger erworben, besitzt er aufgrund seines Bauträgervertrages einen **individuellen Anspruch** auf **mangelfreie Eigentumsverschaffung** am Grundstück und **mangelfreie Herstellung** des geschuldeten Bauwerkes. Das erworbene Wohnungseigentum allerdings besteht aus einer Mitberechtigung am gemeinschaftlichen Eigentum und dem betreffenden Sondereigentum. Die

---

[209] *Wenzel* ZWE 2006, 462, 467; a.A. OLG Frankfurt ZMR 2006, 625, jedoch ohne erkennbares Problembewusstsein.
[210] Siehe § 3 Rdnr. 51.
[211] *Wenzel* ZWE 2006, 462, 467.
[212] BGH NJW 2006, 3426 = NZM 2006, 20 = ZMR 2007, 46 = ZWE 2006, 486; hierzu *Schmidt* ZWE 2006, 484.
[213] OLG Hamm ZWE 2007, 44; a.A. *Ott* ZWE 2007, 46, 47.
[214] Eine solche Beschlusskompetenz verneint *Baer* BTR 2006, 113, 122.
[215] *Wenzel* ZWE 2006, 2, 6; *Armbrüster* ZWE 2006, 470, 473.
[216] OLG München ZMR 2005, 733; *Demharter* NZM 2006, 81; *Jennißen* NZM 2006, 203, 205; a.A. wohl OLG München NZM 2006, 106.
[217] BGH ZMR 2006, 457; *Armbrüster* ZWE 2006, 470, 473.

VI. Ausübungsbefugnis der Eigentümergemeinschaft

werkvertraglichen Mängelrechte gelten demnach sowohl für das Sondereigentum als auch für das gemeinschaftliche Eigentum. Jeder Erwerber hat aus seinem Erwerbsvertrag auch einen eigenen Anspruch auf **mangelfreie Erfüllung** seines Vertrages in Bezug auf das **gesamte Gebäude,** kann also die gesamte Leistung verlangen.[218]

Auf Grund dieser rechtlichen Konstruktion ist der Erwerber zwar individueller Vertragspartner des Bauträgers, gleichzeitig aber wegen seiner Beteiligung am Gemeinschaftseigentum in die Eigentümergemeinschaft eingebunden. Mängel der Bauleistung am gemeinschaftlichen Eigentum begründen somit grundsätzlich vertraglich begründete, individuelle Mängelrechte des jeweiligen Erwerbers, gleichzeitig aber auch grundsätzlich in der Sache **gleichgerichtete Ansprüche sämtlicher Wohnungseigentümer** gegenüber dem Bauträger.[219] Weiterhin ist nach überwiegender Ansicht bereits die Beseitigung anfänglicher Baumängel bzw. die erstmalige Herstellung eines mangelfreien Zustands des gemeinschaftlichen Eigentums eine der Wohnungseigentümergemeinschaft obliegende Aufgabe der Instandhaltung und Instandsetzung nach § 21 Abs. 5 Nr. 2 WEG.[220] Damit stellt die Geltendmachung solcher Ansprüche eine **Maßnahme ordnungsmäßiger Verwaltung** nach §§ 20 Abs. 1, 21 Abs. 1 WEG dar, über die die Wohnungseigentümer mit Mehrheit beschließen können (§ 21 Abs. 3 WEG). Dieses Miteinander und Nebeneinander der individuellen Ansprüche der Wohnungseigentümer in ihrer wohnungseigentumsrechtlichen Einbindung bedingt Schwierigkeiten bei der Frage, wie das Verhältnis der unterschiedlichen Ansprüche zueinander und gegenüber dem Bauträger zu beurteilen ist.

183

Die Beantwortung dieser Frage ist wichtig bei der Prüfung, ob Mängelrechte gegen den Bauträger „gemeinschaftsbezogene" oder „sonstige" Rechte im Sinne des § 10 Abs. 6 Satz 3 WEG darstellen, die entweder originär oder nach vorheriger Beschlussfassung der Wohnungseigentümer durch den Verband ausgeübt werden können.

184

bb) Gemeinschaftsbezogenheit der Mängelrechte

Der BGH[221] und die herrschende Ansicht in der Literatur[222] überprüfen die jeweiligen Nacherfüllungsansprüche bezüglich des Gemeinschaftseigentums auf die Notwendigkeit einer Gemeinschaftsbindung des Anspruchs hin. Dies geschieht, ausgehend vom Grundsatz der individuellen Rechtsausübung, anhand der Kriterien des **Schuldnerschutzes** und des **Koordinationsbedarfs** innerhalb der Eigentümergemeinschaft.[223] Der Gesichtspunkt des Schuldnerschutzes beinhaltet, dass der Bauträger **Schutz vor unterschiedlicher Inanspruchnahme** durch die Erwerber verdient. Das zweite Kriterium berücksichtigt die **Bindung der Wohnungseigentümer** aufgrund einer mehrheitlich getroffenen Entscheidung über die Verwaltung des gemeinschaftlichen Eigentums. Diese kann nicht durch eine andersartige individuelle Rechtsverfolgung durch einen einzelnen Erwerber unterlaufen werden. Im Ergebnis kann somit der Erwerber seine individuellen Vertragsansprüche gegenüber dem Bauträger selbständig verfolgen, solange durch sein Vorgehen gemeinschaftsbezogene Interessen der Wohnungseigentümer oder schützenswerte Interessen des Veräußerers nicht beeinträchtigt sind.[224] Auch wenn der Begriff

185

---

[218] BGHZ 141, 63 = NJW 1999, 1705; BGH NZM 2005, 792; *Derleder* NZM 2003, 83.
[219] BGHZ 74, 259 = NJW 1979, 2207; Köhler/Bassenge/*Fritsch*, Wohnungseigentumsrecht, Teil 15 Rdnr. 28.
[220] BayObLG DWE 2001, 110; BayObLG ZWE 2000, 214; Bärmann/Pick/Merle/*Merle* § 21 WEG Rdnr. 126; Bamberger/Roth/*Hügel* § 21 WEG Rdnr. 6.
[221] NJW 1998, 2967; BGHZ 74, 258 = NJW 1979, 2207.
[222] Bärmann/Pick/Merle/*Merle* § 21 WEG Rdnr. 6; Palandt/*Heinrichs* § 432 BGB Rdnr. 1.
[223] Köhler/Bassenge/*Fritsch*, Wohnungseigentumsrecht, Teil 15 Rdnr. 41.
[224] BGH NJW 2006, 3275.

der Gemeinschaftsbezogenheit noch nicht abschließend geklärt ist,[225] können folgende Grundsätze festgehalten werden:

- Hinsichtlich seines **Sondereigentums** ist jeder Erwerber befugt, die ihm zustehenden Mängelrechte **selbständig** und ohne Abstimmung mit den übrigen Wohnungseigentümern auszuüben, soweit der vorhandene Mangel ausschließlich sein Sondereigentum betrifft. Es besteht kein Abstimmungsbedarf hinsichtlich der Rechtsverfolgung bei Baumängeln am Sondereigentum. Auch eine unterschiedliche Inanspruchnahme des Bauträgers droht hier nicht. Ein Beschluss der Wohnungseigentümer, der in die Mängelrechte des einzelnen Erwerbers bezüglich dessen Sondereigentums eingreift, wäre mangels Beschlusskompetenz nichtig.
- Anderes gilt für die Rechte im Hinblick auf das **Gemeinschaftseigentum.** In diesem Bereich ist danach zu **differenzieren,** ob durch den betreffenden Anspruch eine mehrfache Inanspruchnahme des Bauträgers zu befürchten bzw. ein Abstimmungsbedarf innerhalb der Gemeinschaft erforderlich ist. Auf Grund des Bauträgervertrags kann jeder einzelne Erwerber vom Bauträger grundsätzlich selbstständig **Nacherfüllung** verlangen, falls ein Mangel am gemeinschaftlichen Eigentum gegeben ist. Dieser Anspruch wird regelmäßig auf **Mängelbeseitigung** gerichtet sein. Die einzelnen Nacherfüllungsansprüche sind auf die Herstellung des gesamten Gemeinschaftseigentums und nicht nur auf den betreffenden Miteigentumsanteil gerichtet. Aufgrund der Unteilbarkeit dieser Leistung sind die Erwerber im Regelfall Mitgläubiger im Sinne des § 432 Abs. 1 BGB und nicht Gesamtgläubiger nach § 428 BGB.[226] Jeder Erwerber kann somit vom Bauträger nur Leistung an alle Erwerber verlangen.[227] Der Bauträger kann nur an alle Erwerber gemeinschaftlich leisten.[228]
Da aber solche Ansprüche auch durch jeden Erwerber allein verfolgt werden können, bedarf es für eine Ausübung durch den Verband eines diesbezüglichen vorherigen Beschlusses. Solche Nacherfüllungsansprüche sind somit **sonstige Rechte** i. S. v. § 10 Abs. 6 Satz 2 WEG.
- Die **Fristsetzung zur Mängelbeseitigung** besitzt im Gegensatz zur Fristsetzung mit Ablehnungsandrohung nach altem Recht keine rechtsgestaltende Wirkung. Ein Ausschluss der Mängelrechte ist nach der Schuldrechtsmodernisierung gesetzlich nicht mehr vorgesehen (vgl. § 281 Abs. 4 BGB), so dass der Bauträger auch nach fruchtlosem Ablauf der Nachfrist weiterhin allen Wohnungseigentümern zur Nacherfüllung verpflichtet ist.[229] Der Schutz des Bauträgers bedarf daher keiner einheitlichen Fristsetzung durch sämtliche Erwerber.[230] Hat aber die Gemeinschaft die Verfolgung von Mängelansprüchen zu einer Angelegenheit der Verwaltung gemacht, kann auch nur sie die Frist setzen mit dem Ziel, den Mangel selbst zu beseitigen oder Minderung bzw. kleinen Schadensersatz zu verlangen. Zu einer Fristsetzung mit dem Zweck, Schadensersatz neben Erfüllung oder großen Schadensersatz zu verlangen, ist hingegen nur der einzelne Erwerber befugt.[231]
- Auch das Recht auf **Selbstvornahme** und das Verlangen eines **Kostenvorschusses** nach erfolglosem Verstreichen einer gesetzten Nachfrist können durch jeden Erwerber individuell geltend gemacht werden.[232] Diese Rechte zählen noch zu den Ansprü-

---

[225] Hierzu *Wenzel* ZWE 2006, 111; kritisch zu diesem Kriterium Baer BTR 2006, 114.
[226] *Wenzel* ZWE 2006, 110; *Pause* NJW 1993, 555; Bärmann/Pick/Merle/*Merle* § 21 WEG Rdnr. 7.
[227] *Gaier* NZM 2003, 92.
[228] Bärmann/Pick/Merle/*Merle* § 21 WEG Rdnr. 5.
[229] *Derleder* NZM 2003, 84; Bamberger/Roth/*Voit* § 631 BGB Rdnr. 100.
[230] *Wenzel* ZWE 2006, 113; Staudinger/*Bub* § 21 WEG Rdnr. 264.
[231] *Wenzel* ZWE 2006, 114.
[232] BGH NZM 2005, 792.

VI. Ausübungsbefugnis der Eigentümergemeinschaft 185 § 3

chen im Rahmen der Mängelbeseitigung und sind deshalb wie der Nacherfüllungsanspruch zu bewerten. Sie sind (modifizierte) Erfüllungsansprüche.[233] Das Geltendmachen solcher Ansprüche deckt sich mit den Interesse der Wohnungseigentümergemeinschaft und beeinträchtigt die schutzwürdigen Belange des Bauträgers nicht, weil alle Erwerber primär nur diese Mängelbeseitigungsansprüche besitzen.[234] Auch hier besteht hinsichtlich der Ansprüche der Erwerber untereinander Mitgläubigerschaft im Sinne von § 432 BGB. Ein Beschluss der Gemeinschaft, vom Bauträger Kostenvorschuss zur Mängelbeseitigung zu fordern, lässt die Befugnis des einzelnen Erwerbers unberührt, vom Veräußerer die Beseitigung von Mängeln am Gemeinschaftseigentum mit Fristsetzung und Ablehnungsandrohung zu verlangen.[235] Die Entscheidung über die **Durchführung** der **Ersatzvornahme** selbst ist allerdings einer Beschlussfassung der Wohnungseigentümer vorbehalten.[236]

- Möchte der Erwerber sich wegen eines Baumangels vom Vertrag lösen, stehen ihm hierzu das Recht zum **Rücktritt** vom Vertrag (§ 634 Nr. 3, 1. Fall BGB) oder **Schadensersatz statt der ganzen Leistung** (§§ 634 Nr. 3, 280 Abs. 1, 281 Abs. 1 Satz 3 BGB) als Möglichkeit zur Verfügung. Da beide Rechte auf Rückgängigmachung des individuellen Vertragsverhältnisses gerichtet sind, ist durch sie keine mehrfache Inanspruchnahme des Bauträgers zu befürchten. Der Bauträger tritt lediglich wieder an die Stelle des Erwerbers.[237] Jeder Erwerber kann somit selbständig und unabhängig seine Rechte auf Rücktritt vom Vertrag und Schadensersatz statt der ganzen Leistung geltend machen.[238]

- Der sog. „kleine" Schadensersatz ist nicht auf Rückabwicklung des Bauträgervertrages, sondern auf finanziellen Ausgleich des durch den Mangel des Werks entstandenen Schadens gerichtet. Ebenso wie bei der **Minderung** möchte der Erwerber die Immobile behalten. Dem Verlangen von Minderung oder kleinem Schadensersatz kommt rechtlich Gestaltungswirkung zu, da hierdurch das Wahlrecht hinsichtlich der bestehenden Mängelrechte ausgeübt wird. Durch die Ausübung des Minderungsrechts erlöschen der Nacherfüllungsanspruch, das Recht zur Selbstvornahme sowie zum Rücktritt.[239] Auch das Schadensersatzverlangen gestaltet das Rechtsverhältnis um, da hierdurch der Nacherfüllungsanspruch des Erwerbers ausgeschlossen ist.[240] Der Bauträger wäre einer doppelten Inanspruchnahme ausgesetzt, wenn ein Erwerber kleinen Schadensersatz bzw. Minderung verlangt und daneben ein anderer Erwerber Nacherfüllung beansprucht. Der Schuldnerschutz gebietet es daher, das **Wahlrecht nur durch die Eigentümergemeinschaft ausüben** zu lassen.[241] Da es sich um eine Angelegenheit der Verwaltung des gemeinschaftlichen Eigentums handelt, ist diese Entscheidung einem Mehrheitsbeschluss der Wohnungseigentümer zugänglich. Hierdurch wird die Eigentümergemeinschaft aber nicht selbst Inhaber der betreffenden Mängelrechte; Rechtsträger bleibt stets der einzelne Erwerber.[242]

---

[233] Palandt/*Sprau* § 634 BGB Rdnr. 3.
[234] BGH NJW 1997, 2173; BGHZ 114, 383 = NJW 1991, 2480; Palandt/*Sprau* § 634 BGB Rdnr. 15.
[235] BGH NJW 2006, 3275.
[236] Köhler/Bassenge/*Fritsch*, Wohnungseigentumsrecht, Teil 15 Rdnr. 320; *Derleder* NZM 2003, 84; *Wendel*, ZWE 2002, 60.
[237] BGHZ 74, 258 = NJW 1979, 2207.
[238] Bärmann/Pick/Merle/*Merle* § 21 WEG Rdnr. 14. Palandt/*Sprau* § 634 BGB Rdnr. 15; *Wendel*, ZWE 2002, 60; BGH NJW 2006, 2254 für den „großen" Schadensersatz nach § 634 a. F.
[239] Palandt/*Sprau* § 634 BGB Rdnr. 5.
[240] Bärmann/Pick/Merle/*Merle* § 21 WEG Rdnr. 16; *Derleder* NZM 2003, 87.
[241] BGH NJW 1998, 2967; KG NZM 2004, 303.
[242] *Pause*, Bauträgerkauf und Baumodelle, Rdnr. 893.

Da hinsichtlich dieser Mängelrechte eine vorherige Entscheidung der Gemeinschaft notwendigerweise erfolgen muss, sind sie als **gemeinschaftsbezogen** i.S.v. § 10 Abs. 6 Satz 3 WEG zu qualifizieren. Diesbezüglich besteht ein **geborenes Ausübungsrecht** der Gemeinschaft. Es bedarf somit nur eines Beschlusses darüber, ob der Verband diese Rechte ausüben soll.[243]

VII. Das neue Haftungssystem der Wohnungseigentümergemeinschaft

1. Das Haftungssystem des BGH

186 Der BGH begnügte sich in seiner zentralen Entscheidung vom 2. 6. 2005[244] nicht mit der Anerkennung der Teilrechtsfähigkeit, sondern konzipierte darauf aufbauend das gesamte Haftungssystem im Wohnungseigentumsrecht neu. Bis zu dieser Rechtsprechungsänderung waren die Wohnungseigentümer selbst Vertragspartei, wenn sie im Rahmen der Verwaltung des gemeinschaftlichen Eigentums Verträge mit Dritten abschlossen. Im Regelfall traf deshalb die Wohnungseigentümer eine **gesamtschuldnerische Haftung** für die in ihrem Namen begründeten Verwaltungsschulden.[245] Etwas anderes galt nur für die sog. Aufbauschulden.

187 Wenn die Eigentümergemeinschaft nun als Verband ausschließlicher Vertragspartner sei, so hafte dieser nach Ansicht des BGH auch **allein** mit seinem **Verbandsvermögen**. Eine irgendwie geartete akzessorische gesamtschuldnerische Haftung der Wohnungseigentümer komme daneben nur in Betracht, wenn sie sich neben dem Verband klar und eindeutig verpflichtet hätten. Der Gläubigerschutz werde dadurch erzielt, dass ein Zugriff auf das Verwaltungsvermögen bestehe. Zudem könnten Gläubiger auch Ansprüche der Gemeinschaft gegenüber den Wohnungseigentümern auf Zahlung von Vorschüssen und Sonderumlagen oder Dritte pfänden. Erfüllten die Wohnungseigentümer schuldhaft ihre Verpflichtungen gegenüber dem Verband zur Beschlussfassung hinsichtlich von Beitragsansprüche nicht, könnten auch Schadensersatzansprüche nach §§ 280 Abs. 1, 2, 286 BGB begründet sein. Denkbar sei in solchen Fällen auch eine Durchgriffshaftung entsprechend gesellschaftsrechtlichen Grundsätzen.

188 War die Anerkennung der Teilrechtsfähigkeit letztendlich je nach Sichtweise erwartet oder befürchtet worden, war die Entscheidung in diesem Punkt wohl für alle überraschend.[246]

189 Dieses neue Haftungssystem des BGH ist in der Literatur **weitgehend auf Ablehnung** gestoßen.[247] Bemängelt wurde insbesondere, dass hierdurch ein Gläubiger der Gemeinschaft vor hohe, möglicherweise nahezu **unüberwindbare praktische Hindernisse** bei der Durchsetzung seiner Forderung gestellt werde. Eine effektive Vollstreckung sei danach nur gewährleistet, wenn das Verwaltungsvermögen ausreiche, um die Verbindlichkeit zu erfüllen. Andernfalls müsse der Gläubiger auf Ansprüche der Gemeinschaft gegen die Wohnungseigentümer zugreifen. Der Gläubiger müsse also zunächst einen Titel gegen die Gemeinschaft erstreiten, um sodann im anschließenden Vollstreckungsver-

---

[243] *Wenzel* ZWE 2006. 462, 467; *ders.* ZWE 2006, 109, 116 f.
[244] BGH NJW 2005, 2061.
[245] BGH NJW 1979, 2101.
[246] Siehe *Häublein* ZMR 2005, 557; *Armbrüster* ZWE 2005, 369, 375.
[247] Vgl. *Armbrüster* ZWE 2005, 369, 375 ff.; *Bork* ZIP 2005, 1207, 1207 ff.; *Demharter* ZWE 2005, 357, 359; *Drasdo* NZM 2006, 211, 213; *Hügel* DNotZ 2005, 753, 765 ff.; *Lüke* ZfIR 2005, 516, 518; *Maroldt* ZWE 2005, 361, 363; Beck'sches Notarhandbuch/*Rapp* A III Rdnr. 146.

fahren zu versuchen, eine Vielzahl von Beitragsforderungen der Gemeinschaft gegen die Wohnungseigentümer zu pfänden. Um deren Bestand und Umfang beurteilen zu können, müsse er die internen Vorgänge in der Gemeinschaft genau kennen. Da die erforderlichen Informationen nur schwer zu erlangen seien, könne es sein, dass er schon hierfür, nämlich zur Durchsetzung seines vollstreckungsrechtlichen Offenbarungsanspruchs, gerichtliche Hilfe benötige. Schließlich müsse der Gläubiger die gepfändeten Ansprüche gegen die einzelnen Wohnungseigentümer durchsetzen, gegebenenfalls gerichtlich einschließlich einer erneuten Zwangsvollstreckung.[248]

2. Die anteilige Haftung nach der gesetzlichen Neuregelung

a) Das Haftungssystem

Das novellierte WEG rückt von diesem Haftungssystem des BGH ab und ersetzt es in § 10 Abs. 8 WEG durch eine **teilschuldnerische Außenhaftung**.[249] Jeder Wohnungseigentümer haftet nun einem Gläubiger nach dem **Verhältnis seines Miteigentumsanteils** gem. § 16 Abs. 1 Satz 2 WEG für Verbindlichkeiten der Eigentümergemeinschaft. Mit diesem neuen Haftungssystem soll einerseits dem Vertragspartner der Gemeinschaft als Verband die Möglichkeit eingeräumt werden, wegen Verbindlichkeiten des Verbands auch unmittelbar gegen die Wohnungseigentümer vorzugehen, ohne dass diese Einwendungen und Einreden aus dem Verhältnis zwischen den Wohnungseigentümern und der Gemeinschaft erheben können. Andererseits soll dieser Anspruch in seinem Umfang begrenzt werden.[250] Damit wollte der Gesetzgeber entsprechenden Forderungen aus der Praxis und der Wissenschaft nachkommen sowie die durch die Rechtsprechungsänderung des BGH möglicherweise verloren gegangene Kreditwürdigkeit der Eigentümergemeinschaft sicherstellen.[251]

190

Praktischer Hinweis:

Eine Unterscheidung zwischen Verwaltungsschulden und Aufbauschulden ist nach der gesetzlichen Neuregelung nicht mehr erforderlich, da für beide Schuldarten nunmehr dieselbe beschränkte Haftung angeordnet ist.

191

Die Gläubiger des Verbands können **entweder die Eigentümergemeinschaft** als selbständige Trägerin von Rechten und Pflichten (§ 10 Abs. 6 Satz 1 WEG) direkt in Anspruch nehmen **oder** sich **unmittelbar an die Wohnungseigentümer** halten. Diese Haftung der Wohnungseigentümer für Verbandsschulden ist § 128 Satz 1 HGB nachgebildet. Die Außenhaftung der Wohnungseigentümer ist einer **abändernden Vereinbarung** durch die Wohnungseigentümer nach § 10 Abs. 2 Satz 2 WEG **nicht** zugänglich, weil hierdurch nicht das Innenverhältnis der Wohnungseigentümer geregelt werden würde, sondern Rechtsbeziehungen zu außerhalb der Gemeinschaft stehenden Dritten. Selbstverständlich kann im Rahmen der vertraglichen Regelungen mit dem Dritten vereinbart werden, dass nur der Verband und nicht die Wohnungseigentümer selbst nach § 10 Abs. 8 Satz 1 WEG für die Erfüllung der vertraglichen Verpflichtungen einzustehen haben.

192

---

[248] Vgl. BT-Drucksache 16/887 S. 64 mit einschlägigen Nachweisen aus der Literatur.
[249] Ablehnend zu dieser Lösung *Bub* NZM 2006, 841, 844.
[250] BT-Drucksache 16/887 S. 65.
[251] Vgl. *Armbrüster* ZWE 2005, 369, 379; *Häublein* ZMR 2006, 1, 4 f.; *Hügel* DNotZ 2005, 753, 767; *Kreuzer* ZMR 2006, 15, 18.

b) Kritik

193 Mit Einführung der anteilsmäßigen Außenhaftung will der Gesetzgeber in Abkehrung von der bisher angenommenen gesamtschuldnerischen und unbeschränkten Haftung die Wohnungseigentümer vor existenzbedrohenden Zahlungspflichten schützen.[252] Auch wenn durch die Neuregelung eine unmittelbare Inanspruchnahme für die gesamte Verbindlichkeit des Verbands durch Gläubiger ausgeschlossen ist, kann nicht übersehen werden, dass im Endergebnis eine **Haftung in unbegrenzter Höhe** auf den einzelnen Eigentümer zukommen kann. Sofern nämlich der Verband nicht über die notwendigen finanziellen Mittel verfügt, bedarf es der Erhebung einer Sonderumlage zur Deckung der Finanzierungslücke. Fallen einzelne oder gar alle anderen Wohnungseigentümer aufgrund finanzieller Probleme faktisch für die Begleichung der beschlossenen Sonderumlage aus, führt dies wirtschaftlich zu einer unbeschränkten Nachschusspflicht des einzig liquiden Wohnungseigentümers.[253] Zwar hat dieser Ausgleichsansprüche gegen die nicht zahlenden Miteigentümer, jedoch sind diese im Ergebnis wirtschaftlich wertlos. An diesem Grundproblem hat auch § 10 Abs. 8 Satz 1 WEG nichts geändert.[254]

☞ **Praktischer Hinweis:**

194 Wollen die Wohnungseigentümer diese Risiko vermeiden oder eine unmittelbare anteilige, gegebenenfalls nicht im Einklang mit dem internen Kostenverteilungsschlüssel stehende Inanspruchnahme durch einen Gläubiger verhindern, können sie dies nur durch eine **ausreichende Mittelzufuhr** in die Instandhaltungsrückstellung bewirken. Hierzu sind sie auch verpflichtet, weil aufgrund der ihnen obliegenden Treuepflicht eine Pflicht besteht, den Verband mit ausreichenden finanziellen Mittel zur Erfüllung seiner laufenden und künftigen Aufgaben auszustatten.[255] Dazu zählt zum einen die erforderliche Beschlussfassung über Wirtschaftsplan, Jahresabrechnung und Sonderumlagen sowie die fristgerechte Erfüllung der hierdurch begründeten Zahlungsansprüche der Gemeinschaft gegen die einzelnen Wohnungseigentümer. Das Verwaltungsvermögen wird eine deutlich größere Beachtung finden müssen als bisher. In der Regel wurde nämlich die Instandhaltungsrückstellung eher zu niedrig als zu hoch gebildet.

195 Fraglich erscheint auch, ob durch das Modell einer teilschuldnerischen Haftung tatsächlich ein **effektiver Gläubigerschutz** erreicht wird. Je nach Mitgliederzahl der betreffenden Eigentümergemeinschaft und Höhe der Forderung muss ein Gläubiger nämlich möglicherweise eine Vielzahl von Parallelprozessen gegen die einzelnen Wohnungseigentümer führen sowie gegebenenfalls entsprechende Vollstreckungsmaßnahmen einleiten und dies regelmäßig für unbedeutende Summen.[256] Es ist vielmehr zu erwarten, dass dieses neue Haftungssystem zwar die Kreditwürdigkeit der Wohnungseigentümergemeinschaften im Vergleich zum Haftungsmodell des BGH wieder verbessern wird, aber aufgrund der teilweise mangelnden Effektivität des Gläubigerschutzes nicht wieder das weitgehend unbegrenzte Vertrauen herstellt, das zu Zeiten einer gesamtschuldnerischen Haftung Wohnungseigentümergemeinschaften entgegengebracht wurde.[257]

3. Auseinanderfallen von Außenhaftung und Innenhaftung

196 Die **anteilsmäßige Außenhaftung** besteht in Höhe des jeweiligen **Miteigentumsanteils**. Dieser im Außenverhältnis durch die Wohnungseigentümer nicht abänderbare

---

[252] BT-Drucksache 16/877 S. 65.
[253] Ebenso *Derleder/Fauser* ZWE 2007, 2, 4; *Briesemeister* NZM 2007, 225, 2278.
[254] Insgesamt kritisch zu dieser neuen Haftung *Abramenko* ZMR 2006, 496; *Paefgen* ZfIR 2006, 529.
[255] BGH NJW 2005, 2061.
[256] *Paefgen* ZfIR 2006, 529; *Abramenko* ZMR 2006, 496, 497; *Derleder/Fauser* ZWE 2007, 2, 4.
[257] *J.-H. Schmidt* ZMR 2007, 90, 91.

VII. Das neue Haftungssystem der Wohnungseigentümergemeinschaft

Haftungsschlüssel entspricht in vielen Fällen **nicht** dem **internen Kostenverteilungsschlüssel** der Gemeinschaft. Die Kostenverteilung innerhalb der Gemeinschaft nach Miteigentumsbruchteilen gem. § 16 Abs. 2 WEG stellt nämlich nur eine gesetzliche „Faust- und Hilfsregel" dar,[258] die dann gilt, wenn die Gemeinschaftsordnung keine abweichende Regelung enthält. Da die holzschnitzartige Kostenverteilung des § 16 Abs. 2 WEG aber oft nicht zu einer sachgerechten Kostenverteilung führt, wurde in der Vergangenheit fast regelmäßig ganz oder für bestimmte Kostenarten von diesem Verteilungsschlüssel abgewichen. Diese Handhabung entsprach der Forderung nach einer **sachgerechten und individuellen Kostenverteilung** entsprechend der Eigenheiten der jeweiligen Wohnungseigentumsanlage.[259] Somit wird aber häufig die interne Kostenverteilung nicht der anteiligen Außenhaftung nach Miteigentumsbruchteilen entsprechen. Durch die in § 16 Abs. 3 und 4 WEG begründeten Beschlusskompetenzen zur Veränderung des geltenden Kostenverteilungsschlüssels für bestimmte Kostenarten wird es zudem in Zukunft zum weiteren Auseinanderfallen der internen und der externen Haftung kommen.

Beispiel:

Die Gemeinschaftsordnung einer Mehrhausanlage enthält eine Regelung, nach der die Kosten für die Unterhaltung und Instandsetzung der vorhandenen Tiefgarage ausschließlich von den Eigentümern der Tiefgarage zu bezahlen sind. Fallen nun für diese Tiefgarage Instandhaltung- oder Instandsetzungskosten an, haften alle Eigentümer der Anlage anteilig gegenüber der die Arbeiten ausführenden Baufirma nach § 10 Abs. 8 Satz 1 WEG, selbst wenn sie nicht Eigentümer eines Tiefgaragenstellplatzes sind. **197**

Der Gesetzgeber hat sich wohl bewusst für den für jeden Gläubiger leicht feststellbaren, sich aus dem Grundbuch ergebenden Haftungsschlüssel entschieden.[260] Der interne Kostenverteilungsmaßstab, der sich erst aus der Gemeinschaftsordnung und den diese abändernden Vereinbarungen und Beschlüssen ergibt, wäre für außerhalb der Gemeinschaft stehende Gläubiger nur mit großen Mühen zu eruieren. **198**

Praxistipp:

In Zukunft obliegt juristischen Beratern und Verwaltern die Aufgabe, die Mitglieder der Eigentümergemeinschaft auf diese **Differenz** und die damit verbundenen Haftungsrisiken **hinzuweisen**. **199**

Auch ist bei der Begründung von Wohnungseigentum in Zukunft verstärkt auf diese haftungsrechtlichen Folgen zu achten. Bisher entsprach es ganz allgemeiner Meinung, dass die **Bemessung der Miteigentumsanteile** sowohl bei der vertraglichen Aufteilung nach § 3 WEG als auch bei der Teilungserklärung nach § 8 WEG durch die Miteigentümer bzw. den teilenden Eigentümer **frei** und ohne Bindung an den Wert und die Größe des einzelnen Wohnungseigentums erfolgen kann.[261] Ein Anspruch auf **Änderung der Miteigentumsquoten** wurde nur ausnahmsweise bei **grob unbilliger Quotenverteilung** bejaht.[262] Solche sachenrechtliche Abänderungsansprüche hatten aber regelmäßig nur den Wunsch auf eine gerechtere Kostenverteilung zum Hintergrund, weshalb deren grundsätzliche Zulässigkeit teilweise auch prinzipiell in Frage gestellt wurde, weil in aller Regel die Änderung des Kostenverteilungsschlüssels für das begehrte Ergebnis als **200**

---

[258] Weitnauer/*Gottschalg* § 16 Rdnr. 4.
[259] Vgl. Bamberger/Roth/*Hügel* § 16 WEG Rdnr. 2.
[260] In der Literatur wird diese Regelung aber für verfehlt erachtet, so *Armbrüster* ZMR 2006, 653, 654 f.; *Abramenko* ZMR 2006, 496 f.; *Drasdo* NZM 2006, 211, 218, *Paefgen* ZfIR 2006, 529, 532 f.
[261] BGH NJW 1976, 1976; BayObLG NZM 2000, 301; Palandt/*Bassenge* § 3 WEG Rdnr. 2; Staudinger/*Rapp* § 3 WEG Rdnr. 4.
[262] BayObLGZ 1985, 47; KK-WEG/*Elzer* § 8 Rdnr. 12.

ausreichend angesehen werden konnte.²⁶³ Ob die Rechtsprechung im Hinblick auf die quotale Außenhaftung nun eine Absenkung dieser Anforderungen befürworten wird, bleibt abzuwarten. Die Neuregelung in § 10 Abs. 2 Satz 3 WEG begründet jedenfalls ein solches Begehren des einzelnen Wohnungseigentümers nicht, da diese Vorschrift nur als Grundlage für den Wunsch nach Änderung einer Vereinbarung dient, nicht aber für eine Veränderung des sachenrechtlichen Aufteilungsaktes. Ein solcher Anspruch kann sich nur aus dem Treueverhältnis der Wohnungseigentümer untereinander ergeben.²⁶⁴

4. Sonderfälle einer gesamtschuldnerischer Haftung

201 Die Begrenzung der Haftung der Wohnungseigentümer für Verbandschulden auf die Höhe des Verhältnisses ihrer Miteigentumsanteile greift nicht, wenn eine **Gesamtschuld gesetzlich** anderweitig vorgesehen ist. Soweit das öffentliche Recht, vornehmlich das kommunale Abgabenrecht, eine gesamtschuldnerische Haftung der Wohnungseigentümer für Grundbesitzabgaben anordnet, bleibt diese gemeinsame Haftung trotz des neuen Haftungssystems in § 10 Abs. 8 Satz 1 WEG bestehen.²⁶⁵ Die Teilrechtsfähigkeit hindert nämlich nach Ansicht der verwaltungsgerichtlichen Rechtsprechung nicht die Geltung einer im kommunalen Abgabenrecht statuierten gesamtschuldnerischen Haftung.²⁶⁶ Fehlt es aber einer solchen gesetzlichen Anordnung, haftet der Verband.²⁶⁷

202 Zudem kann eine gesamtschuldnerische Haftung des einzelnen Wohnungseigentümers in Betracht kommen, wenn die Wohnungseigentümer im Rahmen einer vertraglichen Beziehung mit einem **Dritten** eine **entsprechende Vereinbarung** getroffen haben.

5. Haftungsvoraussetzungen

a) Verbindlichkeit des Verbands

203 Die Haftung der Wohnungseigentümer nach § 10 Abs. 8 Satz 1 WEG besteht (nur) für **Verbindlichkeiten des Verbands**. Hierzu zählen neben den rechtsgeschäftlich begründeten Verpflichtungen auch alle sonstigen gesetzlichen Ansprüche Dritter gegen den Verband beispielsweise wegen Verletzung der Verkehrssicherungspflicht.²⁶⁸ Eine Haftung aus § 10 Abs. 8 Satz 1 WEG scheidet aber aus, wenn sich der Anspruch nur ausschließlich gegen einen oder mehrere Wohnungseigentümer direkt wendet, nicht aber gegen den Verband.

Praktisches Beispiel:

204 Eine solche unmittelbare und nicht der anteilmäßigen Haftung zuordenbare Inanspruchnahme eines einzelnen Wohnungseigentümers ist beispielsweise denkbar, wenn sich die Wohnungseigentümer in ihrer Eigenschaft als Immobilieneigentümer außerhalb des Bereichs der Teilrechtsfähigkeit im Rechtsverkehr betätigen.

205 Erfüllt der Verband eine bestehende Verbindlichkeit, so entfällt zu diesem Zeitpunkt die anteilige Außenhaftung der Wohnungseigentümer. Tilgt der Verband eine Verbind-

---

²⁶³ *Briesemeister* ZMR 2003, 713, 714.
²⁶⁴ Vgl. hierzu Bielefeld/Bub/Drasdo/Seuß/*Armbrüster*, Festschrift Merle, 2000, S. 11.
²⁶⁵ Siehe hierzu *Zieglmeier* MietRB 2006, 337.
²⁶⁶ BVerwG NJW 2005, 791 = ZMR 2006, 242; KG ZMR 2007, 136; KG ZMR 2007, 67; KG ZMR 2006, 636; VGH Baden-Württemberg ZMR 2006, 818; *Elzer* MietRB 2005, 248, 252; *ders.* ZMR 2006, 786, 787; a. A. *Sauren* ZMR 2006, 750, 751.
²⁶⁷ VGH München IMR 2007, 18 mit Anm. *Abramenko*.
²⁶⁸ BT-Drucksache 16/887 S. 66; zur Haftung wegen Verletzung der Verkehrssicherungspflicht siehe § 3 Rdnr. 51.

Beispiel:

Für die Neueindeckung des Dachs einer Wohnungseigentumsanlage mit 5 Einheiten, die jeweils mit einem 1/5 Miteigentumsanteil verbunden sind, hat die Dachdeckerfirma einen Betrag von 40 000 EUR in Rechung gestellt. Hierauf hat der Verband nur einen Betrag von 15 000 EUR geleistet. In diesem Fall besteht eine anteilige Haftung der Wohnungseigentümer von je 5000 EUR.

b) Entstehungszeitpunkt der Verbindlichkeit

Die anteilige Haftung besteht nach dem Wortlaut des Gesetzes nur, wenn die entsprechende Verbindlichkeit während der **Zugehörigkeit** des in Anspruch genommenen Eigentümers **zur Eigentümergemeinschaft entstanden** oder während dieses Zeitraums **fällig** geworden ist. Durch diese **zeitliche Beschränkung** wird sichergestellt, dass die Verbindlichkeiten von dem Wohnungseigentümer zu erfüllen sind, dem die entsprechenden Leistungen zugute kommen. Die Beurteilung dieser beiden Haftungsvoraussetzungen richtet sich nach dem Rechtsverhältnis zwischen dem Verband und Gläubiger, das Grundlage für den Anspruch des Gläubigers ist.

6. Unmittelbarkeit der Haftung

Die anteilige Außenhaftung der Wohnungseigentümer besteht **gleichzeitig** und **unmittelbar** neben der Haftung des Verbands für seine Verbindlichkeiten. Ein in Anspruch genommener Wohnungseigentümer kann den Gläubiger nicht darauf verweisen, zunächst beim Verband die Befriedigung seiner Forderungen zu versuchen. Die direkte Inanspruchnahme eines Wohnungseigentümers ist somit auch dann zulässig, wenn der Verband über eine ausreichende Finanzausstattung verfügt.[269] Die Einrede der Vorausklage steht einem Wohnungseigentümer nämlich nicht zu.[270] **Unerheblich** für die Haftung des einzelnen Wohnungseigentümers ist zudem, ob er seine fälligen **Beitragszahlungen** an den Verband beglichen hat oder nicht.

Beispiel:

Die Fassade einer Wohnungseigentumsanlage mit 10 Einheiten, die jeweils mit einem 1/10 Miteigentumsanteil verbunden sind, wurde für einen Betrag in Höhe von 50 000 EUR erneuert. Der Verband zahlt trotz einer ausreichenden Finanzausstattung nicht. Von den zehn Eigentümer haben fünf die für die Fassadensanierung beschlossene Sonderumlage gezahlt, die anderen fünf hingegen noch nicht. Die Handwerksfirma kann gleichwohl alle zehn Wohnungseigentümer auf eine anteilige Haftung von je 5000 EUR in Anspruch nehmen.

7. Einwendungen und Einreden des haftenden Wohnungseigentümers

Wird ein Wohnungseigentümer für Verbindlichkeiten des Verbands in Anspruch genommen, kann er nach § 10 Abs. 8 Satz 2 WEG neben den in seiner Person begründeten auch die der Eigentümergemeinschaft als Verband zustehenden Einwendungen und Einreden geltend machen. Es ist ihm jedoch nach dieser Vorschrift verwehrt, seine Einwendungen und Einreden, die ihm selbst gegen die Wohnungseigentümergemeinschaft zustehen, geltend zu machen. Der Gläubiger soll nämlich nicht mit Fragen aus dem Innenverhältnis zwischen Wohnungseigentümer und Gemeinschaft belastet werden.[271]

---

[269] Zu einem eventuellen Freistellungs- und Erstattungsanspruch gegenüber dem Verband in solchen Fällen siehe *Derleder/Fauser* ZWE 2007, 2, 7.
[270] Siehe § 3 Rdnr. 120.
[271] BT-Drucksache 16/887 S. 66.

211 Das System der Einwendungen und Einreden in § 10 Abs. 8 WEG ist weitgehend dem Vorbild der **Bürgenhaftung** nachgebildet, wie sich aus § 10 Abs. 8 Satz 3 WEG ergibt, der für die Einrede der Anfechtbarkeit und Aufrechenbarkeit § 770 BGB ausdrücklich für entsprechend anwendbar erklärt. Da § 10 Abs. 8 Satz 3 WEG aber nur auf § 770 BGB verweist, steht dem haftenden Wohnungseigentümer die Einrede der **Vorausklage** nach § 771 BGB **nicht** zu.[272]

8. Verhältnis der haftenden Wohnungseigentümer untereinander und zum Verband

212 Werden die Wohnungseigentümer von einem Gläubiger anteilig in Anspruch genommen, sind sie weder untereinander noch mit dem Verband Gesamtschuldner. Das Verhältnis zum Verband entspricht der Rechtslage bei Inanspruchnahme einer OHG und eines persönlichen Gesellschafters nach §§ 128, 129 HGB.[273]

213 Begleicht ein Wohnungseigentümer seinen Haftungsanteil durch Zahlung an den Gläubiger, wird nur er von seiner Haftung befreit, nicht die übrigen Wohnungseigentümer. Die Verbindlichkeit des Verbands gegenüber dem Gläubiger wird allerdings gleichzeitig um den entsprechenden Anteil verringert. Zahlt der Wohnungseigentümer dagegen an den Verband seinen beschlossenen Beitrag, um dem Verband die Begleichung der Schuld zu ermöglichen, wird er durch diese Zahlung nicht von seiner Außenhaftung nach § 10 Abs. 8 Satz 1 WEG befreit.

☞ **Idee zur Vermeidung einer doppelten Inanspruchnahme:**

214 *Derleder/Fauser* schlagen zur Vermeidung einer doppelten Inanspruchnahme eines Wohnungseigentümers vor, dass der Wohnungseigentümer direkt an den Gläubiger zur Abdeckung seiner anteiligen Außenhaftung zahlt und mit seinem daraus resultierenden Erstattungsanspruch gegenüber der Beitragsforderung des Verbands aufrechnet. Dieser Idee steht das derzeit (noch) geltende Verbot einer Aufrechnung gegenüber Beitragsansprüchen entgegen. *Derleder/Fauser* sind jedoch der Ansicht, dass dieses Verbot nach der Teilrechtsfähigkeit der Gemeinschaft keinen Bestand mehr haben könnte.[274]

9. Die Nachhaftung

215 Die in § 10 Abs. 8 Satz 1 WEG angeordnete anteilige Außenhaftung eines Wohnungseigentümers für die Verbindlichkeiten des Verbands, die während seiner Zugehörigkeit zur Gemeinschaft entweder entstanden oder fällig geworden sind, würde auch nach seinem Ausscheiden an sich zeitlich unbegrenzt fortbestehen, soweit nicht die allgemeinen Verjährungsregeln gegenüber dem Anspruch des Gläubigers als Einrede geltend gemacht werden können.

216 Diese **Nachhaftung** des ausgeschiedenen Wohnungseigentümers **beschränkt** der Gesetzgeber allerdings jedoch **zeitlich** dadurch, dass er die Nachhaftungsvorschrift des § 160 HGB in § 10 Abs. 8 Satz 1 WEG für entsprechend anwendbar erklärt. Damit haftet der ausgeschiedene Wohnungseigentümer nur für solche Verbindlichkeiten des Verbands, die während seiner Zugehörigkeit entstanden oder fällig geworden sind oder vor Ablauf von fünf Jahren nach seinem Ausscheiden fällig werden. Dies jedoch **nur**, wenn die Ansprüche in einer in §§ 197 Abs. 1 Nr. 3 bis 5 BGB, 160 Abs. 2 HGB bezeichneten Art **besonders festgestellt** worden sind oder eine **Vollstreckungshandlung** der in § 160 Abs. 1 HGB bezeichneten Art erfolgt ist.

---

[272] *Derleder/Fauser* ZWE 2007, 2, 5; kritisch hierzu *Abramenko* ZMR 2006, 496.
[273] *Derleder/Fauser* ZWE 2007, 2, 5.
[274] *Derleder/Fauser* ZWE 2007, 2, 8 f.

VII. Das neue Haftungssystem der Wohnungseigentümergemeinschaft 217–220 § 3

Mit der Novelle des WEG haben sich somit die in der Vergangenheit aufgetretenen Probleme bezüglich einer Haftung für Altverbindlichkeiten bei einem Eigentumswechsel erledigt. Ein Wohnungseigentümer haftet nur für solche Verbindlichkeiten, die entweder während seiner Zugehörigkeit zur Gemeinschaft begründet oder fällig geworden sind oder vor Ablauf von **fünf Jahren** nach seinem Ausscheiden fällig werden. Ein **neuer Eigentümer** haftet nur für solche **Altverbindlichkeiten**, die nach seinem Eintritt in die Gemeinschaft fällig geworden sind. 217

Die Dauer der Zugehörigkeit zur Gemeinschaft berechnet sich nach den allgemeinen wohnungseigentumsrechtlichen Grundsätzen. Hiernach besteht eine Wohnungseigentümergemeinschaft aus den jeweiligen im Grundbuch eingetragenen Wohnungseigentümern, nur diese sind Mitglieder der Gemeinschaft. Dies bedeutet, die Nachhaftungsfrist beginnt bei einem rechtsgeschäftlichen Eigentumswechsel mit dem **Vollzug** der Übereignungsurkunde im **Grundbuch** bzw. bei einem Eigentumsübergang außerhalb des Grundbuchs nach den hierfür maßgeblichen Vorschriften zu laufen. 218

10. Die Haftung des Bucheigentümers

Die anteilige Außenhaftung ist mit der Rechtsposition eines Wohnungseigentümers verknüpft. Aus diesem Grund ist es angebracht, die für Wohngeldschuldner entwickelten Grundsätze auch für die Haftung nach § 10 Abs. 8 Satz 1 WEG zu übernehmen. Nach diesen sind grundsätzlich (nur) die im Grundbuch eingetragenen Wohnungseigentümer verpflichtet, die Kosten und Lasten ihres Sondereigentums sowie entsprechend § 16 Abs. 2 WEG ihren Anteil an den Kosten und Lasten des gemeinschaftlichen Eigentums zu tragen. Wohngeldschuldner ist allerdings nur der **wahre Wohnungseigentümer**. Stimmt der Inhalt des Grundbuchs mit der wahren Rechtslage nicht überein, schuldet der unrichtig im Grundbuch eingetragene Wohnungseigentümer der Eigentümergemeinschaft kein Wohngeld[275] und kann bereits gezahlte Beträge zurückverlangen.[276] Dieser Grundsatz gilt auch für die Fälle, in denen das Grundbuch nachträglich oder rückwirkend unrichtig wird. Hat der Wohnungseigentümer beispielsweise den Erwerbsvertrag nach § 123 BGB wegen arglistiger Täuschung wirksam angefochten, haftet er nicht für Verbindlichkeiten, die nach seiner Grundbucheintragung begründet und fällig geworden sind. § 16 Abs. 2 WEG setzt auch hier die (endgültige) Zugehörigkeit zur Wohnungseigentümergemeinschaft voraus. An dieser fehlt es, wenn die Wirksamkeit der rechtsgeschäftlichen Erklärung des Erwerbers durch die Anfechtung gemäß § 142 BGB rückwirkend entfällt.[277] Auch bei einem Treuhandverhältnis ist Schuldner des Wohngeldanspruchs der im Grundbuch eingetragene Eigentümer.[278] Diese Grundsätze sollen bewirken, dass nur der materiell tatsächlich Verpflichtete von der Wohnungseigentümergemeinschaft auf Zahlung von Wohngeld in Anspruch genommen wird. 219

Diese Überlegungen passen auch für die anteilige Außenhaftung nach § 10 Abs. 8 Satz 1 WEG. Die **anteilige Außenhaftung** trifft demgemäß nur den **wahren Wohnungseigentümer**. Stellt sich heraus, dass der in Anspruch Genommene nur Bucheigentümer, nicht aber der wahre Berechtigte ist, besteht keine Haftung aus § 10 Abs. 8 Satz 1 WEG. 220

---

[275] KG ZWE 2001, 329; OLG Stuttgart ZMR 2005, 983.
[276] KG FGPrax 2001, 136.
[277] BGH NJW 1994, 3352; OLG Düsseldorf ZMR 2005, 719; teilweise abweichend OLG Stuttgart ZMR 2005, 983.
[278] OLG Düsseldorf ZWE 2001, 615.

11. Durchsetzung der Haftung

221 Für die Zwangsvollstreckung gegen die einzelnen Wohnungseigentümer aufgrund ihrer anteiligen Außenhaftung ist immer ein gegen sie gerichteter Titel erforderlich. Ein Titel gegen den Verband genügt nicht, ebenso wie ein Schuldtitel gegen die offene Handelsgesellschaft für die Vollstreckung gegen die Gesellschafter nicht ausreicht (§ 129 Abs. 4 HGB).

12. Sicherheiten der Gläubiger für diese Haftung

222 Die anteilige Haftung für Verbindlichkeiten des Verbands ist eine **originär eigene Verbindlichkeit jedes Wohnungseigentümers**. Ist die Verbindlichkeit durch einen Bauvertrag begründet, den der Verband mit einem Bauwerkunternehmer abgeschlossen hat, stehen dem Unternehmer die Sicherungsrechte der §§ 648 ff. BGB gegenüber dem Verband zu. Eine **Sicherungshypothek** nach § 648 BGB kann der Bauunternehmer an sich nur verlangen, wenn der Besteller des Werks mit dem Grundstückseigentümer im Zeitpunkt der Geltendmachung des Anspruchs unter formaler Betrachtung rechtlich identisch ist.[279] Eine Übereinstimmung nach wirtschaftlicher Betrachtungsweise genügt in der Regel nicht.[280]

223 Vertragspartner des Werkunternehmers ist aber der Verband, der den Bauauftrag auslöst, nicht die Bruchteilsgemeinschaft der Wohnungseigentümer.[281] Allerdings muss sich der Eigentümer eines Grundstücks von einem Unternehmer im Bereich der dinglichen Haftung gemäß § 242 BGB wie ein Besteller behandeln lassen, wenn Treu und Glauben es ausschließen, dass sich der Eigentümer des Grundstücks auf die Personenverschiedenheit des Bestellers beruft.[282] Bei einer Eigentumswohnungsanlage sind es in erster Linie die Wohnungseigentümer, die über den Abschluss eines Bauhandwerkervertrages entscheiden. Sie haben also eine wirtschaftlich und rechtlich beherrschende Stellung. Hinzu kommt, dass allein die Wohnungseigentümer – nicht der Verband – einen Nutzen aus einer entsprechenden Bauleistung haben. Schon diese Umstände legen es nahe, dass sich die Wohnungseigentümer im Bereich der dinglichen Haftung gemäß § 242 BGB wie Besteller behandeln lassen müssen.[283]

224 Zu diesen Überlegungen tritt hinzu, dass jeden Wohnungseigentümer eine eigene Verbindlichkeit gegenüber dem Werkunternehmer aufgrund der Verpflichtung des Verbands aus § 10 Abs. 8 Satz 1 WEG trifft. Dies lässt es gerechtfertigt erscheinen, die Wohnungseigentümer auch im Rahmen des § 648 BGB haften zu lassen und dem Werkunternehmer einen **Anspruch auf Einräumung einer Sicherungshypothek** zuzuerkennen.[284] Wie es schon bisher für die Aufbauschulden vertreten wurde,[285] besteht der Anspruch auf Einräumung der Sicherungshypothek aber nur in Höhe der jeweiligen anteiligen Mithaftung.[286]

---

[279] OLG Hamm BauR 1999, 407; Palandt/*Sprau* § 648 BGB Rdnr. 3.
[280] OLG Celle NJW-RR 2003, 236; OLG Frankfurt MDR 2001, 1405; Bamberger/Roth/*Voit* § 648 BGB Rdnr. 12.
[281] Zur Verschiedenheit dieser beiden Gemeinschaften siehe § 3 Rdnr. 6 ff.
[282] BGHZ 102, 95 = NJW 1988, 255; Bamberger/Roth/*Voit* § 648 BGB Rdnr. 12 m. w. N.; kritisch zu diesem Argument für die Wohnungseigentümergemeinschaft *Derleder/Fauser* ZWE 2007, 2, 6.
[283] BT-Drucksache 16/887 S. 66.
[284] Im Ergebnis zustimmend *Derleder/Fauser* ZWE 2007, 2, 6.
[285] Vgl. Staudinger/*Peters* § 648 BGB Rdnr. 24; Bamberger/Roth/*Voit* § 648 BGB Rdnr. 13.
[286] BT-Drucksache 16/887 S. 66.

13. Anspruchskonkurrenz

Aus der Entscheidung des BGH zur Teilrechtsfähigkeit der Wohnungseigentümergemeinschaft[287] wird deutlich, dass die Wohnungseigentümer unter Umständen entsprechend der für das Körperschaftsrecht entwickelten Grundsätze Gläubigern gegenüber direkt haften können. In Betracht kommt insbesondere eine **Durchgriffshaftung** analog § 826 BGB, die z.B. begründet sein kann, wenn die Wohnungseigentümer vorsätzlich und in sittenwidriger Weise die nötigen finanziellen Mittel zur Bewirtschaftung vorenthalten oder entzogen haben.[288] Diese Haftung besteht wegen §§ 826, 840 Abs. 1 BGB in gesamter Höhe und als Gesamtschuld. Das Haftungsprivileg des § 10 Abs. 8 Satz 1 WEG begünstigt die Wohnungseigentümer in diesem Fall nicht, weil nicht eine deliktische Handlung des Verbands, sondern der Wohnungseigentümer selbst den Anspruch begründet. Eine Durchgriffshaftung besteht somit gegebenenfalls **neben** einer Haftung aus § 10 Abs. 8 Satz 1 WEG.

14. Die Haftung des Wohnungseigentümers gegenüber der Gemeinschaft

Die Haftung eines Wohnungseigentümers gegenüber der Gemeinschaft richtet sich zunächst nach den allgemeinen Grundsätzen. Verletzt ein Wohnungseigentümer die ihm obliegende Pflicht zur ordnungsmäßigen Verwaltung, haftet er an sich neben allen anderen Miteigentümern, denen dieselbe Pflichtverletzung zur Last gelegt wird, gesamtschuldnerisch auf Schadensersatz. So trifft beispielsweise jeden Wohnungseigentümer die Pflicht, der Gemeinschaft durch entsprechende Beschlussfassung zur ordnungsmäßigen Verwaltung die finanzielle Grundlage zur Begleichung der laufenden Verpflichtungen zu verschaffen.[289] Verstößt er gegen diese Pflicht, etwa dadurch, dass er nicht auf einen Beschluss über ausreichende finanzielle Mittel der Gemeinschaft hinwirkt, so haftet jeder Wohnungseigentümer nach der Entscheidung des BGH zur Teilrechtsfähigkeit vom 2. Juni 2005[290] für entsprechende Schäden grundsätzlich als Gesamtschuldner. Ein solches Ergebnis widerspräche der in § 10 Abs. 8 Satz 1 WEG enthaltenen Haftungsbegrenzung.

Aus diesem Grund schränkt § 10 Abs. 8 Satz 4 WEG diese an sich unbeschränkte Haftung ein, indem er anordnet, dass sich die Haftung eines Wohnungseigentümers gegenüber der Gemeinschaft wegen nicht ordnungsmäßiger Verwaltung auch nach § 10 Abs. 8 Satz 1 WEG richtet. Demnach haftet ein Wohnungseigentümer auch gegenüber dem Verband **nur in Höhe seines Miteigentumsanteils**. Somit besteht ein **Gleichlauf** der Haftung der Wohnungseigentümer gegenüber der Gemeinschaft mit der Haftung des Wohnungseigentümers gegenüber Gläubigern der Gemeinschaft. Diese gesetzliche Haftungsbegrenzung ändert aber auch in diesem Bereich nichts an der Tatsache, dass jeder einzelne Wohnungseigentümer bei einem finanziellen Ausfall eines oder mehrerer Miteigentümer im Ergebnis über Sonderumlagen doch zur Zahlung herangezogen werden kann.[291]

---

[287] BGH NJW 2005, 2061.
[288] BGH NJW 2005, 2061; *Abramenko* ZMR 2005, 585, 587; *Elzer* WE 2005, 196, 197; *Klein* ZWE 2006, 58, 61; kritisch hierzu *Armbrüster* ZWE 2005, 369, 377.
[289] Vgl. *Wenzel* ZWE 2006, 2, 7.
[290] BGH NJW 2005, 2061.
[291] Siehe § 3 Rdnr. 193.

15. Gläubigerstrategien

228 Am einfachsten ist es für Gläubiger, sich unmittelbar an den **Verband** zu halten. Verfügt der Verband über ausreichende finanzielle Mittel, bedarf es keiner mühsamen Inanspruchnahme der einzelnen Wohnungseigentümer. Der Gläubiger hat einen uneingeschränkten Zugriff auf den Kassenbestand und das Verbandskonto. Der Verband kann dem Zugriff des Gläubigers nicht eine eventuelle Zweckbindung des Vermögens (z.B. Instandhaltungsrückstellung, Sonderumlage für eine bestimmte Maßnahme) entgegenhalten.[292]

229 Kann der Gläubiger auf diese Weise die Begleichung seiner Forderungen nicht erreichen, steht ihm die **anteilige Haftung** der Wohnungseigentümer als Möglichkeit zur Verfügung. Lässt sich auch auf diese Weise keine vollständige Befriedigung erzielen, weil die leistungsfähigen Wohnungseigentümer bereits gezahlt haben und von den nicht leistungsfähigen Wohnungseigentümern keine Zahlung zu erreichen ist, stellen die **Beitragsansprüche** des Verbands eine mögliche Haftungsmasse dar. Sofern eine fällige Beitragsschuld der Wohnungseigentümer gegenüber dem Verband besteht, kann der Gläubiger diese Ansprüche des Verbands gem. §§ 829, 835 ZPO pfänden und sich zur Einziehung überweisen lassen. Schließlich verbleiben noch eventuelle **direkte Schadensersatzansprüche** gegen die Wohnungseigentümer aus einer Verletzung von deren Verpflichtung zu einer ausreichenden Finanzausstattung des Verbands.

☞ **Praxistipp:**

230 Möglicherweise kann der Gläubiger die Befriedigung seiner Forderungen leichter dadurch realisieren, dass er sämtliche mögliche künftige Hausgeldansprüche pfändet, sobald er einen vollstreckbaren Titel gegen den Verband in den Händen hält.[293] Durch eine solche Maßnahme wäre die Gemeinschaft wirtschaftlich handlungsunfähig und zu einer Lösung des Problems gezwungen.

---

[292] *Derleder/Fauser* ZWE 2007, 2, 5.
[293] Diese Möglichkeit hat *Bub* bei der Anhörung zum WEG-Entwurf aufgezeigt, Protokoll der 23. Sitzung des Rechtsausschusses mit Anhörung der Sachverständigen am 18. 9. 2006, S. 64; ebenso *Derleder/Fauser* ZWE 2007, 2, 11.

§ 4 Aufhebung von Veräußerungsbeschränkungen

I. Veräußerungsbeschränkungen nach § 12 WEG

Das WEG gestattet in § 12 WEG entgegen § 137 BGB, die Veräußerung einer Eigentumswohnung von der Zustimmung anderer Eigentümer oder eines Dritten, meist des Verwalters, abhängig zu machen, um das Eindringen persönlich oder wirtschaftlich unzuverlässiger Personen in die Gemeinschaft zu verhindern.[1] Gerade weil die Wohnungseigentümergemeinschaft unauflösbar und auf Dauer angelegt ist, besteht ein Interesse der Wohnungseigentümer, auf die Auswahl künftiger Wohnungseigentümer einen gewissen Einfluss zu nehmen.[2] Die Veräußerungsbeschränkung kann auf bestimmte Fälle begrenzt oder für bestimmte Verfügungen ausgeschlossen werden. Es darf hierin aber kein Verstoß gegen § 138 BGB liegen. Unzulässig wäre daher ein Zustimmungserfordernis für bestimmte Personengruppen wie Kinderreiche oder Ausländer.[3] Die Zustimmung kann nur aus **wichtigem Grund**, der in der Person des Erwerbers liegen muss,[4] versagt werden. Diese Beschränkung der Zustimmungsverweigerung auf einen wichtigen Grund **ist unabdingbar,** eine anderslautende Bestimmung in der Gemeinschaftsordnung somit unwirksam.[5] Bis zur Erteilung der Zustimmung sind nach § 12 Abs. 3 WEG sowohl der schuldrechtliche als auch der dingliche Vertrag **schwebend unwirksam.**[6] Das Grundbuchamt hat eine Veräußerungsbeschränkung von Amts wegen zu beachten.[7]

Die Begründung einer Veräußerungsbeschränkung erfordert eine Vereinbarung der Wohnungseigentümer nach § 10 WEG oder eine Erklärung des Eigentümers nach § 8 WEG und die Eintragung in das Grundbuch. Die **Eintragung** in das **Grundbuch** ist **notwendige Wirksamkeitsvoraussetzung,** auch im Verhältnis der Wohnungseigentümer. Die Eintragung hat nach § 3 Abs. 2 Wohnungsgrundbuchverfügung ausdrücklich zu erfolgen, nicht durch Bezugnahme auf die Eintragungsbewilligung.

§ 12 WEG setzt eine **Veräußerung** voraus, somit eine rechtsgeschäftliche, vollständige oder teilweise Übertragung des Wohnungseigentums unter Lebenden, nicht aber eine Gesamtrechtsnachfolge und Rechtsübertragung kraft Gesetzes wie Erbfolge, Enteignung und Erbteilsabtretung.[8] Auch die Übertragung nur eines Bruchteileigentums am Wohnungseigentum bedarf der Zustimmung,[9] selbst wenn der Erwerber bereits Mitglied der betreffenden Eigentümergemeinschaft ist.[10] Nach der ausdrücklichen Regelung in § 12 Abs. 3 Satz 2 WEG steht eine Veräußerung im Wege der Zwangsvollstreckung oder durch den Insolvenzverwalter der rechtsgeschäftlichen Veräußerung gleich.

Die an sich formfreie Zustimmung muss im Hinblick auf § 29 GBO in **öffentlich beglaubigter Form** erteilt werden. Der Zustimmungsberechtigte ist verpflichtet, diese

---

[1] Weitnauer/*Lüke* § 12 Rdnr. 1; KK-WEG/*Schneider* § 12 Rdnr. 1.
[2] Bärmann/Pick/Merle/*Pick* § 12 WEG Rdnr. 1.
[3] OLG Zweibrücken MittBayNot 1994, 44.
[4] BayObLG WE 1999, 38; OLG Zweibrücken NJW-RR 1994, 1103.
[5] Bärmann/Pick/Merle/*Pick* § 12 WEG Rdnr. 32.
[6] BGHZ 33, 76; OLG Köln, NJW-RR 1996, 1296.
[7] BayObLG NJW-RR 1993, 220.
[8] Bamberger/Roth/*Hügel* § 12 WEG Rdnr. 4.
[9] OLG Celle Rpfleger 1974, 438.
[10] KG Rpfleger 1978, 382.

Form einzuhalten.[11] Die Zustimmung eines Verwalters bedarf des Nachweises seiner Ernennung nach § 26 Abs. 3 WEG.[12] Hierfür ist ausreichend die Vorlage einer Niederschrift über den Bestellungsbeschluss, bei der die Unterschriften des Vorsitzenden der Eigentümerversammlung und eines Wohnungseigentümers und, falls ein Verwaltungsbeirat bestellt ist, auch von dessen Vorsitzenden oder seinem Stellvertreter, öffentlich beglaubigt sind. Bei Bestellung in der Teilungserklärung genügt diese,[13] bei schriftlicher Beschlussfassung (§ 23 Abs. 3 WEG) müssen die Unterschriften aller Wohnungseigentümer öffentlich beglaubigt sein.[14] Der Nachweis des Fortbestehens der Verwalterstellung kann nur bei begründeten Zweifeln verlangt werden.[15] Die Zustimmung sämtlicher Wohnungseigentümer ersetzt die Verwalterzustimmung unabhängig davon, ob ein Verwalter bestellt ist oder nicht.[16]

II. Grund für die Neuregelung

5   Da ein vereinbartes Zustimmungserfordernis bei der Abwicklung von Kaufverträgen eine **erhebliche Zeitverzögerung** mit sich bringen kann, wenn der Zustimmungsberechtigte seine Aufgabe ernst nimmt und Nachforschungen anstellt sowie nicht unerhebliche zusätzliche Kosten mit sich bringt, wurde in der Praxis – richtigerweise – zunehmend auf eine Veräußerungsbeschränkung verzichtet. Die notwendige Information des Verwalters kann auch dadurch sichergestellt werden, dass die Wohnungseigentümer in der Gemeinschaftsordnung verpflichtet werden, den Verwalter im Veräußerungsfall zu informieren.

6   Andererseits ist die Praxis regional sehr unterschiedlich. Nachfragen bei Grundbuchämtern und Praktikern haben ergeben, dass insbesondere im Großraum Berlin und Nordrhein-Westfalen ein großer Anteil von Gemeinschaftsordnungen die Veräußerung von Wohnungseigentum von der Zustimmung eines Dritten, in der Regel des Verwalters, abhängig macht. Zu Recht wird in der Entwurfsbegründung ausgeführt,[17] dass dem Eindringen unerwünschter Personen durch die Vereinbarung einer Veräußerungsbeschränkung im Ergebnis nicht wirksam begegnet werden könne und die Einholung der Zustimmung oft zu einem **unnötigen Verwaltungsaufwand** und daraus resultierenden **Kosten** führe. Ebenfalls zutreffend wird jedoch zugestanden, dass sie bei kleineren Gemeinschaften und im ländlichen Bereich durchaus Bedeutung besitze könne.

III. Die Neuregelung in § 12 Abs. 4 WEG

1. Allgemeines

7   Auf Grund dieser Einschätzung beschreitet der Gesetzgeber einen **Mittelweg**. Die Begründung von Veräußerungsbeschränkungen bleibt nach wie vor möglich. Gleichzeitig begründet aber § 12 Abs. 4 WEG eine **Beschlusskompetenz** zur Aufhebung von vorhandenen Veräußerungsbeschränkungen. Ausreichend für einen Aufhebungsbeschluss ist eine einfache Mehrheit, von einer qualifizierten Mehrheit hat der Gesetzgeber bewusst Abstand genommen.[18]

---

[11] OLG Hamm NJW-RR 1989, 974.
[12] OLG Düsseldorf ZMR 2003, 956.
[13] OLG Oldenburg DNotZ 1979, 33.
[14] BayObLG NJW-RR 1986, 564.
[15] BayObLG NJW-RR 1991, 978.
[16] OLG Saarbrücken DNotZ 1989, 439.
[17] BT-Drucksache 16/887 S. 21.
[18] BT-Drucksache 16/887 S. 21.

III. Die Neuregelung in § 12 Abs. 4 WEG

Belange der Wohnungseigentümer in „Familienanlagen" oder ähnlichen kleinen Gemeinschaften werden nach Ansicht der Gesetzesbegründung durch die Unabdingbarkeit nicht wesentlich beeinträchtigt. Dem Anliegen der Miteigentümer, bestimmen zu können, wer im Haus wohnt, könne nach geltendem Recht üblicherweise dadurch Rechnung getragen werden, dass ein durch Vormerkung gesicherter Rückübertragungsanspruch für den Fall einer Veräußerung ohne die vorgesehene Zustimmung vereinbart oder dass ein gegenseitiges Vorkaufsrecht eingeräumt wird. Anders formuliert: Diese Möglichkeiten hätten die Miteigentümer auch weiterhin und sie könnten ihr erstrebtes Ziel damit auch praktisch erreichen, weil es insoweit im Unterschied zur Veräußerungsbeschränkung gemäß § 12 Abs. 1 WEG auf einen wichtigen Grund nicht ankomme.[19] Eine störunanfällige Lösung solcher Gestaltungswünsche von Wohnungseigentümern kann somit in Zukunft nicht mehr im Wohnungseigentumsrecht gesucht, sondern muss außerhalb des WEG gefunden werden.

2. Kritische Würdigung der Neuregelung

Andererseits kann nicht übersehen werden, dass die Neuregelung für Eigentümer in **Altgemeinschaften**, die im Vertrauen auf die geltende Rechtslage eine Konstruktion über § 12 WEG vorgenommen haben, eine **unangenehme Überraschung** bringen kann. Die Notwendigkeit einer Zustimmung zur Veräußerung diente nämlich nicht immer nur der Gesamtheit aller Wohnungseigentümer, sondern in bestimmten Situationen auch dem berechtigten Interesse eines speziellen Eigentümers. So wurde beispielsweise bei „**Familienanlagen**" die Veräußerung von der Zustimmung eines bestimmten Familienangehörigen – in der Regel dem ehemaligen Alleineigentümer – abhängig gemacht, der sich so auf Dauer ein Mitspracherecht sichern wollte.

Auch bei speziellen Wohnungseigentumsanlagen wie dem „**Betreuten Wohnen**" oder **Ferienimmobilien** diente ein solches Zustimmungserfordernis dem Interesse eines jeden einzelnen Wohnungseigentümers. Hierdurch soll gestalterisch auf Dauer erreicht werden, dass die Nutzung der Gesamtimmobilie nur einem bestimmten Zweck dient. Es ist nicht ausgeschlossen, dass die aktuelle Mehrheit der Eigentümer jetzt oder künftig ihren Standpunkt zu dieser Konzeption ändert. Gleichwohl hat jeder Wohnungseigentümer ein ursprünglich mehrheitsfestes Wohnungseigentum in seiner Einbettung in ein derartiges Gesamtkonzept erworben. Es kann nicht in jedem Fall davon ausgegangen werden, dass er an der Nutzung der Einheit in veränderter Art Interesse hat oder diese Immobilie in der neuen Form überhaupt nach seinen Vorstellungen nutzen kann.

Eine Veräußerungsbeschränkung nach § 12 WEG konnte auch im Rahmen einer bauabschnittsweisen Errichtung von Mehrhausanlagen eine ökonomisch sinnvolle Lösung für den aufteilenden Eigentümer bieten,[20] die auch gegen den Willen der Mehrheit der Eigentümer Bestand haben muss. Es kann nicht übersehen werden, dass die Neuregelung in solche bestehende Sondersituationen kompensationslos eingreift und in bestimmten Fällen zu erheblichen Problemen für Wohnungseigentümer führen kann.

3. Erforderliche Beschlussmehrheit

Eine Aufhebung der Veräußerungsbeschränkung kann gem. § 12 Abs. 4 Satz 1 WEG mit **einfacher Stimmenmehrheit** beschlossen werden. Damit gelten die allgemeinen Bestimmungen des Wohnungseigentumsrechts für Mehrheitsbeschlüsse, insbesondere § 25 WEG. Anders als für die doppelt qualifizierten Beschlüsse nach §§ 16 Abs. 4,

---

[19] BT-Drucksache 16/887 S. 22.
[20] Hierzu *Hügel* DNotZ 2003, 517.

22 Abs. 2 WEG fordert das Gesetz für einen Aufhebungsbeschluss weder eine besondere Mehrheit noch gibt es einen bestimmten Stimmrechtsschlüssel vor. Es gelten somit für den Beschluss über die Aufhebung einer Veräußerungsbeschränkung die **allgemeinen** für die betreffende Gemeinschaft geltenden **Stimmrechtsregelungen**. Wird die erforderliche Mehrheit nicht erreicht, vom Versammlungsleiter aber gleichwohl ein Aufhebungsbeschluss verkündet, ist ein solcher Beschluss nur anfechtbar, nicht aber nichtig.[21]

4. Einschränkungen der Beschlusskompetenz

13 Die Beschlusskompetenz ist **abweichenden Regelungen** durch die Wohnungseigentümer **nicht** zugänglich. § 12 Abs. 4 Satz 2 WEG will verhindern, dass die Praxis durch eine entsprechende Gestaltung von Gemeinschaftsordnungen die Notwenigkeit einer nur einvernehmlichen Aufhebung durch die Hintertür wieder einführt. Auch **geltende Gemeinschaftsordnungen** werden von dieser Regelung erfasst, so dass sowohl bestehende als auch zukünftige Eigentümergemeinschaften stets eine Kompetenz zur Aufhebung einer vereinbarten Veräußerungsbeschränkung im Wege eines einfachen Mehrheitsbeschlusses besitzen.

5. Umfang der Beschlusskompetenz

14 Nach dem Wortlaut des § 12 Abs. 4 Satz 1 WEG besitzt eine Eigentümergemeinschaft nur Beschlusskompetenz zur Aufhebung einer bestehenden Veräußerungsbeschränkung. Ist eine Aufhebung durch Beschluss einmal erfolgt, verleiht das Gesetz keine weitergehende Regelungskompetenz. Möchte daher eine Wohnungseigentümergemeinschaft die Aufhebung wieder **rückgängig** machen, also erneut eine Veräußerungsbeschränkung statuieren, kann dies nur in Form einer entsprechenden **Vereinbarung** durch alle Wohnungseigentümer realisiert werden. Da im Wohnungseigentumsrecht grundsätzlich das Vertragsprinzip gilt und Mehrheitsentscheidungen die Ausnahme sind,[22] bedürfte eine Kompetenz für einen Mehrheitsbeschluss einer eindeutigen gesetzlichen Regelung. § 12 Abs. 4 Satz 1 WEG kann deshalb nicht erweiternd dahingehend ausgelegt werden, dass der Aufhebungsbeschluss selbst auch wieder durch Beschluss aufgehoben werden kann.[23]

6. Zeitpunkt der Aufhebung

15 Es geht weder aus § 12 Abs. 4 WEG noch aus der Gesetzesbegründung hervor, zu welchem Zeitpunkt die Veräußerungsbeschränkung aufgehoben ist – mit dem **Aufhebungsbeschluss** oder mit der **Löschung** der Veräußerungsbeschränkung im **Grundbuch**. Diese Frage wird man wie folgt beantworten müssen: Der Gesetzgeber will bewusst Beschlüsse nicht im Grundbuch eingetragen haben wie sich insbesondere aus der Neuregelung in § 10 Abs. 4 Satz 2 WEG ergibt in dem er dies auch gegen die herrschende Ansicht[24] für Mehrheitsentscheidungen anordnet, die auf Grundlage einer Öffnungs-

---

[21] Siehe zu derselben Problemlage bei §§ 16, 22 WEG; § 5 Rdnr. 78 und § 7 Rdnr. 41.
[22] BGH NJW 2000, 3500.
[23] Zweifelnd *Sauren* MietRB 2005, 137.
[24] Siehe nur *Hügel* DNotZ 2001, 176; *ders.* ZWE 2001, 578; *ders.* ZWE 2002, 579; *Böttcher* RpflStud. 2002, 148; *Böhringer* NotBZ 2003, 288; *Schmenger* BWNotZ 2003, 83; *Wenzel* FS für Deckert S. 530; *Schneider* ZfIR 2002, 108; *Ott* ZWE 2001, 469; KK-WEG/*Elzer* § 10 Rdnr. 279 ff.; Bärmann/Pick/Merle/*Merle* § 23 WEG Rdnr. 20; Weitnauer/*Lüke* § 10 WEG Rdnr. 51; *Buck*, Mehrheitsentscheidungen mit Vereinbarungsinhalt im Wohnungseigentumsrecht, S. 108.

klausel in der Gemeinschaftsordnung getroffen und die überwiegend zumindest inhaltlich als Vereinbarung begriffen werden. Insofern wäre es systemwidrig, die Wirkung eines Beschluss von seiner Eintragung im Grundbuch abhängig zu machen.

Zum anderen kommt auch bei Vereinbarungen der Grundbucheintragung keine wirksamkeitsbegründende Wirkung zu. Eine Vereinbarung bindet die Wohnungseigentümer auch wenn sie nicht im Grundbuch eingetragen ist. Nur zur Wirkung gegen Sondernachfolger bedarf es der Eintragung in das Grundbuch. Soll ein Aufhebungsbeschluss nach § 12 Abs. 4 WEG aber eine an sich erforderliche Vereinbarung ersetzen, kann dies nur bedeuten, dass dieser Beschluss unter den Wohnungseigentümern zum Zeitpunkt der erfolgten Beschlussfassung Wirkung entfaltet. **Konstitutiv** für die Aufhebung einer bestehenden Veräußerungsbeschränkung ist somit das Vorliegen eines entsprechenden **Beschlusses**.

7. Die Löschung im Grundbuch

a) Grundsatz

Die Aufhebung einer Veräußerungsbeschränkung stellt grundsätzlich ebenso wie ihre Begründung eine **Inhaltsänderung** aller beteiligten Wohnungseigentumsrechte dar. Es bedürfte deshalb an sich einer **Vereinbarung aller Wohnungseigentümer** und im Hinblick auf § 10 Abs. 3 WEG der Eintragung im Grundbuch. Dieser dogmatische Ausgangspunkt könnte zur Folge haben, dass trotz der Kompetenz für einen Mehrheitsbeschluss anstelle der eigentlich notwendigen Vereinbarung[25] zur Aufhebung gleichwohl grundbuchrechtlich alle Wohnungseigentümer zur Löschung der im Grundbuch eingetragenen Veräußerungsbeschränkung mitwirken müssten und zwar in Form einer Bewilligung nach § 19 GBO. Die jeweiligen Bewilligungen hätten der Form des § 29 GBO zu entsprechen, wären also zumindest in **öffentlich beglaubigter Form** abzugeben. Eine solche Anforderung hätte wohl in einer großen Anzahl von Fällen das gesetzgeberische Anliegen, das mit dem neuen § 12 Abs. 4 WEG verfolgt wird, scheitern lassen.

b) Die Erleichterung in § 12 Abs. 4 Satz 3 WEG

Aus diesem Grund bestimmt § 12 Abs. 4 Satz 3 WEG, dass eine im Grundbuch eingetragene Veräußerungsbeschränkung gelöscht werden kann, wenn ein entsprechender Beschluss gefasst wurde. Diese Regelung ist auch vor dem Hintergrund des § 10 Abs. 4 Satz 1 WEG zu sehen, nach dem an sich Beschlüsse zu ihrer Wirksamkeit gegen Sondernachfolger nicht im Grundbuch eingetragen werden müssen und deshalb auch nicht eingetragen werden dürfen.[26]

c) Grundbuchberichtigung

Die Löschung im **Grundbuch** ist **deklaratorischer Natur,** da die Veräußerungsbeschränkung mit wirksamer Beschlussfassung aufhoben ist.[27] Die Löschung der im Grundbuch eingetragenen Veräußerungsbeschränkung ist nur zur Vermeidung von Missverständnissen notwendig und sinnvoll. Das Grundbuchamt hat nämlich eine im Grundbuch eingetragene Veräußerungsbeschränkung von Amts wegen zu beachten.[28]

---

[25] Kritisch zu diesem Systembruch *Sauren* MietRB 2005, 137.
[26] BGHZ 127, 99; BayObLG NJW 1995, 202; Weitnauer/*Lüke* § 10 WEG Rdnr. 57; Bamberger/Roth/*Hügel* § 10 WEG Rdnr. 15; *Fisch* MittRhNotK 1999, 221; a. A. Bärmann/Pick/Merle/*Pick* § 10 WEG Rdnr. 64.
[27] Siehe § 4 Rdnr. 16.
[28] BayObLG NJW-RR 1993, 220.

20 Die Löschung einer eingetragenen Veräußerungsbeschränkung bedeutet demnach nur die Berichtigung einer außerhalb des Grundbuchs erfolgten Veränderung. Eine solche Änderung wird in Form der **Grundbuchberichtigung** nach § 22 GBO und nicht über eine Bewilligung nach § 19 GBO im Grundbuch eingetragen. Damit ist der Wortlaut des § 12 Abs. 4 Satz 4 WEG, der eine Bewilligung nach § 19 GBO für entbehrlich anordnet, zumindest missverständlich bzw. die Erleichterung überflüssig, da es für Grundbuchberichtigungen grundsätzlich keiner Bewilligung nach § 19 GBO bedarf.

21 Der erforderliche **Unrichtigkeitsnachweis** bedarf der **Form des § 29 GBO,** ist also durch öffentliche bzw. öffentlich beglaubigte Urkunde zu führen.[29] Hier bietet nun § 12 Abs. 4 Satz 5 WEG Hilfe, indem der Nachweis der Beschlussfassung über eine entsprechende Anwendung von § 26 Abs. 3 WEG erbracht werden kann. Dies bedeutet, dass dem Grundbuchamt mit dem Antrag auf Löschung eine **Niederschrift über den Aufhebungsbeschluss** vorzulegen ist, wobei die Unterschriften des Versammlungsvorsitzenden und eines Wohnungseigentümers und, falls ein Verwaltungsbeirat bestellt ist, auch von dessen Vorsitzenden oder seinem Stellvertreter, öffentlich beglaubigt sein müssen.

8. Verhältnis von § 12 Abs. 4 WEG zu § 10 Abs. 2 Satz 3 WEG

22 Die Möglichkeit der Aufhebung einer Veräußerungsbeschränkung über einen Beschluss nach § 12 Abs. 4 WEG geht dem allgemeinen Anspruch auf Abänderung der Gemeinschaftsordnung nach § 10 Abs. 2 Satz 3 WEG als spezielle Vorschrift vor.[30]

---

[29] Bauer/v. Oefele/*Knothe* GBO § 22 Rdnr. 175; BeckOK/Hügel/*Holzer* GBO § 22 Rdnr. 59.
[30] Siehe hierzu § 3 Rdnr. 129.

§ 5 Die Änderung des Kostenverteilungsschlüssels

I. Allgemeines

1. Der Kostenverteilungsschlüssel

Nach § 16 Abs. 1 und 2 WEG ist für den Anteil eines Wohnungseigentümers an den Lasten und Kosten des gemeinschaftlichen Eigentums das gem. § 47 GBO im Grundbuch eingetragene **Verhältnis der Miteigentumsanteile** maßgebend. Dieses ist gesetzlich nicht vorgegeben, sondern kann durch die Wohnungseigentümer selbst festgelegt werden. Der Verteilungsschlüssel nach Miteigentumsbruchteilen stellt eine „**Faust- und Hilfsregel**" dar,[1] die nicht immer zu sachgerechten Ergebnissen führt.

Der gesetzliche oder vereinbarte Verteilungsschlüssel muss grundsätzlich hingenommen werden. Die gesetzliche bzw. die vereinbarte Kostenregelung soll das Abrechnungsverfahren vereinfachen. Die damit für den einzelnen Wohnungseigentümer verbundenen Nachteile müssen im Interesse der Klarheit und Einfachheit der Verwaltung in Kauf genommen werden.[2]

2. Die Änderung des Kostenverteilungsschlüssels in der Vergangenheit

Eine Änderung bedurfte bisher einer **Vereinbarung** aller Wohnungseigentümer nach § 10 Abs. 2 WEG,[3] falls die Gemeinschaftsordnung nicht eine Änderung durch Mehrheitsentscheidung zuließ. Nur wenn im Einzelfall bei Anlegung eines strengen Maßstabes der bestehende Kostenverteilungsschlüssel nicht sachgerecht erschien und zu **grob unbilligen, mit Treu und Glauben nicht** zu vereinbarenden Ergebnissen führte, konnte ein Anspruch eines einzelnen Wohnungseigentümers auf Abänderung der Kostenverteilung begründet sein.[4] Als Begründung für die restriktive Anwendung dieser Anspruchsgrundlage wurde vor allem aufgeführt, dass sich jeder Wohnungseigentümer beim Erwerb der Wohnung auf den einmal vereinbarten Kostenschlüssel verlassen können muss.[5] Diese restriktive Haltung der Rechtsprechung wurde auch nach der Entscheidung des BGH vom 20. 9. 2000[6] beibehalten.[7]

3. Die verbrauchsabhängige Verteilung der Kosten nach der Rechtsprechung des BGH

Nach § 16 Abs. 2 WEG trifft die Wohnungseigentümer bezüglich der Kosten und Lasten des gemeinschaftlichen Eigentums eine gemeinschaftliche Kostentragungspflicht. Kosten, die durch den Gebrauch des Sondereigentums entstehen, sind keine Kosten des gemeinschaftlichen Eigentums, sondern vielmehr des Sondereigentums. Der betreffende Eigentümer hat diese Kosten ausschließlich alleine zu tragen.[8] Diesen

---

[1] Weitnauer/*Gottschalg* § 16 WEG Rdnr. 4.
[2] KG FGPrax 2004, 7.
[3] BGH NJW 2000, 3500; OLG Düsseldorf ZWE 2001, 444.
[4] Z. B. BGHZ 130, 304, 312 = NJW 1995, 2791; BayObLG ZWE 2001, 320; aus der Literatur Staudinger/*Bub* § 16 WEG Rdnr. 266 ff.; *Wendel* ZWE 2001, 408 jeweils m.w.N.
[5] KG NZM 2004, 549; OLG Düsseldorf NZM 1998, 867.
[6] BGH NJW 2000, 3500.
[7] BGH NJW 2004, 3413.
[8] Allg. M. statt aller *Häublein* PiG 69, S. 44; *Hogenschurz* NZM 2001, 1123.

Grundsatz hatte der BGH in seiner jüngeren Rechtsprechung konsequent umgesetzt. So entstehen nach Ansicht des BGH[9] und der ihm weitgehend folgenden Literatur[10] Wasserkosten der einzelnen Wohnungseinheiten als Folge des Gebrauchs des Sondereigentums und können deshalb nicht als Kosten im Sinne des § 16 Abs. 2 WEG angesehen werden. Diese Klassifizierung ist aber nicht auf die Wasserkosten beschränkt. Sie gilt ebenso für Abwasser,[11] Abfall[12] und Kabelanschlusskosten.[13] Durch diese veränderte Sichtweise fiel ein großer Teil der früher über § 16 Abs. 2 WEG a. F. verteilten Kosten bereits nicht mehr in den Anwendungsbereich dieser Norm.[14]

5 Da aber die Eigentümergemeinschaft als Verband gegenüber dem Ver- bzw. Entsorgungsträger durch den Vertrag eine gemeinschaftliche Verpflichtung einging, bestand nach Ansicht der neueren Rechtsprechung nach § 21 Abs. 3 WEG eine **Kompetenz** zur Beschlussfassung über die **Verteilung dieser Kosten nach Verbrauch**. Dies bedingte auch die Möglichkeit einer Beschlussfassung über den Einbau von Verbrauchserfassungsgeräten, weil der Einbau dieser Geräte erst die verbrauchsabhängige Kostenverteilung und damit die Trennung der Kosten des gemeinschaftlichen Gebrauchs, des gemeinschaftlichen Eigentums und des Sondereigentums ermöglicht.[15] Dies war eine Maßnahme ordnungsmäßiger Verwaltung und unterlag daher der Beschlussfassung durch die Wohnungseigentümer.[16]

6 Etwas anderes galt freilich, wenn die betreffende Gemeinschaftsordnung eine Regelung zur Verteilung der Kosten für das Sondereigentum enthielt. Eine solche Kostenregelung war für die Wohnungseigentümer bindend. Die Wohnungseigentümer besaßen keine Kompetenz, eine vereinbarte Kostenregelung durch Mehrheitsbeschluss abzuändern.[17]

7 Die Beantwortung der Frage, ob Eigentümergemeinschaften eine Beschlusskompetenz zur verbrauchsabhängigen Verteilung von Kosten entgegen dem geltenden Kostenverteilungsschlüssel besaßen, hing somit primär von der rechtlichen Einordnung der betreffenden Kostenart ab. Handelte es sich um Kosten, die durch den Gebrauch des Sondereigentums entstanden, waren diese vom dem die Kosten verursachenden Sondereigentümer zu tragen. Sofern jedoch gegenüber der Eigentümergemeinschaft durch den jeweiligen Versorger/Entsorger wirksam eine gemeinsame Kostenabrechnung erfolgte, war diese berechtigt, solche Kostenarten verbrauchsabhängig umzulegen und eine hierfür erforderliche Messeinrichtung zu installieren.

II. Die Neuregelungen in § 16 WEG

8 Einer der häufigsten, wenn nicht der häufigste Streitpunkt innerhalb bestehender Eigentümergemeinschaften ist die gerechte Verteilung der anfallenden Kosten und Lasten. Nicht selten erscheint der ursprünglich als ausgewogen empfundene Kostenverteilungs-

---

[9] BGH NJW 2003, 3476.
[10] MünchKommBGB/*Engelhardt* § 16 WEG Rdnr. 16; *Hügel* ZWE 2005, 213; *Armbrüster* ZWE 2002, 148; *Hogenschurz* NZM 2001, 1122; *Bub* NZM 2001, 744; *Derleder* ZfIR 2003, 409; *Kümmel* ZWE 2003, 286; a. A. *Ott* ZWE 2004, 73.
[11] BGH NJW 2003, 3476.
[12] *Greiner* ZMR 2004, 319.
[13] *Hügel* ZWE 2005, 213.
[14] Ausführlich hierzu *Hügel* ZWE 2005, 204.
[15] BGH NJW 2003, 3476.
[16] *Wenzel* ZWE 2001, 236.
[17] BGH NJW 2003, 3476; BGH NJW 2000, 3500.

schlüssel aufgrund einer veränderten Nutzung oder der Änderung sonstiger Umstände einem oder mehreren Wohnungseigentümern als ungerecht. Vor diesem Hintergrund erzeugte die restriktive Rechtsprechung bei betroffenen Wohnungseigentümern Unmut. Umgehungsstrategien in Form von „Zitterbeschlüssen", die entgegen des geltenden Kostenverteilungsschlüssels gefasst wurden, waren in der Praxis keine Seltenheit. Eines der zentralen Anliegen der WEG-Novelle ist es, auch in diesem Bereich eine **Beschlusskompetenz** für Eigentümergemeinschaften zu schaffen und so die häufig eingetretene Versteinerung aufzulösen.

Zwar bestand bereits vor der Neufassung des § 16 WEG durch die dargestellte Rechtsprechungsänderung für die verbrauchsabhängige Kostenverteilung der durch den Gebrauch des Sondereigentums erzeugten Kosten eine Beschlusskompetenz. Gleichwohl erschien es dem Gesetzgeber als geboten, aus Gründen der Klarstellung und wegen der Bedeutung der Frage für die Praxis, diese Kompetenzen gesetzlich **ausdrücklich zu normieren**. Darüber hinaus sollen nun die Wohnungseigentümer auch Beschlusskompetenz erhalten, die Betriebskosten des gemeinschaftlichen Eigentums und die Kosten der gemeinschaftlichen Verwaltung durch Mehrheitsentscheidung abweichend vom bisherigen Verteilungsschlüssel zu verteilen. Aus praktischen Erwägungen und zur Vermeidung von Abgrenzungsschwierigkeiten möchte der Gesetzgeber keine Differenzierung zwischen Kosten, die durch den Gebrauch des Sondereigentums entstehen, und solchen, die das gemeinschaftliche Eigentum betreffen.[18]

III. Beschlusskompetenz zur Abänderung des Kostenschlüssels nach § 16 Abs. 3 WEG

1. Die Neuregelung in § 16 Abs. 3 WEG

Aufgrund der Neuregelung in § 16 Abs. 3 WEG können die Wohnungseigentümer nun mit Stimmenmehrheit beschließen, dass die Betriebskosten des gemeinschaftlichen Eigentums oder des Sondereigentums im Sinne des § 566 Abs. 1 BGB, die nicht unmittelbar gegenüber Dritten abgerechnet werden, sondern der Wohnungseigentümergemeinschaft als Verband in Rechnung gestellt werden, und die Kosten der Verwaltung nach Verbrauch oder Verursachung erfasst und entweder nach diesem Verhältnis oder einem anderen Maßstab verteilt werden, soweit dies ordnungsmäßiger Verwaltung entspricht.

2. Erfasste Kostenarten

a) Allgemeines

Die Wohnungseigentümer können **sämtliche Betriebskosten des gemeinschaftlichen Eigentums oder des Sondereigentums** und **die Kosten der Verwaltung** mit einem Mehrheitsbeschluss nach § 16 Abs. 3 WEG neu verteilen. Soweit es um die verbrauchsabhängige Verteilung der durch den Gebrauch von Sondereigentum erzeugten Kosten geht, enthält § 16 Abs. 3 WEG letztlich nur eine Normierung der Rechtsprechung des BGH. Im Unterschied hierzu ist die Neuregelung aber nicht nur bei Betriebskosten aus dem Sondereigentum, sondern auch bei jenen aus dem gemeinschaftlichen Eigentum anzuwenden, also insbesondere bei Wasser- und Abwasserkosten für das gemeinschaftliche Eigentum sowie Allgemeinstromkosten. Außerdem werden die Kosten für die

---

[18] BT-Drucksache 16/877 S. 22.

Verwaltung der Wohnanlage erfasst. Es erscheint dem Gesetzgeber nicht sinnvoll, dass Wohnungseigentümer über die Verteilung etwa der Wasserkosten des Sondereigentums gemäß der Rechtsprechung des BGH mit Mehrheit und über die Wasserkosten des gemeinschaftlichen Eigentums etwa einer Waschküche, eines Schwimmbads oder einer Bewässerung des Gartens nur einstimmig entscheiden können. In beiden Fällen soll aus praktischen Erwägungen und zur Vermeidung von Abgrenzungsschwierigkeiten zwischen Kosten des Sondereigentums und des gemeinschaftlichen Eigentums die Mehrheit ausreichen.[19] Da nun auch die Kosten des gemeinschaftlichen Eigentums durch einen Mehrheitsbeschluss neu verteilt werden dürfen, gewährt die Neuregelung den Wohnungseigentümern eine **erweiterte Beschlusskompetenz**.

12 Zutreffend wird in der Literatur darauf hingewiesen, dass die Regelung zu weit geht. Eine Notwendigkeit zur Verteilung der Kosten des Gebrauchs des Sondereigentums besteht nur, wenn wegen dieser Kosten im Verhältnis zu Dritten kraft Gesetzes oder aufgrund eines Vertrages eine Schuld der Wohnungseigentümergemeinschaft besteht.[20] Ansonsten gilt der Grundsatz, dass jeder Wohnungseigentümer die Kosten des Sondereigentums selbst zu tragen hat. Eine Beschlusskompetenz zur anderweitigen Verteilung dieser Kosten erscheint überflüssig. Ein gegen diesen Grundsatz verstoßender Beschluss der Eigentümergemeinschaft wird zudem regelmäßig nicht ordnungsmäßiger Verwaltung entsprechen.

b) Betriebskosten

13 Die Neuregelung in § 16 Abs. 3 WEG nimmt für den Begriff „Betriebskosten" auf die mietrechtliche Vorschrift des § 556 Abs. 1 BGB Bezug. Hierdurch soll eine Rechtsvereinheitlichung zwischen Wohnungseigentumsrecht und Mietrecht erzielt und dadurch die Rechtsanwendung vereinfacht werden.[21] Zu Recht wird eine solche Vereinheitlichung in der Literatur bezweifelt und auch nicht für erforderlich gehalten, da im Verhältnis der Wohnungseigentümer untereinander für die Abrechnung der Kosten andere Grundsätze gelten als für die Betriebskostenabrechnung des vermietenden Wohnungseigentümers gegenüber seinem Mieter.[22] Durch die Verweisung auf § 556 Abs. 1 BGB wird die Anwendung wohl eher erschwert, da diese Vorschrift selbst eine Definition des Begriffs Betriebskosten nicht enthält, sondern lediglich wiederum nur eine Verweisung auf eine andere Vorschrift, nämlich § 19 Abs. 2 Wohnraumförderungsgesetz. Diese Norm ihrerseits enthält eine Ermächtigung zum Erlass einer Rechtsverordnung zur Regelung der Aufstellung der Betriebskosten. Von dieser Ermächtigung hat die Bundesregierung durch den Erlass der BetrKV[23] Gebrauch gemacht. Die Verweisung in § 16 Abs. 3 WEG auf § 556 Abs. 1 BGB wirkt vor diesem Hintergrund eher unglücklich.[24] Da jedoch der Begriff „Betriebskosten" zwischenzeitlich in der Allgemeinheit weitgehend verbreitet ist, dürfte er für die Wohnungseigentümer trotz dieser Schwächen inhaltlich verständlich sein.[25] Zu den Betriebskosten zählen demnach alle 17 in § 2 BetrKV aufgeführten Kostengruppen.

---

[19] BT-Drucksache 16/887 S. 22.
[20] *Becker* ZWE 2005, 137; *Köhler* ZMR 2005, 19, 20.
[21] BT-Drucksache 16/877 S. 22.
[22] *Becker* ZWE 2005, 137; *Köhler* ZMR 2005, 19, 20; *Sauren* MietRB 2005, 137, 138; *Blank* ZWE 2004, 242, 243.
[23] Verordnung über die Aufstellung von Betriebkosten – Betriebskostenverordnung – vom 25. 11. 2003 – BGBl. I S. 2346, 2347. Die Verordnung ist am 1. 1. 2004 in Kraft getreten.
[24] Vgl. *Köhler* ZMR 2005, 19, 20; *Schmid* ZMR 2005, 27, 28; *Becker* ZWE 2005, 137.
[25] *Hinz* ZMR 2005, 271, 275.

c) Verwaltungskosten

Da Verwaltungskosten wegen § 1 Abs. 2 Nr. 1 BetrKV nicht zu den mietrechtlich umlegbaren Betriebskosten zählen, sind die Kosten der Verwaltung ausdrücklich in § 16 Abs. 3 WEG als ebenfalls durch Beschluss abänderbar aufgeführt. Der Begriff der Kosten der Verwaltung ist **weit auszulegen**.[26]

Praxistipp:
Zu den Kosten der Verwaltung zählen beispielsweise die Versicherungsprämien für das Gemeinschaftseigentum, die Verwaltervergütung, gegebenenfalls die Aufwandentschädigung für den Verwaltungsbeirat, die Kosten für die Durchführung der Versammlung sowie sonstige Verwaltungskosten (Telefon, Porto, technischer Bedarf, Kontoführungsgebühren, usw.).[27]

d) Nicht erfasste Kosten

Ausgenommen sind nur solche Kosten, die von den Wohnungseigentümern unmittelbar und getrennt gegenüber Dritten abgerechnet werden. Dies werden regelmäßig die **Stromkosten der jeweiligen Einheiten** sein, da meist ein separater Stromanschluss für jede Einheit existiert und der betreffende Eigentümer deshalb getrennt mit dem Versorgungsunternehmen abrechnet. Denkbar ist dies aber auch für Wasserkosten bei eigener Wasseruhr und Anschluss sowie Müllabfuhr, sofern je Einheit eine eigene Tonne durch das Entsorgungsunternehmen bereitgestellt wird.

3. Erforderliche Mehrheit

Ausreichend für einen abändernden Kostenverteilungsbeschluss ist eine **einfache Mehrheit**.[28] Der Gesetzgeber hat bewusst mit der Begründung von einer qualifizierten Mehrheit abgesehen, dass hierdurch die angestrebte Einheitlichkeit einer verbrauchsabhängigen Kostenverteilung verhindert werden würde. Zudem gebe es auch keinen sachlich überzeugenden Grund, bei Wasser- und anderen Kosten des Gemeinschaftseigentums ein höheres Maß an Zustimmung zu verlangen als entsprechend der Rechtsprechung des BGH bei Kosten aus dem Sondereigentum.[29]

4. Grenzen einer ordnungsmäßigen Beschlussfassung

a) Der Beschluss zur Erfassung der Kosten

Die Beschlusskompetenz in § 16 Abs. 3 WEG lässt sich in **zwei Kompetenzbereiche** aufteilen. Zum einen können die Wohnungseigentümer beschließen, die Betriebskosten des gemeinschaftlichen Eigentums oder des Sondereigentums und die Verwaltungskosten nach Verbrauch oder Verursachung zu **erfassen**. Zum anderen können sie einen hierauf basierenden **Verteilungsmaßstab** beschließen.

Der Wortlaut des § 16 Abs. 3 WEG gewährt den Wohnungseigentümern nur die Möglichkeit, die Kosten nach **Verbrauch** oder **Verursachung** zu erfassen. Dies könnte dahingehend verstanden werden, dass die Wohnungseigentümer nur zwischen diesen beiden Erfassungsmethoden wählen können. Eine solche wörtliche Auslegung des Ge-

---

[26] Weitnauer/*Gottschalg* § 16 WEG Rdnr. 14.
[27] Bamberger/Roth/*Hügel* § 16 WEG Rdnr. 10.
[28] Zustimmend *Hinz* ZMR 2005, 271, 275; kritisch hierzu und für eine qualifizierte Mehrheit *Demharter* NZM 2006, 489, 492; *Armbrüster* ZWE 2005, 141; *Becker* ZWE 2005, 138; *Abramenko* ZMR 2005, 22, 24.
[29] BT-Drucksache 16/887 S. 22.

setzes lässt sich jedoch nicht mit dem vom Gesetzgeber erklärten Ziel einer umfassenden Mehrheitsentscheidung in diesem Bereich in Übereinstimmung bringen. Die Fixierung auf diese beiden Erfassungsmethoden würde vielmehr der Intention des Gesetzgebers zuwiderlaufen. Es ist daher davon auszugehen, dass die Erfassung nach Verbrauch oder Verursachung von § 16 Abs. WEG nur als die beiden häufigsten Erfassungsmöglichkeiten genannt werden, jedoch nicht im Sinne einer abschließenden Aufzählung. **Andere Erfassungsarten,** beispielsweise die Ermittlung der in einer Einheit lebenden Anzahl von Personen sind somit **nicht ausgeschlossen,** weisen allerdings weniger praktische Relevanz auf.

b) Der Kostenverteilungsbeschluss

19   Der Beschluss über die neue Kostenverteilung steht in Zusammenhang mit der Erfassung der Kosten, dessen Regelungsgegenstand ist jedoch rechtlich getrennt hiervon zu sehen. Der Verteilungsbeschluss kann gleichzeitig mit dem Beschluss zur Erfassung der Kosten ergehen, auch als einheitlicher Beschluss. Möglich ist aber auch, dass die Wohnungseigentümer die neue Verteilung erst beschließen, wenn das Ergebnis der Erfassung bekannt ist.

20   Anders als zu den Erfassungsmethoden ist § 16 Abs. 3 WEG bezüglich des neuen Kostenverteilungsschlüssels offen formuliert. Die erfassten Kosten können nach **Verbrauch** oder **Verursachung** oder einem **anderen Maßstab** verteilt werden. Denkbar ist beispielsweise auch eine Verteilung nach der **Wohn- und Nutzfläche** oder der **Personenzahl,** wobei letztere regelmäßig ausscheiden wird, weil kaum feststellbar ist, wie viel Personen tatsächlich den Verbrauch in der Einheit verursachen.[30]

c) Ordnungsmäßige Beschlussfassung

aa) Grundsatz der ordnungsmäßigen Beschlussfassung nach § 16 Abs. 3 WEG

21   Ein Mehrheitsbeschluss, der den vorhandenen Kostenverteilungsschlüssel abändert, muss **ordnungsmäßiger Verwaltung** entsprechen. Auch ohne diese ausdrückliche Anordnung in § 16 Abs. 3 WEG würde sich diese Anforderung aus § 21 Abs. 3 WEG ergeben. Jene ist erfüllt, wenn die beschlossene neue Verteilung dem geordneten Zusammenleben der Gemeinschaft dient, den Interessen der Gesamtheit der Wohnungseigentümer nach billigem Ermessen entspricht und der Gemeinschaft nützt.[31]

22   Nach Ansicht der Gesetzesbegründung bedarf es für eine Änderung zudem eines **sachlichen Grundes,** auch wenn dieses Erfordernis im Gesetzeswortlaut des § 16 Abs. 3 WEG nicht zu finden ist.[32] Hergeleitet wird diese Notwendigkeit aus der Rechtsprechung zu rechtsgeschäftlichen Öffnungsklauseln. Dort soll eine Abänderung durch Mehrheitsentscheidung nur möglich sein, sofern ein sachlicher Grund für die angedachte Änderung vorliegt und einzelne Wohnungseigentümer gegenüber dem früheren Rechtszustand nicht unbillig benachteiligt werden. Dies kann insbesondere dann der Fall sein, wenn sich die Verhältnisse gegenüber dem früheren Zustand in wesentlichen Punkten geändert haben oder sich die ursprüngliche Regelung – weil den tatsächlichen Verhältnissen nicht angemessen – nicht bewährt hat.[33] Diese Begrenzung sei nach der

---

[30] Staudinger/*Bub* § 16 WEG Rdnr. 32.
[31] KG ZMR 2004, 780; *Elzer* ZMR 2007, 237; KK-WEG/*Drabek* § 21 Rdnr. 93; Bärmann/Pick/Merle/*Merle* § 21 WEG Rdnr. 63.
[32] BT-Drucksache 16/887 S. 23.
[33] BGHZ 95, 137, 140 = NJW 1985, 2832, 2833; OLG Hamm ZWE 2000, 425; BayObLG NZM 2001, 671.

Gesetzesbegründung dem Gesetz immanent und müsse nicht ausdrücklich erwähnt werden.[34]

Dem ist entgegen zu halten, dass eine solche Notwendigkeit schon im Bereich der Öffnungsklauseln keinesfalls unumstritten ist, sondern von Teilen der Literatur abgelehnt wird, weil es nicht mit der einer Öffnungsklausel zugrunde liegenden Gestaltungsautonomie der Wohnungseigentümer in Übereinstimmung zu bringen sei.[35] Ähnliches gilt für das Beschlussrecht. Soweit der Eigentümergemeinschaft nach dem Gesetz oder einer Vereinbarung Beschlusskompetenz eingeräumt ist, bedarf es für eine entsprechende Beschlussfassung grundsätzlich keines sachlichen Grundes. Ein solches Kriterium würde vielmehr die Beschlusskompetenz entgegen der gesetzlich vorgesehenen Entscheidungsfreiheit unzulässig einengen. Ein Beschluss muss lediglich den allgemeinen wohnungseigentumsrechtlichen Vorgaben ordnungsmäßiger Verwaltung entsprechen. Genügt er dieser Anforderung, ist er wirksam, auch wenn für die entsprechende Beschlussfassung möglicherweise ein sachlicher Grund nicht vorlag. Es gibt keine Begründung dafür, weshalb im Rahmen einer Beschlusskompetenz nach § 16 Abs. 3 WEG ein zusätzliches Kriterium zu beachten ist, das in anderen Bereichen keine Rolle spielt. **Entscheidend** ist somit allein, ob der Beschluss über die Veränderung des Kostenverteilungsschlüssels **ordnungsmäßiger Verwaltung** entspricht.[36] Selbstverständlich wird in vielen Fällen ein solcher Beschluss auf einem sachlichen Grund basieren. Notwendig ist dies jedoch nicht.

bb) Zusammenhang zwischen Erfassung und Kostenverteilung

Nach dem Wortlaut in § 16 Abs. 3 WEG erscheint es möglich, dass die Wohnungseigentümer die Kosten nach Verbrauch oder Verursachung erfassen, sich gleichwohl aber für einen von der **gewählten Erfassungsart abweichenden Kostenverteilungsschlüssel** entscheiden. Diese theoretisch denkbare Vorgehensweise wird in aller Regel nicht mit dem Grundsatz ordnungsmäßiger Verwaltung in Einklang zu bringen sein, weil die ausgesuchte Erfassungsart keine ausreichende Grundlage für einen andere Kostenverteilung bieten kann. Grundsätzlich hat daher der neue Kostenverteilungsschlüssel der gewählten Erfassungsart zu entsprechen.

Beispiel:
Haben die Wohnungseigentümer die Kosten nach Verbrauch erfasst und wollen sie gleichwohl die Kosten nun nach der Personenzahl verteilen, fehlen ihnen für einen entsprechenden Beschluss die tatsächlichen Grundlagen. Sie könnten diese bestenfalls ungefähr berechnen bzw. nur schätzen. Ein Beschluss „ins Blaue hinein" entspricht jedoch nicht ordnungsmäßiger Verwaltung.

d) Beurteilungsspielraum der Eigentümergemeinschaft

aa) Grundsatz

Die Auswahl der Erfassungsart und des neuen Verteilungsschlüssels muss sich an den Grundsätzen ordnungsmäßiger Verwaltung messen lassen. Bei der Einschätzung, ob eine Maßnahme ordnungsmäßiger Verwaltung entspricht, kommt der Eigentümergemeinschaft nach allgemeiner Ansicht ein Beurteilungsspielraum zu,[37] der nur begrenzt

---

[34] BT-Drucksache 16/887 S. 23; zustimmend *Gottschalg* NZM 2007, 194, 195.
[35] *Häublein*, Sondernutzungsrechte und ihre Begründung im Wohnungseigentumsrecht, S. 212; *Hügel* DNotZ 2001, 176, 177; *Grebe* DNotZ 1987, 15; *Sauren* NJW 1986, 2034.
[36] Siehe zu dieser Frage auch § 5 Rdnr. 62.
[37] Allgemein hierzu *Elzer* ZMR 2006, 85.

gerichtlich überprüfbar ist.[38] Im Bereich einer neuen Kostenverteilung nach § 16 Abs. 3 WEG steht hierbei im Mittelpunkt der Entscheidung der Eigentümergemeinschaft das alle Wohnungseigentümer betreffende **Verteilungsproblem,** nicht die Sicht des einzelnen Eigentümers. Für eine ordnungsmäßige Auswahl wird es zukünftig eine wichtige Rolle spielen, um welche Kostenart es sich handelt.

bb) Die Wahl des Verursachungsschlüssels

26 Die verursachungsabhängige Erfassung und der Verursachungsschlüssel bieten sich für **leicht einem Verursacher zuzuordnenden Kosten** an. Solche sind beispielsweise Mahnkosten, Verzugszinsen oder Kosten für Waschmaschine und Wäschetrockner. Nach der Neuregelung sind für bestimmte Einrichtungen an sich auch **nutzungsabhängige Entgelte** möglich. § 21 Abs. 7 WEG enthält allerdings für eine solche Beschlusskompetenz eine speziellere Regelung.[39] Dasselbe gilt für Verwaltungskosten, die ein Eigentümer durch ein bestimmtes Verhalten auslöst.

Beispiel:

27 Ein Wohnungseigentümer teilt dem Verwalter seine häufig wechselnde Anschrift nicht mit. Sämtliche an ihn gerichtete Schreiben kommen deshalb an den Verwalter zurück. Durch die notwendigen Recherchen und erneute Übersendung entstehen der Gemeinschaft zusätzliche Verwaltungskosten. Diese können gem. § 16 Abs. 3 WEG nach dem Verursacherprinzip auf den betreffenden Eigentümer umgelegt werden.

cc) Die Wahl der verbrauchsabhängigen Erfassung und Verteilung

28 Beschlüsse zur verbrauchsabhängigen Erfassung und Verteilung werden in vielen Fällen ordnungsmäßiger Verwaltung entsprechen, weil sie dem Verursacherprinzip Rechnung tragen und als Anreiz zur **Sparsamkeit** zu deutlichen Einsparungen und zu mehr **Verteilungsgerechtigkeit** führen.[40] Eine höhere Kostengerechtigkeit allein wird regelmäßig allerdings nicht ausreichend sein,[41] zumindest für die Fälle nur unerheblicher Kostenverschiebungen. Auch die gegen eine verbrauchsabhängige Abrechnung sprechenden Umstände, insbesondere ein möglicherweise unverhältnismäßiger Kostenaufwand, müssen berücksichtigt werden.[42] **Entscheidend** sind letztendlich immer die **Umstände des Einzelfalls.**

29 Demnach kann auch eine verbrauchsabhängige Kostenverteilung für die Kosten des Gebrauchs des Sondereigentums ordnungsmäßiger Verwaltung widersprechen, wenn der Einbau **unwirtschaftlich** oder **unverhältnismäßig** ist.[43] Es bedarf hierfür in jedem Fall einer Kosten-Nutzen-Analyse.[44] Auf Grund der vergleichbaren Interessenlage soll bei dieser Beurteilung nach den Grundsätzen zu § 11 Abs. 1 Nr. 1a, Abs. 2 Heiz-KostenV[45] bzw. zur modernisierenden Instandsetzung auf eine Amortisation innerhalb von zehn Jahren[46] abgestellt werden. Ob allerdings die Einführung eines Erfassungssystems tatsächlich nur dann ordnungsmäßiger Verwaltung entspricht, wenn sich die damit verbundenen Investitionen in überschaubarer Zeit amortisieren,[47] erscheint zwei-

---

[38] Statt vieler OLG Düsseldorf ZWE 2001, 37; Bärmann/Pick/Merle/*Merle* § 21 WEG Rdnr. 65.
[39] Siehe hierzu § 8 Rdnr. 63.
[40] BT-Drucksache 16/887 S. 23.
[41] *Jenißen*, Die Verwalterabrechnung nach dem Wohnungseigentumsgesetz, S. 21.
[42] *Armbrüster* ZWE 2002, 149; *Hogenschurz* NZM 2001, 1122.
[43] *Bub* ZWE 2001, 457; *Niedenführ/Schulze* § 16 Rdnr. 11.
[44] KG ZMR 2003, 600.
[45] BGH NJW 2003, 3476; BT-Drucksache 16/887 S. 23.
[46] *Jenißen* NZM 2001, 1123.
[47] BGH NJW 2003, 3476.

felhaft. Denn eine zutreffende Prognose der Wohnungseigentümer hierüber dürfte in einigen Fällen sehr schwierig sein.[48] Zudem ist jede Prognose letztlich immer ein Wahrscheinlichkeitsurteil.[49] Für Prognosen gelten dementsprechend keine Wahrheits- oder Richtigkeitskriterien, sondern nur **Sorgfaltsmaßstäbe**. Ein der Entscheidung immanentes Prognoserisiko kann sich deshalb nicht auf die Rechtmäßigkeit des Beschlusses auswirken. Es bietet sich an, insoweit auf die verwaltungsrechtliche Rechtsprechung und Literatur zu Prognoseentscheidungen zurückzugreifen.[50]

Die Umstände des konkreten Einzelfalls können auch zu einer Reduktion der Entscheidungsfreiheit auf Null führen mit der Folge, dass nur die verbrauchsabhängige Kostenverteilung ordnungsmäßiger Verwaltung entspricht. Das ist insbesondere dann der Fall, wenn der Einbau von Verbrauchserfassungsgeräten gesetzlich vorgeschrieben ist oder jede andere Abrechnungsmethode als grob unbillig erscheint.[51]

e) Maßstäbe für eine Einzelfallgerechtigkeit/Gerichtliche Überprüfung

Da die Kostenverteilung in jeder Gemeinschaft ein höchst sensibler Bereich ist, bedarf es keiner prophetischen Gabe, um zahlreiche Streitigkeiten über die Ordnungsmäßigkeit eines neuen Kostenverteilungsbeschluss nach § 16 Abs. 3 WEG vorauszusagen. Den Gerichten wird in Zukunft die Aufgabe zu fallen, einen Schlüssel für eine „**Verteilungsgerechtigkeit**" im Rahmen der Auslegung des unbestimmten Rechtsbegriffs „ordnungsmäßige Verwaltung" zu entwickeln, wobei nochmals zu betonen ist, dass der der Gemeinschaft zustehende Beurteilungsspielraum gerichtlich nur begrenzt überprüfbar ist.[52] Jedoch kann jeder Wohnungseigentümer nun einen Kostenabänderungsbeschluss auf seine Ordnungsmäßigkeit hin gerichtlich überprüfen lassen. Dies wird zumindest in absehbarer Zeit eine erhebliche Zunahme an diesbezüglichen gerichtlichen Verfahren nach sich ziehen.[53] Der Gesetzgeber hat im Hinblick auf die gerichtliche Überprüfung von Kostenverteilungsschlüsseln wohl geradezu die Büchse der Pandora geöffnet.

f) Folgen einer nicht ordnungsmäßigen Beschlussfassung

Widerspricht die von den Wohnungseigentümern beschlossene Erfassungsmethode oder der neue Kostenverteilungsschlüssel einer ordnungsmäßigen Verwaltung, führt dies nicht zur Nichtigkeit, sondern nur zur **Anfechtbarkeit** des entsprechenden Beschlusses. Nach der Rechtsprechung des BGH ist nämlich die Grenze einer ordnungsmäßigen Verwaltung nicht als kompetenzbegründendes Merkmal anzusehen. Die Wohnungseigentümergemeinschaft ist in diesem Bereich nicht absolut beschlussunzuständig.[54] Konsequenz ist, dass ein solcher Beschluss nach Ablauf der Anfechtungsfrist bestandskräftig wird.

5. Zweitbeschluss zur Kostenverteilung

Haben die Wohnungseigentümer den ursprünglich geltenden Kostenverteilungsschlüssel durch einen Mehrheitsbeschluss abgeändert, besteht die in § 16 Abs. 3 WEG

---

[48] *Jennißen*, Die Verwalterabrechnung nach dem Wohnungseigentumsgesetz, S. 21.
[49] Erichsen/Hoppe/v. Mutius/*Ossenbühl*, Festschrift für Ch.-F. Menger, S. 732; *Tettinger* DVBl. 1982, 423.
[50] Siehe hierzu m. w. N. *Hügel*, Dritte als Betroffener verkehrsberuhigender Maßnahmen, S. 70 ff.
[51] BGH NJW 2003, 3476.
[52] Siehe § 5 Rdnr. 25.
[53] *Köhler* ZMR 2005, 19, 20.
[54] BGH NJW 2000, 3500; *Abramenko* ZMR 2005, 22, 24; *Becker* ZWE 2005, 138.

den Wohnungseigentümern eingeräumte **Beschlusskompetenz unverändert fort**. Dies bedeutet, die Gemeinschaft ist jederzeit in der Lage, den beschlossenen neuen Verteilungsmodus erneut zu verändern. *Elzer* spricht in diesem Zusammenhang von einem „entfesselten Zweitbeschluss".[55]

34 Diese Konzeption des Gesetzes in § 16 Abs. 3 WEG steht im **Widerspruch** zu den von der Rechtsprechung und Literatur entwickelten **Grundsätzen zum sog. Zweitbeschluss**. Im Schrifttum ist zu diesem Beschlusstyp eine umfangreiche Typologie entwickelt worden.[56] So wird unterschieden zwischen „inhaltsgleichen", „ergänzenden", „abändernden" Zweitbeschlüssen sowie Beschlüssen, die einen anderen Beschluss ersatzlos aufheben.[57] Ein abändernder Kostenverteilungsbeschluss stellt nach dieser Einteilung einen **abändernden Zweitbeschluss** dar, weil er zwar denselben Gegenstand wie ein früherer Beschluss betrifft, aber die Regelungen des Erstbeschlusses inhaltlich verändern oder ergänzen will.

35 Die Kompetenz der Wohnungseigentümer über einen Regelungsgegenstand, über den bereits einmal durch Beschluss entschieden wurde, erneut abändernd durch Beschluss zu befinden, soll nach herrschender Meinung einer **Einschränkung** unterliegen, soweit durch den Zweitbeschluss in die subjektiven Rechte eines Wohnungseigentümers eingegriffen wird, die durch die frühere Entscheidung begründet worden sind.[58] Jeder Wohnungseigentümer könne verlangen, dass der Zweitbeschluss **schutzwürdige Belange** aus dem Inhalt und den Wirkungen des Erstbeschlusses berücksichtige.[59] Hierbei wird darauf abgestellt, ob durch den Zweitbeschluss eine Verletzung des berechtigten Vertrauens des betroffenen Wohnungseigentümers und der im Hinblick darauf getroffenen Dispositionen erfolgt.[60] Durch einen Zweitbeschluss dürfe nicht in wohlerworbene Rechte von Wohnungseigentümern, die auf den Bestand des Erstbeschlusses vertraut hätten, eingegriffen werden, soweit nicht überwiegende **sachliche Gründe** für die neue Regelung sprächen.[61]

36 Diese Anforderungen an einen abändernden Zweitbeschluss und die „immerwährende" Beschlusskompetenz in § 16 Abs. 3 WEG können widerspruchsfrei nicht nebeneinander bestehen bleiben. Berücksichtigt die Rechtsprechung weiterhin das Kriterium „schutzwürdige Belange" im Rahmen der Überprüfung von Zweitbeschlüssen, würde die Beschlusskompetenz in § 16 Abs. 3 WEG entgegen der Intention des Gesetzgebers erheblich eingeschränkt. Es käme in den meisten Fällen zu einer Auseinandersetzung darüber, ob durch den neuen Kostenverteilungsbeschluss in schutzwürdige Belange eines Wohnungseigentümers eingegriffen wird.[62]

Beispiel:

37 Die Kostenverteilung der Betriebskosten richtete sich in einer Wohnungseigentumsanlage ursprünglich nach Miteigentumsbruchteilen. Die Gemeinschaft beschloss eine Abänderung, nach der die Kostenverteilung für Wasser, Abwasser und Müll nach dem Verhältnis der Wohn-/Nutzfläche erfolgen sollte. Einige Zeit danach wird eine neue Verteilung, nämlich nach dem Verursacherprinzip, beschlossen. Ein Wohnungseigentümer, der nach dem neuen Verteilungsschlüssel anteilig mehr Kosten zu tragen hat, wehrt sich gegen den Beschluss mit dem Argument, er habe die Wohnung nur unter Geltung des ihm bekannten Kostenverteilungsschlüssels erwerben wollen. Die neuen finanziellen Belastungen seien von ihm nicht zu bewältigen.

---

[55] *Elzer* ZMR 2007, 237.
[56] Ausführlich hierzu *Lüke* ZWE 2000, 98; *Elzer* ZMR 2007, 238.
[57] Staudinger/*Bub* § 23 WEG Rdnr. 121.
[58] BayObLG WuM 1996, 372; OLG Stuttgart OLGZ 1990, 177.
[59] BGH ZMR 1991, 146.
[60] So *Lüke* ZWE 2000, 103; Staudinger/*Bub* § 23 WEG Rdnr. 123.
[61] OLG Köln NZM 2002, 454.
[62] *Elzer* ZMR 2007, 239 ff.

III. Beschlusskompetenz zur Abänderung des Kostenschlüssels

Diese fehlende Übereinstimmung der Beschlusskompetenz nach § 16 Abs. 3 WEG mit den von der vorherrschenden Ansicht vertretenen Grundsätzen zum abändernden Zweitbeschluss kann nicht dadurch beseitigt werden, dass man gleichsam die durch die Rechtsprechung entwickelten Kriterien für die Zulässigkeit eines Zweitbeschlusses in § 16 Abs. 3 WEG hineinliest. Einer solchen Lösung stehen der klare **Gesetzeswortlaut** und der erklärte **Wille des Gesetzgebers** entgegen. Vielmehr sind die Grundsätze zum Zweitbeschluss auf ihre Stimmigkeit hin zu hinterfragen.

Besitzen die Wohnungseigentümer Beschlusskompetenz im Hinblick auf die zu regelnde Angelegenheit, kennt die wohnungseigentumsrechtliche Beschlussdogmatik keine Einschränkung dergestalt, dass es für die Beschlussfassung eines sachlichen Grundes bedürfe oder der Beschluss nicht in schutzwürdige Belange eines Wohnungseigentümers eingreifen dürfe. Entscheidend ist nur, ob der Beschluss formell einwandfrei zustande gekommen ist und ob er ordnungsmäßiger Verwaltung entspricht. Die Befugnis der Wohnungseigentümer, über eine durch Beschluss geregelte Angelegenheit erneut zu beschließen, ergibt sich aber nach herrschender Ansicht ebenfalls aus der allgemeinen Beschlusskompetenz der Eigentümergemeinschaft.[63] Aus diesem Grund können auch für Zweitbeschlüsse **keine anderen Einschränkungen** als für Erstbeschlüsse gelten.

Es bedarf somit für einen Zweitbeschluss, insbesondere für einen erneuten Kostenverteilungsbeschluss nach § 16 Abs. 3 WEG **weder eines sachlichen Grundes**[64] noch steht der Beschluss unter der Einschränkung, dass durch ihn nicht in **schutzwürdige Belange** eines Wohnungseigentümers eingegriffen werden darf.[65] Selbstverständlich können und müssen diese Gesichtspunkte im Rahmen einer ordnungsmäßigen Beschlussfassung beachtet werden. Im Rahmen der hierfür erforderlichen Abwägung steht der Gemeinschaft aber ein Beurteilungsspielraum zu. Im Mittelpunkt der Überlegungen steht dabei nicht der Schutz des einzelnen Wohnungseigentümers, sondern das Interesse der Gesamtheit der Wohnungseigentümer.[66]

Hierbei wird nicht übersehen, dass durch dieses Ergebnis der **Schutz des einzelnen Eigentümers** zugunsten der Gemeinschaft **geschwächt** wird. Dies mag man bedauern, ist aber der erklärte und in § 16 Abs. 3 WEG auch zum Ausdruck gebrachte Wille des Gesetzgebers. Dieser wird auch in § 16 Abs. 5 WEG deutlich, wenn dort den Wohnungseigentümer die Möglichkeit genommen wird, die in § 16 Abs. 3 WEG enthaltene Beschlusskompetenz einzuschränken. Die bisher von der herrschenden Meinung angenommen zusätzlichen Kriterien für die Zulässigkeit eines Zweitbeschlusses würden aber gerade eine Einschränkung der Beschlusskompetenz nach § 16 Abs. 3 WEG bedeuten und damit im Widerspruch zu § 16 Abs. 5 WEG stehen. Zwar verbietet § 16 Abs. 5 WEG nach seinem Wortlaut nur einschränkende Vereinbarungen, für Beschlüsse kann jedoch nichts anders gelten. Ziel von § 16 Abs. 5 WEG ist es allein, eine Einschränkung der Befugnisse aus § 16 Abs. 3 und WEG zu verhindern.

6. Grundbuchberichtigung

Mit einem Kostenverteilungsbeschluss nach § 16 Abs. 3 WEG wird der bisherige Kostenverteilungsschlüssel abgeändert. Da der Kostenverteilungsschlüssel in aller Regel in der Gemeinschaftsordnung für die betreffende Eigentümergemeinschaft enthalten ist, wird hierdurch inhaltlich eine **bestehende Vereinbarung außerhalb des Grundbuchs**

---

[63] BGH NJW 2001, 3339; BGH ZMR 1991, 146; BayObLG NJW-RR 1992, 404.
[64] Ebenso *Wenzel* IMR 2006, 56; siehe zur Notwendigkeit eines sachlichen Grundes im Rahmen eines Beschlusses nach § 16 Abs. 3 WEG auch § 5 Rdnr. 22.
[65] *Elzer* ZMR 2007, 240.
[66] Siehe § 5 Rdnr. 22.

verändert. Die ursprüngliche Kostenregelung ist jedoch aufgrund der Eintragung im Grundbuch zum Inhalt des Sondereigentums geworden (§ 5 Abs. 4 WEG). Es stellt sich somit die Frage, ob die erfolgte Abänderung einer Eintragung in das Grundbuch bedarf bzw. ob diese einer Grundbucheintragung fähig ist.

43 Das Gesetz scheint davon auszugehen, dass der Abänderungsbeschluss nicht im Grundbuch eingetragen werden soll. Dies ergibt eine Zusammenschau der § 12 Abs. 4 und § 10 Abs. 4 WEG. Nach § 10 Abs. 4 WEG binden Beschlüsse Sondernachfolger auch ohne Eintragung in das Grundbuch. Aus dieser Bestimmung folgt die herrschende Meinung, dass Beschlüsse auch nicht in das Grundbuch eingetragen werden dürfen.[67] In § 12 Abs. 4 WEG schließlich hat die Novelle – als Ausnahme zu § 10 Abs. 4 WEG – eine Regelung vorgesehen, wie die aufgrund eines Beschlusses erfolgte Veränderung der Gemeinschaftsordnung im Grundbuch eingetragen kann. Da eine solche Regelung in § 16 Abs. 3 WEG fehlt, deutet dies darauf hin, dass der Gesetzgeber bei einem Kostenverteilungsbeschluss eine **Grundbucheintragung** für zumindest **überflüssig**, wenn nicht für unzulässig hält

44 Gleichwohl kann ein solches Ergebnis **nicht überzeugen.** Wenn das Gesetz in § 10 Abs. 4 WEG von der Nichteintragbarkeit von Beschlüssen ausgeht, liegt diesem Grundsatz der Ausgangspunkt zugrunde, dass die Wohnungseigentümer eine Angelegenheit durch Beschluss geregelt haben. Mit einem Beschluss nach § 16 Abs. 3 schaffen die Wohnungseigentümer aber nicht (nur) eine neue Regelung, sondern ändern in aller Regel eine bestehende Vereinbarung ab. Dies hat unmittelbar zur Folge, dass das **Grundbuch unrichtig** wird. Einer der wesentlichen Prinzipien des Grundbuchrechts ist jedoch der Schutz des öffentlichen Glaubens des Grundbuchs (§ 892 BGB). Das Grundbuchrecht strebt folgerichtig einen Gleichlauf von formellen und materiellem Recht an.[68] Dementsprechend kann das Grundbuch bei einer eingetretenen Unrichtigkeit nach § 22 GBO auf Antrag berichtigt werden. Dieser Grundgedanke würde konterkariert, wenn man die Möglichkeit verneinen würde, eine durch einen Kostenverteilungsbeschluss nach § 16 Abs. 3 WEG eingetretene Grundbuchunrichtigkeit verlautbaren zu können.

45 Diesem Ansatz widerspricht auch nicht der Grundwertung des WEG über die Nichteintragbarkeit von Beschlüssen in § 10 Abs. 4 WEG. **Einzutragen** ist nämlich die **eingetretene Unrichtigkeit** der ehemals vereinbarten Kostenregelung, nicht der Inhalt des neu gefassten Beschlusses. Bei einem solchen Verständnis der Grundbucheintragung kann nicht von der Unzulässigkeit einer Eintragung ausgegangen werden.

46 Die neue Kostenverteilung gilt ab wirksamer Beschlussfassung. Zu diesem Zeitpunkt verliert die alte Kostenregelung ihre Wirkung, sofern der Beschluss nicht etwas anderes bestimmt. Die Eintragung im Grundbuch bedeutet demnach nur die Berichtigung einer außerhalb des Grundbuchs erfolgten Veränderung. Eine solche Änderung wird in Form der **Grundbuchberichtigung** nach § 22 GBO und nicht über eine Bewilligung nach § 19 GBO im Grundbuch eingetragen.

47 Der erforderliche **Unrichtigkeitsnachweis** bedarf der **Form des § 29 GBO,** ist also durch öffentliche bzw. öffentlich beglaubigte Urkunde zu führen.[69] Es bietet sich an, auf die Regelung in § 12 Abs. 4 Satz 5 WEG zurückzugreifen. Nach dieser Vorschrift kann der Nachweis der Beschlussfassung über eine entsprechende Anwendung von § 26 Abs. 3 WEG erbracht werden. Dies bedeutet, dem Grundbuchamt ist mit dem An-

---

[67] BGH NJW 1994, 3231; BayObLG NJW 1995, 202; OLG Frankfurt Rpfleger 1980, 231; *Tasche* DNotZ 1973, 453; Weitnauer/*Lüke* § 10 WEG Rdnr. 57; *Sauren* § 10 WEG Rdnr. 30; *Fisch* MittRhNotK 1999, 221.
[68] Vgl. hierzu BeckOK-GBO Hügel/*Holzer* § 22 Rdnr. 24 ff.
[69] Bauer/v. Oefele/*Knothe* GBO § 22 Rdnr. 175; BeckOK-GBO/Hügel/*Holzer* § 22 Rdnr. 59.

trag auf Löschung eine **Niederschrift über den Aufhebungsbeschluss** vorzulegen, wobei die Unterschriften des Versammlungsvorsitzenden und eines Wohnungseigentümers und, falls ein Verwaltungsbeirat bestellt ist, auch von dessen Vorsitzenden oder seinem Stellvertreter, öffentlich beglaubigt sein müssen.

Da der Gesetzgeber das Problem der eingetretenen Grundbuchunrichtigkeit offensichtlich übersehen und damit nicht gelöst hat, steht einer **entsprechenden Anwendung von § 12 Abs. 4 Satz 5 WEG** nichts im Wege. Aber auch man wenn eine analoge Anwendung dieser Vorschrift nicht befürwortet, kann man für die Fälle einer außerhalb des Grundbuchs unrichtig gewordenen Vereinbarung zu demselben Ergebnis gelangen.[70]

Somit kann auf Antrag das Grundbuch bei einem Kostenverteilungsbeschluss nach § 22 GBO berichtigt werden. Dieser Ansatz bewahrt dem Grundbuch einen Rest von **Publizität,** da so aus dem Grundbuch zumindest ersichtlich wird, dass die ursprüngliche Kostenvereinbarung keine Geltung mehr beanspruchen kann. **Weitergehende Eintragungen** sind allerdings **nicht möglich**. Wird der erste Kostenränderungsbeschluss erneut durch Beschluss geändert, wird die im Grundbuch eingetragene Vereinbarung nicht erneut unrichtig. Die Unrichtigkeit ist mit dem ersten Beschluss eingetreten. Da der Inhalt des Erstbeschlusses nicht durch Grundbucheintragung zum Inhalt des Sondereigentums geworden ist, wird der Inhalt des Grundbuchs durch den Zweitbeschluss nicht wiederum unrichtig. Er bleibt vielmehr richtig, weil die Unrichtigkeit der ursprünglichen Vereinbarung nach wie vor zutreffenderweise verlautbart wird.

7. Anspruch auf Änderung des Verteilungsschlüssels

§ 16 Abs. 3 WEG eröffnet eine Beschlusskompetenz für die Wohnungseigentümer zur Abänderung des Verteilungsschlüssels, **nicht** jedoch einen **Anspruch des einzelnen Wohnungseigentümers** diesbezüglich. Ein solcher Anspruch kann jedoch aus dem allgemeinen Anspruch auf ordnungsmäßige Verwaltung nach § 21 Abs. 4 WEG hergeleitet werden.

Dagegen besitzt jedoch jeder Wohnungseigentümer unter den Voraussetzungen des § 10 Abs. 2 Satz 3 WEG einen Anspruch auf **Abänderung der geltenden Gemeinschaftsordnung**. Zu diesem Regelungswerk zählt auch der für die Gemeinschaft anzuwendende Kostenverteilungsschlüssel. Auch wenn somit über § 10 Abs. 2 Satz 3 WEG ein individueller Anspruch auf Änderung der Kostenverteilung an sich denkbar ist, geht jedoch in diesem Bereich § 16 Abs. 3 WEG als lex specialis vor und verdrängt insoweit einen Anspruch aus § 10 Abs. 2 Satz 3 WEG.[71]

IV. Beschlusskompetenz zur Kostenverteilung nach § 16 Abs. 4 WEG

1. Normzweck

Im Rahmen eines Mehrheitsbeschlusses über die ordnungsmäßige Instandhaltung oder Instandsetzung des gemeinschaftlichen Eigentums nach § 21 Abs. 5 Nr. 2 WEG können Art, Umfang und Zeitpunkt der Arbeiten festgelegt werden.[72] Im Unterschied dazu bedurfte es nach **bisheriger Rechtslage** hinsichtlich der Kosten dieser Maßnahmen

---

[70] So *Schneider* ZfIR 2002, 108, 119; *Wenzel* in FS Deckert, S. 517, 530 für Entscheidungen aufgrund einer Öffnungsklausel.
[71] Siehe § 3 Rdnr. 123.
[72] Siehe hierzu § 7 Rdnr. 8 ff.

gemäß § 10 Abs. 2 Satz 2 WEG grundsätzlich einer **Vereinbarung,** sofern die Wohnungseigentümer von der gesetzlichen Verteilung des § 16 Abs. 2 WEG nach Miteigentumsanteilen oder von einem vereinbarten Verteilungsmaßstab abweichen wollten.

53 Wohnungseigentümer werden jedoch die einzelne Instandsetzungsmaßnahme und die dadurch ausgelösten Kosten regelmäßig als **einheitlichen Lebenssachverhalt** ansehen. Deshalb wurden und werden in der Praxis der Beschluss über die Maßnahme selbst und jener über die Kostenverteilung meist miteinander verbunden.

54 Ein Beschluss dieser Art, also ein Beschluss, in dem sowohl über die Maßnahme als auch über die Kosten entschieden wird, war zwar nach der überwiegenden Ansicht in Rechtsprechung und Literatur zwar nicht nichtig, sondern nur anfechtbar,[73] da er – soweit es um die Kosten geht – den geltenden Kostenverteilungsschlüssel im Einzelfall lediglich fehlerhaft anwendete, ihn aber im Unterschied zu einem unwirksamen vereinbarungsändernden Beschluss nicht dauerhaft abänderte. Er erschöpfte sich in seinem Vollzug. Er war aber anfechtbar und musste im Falle der Anfechtung schon deshalb aufgehoben werden, weil er von der gesetzlichen oder vereinbarten Kostenregelung abwich (sog. gesetzes- oder vereinbarungswidriger Beschluss[74]).

55 Die bisherige Rechtslage erzeugte somit erhebliche Schwierigkeiten, wenn die Wohnungseigentümer mit Mehrheit beschlossen, eine Instandhaltung oder Instandsetzung mit einer Kostenregelung zu verbinden, die zwar sinnvoll war, aber von der gesetzlichen oder vereinbarten Verteilung nach Miteigentumsanteilen abwich.

56 Aus diesem Grund räumt die Neuregelung in § 16 Abs. 4 WEG den Wohnungseigentümer die **Kompetenz** ein, gleichzeitig mit der Entscheidung über die Durchführung der Instandhaltungsmaßnahme einen Kostenverteilungsbeschluss zu fassen, der die Kosten dieser Maßnahme abweichend von dem geltenden Kostenverteilungsschlüssel unter den Wohnungseigentümern verteilt. Da die Wohnungseigentümer im Gegensatz zur bisherigen Rechtslage auch Beschlusskompetenz besitzen, bauliche Veränderungen sowie Modernisierungen oder Anpassungen an den Stand der Technik mehrheitlich zu beschließen[75] und damit die tatsächliche und rechtliche Situation derjenigen von Instandhaltungen und Instandsetzungen entspricht, räumt § 16 Abs. 4 WEG darüber hinaus den Wohnungseigentümern die Möglichkeit ein, auch solche Beschlüsse mit entsprechenden Kostenverteilungsentscheidungen zu verbinden.

57 Die eingeräumte Kompetenz ermöglicht den Wohnungseigentümern sowohl eine **Abweichung vom gesetzlichen Kostenverteilungsschlüssel** des § 16 Abs. 2 WEG als auch von einem in der **Gemeinschaftsordnung** festgelegten Verteilungsschlüssel, da sich die Neuregelung aufgrund § 16 Abs. 5 WEG auch auf solche Gemeinschaften bezieht, für die eine Vereinbarung über die Kostenverteilung bereits vor der Neuregelung des WEG bestanden hat.

2. Fälle einer Beschlusskompetenz nach § 16 Abs. 4 WEG

58 Voraussetzung für eine Kompetenz zur abweichenden Kostenverteilung nach § 16 Abs. 4 WEG ist zunächst, dass der Kostenverteilungsbeschluss im Zusammenhang mit einer Maßnahme zur **Instandhaltung oder Instandsetzung** des gemeinschaftlichen Eigentums, einer **baulichen Veränderung** des Gemeinschaftseigentums oder **Aufwendungen** im Sinne des § 22 Abs. 1 und 2 WEG steht.

---

[73] BayObLG NJW-RR 2004, 228; OLG Köln OLG-Report 2002, 335; *Müller,* Praktische Fragen des Wohnungseigentums, Rdnr. 626; *Bielefeld* DWE 2003, 77, 80; a. A. *Wenzel* ZWE 2001, 226, 236; Bärmann/Pick/Merle/*Merle* § 22 WEG Rdnr. 194, 250, die von der Nichtigkeit solcher Beschlüsse ausgehen.
[74] BGH NJW 2000, 3500.
[75] Siehe § 7 Rdnr. 27 ff.

3. Kostenverteilung für den Einzelfall

Im Gegensatz zu § 16 Abs. 3 WEG eröffnet § 16 Abs. 4 WEG **nicht** die Möglichkeit, den Kostenverteilungsschlüssel **auf Dauer** zu verändern; vielmehr muss Gegenstand der Beschlussfassung eine Kostenverteilung im Einzelfall sein. Der Begriff „Einzelfall" bezieht sich hierbei sowohl auf die in § 16 Abs. 4 Satz 1 Halbsatz 1 WEG bezeichneten Maßnahmen als auch auf die Kostenregelung.[76] Wollen die Wohnungseigentümer den Kostenverteilungsschlüssel in diesem Bereich generell und auf Dauer abweichend regeln, bedarf es hingegen einer Vereinbarung nach § 10 Abs. 2 Satz 2 WEG.

Die gesetzliche Neuregelung knüpft damit an die Rechtsprechung des BGH[77] an, die zwischen nur vereinbarungswidrigen bzw. vereinbarungsersetzenden Beschlüssen, die im Einzelfall punktuell bestehende Vereinbarungen durchbrechen, und vereinbarungs- bzw. gesetzesändernden Beschlüssen, die einen abweichenden Zustand auf Dauer festlegen sollen, unterscheidet. Damit liegt der Beschlusskompetenz in § 16 Abs. 4 WEG der Gedanke zugrunde, dass ein Wohnungseigentümer von einer einzelnen, punktuellen Änderung weniger betroffen ist als von einer generellen Veränderung.[78]

Nicht übersehen werden darf aber, dass sich ein Wohnungseigentümer bei entsprechenden Mehrheitsverhältnissen durch **permanente Einzelfallentscheidungen** im wirtschaftlichen Ergebnis einem dauerhaft veränderten Kostenverteilungsschlüssel gegenübersieht. Die Beschlusskompetenz in § 16 Abs. 4 WEG jedenfalls eröffnet durchaus eine derartige Möglichkeit. Es wird Aufgabe der Rechtsprechung sein, einer solchen Gestaltung entgegenzutreten, auch wenn ein bewusster Missbrauch – bei entsprechender Beratung – nicht immer leicht nachzuweisen oder zu erkennen sein dürfte.

4. Ordnungsmäßige Beschlussfassung

Auch wenn § 16 Abs. 4 WEG anders als die Regelung in § 16 Abs. 3 WEG nicht ausdrücklich verlangt, dass der Kostenverteilungsbeschluss nach § 16 Abs. 4 WEG einer **ordnungsmäßigen Verwaltung** entspricht, ergibt sich diese Anforderung aus § 21 Abs. 3 WEG. Diese Anforderung ist erfüllt, wenn die beschlossene neue Verteilung dem geordneten Zusammenleben der Gemeinschaft dient, den Interessen der Gesamtheit der Wohnungseigentümer nach billigem Ermessen entspricht und der Gemeinschaft nützt.[79]

5. Der neue Verteilungsschlüssel

Eine vom geltenden Kostenverteilungsschlüssel abweichende Verteilung der Kosten für eine Maßnahme der Instandhaltung und Instandsetzung nach 21 Abs. 5 Nr. 2 WEG oder eine bauliche Veränderung oder Aufwendung nach § 22 Abs. 1 und 2 WEG muss sich aufgrund § 16 Abs. 4 Satz 1 Halbsatz 2 WEG nach dem Gebrauch oder der Möglichkeit des Gebrauchs des Gemeinschaftseigentums durch die Wohnungseigentümer richten. Anders als bei einem Kostenbeschluss nach § 16 Abs. 3 WEG besteht im Rahmen von § 16 Abs. 4 WEG **keine Wahlfreiheit** der Gemeinschaft im Hinblick auf den neuen Verteilungsmaßstab. Nur der **Gebrauchsmaßstab** kann an Stelle des allgemeinen für die betreffende Eigentümergemeinschaft geltenden Verteilungsschlüssels beschlossen werden.

---

[76] BT-Drucksache 16/887 S. 24.
[77] BGH NJW 2000, 3500.
[78] BT-Drucksache 16/887 S. 24.
[79] KG ZMR 2004, 780; *Elzer* ZMR 2007, 237; KK-WEG/*Drabek* § 21 Rdnr. 93; Bärmann/Pick/Merle/*Merle* § 21 WEG Rdnr. 63; siehe hierzu auch § 5 Rdnr. 21 ff.

64 Mit dieser Regelung soll **Verteilungsgerechtigkeit** gewährleistet werden, und der auch ohne ausdrückliche Normierung in diesem Bereich ebenfalls geltende Grundsatz der ordnungsmäßigen Verwaltung beachtet werden. Dieser verlangt insbesondere, dass der abweichende Maßstab einen einzelnen Wohnungseigentümer im Hinblick auf den erforderlichen Eigentumsschutz (Artikel 14 Abs. 1 GG) nicht unbillig benachteiligt. Durch diese Vorgabe für den abweichenden Verteilungsmaßstab sollen die einzelnen Wohnungseigentümer zudem zu einem sorgsamen Umgang mit dem gemeinschaftlichen Eigentum angehalten werden.[80]

65 Die Formulierung „**Gebrauch oder Möglichkeit des Gebrauchs**" lehnt sich an die Begriffe in §§ 15 und 16 Abs. 2 WEG an. Durch die Ausrichtung des neuen Verteilungsschlüssels sowohl an die „Möglichkeit des Gebrauchs" als auch an den tatsächlichen „Gebrauch" möchte der Gesetzgeber sichtbar machen, dass den Wohnungseigentümern bei der Auswahl des konkreten Verteilungsschlüssels ein weiter Ermessensbereich eingeräumt ist. Dies wird auch deutlich in der Formulierung „Rechnung tragen". Die Wohnungseigentümer können insbesondere **pauschalisieren** oder neben dem in erster Linie anzuwendenden „Gebrauchsmaßstab" auch andere Kriterien bei der Entscheidung über den Kostenverteilungsschlüssel berücksichtigen, um im Rahmen ordnungsmäßiger Verwaltung zu einer sachgerechten Lösung zu kommen.[81]

66 Denkbar ist, dass ein vorheriger Beschluss nach § 16 Abs. 4 WEG eine Bindung für einen nachfolgenden Beschluss gem. § 16 Abs. 4 WEG erzeugt.

Beispiel:

67 Die Wohnungseigentümer sanieren einen Teil der Balkone grundlegend und verteilen die entstandenen Kosten im Verhältnis der jeweiligen Balkonfläche auf die Eigentümer der Wohnungen, deren Balkone saniert wurden. Im Jahr darauf werden die restlichen Balkone saniert. Diese Kosten werden jedoch nur zur Hälfte im Verhältnis der Balkonflächen und zur anderen Hälfte zu gleichen Anteilen auf die Eigentümer, deren Balkone nun saniert wurden, umgelegt.

68 Der zweite Beschluss ist zwar durch eine entsprechende Beschlusskompetenz nach § 16 Abs. 4 WEG gedeckt. Er entspricht aber grundsätzlich nicht einer ordnungsmäßigen Verwaltung, da die Wohnungseigentümer in ihrem ersten Beschluss eine Entscheidung im Hinblick auf den sachgerechten Verteilungsschlüssel getroffen haben und eine ungleiche Kostenverteilung im Hinblick auf einen einheitlichen Lebenssachverhalt nicht mit dem Grundsatz ordnungsmäßiger Verwaltung in Übereinstimmung gebracht werden kann. In solchen Fällen muss trotz der Beschlusskompetenz in § 16 Abs. 4 WEG von den Wohnungseigentümern eine **Maßstabskontinuität** gewahrt werden.

6. Erforderliche Mehrheit

69 Nur für **Betriebskosten** können die Wohnungseigentümer einen neuen Kostenverteilungsschlüssel mit **einfacher Mehrheit** beschließen (§ 16 Abs. 3 WEG). Bezüglich der Kosten für eine Maßnahme der Instandhaltung und Instandsetzung nach 21 Abs. 5 Nr. 2 WEG oder eine bauliche Veränderung oder Aufwendung nach § 22 Abs. 1 und 2 WEG fordert § 16 Abs. 4 Satz 2 WEG für einen abweichenden Kostenverteilungsbeschluss eine **doppelt qualifizierte Mehrheit**. Notwendig ist die Mehrheit von drei Viertel aller stimmberechtigten Wohnungseigentümer im Sinne des § 25 Abs. 2 WEG und mehr als der Hälfte aller Miteigentumsanteile.

---

[80] BT-Drucksache 16/877 S. 24.
[81] BT-Drucksache 16/877 S. 24.

IV. Beschlusskompetenz zur Kostenverteilung 70–76 § 5

Damit knüpft die Vorschrift zunächst an das **Kopfteilprinzip** des § 25 Abs. 2 WEG 70 an. Drei Viertel aller nach diesem Stimmrechtsprinzip stimmberechtigten Wohnungseigentümer, nicht nur der in der Versammlung anwesenden oder vertretenen Eigentümer, müssen dem Beschluss zustimmen. Hiermit soll der besonderen Wichtigkeit solcher Kostenregelungsbeschlüsse Rechnung getragen werden.

Die weiterhin erforderliche Mehrheit aller Miteigentumsanteile (**Wertprinzip**) be- 71 rücksichtigt die erhebliche Bedeutung des vermögensrechtlichen Elements. Es soll verhindert werden, dass Wohnungseigentümer, denen der größere Teil des gemeinschaftlichen Eigentums zusteht und die deshalb gemäß § 16 Abs. 2 WEG die Kosten grundsätzlich nach ihrem Miteigentumsanteil zu tragen haben, bei der Änderung der Kostenverteilung durch Mehrheiten überstimmt werden können, die allein nach Köpfen berechnet werden. Anders als für die Mehrheit nach Köpfen wird für die Mehrheit nach Miteigentumsanteilen auf ein Mehr als die Hälfte abgestellt. Dies soll Missbräuche erschweren. Die zulässige Verbindung von übergroßen Miteigentumsanteilen mit einzelnen Wohnungen bei der Begründung von Wohnungseigentum könnte ansonsten dazu führen, dass eine wirtschaftlich relativ unbedeutende Minderheit von einem Viertel zur Verhinderung eines Änderungsbeschlusses ausreicht.[82]

Beispiel:
In einer Wohnungseigentumsanlage mit 10 Einheiten gehören 5 Wohnungen, die mit Miteigentumsbruch- 72
teilen von insgesamt $500/1000$ verbunden sind, einem einzigen Eigentümer, die anderen 5 Wohnungen je einem Eigentümer. Die fünf Eigentümer der einzelnen Wohnungen stimmen in einer Eigentümerversammlung für eine Abänderung des allgemeinen Kostenverteilungsschlüssels für die notwendige neue Dacheindeckung. Der Eigentümer der fünf Wohnungen stimmt dagegen.
Die notwendige Mehrheit von drei Viertel der stimmberechtigten Wohnungseigentümer nach § 25 Abs. 2 73
WEG ist gegeben, weil nach dem Kopfprinzip jedem Wohnungseigentümer nur eine Stimme zusteht. Verfehlt ist allerdings die Mehrheit aller Miteigentumsanteile, da es hier zu einem Patt gekommen ist. Die notwendige doppelt qualifizierte Mehrheit wurde somit nicht erreicht.

Das qualifizierte Mehrheitserfordernis gemäß § 16 Abs. 4 Satz 2 WEG entspricht 74 dem der **Beschlussfassung über eine Modernisierungs- oder Anpassungsmaßnahme** im Sinne des § 22 Abs. 2 WEG. Beschließen die Wohnungseigentümer über eine solche Maßnahme, können sie dabei also **auch** über die **Kostenverteilung** entscheiden, ohne dass sich hierdurch die erforderliche Stimmenmehrheit verändert.

Anders verhält es sich bei **Instandhaltungen und Instandsetzungen** im Sinne des § 21 75 Abs. 5 Nr. 2 WEG. Wollen die Wohnungseigentümer hier eine besondere Regelung über die **Kosten** treffen, **erhöhen** sich dadurch die Anforderungen an die **Stimmenmehrheit**. Dies berücksichtigt die große Bedeutung einer abweichenden Kostenregelung. Damit soll verhindert werden, dass der vereinbarte oder gesetzliche Kostenverteilungsschlüssel zu leicht – wenn auch nur im Einzelfall – außer Kraft gesetzt werden kann.[83]

Ähnliches gilt für **bauliche Veränderungen** gemäß § 22 Abs. 1 WEG. Soll in diesem 76 Bereich ein abweichender Kostenverteilungsschlüssel gelten, muss neben den gemäß § 22 Abs. 1 WEG erforderlichen Zustimmungen für die bauliche Maßnahme als solche auch die in § 16 Abs. 4 Satz 2 WEG geforderte **Stimmenmehrheit für die Kostenverteilung** gegeben sein, nicht jedoch die Zustimmung aller Wohnungseigentümer, die mit den Kosten belastet werden. Wer eine Gebrauchsmöglichkeit erhält und damit regelmäßig auch an einer Werterhöhung teilnimmt, soll sich nicht der Kostentragung entziehen können (§ 16 Abs. 6 Satz 2 WEG).[84]

---

[82] BT-Drucksache 16/877 S. 25.
[83] BT-Drucksache 16/877 S. 25.
[84] Siehe hierzu § 5 Rdnr. 79.

> **Praxistipp:**
> Die Abstimmung und die Auszählung bei Beschlüssen nach §§ 16 Abs. 4, 22 Abs. 2 WEG wird insbesondere bei größeren Wohnanlagen für den Verwalter ein erhebliches Maß an Sorgfalt verlangen. Er muss durch geeignete organisatorische Maßnahmen sicherstellen, dass die geforderte doppelte Mehrheit berechnet werden kann. Dies setzt eine Bewertung jeder Stimmabgabe im Hinblick auf das Kopfteilprinzip und das Wertprinzip voraus. Nur so ist die dem Versammlungsleiter obliegende Pflicht zur Ermittlung des Abstimmungsergebnisses[85] sowie zu dessen Feststellung[86] möglich. Ohne eine aktuelle Liste der Inhaber der Miteigentumsbruchteile sowie deren Höhe kann er diese Anforderung beispielsweise nicht bewältigen.

7. Fehlende Mehrheit

78 Wird bei der Beschlussfassung die gemäß § 16 Absatz 4 Satz 2 WEG erforderliche Stimmzahl nicht erreicht, so ist ein nach der Gesetzesbegründung gleichwohl gefasster Mehrheitsbeschluss wirksam, aber anfechtbar. Er erlangt unter den Voraussetzungen der §§ 23 Abs. 4, 46 Abs. 1 WEG Bestandskraft.[87] Diese Einordnung entspricht der herrschenden Ansicht in der Rechtsprechung und Lehre. Zwar fehlt streng genommen der Wohnungseigentümergemeinschaft die Kompetenz, bei nicht vorhandener doppelt qualifizierter Mehrheit einen abändernden Kostenverteilungsbeschluss nach § 16 Abs. 4 WEG zu fassen, so dass man mangels vorhandener Beschlusskompetenz auch zur Nichtigkeit eines solchen Beschlusses gelangen könnte.[88] Diese Konsequenz zieht jedoch die herrschende Ansicht bei der parallelen Fragestellung inwieweit ein Beschluss, der über eine ordnungsmäßige Verwaltung im Sinne von § 21 Abs. 3 WEG oder einen ordnungsmäßigen Gebrauch nach § 15 Abs. 2 WEG hinaus geht, zu Recht nicht, sondern nimmt nur die Anfechtbarkeit solcher Beschlüsse an mit der Begründung, die Gemeinschaft sei für eine solche Beschlussfassung nicht absolut beschlussunzuständig. Das Überschreiten der Beschlussgrenzen könne aber aus Gründen der Rechtssicherheit nicht zur Nichtigkeit solcher Beschlüsse führen. Demnach kann auch im Bereich von § 16 Abs. 4 WEG nur davon ausgegangen werden, dass ein trotz fehlender doppelt qualifizierter Mehrheit festgestellter Beschluss nur anfechtbar, aber nicht nichtig ist.[89]

8. Kostentragungspflicht des nicht zustimmenden Eigentümers

79 Im Gegensatz zur bisherigen Rechtslage ermöglicht § 16 Abs. 4 i.V.m. Abs. 6 Satz 2 WEG, Wohnungseigentümer, die einer Maßnahme gemäß § 22 Abs. 1 oder 2 WEG nicht zustimmen möchten, entgegen dem Grundsatz in § 16 Abs. 6 Satz 1 Halbsatz 2 WEG zur anteiligen Kostentragung zu verpflichten. Ist ein Wohnungseigentümer aber durch Mehrheitsbeschluss verpflichtet worden, so stehen ihm konsequenterweise auch die Nutzungen, die auf einer solchen Maßnahme beruhen, zu. Dies ergibt sich ausdrücklich aus § 16 Abs. 6 Satz 2 WEG, der insoweit eine Anpassung der bisherigen Rechtslage mit sich bringt.

V. Anteil des nicht zustimmenden Eigentümers bei Aufhebung der Gemeinschaft

80 Die Möglichkeit durch Mehrheitsbeschluss Wohnungseigentümer gegen ihren Willen an der Kostentragung für bauliche Veränderungen zu beteiligen, bedingt auch eine

---

[85] Vgl. BGH ZMR 2002, 936.
[86] Vgl. BGH NJW 2001, 3339.
[87] BT-Drucksache S. 25.
[88] So *Häublein* ZWE 2001, 2, 5.
[89] Zur gleichen Rechtslage bei § 22 Abs. 2 WEG siehe § 7 Rdnr. 39.

Neuregelung von § 17 WEG. Diese Norm regelt den Anteil des jeweiligen Wohnungseigentümers bei einer Aufhebung der Gemeinschaft. Nach bisheriger Rechtslage wurden Maßnahmen, denen ein Wohnungseigentümer nach § 22 Abs. 1 WEG nicht zugestimmt hatte und an deren Kosten er dementsprechend auch nicht beteiligt war, bei der Bewertung dessen Anteils nicht berücksichtigt. Muss sich aber nun ein Wohnungseigentümer nach dem Willen der anderen Miteigentümer aufgrund eines entsprechenden Gebrauchsvorteils an den Kosten einer Maßnahme beteiligen, ist es interessensgerecht, dass sein Miteigentumsanteil an der hierdurch erzeugten Wertsteigerung teilnimmt.[90] Entscheidend nach der Neuregelung in § 17 Satz 2 WEG ist, ob der Wohnungseigentümer die Kosten der Maßnahme **tatsächlich** getragen hat.

VI. Einschränkungen der Beschlusskompetenz nach § 16 Abs. 3 und 4 WEG

Die den Wohnungseigentümern in § 16 Abs. 3 und 4 WEG eingeräumte Befugnis zur Veränderung der Kostenverteilung durch Mehrheitsbeschluss kann nach § 16 Abs. 5 WEG durch eine Vereinbarung der Wohnungseigentümer **weder eingeschränkt noch ausgeschlossen** werden. Die Neuregelung beinhaltet somit ebenso wie in § 12 Abs. 4 Satz 3 WEG und § 22 Abs. 2 Satz 2 WEG eine „zwingende Beschlusskompetenz".[91] Die Wohnungseigentümer dürfen nicht nur, sondern müssen auch im Wege des Beschlusses die dort geregelten Befugnisse ausüben. Es ist nicht zu verkennen, dass die Novellierung des WEG – wohl in guter Absicht – eine deutliche Einschränkung der autonomen Regelungsbefugnis der Wohnungseigentümer mit sich gebracht hat. Vor der Reform waren nur wenige Bestimmungen des WEG einer abweichenden Vereinbarung nicht zugänglich. Diese weite Regelungsmacht ist nun – zum Schutz der Wohnungseigentümer[92] – deutlich eingeschränkt worden.

Da die Beschlusskompetenz aufgrund § 16 Abs. 5 WEG nicht durch eine abweichende Vereinbarung eingeschränkt oder ausgeschlossen werden darf, gilt die Neuregelung auch für **bestehende Gemeinschaften**. Abweichende Vereinbarungen in bestehenden Gemeinschaftsordnungen sind somit unbeachtlich.

Das Gesetz verbietet jedoch nur Abweichungen, welche die gesetzlich eingeräumten Kompetenzen einschränken oder ausschließen. Dies bedeutet, dass durch Vereinbarung der Wohnungseigentümer **niedrigere Anforderungen** an solche abändernde Beschlüsse gestellt werden können. Damit hat die Neuregelung in § 16 Abs. 5 WEG keinerlei Auswirkungen auf in Gemeinschaftsordnungen enthaltene Öffnungsklauseln, sofern diese hinter den Anforderungen des § 16 Abs. 3 und 4 WEG zurück bleiben.

VII. Kosten eines Rechtsstreits

Die Kosten eines Rechtsstreits gem. § 43 WEG stellen auch nach der Novellierung des WEG grundsätzlich **keine Kosten der Verwaltung** dar. Dieser Grundsatz ist nun in § 16 Abs. 8 WEG enthalten. Etwas anders gilt jedoch für die **Mehrkosten** eines solchen Verfahrens, soweit diese dadurch entstehen, dass die Anwaltsvergütung aufgrund einer Vereinbarung über der gesetzlichen Vergütung liegt. Durch die Neuregelung in § 16 Abs. 8 Halbsatz 2 WEG soll einer möglichen Unbilligkeit entgegen gewirkt werden, die

---

[90] BT-Drucksache 16/877 S. 26.
[91] *Armbrüster* ZWE 2005, 141.
[92] BT-Drucksache 16/877 S. 21, 25, 32.

dadurch entstehen kann, dass einzelne Wohnungseigentümer im Falle ihres Unterliegens der Gegenseite, also den übrigen Wohnungseigentümern, die Kosten nur nach einem beschränkten Streitwert zu erstatten haben. Die übrigen Wohnungseigentümer hingegen müssten bei einer entsprechenden Vergütungsvereinbarung die Gebühren für die anwaltliche Vertretung nach einem höheren Streitwert entrichten. Da die Entscheidung aber gegen alle Wohnungseigentümer wirkt, sollen auch alle Eigentümer die entstandene Differenz bezahlen. Es ist zudem unbillig, wenn einzelne später im Prozess unterlegene Miteigentümer an den Mehrkosten, die den anderen Eigentümern durch die Klageerhebung oder Rechtsverteidigung entstanden sind, nicht beteiligt werden.[93]

85 Andererseits kann nicht übersehen werden, dass diese Neuregelung auch zu **unsachgemäßen Ergebnissen** führen kann. So wird ein Wohnungseigentümer, der einen Eigentümerbeschluss erfolgreich angefochten hat, gleichwohl an Kosten des Rechtsstreits beteiligt, wenn die übrigen Wohnungseigentümer mit einem Rechtsanwalt eine Vereinbarung getroffen haben, dass sich die Gebühren für diesen Rechtsstreit nach einem höheren als dem gesetzlichen Streitwert bemessen (§ 27 Abs. 2 Nr. 4, Abs. 3 Nr. 6 WEG). Diese Konsequenz kann in der Praxis durchaus dazu verwendet werden, eine **anfechtungswilligen**, aber finanzschwachen **Wohnungseigentümer** durch die Androhung einer Vergütungsvereinbarung mit einem Rechtsanwalt von einer erfolgversprechenden Anfechtung **abzuhalten**.

---

[93] BT-Drucksache 16/877 S. 77.

§ 6 Die Entziehung des Wohnungseigentums

I. Allgemeines

Als Ausgleich für die nach § 11 WEG grundsätzliche Unauflöslichkeit der Wohnungseigentümergemeinschaft gewährt § 18 WEG als „letztes Mittel" die Möglichkeit, störende Wohnungseigentümer und solche, die ihren Verpflichtungen nicht nachkommen, auszuschließen.[1]

II. Voraussetzungen für die Entziehung

1. Generalklausel des § 18 Abs. 1 WEG

In § 18 Abs. 1 WEG ist eine Generalklausel enthalten. Voraussetzung für eine Entziehung ist eine **schwere Pflichtverletzung**, aufgrund derer den betroffenen Wohnungseigentümern eine Fortsetzung der Gemeinschaft **nicht mehr zugemutet** werden kann. Das WEG enthält damit einen allgemeinen für alle Dauerschuldverhältnisse geltenden Gedanken. Dieses Verhalten braucht nicht gegenüber allen Wohnungseigentümern vorzuliegen, ausreichend ist auch eine Pflichtverletzung gegenüber Mietern oder Familienangehörigen. Ebenso kann der Entziehungsgrund wegen § 14 Nr. 2 WEG auch in der Person eines Mieters oder eines Familienangehörigen des Wohnungseigentümers vorliegen, wenn der Eigentümer nicht pflichtgemäß hiergegen einschreitet. Die Prüfung hat unter Berücksichtigung aller Umstände des Einzelfalles zu erfolgen. Entscheidend ist, ob der **Gemeinschaftsfrieden** und das **Vertrauensverhältnis** nachhaltig **gestört** sind. Dies ist beispielsweise bei dauernden Misstrauensbekundungen, Beleidigungen oder Tätlichkeiten, wiederholten Sachbeschädigungen oder ständigem Lärmen und Beschmutzen, nicht aber bei Vermietung an Gastarbeiter oder Lärmstörungen durch Kleinkinder gegeben.

Die Pflichtverletzung muss nach dem Wortlaut von § 18 Abs. 1 WEG grundsätzlich **schuldhaft** sein. Das Verschulden kann auch in einer allgemeinen Lebensführungsschuld wie Trunk- oder Drogensucht liegen. Bei besonders schwerwiegenden Verstößen kann allerdings auch eine unverschuldete Störung den Entziehungsanspruch begründen.[2] Grundsätzlich bedarf es jedoch vor einer Beschlussfassung über die Einziehung einer vorherigen Abmahnung.[3]

2. Die besonderen Tatbestände nach § 18 Abs. 2 WEG

§ 18 Abs. 2 WEG zählt, jedoch nicht abschließend, zwei besonders wichtige Möglichkeiten der Entziehung auf, bei denen davon ausgegangen werden kann, dass eine Fortführung unzumutbar ist. Bei Vorliegen der Voraussetzungen ist eine Zumutbarkeitsprüfung nicht mehr erforderlich.

Nach § 18 Abs. 2 Nr. 1 WEG ist dies der Fall, wenn ein Wohnungseigentümer trotz Abmahnung wiederholt gegen die ihm nach § 14 WEG obliegenden Pflichten verstößt. Notwendig sind demnach mindestens drei gravierende Pflichtverstöße; einer vor und zwei nach der Abmahnung. Weniger Verstöße können unter Umständen eine Entziehung nach § 18 Abs. 1 WEG begründen.

---

[1] Allgemein zur Entziehung des Wohnungseigentums *Hogenschurz* NZM 2005, 611.
[2] BVerfG NJW 1994, 241.
[3] BGH NZM 2007, 290.

6 Als zweite Möglichkeit nennt § 18 Abs. 2 Nr. 2 WEG den Verzug des Wohnungseigentümers bei der Erfüllung seiner Verpflichtung zu Lasten- und Kostentragung nach § 16 Abs. 2 WEG mit mehr als drei Monaten und einer Höhe von mehr als 3 % des Einheitswerts des Wohnungseigentums.

3. Verwirkung

7 Eine Verwirkung der Entziehungsmöglichkeiten ist möglich, lange zurückliegende Verfehlungen können nicht mehr herangezogen werden. Das Vorliegen einer Verwirkung ist jedoch an einem strengen Maßstab zu messen.

4. Durchsetzung

8 Die Erhebung der Entziehungsklage erfordert nach § 18 Abs. 3 WEG einen Beschluss der Wohnungseigentümer mit einer Mehrheit von mehr als der Hälfte der stimmberechtigten Wohnungseigentümer. Der betroffene Wohnungseigentümer ist wegen § 25 Abs. 5 WEG nicht stimmberechtigt; die Bestimmungen des § 25 Abs. 3 und 4 WEG finden keine Anwendung. Dies bedeutet, dass in jedem Fall mehr als die Hälfte aller stimmberechtigten Wohnungseigentümer und nicht nur die Mehrheit der in der Eigentümerversammlung erschienenen Eigentümer die Entziehung beschließen muss. Die Stimmenmehrheit ist nach Kopfzahlen zu berechnen.

9 Durch § 18 WEG wird die Verpflichtung des Wohnungseigentümers zur Veräußerung begründet, nicht jedoch die Wirkung der Entziehung selbst erzeugt. Entspricht der Störer einem solchen Beschluss nicht, muss er nach § 19 WEG verurteilt werden. Das Urteil selbst **entzieht nicht** das Eigentum, sondern ermöglicht dessen Versteigerung. Nach § 19 Abs. 3 WEG steht ein gerichtlicher oder vor einer Gütestelle geschlossener Vergleich in seinen Wirkungen einem Veräußerungsurteil gleich.

10 Ein Wohnungseigentümer, der wegen Zahlungsverzugs zur Veräußerung verurteilt ist, kann die Wirkungen des Urteils nach § 19 Abs. 2 WEG durch **Zahlung** vor Zuschlag **abwenden**. In diesem Fall ist die Klage unbegründet.

11 Die **Zuständigkeit** für die Entziehungsklage bestimmt sich nach § 43 Nr. 1 WEG.[4]

5. Unabdingbarkeit

12 Der Entziehungsanspruch nach § 18 Abs. 1 WEG kann gem. § 18 Abs. 4 WEG durch Vereinbarung der Wohnungseigentümer nicht eingeschränkt oder ausgeschlossen werden. Diese Unabdingbarkeit bezieht sich auch auf § 18 Abs. 2 WEG, wobei diese Bestimmung nur eine Ausgestaltung und Erläuterung von Abs. 1 darstellt. Eine Erweiterung hingegen ist zulässig, soweit die Voraussetzungen für die Möglichkeit einer Entziehung hinreichend bestimmt sind.[5] Hinsichtlich § 18 Abs. 3 WEG sind sowohl Abweichungen als auch Einschränkungen möglich.[6]

III. Die Neuregelung

1. Die alte Regelung

13 Die praktische Bedeutung der Entziehung war in der Vergangenheit relativ gering. Die Chance, wie bei der Zwangsversteigerung nach dem ZVG, eine Eigentumswoh-

---

[4] Siehe § 13 Rdnr. 41.
[5] OLG Düsseldorf NZM 2000, 873.
[6] OLG Hamm DNotZ 2004, 932 für eine Erleichterung des Mehrheitserfordernisses.

III. Die Neuregelung

nung billig zu ersteigern, bestand nämlich nicht, da beim bisherigen Verfahren nach §§ 53 ff. WEG a. F. alle Belastungen übernommen werden mussten und eine hochbelastete Wohnung im Ergebnis unveräußerlich war.

Ein weiteres Problem, das ebenfalls zur faktischen Unwendbarkeit einer Entziehung führte, war das komplizierte und langwierige Verfahren. Nach bisherigem Recht erfolgte die Entziehung eines Wohnungseigentums aufgrund eines Urteils des Amtsgerichts (§ 51 WEG a. F.) unter den Voraussetzungen des § 18 WEG. Der Entzug selbst erfolgte im Wege einer freiwilligen Versteigerung durch einen Notar nach den Vorschriften der §§ 53 ff. WEG a. F., sofern der Schuldner – also der „störende" Eigentümer – der titulierten Verpflichtung auf Veräußerung seines Wohnungseigentums nicht nachkam. Ein solchermaßen konzipiertes Verfahren gab dem betreffenden Eigentümer in erheblichem Umfang die Gelegenheit zu Verzögerungen und zu Manipulationen,[7] insbesondere durch zwischenzeitliche Veräußerung der Wohnungseinheit an einen (ihm nahe stehenden) Dritten.

2. Die Neuregelung in §§ 18, 19 WEG

a) Versteigerung nach dem Zwangsversteigerungsgesetz

Vor diesem Hintergrund soll durch die Neuregelung des Verfahrens die praktische Umsetzung einer Entziehung des Wohnungseigentums erleichtert werden. Die Vollziehung des amtsgerichtlichen Urteils über die Entziehung des Wohnungseigentums erfolgt in Zukunft nicht mehr im Wege der freiwilligen Versteigerung, sondern aufgrund § 19 Abs. 1 WEG in entsprechender Anwendung der Vorschriften des Zwangsversteigerungsgesetzes.

Das Urteil, das den Wohnungseigentümer zur Veräußerung seines Wohnungseigentums verurteilt, ist ein zur Zwangsversteigerung nach dem ZVG geeigneter Titel, der im Rang des § 10 Abs. 1 Nr. 5 ZVG vollstreckt werden kann. Diese Rangklasse 5 beinhaltet nämlich alle Ansprüche der betreibenden Gläubiger, soweit sie nicht in einer der vorhergehenden Klassen zu befriedigen sind. Hierzu gehört auch der Anspruch der Miteigentümer auf Entziehung des Wohnungseigentums. Dass bisher nur Zahlungsansprüche berücksichtigt werden, steht dem nicht entgegen. Denn der neue § 19 Abs. 1 sieht ausdrücklich eine entsprechende Anwendung des ZVG vor.[8]

Aus dem Entziehungsurteil wird immer aus Rangklasse 5, nicht aus der neuen Rangklasse 2, vollstreckt. Die neue Rangklasse 2 räumt dem Verband ein begrenztes Vorrecht für Hausgeldansprüche ein.[9] Wollen die Wohnungseigentümer gegen einen säumigen Miteigentümer aus der neuen Rangklasse 2 vorgehen, so müssen sie den Zahlungsanspruch durch Anmeldung im laufenden Verfahren (§ 45 ZVG) oder durch eigenständiges Betreiben geltend machen.

Die Zuordnung des Entziehungsanspruchs zur Rangklasse 5 hat zur Folge, dass – wie bisher in der freiwilligen Versteigerung – in der Regel sämtliche Belastungen des Grundstücks im geringsten Gebot zu berücksichtigen und vom Ersteher zu übernehmen sind, wenn nur aus dem Entziehungsurteil vollstreckt wird.

Praxistipp:

In Zukunft steht somit den Wohnungseigentümern parallel und unabhängig voneinander **zweifach** die Möglichkeit offen, die Zwangsversteigerung in ein Wohnungseigentum zu betreiben. Einmal wegen rück-

---

[7] *Hogenschurz* NZM 2005, 611, 615.
[8] BT-Drucksache 16/887 S. 26.
[9] Vgl. im Einzelnen § 15 Rdnr. 7 ff.

ständiger Wohngeldzahlungen, zum anderen wegen eines rechtskräftigen Urteils auf Entziehung des Wohnungseigentums, das seinen materiellen Grund auch in rückständigen Wohngeldzahlungen haben kann. Soweit der Entziehungsanspruch auf rückständigen Zahlungen beruht (§ 18 Abs. 2 Nr. 2 WEG), wird es in aller Regel für die Wohnungseigentümer sinnvoller sein, wegen rückständiger Wohngeldzahlungen aus der neuen Rangklasse 2 vorgehen, da eine solche Zwangsversteigerung wirtschaftlich nicht daran scheitern kann, dass sämtliche im Grundbuch eingetragene Belastungen beim geringsten Gebot Berücksichtigung finden müssen.

20 Die **Beschlagnahme** hat auch im Verfahren zum Zwecke der Entziehung des Wohnungseigentums die gemäß § 23 ZVG vorgesehene **Wirkung eines Veräußerungsverbotes.** Hierdurch werden zwischenzeitliche Veräußerung an nahe Verwandte ausgeschlossen wie sie bisher in der freiwilligen Versteigerung möglich waren, und Manipulationen durch den betroffenen Wohnungseigentümer verhindert. Solche Verfügungen sind nun gegenüber den betreibenden Miteigentümern unwirksam und können so die Durchführung des Zwangsversteigerungsverfahrens nicht beeinträchtigen.[10]

21 Die entsprechende Anwendung der Vorschriften des ZVG hat auch zur Folge, dass entsprechend § 27 ZVG ein Gläubiger wegen einer Geldforderung dem Verfahren **beitreten** kann.

22 Anwendung finden auch die Regelungen der §§ 57 ff. ZVG, die das Verhältnis des Erstehers zu den Mietern und Pächtern im Zwangsversteigerungsverfahren regeln. Dem Ersteher steht insbesondere auch das durch § 57a ZVG gewährte außerordentliche Kündigungsrecht eines bestehenden Miet- oder Pachtvertrages zur Verfügung. Durch dieses Kündigungsrecht sollen die Chancen einer erfolgreichen Versteigerung erhöht werden.[11]

b) Ausübung des Rechts zur Entziehung und zur Zwangsvollstreckung

aa) Recht zur Entziehung nach § 18 WEG

23 Nach § 18 Abs. 1 Satz 1 WEG können die anderen Wohnungseigentümer vom störenden Eigentümer die Veräußerung seines Wohnungseigentums verlangen. Dies lässt den Schluss zu, dass jedem Miteigentümer ein individueller Anspruch auf Entziehung gegen die betroffenen Eigentümer zusteht. Da jedoch der Grund für die Entziehung im gestörten Gemeinschaftsverhältnis der Wohnungseigentümer zu suchen ist, ordnet nun § 18 Abs. 1 Satz 2 WEG in Anlehnung an § 10 Abs. 6 Satz 3 WEG an, dass die Ausübungsbefugnis bezüglich des Entziehungsrechts grundsätzlich der Eigentümergemeinschaft zusteht. Ob diese Neuregelung tatsächlich nur eine Klarstellungsfunktion[12] besitzt oder nicht vielmehr tatsächlich eine neue Zuständigkeit zur Ausübung dieses Rechts begründet, erscheint in diesem Zusammenhang als nebensächlich. Eine Einschränkung der Ausübungsbefugnis ist allerdings in § 18 Abs. 1 Satz 2 Halbsatz 2 WEG für Zweiergemeinschaften vorgesehen. In solchen Gemeinschaften wäre wegen des gesetzlichen Kopfteilprinzips des § 25 Abs. 2 Satz 1 WEG kein Mehrheitsbeschluss möglich. In Fällen dieser Art ist jeder Wohnungseigentümer wie bisher auch künftig zur Geltendmachung der Entziehung berechtigt.

bb) Recht zur Zwangsversteigerung nach § 19 WEG

24 Das Urteil, durch das ein Wohnungseigentümer zur Veräußerung seines Wohnungseigentums verurteilt wird, berechtigt nach der Neuregelung § 19 Abs. 1 Satz 1 WEG

---

[10] BT-Drucksache 16/887 S. 26.
[11] BT-Drucksache 16/887 S. 27.
[12] So BT-Drucksache 16/877 S. 69.

III. Die Neuregelung

jeden Miteigentümer zur Zwangsvollstreckung entsprechend dem ZVG. Da jedoch die Ausübung des Entziehungsrechts nach § 18 Abs. 1 Satz 2 WEG dem Verband der Wohnungseigentümer zusteht, enthält § 19 Abs. 1 Satz 2 WEG eine gleichlautende Bestimmung für die Ausübung des Rechts zur Zwangsvollstreckung. Auch dieses Rechts steht dem Verband zu. Nur für den Fall, dass die Gemeinschaft lediglich aus zwei Wohnungseigentümern besteht, besteht keine Ausübungsbefugnis für den Verband.

cc) Entscheidung über eine Ausübung

Sowohl § 18 Abs. 1 Satz 2 WEG als auch § 19 Abs. 1 Satz 2 WEG ordnen die Ausübung des Rechts zur Entziehung bzw. zur Zwangsvollstreckung zwingend dem Verband der Wohnungseigentümer zu. Es handelt sich somit in beiden Fällen um eine sog. „geborene" Ausübungsbefugnis. Damit bleiben die Wohnungseigentümer zwar Inhaber der Rechte aus §§ 18, 19 WEG, sie können diese aber nicht selbst, sondern nur durch den Verband ausüben. Sie bleiben aber entscheidungsbefugt zu der Frage, ob sie die ihnen aus den vorbezeichneten Bestimmungen zustehende Rechte überhaupt ausüben wollen.[13]

---
[13] Siehe ausführlich zu dieser Frage § 3 Rdnr. 175.

§ 7 Bauliche Veränderungen

I. Bisherige Rechtslage

1 Nach der bisherigen Rechtslage konnten bauliche Veränderungen und Aufwendungen, die über die ordnungsmäßige Instandhaltung oder Instandsetzung des gemeinschaftlichen Eigentums hinausgingen, nicht gem. § 21 Abs. 3 WEG beschlossen oder gem. § 21 Abs. 4 WEG verlangt werden (§ 22 Abs. 1 Satz 1 und WEG a.F.). Erforderlich war zu solchen Maßnahmen die **Zustimmung aller Wohnungseigentümer**, deren Rechte durch die Veränderung über das in § 14 Nr. 1 WEG bestimmte Maß – das heißt, nicht ganz unerheblich – beeinträchtigt wurden.

2 Obwohl nach dem alten Gesetzeswortlaut somit eine rechtsgeschäftliche Zustimmungserklärung aller betroffenen Wohnungseigentümern notwendig war, konnte nach herrschender Auffassung auch ein **Mehrheitsbeschluss** Gültigkeit erlangen, wenn mangels Anfechtung **Bestandskraft** eintrat. Die Begründung für diese Meinung war, dass den Wohnungseigentümern hinsichtlich Regelungen über Instandhaltung und Instandsetzung des gemeinschaftlichen Eigentums grundsätzlich die Möglichkeit eingeräumt sei, mit Mehrheit zu entscheiden, sofern es um eine „ordnungsmäßige" Maßnahme gehe. Diese Kompetenz der Wohnungseigentümergemeinschaft führe dazu, dass ein Mehrheitsbeschluss über eine über die „Ordnungsmäßigkeit" hinausgehende Maßnahme nicht aufgrund absoluter Unzuständigkeit zur Beschlussfassung nichtig sei, sondern nur anfechtbar. Die „Ordnungsmäßigkeit" einer Maßnahme sei aus Gründen der Rechtssicherheit nicht kompetenzbegründet,[1] so dass für Instandhaltungsregelungen auch bestandskräftige Mehrheitsbeschlüsse gültig seien, auch wenn der Regelungsgegenstand an sich Einstimmigkeit erfordert hätte.[2]

II. Die Neuregelungen in § 22 Abs. 1 WEG

1. Allgemeines

3 Die Novelle des WEG enthält nun in § 22 Abs. 1 Satz 1 WEG eine (ausdrückliche) gesetzliche **Beschlusskompetenz** für die bisherige Handhabung in der Praxis, Zustimmungen zu baulichen Veränderungen im Beschlusswege einzuholen. Damit wird die bisherige Praxis nachträglich gesetzlich abgesegnet und ein Mehr an Rechtssicherheit erzeugt. Zudem möchte der Gesetzgeber durch die Begründung einer Beschlusskompetenz sicher stellen, dass die Zustimmung zu beabsichtigten baulichen Veränderungen und Aufwendungen nur nach Befassung der Eigentümergemeinschaft mit dieser Angelegenheit erteilt wird. Nach bisherigen Rechtslage war dies nicht erforderlich, weil die (formlose) Zustimmung der im Sinne des § 22 Abs. 1 Satz 2 WEG betroffenen Wohnungseigentümer genügte.[3]

4 Weiterhin sollen mit der Neufassung des § 22 Abs. 1 Satz 1 WEG teilweise in der Vergangenheit bestehende **Missverständnisse beseitigt** werden. Der alte Wortlaut wurde

---

[1] BGH NJW 2000, 3500; *Buck* WE 1998, 92; *Wenzel* ZWE 2000, 4; a.A. *Häublein* ZMR 2000, 423.
[2] BGH NJW 2000, 3500; BayObLG NZM 2001, 133.
[3] Siehe § 7 Rdnr. 13.

vielfach dahingehend missverstanden, bauliche Veränderungen bedürften immer der Einstimmigkeit, unabhängig davon, ob solche Maßnahmen die Rechte einzelner Wohnungseigentümer beeinträchtigen. Der neue Wortlaut soll die bestehende Rechtslage klarer zum Ausdruck bringen.[4]

2. Die Beschlusskompetenz in § 22 Abs. 1 WEG

Die Neuregelung in § 22 Abs. 1 WEG regelt die Beschlusskompetenz für **allgemeine bauliche Veränderungen und Aufwendungen**. Eine Beschlusskompetenz für besondere bauliche Veränderungen, nämlich Modernisierungsmaßnahmen und Anpassung des gemeinschaftlichen Eigentums an den Stand der Technik ist in § 22 Abs. 2 WEG enthalten.

a) Begriff der baulichen Veränderung

Der Begriff der baulichen Veränderung hat durch die Novelle keine Veränderung erfahren. Er ist auch nach der Neufassung des WEG im Gesetz nicht positiv bestimmt. Vielmehr definiert das Gesetz den Begriff der baulichen Veränderung in § 22 Abs. 1 Satz 1 WEG negativ. Rechtlich bedeutsam ist nach dem Wortlaut des § 22 Abs. 1 Satz 1 WEG jede **bauliche Veränderung**, die über eine ordnungsmäßige Instandhaltung und Instandsetzung des gemeinschaftlichen Eigentums hinausgeht. Als bauliche Veränderung in diesem Sinne wird die Umgestaltung des **Gemeinschaftseigentums** in Abweichung vom Zustand bei der Entstehung oder nach Vornahme früherer zulässiger baulicher Veränderungen verstanden.[5]

Nicht erfasst sind somit **bauliche Veränderungen**, die sich ausschließlich auf den Bereich des **Sondereigentums** beschränken.[6] Nicht entscheidend ist zudem, ob die angedachte Maßnahme tatsächlich bauliche Tätigkeit erfordert.[7] Relevant ist nur, ob der bauliche Ausgangszustand des gemeinschaftlichen Eigentums durch die Umgestaltung im erzielten Ergebnis verändert wird.

b) Abgrenzung zur Instandhaltung/Instandsetzung

Abzugrenzen ist die bauliche Veränderung von Maßnahmen der **Instandhaltung** und **Instandsetzung**. Diese können als Maßnahme der laufenden Verwaltung nach § 21 Abs. 5 Nr. 2 WEG mehrheitlich beschlossen werden. In diesem Bereich bestand und besteht schon immer eine Beschlusskompetenz der Wohnungseigentümergemeinschaft. Hierunter fällt die Erhaltung bzw. die Wiederherstellung des ursprünglichen ordnungsgemäßen Zustands des Gemeinschaftseigentums einschließlich der Ersetzung nichtreparaturfähiger Teile.[8] Dies kann durch **pflegende, erhaltende und vorsorgende Maßnahmen** erfolgen.[9] Erfasst sind hierdurch insbesondere **alle Reparaturmaßnahmen** am Gebäude bei Beschädigung oder durch Abnutzung und Alterung des Gebäudes.

c) Modernisierende Instandsetzung

Eine **modernisierende Instandsetzung** fällt nicht unter die baulichen Veränderungen, sondern wird noch den allgemeinen Verwaltungsangelegenheiten zugerechnet, soweit

---

[4] BT-Drucksache 16/877 S. 28.
[5] OLG Hamburg ZWE 2002, 136; Bärmann/Pick/Merle/*Merle* § 22 WEG Rdnr. 6.
[6] OLG Düsseldorf WuM 1996, 441; *Lechner* NZM 2005, 609.
[7] Bärmann/Pick/Merle/*Merle* § 22 WEG Rdnr. 7.
[8] Palandt/*Bassenge* § 22 WEG Rdnr. 5.
[9] BayObLG WE 1999, 68; OLG Düsseldorf FGPrax 1995, 102.

sie eine sinnvolle Werterhaltung beinhaltet.[10] So stellen z. B. der Austausch von Einfachverglasung durch Thermofenster[11] sowie das Anbringen einer **wärmedämmenden Fassade**[12] oder die Sanierung einer sehr alten Fassade[13] eine modernisierende Instandsetzung dar, sofern Nutzen und Kosten vernünftig gegeneinander abgewogen sind. Modernisierende Instandsetzungsmaßnahmen werden somit nach allgemeiner Meinung nicht als bauliche Maßnahme i. S. v. § 22 WEG klassifiziert, sondern können als Maßnahmen ordnungsmäßiger Verwaltung nach § 21 Abs. 3 WEG mehrheitlich beschlossen werden.

10 Die Novelle stellt in der Neuregelung des § 22 Abs. 3 WEG ausdrücklich klar, dass sich an dieser bisherigen Rechtslage nichts ändern soll. Maßnahmen der modernisierenden Instandsetzung können die Wohnungseigentümer weiterhin mit einfacher Mehrheit beschließen (§ 21 Abs. 3 WEG).

11 Für die **Abgrenzung** kommt es darauf an, ob die Neuerung einen Bezug zur Instandhaltung oder Instandsetzung hat, ob also vorhandene Einrichtungen wegen bereits notwendiger oder absehbarer Reparaturen technisch auf einen aktuellen Stand gebracht oder durch eine wirtschaftlich sinnvollere Lösung ersetzt werden. In diesem Fall geht es um die **modernisierende Instandsetzung,** zu der es eine Vielzahl von Entscheidungen der Rechtsprechung gibt.[14] Im Unterschied dazu sind **bauliche Maßnahmen,** die sich im Rahmen des § 559 Abs. 1 BGB halten und keinen Bezug mehr zur Instandhaltung oder Instandsetzung haben, als Modernisierungen zu bewerten, die der qualifizierten Mehrheit nach § 22 Abs. 2 WEG bedürfen. Hält sich eine Maßnahme auch nicht im Rahmen des § 559 Abs. 1 BGB und dient sie nicht der Anpassung der Wohnanlage an den Stand der Technik, ist gemäß § 22 Abs. 1 Satz 1 WEG in Verbindung mit § 14 Nr. 1 WEG die Zustimmung aller nicht unerheblich Beeinträchtigten erforderlich.

Hinweis:

12 Die **Abgrenzung** zwischen ordnungsmäßiger Instandsetzung und Instandhaltung (§ 21 Abs. 3, 5 Nr. 2 WEG) als Maßnahme ordnungsmäßiger Verwaltung und baulichen Veränderung bzw. besonderen Aufwendungen behält somit ihre **große praktische Bedeutung,** da Maßnahmen der ordnungsgemäßen Instandhaltung oder Instandsetzung mit Mehrheit beschlossen werden können, auch wenn sie bauliche Veränderungen des gemeinschaftlichen Eigentums erfordern. Sie kann im Einzelfall schwierig sein.[15] Als Faustformel kann davon ausgegangen werden, dass eine **ordnungsmäßige Verwaltung** immer dann gegeben ist, wenn durch eine Maßnahme der **tatsächliche Zustand des Gemeinschaftseigentums nicht geändert** wird. Wird diese Grenze überschritten, ist in der Regel von einer baulichen Änderung auszugehen, die einem Mehrheitsbeschluss nach § 21 Abs. 3, Abs. 5 Nr. 2 WEG nicht mehr zugänglich ist.

3. Zustimmung aller beeinträchtigter Wohnungseigentümer

a) Rechtliche Einordnung der Zustimmungserklärung

aa) Bisherige Rechtslage

13 Die Rechtsnatur der Zustimmungserklärung war nach der alten Rechtslage nicht abschließend geklärt. Grundsätzlich wurde in ihr eine rechtsgeschäftliche Willenserklärung eines jeden einzelnen Wohnungseigentümers gesehen, die nicht an eine besondere

---

[10] OLG Düsseldorf ZWE 2001, 38; OLG Köln ZMR 1998, 49.
[11] OLG Köln WuM 1997, 455.
[12] OLG Hamm ZMR 2007, 131; BayObLG NZM 2002, 75.
[13] OLG Düsseldorf NZM 2003, 29.
[14] Vgl. Palandt/*Bassenge* § 22 WEG Rdnr. 10 m. w. N.
[15] Hierzu *Niedenführ* NZM 2001, 1105; *Gottschalg* NZM 2001, 729.

Form gebunden war,[16] auch konkludent erfolgen[17] und mit Bedingungen und Auflagen versehen werden konnte.[18] Sie konnte zudem vorab oder nachträglich erklärt werden sowie bereits in der Gemeinschaftsordnung enthalten sein. Eine erteilte Zustimmung sollte zudem regelmäßig solange widerruflich sein, als der bauwillige Wohnungseigentümer Dispositionen zur Verwirklichung noch nicht getroffen hatte.[19]

Andererseits war nach allgemeiner Ansicht auch eine Beschlussfassung über die Erteilung der Zustimmung in bestimmten Grenzen denkbar, wenn auch nicht notwendig,[20] weil eine formlose Zustimmung der betroffenen Wohnungseigentümer als gesetzlicher Regelfall vorgesehen war. Diese Ansicht stand aber in einem gewissen Widerspruch zur rechtlichen Qualifizierung der Zustimmungserklärung als separate rechtsgeschäftliche Willenserklärung eines jeden Wohnungseigentümers. Eine materiellrechtlich notwendige Zustimmungserklärung hätte an sich dogmatisch widerspruchsfrei nicht durch eine mehrheitliche Beschlussfassung ersetzt werden können.[21]

bb) Die Einordnung nach der Neuregelung

Die Novelle des WEG bringt nun in § 22 Abs. 1 eine echte Beschlusskompetenz der Wohnungseigentümer im Hinblick auf eine Zustimmung zu einer beabsichtigen baulichen Maßnahme. Damit ist für die Erteilung der Zustimmung nunmehr auch das **förmliche Beschlussverfahren**, nicht eine je eigene formfreie Zustimmungserklärung der Wohnungseigentümer vorgesehen. Notwendig ist somit ein entsprechender Zustimmungsbeschluss als **Gesamtakt** der Wohnungseigentümer. Diese geänderten gesetzlichen Vorgaben zwingen auch zu einem veränderten Verständnis der Zustimmungserklärung.

Soweit in der Neuregelung nach wie vor der Begriff Zustimmung verwendet wird, kann darin nicht mehr die formfreie, auch außerhalb einer Eigentümerversammlung einholbare Erklärung der Eigentümer gesehen werden. Die Formulierung „Zustimmung der beeinträchtigten Wohnungseigentümer" kann nur im Sinne einer Bestimmung der notwendigerweise an der Beschlussfassung mitzuwirkenden Eigentümer verstanden werden. Anderenfalls stünde § 22 Abs. 1 WEG außerhalb des allgemeinen wohnungseigentumsrechtlichen Beschlussverständnisses. § 22 Abs. 1 Satz 1 WEG spricht mit „Zustimmung" also die Stimmrechtsausübung der Beschlussfassenden an.[22] So sieht es auch die Gesetzesbegründung, nach der mit dem Erfordernis der Zustimmung aller Beeinträchtigten die **benötigte Stimmenzahl** geregelt werde.[23] Das bisherige Verständnis zur Zustimmungserklärung lässt sich daher nach der Neuregelung in § 22 Abs. 1 WEG nicht mehr aufrecht erhalten.

b) Zustimmung aller beeinträchtigter Wohnungseigentümer

aa) Zustimmende Beschlussfassung

Die Wohnungseigentümer besitzen grundsätzlich für die Zustimmung zu einer baulichen Veränderung Beschlusskompetenz. Diese ist nicht davon abhängig, ob die Zu-

---

[16] BayObLG NZM 1999, 1009.
[17] BayObLG ZMR 2003, 48.
[18] BayObLG NZM 1998, 1014.
[19] OLG Düsseldorf ZMR 2006, 624; teilweise a. A. *Ott* ZWE 2002, 65.
[20] BGHZ 73, 196; allgemein hierzu *Häublein* NJW 2005, 1466.
[21] Vgl. *Elzer* IMR 2007, 16.
[22] *Elzer* InfoM 2006, 249.
[23] BT-Drucksache 16/887 S. 28.

stimmung alle beeinträchtigten Wohnungseigentümer auch tatsächlich erreicht. Das Erreichen des gesetzlichen **Quorums** ist also keine Frage der Beschlusskompetenz, sondern eine Frage des **Ordnungsmäßigkeit** des gefassten Beschlusses. Die Wohnungseigentümer dürfen keine Beschlüsse fassen, denen die beeinträchtigten Eigentümer nicht zugestimmt haben. Fassen sie gleichwohl einen solchen Beschluss, so ist dieser **anfechtbar**, aber nicht unwirksam. Dies ergibt sich daraus, dass nach weitgehend übereinstimmender Ansicht ein Beschluss, der nicht die erforderliche Stimmenzahl erhält, gleichwohl aber als beschlossen verkündet wird, nur anfechtbar, aber nicht nichtig ist.[24] Im Ergebnis können in diesem Bereich weiterhin sog. „Zitterbeschlüsse" gefasst werden.

bb) Beeinträchtigung

18 Allgemeine bauliche Veränderungen können nach § 22 Abs. 1 Satz 1 WEG beschlossen werden, wenn jeder Wohnungseigentümer zustimmt, dessen Rechte durch die Maßnahmen über das in § 14 Nr. 1 WEG bestimmte Maß hinaus beeinträchtigt werden. Die Neuregelung in § 22 Abs. 1 Satz 2 WEG soll deutlicher als der alte Gesetzeswortlaut zum Ausdruck bringen, dass nur diejenigen Wohnungseigentümer zustimmen müssen, die durch die Maßnahme im Sinne des § 22 Abs. 1 Satz 1 WEG beeinträchtigt werden. Dies ist jedoch nur eine Klarstellung zur bisherigen Rechtslage. Auch nach § 22 Abs. 1 WEG genügte nach übereinstimmender Auffassung die Zustimmung **aller benachteiligten Wohnungseigentümer**.[25] Sind alle Wohnungseigentümer beeinträchtigt – dies dürfte der praktische Regelfall sein –, müssen grundsätzlich alle Eigentümer zustimmen. Erforderlich ist in diesen Fällen ein allstimmiger Beschluss.

19 **Entbehrlich** ist eine Zustimmung, wenn die Maßnahme keine wesentliche Beeinträchtigung bedeutet. Das Maß der zumutbaren Beeinträchtigung wird durch § 14 WEG vorgegeben. Demnach ist die Zustimmung derjenigen Wohnungseigentümer zu baulichen Maßnahmen entbehrlich, denen durch die Veränderung **kein über das bei einem geordneten Zusammenleben unvermeidliche Maß hinausgehender Nachteil erwächst**. Die Novelle hat insoweit keine Veränderungen mit sich gebracht, so dass auf die bisherige Rechtsprechung und Literatur zu diesem Fragekreis zurückgegriffen werden kann.

20 Entscheidend ist demnach wie bisher, ob dem Wohnungseigentümer in vermeidbarer Weise ein **Nachteil**, d.h. eine nach der Verkehrsanschauung **objektiv** gegebene und **konkrete** Beeinträchtigung, entsteht.[26] Es kommt nicht auf das subjektive Empfinden des beeinträchtigten Wohnungseigentümers an,[27] sondern ob sich dieser nach der Verkehrsanschauung in der betreffenden Lage verständlicherweise beeinträchtigt fühlen kann.[28] Beeinträchtigungen, die bei einem zwecksbestimmungsgemäßen Gebrauch eines Wohnungseigentums unvermeidlich sind, müssen somit hingenommen werden. Insoweit sind die widerstreitenden individuellen Interessen gegeneinander abzuwägen.[29] Völlig unerhebliche Beeinträchtigungen bleiben unbeachtlich, um Bagatellfälle auszuscheiden. Der notwendige Schutz des Eigentumsrechts der Wohnungseigentümer untereinander muss aber durch eine sorgfältige Abwägung im Rahmen des § 22 Abs. 1 WEG

---

[24] OLG Frankfurt DWE 1988, 36; OLG Schleswig DWE 1987, 133; KK-WEG/*Drabek* § 23 Rdnr. 74; *Sauren* § 23 WEG Rdnr. 42.
[25] Vgl. Staudinger/*Bub* § 22 WEG Rdnr. 47 m. w. N.
[26] BGH NJW-RR 1992, 978.
[27] OLG Hamburg ZMR 2003, 524.
[28] Vgl. Weitnauer/*Lüke* § 22 WEG Rdnr. 12.
[29] BayObLG MietRB 2004, 76.

sichergestellt werden. Die Schwelle der nicht mehr hinnehmbaren Beeinträchtigung ist daher insgesamt eher niedrig anzusetzen.[30]

c) Bindung von Rechtnachfolger an eine erteilte Zustimmung

aa) Zustimmung durch Beschluss

Wird die Zustimmung zu einer baulichen Veränderung im Beschlusswege erteilt, ergeben sich für eine Bindung der Sondernachfolger an diesen Zustimmungsbeschluss keine Besonderheiten. Ein solcher Beschluss bindet nach § 10 Abs. 4 Satz 1 WEG jeden Sondernachfolger. Einer Eintragung des Beschlusses in das Grundbuch bedarf es zu einer solchen Bindung nicht. Diese Bindung besteht völlig unabhängig davon, ob mit der **baulichen Veränderung** im Zeitpunkt der Rechtsnachfolge zumindest **bereits begonnen** wurde. Ein solches Erfordernis, das in weiten Teilen der Rechtsprechung[31] als Voraussetzung für eine Bindung des Sondernachfolgers aufgestellt worden ist, kann nach der Neufassung des § 22 Abs. 1 WEG keinen Bestand mehr haben. Die Bindung an einen solchen Beschluss ergibt sich aus den allgemeinen wohnungseigentumsrechtlichen Grundsätzen. **21**

bb) Zustimmende Vereinbarung

Das WEG sieht nun für die Zustimmung zu einer baulichen Veränderung als **Regelungsinstrument** den **Beschluss** vor. Nur wenn man die Ansicht teilt, dass die Wohnungseigentümer auch in solchen Angelegenheiten Vereinbarungen treffen können, für die sie nach dem Gesetz oder einer Vereinbarung auch einen Beschluss fassen könnten,[32] lässt sich die bisherige Meinung,[33] nach der die Zustimmung einer vertraglichen Regelung durch die Wohnungseigentümer zugänglich ist, nach der Gesetzesnovelle aufrecht erhalten. **22**

Wählen die Wohnungseigentümer aber den Weg über eine zustimmende Vereinbarung, bindet diese Sondernachfolger nur, wenn sie nach § 10 Abs. 3 WEG im **Grundbuch eingetragen** wurde. Wurde mit der baulichen Veränderung bei Eintritt eines neuen Eigentümers in die Gemeinschaft schon begonnen, kann sich eine Bindung allenfalls aus dem allgemeinen Treueverhältnis der Wohnungseigentümer untereinander ergeben. **23**

4. Anspruch auf bauliche Veränderung

Ein einzelner Wohnungseigentümer hat gem. § 22 Abs. 1 Halbsatz 1 i.V.m. Halbsatz 2 WEG einen Anspruch gegen die anderen Wohnungseigentümer, eine Maßnahme nach § 22 Abs. 1 Satz 1 WEG im Beschlusswege zu gestatten, wenn ihr alle Wohnungseigentümer zugestimmt haben, deren Rechte über das in § 14 Nr. 1 WEG bestimmte Maß hinaus beeinträchtigt werden. Wohnungseigentümern, die durch die Maßnahme nicht im vorbezeichneten Sinne betroffen werden, können den Einzelnen im Ergebnis also nicht an der Durchführung der Maßnahme hindern. **24**

Einen solchen Anspruch hat ein einzelner Wohnungseigentümer insbesondere bei Baumaßnahmen für einen **barrierefreien Zugang**, etwa durch den Bau einer Rollstuhlrampe im Eingangsbereich oder eines Schräglifts im Treppenhaus. Die Voraussetzungen **25**

---

[30] BVerfG NZM 2005, 182.
[31] Z.B. OLG Schleswig NZM 2001, 1037; BayObLG NZM 1998, 524; OLG Düsseldorf NZM 1998, 80.
[32] So KK-WEG/*Elzer* § 10 Rdnr. 97.
[33] Vgl. OLG Hamm ZMR 2005, 220.

des § 22 Abs. 1 WEG in Verbindung mit § 14 Nr. 1 WEG sind in Fällen dieser Art in aller Regel erfüllt. Diese Maßnahmen beeinträchtigen die Miteigentümer allenfalls unwesentlich und sind damit nicht relevant.[34] Jedenfalls sind diese Maßnahmen als **unvermeidlich** zu bewerten, wenn die Barrierefreiheit nach objektiven Kriterien geboten und ohne erhebliche Eingriffe in die Substanz des Gemeinschaftseigentums technisch machbar ist. Bei der insoweit erforderlichen Abwägung aller Umstände des Einzelfalles ist neben dem aus dem Eigentumsrecht (Artikel 14 Abs. 1 Satz 1 GG) fließenden Gestaltungsrecht der anderen Miteigentümer in Rechnung zu stellen, dass dieses Recht auch dem Behinderten zusteht und im Licht der Bedeutung des Artikels 3 Abs. 3 Satz 2 GG auszulegen ist.[35]

26 Der Anspruch ist darauf gerichtet, dass auf Verlangen eine **entsprechende Willensbildung der Eigentümergemeinschaft** eingefordert wird, also die Erklärung des Einverständnisses mit der Durchführung der Maßnahme durch den Einzelnen, nicht aber dahin, dass die Gemeinschaft selbst die Maßnahme durchzuführen habe. Die Regelung entspricht insoweit der des § 15 Abs. 3 WEG, bei dem die gleiche Formulierung gewählt ist Im übrigen ergibt sich dies auch aus dem Begriff der „Beeinträchtigung" im Sinne des § 22 Abs. 1 Satz 1 WEG. Denn wenn die Gemeinschaft eine Maßnahme selbst durchführen müsste, wären auch alle Wohnungseigentümer betroffen und es wäre ohnedies Einstimmigkeit erforderlich.[36]

III. Modernisierungsmaßnahmen/Anpassung an Stand der Technik

1. Die bisherige Rechtslage

27 Durch § 22 Abs. 1 WEG a. F. wurde in der Vergangenheit vielfach eine Anpassung des Gemeinschaftseigentums an veränderte Umstände verhindert. Der Begriff der baulichen Veränderung (§ 22 Abs. 1 Satz 1 WEG) und der Beeinträchtigung (§ 22 Abs. 1 Satz 2 i. V. m. § 14 Nr. 1 WEG) werden bekanntlich nämlich weit ausgelegt, und zwar dahin, dass im wesentlichen jede nicht ganz unerhebliche Veränderung des Status quo erfasst wird.[37] Deshalb bedurften viele Neuerungen der Zustimmung praktisch aller Wohnungseigentümer einer Anlage, so etwa in der Regel der Einbau von Fenstern oder Türen, jede nicht ganz unerhebliche Änderung des äußeren Erscheinungsbildes wie das Anbringen von Markisen, ebenso Umgestaltungen der vorhandenen Einrichtung wie Änderungen am Fußboden oder an den Wänden des Treppenhauses oder ein Ersatz der Gemeinschaftsantenne durch Kabelanschluss, schließlich alle Änderungen am Grundstück selbst, wie die Anlage eines Gartens, die Pflasterung des Hofes oder von Zufahrten und Wegen.

28 Die erforderliche Zustimmung, die so genannte Allstimmigkeit, war aber jedenfalls in mittleren und größeren Einheiten praktisch kaum zu erreichen, da es dort fast immer den einen oder anderen Miteigentümer gibt, der auch aus nicht sachlichen Gründen widerspricht oder sich mangels Interesses nicht an der Abstimmung beteiligt, so dass viele auch wirtschaftlich sinnvoll und wünschenswert erscheinende Maßnahmen in der Praxis scheiterten. Mangels Anpassung an die Erfordernisse der Zeit drohte somit ins-

---

[34] BT-Drucksache 16/887 S. 31; Bärmann/Pick/Merle/*Pick* § 14 WEG Rdnr. 48; Staudinger/*Bub* § 22 WEG Rdnr. 54, jeweils m. w. N.
[35] BT-Drucksache 16/887 S. 31.
[36] BT-Drucksache 16/877 S. 29.
[37] Siehe § 7 Rdnr. 6.

besondere bei älteren Anlagen ein Wertverlust sowohl des gemeinschaftlichen Eigentums als auch des Sondereigentums.

An dieser Situation änderte sich auch nichts Wesentliches dadurch, dass die Wohnungseigentümer bereits nach geltendem Recht, nämlich gemäß § 21 Abs. 3 und Abs. 5 Nr. 2 WEG, Maßnahmen der modernisierenden Instandsetzung mit Mehrheit beschließen konnten.[38] Diese Möglichkeit knüpft nämlich maßgeblich an die bereits notwendige oder bald absehbare Reparatur an und erfasst somit nur einen kleinen Teil von Neuerungen, Umgestaltungen und Änderungen.

2. Die Neuregelung in § 22 Abs. 2 WEG

Mit der Neuregelung in § 22 Abs. 2 WEG erhalten die Wohnungseigentümer die Möglichkeit, mit qualifizierter Mehrheit auch Maßnahmen zur **Modernisierung** und Anpassung des Gemeinschaftseigentums an den **Stand der Technik** ohne Zusammenhang mit einer Reparatur beschließen zu können. Es besteht nun Beschlusskompetenz für Maßnahmen, die über die (auch modernisierende) Instandhaltung oder die Instandsetzung hinausgehen, und die der nachhaltigen Erhöhung des Gebrauchswerts, der dauerhaften Verbesserung der Wohnverhältnisse oder der Einsparung von Energie oder Wasser dienen.[39] Die Mehrheitsmacht erfasst dabei Vorhaben jeder Größe, etwa das Aufstellen eines Fahrradständers, das nachträgliche Anbringen einer Gegensprechanlage oder auch den Einbau eines Fahrstuhls.[40]

3. Voraussetzungen für eine Beschlussfassung

a) Modernisierungsmaßnahme

§ 22 Abs. 2 WEG eröffnet zunächst eine Beschlussfassung für Modernisierungsmaßnahmen entsprechend § 559 Abs. 1 BGB. Hierunter sind Maßnahmen zu verstehen, die den Gebrauchswert der Anlage nachhaltig erhöhen, die allgemeinen Wohnverhältnisse auf Dauer verbessern oder nachhaltig Einsparung von Energie und Wasser bewirken. Auf den Begriff der Modernisierung im Sinne des § 559 Abs. 1 BGB hat der Gesetzgeber deshalb abgestellt, weil dieser die Maßnahmen umfasst, die der Mehrheitsmacht unterliegen sollen und der – was die Einzelmaßnahmen anbelangt – in Rechtsprechung und Lehre als weitgehend geklärt angesehen wurde.[41]

b) Anpassung an den Stand der Technik

Weiterhin können die Wohnungseigentümer nach § 22 Abs. 2 Satz 1 bauliche Maßnahmen beschließen, die einer Anpassung des gemeinschaftlichen Eigentums an den Stand der Technik dienen. Mit „Stand der Technik" ist das Niveau einer anerkannten und in der Praxis bewährten, fortschrittlichen technischen Entwicklung gemeint, welches das Erreichen des gesetzlich vorgegebenen Ziels gesichert erscheinen lässt.[42] Der Gesetzgeber hat diesen Begriff dem Begriff der „anerkannten Regeln der Technik", wie er etwa in § 641a Abs. 3 Satz 4 BGB zu finden ist, vorgezogen. Grund hierfür ist, dass

---

[38] Siehe § 7 Rdnr. 9.
[39] Ablehnend zu dieser Neukonzeption *Bub* ZWE 2005, 142, 144 sowie NZM 2006, 841, 848; *Sauren* MietRB 2005, 137, 138; befürwortend dagegen *Abramenko* ZMR 2005, 22, 24; *Hinz* ZMR 2005, 271, 276.
[40] BT-Drucksache 16/877 S. 30.
[41] BT-Drucksache 16/887 S. 30.
[42] BT-Drucksache 16/887 S. 30.

in § 641a Abs. 3 Satz 4 BGB ein Maßstab verwendet wird, den der Besteller eines Werks auch ohne entsprechende Vereinbarung verlangen kann und den ein Werkunternehmer üblicherweise beachten muss. Demgegenüber wird durch § 22 Abs. 2 WEG ein **höheres Anforderungsniveau** festgelegt, um Streit über den mit einer bestimmten Maßnahme erreichbaren Grad der Modernisierung zu vermeiden. Zu weitgehend erschien hingegen dem Gesetzgeber, auch Maßnahmen zuzulassen, die darüber hinausgehend dem „Stand von Wissenschaft und Technik" entsprechen.[43]

c) Sinnvolle Maßnahmen

33   Der Begriff „dienen" stellt sicher, dass die Anforderungen an einen Modernisierungsbeschluss nicht höher sind als an einen Beschluss zur modernisierenden Instandsetzung. In beiden Fällen reicht es aus, dass die Maßnahme ordnungsmäßiger Verwaltung entspricht. Dies ist gegeben, wenn sie dem geordneten Zusammenleben der Gemeinschaft dient, den Interessen der Gesamtheit der Wohnungseigentümer nach billigem Ermessen entspricht und der Gemeinschaft nützt.[44] Dabei kommt es auf die voraussichtliche Eignung der Maßnahme an. Bei der Beurteilung ist auf den Maßstab eines vernünftigen, wirtschaftlich denkenden und sinnvollen Neuerungen gegenüber aufgeschlossenen Hauseigentümers abzustellen.[45]

4. Grenzen der Beschlusskompetenz

a) Umgestaltung der Anlage

34   Die Mehrheitsmacht erfasst nicht eine Umgestaltung der **Wohnanlage**, die deren bisherige **Eigenart ändert**. Eine solche Veränderung kann beispielsweise vorliegen bei einem Anbau, etwa eines Wintergartens, einer Aufstockung oder einem Abriss von Gebäudeteilen oder vergleichbaren Veränderungen des inneren oder äußeren Bestandes. Zu denken ist in diesem Zusammenhang an eine Luxussanierung, den Ausbau von nicht zu Wohnzwecken genutzten Räumen zu Wohnungen oder die Umgestaltung einer größeren Grünfläche zu einem großen Pkw-Abstellplatz.[46]

35   Auch die nachhaltige Veränderung des **optischen Gesamteindrucks** oder das Entstehen eines uneinheitlichen Gesamteindrucks setzen der Mehrheitsmacht Grenzen, beispielsweise wenn nur einzelne, nicht aber alle Balkone an der Front eines Hauses verglast werden oder wenn beim Bau von Dachgauben in einer vorhandenen Dachgeschosswohnung die Symmetrie des Hauses nicht eingehalten wird. Für solche Maßnahmen bleibt es bei der nach § 22 Abs. 1 WEG erforderlichen Zustimmung aller Beeinträchtigten.

b) Unbillige Beeinträchtigung

36   Die Mehrheitsmacht umfasst auch nicht Maßnahmen, die einen Wohnungseigentümer gegenüber anderen unbillig beeinträchtigen. Entscheidend ist zunächst wie im Rahmen von § 22 Abs. 1 WEG,[47] ob die Veränderung zu einer Beeinträchtigung für ei-

---

[43] BT-Drucksache 16/887 S. 30.
[44] KG ZMR 2004, 780; *Elzer* ZMR 2007, 237; KK-WEG/*Drabek* § 21 Rdnr. 93; Bärmann/Pick/Merle/*Merle* § 21 WEG Rdnr. 63.
[45] Vgl. Bärmann/Pick/Merle/*Merle* § 21 WEG Rdnr. 139 zur modernisierenden Instandsetzung.
[46] BT-Drucksache 16/887 S. 30.
[47] Siehe § 7 Rdnr. 18.

nen oder mehrere Wohnungseigentümer führt. Dies hängt weitgehend von den Umständen des Einzelfalles ab. Allein eine Beeinträchtigung setzt aber der Mehrheitsmacht noch keine Schranken. Erst wenn die Beeinträchtigung eines Wohnungseigentümers **im Vergleich** zu den anderen Miteigentümern **unbillig** ist, ist eine entsprechende Beschlussfassung nicht mehr ordnungsmäßig.

Auch **Kosten der Maßnahme** können eine Beeinträchtigung darstellen. Sie sind aber nur im Ausnahmefall als unbillige Beeinträchtigung anzusehen, nämlich dann, wenn sie das Maß der Aufwendungen übersteigen, die dazu dienen, das gemeinschaftliche Eigentum in einen Zustand zu versetzen, wie er allgemein üblich ist, etwa zur Energieeinsparung oder zur Schadstoffminderung. Mit solchen Maßnahmen muss jeder Wohnungseigentümer rechnen und erforderlichenfalls entsprechende private Rücklagen bilden, um sie zu finanzieren.[48]

Im Einzelfall kann sich eine unbillige Beeinträchtigung dann ergeben, wenn ein Wohnungseigentümer wegen der Kosten von Modernisierungsmaßnahmen gezwungen würde, sein **Wohnungseigentum zu veräußern**. Solche seltenen Fälle können die Wohnungseigentümer aber durch angemessene Rückstellungen vermeiden, da auf diese Weise eine finanzielle Überforderung praktisch ausgeschlossen wird.

5. Doppelt qualifizierte Mehrheit für die Beschlussfassung

Ein Beschluss der Wohnungseigentümer zur Modernisierung oder Anpassung an den Stand der Technik bedarf nach § 22 Abs. 2 Satz 1 ebenso wie ein Beschluss nach § 16 Abs. 4 WEG einer Mehrheit von drei Viertel aller stimmberechtigten Wohnungseigentümer i.S.d. § 25 Abs. 2 WEG (**Mehrheit nach Köpfen**) und mehr als der **Hälfte aller Miteigentumsanteile**. Dieses doppelt qualifizierte Mehrheitserfordernis stellt sicher, dass nur solche Maßnahmen durchgeführt werden, die dem Willen der Mehrheit entsprechen. Zufällige, durch eine geringe Anzahl von Eigentümern in der Versammlung bedingte Beschlussfassungen sollen in diesem Bereich wegen der großen Bedeutung, insbesondere den damit zusammenhängenden finanziellen Belastungen, ausgeschlossen werden. Die erforderliche Stimmenmehrheit berechnet sich demnach nicht aus der Anzahl der beeinträchtigten Wohnungseigentümer wie im Rahmen von § 22 Abs. 1 WEG. Es ist vielmehr auf die **Anzahl aller stimmberechtigten Wohnungseigentümer** abzustellen.

Praxistipp:
Die Abstimmung und die Auszählung bei Beschlüssen nach §§ 16 Abs. 4, 22 Abs. 2 WEG wird insbesondere bei größeren Wohnanlagen von dem Verwalter ein erhebliches Maß an Sorgfalt abverlangen. Er muss durch geeignete organisatorische Maßnahmen sicherstellen, dass die geforderte doppelte Mehrheit berechnet werden kann. Dies setzt eine Bewertung jeder Stimmabgabe im Hinblick auf das Kopfteilprinzip und das Wertprinzip voraus. Nur so ist die dem Versammlungsleiter obliegende Pflicht zur Ermittlung des Abstimmungsergebnisses[49] sowie zu dessen Feststellung[50] möglich. Ohne eine aktuelle Liste der Inhaber der Miteigentumsbruchteile sowie deren Höhe kann er diese Anforderung beispielsweise nicht bewältigen.

Wird die geforderte doppelte **Mehrheit nicht erreicht**, ist ein gleichwohl gefasster Beschluss nur **anfechtbar**, nicht aber nichtig. Es kann für die doppelt qualifizierte Mehrheit nichts anders gelten, wie die in § 22 Abs. 1 WEG geforderte Zustimmung aller be-

---

[48] BT-Drucksache 16/887 S. 31.
[49] Vgl. BGH ZMR 2002, 936.
[50] Vgl. BGH NJW 2001, 3339.

einträchtigter Wohnungseigentümer.[51] Das Erreichen des gesetzlichen **Quorums** ist also keine Frage der Beschlusskompetenz, sondern eine Frage der **Ordnungsmäßigkeit** des gefassten Beschlusses.

6. Anspruch auf Modernisierungs- oder Anpassungsmaßnahmen

42   Ein einzelner Wohnungseigentümer hat auf Modernisierungs- oder Anpassungsmaßnahmen gemäß § 22 Abs. 2 Satz 1 WEG – im Unterschied zu Maßnahmen der Instandhaltung oder Instandsetzung gemäß § 21 Absatz 4 WEG – **keinen Anspruch.** Dies ergibt sich aus einer Gegenüberstellung von § 22 Abs. 1 und Abs. 2 WEG. § 22 Abs. 2 WEG stellt im Gegensatz zu § 22 Abs. 1 WEG ausdrücklich nur auf „beschließen" ab, nicht aber auf „verlangen". Einen Anspruch auf einen Akt der Willensbildung, der die Maßnahme gestattet, hat ein einzelner Wohnungseigentümer nur unter den Voraussetzungen des § 22 Abs. 1 WEG.[52]

7. Keine abweichenden Vereinbarungen

43   Die Beschlusskompetenz für bauliche Maßnahmen zur Modernisierung oder Anpassung des gemeinschaftlichen Eigentums an den Stand der Technik kann gem. § 22 Abs. 2 Satz 2 WEG durch eine Vereinbarung der Wohnungseigentümer nicht eingeschränkt oder ausgeschlossen werden. Mit dieser Vorschrift wird verhindert – wie in den parallelen Vorschriften der §§ 12 Abs. 4 Satz 3 und 16 Abs. 5 WEG –, dass die Neuregelung durch abweichende geltende oder künftige Vereinbarungen unterlaufen wird.

44   Abweichende Beschlüsse zu baulichen Veränderungen oder Aufwendungen aufgrund einer Öffnungsklausel mit geringeren Anforderungen, also etwa ohne das Erfordernis der hier vorgeschriebenen qualifizierten Mehrheit, bleiben im Übrigen zulässig, weil solche Beschlüsse die Befugnis der Mehrheit der Wohnungseigentümer nicht „einschränken", sondern erweitern.

8. Verhältnis zur modernisierenden Instandsetzung

45   Die Kompetenz, mit **einfacher Mehrheit** Maßnahmen der modernisierenden Instandsetzung beschließen zu können, bleibt davon unberührt.[53] Dies ist zur Klarstellung in § 22 Abs. 3 WEG ausdrücklich festgelegt.

IV. Das Stufenverhältnis für bauliche Maßnahmen

46   Insgesamt ergibt sich durch die Neuregelungen ein Stufenverhältnis für bauliche Maßnahmen.[54] Je nach dem, ob sich die Maßnahme noch im Rahmen einer ordnungsmäßigen Instandhaltung oder Instandsetzung nach § 21 Abs. 5 Nr. 2 WEG bewegt oder eine bauliche Veränderung i. S. v. § 22 Abs. 1 und 2 WEG darstellt, ergeben sich unterschiedliche Aussagen zur geforderten Mehrheit. Dieses Verhältnis lässt sich als Schaubild wie folgt darstellen:

---

[51] Siehe hierzu § 7 Rdnr. 17.
[52] Siehe § 7 Rdnr. 24.
[53] *Bub* ZWE 2005, 142, 144 hält § 22 Abs. 3 WEG deshalb auch für überflüssig.
[54] *Jennißen* Skript ARGE Mietrecht Februar 2007, S. 12.

1. Stufe	Instandhaltung/Instandsetzung nach § 21 Abs. 5 Nr. 2 WEG; hierzu zählen auch modernisierende Instandsetzungen (vgl. § 22 Abs. 3 WEG)	einfache Mehrheit	47
2. Stufe	Modernisierungsmaßnahme Anpassung an den Stand der Technik (§ 22 Abs. 2 WEG)	doppelt qualifizierte Mehrheit: Mehrheit der in der Versammlung anwesenden Eigentümer nach Köpfen und Mehrheit aller Miteigentumsanteile	
3. Stufe	Allgemeine bauliche Veränderungen (§ 22 Abs. 1 WEG)	Zustimmung aller beeinträchtigten Eigentümer	

V. Regelungen zur Kostentragung

Nach der neuen Regelung in § 16 Abs. 4 WEG können die Wohnungseigentümer für jeden einzelnen Fall einer baulichen Veränderung oder Aufwendung i. S. d. § 22 Abs. 1 und 2 WEG eine vom allgemein geltenden Kostenverteilungsschlüssel abweichende Kostenverteilung für die angedachte Maßnahme beschließen. Der abweichende Maßstab muss allerdings dem Gebrauch oder der Möglichkeit des Gebrauchs durch alle Wohnungseigentümer Rechnung tragen. Dies gilt ebenso für Maßnahmen der Instandhaltung und Instandsetzung, zu denen auch eine modernisierende Instandsetzung zählt.[55]

Unterbleibt eine diesbezügliche Kostenregelung, findet (nur) für bauliche Veränderungen nach § 22 Abs. 1 WEG die Vorschrift des § 16 Abs. 6 WEG (entspricht § 16 Abs. 3 WEG a. F.) Anwendung. Danach sind Wohnungseigentümer, die einer baulichen Veränderungen nicht zugestimmt haben, nicht zur Nutzung berechtigt und müssen im Gegenzug auch keine Kosten hierfür tragen.

---

[55] Siehe § 5 Rdnr. 63.

§ 8 Beschlussrecht

I. Überblick

1   Die Wohnungseigentümer können ihre Angelegenheiten entweder durch einen **Beschluss** oder eine **Vereinbarung** regeln. Entsteht eine Gemeinschaft, steht die Vereinbarung im Vordergrund. Nach Begründung von Sonder- und Gemeinschaftseigentum ist hingegen der Beschluss das vorherrschende Instrument. Manche Angelegenheiten können nur vereinbart, hingegen nicht beschlossen werden. Vereinbarung und Beschluss stehen den Wohnungseigentümern also nicht in gleicher Weise zur Verfügung. Die Vereinbarung geht dem Beschluss grundsätzlich vor, sie ist die höhere Norm.[1]

2   Mit den **Besonderheiten** einzelner Vereinbarungen und Beschlüsse befasst sich die WEG-Reform in §§ 10 Abs. 2 Satz 3, 12 Abs. 4, 16 Abs. 3 bis Abs. 5, 21 Abs. 7, 22 Abs. 1 und Abs. 2 WEG sowie § 27 Abs. 3 Satz 1 Nr. 7 WEG. Diese Vorschriften haben zum Teil **ganz wesentliche Eingriffe** mit dem Ziel erfahren, die Handlungsfähigkeit der Wohnungseigentümer zu stärken und die Verwaltung zu erleichtern. Die Vorschriften zum **allgemeinen Beschlussrecht** – also solche, die für jeden Beschluss Geltung beanspruchen und nicht nur Problem und Gegenstand einer Vorschrift sind – haben demgegenüber **nur kleinere inhaltliche Änderungen** erfahren. Der Gesetzgeber hat die Reform zum Anlass genommen, deutlicher als bislang heraus zu stellen, wann ein Beschluss angefochten werden muss, um ihm seine Gültigkeit zu nehmen. Im reformierten Recht ist durch Umformulierungen und Umstellungen klarer geworden, dass ein nichtiger Beschluss weder angefochten werden kann noch muss. Anfechtbar sind weiterhin nur mangelhafte Beschlüsse (aus formellen oder materiellen Gründen), nicht aber nichtige Beschlüsse. Welche Fehler einen Beschluss mangelhaft machen, bleibt allerdings weiterhin ungeregelt – und damit der Klärung durch Wissenschaft und Praxis überlassen. Neben diesem Problem ist die Frist, in der ein Beschluss im Wege einer Anfechtungsklage anfechtbar ist (**Anfechtungsfrist**), in die Verfahrensvorschriften verlagert worden (ungeachtet dessen ist diese Frist weiterhin als materiell-rechtliche Ausschlussfrist zu verstehen).[2] Die Anfechtungsfrist findet sich nicht mehr in § 23 Abs. 4 WEG, sondern jetzt ohne inhaltliche Änderung in § 46 Abs. 1 Satz 2 WEG.[3] Der Gesetzgeber hat weiter für sämtliche Beschlüsse und alle gerichtlichen Entscheidungen nach § 43 WEG **eine Beschluss-Sammlung** obligatorisch gemacht. Diese Beschluss-Sammlung ermöglicht es künftig, sich über den Beschlussstand einer Wohnungseigentumsanlage einen guten Überblick zu verschaffen. Neben dem Grundbuch – in dem sich häufig „verdinglichte Vereinbarungen" finden –, und neben den Versammlungsniederschriften nach § 24 Abs. 6 WEG wird die Beschluss-Sammlung künftig die zentrale Informationsquelle und wesentliche Grundlage einer Kaufentscheidung sein.[4] Zur Erleichterung der Verwaltung gibt es in § 21 Abs. 7 WEG ferner eine Reihe neuer Beschlussrechte. §§ 16 Abs. 3, 22 Abs. 2 WEG regeln schließlich neue Beschlussanforderungen, die hier systematisch zusammengefasst werden sollen.

---

[1] FA MietRWEG/*Elzer* Kapitel 20 Rdnr. 156.
[2] Rdnr. 14.
[3] § 13 Rdnr. 129 ff.
[4] Eine zwingende Sammlung über „schuldrechtliche Vereinbarungen" wird es weiterhin nicht geben. Bei diesen ist weiterhin zu fragen, ob sie durch einen neuen Wohnungseigentümer hinfällig werden, vgl. KK-WEG/*Elzer* § 10 WEG Rdnr. 152 f.

II. Mangelhafte und nichtige Beschlüsse

Überblick:

- § 23 Abs. 4 WEG: Klarstellung, dass nichtige Beschlüsse nicht anzufechten sind;
- § 46 Abs. 1 Satz 2 WEG: Verlagerung der Anfechtungsfrist;
- § 24 Abs. 7 WEG: Beschluss-Sammlung;
- § 21 Abs. 7 WEG: Verwaltungskostenbeschlüsse;
- §§ 16 Abs. 3, 22 Abs. 2 WEG: neue Beschlussanforderungen.

II. Mangelhafte und nichtige Beschlüsse

1. Allgemeines

Ein Beschluss ist **nicht ordnungsmäßig** i. S. v. § 21 Abs. 4 WEG, wenn er unter formellen oder/und materiellen Mängeln leidet. Außerdem kann ein Beschluss nichtig sein. Ist ein Beschluss nicht nichtig, ist er für die Wohnungseigentümer, den Verband Wohnungseigentümergemeinschaft und seine Organe sowie für das Gericht gem. § 23 Abs. 4 Satz 2 WEG bindend. Um die Bindung zu beseitigen, können Mängel nach §§ 43 Nr. 4, 46 Abs. 1 Satz 1 WEG zum Gegenstand einer gestaltenden **Anfechtungsklage** gemacht werden.[5] Gewinnt das ausschließlich zuständige Wohnungseigentumsgericht in einem solchen Verfahren nach § 286 Abs. 1 Satz 1 ZPO die Überzeugung, dass ein angefochtener Beschluss **mangelbehaftet** ist, hat es ihn grundsätzlich gem. § 23 Abs. 4 Satz 2 WEG durch Urteil für ungültig zu erklären (Gestaltungsurteil). Eine Gestaltungswirkung kommt dem Urteil allerdings erst mit **Rechtskraft** zu. Eine nach § 44 Abs. 3 Satz 1 WEG a.F. das Verfahren flankierende, selbstständig nicht anfechtbare einstweilige Anordnung, mit der früher die Wirkungen eines Beschlusses während des Verfahrens suspendiert werden konnten, ist nicht mehr vorgesehen. In dringenden Fällen kann nach neuem Recht aber gem. §§ 935, 940 ZPO eine **Regelungsverfügung** erwirkt werden.[6]

Ist ein Beschluss **nichtig**, bindet er nicht. Ein nichtiges Rechtsgeschäft lässt die von den Vertragsschließenden gewollten Rechtswirkungen von Anfang an nicht eintreten. Die Nichtigkeit wirkt grundsätzlich für und gegen alle, bedarf keiner Geltendmachung und ist im gerichtlichen Verfahren von Amts wegen zu berücksichtigen. Ist ein Eigentümerbeschluss nichtig und sind die entsprechenden Tatsachen von den Parteien (unter Umständen nach einem gerichtlichen Hinweis) dargelegt und ggf. bewiesen worden, ist das in einem gerichtlichen Verfahren also auch dann zu berücksichtigen, wenn die Nichtigkeit nicht vorher ausdrücklich festgestellt worden ist.[7] Beruft sich jemand auf die angebliche Bindungswirkung eines nichtigen Beschlusses, kann das Wohnungseigentumsgericht aus Gründen der Rechtssicherheit und Rechtsklarheit mit dem Antrag angerufen werden, seine Nichtigkeit deklaratorisch **festzustellen** (Feststellungsurteil).[8]

2. Einzelheiten

Der Wortlaut des bisherigen § 23 Abs. 4 WEG a.F. war **mehrdeutig**. Er ließ die vorstehenden Grundsätze **nicht deutlich genug** erkennen.[9] § 23 Abs. 4 WEG a.F. konnte zu der Annahme verleiten, dass auch ein nichtiger Beschluss nur ungültig ist, wenn er von einem Gericht für ungültig erklärt wurde. Bei einem wörtlichen Verständnis von § 23

---

[5] Siehe dazu § 13 Rdnr. 117 ff.
[6] Siehe § 13 Rdnr. 274.
[7] BGHZ 107, 268, 269 = MDR 1989, 897.
[8] Dazu § 13 Rdnr. 174 ff.
[9] BGHZ 107, 268, 270 = MDR 1989, 897.

Abs. 4 Satz 2 WEG a. F. war bei einem nichtigen Beschluss nur die Einhaltung der Anfechtungsfrist, nicht aber die Anfechtung entbehrlich.[10] Der zweite Halbsatz von § 23 Abs. 4 Satz 2 WEG bezog sich grammatikalisch lediglich auf die im ersten Halbsatz enthaltene Regelung, wonach der Antrag auf eine solche Beschlussfassung „nur binnen eines Monats seit der Beschlussfassung" gestellt werden kann. Diese Unklarheiten nimmt der Gesetzgeber zum Anlass, Inhalt und Zweck von § 23 Abs. 4 WEG durch **zwei Maßnahmen klarer** zu fassen: Zum einen stellt er die Reihenfolge der beiden Sätze des § 23 Abs. 4 WEG um. Und zum anderen wird die Anfechtungsfrist selbst zu den Verfahrensvorschriften in § 46 Abs. 1 Satz 2 WEG verlagert.

a) Neue Reihenfolge

7   Während § 23 Abs. 4 WEG bislang an erster Stelle anordnete, dass ein mangelhafter, aber nicht nichtiger Beschluss nur ungültig ist, wenn er für ungültig erklärt wird, widmet er sich jetzt zunächst nichtigen Beschlüssen. § 23 Abs. 4 WEG bestimmt dazu in Satz 1, dass ein Beschluss, der gegen eine Rechtsvorschrift verstößt, auf deren Einhaltung rechtswirksam nicht verzichtet werden kann, nichtig ist. In Satz 2 ist hingegen angeordnet, dass ein Beschluss im Übrigen gültig ist, solange er nicht durch rechtskräftiges Urteil für ungültig erklärt ist. Durch diese neue Abfolge wird sehr viel besser als bislang **deutlich**, dass nichtige Beschlüsse nicht angefochten werden können und es auch einer Ungültigerklärung durch ein Urteil nicht bedarf. Unverändert möglich ist allerdings – wie auch bisher – ein auf deklaratorische Feststellung der Nichtigkeit gerichteter Feststellungsantrag.[11]

aa) Nichtigkeit

8   Weiterhin ungeregelt geblieben ist allerdings, wann ein Beschluss **nichtig** ist. Hier gilt die bisherige Rechtsprechung also fort. Danach gilt Folgendes: Gem. § 23 Abs. 1 WEG können die Wohnungseigentümer nur solche Angelegenheiten durch Beschluss regeln, für die nach dem Wohnungseigentumsgesetz oder nach einer Vereinbarung eine Entscheidung durch Beschluss vorgesehen ist; andernfalls bedarf es einer Vereinbarung.[12] Nutzen die Wohnungseigentümer den Beschluss als Regelungsinstrument ohne entsprechende Kompetenz, ist dieser ohne weiteres nichtig.[13] Nichtig sind ferner alle Beschlüsse, die gegen zwingendes Recht, gegen § 134 oder § 138 BGB oder gegen den Kernbereich des Wohnungseigentums verstoßen.[14] Als nichtig werden ferner solche Beschlüsse angesehen, die nicht bestimmt genug sind und solche, in denen eine Angelegenheit auch nicht im Wege der Vereinbarung geregelt werden könnte.

bb) Schwebend unwirksame Beschlüsse

9   Nach vom Bundesgerichtshof geteilter Auffassung gibt es neben nichtigen auch **schwebend nichtige Beschlüsse**.[15] Dies wird zum einen für den Fall befürwortet, dass ein unentziehbares und „mehrheitsfestes" (durch Beschluss nicht entziehbares Recht), aber verzichtbares Individualrecht verletzt wird. Zum anderen werden schwebende Be-

---

[10] *Rau* ZMR 2001, 241.
[11] Siehe dazu § 13 Rdnr. 176.
[12] BGHZ 156, 279, 288; 145, 158, 166 = ZMR 2000, 771.
[13] BGHZ 156, 279, 288; 145, 158, 168 = ZMR 2000, 771.
[14] Siehe dazu etwa *Bub,* FS Seuß (2007), 53 ff.; KK-WEG/*Elzer* § 10 WEG Rdnr. 224 ff.
[15] BGH ZMR 2004, 438, 442; siehe dazu *Bub,* FS Seuß (2007), 53 ff.; *Becker* ZWE 2002, 341, 344; *Buck,* Mehrheitsentscheidungen mit Vereinbarungsinhalt im Wohnungseigentumsrecht, 2001, S. 77.

II. Mangelhafte und nichtige Beschlüsse

schlüsse für den Fall erwogen, dass es an einer Entstehungsvoraussetzung für einen Beschluss fehlt, andere Entstehungsvoraussetzungen aber bereits vorliegen.[16]

cc) Beschlussmängel

Das Gesetz regelt auch nach der Reform nicht, **welche Beschlussmängel** zum Gegenstand einer Anfechtungsklage gemacht werden können. In Betracht kommen deshalb wie auch bislang formelle sowie materielle Mängel.[17]

b) Klagefrist

Die bisher in § 23 Abs. 4 Satz 2 WEG a. F. geregelte Anfechtungsfrist ist in den 3. Teil des WEG zu den **Verfahrensvorschriften** verlagert worden und ist jetzt in § 46 Abs. 1 Satz 2 WEG zu finden.[18] Nach § 46 Abs. 1 Satz 2 WEG muss eine Beschlussanfechtung innerhalb eines Monats nach der Beschlussfassung erhoben werden. Außerdem muss eine Anfechtungsklage neuerdings innerhalb zweier Monate nach Beschlussfassung auch begründet werden.[19] Durch die Umstrukturierung und die Verlagerung zu den Verfahrensvorschriften hätte erwogen werden können, die Klagefrist nunmehr als Sachurteilsvoraussetzung zu verstehen. Nach Willen des Gesetzgebers ist die Klagefrist indes weiterhin als materiell-rechtliche Ausschlussfrist zu verstehen.[20]

3. Übersehene Nichtigkeit

Entscheidungen der Wohnungseigentumsgerichte sind mit Rechtskraft für alle Beteiligten bindend.[21] Über die in § 325 ZPO angeordneten Wirkungen hinaus wirkt das rechtskräftige Urteil nach § 48 Abs. 3 WEG auch für und gegen alle beigeladenen Wohnungseigentümer und ihre Rechtsnachfolger sowie den beigeladenen Verwalter.[22] Wird durch ein Urteil eine Anfechtungsklage nach § 46 WEG **fehlerhaft als unbegründet** abgewiesen, kann gem. § 48 Abs. 4 WEG später von keinem mehr geltend gemacht werden, der Beschluss sei nichtig.[23] Wird ein Beschluss als nicht ordnungsmäßig angefochten oder behauptet der Antragsteller Nichtigkeit und weist das Gericht den Antrag als unbegründet ab, gilt auch ein nichtiger Beschluss nach § 10 Abs. 4 Satz 1 WEG als wirksam. In Verfahren über die Gültigkeit von Eigentümerbeschlüssen bilden Anfechtungs- und Nichtigkeitsgründe denselben Verfahrensgegenstand, über den mit umfassender Rechtskraftwirkung entschieden wird.[24]

Um diese **umfassende Bindungswirkung** annehmen zu können, muss sich das Gericht allerdings mit dem Beschlussgegenstand **auseinandergesetzt** haben. Die Prüfung, ob ein Beschluss nichtig ist, hat weiterhin **von Amts wegen** zu erfolgen. Verfahrensgegenstand eines Anfechtungsantrags ist die Gültigkeit eines angegriffenen Beschlusses. Auf Grund eines solchen Antrags hat das Gericht im Hinblick auf die umfassende Rechtskraftwirkung gerichtlicher Entscheidungen angefochtene Eigentümerbeschlüsse nicht nur auf

---

[16] Zu Recht ablehnend gegenüber dieser Sichtweise *Bub*, FS Seuß (2007), S. 53, 68 ff.
[17] Siehe dazu Bärmann/Pick/Merle/*Merle* § 23 WEG Rdnr. 163 ff. und Staudinger/*Bub* § 23 WEG Rdnr. 269 ff.
[18] Siehe dazu im Einzelnen § 13 Rdnr. 129.
[19] Siehe § 13 Rdnr. 153.
[20] BT-Drucksache 16/887 S. 38.
[21] OLG Düsseldorf ZMR 2005, 217, 218; BayObLG ZMR 2005, 213; ZMR 2005, 63, 64.
[22] Siehe § 13 Rdnr. 210.
[23] Zum früheren Recht OLG Düsseldorf ZMR 2006, 141, 142 = NJW-RR 2005, 1095; BayObLG FGPrax 2003, 217, 218 = ZMR 2003, 763, 764; OLG Zweibrücken FGPrax 2005, 18 m. w. N.
[24] OLG Zweibrücken ZMR 2005, 407, 408.

Anfechtungs-, sondern auch auf **Nichtigkeitsgründe** hin zu untersuchen.[25] Die Gerichte können vor einem unwirksamen Beschluss nicht die Augen verschließen. Auch dann nicht, wenn die Parteien die Nichtigkeit nicht erkennen.

14 Wird indes eine Anfechtungsklage bereits wegen der in § 46 Abs. 1 Satz 1 WEG angeordneten materiellen Anfechtungsfrist abgewiesen, ist § 48 Abs. 4 WEG **teleologisch zu reduzieren:**[26] Eine Untersuchung des Beschlussgegenstandes hat dann nicht stattgefunden. Entsprechendes gilt, wenn **gegen** den **Kläger** im Rahmen einer Beschlussanfechtung ein Versäumnisurteil erlassen wird. Auch dann hat eine materielle Prüfung seiner Klage **nicht stattgefunden.**

III. Beschluss-Sammlung

1. Allgemeines

15 Obwohl die Wohnungseigentümer und auch ihre Sondernachfolger an einen Beschluss und an eine gerichtliche Entscheidung gem. § 10 Abs. 4 Satz 1 WEG gebunden sind, besteht in der Praxis über die aktuelle Beschlusslage eine große Unsicherheit. Insbesondere in älteren Wohnanlagen, aber nicht nur dort, kann nicht sicher dargestellt werden, über welche Gegenstände, an welchem Tag und Ort und mit welchem Inhalt eine Angelegenheit im Wege des Beschlusses – und wie – geregelt worden ist und welche gerichtlichen Entscheidungen i.S.v. § 43 WEG unter den Wohnungseigentümern gelten.[27] Diesem **Übel** begegnet das Gesetz durch § 24 Abs. 7 Satz 1 WEG mit der **verbindlichen** Einführung einer grundsätzlich vom Verwalter zu führenden **Beschluss-Sammlung.**[28] Als „Standort" für die gesetzliche Regelung wurde bewusst § 24 WEG gewählt, weil dort in Absatz 6 bereits die Protokollierung von Beschlüssen der Wohnungseigentümer geregelt ist und somit ein sachlicher Zusammenhang[29] mit der Beschluss-Sammlung besteht.

☞ **Praxistipp:**

16 Die Wohnungseigentümer hatten eine Beschluss-Sammlung bereits bislang z.T. vereinbart.[30] Nahm der Verwalter in diesem Falle einen Beschluss nicht auf, sollte die Nichteintragung nur einen **Anfechtungsgrund** darstellen und führte nicht dazu, dass der Beschluss wegen einer „Entstehungsvoraussetzung" nichtig ist.[31] An diesem Rechtszustand soll sich auch im künftigen Recht nichts ändern, sofern die Wohnungseigentümer etwas Entsprechendes vereinbart haben.

2. Sinn und Zweck

a) Information

17 Die Beschluss-Sammlung soll es künftig vor allem einem **Erwerber von Wohnungseigentum** auf eine einfache Art und Weise ermöglichen, sich vor einem potenziellen Erwerb umfassend über die aktuelle Beschlusslage der Gemeinschaft zu unterrichten. Die-

---

[25] Zum früheren Recht siehe BGHZ 156, 279, 294 = NJW 2003, 3550, 3554 = NZM 2003, 946.
[26] A. A. OLG Düsseldorf ZMR 2006, 141, 142 = NJW-RR 2005, 1095.
[27] *Armbrüster* DNotZ 2003, 493, 504.
[28] Dazu *Böttcher/Hintzen* ZfIR 2003, 445, 448; zum früheren Recht *Riecke/Schmidt/Elzer* Rdnr. 741.
[29] Die Beschluss-Sammlung verdrängt natürlich die Niederschrift nicht. Beide Instrumente stehen künftig nebeneinander. Zum Verhältnis der Instrumente zueinander siehe Rdnr. 23.
[30] OLG Düsseldorf ZMR 2005, 218; KK-WEG/*Elzer* § 10 WEG Rdnr. 317.
[31] BGH NJW 1997, 2956, 2957 = ZMR 1997, 531, 534; OLG Schleswig ZMR 2006, 721; OLG Düsseldorf ZMR 2005, 218, 219.

se Aufklärung ist von besonderer Bedeutung, weil einen Erwerber selbstverständlich auch die Beschlüsse, die vor seinem Beitritt zur Gemeinschaft gefasst wurden und die aus dem Grundbuch nicht ersichtlich sind gem. § 10 Abs. 4 WEG binden. Eine entsprechende Bindung ordnet § 10 Abs. 4 Satz 1 WEG ferner für Entscheidungen des Wohnungseigentumsgerichts in einem Rechtsstreit gem. § 43 WEG an. Der Erwerber soll mithin durch die Beschluss-Sammlung künftig besser wissen können, was auf ihn zukommt – wenn er sich danach erkundigt. Eine Beschluss-Sammlung ist aber natürlich auch für die **Wohnungseigentümer** selbst sinnvoll.[32] Auch diese haben ein lebendiges Interesse daran, ergangene gerichtliche Entscheidungen und die von ihnen und ihren Voreigentümern gefassten Beschlüsse in ihrer **Gesamtheit** einsehen zu können. Erst durch § 24 Abs. 7 Satz 1 WEG ist erstmals in allen Anlagen gewährleistet, dass eine ergangene Entscheidung oder ein einmal gefasster Beschluss später nicht übersehen werden müssen und damit unbeachtet bleiben. Schließlich ist eine Beschluss-Sammlung auch für einen **Verwalter** praktisch unentbehrlich, weil er ohne sie keine hinreichende Kenntnis von der Beschlusslage der Wohnungseigentümer hat.[33] Dieser Kenntnis bedarf er aber, weil er gem. § 27 Abs. 1 Nr. 1 WEG die Beschlüsse durchzuführen hat. Ferner muss seine Verwaltung nach § 21 Abs. 4 WEG diesen Beschlüssen entsprechen. Diesem Anspruch kann nur genügen, wer die Beschlusslage kennt.

b) Verhinderung des Zentralgrundbuchs

18 Die Beschluss-Sammlung hat **rechtspolitisch** zwei weitere, allerdings **zweifelhafte** Zwecke. Zum einen soll sie es rechtfertigen, das so genannte „Zentralgrundbuch"[34] zu verhindern. Nach dem Zentralgrundbuch sollte ein Teil der Grundbucheintragungen der jeweiligen Eigentumswohnungen auf ein gemeinsames Grundbuchblatt für die Wohnanlage – ein Zentralblatt – gebucht werden, insbesondere Gesamtbelastungen des Grundstücks und Angaben zur „Gemeinschaftsordnung". Der Gesetzgeber hielt diese Bestrebungen für nicht gangbar, u.a. deshalb, weil diese Lösung „die Einheitlichkeit des geltenden Rechts aufgäbe". Zum anderen ermöglicht es die Beschluss-Sammlung nach Ansicht des Gesetzgebers, Beschlüsse der Wohnungseigentümer, die auf einer **vereinbarten Öffnungsklausel** beruhen, künftig von den Wohnungsgrundbüchern „fernzuhalten".[35] Die Beschluss-Sammlung dient mithin auch dazu, die Regelung des § 10 Abs. 4 Satz 2 WEG zu rechtfertigen.[36]

Beispiel:
19 Die Wohnungseigentümer haben mehrheitlich und unangefochten auf Grundlage einer allgemeinen Öffnungsklausel beschlossen, W 1 ein Sondernutzungsrecht am Garten der Wohnanlage einzuräumen. Der Beschluss wird nicht eingetragen. Nach bislang h.M. muss Käufer K, der eine Wohnung insbesondere wegen der Möglichkeit für seine Kinder, den Garten als weitere Spielfläche zu nutzen, dann das Sondernutzungsrecht nicht gegen sich gelten lassen. Künftig kann er sich – soweit der Beschluss in die Beschluss-Sammlung aufgenommen worden ist – aus der Beschluss-Sammlung informieren. § 10 Abs. 4 Satz 2 WEG ordnet deshalb an, dass ein „gemäß § 23 Abs. 1 aufgrund einer Vereinbarung" gefasster Beschluss, Sondernachfolger auch ohne Eintragung bindet.

---

[32] *Armbrüster* AnwBl 2005, 15, 18.
[33] *Deckert* NZM 2005, 927, 928.
[34] Siehe dazu etwa von *Oefele/Schneider* DNotZ 2004, 740 ff.; KK-WEG/*Schneider* § 7 Rdnr. 297 ff.
[35] Dieses gilt allerdings nur, sofern man – wie die h.M. – solche Regelungen als Beschluss begreift. Näher liegt es, jedenfalls ein auf einem nach einer Öffnungsklausel zulässigen Beschluss beruhendes Sondernutzungsrecht weiterhin als eine Vereinbarung zu verstehen. Dieses Recht wäre dann – soll es nicht mit dem Eintritt eines Sondernachfolgers entfallen – gem. §§ 10 Abs. 3, 5 Abs. 4 WEG einzutragen.
[36] Dazu § 3 Rdnr. 133 ff.

c) Bindung der Wohnungseigentümer; Existenz

20 Für die Bindung eines Wohnungseigentümers an einen Beschluss oder eine gerichtliche Entscheidung i.S.v. § 43 WEG ist die Eintragung der jeweiligen Entscheidung in die Beschluss-Sammlung **bedeutungslos**. Ein Wohnungseigentümer kann sich nicht darauf berufen, deshalb an einen Beschluss oder eine gerichtliche Entscheidung nicht gebunden zu sein, weil es an einer Eintragung fehlt.[37] Auch für die „Existenz" eines Beschlusses ist seine Eintragung in die Beschluss-Sammlung ohne Bedeutung. Das Gesetz erhebt die Eintragung in die Sammlung nicht zu einer „Wirksamkeitsvoraussetzung" für die Entstehung eines Beschlusses.

3. Inhalt der Beschluss-Sammlung

21 Gem. § 27 Abs. 7 Satz 2 WEG ist für die nach Inkrafttreten der WEG-Novelle[38] (am 1.7.2007) ergangenen Beschlüsse und gerichtlichen Entscheidungen eine **Beschluss-Sammlung** zu führen. Vor diesem Zeitpunkt ergangene Beschlüsse und gerichtliche Entscheidungen sind jedenfalls nicht von Gesetzes wegen zu sammeln. Nach Sinn und Zweck der Beschluss-Sammlung[39] ist davon auszugehen, dass ihre Führung **nicht disponibel** und weder durch einen Beschluss noch durch eine Vereinbarung abdingbar ist. In manchen Gemeinschaften wurden die Beschlüsse schon bislang in einem Art „Register" geführt (Beschlussbuch). Diesen Gemeinschaften bleibt es **unbenommen**, die bisherige Beschluss-Sammlung weiterhin zu nutzen. Soweit eine Beschluss-Sammlung bislang nicht geführt wurde, mag die Gesetzesänderung außerdem dazu Anlass geben, jedenfalls die noch relevanten Beschlüsse und Entscheidungen zu sichten, zu ordnen und auch zu sammeln.

☞ **Praxistipp:**

22 Ist eine solche nachträgliche Sammlung aller vorhergehenden Beschlüsse möglich, dürfte sie auch ohne eine ausdrückliche gesetzliche Regelung ordnungsmäßiger Verwaltung entsprechen und gem. § 21 Abs. 4 WEG auch **erzwingbar** sein. Ob ein Verwalter diese besondere Leistung auch ohne entsprechende Vereinbarung vergütet bekommt, ist unsicher. Ob eine Sammlung früherer Entscheidungen und Beschlüsse möglich ist, kann nur im Einzelfall geklärt werden. Eine Sammlung erscheint wohl nur dann als nicht erzwingbar, wenn die Beschlusslage nicht mehr nachvollzogen werden kann. Dass es sich dabei um viele Eintragungen handeln würde, ist hingegen unerheblich. In der praktischen Umsetzung sollte für die „Alteintragungen" ggf. ein gesondertes Buch angelegt werden, da ihre Vollständigkeit kaum jemals erzielbar sein wird und die Maßstäbe des § 24 Abs. 7 WEG i.V.m. § 26 Abs. 1 Satz 4 WEG hier nicht anwendbar sind.

a) Verhältnis zur Niederschrift

23 Unklar ist das **Verhältnis** der Beschluss-Sammlung zur Niederschrift i.S.v. § 24 Abs. 6 WEG. Die Niederschrift enthält jedenfalls nach ihren gesetzlichen Anforderungen nur den Inhalt „gefasster" Beschlüsse und entspricht damit ungeachtet des abweichenden Wortlauts in § 24 Abs. 7 Satz 2 WEG („verkündete" Beschlüsse) vollständig dem weitergehenden Inhalt der Beschluss-Sammlung. Es wäre daher angemessen und dringend geboten gewesen, den Muss-Inhalt der Niederschrift vorsichtig zu erweitern. Ein „Vorrang" der Niederschrift, etwa im Prozess als „besseres" Beweismittel, ist nicht anzuerkennen, auch wenn die Niederschrift immerhin die Unterschriften mehrerer für ihren Inhalt zeichnender Personen trägt. Widersprechen sich Beschluss-Sammlung und Niederschrift, kann aber keines dieser Mittel Träger eines Erfahrungssatzes sein. Ihre Tauglichkeit als Beweismittel entfällt also bei einem Widerspruch. Die Niederschrift kann nur insoweit einen Vorrang haben, soweit in ihr neben dem Muss-Inhalt weitere

---

[37] Zum guten Glauben siehe noch Rdnr. 38.
[38] Dazu § 18 Rdnr. 1 ff.
[39] Dazu Rdnr. 17.

Inhalte beurkundet werden, die sich naturgemäß in der Beschluss-Sammlung nicht finden können.

b) Verhältnis zum Grundbuch

In bestimmten Fällen wird sich künftig die Frage stellen, wie sich die durch die Beschluss-Sammlung **dokumentierte Beschlusslage** – wenn diese denn richtig beurkundet ist – zum Inhalt des **Grundbuchs** und den dort niedergelegten Bestimmungen verhält. Haben die Wohnungseigentümer etwa durch einen Beschluss nach § 16 Abs. 3 WEG[40] eine von einem vereinbarten und im Grundbuch eingetragenen Verteilungsschlüssel abweichende Regelung getroffen, ist das Grundbuch **nachträglich unrichtig** geworden. Ungeachtet dessen, dass für Verteilungsschlüssel eine dieses Problem besonders regelnde Norm fehlt,[41] liegt nahe, dass die Wohnungseigentümer eine Berichtigung des Grundbuchs nach § 22 GBO verlangen und ggf. nach § 894 BGB erzwingen können.[42] Kommt es zu **keiner Berichtigung,** ist offen, ob sich der in das Grundbuch Einsicht nehmende Käufer gem. § 892 Abs. 1 Satz 1 BGB auf dessen **Inhalt** und die „wahre" Beschlusslage und gegen den Stand der Beschluss-Sammlung **berufen** kann.[43] Diese Frage ist zu verneinen, wenn die Beschluss-Sammlung den Beschlussinhalt richtig beurkundet.[44] Bereits bislang ist mehr als **zweifelhaft,** ob eine zu Unrecht eingetragene Vereinbarung Grundlage eines guten Glaubens sein kann.[45] Diese Möglichkeit wird von der h. M. zwar noch bejaht.[46] Jedenfalls im neuen Recht ist aber „Kollateralschaden" der neuen Beschlussmacht, dass ein guter Glaube hier nun nicht mehr vorstellbar ist. Da es jedenfalls keinen Zwang gibt, in Wegfall geratende dingliche Vereinbarungen im Grundbuch zu löschen, die Beschlussmacht, verdinglichte Vereinbarungen zu ändern, indes **gesetzlich garantiert** ist, muss ein durch § 892 Abs. 1 Satz 1 BGB vermittelter Glaube auf den Bestand einer Eintragung ins Leere gehen.[47] Erwerber von Wohnungseigentum können auf den Grundbuchinhalt, jedenfalls auf die für sie besonders wichtigen **Kostenverteilungsregelungen,** mithin nicht mehr vertrauen.

c) Einzelheiten

Die Beschluss-Sammlung enthält nach § 24 Abs. 7 Satz 2 WEG zum einen den Wortlaut der Eigentümerbeschlüsse – seien sie in der Versammlung der Eigentümer oder gem. § 23 Abs. 3 WEG schriftlich gefasst worden – zum anderen Urteilsformeln gerichtlicher Entscheidungen in einem Rechtsstreit gem. § 43 WEG

aa) Beschlüsse

(1) Versammlungsbeschlüsse

In die Beschluss-Sammlung aufzunehmen sind nach § 27 Abs. 7 Satz 2 Nr. 1 WEG die in einer Versammlung der Wohnungseigentümer „verkündeten" positiven, aber

---
[40] Entsprechendes gilt für Beschlüsse nach § 21 Abs. 7 WEG.
[41] Für die Beschlussmacht nach § 12 WEG siehe dessen Abs. 4 Satz 3 und Satz 4.
[42] Siehe § 5 Rdnr. 42.
[43] Das Problem ist im Übrigen nicht neu. Es stellte sich immer, wenn es eine Öffnungsklausel gab. Und zum anderen stellt sich im Geleitzug die Frage, was gilt, wenn durch eine schuldrechtliche Vereinbarung ein verdinglichte verändert wird.
[44] Wenn nicht, ist das Grundbuch ja richtig.
[45] Dazu KK-WEG/*Elzer* § 10 Rdnr. 325 ff.
[46] Nachweise bei KK-WEG/*Elzer* § 10 Rdnr. 326.
[47] Konsequent wäre es, an Stelle der Vereinbarung den Beschluss im Grundbuch einzutragen. Dem steht indes § 10 Abs. 4 Satz 2 WEG entgegen.

auch negativen Beschlüsse mit Angabe von Ort und Datum der Versammlung. Dem Adjektiv „verkündet" kommt insoweit freilich **keine Bedeutung** zu. Eine Verkündung ist nach heute h. M. notwendige Voraussetzung für die Entstehung eines Beschlusses.[48] Ohne Verkündung gibt es keinen „Beschluss" im Rechtssinne. Wenn also „Beschlüsse" aufzunehmen sind, müssen diese denklogisch „verkündet" sein.[49] Ob ein Beschluss angefochten wurde, ist unerheblich. Keine Rolle spielt ferner, ob ein Beschluss nicht ordnungsmäßig i. S. v. § 21 Abs. 4 WEG ist. Nicht aufzunehmen sind allerdings bloße Geschäftsordnungsbeschlüsse.[50] Denn diese Beschlüsse entfalten über § 10 Abs. 4 WEG keine Bindungswirkung, die allein durch die Beschluss-Sammlung aber zu dokumentieren wäre. Geschäftsordnungsbeschlüsse verlieren mit dem Ende der Eigentümerversammlung grundsätzlich ihre Bedeutung.[51] Nicht aufzunehmen sind ferner nichtige Beschlüsse, da auch diese keine Bindung entfalten.[52]

(2) Schriftliche Beschlüsse gem. § 23 Abs. 3 WEG

27   Nach § 24 Abs. 7 Satz 2 Nr. 2 WEG sind auch schriftliche Beschlüsse i. S. v. § 23 Abs. 3 WEG mit Angabe von Ort und Datum ihrer Verkündung in die Beschlusssammlung aufzunehmen. Im Gegensatz zu Versammlungsbeschlüssen ist bei diesen allerdings nicht ganz sicher, wann sie „entstanden" sind. Für die notwendige „Verkündung" genügt jedenfalls jede Form der Unterrichtung, die den internen Geschäftsbereich des Feststellenden verlassen hat, und bei der den gewöhnlichen Umständen nach mit einer Kenntnisnahme durch die Wohnungseigentümer gerechnet werden kann (etwa durch einen Aushang oder ein Rundschreiben).[53] Hier wird es in der Praxis ggf. dem Ermessen des Feststellenden obliegen, einen angemessenen Zeitpunkt festzulegen.

bb) Gerichtsentscheidungen, § 24 Abs. 7 Satz 2 Nr. 3 WEG

(1) Grundsatz

28   Werden die Wohnungseigentümer durch eine gerichtliche Entscheidung in einem Rechtsstreit i. S. v. § 43 WEG gebunden, so ist gem. § 27 Abs. 7 Satz 2 Nr. 3 WEG zum einen die Formel der gerichtlichen Entscheidung i. S. v. § 313 Abs. 1 Nr. 4 ZPO mit Angabe ihres Datums zu beurkunden. Zum anderen sind das erkennende Gericht und die Parteien[54] zu verzeichnen. Zur „Urteilsformel" gehört die Entscheidung zur Hauptsache, die zu den Kosten und die zur vorläufigen Vollstreckbarkeit. Eine Entscheidung i. d. S. ist auch eine Klageabweisung. Zum einen wird durch sie ggf. deutlich, welche

---

[48] BGHZ 148, 335, 341/342 = ZMR 2001, 809 = NJW 2001, 3339 = MDR 2001, 1283; OLG München MietRB 2007, 70 = IMR 2007, 22 mit Anm. *Becker;* OLG Celle NZM 2005, 308, 310.
[49] Dem Begriff „Verkündung" kommt allerdings jetzt mittelbar für das Verständnis der Rechtsnatur des Beschlusses große Bedeutung zu. Die dogmatisch fragwürdige Entscheidung des Bundgerichtshofes, dass ein Beschluss für seine Entstehung „verkündet" werden muss (BGHZ 148, 335, 341/342 = NJW 2001, 3339), ist jetzt nämlich erstmalig gesetzlich wirklich abgesichert.
[50] Wie hier *Deckert* NZM 2005, 927, 928.
[51] OLG München FGPrax 2007, 21, 22.
[52] Ist streitig, ob ein Beschluss nichtig ist, kann gerichtlich auf Feststellung geklagt werden. Im Wege kumulativer Klagehäufung kann der Verwalter ferner auf Aufnahme des Beschlusses in die Beschluss-Sammlung in Anspruch genommen werden.
[53] BGH ZMR 2001, 809, 811 = NJW 2001, 3339; *Merle* PiG 18, 125, 134.
[54] Ein Verstoß gegen datenschutzrechtliche Bestimmungen kann hierin nicht erkannt werden. Für die Sammlung dieser Daten gibt es ein gesetzlich anerkanntes Bedürfnis nach Information, wer an einer Wohnungseigentumssache in welcher Weise beteiligt war. Es ist zwar nicht zu verkennen, dass die namentliche Nennung es künftig erleichtert, welche Wohnungseigentümer „querulatorisch" veranlagt sind. Auch dieses ist aber für eine Kaufentscheidung eine wesentliche Information.

Beschlüsse nunmehr bestandskräftig sind, § 48 Abs. 4 WEG.[55] Zum anderen hat die Kostenentscheidung allgemeines Interesse. Dass das Gesetz von „Urteils"formel spricht, ist **untechnisch** zu verstehen. Nach Sinn und Zweck zählen zu diesen Beschlüssen in jedem Falle Entscheidungen in „**Altverfahren**", also Entscheidungen, die **auch** nach dem 1. Juli 2007 noch als **Beschluss** ergehen, weil auf sie noch das Wohnungseigentumsrecht in seiner bisherigen Form und das alte Verfahrensrecht anwendbar sind und die deshalb als Beschluss ergehen. Zu den zu beurkundenden Beschlüssen zu zählen sind ferner Entscheidungen nach §§ 91a, 887, 888 und 890 ZPO. Diese Entscheidungen sind keine reinen Kostenbeschlüsse, sondern in besonderer Weise verfahrensbeendend. Auch gehören hierhin **Vollstreckungsbescheide** oder Beschlussverfügungen nach §§ 935, 922 ZPO oder Beschlussarreste nach §§ 916, 922 ZPO. Ob hingegen auch Kostenfestsetzungsbeschlüsse als „gerichtliche Entscheidungen" anzusehen sind, ist nicht ganz sicher, liegt aber nahe. Unsicher ist ferner, ob Entscheidungen nach § 43 Nr. 5 WEG in der Beschluss-Sammlung wirklich einen sinnvollen Platz haben. Geht man davon aus, dass die Sammlung dokumentieren soll, welcher **Regelungsbestand unter den Wohnungseigentümern gilt,** ist fraglich, welchen Sinn und Zweck etwa die Eintragung hätte, dass „der Verband verurteilt ist, einem Werkunternehmer € 4000,00 zu zahlen". Wenn man bedenkt, dass die Regelungen über die Beschluss-Sammlung bereits zu einem sehr frühen Zeitpunkt Teil des Gesetzgebungsverfahrens waren, die Vorschrift des § 43 Nr. 5 WEG hingegen erst gegen Ende seinen Eingang ins Reformwerk gefunden hat, lässt sich ohne weiteres vertreten, dass es sich um ein „Redaktionsversehen" handelt, wenn § 24 Abs. 7 Satz 2 WEG auf den **ganzen** § 43 WEG verweist. Aus diesen Gründen sollte überlegt werden, § 24 Abs. 7 Satz 2 teleologisch zu reduzieren und von seiner Verweisung nur § 43 Nr. 1 bis 4 und 6 WEG als umfasst anzusehen. Keine gerichtliche Entscheidung ist die gerichtliche Feststellung nach § 278 Abs. 6 Satz 2 ZPO, mit der ein Gericht Zustandekommen und den Inhalt eines nach § 278 Abs. 6 Satz 1 ZPO geschlossenen Vergleichs durch Beschluss feststellt.

(2) Vergleiche

Vergleiche sind in die Beschluss-Sammlung nicht aufzunehmen. Weder außergerichtliche noch gerichtliche Vergleiche (**Prozessvergleiche**) sind eine „gerichtliche Entscheidung".[56] § 10 Abs. 4 WEG enthält **keine** § 19 Abs. 3 WEG **entsprechende Anordnung,** dass ein gerichtlicher Vergleich einem Urteil „gleich steht". Zu den gerichtlichen Entscheidungen i. S. d. § 10 Abs. 4 WEG gehören daher **keine** vor einem Gericht geschlossenen Prozessvergleiche.[57] Vergleiche der Wohnungseigentümer untereinander oder mit Dritten sind Verträge und allenfalls, aber nicht einmal stets, Vereinbarung i. S. v. § 10 Abs. 3 WEG. Jedenfalls ein Prozessvergleich steht zwar in manchen Beziehungen einer rechtskräftigen Entscheidung gleich. Er wird damit aber nicht zu einer gerichtlichen Entscheidung, sondern bleibt allein ein Vertrag und damit ein **Rechtsgeschäft der Beteiligten.**[58] Ein Prozessvergleich als Verfahrenshandlung kann daher etwaige Sondernachfolger der am Prozessvergleich Beteiligten **nicht** nach § 10 Abs. 4 WEG als „gerichtliche Entscheidung" binden. Er bindet nur die an seinem Abschluss Beteiligten. Prozessvergleiche sollten aus diesem Grunde auch nicht zu „Informationszwecken" in die

---

[55] Allein durch den Tenor „Die Klage wird abgewiesen" freilich nicht; es bedarf dann noch des Wissens um den Inhalt der Klage.
[56] Siehe dazu § 13 Rdnr. 277 ff.
[57] OLG Zweibrücken ZMR 2001, 734, 735; BayObLGZ 1990, 15, 18 = NJW-RR 1990, 594, 596; *Drasdo* Eigentümerversammlung, Rdnr. 845; a. A. LG Koblenz ZMR 2001, 230; AG Mayen ZMR 2001, 228; *Becker* ZWE 2002, 429.
[58] BGHZ 86, 184, 186 = NJW 1983, 996; KK-WEG/*Elzer* § 10 WEG Rdnr. 346.

Beschluss-Sammlung aufgenommen werden. Ihre „Eintragung" würde gegenüber einem Einsichtnehmenden jedenfalls den **Anschein** einer „Bindung" an den Vergleich wecken, der nicht den Tatsachen entspricht.[59] Die Eintragung kann daher den Eintragenden ggf. schadensersatzpflichtig machen, wenn der Einsichtnehmende die Eintragung missversteht. Vorstellbar ist allerdings, dass ein Prozessvergleich ausnahmsweise **auch** (zugleich) als **Beschluss** zu verstehen ist oder **durch** einen **Beschluss** bestätigt wird.[60] Dann ist ein Prozessvergleich allerdings als „Beschluss" nach § 27 Abs. 7 Satz 2 Nr. 1 oder Nr. 2 WEG in die Beschluss-Sammlung aufzunehmen. Das Unbehagen, Vergleiche nicht in der Beschluss-Sammlung zu nennen, rührt ggf. daher, dass es neben den Wohnungsgrundbüchern und der Beschluss-Sammlung kein „Vereinbarungsregister" der schuldrechtlichen Vereinbarungen – zu denen zunächst auch Prozessverträge zählen – gibt. Forderungen des Schrifttums, neben der Beschluss-Sammlung auch eine Sammlung der schuldrechtlichen Vereinbarungen einzurichten,[61] ist indes nicht nachgegeben worden.

cc) Fortlaufende Eintragung und Nummerierung

30 Die Beschlüsse und gerichtliche Entscheidungen sind gem. § 27 Abs. 7 Satz 3 WEG historisch (zeitlich) **fortlaufend einzutragen** und zu **nummerieren.** Die fortlaufende Nummer dient dabei als Indiz für die Vollständigkeit der Sammlung. Die Vergabe der Nummerierung hat in der **Reihenfolge** der Verkündung der Beschlüsse und gerichtlichen Entscheidungen zu erfolgen. Die Nummerierung darf nicht jährlich neu beginnen. Zulässig ist z. B. keine Nummerierung „2007/1; 2007/2 ...; 2008/1". Eine solche Nummerierung würde es erlauben, den oder die letzten Beschlüsse eines Jahres gefahrlos – und aus der Sammlung heraus nicht erkennbar – zu entfernen. Zulässig ist auch keine Nummerierung nach bestimmten Kreisen oder „Sachgebieten". Um die Vollständigkeit einfach, sofort und übersichtlich klären zu können, ist allein eine fortlaufende Nummerierung zulässig. Diese begegnet auch keinen praktischen Schwierigkeiten, da selbst in großen Anlagen im Laufe eines Jahres kaum einmal 100 Beschlüsse zustande kommen werden.[62] Auch eine Nummerierung nach **„Gruppen", „Themen"** usw. ist keine fortlaufende Nummerierung und **unzulässig.**

dd) Anmerkungen und Löschungen

(1) Soll-Inhalt

31 Ist ein Beschluss oder eine gerichtliche Entscheidung entweder **angefochten** oder sogar vollständig **aufgehoben** worden, so ist dies gem. § 27 Abs. 7 Satz 4 WEG in jedem Falle **anzumerken.** Die jeweiligen Anmerkungen dienen der **Aktualität der Sammlung.** Der Einsichtnehmende soll und muss sofort erkennen können, dass ein Beschluss oder eine gerichtliche Entscheidung ihn nicht mehr oder ggf. künftig nicht mehr bindet. Nur durch die Anmerkung ist der Einsichtnehmende in der Lage, seine Dispositionen auf die Beschlusslage sachgerecht einzustellen. Als „Inhalt" der Anmerkung reicht der Eintrag in der Beschluss-Sammlung aus, dass ein Beschluss oder eine gerichtliche Entscheidung angefochten ist, weil sich daraus der Stand der aktuellen Beschlusslage bei einer

---

[59] Ggf. ist ein Vergleich aber als „Kann-Inhalt" der Beschluss-Sammlung zu vermerken im Bereich der Anmerkungen. Hier liegt es nahe, über den Ausgang eines Gerichtsverfahren zu berichten, auch wenn dieser nicht streitig war.
[60] BayObLGZ 1990, 15; siehe dazu auch KK-WEG/*Elzer* § 10 WEG Rdnr. 348.
[61] KK-WEG/*Elzer* § 10 WEG Rdnr. 267.
[62] Schwierig wird es hingegen in Anlagen, in denen sehr viel geklagt werden muss. Hier böte es sich durch eine Gesetzesänderung künftig an, bestimmte Entscheidungen aus der Beschluss-Sammlung wieder herauszunehmen.

Einsichtnahme in die Sammlung ersehen lässt. Wer Anfechtender oder Rechtsmittelführer ist, muss nicht eingetragen werden. Die Anmerkung selbst – etwa „angefochten mit Klage vom ..." oder „aufgehoben durch (Zweit-)Beschluss vom" – ist unmittelbar bei dem Beschluss oder (bei einem Rechtsmittel) der gerichtlichen Entscheidung anzubringen. Wird ein Beschluss[63] oder eine gerichtliche Entscheidung[64] aufgehoben, kann von einer **Anmerkung** allerdings **abgesehen** und die ursprüngliche **Eintragung** gem. § 27 Abs. 7 Satz 5 WEG sogar vollständig **gelöscht** werden. Die Löschung anstelle der Anmerkung soll einer Unübersichtlichkeit der Sammlung vorbeugen. Zur Löschung kann bei einer Sammlung in Papierform der Text der Eintragung durchgestrichen und die Löschung mit einem entsprechenden Hinweis – etwa „gelöscht am ..." – vermerkt werden. Bei einer Sammlung in elektronischer Form kann der Text vollständig entfernt werden. Neben der laufenden Nummer, die natürlich bestehen bleiben muss, ist die Löschung zu vermerken. Da es sich um eine Kann-Vorschrift handelt, ist es auch zulässig, von einer Löschung ganz abzusehen.

Praxistipp:

In der Praxis empfiehlt es sich nicht, von der Möglichkeit des § 27 Abs. 7 Satz 5 WEG Gebrauch zu machen. Bei einem Wohnungseigentümer oder einem potentiellen Käufer erregt eine Löschung eher einen – meist unzulässigen – Verdacht des Versuchs der Fälschung. Wird von einer Löschung abgesehen, darf aber die durch § 27 Abs. 7 Satz 3 WEG angeordnete „Anmerkung" nicht vergessen werden. 32

Eine Eintragung kann ferner gem. § 27 Abs. 7 Satz 6 WEG **gelöscht** werden, wenn sie aus einem anderen Grund für die Wohnungseigentümer keine Bedeutung mehr hat. Auch diese Möglichkeit soll einer Unübersichtlichkeit der Beschluss-Sammlung vorbeugen.[65] In diesem Sinne „keine Bedeutung" hat eine Eintragung etwa, wenn der ihr zu Grunde liegende Beschluss durch eine spätere Regelung überholt ist oder wenn er sich durch Zeitablauf erledigt hat. Für die Beurteilung kommt es maßgeblich auf die **Umstände des Einzelfalles** nach billigem Ermessen[66] des die Sammlung Führenden an. Auch von der Löschung nach § 27 Abs. 7 Satz 6 WEG sollte möglichst kein Gebrauch gemacht werden. Es wird selten wirklich Klarheit herrschen, ob eine Eintragung noch „Bedeutung" hat. 33

(2) Kann-Inhalt

Dem Führer der Beschluss-Sammlung ist es von Gesetzes wegen nicht untersagt, weitere Anmerkungen anzubringen. Solange und soweit die Übersichtlichkeit der Sammlung darunter nicht leidet, kann z.B. vermerkt werden, dass ein Beschluss mittlerweile bestandskräftig ist. Ferner kann etwa über den konsensualen Ausgang eines Rechtsstreits berichtet werden. 34

ee) Unverzüglich

Alle Eintragungen, Vermerke und Löschungen i.S.v. § 27 Abs. 7 Satz 3 bis Satz 5 WEG sind nach § 27 Abs. 7 Satz 6 WEG **unverzüglich** (also ohne schuldhaftes Zögern i.S.v. § 121 Abs. 1 Satz 1 BGB) zu erledigen und mit einem **Datum** zu versehen. Verstößt der Verwalter hiergegen, liegt nach § 26 Abs. 1 Satz 4 WEG ein wichtiger Grund für seine Abberufung vor.[67] Wie „unverzüglich" an dieser Stelle zu verstehen ist, muss 35

---

[63] Z.B. durch einen Zweitbeschluss.
[64] Z.B. durch das Rechtsmittelgericht.
[65] BT-Drucksache 16/887 S. 34.
[66] BT-Drucksache 16/887 S. 34; zum Ermessen im WEG siehe *Elzer* ZMR 2006, 85 ff.
[67] Rdnr. 41.

die Praxis erweisen. Welcher Zeitraum **angemessen** ist, muss sich u. a. am Ablauf einer Eigentümerversammlung, der Anzahl der zu beurkundenden Beschlüsse, ihrem Umfang, dem Wochentag und dem Schluss einer Eigentümerversammlung, der Person des Verwalters (professionellen Verwaltern wird man kürzere Zeiträume als ehrenamtlichen Verwaltern zumuten können), dem Informationsbedürfnis der Wohnungseigentümer, dem Umfang einer gerichtlichen Entscheidung und anderem messen lassen. Danach kann eine Eintragung am Tag nach einer Beschlussfassung, aber auch nach einer Woche ordnungsmäßig i. S. v. § 26 Abs. 1 Satz 4 WEG sein. Um einerseits die Anforderungen an den Verwalter, vor allem den professionellen, nicht zu überspannen, andererseits aber auch dem gesetzlich geschützten Informationsinteresse gerecht zu werden, sollten Eintragungen, Vermerke und Löschungen im Zweifel und im Regelfall **drei Werktage** nach ihrem Anlass in der Beschluss-Sammlung umgesetzt sein. Eine Beschlussanfechtung ist ebenso wie die fehlende oder streitige Beurkundung des Beschlusswortlauts in der Niederschrift kein Grund, eine Beurkundung in der Beschluss-Sammlung hinauszuzögern. Probleme sind zu erwarten, wenn der Verwalter ausnahmsweise nicht Vorsitzender der Eigentümerversammlung war und daher ggf. gar nichts über die verkündeten Beschlüsse weiß. Das Problem verschärft sich sogar, wenn die Wohnungseigentümer dem Verwalter zu Unrecht kein Teilnahmerecht an der Eigentümerversammlung eingeräumt haben.

ff) Form der Beschluss-Sammlung

36 § 27 Abs. 7 WEG sieht **bewusst** davon ab, das **äußere Erscheinungsbild** der Beschluss-Sammlung vorzuschreiben. Nach Ansicht des Gesetzgebers wäre der „Mehrwert" einer gesetzlichen Definition gering gewesen und von vielen Wohnungseigentümern als übertriebener Formalismus angesehen worden.[68] Einzel- und Streitfragen sind daher unter Berücksichtigung von Sinn und Zweck der Vorschrift zu lösen. Bei der Auslegung ist also der Weg zu wählen, der dem potentiellen Erwerber von Wohnungseigentum, den Wohnungseigentümern selbst und dem Verwalter in übersichtlicher Form Kenntnis von den aktuellen Bindungen nach § 10 Abs. 4 WEG gibt.[69] Die Beschluss-Sammlung kann danach in **schriftlicher Form,** etwa als Stehordner, aber auch in **elektronischer Form** (ungeachtet eines möglichen Datenverlustes unbedingt vorzugswürdig) angelegt werden.[70] Notwendig, aber auch ausreichend ist nach beiden Wegen, dass eine ungehinderte Einsicht – etwa durch einen Ausdruck – ermöglicht wird.[71] Nach den Umständen des Einzelfalls kann es zur Übersichtlichkeit angezeigt sein, ein **Inhaltsverzeichnis** anzulegen, in dem auch der Gegenstand etwa eines Beschlusses in Kurzform bezeichnet werden kann. Auch wenn es gesetzlich nicht besonders angeordnet ist, sollten Beschlüsse, die auf einer so genannten Öffnungsklausel beruhen,[72] **optisch** hervorgehoben werden,[73] z. B. durch **Fettdruck** im Inhaltsverzeichnis. **Leitbild** in allen Fragen ist stets, dass die Beschluss-Sammlung zweckmäßig und übersichtlich und so geführt wird, dass sie ihrem Informationszweck gerecht wird. Anzustreben ist, dass die Eintragung in eine Beschluss-Sammlung weitgehend „fälschungssicher", jedenfalls gegen spätere unerkennbare Änderungen gesichert ist. Eine gesetzliche Anforderung ist diese Forderung allerdings nicht.

---

[68] BT-Drucksache 16/887 S. 33.
[69] BT-Drucksache 16/887 S. 33.
[70] Gegen einen Datenverlust und eine drohende Haftung kann ein regelmäßiger Ausdruck sichern.
[71] Vgl. Rdnr. 51 ff.
[72] Siehe dazu § 3 Rdnr. 133 ff.
[73] *Deckert* NZM 2005, 927, 928.

III. Beschluss-Sammlung § 8

Beispiel für eine **Tabelle**, z. B. in einem Stehordner als loses Blatt oder als Exceldaten:[74]

Wohnungseigentümergemeinschaft Warthestr. 58, 14567 Berlin Beschluss-Sammlung							
Lfd.-Nr.[75]	Ort[76]	Datum[77]	Beschluss/Tenor[78]	Anmerkung[79]	Gericht[80]	Parteien[81]	Eintragender[82]
0000001	Rastweg 21, 12345 Berlin, TOP 2	5. 5. 2007	Die vom Verwalter vorgelegte Jahresabrechnung für 2006 bestehend aus Gesamtabrechnung und Einzelabrechnungen wird genehmigt und die ausgewiesenen Salden (Guthaben/Nachzahlungen) werden anerkannt.	Bestandskräftig seit dem 5. 6. 2007	–	–	Paul Ehrlich, Verwalter, 8. 5. 2007
0000002	Rastweg 21, 12345 Berlin, TOP 3	5. 5. 2007	Der allen Wohnungseigentümern vorliegende Gesamtwirtschaftsplan für das Jahr . . . mit einer Gesamtsumme von € . . . und die Einzelwirtschaftspläne werden genehmigt. Dieser Wirtschaftsplan gilt fort bis zur Beschlussfassung über einen neuen Wirtschaftsplan.	Angefochten am 30. 5. 2006 Am 6. 9. 2009 vom AG Neukölln – 70 II 178/06 – für ungültig erklärt worden; vgl. Lfd.-Nr. 10/2006	–	–	Paul Ehrlich, Verwalter, 8. 5. 2007
. . .	. . .	. . .	. . .	. . .	. . .	. . .	. . .
0000009	–	6. 7. 2007	1) Der Beklagte wird verurteilt, an den Kläger € 3670,00 nebst fünf Prozentpunkten über dem jeweiligen Basiszinssatz seit dem 5. März 2006 zu zahlen. 2) Der Beklagte hat die Kosten des Rechtsstreits zu tragen. 3) . . .[83]	Rechtskräftig	AG Neukölln – 70 II 143/06 WEG	1) Verband Wohnungseigentümergemeinschaft Warthestr. 58, 14567 Berlin 2) Wilhelm Mueller, Warthestr. 58, 14567 Berlin	Paul Ehrlich, Verwalter, 17. 7. 2007

---

[74] Siehe auch das Beispiel von *Deckert* NZM 2005, 929.
[75] § 24 Abs. 7 Satz 3 WEG: Die Beschluss-Sammlung muss fortlaufend nummeriert werden.
[76] § 24 Abs. 7 Satz 2 Nr. 1 WEG: Ort der Versammlung.
[77] § 24 Abs. 7 Satz 2 Nr. 1 WEG: Datum der Versammlung/des Urteils. Ggf. ist zusätzlich das abweichende Verkündungsdatum zu vermerken, vgl. *Schmidt* ZWE 2006, 164, 172.
[78] § 24 Abs. 7 Satz 2 Nr. 1, Nr. 2 und Nr. 3 WEG: Wortlaut des Beschlusses/Tenor der gerichtlichen Entscheidung.
[79] § 24 Abs. 7 Satz 4 WEG: Bemerkungen, z. B. Aufhebung des Beschlusses, Änderung durch Zweitbeschluss, Vereinbarung oder Gericht, Bestandskraft eines Beschlusses etc.
[80] § 24 Abs. 7 Satz 2 Nr. 3 WEG: Name des Gerichts.
[81] § 24 Abs. 7 Satz 2 Nr. 3 WEG: Nennung der Parteien (Kläger; Beklagter; aber auch Streithelfer etc.).
[82] § 24 Abs. 7 Satz 7 WEG: Eintrag vom Verwalter, vom Versammlungsleiter oder einen von den Wohnungseigentümern bestimmten Dritten.

Wohnungseigentümergemeinschaft Warthestr. 58, 14567 Berlin
Beschluss-Sammlung

Lfd.-Nr.[84]	Ort[85]	Datum[86]	Beschluss/Tenor[87]	Anmerkung[88]	Gericht[89]	Parteien[90]	Eintragender[91]
0000010	–	6. 9. 2007	1) Der Beschluss zu TOP 3 der Eigentümerversammlung vom 5. 5. 2007 wird für ungültig erklärt. 2) Die Beklagten haben die Kosten des Rechtsstreits zu tragen. 3)...[92]	Lfd.-Nr. 2/2007; Berufung eingelegt am 23. 9. 2006	AG Neukölln – 70 II 178/06 WEG	1) Wilhelm Mueller, Warthestr. 58, 14567 Berlin 2) Marlies Mustermann ... 3) ... 4) ...[93]	Paul Ehrlich, Verwalter, 20. 9. 2007

d) Guter Glaube

38 Der „gute Glaube" in einen ggf. unrichtig, unvollständig oder verfälscht eingetragenen Beschluss ist ebenso wenig gesetzlich geschützt, wie der Glaube daran, dass die Beschluss-Sammlung vollständig ist. Weder ein Wohnungseigentümer noch ein Erwerber können auf Grundlage der Beschluss-Sammlung auf einen bestimmten Beschluss-Stand einer Gemeinschaft **vertrauen.** Die Beschluss-Sammlung besitzt **nicht den Charakter eines Grundbuches** und auch nicht die Wirkungen des § 891 Abs. 1 BGB; die Sammlung ist – anders als das von der Praxis geforderte Zentralgrundbuch[94] – kein öffentliches Register, an das besondere Wirkungen geknüpft werden könnten oder dürften. Im Prozess kann die Beschluss-Sammlung allerdings einen besonderen Wert haben.[95]

4. Aufgabenkreis des Verwalters

39 Die Beschluss-Sammlung ist gem. § 24 Abs. 8 Satz 1 WEG **vom Verwalter** zu führen. Eintragungen, Anmerkungen und ggf. Löschungen sind seine originäre Verwaltungsaufgabe. Alle diese „Notizen" sind anders als bei der Niederschrift allein von ihm zu fertigen. Eine „Gegen-" oder „Mitzeichnung" sieht das Gesetz nicht vor. Im Falle eines Verwalterwechsels ist die Beschluss-Sammlung dem neuen Verwalter bei dessen Amtsantritt auszuhändigen. Einer eigenen gesetzlichen Regelung bedurfte es insoweit

---

[83] Vorläufige Vollstreckbarkeit.
[84] § 24 Abs. 7 Satz 3 WEG: Die Beschluss-Sammlung muss fortlaufend nummeriert werden.
[85] § 24 Abs. 7 Satz 2 Nr. 1 WEG: Ort der Versammlung.
[86] § 24 Abs. 7 Satz 2 Nr. 1 WEG: Datum der Versammlung/des Urteils. Ggf. ist zusätzlich das abweichende Verkündungsdatum zu vermerken, vgl. *Schmidt* ZWE 2006, 164, 172.
[87] § 24 Abs. 7 Satz 2 Nr. 1, Nr. 2 und Nr. 3 WEG: Wortlaut des Beschlusses/Tenor der gerichtlichen Entscheidung.
[88] § 24 Abs. 7 Satz 4 WEG: Bemerkungen, z.B. Aufhebung des Beschlusses, Änderung durch Zweitbeschluss, Vereinbarung oder Gericht, Bestandskraft eines Beschlusses etc.
[89] § 24 Abs. 7 Satz 2 Nr. 3 WEG: Name des Gerichts.
[90] § 24 Abs. 7 Satz 2 Nr. 3 WEG: Nennung der Parteien (Kläger; Beklagter; aber auch Streithelfer etc.).
[91] § 24 Abs. 7 Satz 7 WEG: Eintrag vom Verwalter, vom Versammlungsleiter oder einen von den Wohnungseigentümern bestimmten Dritten.
[92] Vorläufige Vollstreckbarkeit.
[93] Beklagte sind sämtliche anderen Wohnungseigentümer, siehe § 13 Rdnr. 125.
[94] Siehe Rdnr. 18.
[95] Dazu Rdnr. 54 ff.

nicht.[96] Soweit die Wohnungseigentümer wünschen, dass ein **Dritter** die Beschluss-Sammlung führt, z.B. ein Notar oder ein Rechtsanwalt, aber auch ein anderer Wohnungseigentümer, etwa der Beiratsvorsitzende, ist dies ohne Weiteres **vereinbar**. Ein entsprechender Beschluss wäre hingegen mangels Kompetenz nichtig. Vereinbart werden kann auch, dass der Verwalter vor einer Eintragung mit dem Beirat oder anderen **Rücksprache** nehmen muss.

a) Ordnungsmäßige Führung

Ein Verwalter muss nach § 27 Abs. 7 Satz 1, Abs. 8 Satz 1 WEG die Beschluss-Sammlung i.S.v. § 21 Abs. 4 WEG ordnungsmäßig führen. Das Merkmal „führen" umfasst alle mit der Anlegung der Sammlung, den Eintragungen, der Aktualisierung, der Löschung und der Einsichtnahme verbundenen Maßnahmen. Der Verwalter muss dabei die nach § 24 Abs. 7 Satz 2 bis Satz 6 WEG notwendigen Eintragungen, Vermerke und Löschungen **unverzüglich** (also ohne schuldhaftes Zögern) erledigen[97] und mit einem Datum versehen. Der Verwalter handelt fehlerhaft und nicht ordnungsmäßig, wenn er einen Beschluss zu spät, gar nicht, falsch oder verfälscht aufnimmt. Eine Eintragung darf vom Verwalter nicht von der „Mitarbeit" Dritter – sofern das nicht vereinbart ist – abhängig gemacht werden. Auch dann, wenn über den Wortlaut eines Beschlusses Streit besteht, muss die Eintragung des Wortlauts, den der Verwalter für zutreffend hält, unverzüglich erfolgen. Dies rechtfertigt sich ohne Weiteres aus dem Gedanken, dass es auch grundsätzlich – es sei denn, es gäbe einen anderen Versammlungsleiter – allein an dem Verwalter ist, den genauen Beschlusswortlaut festzustellen und durch seine Verkündung in der Eigentümerversammlung zu fixieren.

40

b) Abberufung

Kommt der Verwalter seinen Aufgaben nicht ordnungsmäßig nach, vermutet das Gesetz in § 26 Abs. 1 Satz 4 WEG, dass ein **wichtiger Grund für seine Abberufung** vorliegt.

41

c) Haftung

aa) Gegenüber Verband und Wohnungseigentümern

Ist ein Beschluss in der Beschluss-Sammlung nicht, unvollständig, falsch oder gar nicht eingetragen, verletzt der Verwalter ggf. seine vertraglichen, sicher aber seine gesetzlichen Pflichten. Der Verwalter macht sich mithin **schadensersatzpflichtig**, wenn er in Bezug auf die Beschluss-Sammlung nicht ordnungsmäßig arbeitet. Anspruchsberechtigt ist primär der Verband Wohnungseigentümergemeinschaft, dem allein der Verwalter vertraglich verbunden ist.[98] Der Verband dürfte durch eine etwaige Pflichtwidrigkeit in der Regel – es sei denn, er wäre selber Erwerber oder Inhaber von Wohnungseigentum – allerdings keinen Schaden haben. Ob auch ein Wohnungseigentümer, etwa bei Verkauf seiner Wohnung oder bei einer Baumaßnahme, der ein nicht in die Sammlung aufgenommener Beschluss entgegensteht, gegen den Verwalter einen vertraglichen Schadenersatzanspruch hat, ist **noch unsicher**.

42

Die Annahme, der Verwalter mache sich bei Pflichtwidrigkeiten (allein) **gegenüber den Wohnungseigentümern** aus Vertrag schadensersatzpflichtig,[99] ist noch unsicher. Ob aus dem Verwaltervertrag – soweit sich dieser hierzu nicht ausdrücklich verhält – auch

43

---

[96] *Armbrüster* DNotZ 2003, 493, 504.
[97] Dazu Rdnr. 35.
[98] OLG Düsseldorf ZMR 2007, 56, 57; OLG Hamm FGPrax 2006, 153; § 3 Rdnr. 47 ff. m.w.N.
[99] Siehe dazu auch BT-Drucksache 16/887 S. 34.

Ansprüche der einzelnen Wohnungseigentümer gegen den Verwalter vorstellbar sind (und wenn ja, welche), ist zurzeit nämlich noch ungeklärt. Vorstellbar ist einerseits, den Verwaltervertrag als echten **Vertrag zu Gunsten Dritter** (nämlich der einzelnen Wohnungseigentümer) einzuordnen.[100] Durch einen solchen Vertrag erwirbt der Dritte gem. § 328 Abs. 1 BGB unmittelbar das Recht, Leistung zu fordern. Die Wohnungseigentümer hätten dann unmittelbare Leistungs-, selbstverständlich bei Pflichtverletzungen aber auch Sekundäransprüche gegen den Verwalter. Vorstellbar ist es indes auch, den Verwaltervertrag im Zweifel nur als Vertrag mit **Schutzwirkung zu Gunsten Dritter** zu verstehen.[101] Das hätte zur Folge, dass der Anspruch auf die Hauptleistung allein dem Verband zusteht und die Wohnungseigentümer also nur in der Weise in die vertraglichen Sorgfalts- und Obhutspflichten einbezogen sind, dass sie bei deren Verletzung vertragsähnliche Schadensersatzansprüche geltend machen könnten. Hierin liegt eine deutlich schwächere Stellung. Der Drittschutz erstreckt sich zwar nicht nur auf Körper-, sondern auch auf Sach- und Vermögensschäden. Allerdings ist bei der Prüfung, ob auch diese Schäden in den Schutz des Vertrags einzubeziehen sind, ein strenger Maßstab anzulegen. Außerdem ist der Drittschutz vom Hauptvertrag abhängig.

☞ **Praxistipp:**

44 Jedenfalls in Neuverträgen sollte ausdrücklich geklärt werden, ob der Verwalter neben seinem Vertragspartner auch den Wohnungseigentümern (teilweise) vertragliche Hauptleistungen schuldet. Während sich dies für die Wohnungseigentümer empfiehlt, wird aus Sicht des Verwalters dessen Leistungsprogramm erweitert. Je nach dem, welcher Person eine anwaltliche Beratung geschuldet ist, sollte hierauf Rücksicht genommen werden. Diese Frage stellt sich im Übrigen bei allen vom Verband Wohnungseigentümergemeinschaft geschlossen Verträgen. Jedenfalls für diese Vereinbarungen liegt ein bloßer Vertrag mit Schutzwirkung zu Gunsten Dritter näher.

45 Bejaht man keine vertraglichen Ansprüche, kommen §§ 280 Abs. 1, 241 Abs. 2 oder §§ 280 Abs. 1, 241 Abs. 2, 311 Abs. 2 Nr. 3, Abs. 3 BGB als Haftungsgrundlage in Betracht. Dass der Verwalter in besonderem Maße Vertrauen für sich in Anspruch nimmt und dadurch die Vertragsverhandlungen oder den Vertragsschluss erheblich beeinflusst, ist eher zweifelhaft. Dass der Verwalter seine gesetzlichen Pflichten verletzt, wenn der die Beschluss-Sammlung nicht ordnungsmäßig führt, erscheint indes offensichtlich und ausreichender Haftungsgrund gegenüber den Wohnungseigentümern und dem – wohl nicht geschädigten – Verband. Im Einzelfall mögen ferner Ansprüche aus §§ 823 ff. BGB gegeben sein. Mit der Befürwortung solcher Ansprüche sollte freilich Rücksicht gewahrt werden. **Spezielle Anspruchsgrundlage** ist ferner ein Anspruch wegen Verletzung der Pflichten aus dem Amtswalterrechtsverhältnis. Dieser Anspruch wird bislang im Wohnungseigentumsrecht übersehen.[102] Dieser Anspruch steht nicht nur dem Verband, sondern auch den einzelnen Eigentümern zu, weil § 27 Abs. 1 WEG die einzelnen Eigentümer eindeutig zu Subjekten des Amtswalterrechtsverhältnisses macht.[103] Es wäre nicht einzusehen, warum die Verwalterpflichten aus § 24 Abs. 8 WEG nicht auch gerade gegenüber den Wohnungseigentümern bestehen sollten.

bb) Gegenüber Dritten

46 Eine Haftung des Verwalters gegenüber einem Erwerber, der **Einsicht in die Beschluss-Sammlung nimmt,** scheidet aus, weil der Verwalter zur Führung des Beschluss-

---

[100] So u.a. OLG München v. 8. 11. 2006 – 34 Wx 045/06; v. 14. 9. 2006 – 34 Wx 49/06; KK-WEG/*Abramenko* § 26 WEG Rdnr. 34 b.
[101] So OLG Düsseldorf ZMR 2007, 56, 57 = MietRB 2007, 44, 45 mit Anm. *Elzer*; KK-WEG/*Elzer* § 10 WEG Rdnr. 39 [Verträge].
[102] Dazu ausführlich *Jacoby*, Das private Amt, § 16 A.
[103] Dazu § 11 Rdnr. 25.

grundbuchs nur den Eigentümern, aber nicht Dritten gegenüber verpflichtet ist.[104] Ggf. kann aber der verkaufende Wohnungseigentümer vom Erwerber wegen eines Rechtsmangels in Anspruch genommen werden. Ob sich ein Verkäufer insoweit ein Fehlverhalten des Verwalters „anrechnen" lassen muss, ist allerdings zweifelhaft. Auf der Sekundärebene, z. B. beim Rücktritt, mag dies anders sein. Hier wird der Erwerber unter Umständen auf den Inhalt der Sammlung vertrauen und diese als vereinbarte Beschaffenheit der Kaufsache begreifen dürfen.

5. Führung durch den Vorsitzenden der Wohnungseigentümerversammlung

Sofern die Wohnungseigentümer keinen Verwalter bestellt haben oder wenn ein Verwalter aus anderen Gründen fehlt, ist nach § 24 Abs. 8 Satz 2 Halbsatz 1 WEG grundsätzlich der **Vorsitzende der Wohnungseigentümerversammlung** i. S. v. § 24 Abs. 5 WEG verpflichtet, die Beschluss-Sammlung zu führen. Hat ein Dritter nur die Eigentümerversammlung geleitet, gibt es aber einen Verwalter, so muss dieser die Beschluss-Sammlung führen. Daraus, dass der Verwalter die Eigentümerversammlung nicht geleitet hat, lässt sich nicht ableiten, dass nunmehr auch der Vorsitzende der Eigentümerversammlung die Beschluss-Sammlung führen muss. Unklar ist, ob der Vorsitzende der Eigentümerversammlung **nur verpflichtet** ist, die Beschlüsse zu sammeln, die in der von ihm geleiteten Versammlung getroffen wurden, oder ob er darüber hinaus auch dafür zuständig ist, schriftliche Beschlüsse, sämtliche gerichtliche Entscheidungen und Beschlüsse, die in anderen Eigentümerversammlungen gefasst worden sind, zu sammeln. Da sich die Funktion des gekorenen Versammlungsleiters grundsätzlich auf eine einzige Versammlung beschränkt, liegt es nahe anzunehmen, dass er auch nur die Beschlüsse dieser Versammlung zu sammeln hat. Wer die Beschlüsse und gerichtlichen Entscheidungen in diesem Falle sammeln muss, ist daher unsicher.

Praxistipp:
Welche Rechte und Möglichkeiten der Vorsitzende besitzt, eine ggf. bereits geführte Sammlung zu erhalten und dann zu vervollständigen, ist ungeregelt geblieben. Nahe liegt es, ihm insoweit einen Herausgabeanspruch einzuräumen. Ungeregelt ist ferner, was gilt, wenn der Vorsitzende seine Pflichten vernachlässigt. Hier liegen – jedenfalls gegenüber den Wohnungseigentümern – Schadensersatzansprüche nach §§ 280, 241 BGB i. V. m. dem die Wohnungseigentümer verbindenden Gemeinschaftsverhältnis[105] nahe – sofern der Vorsitzende der Wohnungseigentümerversammlung selbst Wohnungseigentümer ist.

Die Wohnungseigentümer müssen sich freilich nicht des Vorsitzenden der Versammlung bedienen. Ihnen steht es frei, gem. § 24 Abs. 8 Satz 2 Halbsatz 2 WEG durch einfachen Beschluss eine **andere Person** für die Führung der Beschluss-Sammlung zu bestellen. Wollen die Wohnungseigentümer einen Dritten allerdings auch in dem Fall mit der Führung der Beschluss-Sammlung betrauen, in dem es einen Verwalter gibt, bedarf es einer Vereinbarung.[106] Ein diese Kompetenz verlagernder Beschluss wäre „als gesetzesändernd" nichtig.

---

[104] *Armbrüster* DNotZ 2003, 493, 504, erwog allerdings eine Verschuldenshaftung in Anlehnung an §§ 19 BNotO, 839 BGB. In späteren Veröffentlichungen (AnwBl 2005, 15, 18), bejahte er hingegen einen Anspruch aus §§ 280 Abs. 1, 241 Abs. 2, 311 Abs. 2 Nr. 3, Abs. 3 BGB. Gutachter haften zwar Dritten, weil diese auf ihre Sachkunde vertrauen dürfen. Eine ähnliche „Funktion" könnte man für den Verwalter annehmen. Das Haftungsrisiko für Verwalter wäre dann aber unangemessen groß.
[105] Siehe KK-WEG/*Elzer* § 10 WEG Rdnr. 41 ff.
[106] Siehe bereits Rdnr. 39.

Praxistipp:

50 Der andere i. S. v. § 24 Abs. 8 Satz 2 Halbsatz 2 WEG kann ein Wohnungseigentümer, aber auch jeder Dritte – z. B. ein Rechtsanwalt – sein. Nicht geregelt ist, was gilt, wenn ein Unberechtigter die Beschluss-Sammlung führt – und ggf. manipuliert. Hier sind vor allem Ansprüche aus §§ 823 ff. BGB, ggf. aber auch wieder solche aus dem die Wohnungseigentümer verbindenden Gemeinschaftsverhältnis i. V. m. §§ 280 Abs. 1 Satz 1, 241 BGB vorstellbar.

6. Einsichtnahme in die Beschluss-Sammlung

a) Wohnungseigentümer

51 Einem Wohnungseigentümer[107] ist nach § 24 Abs. 7 Satz 8 WEG auf sein Verlangen **Einsicht**[108] in die Beschluss-Sammlung zu geben. Die Gelegenheit einer vom Verwalter zu ermöglichenden Einsichtnahme in die Verwaltungsunterlagen entspricht bereits der bisher h. M. wegen einer Einsichtnahme in andere Verwaltungsunterlagen und würde auch ohne ausdrückliche gesetzliche Regelung aus §§ 675, 666 BGB folgen.[109] Die Einsichtnahme dient stets auch der Überprüfung der Verwaltertätigkeit. Ein besonderes **berechtigtes Interesse** an der Einsicht braucht der Wohnungseigentümer dem Verwalter nach § 24 Abs. 7 Satz 8 WEG daher nicht darzulegen. Im Rahmen der Einsichtnahme hat der Wohnungseigentümer Anspruch auf **Fertigung und Aushändigung von Fotokopien**, da es ihm in der Regel nicht zugemutet werden kann, handschriftlich Abschriften zu fertigen.[110] Die Kosten der Ablichtungen sind dem Verwalter zu erstatten. Ggf. ist hierüber nach § 21 Abs. 7 WEG zu beschließen.[111] Der Fertigung und Aushändigung von Fotokopien steht nicht entgegen, dass ein Mieter grundsätzlich keinen Anspruch auf Überlassung von Fotokopien hat, auch nicht gegen eine Kostenerstattung.[112] Für das Wohnungseigentumsrecht muss etwas anderes gelten, weil Eigentümer und ihre Rechte nicht mit Mieterrechten übereinstimmen müssen.[113] Jedenfalls ein Eigentümer muss die Möglichkeit besitzen, unproblematisch auch ortsfern sich über die Verwaltung seines Eigentums zu informieren. Die Rechtslage ist für einen Wohnungseigentümer insbesondere anders, wenn das Wohnungseigentum vermietet ist und er selbst einem Mieter Rechenschaft schuldet. Für die Frage, ob und wie viele Kopien verlangt werden können, können im Einzelfall die räumliche Entfernung des Berechtigten vom Ort der möglichen Einsichtnahme und die Zumutbarkeit einer Anreise wichtig sein. Außerdem ist auf die Anzahl der geforderten Kopien sowie der mit einem Kopieren verbundene Zeitaufwand zu berücksichtigen. Wird die Beschluss-Sammlung **elektronisch** geführt – was sich empfiehlt –, besteht ein Anspruch auf einen **Ausdruck**. Seine Grenze findet das Recht auf Kopien im **Schikane- und Missbrauchsverbot** nach §§ 226, 242 BGB.[114]

---

[107] „Wohnungseigentümer" i. d. S. ist auch der werdende Wohnungseigentümer, ein Insolvenzverwalter über ein Wohnungseigentum, ein Zwangsverwalter etc.

[108] Ein Recht auf Herausgabe besteht – wie auch für andere Verwaltungsunterlagen, vgl. BayObLG ZMR 2004, 443, 445 – nicht.

[109] Siehe dazu BayObLG ZMR 2000, 687, 688 m. w. N. Der Verband und Verwalter bei entgeltlicher Verwaltertätigkeit verbindende Verwaltervertrag wird nämlich als ein auf eine Geschäftsbesorgung gerichteter Dienstvertrag verstanden, BGH ZMR 1997, 308, 310; NJW-RR 1993, 1227, 1228. Bei unentgeltlicher Tätigkeit ist von einem Auftragsverhältnis gem. §§ 662 ff. BGB auszugehen. Auch dann ist § 666 BGB anwendbar.

[110] OLG Hamm WE 1998, 496, 497; Staudinger/*Bub* § 28 WEG Rdnr. 619.

[111] Dazu Rdnr. 56 ff.

[112] BGH ZMR 2006, 358, 361.

[113] Auch diese Frage muss sich dabei an der Einordnung des Verwaltervertrages messen lassen; siehe ferner *Schnabel* Info M 2006, 300.

[114] BayObLG ZMR 2004, 839, 840.

Wird die Beschluss-Sammlung elektronisch geführt, ist auch vorstellbar, eine Einsichtnahme wie beim elektronischen Grundbuch „Online" zu ermöglichen. In größeren Anlagen ist dies sogar anzustreben, um den Aufwand für alle Beteiligten klein zu halten.

Das Gesetz bestimmt nicht, wo die Einsichtnahme in die Beschluss-Sammlung ermöglicht werden muss. Im Grundsatz gilt gem. § 269 BGB, dass Verwaltungsunterlagen in den Räumen der Verwaltung vorgelegt werden müssen.[115] Hat der Verwalter seinen **Sitz weit entfernt** von der Wohnungseigentumsanlage, so haben die Eigentümer ausnahmsweise auch Anspruch darauf, in die Verwaltungsunterlagen am Sitz der Wohnungseigentumsanlage Einsicht zu nehmen. Diese Einsichtnahme hat, um die Kosten der Verwaltung gering zu halten, grundsätzlich im Zusammenhang mit einer Wohnungseigentümerversammlung zu erfolgen. Wird die Einsichtnahme unabhängig von einer Versammlung verlangt, muss der die Einsichtnahme fordernde Wohnungseigentümer ein besonderes rechtliches Interesse für das außerordentliche Einsichtsverlangen darlegen, z. B. seinen Willen, sein Wohnungseigentum zu veräußern oder sich wegen einer Baumaßnahme über den aktuellen Beschluss-Stand zu versichern.

b) Dritte

Auch einem Dritten, den ein Wohnungseigentümer „ermächtigt" hat, ist nach § 24 Abs. 7 Satz 8 WEG auf sein Verlangen **Einsicht** in die Beschluss-Sammlung zu geben. Der ermächtigte „Dritte" wird in der Regel ein Erwerbsinteressent sein. Vorstellbar ist aber auch ein Rechtsanwalt, der den Wohnungseigentümer berät oder einfach ein Freund. Der Begriff Ermächtigung ist wohl i. S. einer Vollmacht gem. § 167 Abs. 1 BGB zu verstehen. Bestehen an der Ermächtigung Zweifel, kann der Führer der Beschluss-Sammlung – grundsätzlich der Verwalter – eine Vollmachtsurkunde verlangen. Will ein Dritter ein Wohnungseigentum im Wege der Zwangsversteigerung erwerben, ist auch ihm Einsicht zu gewähren. § 24 Abs. 7 Satz 8 ist insoweit teleologisch zu reduzieren.

7. Die Beschluss-Sammlung als Beweismittel

Ist zwischen den Wohnungseigentümern in einem gerichtlichen Verfahren streitig, ob und/oder mit welchem Inhalt in einer Eigentümerversammlung ein Beschluss gefasst worden ist, muss künftig geklärt werden, welcher **Beweiswert** der Beschluss-Sammlung für streitige Tatsachen beizumessen ist. Nach dem Kanon der möglichen Beweismittel kann die Beschluss-Sammlung allenfalls Urkunde, ggf. – sofern sie nicht elektronisch geführt wird – eine Privaturkunde i. S. v. § 416 ZPO sein. Diese Einordnung rechtfertigt es indes nicht, die Beweisregel des § 416 ZPO[116] oder eine andere „gesetzliche" Beweisregel anzuwenden. Die Beschlüsse werden nicht vom Verwalter i. S. d. § 416 ZPO „abgegeben". Auf die Beschluss-Sammlung kann als Beweiserleichterung ggf. aber der **Erfahrungssatz der Vollständigkeit und Richtigkeit einer Urkunde** angewandt werden. Zwar werden von diesem Erfahrungssatz vor allem solche Urkundenbestandteile erfasst, die vorher zwischen den Parteien des Rechtsstreits „ausgehandelt" wurden, das „Vereinbarte" sind und also die übereinstimmenden Willenserklärungen repräsentieren. Der Erfahrungssatz erfasst möglicherweise aber auch „tatsächliche" Bestandteile einer Vertragsurkunde, die Wissenserklärungen.[117] Insoweit genießt die Beschluss-

---

[115] OLG München NZM 2006, 512 = IMR 2006, 87 mit Anm. *Elzer;* OLG Köln OLGReport Köln 2001, 220, 221; OLG Hamm NZM 1998, 723 = ZMR 1998, 586; BayObLG WE 1989, 146; OLG Karlsruhe MDR 1976, 758.

[116] Nach § 416 ZPO begründet eine vom „Aussteller" unterschriebene Privaturkunde vollen Beweis dafür, dass die in ihr enthaltene Erklärungen von den Ausstellern abgegeben sind.

[117] Dazu ausführlich *Elzer* JR 2006, 447, 448 f.

Sammlung auch eine „negative Publizität" i.S.v. § 314 ZPO. Wird in ihr mithin ein Beschluss nicht beurkundet, ist dies jedenfalls ein Hinweis darauf, dass es diesen Beschluss auch nicht gibt. Der Erfahrungssatz ist etwa erschüttert, wenn die Niederschrift einen anderen Beschlussinhalt fixiert. Wird ein Beschlussinhalt in der Niederschrift und in der Beschluss-Sammlung verschieden beurkundet, kann im Regelfall keiner von diesen noch ein Beweiswert zugemessen werden. Dass der Niederschrift ein höherer Beweiswert zukommt, nämlich weil sie mehrere Unterschriften trägt, ist kaum vertretbar. Weil der die Beschluss-Sammlung Führende stets mit einer Haftung bedroht ist, der Verwalter sogar mit dem Ende seines Amtes, sind die Sorgfaltsanstrengungen für die Richtigkeit der Sammlung nicht zu unterschätzen.

8. Korrektur unrichtiger Beurkundungen

55 Der Verwalter oder ein anderer Verfasser der Sammlung hat ohne Bindung an Fristen, aber ggf. nach Anhörung der Wohnungseigentümer,[118] das Recht, Beurkundungsfehler selbstständig zu korrigieren. Die Wohnungseigentümer – auch in ihrer Gesamtheit – sind für eine Korrektur unzuständig. Ist eine Eintragung falsch, besitzt jeder Wohnungseigentümer einen aus § 21 Abs. 4 WEG folgenden Anspruch auf Berichtigung.[119] Erfüllt der Verpflichtete einen Berichtigungsanspruch nicht freiwillig, kann jeder Berechtigte diesen gerichtlich in einem Verfahren nach § 43 Nr. 1 und Nr. 3 WEG auf „Berichtigung" in Anspruch nehmen.[120] Im Berichtigungsverfahren hat das Gericht zu klären, ob eine Tatsache unrichtig oder zu Unrecht beurkundet worden ist. Es hat dazu etwa als Vorfrage einen richtigen Beschlussinhalt festzustellen. Ggf. ist Beweis zu erheben. Der Grundsatz, dass Eigentümerbeschlüsse „aus sich heraus", objektiv und normativ, auszulegen sind, steht einer Beweiserhebung über den Beschlussinhalt nicht entgegen, wenn unter den Beteiligten strittig ist, ob das im Protokoll Verlautbarte mit dem tatsächlich Beschlossenen übereinstimmt.[121] Die Feststellungslast für einen anderen als den protokollierten abweichenden Beschlussinhalt trägt nach den allgemeinen Regelungen derjenige, der eine abweichende Beschlussfassung behauptet. Der Berichtigungsvermerk der Unterzeichnenden kann entsprechend § 894 Abs. 1 Satz 1 ZPO durch eine rechtskräftige gerichtliche Entscheidung ersetzt werden, die die Unterzeichner zur Protokollberichtigung verpflichtet.

IV. Neue Beschlussmacht in Teilbereichen

1. Hinführung

56 Die Wohnungseigentümer können eine Angelegenheit beschließen, wenn ihnen das Gesetz oder eine Vereinbarung das Recht einräumt, diese durch Beschluss zu entscheiden. In der Vergangenheit erwies sich die darin liegende Beschränkung der Beschlussmacht zwar grundsätzlich als richtig, stieß aber in **Einzelfällen** auch auf **Unverständnis.** Die grundsätzlich sinnvolle Unterscheidung des bisherigen Rechts bei der Willensbildung der Wohnungseigentümer zwischen Einstimmigkeits- und Mehrheitsprinzip führte in der Verwaltungspraxis bei der Regelung bestimmter Geldangelegenheiten nicht

---

[118] *Abramenko* ZMR 2003, 245, 247 bejaht dies für eine Korrektur der Niederschrift.
[119] Zur Niederschrift: KG MDR 1989, 742 = WuM 1989, 347; *Becker* ZMR 2006, 489; *Abramenko* ZMR 2003, 245, 247; *Kümmel* MietRB 2003, 58, 59.
[120] Zur Niederschrift: BayObLG ZMR 2002, 951, 952 = NJW-RR 2002, 1667; OLG Hamm MDR 1985, 502 = OLGZ 1985, 147, 148; *Becker* ZMR 2006, 489; *Abramenko* ZMR 2003, 245, 247.
[121] BayObLG BayObLGReport 2004, 97.

IV. Neue Beschlussmacht in Teilbereichen

immer zu überzeugenden Ergebnissen.[122] Vor allem bei Beschlüssen über die Art und Weise von Zahlungen, die Fälligkeit von gegen die Wohnungseigentümer gerichteten Forderungen, bei Verzugsregelungen oder Regelungen zur Nutzung des Gemeinschaftseigentums zeigte sich ein Bedürfnis, durch einen bloßen Beschluss Regelungen herbeizuführen. Unsicher war dabei indes stets, ob eine **Beschlussmacht** (Beschlusskompetenz) besteht. Allgemein galt nur, dass einem Wohnungseigentümer eine nicht aus dem Gesetz folgende Zahlungspflicht nur auferlegt werden konnte, wenn dies vereinbart war.[123] Nach h. M. fiel etwa die Einführung des Lastschrifteinzugsverfahrens[124] ebenso wie Fälligkeitsregelungen für Wohngeldforderungen grundsätzlich in die Zuständigkeit der Wohnungseigentümerversammlung. Auch über die Fälligkeit von Beitragsforderungen aus einem konkreten Wirtschaftsplan konnten die Wohnungseigentümer beschließen,[125] nicht aber abstrakt für jeden aus einem Wirtschaftsplan folgenden Anspruch. Auch eine Beschlussmacht für „Strafzahlungen" und „Zusatzvergütungen" zu Lasten einzelner Wohnungseigentümer wurde abgelehnt.[126]

Diesen Unsicherheiten und Unzulänglichkeiten hilft § 21 Abs. 7 WEG zur **Erleichterung der Verwaltung** in **fünf Bereichen** ab.[127] Nach § 21 Abs. 7 WEG können die Wohnungseigentümer künftig jedenfalls die Regelung der Art und Weise von Zahlungen, der Fälligkeit und der Folgen des Verzugs sowie der Kosten für eine besondere Nutzung des gemeinschaftlichen Eigentums oder für einen besonderen Verwaltungsaufwand beschließen. § 21 Abs. 7 WEG ist dabei teilweise **gemeinsam mit § 16 Abs. 3 WEG zu lesen:**[128] Jedenfalls im Zusammenspiel, wohl aber auch jede für sich allein, erlauben es diese Bestimmungen, dass einem Wohnungseigentümer abweichend von den ansonsten geltenden Verteilungsschlüsseln für die **Nutzung**[129] des Gemeinschaftseigentums und für bestimmte Punkte im Wege des Beschlusses besondere Kosten auferlegt werden können. Beide Vorschriften sind insoweit gegenüber § 10 Abs. 2 Satz 3 WEG lex specialis.[130]

2. Einzelheiten

a) Art und Weise von Zahlungen

Die Wohnungseigentümer können für die aus einem Wirtschaftsplan, einer Sonderumlage oder einer Jahresabrechnung geschuldeten Zahlungen nach § 21 Abs. 7 WEG als „Art und Weise von Zahlungen" künftig beschließen, dass die geschuldeten Zahlungen **unbar** zu leisten sind. Für die Einführung des **Lastschriftverfahrens** ist jetzt aus Gründen der Klarstellung bereits aus dem Gesetz eine klare Beschlussmacht zu entnehmen. Fallen besondere Kosten an, weil ein Wohnungseigentümer nicht am Last-

---

[122] Siehe auch *Böttcher/Hintzen* ZfIR 2003, 445, 447.
[123] *Bärmann/Pick/Merle/Merle* § 26 WEG Rdnr. 125 m. w. N. Siehe dazu *Schmidt/Riecke* ZMR 2005, 252 ff.
[124] OLG München v. 18. 9. 2006 – 34 Wx 89/06; BayObLG ZMR 2002, 850 = NZM 2002, 1665, 1666 = ZWE 2002, 581, 583; OLG Hamburg ZMR 2002, 961; *Wenzel* ZWE 2001, 226, 234; *Greiner* ZMR 2002, 647, 650; *Riecke/Schmidt/Elzer* Rdnr. 153 ff.; a. A. *Bärmann/Pick/Merle/Merle* § 27 WEG Rdnr. 107 m. w. N.
[125] BGH ZMR 2003, 943, 945.
[126] *Abramenko* Info M 2006, 301; *Bärmann/Pick/Merle/Merle* § 26 WEG Rdnr. 125 m. w. N.
[127] Für unnötig hält dies *Armbrüster* AnwBl 2005, 15, 17.
[128] Siehe dazu auch Rdnr. 63.
[129] Wegen der Einschränkung „Nutzung" wird es künftig wohl nicht möglich sein, hier etwa eine Beschlusskompetenz für eine „tätige Mithilfe" zu verorten.
[130] Siehe § 5 Rdnr. 51 und § 3 Rdnr. 129 ff.

b) Fälligkeit von Forderungen

59 Die Wohnungseigentümer können durch § 21 Abs. 7 WEG **im Wege des Beschlusses** allgemein und abstrakt beschließen, **wann** eine Forderung gemäß einem Wirtschaftsplan, einer Sonderumlage oder einer Jahresabrechnung zu bezahlen und zu entgelten ist. Die Wohnungseigentümer können z.B. beschließen, dass die Wohngeldvorschüsse zu Beginn des Wirtschaftsjahres insgesamt fällig werden, den Wohnungseigentümern jedoch die Möglichkeit monatlicher Teilzahlungen eingeräumt wird, solange sie nicht mit einem näher bestimmten Teilbetrag (z.B. zwei Monatsraten) in Rückstand geraten (**Verfallklausel**). Bei dieser Regelung werden die Wohngelder zwar insgesamt zu Beginn des Wirtschaftsjahres oder unmittelbar mit Beschlussfassung fällig, die Vorschüsse werden jedoch solange **gestundet** wie ein Wohnungseigentümer mit nicht mehr als einer Teilzahlung in Verzug gerät. Bei Verzug mit mehr als einer Teilzahlung verfällt der Stundungsvorteil.

60 Die Wohnungseigentümer können nach neuem Recht ferner eine **Vorfälligkeitsregelung** beschließen. Danach werden die Wohngeldvorschüsse für das Wirtschaftsjahr nicht auf einmal zu Jahresbeginn mit gleichzeitiger Stundung fällig, sondern in monatlichen Teilbeträgen. Allerdings tritt bei einem näher qualifizierten Zahlungsverzug (z.B. zwei Monatsraten) Fälligkeit für den gesamten noch offenen Jahresbeitrag ein („Strafcharakter").

c) Verzug

aa) Folgen des Verzugs

61 Ein Beschluss, der allgemein den Verzugszins für Wohngeldschulden abweichend vom Gesetz festlegt, ist bislang als nichtig angesehen worden.[132] Verzugszinsen, die von der gesetzlichen Regelung abweichen, konnten nur durch eine Vereinbarung, nicht aber durch einen Mehrheitsbeschluss festgesetzt werden.[133] Durch § 21 Abs. 7 WEG besteht jetzt eine Beschlusskompetenz, die Höhe der etwa nach § 288 Abs. 1 BGB gesetzlich geschuldeten **Zinsen abweichend zu bestimmen** und z.B. für zu spät gezahlte Wohngelder auch acht oder zehn **Prozentpunkte** über dem jeweiligen Basiszinssatz zu verlangen. **Erheblich** höhere Zinssätze als die gesetzlich vorgesehenen Zinssätze, z.B. 30%, können nun mit Blick auf §§ 138, 242 BGB[134] allerdings auch künftig **nicht beschlossen** werden und sind – mit der Folge, dass dann nur der gesetzliche Zinsfuß gilt[135] – nichtig. Bloße Anfechtbarkeit wegen Rechtswidrigkeit und eines Verstoßes gegen § 21 Abs. 4 WEG erschiene als nicht angemessen. Als Grenze für einen beschließbaren Zins wird man 20% **Prozentpunkte** über dem jeweiligen Basiszinssatz ansehen müssen.

bb) Beginn des Verzugs

62 Die Wohnungseigentümer können nach Sinn und Zweck von § 21 Abs. 7 WEG allerdings nicht abweichend bestimmen, **wann** der Verzug i.S.v. § 286 BGB eintritt. Diese Frage regeln allein die **nicht dispositiven** §§ 286 ff. BGB.

---

[131] Rdnr. 66; a.A. für das alte Recht OLG München MietRB 2007, 17.
[132] BGHZ 115, 151, 153; BayObLG ZMR 2003, 365; ein Verzugszins kann aber vereinbart werden, BGHZ 115, 151, 153 = NJW 1991, 2637 = ZMR 1991, 398.
[133] KK-WEG/*Elzer* § 10 Rdnr. 125.
[134] Staudinger/*Kreuzer* § 10 WEG Rdnr. 111.
[135] BGHZ 115, 151, 156.

IV. Neue Beschlussmacht in Teilbereichen

d) Besondere Kosten

Die Wohnungseigentümer können gem. § 21 Abs. 7 WEG beschließen, dass ein Wohnungseigentümer als „Nutzer" des Gemeinschaftseigentums oder als „Verursacher" besonderer Kosten „etwas", das über das hinausgeht, was er gem. § 16 Abs. 2, 28 Abs. 2, Abs. 5 WEG ohnehin schuldet, leisten muss.[136] In welcher Höhe diese besondere „Umlage" erhoben werden kann, ist dann an § 21 Abs. 4 WEG zu messen. Die durch die Nutzung oder die Verursachung veranlassten Kosten und die dafür zu entrichtende Gegenleistung des Wohnungseigentümers, meist wohl ein Entgelt, müssen in einem **angemessenen Verhältnis** zueinander stehen und der Billigkeit entsprechen.[137] Ein zu hohes Entgelt kann als Eingriff in elementare Mitgliedschaftsrechte sogar nichtig sein. Regelmäßig wird ein entsprechender Beschluss allerdings nur anfechtbar sein. Für „besondere Kosten" ist § 21 Abs. 7 WEG in seinem Anwendungsbereich mit § 16 Abs. 3 WEG deckungsgleich und eigentlich überflüssig. Zwar ließe sich vertreten, dass § 16 Abs. 3 WEG insoweit von § 21 Abs. 7 WEG als **lex specialis** verdrängt wird. Für diese Sichtweise gibt es aber keinen Anlass.[138] Eine Unterscheidung ist wertlos. In der Praxis bietet sich wohl an, die Vorschriften **gemeinsam** zu zitieren. Beide Vorschriften sind allerdings gegenüber § 10 Abs. 2 Satz 3 WEG lex specialis.[139]

aa) Für eine Nutzung

Bei der Nutzung des gemeinschaftlichen Eigentums muss es sich um eine solche Nutzung handeln, die über den **gewöhnlichen Gebrauch hinausgeht**. Gem. § 13 Abs. 2 WEG ist jeder Wohnungseigentümer im Übrigen nämlich ohne Weiteres zum Mitgebrauch des gemeinschaftlichen Eigentums nach Maßgabe der §§ 14, 15 WEG berechtigt. Um einen Wohnungseigentümer mit den Kosten für die ihm bis auf Zahlung seiner Beiträge nach §§ 16 Abs. 2, 28 Abs. 5 WEG eigentlich kostenfreie Nutzung des Gemeinschaftseigentums belasten zu können, muss es sich grundsätzlich um eine Nutzung handeln, die den Rahmen des bereits nach §§ 14 und 15 WEG möglichen Gebrauchs des gemeinschaftlichen Eigentums übersteigt. Die Materialien nennen als einen solchen Gebrauch etwa häufige Umzüge und also die beschlussweise Einführung einer **Umzugskostenpauschale**[140] – eine vorweggenommene Schadensersatzzahlung für im Einzelfall nicht nachgewiesene und oft auch nicht nachweisbare Kleinschäden.[141]

Diese Ansicht ist indes in dieser Allgemeinheit nicht überzeugend und steht wohl auch im **Widerspruch** zu § 13 Abs. 2 WEG. Die besonderen Belastungen, denen das Gemeinschaftseigentum durch einen Umzug des Wohnungseigentümers ausgesetzt ist, können im Normalfall noch zu einem normalen Gebrauch gezählt werden.[142] Etwas anderes gilt nur, wenn ein Wohnungseigentümer „ständig" ein- und auszieht. Vor allem gilt etwas anderes, wenn er sein Sondereigentum **vermietet** und es so zu häufigen Wechseln der Mieter kommt. Als Gegenstand einer Nutzungspauschale vorstellbar sind

---

[136] Hierunter sollte nicht subsumiert werden, dass die Wohnungseigentümer nach § 21 Abs. 7 WEG auch über die Vermietung von Gemeinschaftseigentum und ein Entgelt dafür beschließen können.
[137] Siehe noch Rdnr. 67.
[138] Im Gegenteil: Nur § 16 Abs. 3 WEG wird ausdrücklich durch § 16 Abs. 5 WEG in seiner Beschlussmacht „geschützt". Für § 21 Abs. 7 WEG ergibt sich ein Schutz nur aus allgemeinen Erwägungen, vgl. Rdnr. 72.
[139] Dazu § 3 Rdnr. 129 ff.
[140] BT-Drucksache 16/887 S. 27.
[141] Siehe zu Umzugskostenpauschalen allgemein *Kohlndorfer* ZMR 1993, 257 ff. und *Karst* ZMR 1993, 255 ff.
[142] Siehe auch AG Bonn ZMR 1982, 95; LG Wuppertal MDR 1978, 318; allgemein Bärmann/Pick/Merle/*Pick* § 16 WEG Rdnr. 37 m. w. N.

hingegen z. B. die Nutzung des Gemeinschaftseigentums für Plakate, Leuchtreklamen, Werbeschilder, Schaukästen oder Antennen. Eine Pauschale kann ferner etwa für die Nutzung einer im Gemeinschaftseigentum stehenden Sauna[143] oder für die Nutzung eines Tennisplatzes verlangt werden.

bb) Für einen besonderen Verwaltungsaufwand

66 Die Wohnungseigentümer können auf § 21 Abs. 7 WEG gestützt künftig in bestimmten Fällen und **abweichend** vom allgemeinen Kostenverteilungsschlüssel nach § 16 Abs. 2 WEG oder dem nach § 16 Abs. 3 WEG beschlossenen Kostenverteilungsschlüssel beschließen, dass ein Wohnungseigentümer die Kosten eines **besonderen Verwaltungsaufwandes** zu tragen hat.

67 Der **Verwaltungsaufwand** des Verbandes Wohnungseigentümergemeinschaft und der des Verwalters ist grundsätzlich allerdings mit den Beiträgen eines Wohnungseigentümers nach §§ 16 Abs. 2, 28 Abs. 5 WEG **abgedeckt**. Ein Verwaltungsaufwand ist daher erst dann i. S. d. Gesetzes als „besonders" anzusehen, wenn ein einzelner Wohnungseigentümer durch sein Verhalten einen über das Normalmaß hinausgehenden, aber **vermeidbaren Aufwand** verursacht. Auch für einen besonderen Verwaltungsaufwand dürfen **keine unangemessenen Beträge** gefordert werden.[144] Die jeweilig verlangte Höhe muss „ordnungsmäßig" i. S. v. § 21 Abs. 3 WEG sein. § 21 Abs. 7 WEG darf kein Einfallstor für überzogene Sondervergütungen[145] und die Hoffnung bestimmter Verwalter sein, für ihre eigentlichen Grundleistungen oder für jedenfalls wenig kostenträchtige Standardmaßnahmen ihre Vergütung zu steigern. Ohne dass dies das Gesetz besonders heraustellt, wird außerdem in jedem Falle zu fordern sein, dass der Veranlasser den besonderen Verwaltungsaufwand **schuldhaft und rechtswidrig** verursacht hat.[146]

☞ **Praxistipp:**

68 Die Wohnungseigentümer sind durch § 21 Abs. 7 WEG im Übrigen nicht befugt, durch einen Beschluss die gerichtliche Kostenentscheidung nach §§ 91 ff. ZPO oder §§ 49 f. WEG zu korrigieren oder gar anders zu fassen.

69 Zu besonderen Verwaltungsaufwänden sind beispielsweise die Kosten zu zählen, die durch die Weigerung eines Wohnungseigentümers entstehen, am **Lastschriftverfahren** teilzunehmen.[147] Ferner solche Kosten, die durch eine **Sammelüberweisung** entstehen, weil der Überweisung nicht **ohne Weiteres** entnommen werden kann, für welche Einheiten sie geleistet wurde.[148] Weiter etwa die Kosten für eine Anschriftenermittlung. Hierher gehört außerdem eine dem Verwalter vom **Verband** für besondere Verwaltungsleistungen versprochene **Sondervergütung**, soweit sie von einem Wohnungseigentümer ausgelöst worden und ihm zurechenbar ist, z. B. für die Einleitung eines gerichtlichen Verfahrens gegen ihn. Schließlich zählen hierher auch besondere Mahngebühren.

70 Bei allen durch Beschluss besonders zu vergütenden Verwaltungsaufwänden ist darauf zu achten, dass der Verwalter Vertragspartner des **Verbandes Wohnungseigentümergemeinschaft** ist.[149] Wird dem Verwalter jedenfalls vom Verband eine Sondervergü-

---

[143] OLG Düsseldorf ZMR 2004, 528 = FGPrax 2003, 158 = OLGReport Düsseldorf 2003, 377; siehe dazu *Merle* ZWE 2006, 128, 129.
[144] *Abramenko* Info M 2006, 301.
[145] Dazu Bärmann/Pick/Merle/*Merle* § 26 WEG Rdnr. 123 ff.
[146] Siehe auch BayObLG ZMR 1999, 271, 272; BayObLGZ 1988, 54, 57; OLG Köln NJW 1991, 1302, 1303; *Schmidt* WE 2003, 196.
[147] *Abramenko* Info M 2006, 301.
[148] Dazu OLG Düsseldorf ZMR 2001, 723, 724; *Riecke/Schmidt/Elzer* Rdnr. 160.
[149] Siehe bereits Rdnr. 43. Vgl. ferner *Abramenko* Info M 2006, 301, und § 3 Rdnr. 47 ff.

tung für besondere Verwaltungsaufwände ausgelobt, schuldet also der Verband, nicht der einzelne Wohnungseigentümer den Mehraufwand. Mit dem Beschluss gem. § 21 Abs. 7 WEG ist daher in diesem Falle zu bestimmen, dass die dem Verband durch den besonderen Verwaltungsaufwand des Verwalters entstehenden Mehrkosten ausgeglichen werden und daher geregelt wird, dass der jeweilige, die Kosten auslösende Wohnungseigentümer, den besonderen Aufwand dem Verband, nicht dem Verwalter entgelten muss. Eine Beschlussmacht, einen Wohnungseigentümer direkt **zu Gunsten des Verwalters** mit Sonderzahlungen zu belasten, räumt § 21 Abs. 7 WEG grundsätzlich nicht ein. Sie ist auch nicht angezeigt. Etwas anderes gilt, wenn die Wohnungseigentümer einen **Direktanspruch** des Verwalters gegen sich selbst begründen wollten.

cc) Darstellung in der Jahresabrechnung

Schuldet ein Wohnungseigentümer nach einem Beschluss gem. § 21 Abs. 7 WEG eine besondere Zahlung, hat der Beschluss über die Jahresabrechnung für die Zahlungsverpflichtung **keine Bedeutung**. Der Anspruch muss nicht erst durch Beschluss gem. §§ 16 Abs. 2, 28 Abs. 5 WEG „begründet" werden, sondern entsteht bereits mit Verwirklichung der von den Wohnungseigentümern beschlossenen Tatbestandsvoraussetzungen. Der Anspruch ist nach Verwirklichung auch **sofort** beizutreiben. Eine von einem Wohnungseigentümer geschuldete Sonderzahlung sollte in der Jahresabrechnung daher erwähnt werden, und zwar entweder als bereits beigetriebene Einnahme oder aber als noch ausstehende Forderung. Sie sollte aber von der Beschlussfassung **nicht** mitumfasst werden.

71

3. Originäre Beschlussmacht

Die nunmehr geschaffene Möglichkeit, die in § 21 Abs. 7 WEG bestimmten Materien durch Beschluss zu regeln, kann durch eine Vereinbarung **nicht ausgeschlossen** werden. Eine Vereinbarung ist zwar nicht gesetzlich ausgeschlossen und auch nicht nichtig. Eine solche Vereinbarung in Beschlussangelegenheiten ist aber nicht „**beschlussfest**".[150] Der Gesetzgeber hat zwar anders als in §§ 16 Abs. 5, 22 Abs. 2 Satz 2 WEG auf eine solche **Klarstellung** verzichtet. Die originäre und auch durch Vereinbarung nicht einschränkbare Beschlussmacht folgt aber aus der Überlegung, dass Beschlussmacht durch eine Vereinbarung nicht **abgeändert** oder ausgeschlossen werden kann. Die Überlegung des Gesetzgebers, dieses Ergebnis folge aus der systematischen Stellung des § 21 Abs. 7 WEG im Gesetz („nicht unter Vereinbarungsvorbehalt gestellt"), überzeugt hingegen nicht. Regelt eine bereits bestehende Vereinbarung etwas anderes, z.B. einen **kleineren** als den gesetzlichen Zins, kann von dieser Vereinbarung abgewichen werden. § 16 Abs. 5 WEG ist analog anwendbar.

72

V. Neue Beschlussanforderungen

1. Hinführung

Das bisherige Recht kennt grundsätzlich nur den **Mehrheitsbeschluss**.[151] Bei der Stimmauszählung ist für die Frage, ob eine Beschlussmehrheit erreicht worden ist, allein zu prüfen, ob die abgegebenen „Ja-Stimmen" die „Nein-Stimmen" **nach Köpfen** überwiegen.[152] Bei 20 Stimmberechtigten müssen mithin grundsätzlich mindestens 11

73

---

[150] Siehe allgemein zu solchen Vereinbarungen KK-WEG/*Elzer* § 10 WEG Rdnr. 75 ff.
[151] Siehe aber § 18 Abs. 3 Satz 2 WEG.
[152] BGHZ 106, 179, 183.

Wohnungseigentümer mit „Ja" stimmen (Mehrheitsbeschluss). Enthalten sich von 20 Stimmberechtigten 17 Wohnungseigentümer und stimmen die anderen drei mit „Ja", ist ein einstimmiger Beschluss gefasst worden. Ergibt sich eine Stimmengleichheit oder überwiegen sogar die „Nein-Stimmen", ist ein Antrag abgelehnt (Negativbeschluss).

Beispiel:

74 Die Wohnungseigentümergemeinschaft A-Straße 10, 12345 Berlin besteht aus 120 Wohnungseigentümern. Zu der am 2. Mai 2007 einberufenen Zweitversammlung i. S. v. § 25 Abs. 4 Satz 1 WEG erscheinen 20 Wohnungseigentümer. Für die Jahresabrechnung 2006 stimmen drei Wohnungseigentümer mit „Ja" und zwei Wohnungseigentümer mit „Nein"; die übrigen Wohnungseigentümer enthalten sich. Der Beschluss ist **mehrheitlich** zustande gekommen.

2. Neuerungen

75 Von diesem System rückt das Gesetz nunmehr **teilweise** ab. Für einen Beschluss nach § 16 Abs. 4 Satz 1 WEG und einen solchen nach § 22 Abs. 2 Satz 1 WEG bedarf es jetzt keiner bloßen Mehrheit: Es bedarf nach §§ 16 Abs. 4 Satz 2, 22 Abs. 2 Satz 1 WEG einer **doppelten Mehrheit**.[153] Diese Voraussetzung ist analog § 18 Abs. 3 Satz 3 WEG auch in einer **Zweitversammlung** i. S. v. § 25 Abs. 4 Satz 1 WEG erforderlich. Besonderheiten gelten ferner für Beschlüsse nach § 22 Abs. 1 Satz 1 WEG.[154]

a) Drei Viertel aller stimmberechtigten Wohnungseigentümer

76 Für einen Beschluss nach § 16 Abs. 4 Satz 1 WEG und einen solchen nach § 22 Abs. 2 Satz 1 WEG muss zum einen eine **qualifizierte Mehrheit** von drei Viertel[155] aller stimmberechtigten Wohnungseigentümer i. S. d. § 25 Abs. 2 WEG mit „Ja" gestimmt haben. Diese Voraussetzung, nämlich eine qualifizierte statt einer nur einfachen Mehrheit, gewährleistet, dass ein Beschluss nach §§ 16 Abs. 4 Satz 2, 22 Abs. 2 Satz 1 WEG nur gefasst werden kann, wenn dies dem Willen der ganz **überwiegenden Mehrheit** entspricht. Für die Berechnung der Mehrheit ist auf die Mehrheit aller Wohnungseigentümer abzustellen, nicht nur der in der Versammlung vertretenen – wobei es nach der gesetzlichen Regelung (§ 25 Abs. 2 WEG) auf eine **Mehrheit nach Köpfen** ankommt (Kopfprinzip).[156] Auf diese Mehrheit kommt es nach Sinn und Zweck der Vorschriften und ihrem besonderen Schutzcharakter auch dann an, wenn die Wohnungseigentümer im Übrigen für ihre Abstimmungen ein **anderes Prinzip**, etwa das Objekt- oder das Wertstimmrecht vereinbart haben. Sähe man dies anders, hätte es z. B. der vormalige Alleineigentümer in der Hand, durch eine entsprechende verdinglichte Regelung das System der §§ 16 Abs. 4 Satz 2, 22 Abs. 2 Satz 1 WEG zu unterlaufen. Bei der Berechnung der Köpfe zählen nur die **stimmberechtigten Wohnungseigentümer.** Ist ein Wohnungseigentümer vom Stimmrecht etwa nach § 25 Abs. 5 WEG ausgeschlossen, ist er mithin nicht mitzuzählen. Ist in einer **Mehrhausanlage** vereinbart worden, dass bestimmte Gegenstände nur von einigen Wohnungseigentümern zu ordnen sind, ist für die Berechnung des Quorums nur **auf diese Wohnungseigentümer** abzustellen. Hier gilt nichts anderes, als bei einer schriftlichen Beschlussfassung. Auch dort gilt, dass ein Beschluss nach § 23 Abs. 3 WEG nur von den Wohnungseigentümern eines Hauses gefasst werden kann und muss, wenn das entsprechend vereinbart ist.[157] Offen ist hingegen was

---

[153] Siehe bereits § 5 Rdnr. 69 ff.
[154] Dazu § 7 Rdnr. 39 ff.
[155] Besteht die Gemeinschaft aus drei oder weniger Wohnungseigentümern müssen damit alle zustimmen.
[156] Wie in § 18 Abs. 3 WEG, siehe dazu Staudinger/*Kreuzer* § 18 WEG Rdnr. 29.
[157] *Häublein* NZM 2003, 785, 792; *Göken*, Die Mehrhausanlage im Wohnungseigentumsrecht, 1999, S. 57 f.

V. Neue Beschlussanforderungen

gilt, wenn mehr als ¼ aller Wohnungseigentümer vom **Stimmrecht ausgeschlossen** ist. In diesem Falle könnte man das Quorum anhand der stimmberechtigten Wohnungseigentümer berechnen. Hierfür spricht vor allem der Gedanke, dass die Wohnungseigentümer ansonsten gezwungen wären, auf einen entsprechenden Beschluss nach § 21 Abs. 4 und/oder Abs. 8 WEG zu klagen.

Beispiel:
In einer Wohnungseigentumsanlage gibt es 200 Wohnungseigentümer. In der Eigentümerversammlung stimmen die anwesenden 120 Wohnungseigentümer mit „Ja" dafür, für eine bauliche Veränderung (ein Balkonanbau) die Kosten nur auf die Wohnungseigentümer zu verteilen, die einen Balkon erhalten sollen. Diese Wohnungseigentümer sollen sich die Kosten teilen. Der Beschluss ist nicht zustande gekommen. Das notwendige Quorum ist nicht erreicht. Es liegt zwar ein – sogar einstimmiger – Mehrheitsbeschluss vor. Dieser erreicht aber nicht das erforderliche Quorum von drei Viertel aller stimmberechtigten Wohnungseigentümer i. S. d. § 25 Abs. 2 WEG. Denn das wären 150 Wohnungseigentümer.

b) Mehr als die Hälfte aller Miteigentumsanteile

Ein Beschluss gem. §§ 16 Abs. 4 Satz 1, 22 Abs. 2 Satz 1 WEG muss zum anderen von **mehr als der Hälfte aller Miteigentumsanteile** getragen werden. Durch diese zusätzliche Voraussetzung soll verhindert werden, dass der Wohnungseigentümer, dem der größere Teil des gemeinschaftlichen Eigentums zusteht, durch Mehrheiten überstimmt werden kann, die **allein nach Köpfen** berechnet werden. Allerdings reicht hier eine **einfache Mehrheit.** Die zulässige Verbindung von übergroßen Miteigentumsanteilen mit einzelnen Wohnungen bei der Begründung von Wohnungseigentum könnte nach Ansicht des Gesetzgebers ansonsten dazu führen, dass eine wirtschaftlich relativ unbedeutende Minderheit von einem Viertel zur Verhinderung eines Änderungsbeschlusses ausreicht.[158]

Beispiel:
Die Wohnungseigentümergemeinschaft A-Straße 10, 12345 Berlin besteht aus 120 Wohnungseigentümern. Zu der am 2. Mai 2007 einberufenen Versammlung erscheinen 62 Wohnungseigentümer. Für eine Maßnahme nach § 22 Abs. 2 Satz 1 WEG stimmen drei Wohnungseigentümer mit „Ja" und zwei Wohnungseigentümer mit „Nein"; die übrigen Wohnungseigentümer enthalten sich. Der Beschluss ist nicht zustande gekommen. Das Bild ändert sich nicht, wenn alle 62 anwesenden Wohnungseigentümer mit „Ja" stimmen (einstimmiger Beschluss). Für das notwendige Quorum müssen mindestens 90 Wohnungseigentümer anwesend sein (erst diese Wohnungseigentümer bilden drei Viertel von 120). Zum anderen müssen die mit „Ja" stimmenden Wohnungseigentümer mehr als die Hälfte aller Miteigentumsanteile repräsentieren. Wenn mithin auf 90 anwesende Wohnungseigentümer von insgesamt 120 Wohnungseigentümern z.B. 5000/10 000 Miteigentumsanteile oder darunter entfallen, fehlt es an der zweiten Voraussetzung einer **Mehrheit** jenseits von 50% der Miteigentumsanteile. Die Voraussetzung der doppelten Mehrheit steigert so künftig die vom Versammlungsleiter zu erwartende **Sorgfalt,** zu ermitteln, welche Wohnungseigentümer mit welchem „Gewicht" an einer Versammlung teilnehmen.[159]

3. Nicht Erreichen des Quorums

Dem Gesetz selbst[160] ist nicht zu entnehmen, ob ein Beschluss, der das gesetzliche **Quorum nicht erreicht,** aus diesem Grunde nur anfechtbar oder aber nichtig ist.[161] Daher gelten die allgemeinen Regelungen. Nach jedenfalls ganz h. M. gilt Folgendes: Ein bestimmtes Quorum kann für die Beschlussmacht der Wohnungseigentümer **nicht kompetenzbegründend** i. S. v. § 23 Abs. 1 WEG sein.[162] Wird entgegen der wahren

---

[158] BT-Drucksache 16/887 S. 25.
[159] Dazu auch noch § 9 Rdnr. 8 ff.
[160] Die Gesetzesbegründung geht allerdings von Anfechtbarkeit aus, BT-Drucksache 16/887 S. 25.
[161] Die gleiche Frage ist zu stellen, wenn ein für eine Öffnungsklausel vereinbartes Quorum nicht erreicht wird.
[162] KK-WEG/*Elzer* § 10 WEG Rdnr. 276.

Rechtslage ein positives Abstimmungsergebnis festgestellt und ein „Beschluss" verkündet, entsteht durch die bloße Verkündung eines falschen Abstimmungsergebnisses ein (freilich anfechtbarer) „Verkündungsbeschluss".[163] Der Verkündungsbeschluss bindet sämtliche ihm Unterworfenen und kann, wenn er nicht durch das Gericht in einem fristgebundenen Verfahren nach § 46 Abs. 1 Satz 1 WEG aufgehoben wird, auch in Bestandskraft erwachsen.[164] Es liegt bei einem Verstoß also nicht anders als bei der Frage, ob die „Ordnungsmäßigkeit" einer Regelung kompetenzbegründend ist. Das Bild **ändert** sich, wenn man Beschlussqualifizierungen als **Wirksamkeitsvoraussetzungen** eines Beschlusses begreift.[165] Liegt eine Wirksamkeitsvoraussetzung nicht vor, entsteht ein Beschluss nicht. Wird die Qualifizierung verfehlt, kommt es auch durch eine Verkündung zu keinem Beschluss. Eine unrichtige Verkündung setzt nach dieser Sichtweise den bloßen Rechtsschein eines Beschlusses (Nichtbeschluss). Die unrichtige Verkündung ist aber nicht in der Lage, die Entstehungsvoraussetzungen eines Beschlusses zu komplettieren. Der durch die Verkündung gesetzte Rechtsschein kann durch Erhebung einer Klage, mit der festgestellt wird, dass es keinen Beschluss gibt, bekämpft werden. Eine „Anfechtungsfrist" kann es für eine solche Klage aber nicht geben. Da es bereits keinen „Gegenstand", keinen Beschluss, gibt, kann dieser auch nicht wegen eines Mangels angegriffen werden.[166]

4. Abdingbarkeit

81 Das besondere Quorum in §§ 16 Abs. 4 Satz 2, 22 Abs. 2 Satz 1 WEG ist gem. §§ 16 Abs. 5, 22 Abs. 2 Satz 2 WEG **nicht einschränkbar** (abdingbar). §§ 16 Abs. 5, 22 Abs. 2 Satz 2 stehen hingegen einer Vereinbarung, die die Mehrheitserfordernisse des § 16 Abs. 4 Satz 2 **erleichtern** will, nicht entgegen. Gegen eine Abdingbarkeit spräche zwar, dass durch eine Absenkung der Mehrheitserfordernisse der **Schutz der Minderheit,** den das Gesetz vor allem durch die erforderliche Mehrheit der Stimmen sichern will, **unterlaufen** wird. §§ 16 Abs. 5, 22 Abs. 2 Satz 2 wollen aber nur solche Vereinbarungen ausschließen, die die Befugnisse zu „Ungunsten der Mehrheit der Wohnungseigentümer" einschränken.[167] Für die Zulässigkeit einer Vereinbarung, die z.B. die erforderliche Mehrheit auf eine **einfache Mehrheit** absenkt, spricht weiter, dass das Gesetz die Mehrheitsmacht stärken will.[168] Vereinbarungen, die **geringere Anforderungen stellen,** etwa auf das Erfordernis einer qualifizierten Mehrheit verzichten, sind daher **zulässig,** weil solche Beschlüsse die Befugnis der Mehrheit der Wohnungseigentümer nicht „einschränken", sondern erweitern.[169] Abweichende Kostenverteilungsbeschlüsse auf Grund einer Öffnungsklausel mit geringeren Anforderungen, etwa ohne Korrelation zwischen Gebrauch oder Gebrauchsmöglichkeit und Kostenlast oder ohne das Erfordernis einer qualifizierten Mehrheit, sind zulässig. Keine „Erleichterung" i.d.S. ist die Vereinbarung des Objekt- oder des Wertstimmrechts anstelle der erforderlichen Kopfmehrheit.

---

[163] Bärmann/Pick/Merle/*Merle* § 23 WEG Rdnr. 46 und Rdnr. 47 m.w.N.
[164] BGH ZMR 2002, 930, 936; OLG Düsseldorf ZWE 2002, 418, 419; *Becker* MietRB 2003, 53, 54; *Hügel,* ZfIR 2003, 885, 889.
[165] So früher die ganz h.M. Dazu *Elzer* ZWE 2007, 165.
[166] So *Elzer* ZWE 2007, 165.
[167] BT-Drucksache 16/887 S. 21
[168] BT-Drucksache 16/887 S. 22.
[169] BT-Drucksache 16/887 S. 25 und 32. Siehe auch OLG Hamm NJW-RR 2004, 1380, 1381 m.w.N. für das Entziehungsrecht gem. § 18 WEG.

§ 9 Wohnungseigentümerversammlung

I. Einführung

Die Vorschriften zur Wohnungseigentümerversammlung haben neben der Verlängerung der **Mindesteinberufungsfrist** in § 24 Abs. 4 Satz 2 WEG von einer auf künftig **zwei Wochen** vor allem eine wichtige Ergänzung durch die Anordnung der Beschluss-Sammlung[1] in § 24 Abs. 7 WEG erfahren.

II. Einberufungsfrist

Die Einberufungsfrist betrug nach § 24 Abs. 4 Satz 2 WEG a.F. bislang mindestens **eine Woche**, sofern nicht ein Fall besonderer Dringlichkeit vorlag. Diese Mindestfrist schien dem Gesetzgeber und den beteiligten Kreisen unter Berücksichtigung heutiger Lebensgewohnheiten als **zu kurz**, um den Zwecken der Frist – vor allem die Gewährleistung, dass sich jeder Wohnungseigentümer auf den Termin einstellen und sicherstellen kann, an der Eigentümerversammlung teilzunehmen – weiterhin zu genügen.[2] Eine Woche wurde auch deshalb als unangemessen angesehen, weil diese Zeit kaum ausreicht, damit Wohnungseigentümer Termine besprechen oder Nachfragen beim Verwalter oder Abstimmungen mit den anderen Wohnungseigentümern vorbereiten können.[3]

1. Neuregelung: Zwei-Wochen-Frist

Sofern nicht ein Fall besonderer Dringlichkeit vorliegt, ist die **Mindestfrist** deshalb jetzt durch § 24 Abs. 4 Satz 2 WEG n.F. auf **zwei Wochen**[4] verlängert worden. Die Frist beginnt dabei mit dem Zugang des Einladungsschreibens beim Wohnungseigentümer. Bei Versendung innerhalb der Bundesrepublik sind Postlaufzeiten von bis zu drei Tagen einzukalkulieren. Für die Berechnung der Frist gelten §§ 186 ff. BGB.

2. Sollvorschrift

Die Einberufungsfrist ist weiterhin nur als **Sollvorschrift**[5] ausgestaltet – und damit für **Missbrauch anfällig**. Wird die Mindestfrist missachtet, führt allein dies allerdings nach h.M. nicht dazu, einen gleichwohl gefassten Beschluss als ungültig (**nichtig**) anzusehen.[6] Beschlüsse auf einer Versammlung, bei der die Ladungsfrist missachtet wurde, sind nur auf eine Anfechtung hin aufzuheben.[7] Dabei wird zwar vermutet, dass der

---

[1] Siehe dazu § 8 Rdnr. 15 ff.
[2] BT-Drucksache 16/887 S. 33.
[3] Oftmals ist ein Wohnungseigentum ja auch nicht selbst bewohnt und der Wohnungseigentümer wohnt an einem anderen Ort.
[4] *Armbrüster* DNotZ 2003, 493, 505, hatte einen Monat vorgeschlagen; ebenso *Böttcher/Hintzen* ZfIR 2003, 445, 450; *Röll* Rpfleger 2003, 277, 280.
[5] BGH ZMR 2002, 440, 445 = NJW 2002, 1647, 1651; BayObLG ZMR 2004, 766, 767.
[6] BGH ZMR 2002, 2002, 440, 445 = NJW 2002, 1647, 1651; BayObLG ZMR 2004, 766, 767.
[7] BGH ZMR 2002, 2002, 440, 445 = NJW 2002, 1647, 1651; OLG Hamburg ZMR 2006, 704, 705.

Verstoß gegen § 24 Abs. 4 Satz 2 WEG „kausal" war.[8] Eine Ungültigerklärung scheidet aber aus, wenn feststeht, dass der angefochtene Beschluss auch ohne Verletzung inhaltsgleich getroffen worden wäre.[9] An den Nachweis, dass sich der Ladungsmangel nicht ausgewirkt hat, sind dabei **strenge Anforderungen** zu stellen. Es kommt nicht allein auf die Auswirkung des Abstimmungsverhaltens auf das Abstimmungsergebnis, sondern auch auf die Möglichkeit an, in einer der Abstimmung vorausgehenden Aussprache durch überzeugende Argumente das Abstimmungsverhalten der anderen Stimmberechtigten zu beeinflussen. Ein Ladungsmangel ist damit bereits dann ursächlich, wenn er die Teilnahme an der Aussprache und an der Abstimmung konkret beeinträchtigt und hierdurch das Beschlussergebnis beeinflusst worden sein kann. Für das Gegenteil muss hingegen feststehen, dass bei vernünftiger Betrachtungsweise nicht ernsthaft mit der Möglichkeit zu rechnen war, dass die Wohnungseigentümer bei Mitwirkung des betreffenden Wohnungseigentümers anders abgestimmt hätten. Eine Ungültigerklärung scheidet damit nur dann aus, wenn feststeht, dass der angefochtene Beschluss auch bei ordnungsmäßiger Einberufung ebenso gefasst worden wäre.[10] Dies kann etwa der Fall sein, wenn der Anfechtende den Inhalt der gefassten Beschlüsse sachlich gar nicht angreift und die Anfechtungsgegner an einer entgegenstehenden Rechtsansicht festhalten.[11]

☞ **Praxistipp:**

5 Der Verwalter kann sich bei pflichtwidriger Unterschreitung der Einberufungsfrist ggf. **schadensersatzpflichtig** machen.[12] Dies ist möglich, wenn einem Wohnungseigentümer die Teilnahme nicht ermöglicht wurde, es zu einer Beschlussanfechtung und Aufhebung der auf der Versammlung getroffenen Beschlüsse kommt. Die Kosten für die neue Versammlung sind dem pflichtwidrigen Verwalterhandeln anzulasten. Anspruchsinhaber ist grundsätzlich der Verband Wohnungseigentümergemeinschaft. Ob auch einem Wohnungseigentümer ein Anspruch zustehen kann, hängt von der dogmatischen Einordnung des Verwaltervertrages ab.[13]

3. Abdingbarkeit

6 Den Wohnungseigentümern bleibt es auch nach § 24 Abs. 4 Satz 2 WEG jedenfalls unbenommen, eine **längere Einberufungsfrist** zu vereinbaren.[14] Der Verwalter ist an eine solche Änderung des Gesetzes gebunden.[15] Vereinbarungen, die dem Verwalter zu einer bestimmten Handlung anweisen, bedürfen keiner weiteren Ausführung oder Regelung.[16] Für die Einberufung der Eigentümerversammlung ergibt sich dies ohne Weiteres aus § 24 Abs. 2 WEG. Offen geblieben ist, ob diese Mindestfrist zwingend oder abdingbar ist. Unter Schutzgesichtspunkten könnte erwogen werden, jedenfalls eine **kürzere Einberufungsfrist** künftig für unwirksam zu halten.[17] In diesem Falle wäre auch eine vor dem Inkrafttreten der WEG-Novelle geschlossene Vereinbarung nicht mehr gültig.

---

[8] OLG Hamburg ZMR 2006, 704, 705.
[9] BGH ZMR 2002, 2002, 440, 445 = NJW 2002, 1647, 1651; OLG Hamburg ZMR 2006, 704, 705.
[10] BGH ZMR 2002, 2002, 440, 445 = NJW 2002, 1647, 1651; BayObLG ZMR 2004, 766, 767; KG ZMR 1999, 426, 428.
[11] *Riecke/Schmidt/Elzer* Rdnr. 315.
[12] Bärmann/Pick/Merle/*Merle* § 24 WEG Rdnr. 33.
[13] Siehe dazu § 8 Rdnr. 43.
[14] BayObLG WuM 1989, 459, 460.
[15] *Elzer* ZMR 2006, 85, 88.
[16] Siehe aber BGH ZMR 2002, 766, 768 und OLG Hamburg ZMR 2001, 997, 998.
[17] A. A. zum geltenden Recht Staudinger/*Bub* § 24 WEG Rdnr. 18.

III. Der Verband als Wohnungseigentümer

Es ist davon auszugehen, dass der Verband Wohnungseigentümergemeinschaft Wohnungs- oder Teileigentum erwerben und also Mitglied der Gemeinschaft der Wohnungseigentümer als auch „Insich-Mitglied" werden kann.[18] Welche Auswirkungen das auf die Mitgliedschaftsrechte dieses Wohnungseigentümers hat, muss die Praxis zeigen. Zu klären ist z.B., welche Auswirkungen eine Insich-Mitgliedschaft auf die Außenhaftung nach § 10 Abs. 8 Satz 1 WEG hat und ob der Verband als Wohnungseigentümer Wohngeld schuldet. Ferner ist zu hinterfragen, ob der Verband als Wohnungseigentümer zu den Eigentümerversammlungen zu laden ist. Dagegen spricht, dass im Aktienrecht gem. § 71b AktG[19] und auch im Recht der GmbH die Mitgliedschaftsrechte ruhen.[20] Dafür spricht, dass der Verband ein **Anfechtungsrecht** haben sollte und dieses vorbereiten können muss.[21] Zwar sind die Verbandsinteressen und die Interessen aller Wohnungseigentümer stets **identisch**. Im Rahmen einer Eigentümerversammlung setzt sich bei der Abstimmung aber nicht immer das Interesse aller Wohnungseigentümer durch. Bestimmt z.B. der ehemalige Alleineigentümer und jetzige Mehrheitseigentümer zu niedrige Wohngelder, muss sich der Verband als Berechtigter eines Beschlusses gem. §§ 16 Abs. 2, 28 Abs. 2 und Abs. 5 WEG gegen diesen, seinem Interesse und dem Interesse der Gesamtheit aller Wohnungseigentümer entgegenstehenden, Beschluss wehren können. Die Rechtslage ist insofern anders als die der Aktiengesellschaft oder die der GmbH, weil sich die Ausstattung des Verbandes mit Mitteln nur über die Beschlüsse der Eigentümerversammlung realisiert und ständig perpetuiert. Nach diesem Gedanken liegt es dann auch nicht fern, den Verband zu einer Eigentümerversammlung wenigstens aus Gründen der Information zu laden. Der Verband als Wohnungseigentümer sollte deshalb ein **Teilnahmerecht** haben, das für ihn der Verwalter – der mit dem Versammlungsleiter nicht identisch sein muss – wahrzunehmen hat. Ferner ist eine Stellvertretung des Verbandes in der Eigentümerversammlung vorstellbar. Kein Zweifel sollte schließlich daran bestehen, dass dem Verband als Wohnungseigentümer ein Stimmrecht zusteht. Für dieses ist indes anzunehmen, dass es **ruht**. Hierfür spricht neben der Rechtslage bei der AktG und der GmbH, dass das Stimmrecht nur vom Verwalter oder den Wohnungseigentümern ausgeübt werden könnte und beide Wege nicht sachgerecht wären: Jeweils könnte bereits die Mehrheit mittel- oder unmittelbar entscheiden, wie der Verband abstimmen soll.[22] Um eine Umgehung auszuschließen, kann der Verband sein Stimmrecht wohl auch **nicht** zur Ausübung **übertragen** oder einen **Vertreter** mit der Wahrnehmung beauftragen.[23] Offen ist noch, ob der Verband auch Beiträge schuldet (das ist wohl zu bejahen) und ggf. sich selbst haftet (das ist wohl zu verneinen) – oder ob diese Ansprüche wegen einer Konfusion abzulehnen sind.

IV. Neue Anforderungen an die Versammlungsniederschrift

Vor allem §§ 16 Abs. 4 Satz 2, 22 Abs. 1 Satz 1 WEG, aber auch §§ 12 Abs. 4 und 21 Abs. 7 WEG räumen den Wohnungseigentümern – wie im Einzelnen ausgeführt –

---

[18] *Häublein* FS Seuß (2007), S. 125, 139.
[19] Siehe *Hüffer* § 71b AktG Rdnr. 4.
[20] BGH NJW 1998, 1314; NJW 1995, 1027, 1028; *Lutter/Hommelhoff* § 33 GmbHG Rdnr. 20.
[21] Siehe § 13 Rdnr. 123.
[22] Siehe auch *Häublein*, FS Seuß (2007), 125, 139.
[23] Vgl. für das Aktienrecht etwa *Hüffer* § 71b AktG Rdnr. 5 m.w.N.

unter bestimmten Voraussetzungen eine **neue Mehrheitsmacht** ein.[24] Zur Erleichterung der Willensbildung sind die gesetzlichen **Beschlusskompetenzen** dort, wo ein praktisches Bedürfnis besteht, vorsichtig **erweitert** worden. In der meist vom Verwalter nach § 24 Abs. 6 Satz 1 WEG zu fertigenden Niederschrift über eine Eigentümerversammlung sollte deshalb aus diesem Grunde mehr noch als bisher deutlich werden, dass das von §§ 16 Abs. 4 Satz 2, 22 Abs. 1 Satz 1 WEG erforderte **doppelte Quorum** auch erreicht worden ist. Diese Anforderung entspricht zwar nicht dem gesetzlichen Muss-Inhalt einer Niederschrift – danach sind nur die Beschlüsse zu beurkunden –, wohl aber einem **angemessenen Kann-Inhalt,** zu dem u. a. auch Angaben zur Beschlussfähigkeit für jeden Beschlussgegenstand, Angaben zum Beschlussantrag und den jeweils für oder gegen einen bestimmten Beschlussantrag abgegebenen Stimmen sowie die Enthaltungen gehören.

9   Neue Anforderungen ergeben sich ferner aus der durch das Gesetz in § 10 Abs. 8 Satz 4 WEG **angeordneten Binnenhaftung** eines Wohnungseigentümers wegen nicht ordnungsmäßiger Verwaltung.[25] Ob und wie ein Wohnungseigentümer zu einem Beschluss beigetragen hat, wird sich häufig nur dem Kann-Inhalt einer Niederschrift entnehmen lassen.

10   Offen ist, welches **Verhältnis** die Beurkundungen der Niederschrift und die in der Beschluss-Sammlung haben. Wenn sich die Beurkundungen der Niederschrift und der Beschluss-Sammlung **widersprechen,** etwa dadurch, dass in der Beschluss-Sammlung beurkundet wird, sein Beschluss sei gefasst worden, in der Niederschrift hingegen festgehalten ist, dass der Beschluss nicht gefasst worden ist, kommt wohl keiner dieser Beurkundungen ein höherer „Beweiswert" zu. Zwar ist nicht zu verkennen, dass für die Richtigkeit der Niederschrift zum Teil drei Personen einzustehen haben, für die Richtigkeit der Beschluss-Sammlung hingegen im Regelfall nur der Verwalter. Ein höherer Beweiswert kann der Niederschrift durch diesen Umstand aber nicht zukommen. Vielmehr muss bei Widersprüchen der Wert beider Urkunden sinken, im Prozess etwas zu beweisen.[26]

---

[24] Siehe § 8 Rdnr. 73 ff.
[25] Siehe § 3 Rdnr. 226.
[26] Siehe dazu auch § 8 Rdnr. 23.

§ 10 Notverwalter

I. Bisherige Rechtslage

Fehlte dem Wohnungseigentümer ein Verwalter, konnte er nach bislang h. M. vom Wohnungseigentumsgericht auf **zwei** unterschiedlichen **Wegen** ersatzweise bestellt werden: **1**
- Einerseits nach §§ 43 Abs. 1 Nr. 3, 26 Abs. 3 WEG a. F.[1] Voraussetzung hierfür war ein dringender Fall. Ferner der Antrag eines Wohnungseigentümers, aber auch der eines Dritten, der ein berechtigtes Interesse an der Bestellung eines Verwalters hatte. **2**
- Andererseits nach § 21 Abs. 4 WEG i. V. m. § 43 Abs. 1 Nr. 1, Abs. 2 WEG a. F.[2] Ein dringender Fall war dabei nicht erforderlich. Allerdings konnte ein Dritter diesen Antrag nicht stellen. Die Bestellung eines Wohnungseigentumsverwalters wurde zu den Angelegenheiten einer ordnungsmäßigen Verwaltung gezählt, weil die Bestellung eines Verwalters nicht ausgeschlossen werden kann, § 20 Abs. 2 WEG. Das Wohnungseigentumsgericht sollte deshalb einen Verwalter auch zur Verwirklichung des Anspruchs auf eine ordnungsmäßige Verwaltung bestellen können.

II. Neue Rechtslage

Die Möglichkeit, einen Verwalter vom Wohnungseigentumsgericht nach §§ 43 Abs. 1 Nr. 3, 26 Abs. 3 WEG a. F. bestellen zu lassen, ist **ersatzlos** entfallen. Der alternative Weg, nämlich über §§ 43 Nr. 1 i. V. m. § 21 Abs. 4 WEG, einen Notverwalter bestellen zu lassen, ist hingegen **bestehen geblieben**. Der Gesetzgeber gibt für die Streichung des § 26 Abs. 3 WEG a. F. zwei Gründe an: Einen überzeugenden systematischen und einen praktischen, letztlich aber auch durchgreifenden. **3**

1. § 26 Abs. 3 WEG a. F. als Fürsorgeverfahren

Systematisch war das Verfahren nach §§ 43 Abs. 1 Nr. 3, 26 Abs. 3 WEG kein „echtes Streitverfahren der freiwilligen Gerichtsbarkeit", sondern ein so genanntes **Fürsorgeverfahren**.[3] Nach der ZPO-Erstreckung auf Wohnungseigentumssachen[4] hätte es bei einer Beibehaltung dieses Instrumentes deshalb einer **gesonderten Zuständigkeitsregelung** und einer neuen Bestimmung im Gesetz über die Angelegenheiten der freiwilligen Gerichtsbarkeit bedurft. Um eine Aufspaltung der wohnungseigentumsrechtlichen Verfahren abzuwenden, bot es sich aus diesem Grunde an, allein an dem Weg nach §§ 43 Abs. 1 Nr. 1 (jetzt § 43 Nr. 1 WEG), 21 Abs. 4 WEG festzuhalten. Ferner steht jetzt wohl auch ein Weg über §§ 43 Nr. 1, 21 Abs. 8 WEG offen.[5] **4**

---

[1] Zu den Einzelheiten der Notverwalterbestellung siehe u. a. *Elzer* ZMR 2004, 229 ff.
[2] OLG Saarbrücken MietRB 2004, 174; OLG Köln ZMR 2003, 960; KG WuM 2003, 412; WuM 1990, 467; WE 1988, 168 = WuM 1988, 322; OLG Düsseldorf WE 1996, 70; BayObLG NJW-RR 1989, 461 = WE 1989, 221; OLG Düsseldorf WE 1996, 70; KK-WEG/*Elzer* § 20 WEG Rdnr. 122; a. A. *Algermissen* Recht und Realität, S. 20 ff.
[3] Siehe nur *Algermissen*, Recht und Realität, S. 20 ff.; *Merle*, Bestellung und Abberufung des Verwalters nach § 26 des Wohnungseigentumsgesetzes, 1977, S. 90, 91.
[4] Siehe dazu § 13 Rdnr. 6 ff.
[5] Siehe Rdnr. 11.

2. Kein eigener Anwendungsbereich mehr

5   Als zweiten Grund streicht der Gesetzentwurf heraus, dass die Anwendungsbereiche nach §§ 43 Abs. 1 Nr. 3, 26 Abs. 3 WEG a. F. und §§ 43 Abs. 1 Nr. 1, Abs. 2 WEG a. F. i. V. m. § 21 Abs. 4 WEG **nahezu identisch** waren und deshalb jedenfalls die speziellere Reglung in §§ 43 Abs. 1 Nr. 3, 26 Abs. 3 WEG a. F. entfallen konnte. Ungeachtet vereinzelt geäußerter Kritik, ist dem zu folgen.[6]

a) Dringlichkeit

6   Durch die jetzt geschaffene Möglichkeit, nach §§ 935 ff. ZPO in dringenden Fällen eine einstweilige Regelung zu erhalten,[7] hätten sich die unterschiedlichen Wege jedenfalls **stark angenähert**. Dem Merkmal „Dringlichkeit" konnte unter Geltung der ZPO keine eigenständige Bedeutung mehr zukommen.

b) Antrag eines Dritten

7   Nicht anders ist es im Ergebnis mit der Voraussetzung, dass ein Dritter freilich nur gem. § 26 Abs. 3 WEG a. F. die Bestellung eines Verwalters erzwingen konnte.[8] Das Interesse des Dritten, einen Verwalter zu erzwingen, war damit gerechtfertigt worden, dass die Wohnungseigentümergemeinschaft allgemein weder als partei- noch als rechtsfähig angesehen wurde: Die Wohnungseigentümergemeinschaft „als solche" konnte nicht verklagt werden. Der Dritte musste die Klage daher – wenn ein Verwalter fehlte – **jedem Eigentümer** zustellen lassen. Zur einfacheren Durchsetzung seiner Ansprüche konnte er in der Tat darauf angewiesen sein, dass sich die Wohnungseigentümer durch einen Verwalter vertreten lassen.

8   Dieses **Interesse** eines Dritten, die Bestellung eines Verwalters als Organ für den Verband Wohnungseigentümergemeinschaft oder als Vertreter der Wohnungseigentümer zu erzwingen,[9] ist **entfallen**. Fehlt ein Verwalter oder ist er zur Vertretung nicht berechtigt, vertreten – sofern nicht durch Beschluss ein oder mehrere Wohnungseigentümer zur Vertretung ermächtigt wurden – gem. § 27 Abs. 3 Satz 2 WEG sämtliche Wohnungseigentümer den Verband Wohnungseigentümergemeinschaft.[10] Der Fall, dass der jetzt rechtsfähige und partei- und prozessfähige Verband keine vertretungsberechtigte Stelle besitzt, ist also **nicht mehr vorstellbar**.[11] Die Zustellung kann gem. § 170 Abs. 3 ZPO jederzeit an einen beliebigen Wohnungseigentümer erfolgen.

III. Bestellung als Maßnahme ordnungsmäßiger Verwaltung

9   Fehlt ein Verwalter, kann im neuen Recht **jeder Wohnungseigentümer**, aber kein Dritter, gem. §§ 43 Nr. 1 WEG i. V. m. 21 Abs. 4 WEG als Maßnahme ordnungsmäßiger Verwaltung die Bestellung eines (Not)Verwalters erzwingen. Dazu muss ein Wohnungseigentümer auf einer Eigentümerversammlung einen Antrag stellen. Findet dieser

---

[6] Wie hier *Frohne* ZMR 2005, 512, 514; a. A. *Hinz* ZMR 2005, 271, 276.
[7] Siehe dazu § 13 Rdnr. 274.
[8] Als Dritter kam jeder in Betracht, der nicht Wohnungseigentümer ist. Dritter kann der bisherige Wohnungseigentumsverwalter, ein Lieferant, ein Werkunternehmer, ein Nießbraucher, ein Pächter oder Mieter oder auch eine öffentliche Körperschaft sein.
[9] Etwa analog §§ 29 BGB, 85 AktG.
[10] Im Übrigen kennen auch §§ 935 ff. ZPO keine Beschränkung auf Dritte.
[11] Siehe § 11 Rdnr 96 ff.

III. Bestellung als Maßnahme ordnungsmäßiger Verwaltung

keine Mehrheiten, kann das Gericht in einem Verfahren nach § 43 Nr. 1 WEG ersatzweise einen Verwalter bestellen.[12] Anders als § 26 Abs. 3 WEG a. F. setzt ein Antrag auf ordnungsmäßige Verwaltung dabei die **konkrete Benennung** eines künftigen Verwalters voraus.[13] Das Gericht ist gem. § 308 ZPO an diesen Antrag gebunden. Ein **Auswahlermessen** ist ihm nicht eingeräumt.

Formulierungsvorschlag:

Klage

des Wohnungseigentümers Bernd Beispiel, A-Straße 1, 12345 Berlin,

Kläger,

– Prozessbevollmächtigter: Rechtsanwalt Bernd Ohnmächtig, A-Straße 27, 12345 Berlin –

gegen

die Wohnungseigentümer der A-Straße 1–4, 12345 Berlin,[14]

Beklagte,

wegen Zustimmung zur Verwalterbestimmung.

Namens (und in versicherter Vollmacht) des Klägers werde ich beantragen,

die Beklagten zu verurteilen, der Bestellung der A-GmbH, gesetzlich vertreten durch den Geschäftsführer A. Mustermann, Erlenbring 16, 12345 Berlin, als Verwalterin des Verbandes Wohnungseigentümergemeinschaft A-Straße 1–4, 12345 Berlin, ab dem ... bis zum ... zuzustimmen und im Fall des § 331 Abs. 3 ZPO den Erlass eines Versäumnisurteils.[15]

Es gibt zurzeit keinen Verwalter. Der gem. § 45 Abs. 2 Satz 1 WEG bestellte Ersatzzustellungsvertreter ist der Wohnungseigentümer Peter Überfordert, A-Straße 1, 12345 Berlin.

Begründung

[Sachverhalt und Beweisantritte]
[Rechtliche Würdigung]
Eine beglaubigte und eine einfache Abschrift liegen anbei.

Unterschrift
Rechtsanwalt

Ggf. kann die Klage auf gerichtliche Bestellung eines Verwalters ferner auf § 21 Abs. 8 WEG gestützt werden. Nach dieser Bestimmung kann das Gericht in einem Rechtsstreit gem. § 43 WEG nach billigem Ermessen entscheiden, wenn die Wohnungseigentümer eine **nach dem Gesetz erforderliche Maßnahme** nicht treffen.[16] Die Bestellung eines Verwalters ist gem. § 20 Abs. 2 WEG eine ordnungsmäßige Maßnahme. Problematisch ist indes, ob diese Maßnahme auch i. S. v. § 21 Abs. 8 WEG „erforderlich" ist. In der Praxis bestehen nämlich durchaus verwalterlose Gemeinschaften. Da indes auch der Weg über § 21 Abs. 4 WEG nur dann gangbar ist, wenn man in einer verwalterlosen Gemeinschaft einen Verstoß gegen die ordnungsmäßige Verwaltung erblickt, sollte diesem Argument kein zu großes Gewicht beigemessen werden.

---

[12] Wird ein Antrag unmittelbar beim Gericht gestellt, fehlt diesem ein Rechtsschutzbedürfnis, es sei denn, es ist unabweisbar, dass ein Antrag auf einer Versammlung niemals eine Mehrheit fände.
[13] *Elzer* ZMR 2004, 229, 230.
[14] Wird die Klage gegen alle Wohnungseigentümer mit Ausnahme des Gegners erhoben, so genügt für ihre nähere Bezeichnung in der Klageschrift zunächst die bestimmte Angabe des gemeinschaftlichen Grundstücks, § 44 Abs. 1 Satz 1 WEG.
[15] Für den Abschluss des Verwaltervertrages (die Anstellung), ist das Gericht hingegen (zunächst) nicht zuständig, vgl. *Elzer* ZMR 2004, 229; str.
[16] § 13 Rdnr. 215 ff.

Praxistipp:

12 Der Weg über § 21 Abs. 8 WEG hätte den Vorteil, dass der Kläger einen unbestimmten Antrag stellen und mithin keinen Verwaltervorschlag machen müsste. In der Praxis wird der vom bisherigen Antragsteller vorgeschlagene neue Verwalter häufig (grundlos) als parteiisch abgelehnt. Es böte sich daher an, die Auswahl des Verwalters in das Ermessen des Gerichts zu stellen, um dem Verwalter nicht von Anfang an eine angegriffene Stellung zu verschaffen.

§ 11 Aufgaben und Befugnisse des Verwalters

I. Einführung

1. Allgemeines

Die Verwaltung des gemeinschaftlichen Eigentums obliegt gem. § 20 Abs. 1 WEG nach Maßgabe der §§ 26 bis 28 WEG neben den Wohnungseigentümern und dem fakultativen Beirat insbesondere dem Verwalter. Die WEG-Reform ändert an der **Aufteilung der Aufgaben** im **Innenbereich** nichts. Der Verband Wohnungseigentümergemeinschaft hat nach Sinn und Zweck **nicht die Aufgabe,** nach „innen" zu wirken – und also an der Führung der Geschäfte der Wohnungseigentümer **teilzuhaben.** Aufgabe des Verbandes ist es allein, die Interessen der Wohnungseigentümer nach außen, **gegenüber Dritten**[1] wahrzunehmen, durchzusetzen und für Pflichtverletzungen der Wohnungseigentümer einzustehen, soweit diesen eine Pflicht gemeinsam obliegt.[2] Wenn der Gesetzgeber in § 10 Abs. 6 Satz 1 WEG dem Verband Wohnungseigentümergemeinschaft „im Rahmen der gesamten Verwaltung des gemeinschaftlichen Eigentums" Rechtsfähigkeit zubilligt, lässt dies nicht darauf schließen, dass der Verband auch an der Verwaltung des gemeinschaftlichen Eigentums nach „innen" teilnimmt.[3] Diese Wortwahl soll nur den Bereich beschreiben, in dem der Verband rechtsfähig ist. Die Formulierung „gesamte Verwaltung" macht dabei unter Berücksichtigung des üblichen Sprachgebrauchs deutlich, dass die **gesamte Geschäftsführung** zu Gunsten der Wohnungseigentümer nach außen und in Bezug auf das gemeinschaftliche Eigentum **Aufgabe des Verbandes,** nicht auch des Verwalters ist.[4] Hinweis auf diese Sichtweise ist auch der **Zweck** des Verbandes Wohnungseigentümergemeinschaft: Dieser ist darin zu sehen, die Handlungsfähigkeit der jeweiligen Wohnungseigentümer im **Rechtsverkehr** bei der vermögensrechtlichen Verwaltung ihres gemeinschaftlichen Eigentums zu sichern und zu stärken[5] sowie das gemeinschaftliche Eigentum für die Wohnungseigentümer zu verwalten.[6]

1

Die durch § 27 WEG dem Verwalter auferlegten Pflichten sind wie bislang **nicht abschließend** gemeint.[7] Der Verwalter als Versammlungsleiter war (und ist) beispielsweise als **Funktionsgehilfe**[8] der Eigentümerversammlung als unabhängig und eigenständig anzusehen.[9] In diesem „unabhängigen" Sinne ist auch die neue Aufgabe des Verwalters zu verstehen, die Beschluss-Sammlung gem. § 24 Abs. 7 und Abs. 8 WEG n. F. zu führen.[10] Denn die Führung der Beschluss-Sammlung regelt das Gesetz als Verwalterauf-

2

---

[1] Ist ein Wohnungseigentümer nach § 43 Nr. 2 WEG zu verklagen, z.B. wenn er Wohngeld schuldet, ist er insoweit als „Dritter" zu verstehen.
[2] OLG München MietRB 2007, 41, 42.
[3] Verfehlt sind daher solche Ansätze, die aus der Zuständigkeit des Verbandes, Verwaltungsgeschäfte zu schließen, auf Innenpflichten des Verbandes schließen wollen. Etwa die Idee, nur der Verband schulde die Sicherung der Verkehrspflichten, ist bereits deshalb wacklig.
[4] BT-Drucksache 16/887 S. 60.
[5] *Wenzel* ZWE 2006, 462.
[6] BT-Drucksache 16/887 S. 60; *Wenzel* ZWE 2006, 2, 6; *ders.* NZM 2006, 321, 322.
[7] Staudinger/*Bub* § 27 WEG Rdnr. 16.
[8] *Becker* ZWE 2006, 157, 162 m.w.N. in Fn. 40.
[9] Riecke/Schmidt/*Elzer* Rdnr. 491.
[10] Dazu § 8 Rdnr. 15 ff.

gabe, nicht als Verwaltungsaufgabe des Verbandes. Der Verwalter ist mithin auch nach der Reform **wichtiger** und **selbstständiger Teil** der Verwaltung.[11]

3 Ggf. etwas verdunkelt, grundsätzlich aber nicht angegriffen, wird das dem Wohnungseigentumsgesetz zu Grunde liegende System durch die neuen drei ersten Absätzen des § 27 WEG.[12] Dem Gesetz liegt dort mit Absatz 2 die Idee zu Grunde, dass der Verwalter in bestimmten Belangen Vertreter der Wohnungseigentümer sein kann. In anderen Belangen soll er hingegen als Organ des Verbandes anzusehen sein – und tritt den Wohnungseigentümern etwa in einem für den Verband von ihm nach § 43 Nr. 2 WEG geführten Verfahren also als **Interessensvertreter** eines **anderen Rechtssubjekts** entgegen.[13] Den dritten[14] Bereich, in dem der Verwalter originäre eigene Rechte wahrnimmt ohne weder Organ noch Vertreter zu sein, setzt das Gesetz aber weiterhin voraus, erwähnt diesen aber nicht in § 27 WEG.[15] Die gesetzliche Überschrift des § 27 WEG ist aus diesem Grunde jedenfalls **unglücklich** gewählt.

☞ **Praxistipp:**

4 Eine **einflussreiche Besonderheit** besteht zwischen den originären Verwalterrechten auf der einen Seite und Geschäftsführung und Vertretung auf der anderen Seite: Die originären Verwalterrechte sind stets dispositiv angelegt. Die Wohnungseigentümer können also eine **abweichende Zuständigkeit** bestimmen, teilweise durch Beschluss, vgl. z. B. § 24 Abs. 5 WEG, teilweise durch Vereinbarung. Geschäftsführung und Vertretung sind hingegen **zwingend ausgestaltet**. Gem. § 27 Abs. 4 WEG können die dem Verwalter nach § 27 Abs. 1 bis 3 WEG zustehenden Aufgaben und Befugnisse weder durch Vereinbarung noch gar durch einen Beschluss eingeschränkt oder ausgeschlossen werden.

2. Systematisierung

5 Betrachtet man die einzelnen Aufgaben und Pflichten und unternimmt man den Versuch einer **systematischen Zuordnung** zu den drei angeführten Bereichen ergibt sich grob das nachfolgende, freilich teilweise noch unübersichtliche Bild.[16]

Überblick:

6

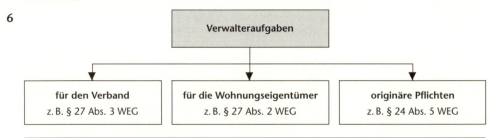

---

[11] Zur Bedeutung des Verwalters als besonderes Organisationselement der Wohnungseigentümer siehe jetzt *Jacoby* Das private Amt, S. 135 ff. und passim.
[12] Siehe dazu im Einzelnen Rdnr. 20 ff.
[13] Gerade aus diesen Gründen ist es berechtigt, die Position des Verwalters als „Zwitterstellung" zu begreifen und zu beschreiben, *Elzer* ZMR 2005, 683, 684; diesem folgend *Hügel* DNotZ 2005, 753, 764 und BT-Drucksache 16/887 S. 69.
[14] Es gibt letztlich noch einen vierten und auch fünften: Der Verwalter kann nämlich Sondereigentumsverwalter sein und tritt dann nur einem Wohnungs- oder Teileigentümer als Vertreter gegenüber. Und der Verwalter kann von allen Wohnungseigentümern jenseits des WEG für bestimmte Aufgaben bevollmächtigt werden.
[15] Dies wurde allerdings erwogen. Es war etwa überlegt worden, die Beschluss-Sammlung in § 27 WEG zu regeln, vgl. BT-Drucksache 16/887 S. 33.
[16] Diese Sichtweise lehnt etwa *Armbrüster* ZWE 2006, 470, 475 ff. ab. Er – und andere – wollen nicht zwischen dem Verband und den Wohnungseigentümern unterscheiden.

I. Einführung

a) Verwalteraufgaben für den Verband

Der Verwalter ist nunmehr **in erster Linie** als Organ und Vertragspartner[17] des Verbandes Wohnungseigentümergemeinschaft anzusprechen. An- und Bestellung erfolgen vom Verband. Ergebnis dieser Sichtweise ist die grundsätzliche Verbandshaftung nach § 31 BGB oder § 278 BGB für ein etwaiges Fehlverhalten des Verwalters. Als Organ des Verbandes Wohnungseigentümergemeinschaft kommen dem Verwalter u.a. **folgende Aufgaben** zu:[18]

- Vertretung des Verbandes im Rechtsverkehr, in Prozessen und im Rahmen der Zwangsvollstreckung, soweit dem Verwalter das nach § 27 Abs. 3 Satz 1 Nr. 1 bis Nr. 6 WEG oder nach einer Vereinbarung oder einem Beschluss gem. § 27 Abs. 3 Satz 1 Nr. 7 WEG möglich ist;
- Geschäftsführung des Verbandes Wohnungseigentümergemeinschaft, vor allem Verwaltung des Verbandsvermögens nach § 10 Abs. 7 WEG;
- Geltendmachung jeglicher Verbandsansprüche, z.B. der Ansprüche aus §§ 16 Abs. 2, 28 Abs. 2, Abs. 5 WEG, soweit ihm das nach § 27 Abs. 3 Satz 1 Nr. 1 bis Nr. 6 WEG oder nach einer Vereinbarung oder einem Beschluss gem. § 27 Abs. 3 Satz 1 Nr. 1 WEG möglich ist;
- Vertretung des Verbandes Wohnungseigentümergemeinschaft im Rahmen von § 27 Abs. 3 Satz 1 WEG;
- Vertretung des Verbandes Wohnungseigentümergemeinschaft im Rahmen von § 27 Abs. 3 Satz 7 WEG.

b) Verwalteraufgaben für die Wohnungseigentümer

Der Verwalter ist neben seinen Aufgaben für den Verband, im Ergebnis aber eher sekundär auch als **Vertreter der Wohnungseigentümer** anzusehen. Überblick:

- Geschäftsführung für die Wohnungseigentümer nach § 27 Abs. 1 WEG;
- § 27 Abs. 2 Nr. 1 WEG: Entgegennahme von Willenserklärungen und Zustellungen, soweit sie an alle Wohnungseigentümer in dieser Eigenschaft gerichtet sind;
- § 27 Abs. 2 Nr. 2 WEG: Organisation von Maßnahmen, die zur Wahrung einer Frist oder zur Abwendung eines sonstigen Rechtsnachteils erforderlich sind, insbesondere einen gegen die Wohnungseigentümer gerichteten Rechtsstreit gem. § 43 Nr. 1 und 4 WEG im Erkenntnis- und Vollstreckungsverfahren zu führen;
- § 27 Abs. 2 Nr. 3 WEG: Gerichtliche und außergerichtliche Geltendmachung der Ansprüche der Wohnungseigentümer, sofern er hierzu durch Vereinbarung oder Beschluss mit Stimmenmehrheit der Wohnungseigentümer ermächtigt ist;
- § 27 Abs. 2 Nr. 4 WEG: Schließung von Vereinbarungen mit einem Rechtsanwalt wegen eines Rechtsstreits gemäß § 43 Nr. 1 oder Nr. 4 WEG, damit sich dessen Gebühren nach einem höheren als dem gesetzlichen Streitwert, höchstens aber nach einem gemäß § 49a Abs. 1 Satz 1 GKG bestimmten Streitwert bemessen.

c) Originäre Verwalteraufgaben

Neben den Aufgaben für den Verband Wohnungseigentümergemeinschaft und die Wohnungseigentümer hat der Verwalter ferner solche Aufgaben, die zwar im Interesse dieser beiden Rechtsträger ausgeübt werden, die aber als Teil seiner originären, gesetz-

---

[17] § 8 Rdnr. 42; str.
[18] Fehlt ein Verwalter oder ist er zur Vertretung nicht berechtigt, vertreten alle Wohnungseigentümer nach § 27 Abs. 3 Satz 2 WEG den Verband. Die Wohnungseigentümer können außerdem durch Beschluss einen oder mehrere Wohnungseigentümer zur Vertretung ermächtigen, § 27 Abs. 3 Satz 3 WEG, siehe noch Rdnr. 109 ff.

lich dem **„Amt Verwalter"** zugestandenen Rechte verstanden werden müssen – und also nicht recht in Kategorien der „Geschäftsführung" oder „Vertretung" passen. Soweit die Funktion des Verwalters von einigen in diesem Zusammenhang als „Geschäftsführungsorgan der Gemeinschaft" beschrieben wird, ist dies wenig überzeugend.[19] Die hier gemeinten Aufgaben, Rechte und Pflichten können im weitesten Sinne zwar als **„Geschäftsführung"** verstanden werden. Der Begriff ist indes nicht recht passend, weil diese Aufgaben eben keine Pflichten der Wohnungseigentümer oder des Verbandes Wohnungseigentümergemeinschaft sind, die der Verwalter wahrnimmt, sondern es sich um originäre Rechte und Pflichten des Verwalters handelt.[20] Auch eine **Vertretung** des Verbandes oder der Wohnungseigentümer, also ein Handeln nach außen, ist im Rahmen originärer Verwalterrechte **nicht** vorstellbar.

12 Zu den so verstandenen originären Aufgaben, Pflichten und Rechten eines Verwalters gehören u. a.:

13
- ggf. Erteilung einer Zustimmung nach § 12 WEG;
- ggf. Erteilung einer Zustimmung zu einer Vermietung/Verpachtung;
- ggf. Erteilung einer Zustimmung zu einem anderen Gebrauch i. S. v. § 15 WEG;
- § 18 Abs. 2 Nr. 1 WEG: Abmahnungen;
- Feststellung und Verkündung von Beschlüssen;
- § 23 Abs. 3 WEG: Auslösung einer schriftlichen Beschlussfassung;
- §§ 24 Abs. 1, Abs. 2, 25 Abs. 4 Satz 1 WEG: Einladung zur Versammlung;
- § 24 Abs. 5 WEG: Vorsitz in der Wohnungseigentümerversammlung;
- § 24 Abs. 6 Satz 1 WEG: Fertigung der Niederschrift;
- § 24 Abs. 8 Satz 1 WEG: Führung der Beschluss-Sammlung;
- § 28 Abs. 1 Satz 1 WEG: Aufstellung des Wirtschaftsplans;[21]
- § 28 Abs. 2 WEG: Abruf der Vorschüsse;
- § 28 Abs. 3 WEG: Aufstellung der Jahresabrechnung.

3. Funktion und Aufbau von § 27 WEG

14 Der Reformgesetzgeber sah sich im Zusammenhang mit der vorstehend skizzierten Systematik und der Regelung der Aufgaben und Pflichten des Verwalters im Rahmen der Neuregelung des § 27 WEG **zwei schwierigen Aufgaben** gegenüber:

15
- Zum einen war zu berücksichtigen, dass ein Verwalter sowohl als Vertreter der Wohnungseigentümer in deren Eigenschaft als Mitberechtigte am gemeinschaftlichen Grundstück auftreten kann als auch als Vertreter des Verbandes Wohnungseigentümergemeinschaft. Diese **Zuständigkeit für ganz verschiedene Rechtssubjekte** und die mögliche Vertretungsmacht für unterschiedliche Zuordnungsstellen seines Verhaltens machte es erforderlich, **Geschäftsführung und Vertretungsmacht des Verwalters** als Organ des Verbandes gegenüber seiner davon zu unterscheidenden Funktion als Vertreter der oder einiger Wohnungseigentümer klar und sorgfältig voneinander **zu trennen.**[22] Die Stellung des Verwalters als Diener zwei Herren musste sich dabei im

---

[19] A. A. *Armbrüster* ZWE 2006, 470, 475.
[20] A. A. *Armbrüster* ZWE 2006, 470, 475.
[21] Das Finanz- und Rechnungswesen selbst ist allerdings Sache der Gemeinschaft, BT-Drucksache 16/887 S. 61. Daraus folgt aber nicht, dass der Verwalter insoweit auch für den Verband handelt.
[22] A. A. *Bub* NZM 2006, 841, 847: § 27 Abs. 2 und Abs. 3 WEG beruhten „auf dem grundlegenden strukturellen Missverständnis, dass neben der rechtsfähigen Wohnungseigentümergemeinschaft eine nicht rechtsfähige Miteigentümergemeinschaft bestehe". Tatsächlich existiere allein eine Wohnungseigentümergemeinschaft, die sachlich beschränkt – nämlich soweit *im Rechtsverkehr handelnd* – rechtsfähig, also *teil*rechtsfähig sei. Hierdurch entstünden aber nicht zwei Gemeinschaften. Ähnlich *Armbrüster* ZWE 2006, 470, 476, der § 27 Abs. 2 WEG weitgehend für überflüssig hält.

neuen Gesetz sowohl bei der Geschäftsführung als auch bei der Vertretung deutlich niederschlagen. Für die Praxis musste nach der Entdeckung des Verbandes Wohnungseigentümergemeinschaft wieder klarer werden, welche Rechte und Pflichten der Verwalter für die jeweiligen Zurechnungsendpunkte hat und wen er wann und auf welche Art und Weise vertreten darf.

- Zum anderen gab die bisherige Struktur des § 27 WEG **Anlass zu dem Streit,** welche Vertretungsmacht der Verwalter für die Wohnungseigentümer besitzt. Vor allem umstritten war, ob sich § 27 Abs. 1 WEG a. F. nur auf das Innenverhältnis zwischen dem Verwalter und den Wohnungseigentümern bezieht oder ob dem Verwalter auch eine **gesetzliche Vertretungsmacht** zusteht, soweit ihm dort Aufgaben und Befugnisse zugewiesen waren.[23]

Beiden diesen Aufgaben ist das neue Gesetz jedenfalls im Prinzip **gerecht geworden.**[24] Zur Verklarung der Struktur und der Frage, wem der Verwalter eine Geschäftsführung schuldet, hat § 27 Abs. 1 WEG einen **neuen Einleitungssatz** erhalten. Wegen der Frage der Vertretungsmacht wurde hingegen der alte Absatz 2, dessen Gegenstand auch nach bisheriger Auffassung die Vertretungsmacht war, „zerschlagen". An seiner Stelle stehen jetzt die Absätze 2 und 3. Während sich Absatz 2 der Vertretungsmacht des Verwalters für die Wohnungseigentümer widmet, ist es u. a. Aufgabe des Absatzes 3, die Vertretungsmacht für den Verband zu bestimmen. Die aus dem alten Recht entstammenden Absätze 4 bis 6 enthalten hingegen nichts Neues und tradieren überkommenes Verständnis. Soweit der Verwalter nach dem Gesetz in **eigenen Angelegenheiten** tätig ist, trifft § 27 WEG hingegen keine Aussagen und enthält sich näherer Aussagen.

In der neuen Struktur kommt zweifellos besser als im früheren Recht zum Ausdruck, welche Pflichten und Rechte den Verwalter im Innenverhältnis treffen (Geschäftsführung) und in welchem Umfang er zur Vertretung ermächtigt ist (Vertretung).

Überblick:

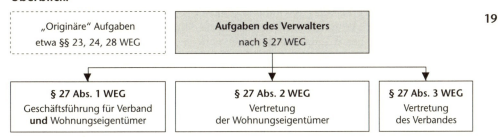

II. Geschäftsführung, § 27 Abs. 1 WEG

1. Hinführung

Nach h. M. regelte § 27 Abs. 1 WEG a. F. die **Beziehungen im Innenverhältnis** zwischen Verwalter und Wohnungseigentümern, enthielt aber keine gesetzliche Vertretungsmacht.[25] Nach a. A. war hingegen auch § 27 Abs. 1 WEG a. F. eine Vertretungs-

---

[23] Staudinger/*Bub* § 27 WEG Rdnr. 51.
[24] A. A. *Armbrüster* ZWE 2006, 470, 476.
[25] BGHZ 67, 232, 235 = NJW 1977, 44; BayObLGZ 1978, 117, 120; OLG Düsseldorf NJW-RR 1993, 470; KK-WEG/*Abramenko* § 27 WEG Rdnr. 5; differenzierend Bärmann/Pick/Merle/*Merle* § 27 WEG Rdnr. 8 ff.

macht zu entnehmen; jedenfalls soweit dem Verwalter Aufgaben und Befugnisse zugewiesen waren, vor allem nach § 27 Abs. 1 Nr. 3 WEG a. F.[26] Diese Kontroverse nimmt der Gesetzgeber zum Anlass, den **Einleitungssatz** des § 27 Abs. 1 WEG **neu zu fassen** und zu Gunsten des bisher bereits vorherrschenden Verständnisses umzuformulieren.

21 Ausgehend von seiner Auslegung, dass § 27 Abs. 1 WEG a. F. auch bislang nur Aussagen zum Innenverhältnis traf, werden im Einleitungssatz des neuen § 27 WEG Innenverhältnis und Vertretungsmacht deutlicher **voneinander unterschieden**. Der Verwalter ist danach sowohl **gegenüber** den Wohnungseigentümern als auch **gegenüber** der „Gemeinschaft der Wohnungseigentümer" (dem Verband Wohnungseigentümergemeinschaft) zu bestimmten Aufgaben berechtigt und verpflichtet. Dritte werden durch § 27 Abs. 1 WEG also nicht angesprochen. Aus § 27 Abs. 1 WEG ist somit **keine Vertretungsmacht** abzuleiten. Er bietet auch keinen Raum, von seinen Vorschriften ausgehend eine allgemeine organschaftliche Vertretungsmacht des Verwalters zu entwickeln.[27] § 27 Abs. 1 WEG bestimmt allein Rechte und Pflichten des Verwalters im jeweiligen **Innenverhältnis**. Soweit man bislang vereinzelt zu der Auffassung gelangt war, dass sich auch aus § 27 Abs. 1 WEG a. F. eine Vertretungsmacht ergeben müsse, um die Handlungsfähigkeit des Verbandes nicht über Gebühr zu beeinträchtigen, werden die entsprechenden Fallgruppen nun in § 27 Abs. 3 Satz 1 Nr. 4 WEG **ausdrücklich** als Fälle einer gesetzlichen Vertretungsmacht geregelt.

2. Einzelheiten

a) Allgemeines

22 Der Unterschied zwischen Geschäftsführung und Vertretung (§ 27 Abs. 1 WEG einerseits und § 27 Abs. 2 und Abs. 3 WEG andererseits) liegt nicht in der Art der Tätigkeit, sondern in der **Zurechnung** ihrer Folgen. Wenn der Verwalter gegenüber Dritten handelt, kommt es darauf an, ob er dafür Vertretungsmacht hatte. Ob er handeln **durfte**, ist hingegen eine **Frage der Geschäftsführung**. Fehlt die Befugnis zur Geschäftsführung, macht sich der Verwalter im Innenverhältnis schadensersatzpflichtig, wenn und soweit er Verband oder Wohnungseigentümer wirksam im Außenverhältnis gebunden hat. Insoweit liegt es nahe, eine Haftung des Verwalters nur anzunehmen, wenn er die Überschreitung seiner Befugnisse kannte oder bei Anwendung der eigenüblichen Sorgfalt gem. § 708 BGB analog erkennen konnte.

23 Der Begriff „Geschäftsführung" ist im Bereich des Wohnungseigentumsrechts wie im Gesellschaftsrecht und damit **weit** zu verstehen. Er umfasst nicht nur den Abschluss von Rechtsgeschäften, sondern auch **tatsächliche Maßnahmen** und **Verrichtungen** für Wohnungseigentümer und Verband, wie z. B. die Erledigung der Korrespondenz, die Führung der Bücher usw. Rechtsgeschäfte mit Dritten – etwa der Abschluss eines Werkvertrages zur Instandhaltung – sind Akte freilich nicht nur der Geschäftsführung, sondern zugleich der in § 27 Abs. 2 und Abs. 3 WEG geregelten Vertretung.

24 Das Gesetz **unterscheidet** in § 27 Abs. 1 WEG **nicht,** wann der Verwalter den Wohnungseigentümern die Geschäftsführung schuldet und wann dem Verband. Durch seinen Einleitungssatz macht § 27 Abs. 1 WEG im Gegensatz zu der in Absatz 2 und Absatz 3 geregelten Vertretung deutlich, dass die Geschäftsführung stets jeweils **beiden** Rechtssubjekten geschuldet ist. Diese Bestimmung ist auch **überzeugend**. Etwa nach § 27 Abs. 1 Nr. 1 WEG ausgeführte Beschlüsse haben entweder von Anfang an eine „Bedeutung" sowohl für die Wohnungseigentümer als auch den Verband – z. B. solche

---

[26] *Merle* ZWE 2006, 365; *Müller* PiG 9, 125, 134; Bamberger/Roth/*Hügel* § 27 Rdnr. 3.
[27] *Merle* ZWE 2006, 365; a. A. *Wenzel* ZWE 2006, 2, 9.

nach § 28 Abs. 5 WEG – oder können eine „Bedeutung" erlangen, z. B. wenn die Wohnungseigentümer einen ihnen zustehenden Unterlassungsanspruch „vergemeinschaften" und die Durchsetzung damit der Ausübungsbefugnis des Verbandes nach § 10 Abs. 6 Satz 3 Variante 2 WEG unterliegt.

Diesem Verständnis steht nicht entgegen, dass bestimmte Aufgaben letztlich allein einem bestimmten Rechtsträger zugeordnet werden können. Etwa aus § 27 Abs. 2 und Abs. 3 WEG und den dort bestimmten Vertretungsbefugnissen lässt sich schließen, dass die Geschäftsführung nach § 27 Abs. 1 Nr. 3 bis 5 und Nr. 8 WEG **im Wesentlichen** dem Verband geschuldet ist. Der Nummer 7 ist hingegen ohne Weiteres zu entnehmen, dass die Geschäftsführung allein für die Wohnungseigentümer erfolgt. Die Nennung sowohl der Wohnungseigentümer als auch des Verbandes hat aber einen **guten Zweck:** Da ein bestimmtes Verhalten stets allen beteiligten Rechtsträgern geschuldet ist, können vor allem die Wohnungseigentümer aus einem etwaigen Fehlverhalten des Verwalters (weiterhin) Schadensersatz wegen Verletzung der gesetzlichen Pflichten des Verwalters ohne „Umweg" über den Verband nach §§ 280 Abs. 1 Satz 1, 241 BGB geltend machen. Organisiert etwa der Verwalter nicht ausreichend eine Instandsetzung des Gemeinschaftseigentums, haftet er wegen pflichtwidriger Ausgestaltung des zwischen ihm und den Wohnungseigentümern nach § 27 Abs. 1 Nr. 2 WEG **bestehenden gesetzlichen Schuldverhältnisses** unmittelbar jedem geschädigten Wohnungseigentümer. Eines Vertrages zwischen den Wohnungseigentümern und dem Verwalter bedarf es zur Ausgestaltung dieser Pflichtenstellung nicht. Allerdings können vertragliche Ansprüche die Stellung der Wohnungseigentümer noch stärken.

§ 27 Abs. 1 WEG ist jetzt wie folgt aufgebaut: Die bisherigen Nummern 1 bis 4 des § 27 Abs. 1 WEG a.F. bleiben als Nummern 1 bis 3 und 6 erhalten. Die bisherige Nummer 4 erfährt in Form der neuen Nummer 6 eine **kleine sprachliche Anpassung,** bleibt aber im Wesentlichen gleich. Die neuen Nummern 4, 5 und 8 entsprechen den bisherigen Nummern 1, 2 und 6 in § 27 Abs. 2 WEG a.F. Nummer 6 entspricht der alten Nummer 4, wird aber leicht angepasst. Nur die Nummer 7 ist als ausdrückliche Anordnung neu.

Überblick:

alte Fassung	entspricht	neue Fassung	Inhalt
§ 27 Abs. 1 Nr. 1	entspricht mit inhaltlicher Änderung	§ 27 Abs. 1 Nr. 1	Durchführung Hausordnung und Beschlüsse
§ 27 Abs. 1 Nr. 2	entspricht mit inhaltlicher Änderung	§ 27 Abs. 1 Nr. 2	Maßnahmen für Instandhaltung und Instandsetzung
§ 27 Abs. 1 Nr. 3	entspricht mit inhaltlicher Änderung	§ 27 Abs. 1 Nr. 3	Maßnahmen zur Erhaltung des gemeinschaftlichen Eigentums in dringenden Fällen
§ 27 Abs. 2 Nr. 1	entspricht mit inhaltlicher Änderung	§ 27 Abs. 1 Nr. 5	Bewirkung und Entgegennahme aller Zahlungen und Leistungen, die mit der laufenden Verwaltung des gemeinschaftlichen Eigentums zusammenhängen
§ 27 Abs. 1 Nr. 4	entspricht mit inhaltlicher Änderung	§ 27 Abs. 1 Nr. 6	Verwaltung eingenommener Gelder
neu	–	§ 27 Abs. 1 Nr. 7	Information über Rechtsstreite i. S. v. § 43 WEG
§ 27 Abs. 2 Nr. 6	entspricht mit inhaltlicher Änderung	§ 27 Abs. 1 Nr. 8	Abgabe von Erklärungen

b) § 27 Abs. 1 Nr. 1 WEG: Beschlüsse und Hausordnung

28 Die Nummer 1 ist ihrem Wortlaut nach **unverändert** geblieben. Der Verwalter ist also nach wie vor berechtigt, vor allem aber verpflichtet, wirksame[28] Beschlüsse[29] der Wohnungseigentümer durchzuführen. Außerdem muss er für die Durchführung der Hausordnung sorgen.[30] Ihren **neuen Bedeutungsinhalt** erhält die Vorschrift allein durch den jetzigen Einleitungssatz des § 27 Abs. 1 WEG. Der Verwalter ist danach nicht nur wie bisher gegenüber den Wohnungseigentümern, sondern stets auch **gegenüber dem Verband Wohnungseigentümergemeinschaft** berechtigt und verpflichtet, Beschlüsse durchzuführen und für die Durchführung der Hausordnung zu sorgen.

29 Anders als in den weiteren Nummern gibt das Gesetz dem Verwalter für die Nummer 1 **keine gesetzliche Vertretungsmacht.** Das war aber auch nicht nötig. Soweit der Verwalter Beschlüsse durchzuführen hat und dazu nach außen wirkt – nach innen bedarf es nie einer Vertretungsmacht – folgt die Vertretungsmacht stets aus den weiteren Nummern des Absatzes 1 i. V. m. den Absätzen 2 und 3.

Beispiel:

30 Beschließen die Wohnungseigentümer, marode Hauseingangstüren einer Mehrhausanlage zu sanieren, folgt die Vertretungsmacht aus § 27 Abs. 3 Satz 1 Nr. 3 WEG. Einer zusätzlichen Anordnung bedarf es also nicht. Sorgt der Verwalter für die Einhaltung der Hausordnung, wendet er sich nach „innen" und bedarf auch keiner Vertretungsmacht. Müsste er klagen oder weiteres veranlassen, müssen das die Wohnungseigentümer beschließen.[31]

c) § 27 Abs. 1 Nr. 2 WEG: Instandhaltung und Instandsetzung

31 Wortlaut und Stellung der Nummer 2 ist gegenüber dem alten Recht **unverändert** geblieben. Der Verwalter wird durch sie weiterhin berechtigt, vor allem aber **verpflichtet**, die für die ordnungsmäßige Instandhaltung und Instandsetzung des Gemeinschaftseigentums[32] **erforderlichen Maßnahmen** für Wohnungseigentümer und (neu) auch für den Verband zu treffen. Nach § 27 Abs. 1 Nr. 2 WEG hat der Verwalter grundsätzlich allerdings nur auf die Erforderlichkeit der entsprechenden Maßnahmen hinzuweisen, dies festzustellen und eine Beschlussfassung der Wohnungseigentümer herbeizuführen. Die nach Nummer 2 geschuldeten Verwalteraufgaben **beschränken** sich nach der gesetzlichen, aus § 21 Abs. 5 Nr. 2 WEG folgenden Kompetenzverteilung auch weiterhin vor allem auf alle im Zusammenhang mit Instandhaltung und Instandsetzung des Gemeinschaftseigentums anfallenden „Managementaufgaben".[33] Die Aufgabe zu entscheiden, was zu unternehmen ist, ist nach § 21 Abs. 1, Abs. 5 Nr. 2 WEG hingegen in erster Linie Sache der **Wohnungseigentümer selbst**;[34] dem Verwalter oblag und obliegt nach § 27 Abs. 1 Nr. 2 WEG mithin nicht die Instandhaltung und Instandsetzung als solche, sondern nur die **Sorge** dafür. Teil dieser Sorge ist z. B.:

32
- die Ermittlung des Instandhaltungs- und Instandsetzungsbedarfs;
- die Auswertung der Bedarfsermittlung;

---

[28] Unwirksame Beschlüsse sind nie durchzuführen.
[29] Und erst Recht Vereinbarungen, *Elzer* ZMR 2004, 633, 634; Staudinger/*Bub* § 27 WEG Rdnr. 107.
[30] Siehe dazu zuletzt *Elzer* ZMR 2006, 733, 739.
[31] *Elzer* ZMR 2006, 733, 740.
[32] Nicht des Sondereigentums, BayObLG NZM 2000, 555.
[33] OLG Düsseldorf ZMR 2004, 365; ZMR 1998, 654; *Bub*, FS Deckert, S. 49, 60; Staudinger/*Bub* § 27 WEG Rdnr. 132.
[34] BayObLG ZMR 2004, 601, 602 = ZWE 2005, 81.

- die Unterrichtung der Wohnungseigentümer;
- eine Beschlussvorbereitung;
- die Vergabe der Aufträge;
- die Überwachung, Abnahme, Rechnungsprüfung der Arbeiten.

Daran **ändert nichts**, dass das Gesetz dem Verwalter nicht nur die Geschäftsführung, sondern nunmehr in § 27 Abs. 3 Satz 1 Nr. 3 WEG für diese Aufgaben ausdrücklich auch eine **Vertretungsmacht** – für den Verband Wohnungseigentümergemeinschaft, nicht für die Wohnungseigentümer – zubilligt. Hierin liegt zwar wenigstens eine Klarstellung, weil bislang streitig war, ob der Verwalter ohne entsprechenden Beschluss der Wohnungseigentümer in deren Namen Aufträge vergeben und abschließen konnte.[35] Die h. M. verneinte dies, weil Instandhaltung und Instandsetzung des Gemeinschaftseigentums ihrer Auffassung nach gem. § 21 Abs. 1, Abs. 5 Nr. 2 WEG in erster Linie Sache der Wohnungseigentümer waren.[36] Das ist nach **neuem Recht anders**. An einer gesetzlichen Vertretungsmacht des Verwalters kann nicht mehr gezweifelt werden. Sie folgt zwar nicht aus § 21 Abs. 1 Nr. 2 WEG. Und sie besteht auch nicht für die Wohnungseigentümer. Nach § 27 Abs. 3 Satz 1 Nr. 3 WEG ist der Verwalter künftig aber befugt, im Namen des Verbandes Wohnungseigentümergemeinschaft und mit Wirkung für und gegen ihn die laufenden Maßnahmen der erforderlichen ordnungsmäßigen Instandhaltung und Instandsetzung zu treffen. Die Wohnungseigentümer müssen also dem Verwalter für eine Vergabe und einen Vertragsschluss **keine Vertretungsmacht** mehr einräumen. 33

Große Freiheit haben damit aber weder Wohnungseigentümer noch Verband oder Verwalter gewonnen, soweit und sofern nicht eine – ggf. noch zulässige – Erweiterung der Verwalterrechte nach § 27 Abs. 3 Satz 1 Nr. 7 WEG erfolgt. Nach Ansicht des Gesetzgebers haben sich nämlich die bisherigen Regelungen zur Entscheidungsmacht der Wohnungseigentümer bewährt.[37] Die **Entscheidungsmacht**, ob ein Vertrag zu vergeben ist und **welche Leistungen** beauftragt werden sollen, bleibt wie bisher grundsätzlich bei den Wohnungseigentümern.[38] Die Vertretungsmacht nach § 27 Abs. 1 Nr. 2, Abs. 3 Satz 1 Nr. 3 WEG greift also erst Platz, wenn die Wohnungseigentümer sich bereits für eine Maßnahme entschieden haben und der Verwalter in der Pflicht steht, den der Maßnahme zu Grunde liegenden Beschluss gem. § 27 Abs. 1 Nr. 1 WEG durchzuführen. 34

Praxistipp:

Die **Neuheit** liegt also allein darin, dass der Beschluss, mit dem sich die Wohnungseigentümer für eine Instandhaltungs- und Instandsetzungsbedarf entscheiden, nicht mehr darauf „untersucht" und nach §§ 133, 157 BGB ausgelegt werden muss, ob er zugleich ggf. konkludent dem Verwalter eine Vertretungsmacht gibt. Vergibt der Verwalter einen Auftrag ohne entsprechenden Beschluss, etwa zur Instandsetzung der Fassade, ist ein Vertrag freilich wirksam. Das mangelnde „Dürfen" ändert nichts am möglichen „Können". Im Innenverhältnis haftet aber der Verband für eine Pflichtwidrigkeit seines „Organs" Verwalter den Wohnungseigentümern auf Schadensersatz, der Verwalter hingegen dem Verband. 35

d) § 27 Abs. 1 Nr. 3 WEG: Eilmaßnahmen

Anders als die Nummer 2 berechtigt § 27 Abs. 1 Nr. 3 WEG den Verwalter, ausnahmsweise **selbstständige** Maßnahmen zu treffen. Der Verwalter darf und muss nach dieser Bestimmung in dringenden Fällen sonstige zur Erhaltung des **gemeinschaftlichen Eigentums** – nicht zu Gunsten des Sondereigentums – erforderliche Maßnahmen treffen. 36

---

[35] BGHZ 67, 232, 237 = MDR 1977, 217 = ZMR 1978, 253; KG ZMR 2002, 546, 547.
[36] KG ZMR 2002, 546, 547; BayObLG NJW-RR 1992, 1102 = ZMR 1992, 352.
[37] BT-Drucksache 16/887 S. 71.
[38] BT-Drucksache 16/887 S. 71.

☞ **Praxistipp:**

37 Als „dringend" sind solche Fälle zu verstehen, die wegen ihrer Eilbedürftigkeit eine vorherige Einberufung einer Wohnungseigentümerversammlung nicht zulassen.[39] Entscheidend ist, ob die Erhaltung des gemeinschaftlichen Eigentums gefährdet wäre, wenn nicht umgehend gehandelt würde.[40] Zu berücksichtigen ist auch die Größe der Eigentümergemeinschaft.

38 Soweit der Verwalter nach außen auftreten muss, um entsprechende Aufträge auszulösen, besitzt er nach § 27 Abs. 3 Satz 1 Nr. 4 WEG eine **gesetzliche Vertretungsmacht**, allerdings allein für den Verband, nicht für die Wohnungseigentümer.[41] Diese Zuordnung ist konsequent, weil soweit bei einer Eilmaßnahme neben rein tatsächlichen Handlungen auch ein **Rechtsgeschäft** in Betracht kommt, welches nach § 10 Abs. 6 WEG grundsätzlich im Namen des Verbandes abzuschließen ist.

Beispiel:

39 Ist nach einem schweren Ungewitter das Dach der Wohnungseigentumsanlage wenigstens provisorisch neu einzudecken, um weitere Schäden zu vermeiden, ist der entsprechende Werkvertrag im Namen des Verbandes zu schließen.

40 Diese neue Struktur lässt außer Betracht, dass der Verwalter nach § 27 Abs. 1 Nr. 3, 27 Abs. 3 Satz 1 Nr. 3 WEG zwar vornehmlich für den Verband handeln muss und darf, der Verband aber nach der Struktur des Gesetzes erst zu einem Handeln **nach einer Entscheidung der Wohnungseigentümer** berufen ist. Mit anderen Worten: Während der Verwalter früher unmittelbar in Vertretung der Wohnungseigentümer handeln konnte, müsste er heute eigentlich auch in Eilfällen stets die Wohnungseigentümer **einschalten**, weil zwar er, aber nicht der durch ihn vertretene Verband handeln darf.

☞ **Praxistipp:**

41 Es steht zu vermuten, dass der Gesetzgeber dieses freilich **versteckte strukturelle Problem** nicht gesehen hat noch wollte, dass die Nummer 3 leer läuft. Übersehen wurde im Übrigen auch, dass jeder Wohnungseigentümer gem. § 21 Abs. 2 WEG – die Parallelvorschrift des § 27 Abs. 1 Nr. 3 WEG – berechtigt ist, ohne Zustimmung der anderen Wohnungseigentümer die Maßnahmen zu treffen, die zur Abwendung eines dem gemeinschaftlichen Eigentum unmittelbar drohenden Schadens notwendig sind. Hier wäre es zur Klarstellung sinnvoll gewesen, ins Gesetz einzufügen, dass der Wohnungseigentümer Erstattung seiner Aufwendungen vom Verband verlangen kann.

42 Für eine eigenmächtige Auftragserteilung durch den Verwalter ist jedenfalls im neuem Recht grundsätzlich kein Raum. Da in erster Linie die Wohnungseigentümer dafür zuständig sind, darüber zu entscheiden, ob und welche Maßnahmen der Instandhaltung und Instandsetzung durchgeführt werden,[42] hat der Verwalter auch bei eilbedürftigen Maßnahmen zunächst mit der größten Beschleunigung eine Entscheidung der Wohnungseigentümer herbeizuführen.[43] Der Verwalter darf mithin grundsätzlich nicht gegen den Willen der Wohnungseigentümer Maßnahmen ergreifen.[44]

---

[39] BayObLG NZM 2004, 390.
[40] BayObLG ZMR 1997, 325 = WuM 1997, 398 = NJWE-MietR 1997, 163.
[41] Auch die bislang h.M. nahm ungeachtet der Stellung der Bestimmung eine gesetzliche Vertretungsmacht des Verwalters (freilich für die Wohnungseigentümer) an, BayObLG ZWE 2005, 81 = ZMR 2004, 601; KG ZWE 2001, 278, 279; OLG Hamm ZMR 1997, 377, 379; NJW-RR 1989, 331 = OLGZ 1989, 54; Staudinger/*Bub* § 27 WEG Rdnr. 93.
[42] BayObLG ZMR 2004, 601, 602 = ZWE 2005, 81.
[43] BayObLG NZM 2004, 390.
[44] BayObLG ZMR 2001, 822, 823 = NJW-RR 2001, 1020; ZMR 1999, 654, 655; KG NJW-RR 1991, 273, 274 = ZMR 1991, 114.

e) § 27 Abs. 1 Nr. 4 und Nr. 5 WEG: Zahlungen

Die neuen Nummern 4 und 5 entsprechen ihrem Wortlaut nach § 27 Abs. 2 Nr. 1 und Nr. 2 WEG a. F. Die „Versetzung" dieser Bestimmungen in den die Geschäftsführung regelenden Absatz 1 war nach Ansicht des Gesetzgebers nötig, um noch deutlicher zu machen, dass der Verwalter nicht nur ermächtigt, sondern im Innenverhältnis **verpflichtet** ist, die dort genannten Maßnahmen durchzuführen. Es handelt sich dabei also **nicht um neue** Aufgaben des Verwalters, sondern allein um eine Klarstellung, was bereits jetzt h. M. entspricht.[45]

Die wesentliche Änderung besteht in etwas anderem. **Empfänger** der in § 27 Abs. 1 Nr. 4 und Nr. 5 WEG genannten Zahlungen sind wegen § 10 Abs. 7 WEG nicht mehr die Wohnungseigentümer. Empfänger ist **der Verband**. Nur für diesen räumt daher das Gesetz dem Verwalter nach § 27 Abs. 3 Satz 1 Nr. 4 WEG Vertretungsmacht ein. Da die Anordnungen im Namen und mit Wirkung für den Verband Wohnungseigentümergemeinschaft als Rechtssubjekt zu treffen sind und eine Vertretungsmacht für die Wohnungseigentümer **nicht** erforderlich ist, waren hingegen die bisherigen Nummern 1 und 2 in § 27 Abs. 2 WEG zu streichen.[46]

f) § 27 Abs. 1 Nr. 6 WEG: Verwaltung eingenommener Gelder

aa) Grundsatz

Auch § 27 Abs. 1 Nr. 6 WEG ist dem Inhalt nach **nicht neu**. Er entspricht mit einer kleinen Änderung § 27 Abs. 1 Nr. 4 WEG a. F. Neu ist letztlich allein, dass der Verwalter jetzt berechtigt und verpflichtet ist, „**eingenommene Gelder**" zu verwalten. Demgegenüber hieß es im früheren Recht „gemeinschaftliche Gelder". Der Begriff „gemeinschaftlich" verwies dabei auf die Besitzgemeinschaft der Wohnungseigentümer i. S. v. § 741 ff. BGB als **Teil des Verwaltungsvermögens**.[47]

Praxistipp:
Zum Verwaltungsvermögen zählen vor allem die Instandhaltungsrückstellung i. S. v. § 21 Abs. 5 Nr. 4 WEG, Bankkonten (Giro- oder Sparkonten), auf denen die von den Wohnungseigentümern (oder für sie von Dritten) für die Verwaltung gezahlten Beiträge liegen, und vor allem die Forderungen gegen die einzelnen Wohnungseigentümer aus §§ 16 Abs. 2, 28 Abs. 5 WEG bzw. die bereits aus diesen Ansprüchen herrührenden Beiträge. Zum Verwaltungsvermögen zu zählen sind auch die gesetzlichen und vertragliche Rechte aus den Verträgen, die der Verband geschlossen hat, z. B. aus einem Kauf- oder Werkvertrag oder aus dem Verwaltervertrag.

Da das Verwaltungsvermögen gem. § 10 Abs. 7 Satz 3, Abs. 7 Satz 1 WEG dem Verband zusteht,[48] stellt die neue Formulierung der Nummer 6 vor allem klar, dass der Verwalter sämtliche **zum Zweck der Verwaltung** eingenommenen Gelder **für den Verband Wohnungseigentümergemeinschaft** zu verwalten hat. Die Bestimmung des § 27 Abs. 1 Nr. 6 WEG wird außerdem durch drei Vorschriften in besonderer Weise ergänzt:
- durch § 10 Abs. 7 Satz 3 WEG: er stellt für die eingenommenen Gelder die **vermögensrechtliche Zuordnung** zum Verband klar;
- durch § 27 Abs. 3 Satz 1 Nr. 5 WEG: dieser räumt dem Verwalter die **Vertretungsmacht** ein, für die eingenommenen Gelder im Namen des Verbandes Konten anzulegen und zu führen;[49]

---

[45] Vgl. etwa *Merle* ZWE 2006, 365, 366.
[46] *Abramenko* ZMR 2005, 585, 588; *Merle* ZWE 2006, 365, 366.
[47] KG ZMR 2002, 699, 700.
[48] Staudinger/*Bub* § 27 WEG Rdnr. 178.
[49] Dazu Rdnr. 26.

- durch § 27 Abs. 5 Satz 1 WEG: er verpflichtet den Verwalter, die eingenommenen Gelder von seinem Vermögen **gesondert** zu halten.[50]

bb) Vermögen der Wohnungseigentümer

49 Der Gesetzgeber hat übersehen, dass **nicht alle** eingenommenen Gelder zum Verwaltungsvermögen des Verbandes gehören. Etwa die Schadensersatzansprüche wegen Beschädigung des Gemeinschaftseigentums oder die aus den Baumängelgewährleistungsrechten wegen aus dem Gemeinschaftseigentum resultierenden und das Gemeinschaftseigentum betreffenden Schadensersatzansprüchen.[51] Diese Ansprüche stehen eigentumsrechtlich **allein den Wohnungseigentümern** in Bruchteilsgemeinschaft i. S. v. §§ 741 ff. BGB zu.[52]

50 Problematisch ist nicht, dass auch diese Gelder vom Verwalter (in Vertretung des Verbandes bei seiner Aufgabe der gesamten Verwaltung des gemeinschaftlichen Eigentums) „eingenommen" werden. § 27 Abs. 1 WEG weist dem Verwalter eine **umfassende** Geschäftsführung zu. Problematisch ist aber, dass es insoweit an einer gesetzlich eingeräumten **Vertretungsmacht** fehlt, für diese dem Verband fremden Gelder Konten anzulegen und zu führen. Und es fehlt ferner an einer Anordnung, die Gelder vom Eigenvermögen des Verwalters **getrennt** zu halten. Um diese versehentliche Lücke zu schließen, bietet es sich an, dem Verwalter diese Rechte und Pflichten **analog** § 27 Abs. 3 Satz 1 Nr. 5, Abs. 5 Satz 1 WEG einzuräumen/aufzuerlegen.

g) Information über Rechtsstreitigkeiten: § 27 Abs. 1 Nr. 7 WEG

aa) Unterrichtungspflicht

51 Die in Nummer 7 erfolgte Anordnung, dass der Verwalter die Wohnungseigentümer künftig unverzüglich darüber zu unterrichten hat, dass ein Rechtsstreit gem. § 43 WEG anhängig ist, ist in ihrer Ausdrücklichkeit **neu**, erweitert aber nicht die Pflichten des Verwalters, sondern stellt diese nur aus Gründen der **Klarstellung** heraus.[53] Der Verwalter hat nach dem Wortlaut des Gesetzes die Wohnungseigentümer insoweit über **alle Rechtsstreitigkeiten**[54] gem. § 43 WEG zu unterrichten, in denen er nach § 45 Abs. 1 WEG Zustellungsvertreter der Wohnungseigentümer ist.

52 Die Anordnung **verkennt**, dass der Verwalter nicht nur in Verfahren nach § 43 WEG Zustellungsvertreter ist, sondern gem. § 45 Abs. 1 WEG immer dann, wenn die Wohnungseigentümer Beklagte eines Rechtsstreits sind. Das kann z. B. auch in einem **Verwaltungsrechtsstreit** der Fall sein.[55] An der Zustellungsvertretung des Verwalters darf das freilich **nichts** ändern. Die Informationspflicht nach § 27 Abs. 1 Nr. 7 WEG ist deshalb nach ihrem Sinn und Zweck **teleologisch** auf alle Verfahren – nicht nur die gem. § 43 WEG – entsprechend zu **erweitern**.

☞ **Praxistipp:**

53 Der Verwalter musste die Eigentümer auch bisher von anhängigen Verfahren **informieren**. Dies folgte aus § 27 Abs. 2 Nr. 3 WEG a. F. Danach war der Verwalter – wie auch nach neuem Recht (§ 27 Abs. 2 Nr. 1 WEG) – Zustellungsvertreter der Wohnungseigentümer. Nach Zugang einer Willenserklärung oder einer Zu-

---

[50] Dazu Rdnr. 113.
[51] *Pause/Vogel* NJW 2006, 3670; *Wenzel* ZWE 2006, 2, 18; a. A. *Bork* ZinsO 2005, 1067, 1069.
[52] KK-Mietrecht/*Riecke/Elzer* Teil 12 Rdnr. 70.
[53] A. A. BT-Drucksache 16/887 S. 35.
[54] Diese weite Fassung beruht auf einem Wunsch des Bundesrates BT-Drucksache 16/887 S. 50.
[55] BVerwG NJW-RR 1995, 73; NJW-RR 1994, 972; KK-WEG/*Abramenko* § 26 WEG Rdnr. 91.

stellung hatte der Verwalter die Wohnungseigentümer nach §§ 675, 666 BGB hierüber in geeigneter Weise zu unterrichten, wobei ihm diesbezüglich ein Ermessen zuzubilligen war.[56] In Zweifelsfällen kann deshalb Rat in Rechtsprechung und Schrifttum zum alten § 27 Abs. 2 Nr. 3 WEG gesucht werden.

bb) Begriff des Wohnungseigentümers

Unter „Wohnungseigentümer" i. d. S. ist einerseits jeder aktuelle Wohnungseigentümer und jeder werdende Wohnungseigentümer zu verstehen.[57] Nach Rechtsprechung des Bundesgerichtshofes kann hierunter aber auch ein **ausgeschiedener Wohnungseigentümer** verstanden werden.[58] Das zwischen dem Verwalter und den einzelnen Wohnungseigentümern bestehende Geschäftsbesorgungsverhältnis endet seinem Sinn und Zweck nach nicht vollständig mit dem Ausscheiden eines Wohnungseigentümers aus der Gemeinschaft.[59] Der Verwalter ist vielmehr auch dem ausgeschiedenen Wohnungseigentümer gegenüber noch verpflichtet, dessen Interessen jedenfalls insoweit wahrzunehmen, als es um die Abwicklung von Verpflichtungen gegenüber Dritten aus der Zeit seiner Zugehörigkeit zur Wohnungseigentümergemeinschaft geht.

Praxistipp:

Versäumt der Verwalter die Benachrichtigung § 27 Abs. 1 Nr. 7 WEG oder informiert er einen Wohnungseigentümer nicht unverzüglich und entsteht dadurch ein Schaden, kann sich der Verwalter gem. §§ 280 Abs. 1 Satz 1, 241 BGB ggf. von Gesetzes wegen schadensersatzpflichtig machen.[60] Eine vertragliche Haftung dürfte demgegenüber häufig ausscheiden.

cc) Art und Weise der Information

Der Verwalter muss die Wohnungseigentümer über den Inhalt von Zustellungen sowie Tag, Ort und Zeit vom Gericht anberaumter Verhandlungen so zeitig informieren, dass diese den Termin wahrnehmen können. Der Verwalter kann dazu etwa sämtlichen Schriftverkehr im Laufe eines Verfahrens an die jeweiligen Wohnungseigentümer in Kopie weiterleiten. Er kann die Information aber auch auf andere Weise bewerkstelligen. Auf welche **Art und Weise** der Verwalter die Wohnungseigentümer über ein Gerichtsverfahren informiert, ist nämlich grundsätzlich seine Sache,[61] es sei denn, die Wohnungseigentümer hätten ihn in einer ihn bindenden Weise angewiesen. Der Verwalter kann die Informationen etwa mündlich auf einer Versammlung der Wohnungseigentümer weiter geben oder durch Versendung von Rundschreiben. Erscheint es geboten, dem einzelnen Wohnungseigentümer eine Abschrift des zugestellten Schriftstücks zu übermitteln, kann und muss der Verwalter solche Abschriften herstellen lassen.[62] In jedem Falle unzulässig ist es, die Wohnungseigentümer darauf zu verweisen, sich die nötigen Informationen aus der Gerichtsakte selbst zu beschaffen. Zulässig wäre es aber, die Eigentümer darauf zu verweisen, sich die Unterlagen beim Verwalter anzuschauen. Der Aushang an einem „schwarzen Brett" genügt für eine ausreichende Information hingegen nicht.

---

[56] BGHZ 78, 166, 173 = MDR 1981, 220 = NJW 1981, 282; KG ZMR 2000, 698, 699 m.w.N.
[57] Siehe dazu KK-WEG/*Elzer* § 10 WEG Rdnr. 7.
[58] BGHZ 78, 166, 175/176 = MDR 1981, 220 = NJW 1981, 282; *Drasdo*, FS Deckert, S. 147, 156.
[59] BGHZ 78, 166, 175/176 = MDR 1981, 220 = NJW 1981, 282.
[60] BGHZ 78, 166, 176 = MDR 1981, 220 = NJW 1981, 282; *Deckert* WE 1991, 351, 355; *Bassenge* PiG 30 (1989), 107, 111.
[61] BGHZ 78, 166, 173 = MDR 1981, 220 = NJW 1981, 282.
[62] BGHZ 78, 166, 173 = MDR 1981, 220 = NJW 1981, 282; BayObLG WE 1990, 216 = ZMR 1989, 438; a. A. *Guthardt-Schulz* ZMR 1980, 191; *Heinrich* NJW 1974, 125, 126.

dd) Kosten

57 Entstehen dem Wohnungseigentumsverwalter durch die Information der Wohnungseigentümer **Kosten**,[63] kann er diese auf die Wohnungseigentümer abwälzen. Die Kosten haben ihre Ursache darin, dass sich die Wohnungseigentümer zu einer Gemeinschaft „zusammengeschlossen" haben und in dieser Gemeinschaft am Rechtsverkehr teilnehmen. Ihnen ist es daher auch zuzumuten, dadurch entstehende Kosten zu tragen.[64] Nicht ganz deutlich ist, ob der Verwalter die Kostentragungspflicht der Wohnungseigentümer ausdrücklich **vereinbaren** muss.[65] Da die Information der Wohnungseigentümer zu seinen gesetzlichen Pflichten gehört, liegt dieser Gedanke jedenfalls nahe.[66] Streitig ist ferner, ob der mit der Informationspflicht verbundene besondere **Zeitaufwand des Verwalters** mit seiner allgemeinen Vergütung abgegolten ist.[67] Die Aufwendungsersatzansprüche wegen verauslagter Kosten verjähren jedenfalls in drei Jahren.[68]

h) Abgabe von Erklärungen/Grundversorgung: § 27 Abs. 1 Nr. 8 WEG

58 Gem. § 27 Abs. 1 Nr. 8 WEG ist der Verwalter berechtigt und verpflichtet, im Namen des Verbandes Wohnungseigentümergemeinschaft und mit Wirkung für und gegen diesen die **Erklärungen abzugeben,** die zur Vornahme der in § 21 Abs. 5 Nr. 6 WEG bezeichneten Maßnahmen zur **Grundversorgung** erforderlich sind (Herstellung einer Fernsprechteilnehmereinrichtung, einer Rundfunkempfangsanlage oder eines Energieversorgungsanschlusses).

3. Geschäftsbesorger bei Fehlen eines Verwalters

59 Das Gesetz lässt offen, wer die Geschäfte der Wohnungseigentümer und des Verbandes Wohnungseigentümergemeinschaft besorgt, wenn ein Verwalter **nicht bestellt wurde oder verhindert ist** und kein Notverwalter bestellt wurde. Soweit die Wohnungseigentümer betroffen sind, führen diese ihre Geschäfte selbst. Wer indes die Geschäfte des Verbandes führt, ist noch **unsicher.** Ggf. bietet sich eine **Analogie** zu § 27 Abs. 3 Satz 2 WEG an. Von seinem Wortlaut, seiner Stellung im Gesetz und auch nach Sinn und Zweck regelt diese Bestimmung zwar nur die Vertretung des Verbandes. Es liegt aber nahe, dass die Wohnungseigentümer den Verband nicht nur vertreten, sondern auch dessen Geschäfte besorgen, wenn ein Verwalter fehlt. Eine solche Geschäftsführung ist freilich jedenfalls in größeren Anlagen nicht praktikabel, so dass sich eine **weitere Analogie** anbietet, nämlich eine zu § 27 Abs. 3 Satz 3 WEG.

III. Vertretung

60 Wirksames rechtsgeschäftliches Handeln zu Gunsten und zu Lasten der Wohnungseigentümer und des Verbandes Wohnungseigentümergemeinschaft setzt **Vertretungsmacht** voraus. Gegenstand des § 27 Abs. 2 und Abs. 3 WEG ist es, dem Verwalter diese Vertretungsmacht zu verschaffen. Während Absatz 2 sich der Vertretungsmacht des

---

[63] Z. B. Vervielfältigungskosten oder Versandporto.
[64] BGHZ 78, 166, 172 = NJW 1981, 282 = MDR 1981, 220.
[65] Es bietet sich ein Beschluss nach § 21 Abs. 7 WEG an.
[66] Nach dem BayObLG muss der Verwalter die Kosten für die Information über ein laufendes Gerichtsverfahren jedenfalls dann tragen, wenn er eine Kostenerstattungspflicht nicht vereinbart hat, BayObLG NJW-RR 2001, 1231 = NZM 2001, 1040.
[67] Das ist zu bejahen. Siehe auch *Müller* WE 1995, 107.
[68] Vgl. OLG Köln DWE 2001, 123.

III. Vertretung

Verwalters für die Wohnungseigentümer widmet, regelt Absatz 3 die Vertretungsmacht des Verwalters für den Verband Wohnungseigentümergemeinschaft. Neben tradierten Regelungen finden sich neue Regelungen und auch Überraschendes, vor allem die Generalklausel des § 27 Abs. 3 Satz 1 Nr. 7 WEG.

Struktur:

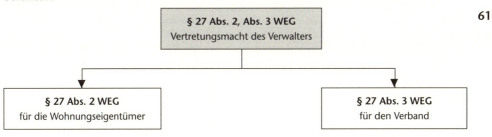

61

1. Vertretung der Wohnungseigentümer

§ 27 Abs. 2 WEG regelt wie bisher die Befugnisse des Verwalters, soweit er die **Wohnungseigentümer vertritt**. Die Nummern 1 bis 4 entsprechen weitgehend den bisherigen Nummern 3 bis 6. Zur „Klarstellung" ist in der neuen Nummer 2 nunmehr **ausdrücklich** geregelt, dass der Verwalter in einem Passivprozess gemäß § 43 Nr. 1 und 4 WEG die Wohnungseigentümer in einem Erkenntnis- oder/und Vollstreckungsverfahren ohne weiteres vertreten kann. Der Regelungsinhalt der bisherigen Nummern 1 und 2 findet sich in § 27 Abs. 1 Nr. 4 und 5 und Abs. 3 Satz 1 Nr. 4 WEG, weil die dort bezeichneten Zahlungen und Leistungen fortan im Namen und mit Wirkung für die Gemeinschaft der Wohnungseigentümer einzufordern und zu erbringen sind.[69] Ganz neu ist die Nummer 4. Sie widmet sich Gebührenvereinbarungen (Verträgen) mit Rechtsanwälten.

62

Überblick:

alte Fassung	entspricht	neue Fassung	Geschäftsführung
§ 27 Abs. 2 Nr. 1	mit inhaltlicher Änderung	§ 27 Abs. 1 Nr. 4, Abs. 3 Satz 1 Nr. 4	ist in Absatz 1 geregelt; die Vertretungsmacht findet sich in Absatz 3
§ 27 Abs. 2 Nr. 2	mit inhaltlicher Änderung	§ 27 Abs. 1 Nr. 5, Abs. 3 Satz 1 Nr. 4	ist jetzt in Absatz 1 geregelt; die Vertretungsmacht findet sich in Absatz 3
§ 27 Abs. 2 Nr. 6	mit inhaltlicher Änderung	§ 27 Abs. 1 Nr. 8, Abs. 3 Satz 1 Nr. 4	ist jetzt in Absatz 1 geregelt; die Vertretungsmacht findet sich in Absatz 3
§ 27 Abs. 2 Nr. 3	mit inhaltlicher Änderung	§ 27 Abs. 2 Nr. 1	ist nicht geregelt
§ 27 Abs. 2 Nr. 4	ohne inhaltliche Änderung	§ 27 Abs. 2 Nr. 2	ist nicht geregelt
§ 27 Abs. 2 Nr. 5	ohne inhaltliche Änderung	§ 27 Abs. 2 Nr. 3	ist nicht geregelt
neu	–	§ 27 Abs. 2 Nr. 4	ist nicht geregelt

63

---

[69] Siehe Rdnr. 43.

a) § 27 Abs. 2 Nr. 1 WEG: Willenserklärungen und Zustellungen

64 Der Verwalter ist nach § 27 Abs. 2 Nr. 1 WEG berechtigt, mit Wirkung gegen die Wohnungseigentümer sowohl **Willenserklärungen** als auch **Zustellungen** entgegenzunehmen. Die hierin liegende Vertretungsmacht führt nicht dazu, dass eine Zustellung an den Verwalter bewirkt werden **muss**.[70] Die Bestimmung **erleichtert** aber eine Zustellung, wenn an einen Wohnungseigentümer nicht zugestellt werden kann oder soll. § 27 Abs. 2 Nr. 1 WEG entspricht im Wesentlichen § 27 Abs. 2 Nr. 3 WEG a.F. Für sein Verständnis kann daher ganz **überwiegend** auf das alte Recht verwiesen werden. Gegenüber diesem besteht allerdings eine Besonderheit. Von § 27 Abs. 2 Nr. 1 WEG werden keine Zustellungen in einem Gerichtsverfahren erfasst. Zustellungen in einem **Gerichtsverfahren** sind jetzt Gegenstand der **Spezialvorschrift** des § 45 Abs. 1 WEG.[71] In seinem Anwendungsbereich verdrängt diese Bestimmung also § 27 Abs. 2 Nr. 1 WEG.

b) § 27 Abs. 2 Nr. 2 WEG: Eilmaßnahmen, vor allem Passivprozesse

aa) Grundsatz

65 § 27 Abs. 2 Nr. 2 WEG entspricht ohne inhaltliche Änderungen § 27 Abs. 2 Nr. 4 WEG a.F. Für sein Verständnis ist daher im Wesentlichen auf das alte Recht zurückzugreifen. Der Verwalter ist nach § 27 Abs. 2 Nr. 2 WEG weiterhin nicht verpflichtet, aber wenigstens jetzt **berechtigt**, im Namen „der"[72] Wohnungseigentümer (also nicht als Standschafter) die Maßnahmen zu treffen, die zur Wahrung einer Frist oder zur **Abwendung eines sonstigen Rechtsnachteils** erforderlich sind. Der Verwalter ist danach insbesondere berechtigt, gegen die Wohnungseigentümer gerichtete Rechtsstreite (**Passivprozesse**) gem. § 43 Nr. 1, Nr. 4 oder Nr. 5 WEG im Erkenntnis- und Vollstreckungsverfahren zu „führen". Der Gesetzentwurf folgt insoweit vor allem Arbeiten *Werner Merles*.[73] Der Verwalter kann durch die neue Regelung z.B. für die Wohnungseigentümer eine **Klageabweisung** beantragen, vor allem aber, das ganze Verfahren in erster Instanz führen.[74] Durch die Nennung von § 43 Nr. 5 WEG erfasst die Regelung auch den Fall, dass ein **Dritter** die Wohnungseigentümer verklagt und also kein Fall der § 43 Nr. 1 und Nr. 4 WEG vorliegt. In anderen als gerade Wohnungseigentumsverfahren, z.B. vor dem Verwaltungsgericht, ist eine Vertretung der Wohnungseigentümer durch den Verwalter hingegen nur durch § 27 Abs. 2 Nr. 3 WEG „herbeiführbar".

bb) Führen eines Rechtsstreits

(1) Einschaltung eines Rechtsanwalts

66 Dem Gesetz kann **nicht entnommen** werden, welche Rechte und Pflichten der Verwalter als „Verfahrensführer" für die Wohnungseigentümer im Einzelnen besitzt. Nahe liegt, dass der Verwalter jedenfalls die Verteidigung der Wohnungseigentümer **organisieren** kann. Er sollte daher nach § 27 Abs. 2 Nr. 2 WEG künftig ohne weiteres als **berechtigt** angesehen werden, im Namen und in Vollmacht **sämtlicher beklagter Wohnungseigentümer** auch ohne einen entsprechenden Beschluss einen Rechtsanwalt zu

---

[70] A.A. *Reichert* ZWE 2006, 477.
[71] § 13 Rdnr. 86 ff.
[72] Gemeint ist wohl, „der verklagten" Wohnungseigentümer. Z.B. bei einer Beschlussanfechtung wäre ansonsten eine Tätigkeit des Verwalters ausgeschlossen. Das ist ersichtlich nicht gewollt.
[73] *Merle* ZWE 2006, 365, 366; *ders.* ZWE 2006, 21, 23.
[74] Eine eidesstattliche Versicherung gem. §§ 807, 899 ZPO im Namen der Wohnungseigentümer kann der Verwalter aber nicht abgeben.

III. Vertretung

beauftragen.[75] Hierfür spricht vor allem die Regelung nach § 27 Abs. 2 Nr. 4 WEG. Die dort genannte Vergütungsvereinbarung ist nur vor dem Hintergrund zu verstehen, dass der Verwalter im Namen der Wohnungseigentümer den Rechtsanwaltsvertrag schließt – und hierzu auch ohne weitere Ermächtigung berechtigt ist. Allerdings ist jeder Wohnungseigentümer auch weiterhin in der Lage, seine Rechte **allein wahrzunehmen**. Jeder Wohnungseigentümer ist daher etwa berechtigt, einen „eigenen" Anwalt mit der Wahrnehmung seiner Rechte zu beauftragen. Diese Sicht der Dinge ist bereits deshalb richtig, weil jeder Wohnungseigentümer innerhalb der Anfechtungsfrist auch noch die „Seiten wechseln" und selber also zum Kläger werden kann. Schwierigkeiten aus diesem möglichen Auftreten verschiedener Anwälte ergeben sich mit Blick auf die neue Vorschrift des § 50 WEG.[76] Durch das unentziehbare und nicht mit § 27 Abs. 4 WEG kollidierende Recht eines Wohnungseigentümers, auf eine Vertretung durch den Verwalter im **Einzelfall zu verzichten,** wird man es hinnehmen müssen, dass den anderen verklagten Wohnungseigentümern durch den Sonderweg eines Einzelnen die Wohltat der Erstattung außergerichtlicher Anwaltskosten nach § 91 ZPO verloren geht. Ein Vorrecht des Verwalters, einen Anwalt zu bestimmen, wird man nicht anerkennen können.

Bei den Gerichts- und Anwaltskosten, die bei einem Wohnungseigentumsverfahren anfallen, steht der Verwalter häufig vor der Frage, **woher** er die nötigen Vorschüsse nehmen soll. Die Erhebung im Wege einer Sonderumlage war jedenfalls nicht ordnungsmäßig, wenn sämtliche Wohnungseigentümer hieran beteiligt werden sollten. Auch mit der nur vorläufigen Aufbringung der Kosten eines Verfahrens durften nämlich nicht alle Wohnungseigentümer belastet werden.[77] In aller Regel wurden diese Gelder deshalb bislang mit freilich bloß unterstellter stillschweigender Zustimmung der Wohnungseigentümer dem „Gemeinschaftskonto" entnommen.[78] Diese bereits zwar pragmatische, aber nicht ordnungsmäßige Übung ist jedenfalls im neuen Recht **ausgeschlossen**. Anders als früher weist § 10 Abs. 7 Satz 1 WEG das Verwaltungsvermögen ausdrücklich dem Rechtsträger „Verband Wohnungseigentümergesellschaft" zu, also einem **Dritten**. Es erscheint somit wenigstens jetzt **rechtlich unzulässig**, dass der Verwalter zur Finanzierung eines dem Verband fremden Verfahrens dessen ihm zugewiesene Gelder nutzt. Die Finanzierung der Verfahrenskosten einiger Wohnungseigentümer kann auch nicht als Aufgabe nach § 10 Abs. 6 Satz 3 WEG begriffen werden. Der Verwalter muss deshalb zur Begleichung einer Vorschusses die von ihm vertretenen Wohnungseigentümer um Zahlung bitten. Der endgültige Ausgleich zwischen den Wohnungseigentümern nach Klärung der Kostentragungspflicht durch das rechtskräftige Urteil muss ferner außerhalb der Verwaltung und darf nicht über die Jahresabrechnung erfolgen.

(2) Verfahrensführung

§ 27 Abs. 2 Nr. 2 WEG erlaubt es einem Verwalter auch, selbst – jedenfalls in erster Instanz – das Verfahren zu führen.[79] In seinem Anwendungsbereich verdrängt § 27 Abs. 2 Nr. 2 WEG als **lex specialis** die Vorschrift des § 157 Abs. 1 Satz 1 ZPO.[80] Der Verwalter darf also im Namen und in Vollmacht der Wohnungseigentümer z. B. Schrift-

---

[75] So bereits zum geltendem Recht *Elzer* ZMR 2004, 479 ff.
[76] Dazu § 13 Rdnr. 246 ff.
[77] BayObLG ZMR 2004, 763; BayObLGReport 1992, 42 = NJW-RR 1992, 1431.
[78] BayObLG BayObLGReport 1993, 49 = WuM 1993, 486; BayObLGReport 1992, 42 = NJW-RR 1992, 1431; *Elzer* InfoM 2006, 90; offen gelassen von BGH v. 15. 3. 2007 – V ZB 1/06 – Rz. 18.
[79] Für die Verfahrensführung vor dem Landgericht fehlt es an der Postulationsfähigkeit.
[80] Zum früheren Recht siehe dazu Bärmann/Pick/Merle/*Merle* § 27 WEG Rdnr. 148 f.; KK-WEG/ *Abramenko* § 27 Rdnr. 41.

sätze fertigen, vor Gericht auftreten, Anträge formulieren und Rechtsmittel einlegen. Ob seine Vollmacht so weit wie § 81 ZPO zu verstehen ist und ob der Verwalter ggf. auch materiell-rechtliche Erklärungen, z. B. Gestaltungsrechte, abgeben darf, ist offen. Die in § 81 ZPO vorgesehene Verzichtsleistung auf den Streitgegenstand oder Anerkennung des von dem Gegner geltend gemachten Anspruchs sollte die Verfahrensvollmacht des Verwalters jedenfalls nicht umfassen.[81] Gleiches muss für Gestaltungsrechte gelten. Die Verfahrensvollmacht des Verwalters befugt diesen ebenso wenig wie eine Verfahrensstandschaft, ohne besondere Vollmacht Gestaltungsrechte im Namen der Wohnungseigentümer auszuüben. In jedem Falle wird man es einem Verwalter aber erlauben müssen, einen Vergleich zu schließen.[82] Tritt der Verwalter als Verfahrensführer auf, muss im Einzelfall geklärt werden, ob ein von ihm dennoch eingeschalteter Rechtsanwalt Vertragspartner des Verwalters oder Vertragspartner der verklagten Wohnungseigentümer sein soll. Hier kommt es darauf an, wie sich der Verwalter erklärt. Im Grundsatz ist der Unterbevollmächtigte eines Prozessvertreters Vertreter der Partei, in deren Namen er handelt.[83] Beauftragt der Verwalter einen Rechtsanwalt, so vertritt der Rechtsanwalt daher die Wohnungseigentümer, nicht den Verwalter.[84] Eine Frage des Einzelfalls ist ferner, was gilt, wenn sich Verwalter und Rechtsanwalt widersprüchlich äußern.[85] Hier liegt es nahe, den Erklärungen des Verwalters im Zweifel größeres Gewicht zuzumessen.

(3) Verwalterwechsel

68 Endet das Amt des Verwalters, endet auch seine Rechtsmacht nach § 27 Abs. 2 Nr. 2 WEG. Da die Verfahrensführung Teil seiner „Amtsrechte" ist, muss mit dem Ende des Amtes auch die **Rechtsmacht erlöschen.**[86]

c) § 27 Abs. 2 Nr. 3 WEG: Vertretung in Rechtssachen, Aktivprozesse

69 Nach § 27 Abs. 2 Nr. 3 WEG wird der Verwalter wie früher nach § 27 Abs. 2 Nr. 5 WEG a. F. berechtigt, im Namen **aller**[87] **Wohnungseigentümer** und mit Wirkung für und gegen sie **aktiv** Ansprüche gerichtlich und außergerichtlich geltend zu machen, **sofern** er hierzu durch Vereinbarung oder Beschluss mit Stimmenmehrheit der Wohnungseigentümer „ermächtigt" ist. Durch diese gegenüber § 27 Abs. 2 Nr. 5 WEG a. F. **leicht veränderte** sprachliche Fassung wird jetzt **klargestellt**, dass die Wohnungseigentümer dem Verwalter die Vertretungsmacht zur Geltendmachung von Ansprüchen außer durch einen Beschluss auch durch eine **Vereinbarung** einräumen können. Es kann sich hierbei um eine verdinglichte, aber auch um eine schuldrechtliche Vereinbarung handeln.[88] Im ersten Falle wird dem Verwalter die Vertretungsmacht bereits gemeinsam mit Teilungsvertrag oder Teilungserklärung eingeräumt und also im Wohnungsgrund-

---

[81] BayObLG ZMR 2004, 839, 840; ZWE 2001, 593; ZMR 1997, 325, 326 = WuM 1997, 398; LG Berlin ZMR 2001, 477, 479.
[82] Aus haftungsrechtlichen Gesichtspunkten sollte sich der Verwalter gleichwohl bei einem vom Gericht oder Gegner vorgeschlagenen Vergleich entweder vorbehalten, diesen erst nach Rücksprache mit den Wohnungseigentümern zu schließen, oder sich eine weiträumige Widerrufsfrist einräumen lassen, binnen derer er eine Wohnungseigentümerversammlung zu diesem Punkt einberufen kann.
[83] BGH NJW 1981, 1727.
[84] BGH NJW 1987, 2240; LG Hamburg ZMR 2003, 232.
[85] Ggf. ist hier auch § 84 ZPO anwendbar.
[86] A. A. zum früheren Recht KG NJW-RR 1989, 657; KK-WEG/*Abramenko* § 27 WEG Rdnr. 41.
[87] Auch hier ist wohl gemeint, der klagenden Wohnungseigentümer, nicht „aller" Wohnungseigentümer.
[88] Zu den Begriffen siehe KK-WEG/*Elzer* § 10 WEG Rdnr. 143 ff.

III. Vertretung

buch eingetragen. Im zweiten Falle wird die Vereinbarung erst später außerhalb des Wohnungsgrundbuchs eingeräumt. Die Besonderheit in beiden Varianten ist, dass die Vereinbarung **durch Beschluss** geändert werden kann (Vereinbarung in Beschlussangelegenheiten). Ferner wird durch § 27 Abs. 2 Nr. 3 WEG bestimmt, dass für den § 27 Abs. 2 Nr. 3 WEG entsprechenden Beschluss die Mehrheit der Stimmen genügt. Beide Regelungsinhalte – Stimmenmehrheit und Möglichkeit einer Vereinbarung – waren zwar bislang schon überwiegende Meinung in Rechtsprechung und Literatur, konnten dem Gesetz aber **nicht ohne weiteres** entnommen werden.

Wie für § 27 Abs. 2 Nr. 2 WEG wird man auch für eine Ermächtigung nach § 27 Abs. 2 Nr. 3 WEG mit Blick auf § 27 Abs. 2 Nr. 4 WEG annehmen dürfen und müssen, dass der Verwalter **ohne weiteres** einen Rechtsanwalt einschalten kann.[89] Diese Befugnis ergibt sich jedenfalls im Wege der Auslegung des entsprechenden Ermächtigungsbeschlusses. 70

d) § 27 Abs. 2 Nr. 4 WEG: Vereinbarungen mit Rechtsanwälten

aa) Vertretungsmacht

Nach dem in das Gesetz neu eingeführten und dem alten Recht unbekannten § 27 Abs. 2 Nr. 4 WEG darf der Verwalter wegen eines Rechtsstreits gem. § 43 Nr. 1, Nr. 4 oder Nr. 5 WEG – also bei einem Rechtsstreit der Wohnungseigentümer untereinander,[90] bei einer Anfechtungsklage[91] oder Klagen Dritter[92] – mit einem Rechtsanwalt vereinbaren, dass sich dessen Gebühren nach einem **höheren** als dem gesetzlichen Streitwert, höchstens aber nach einem gem. § 49a Abs. 1 Satz 1 GKG bestimmten Streitwert bemessen (also i.H.v. 50% des Interesses der Parteien und aller Beigeladenen an der Entscheidung). Diese **gesetzliche Vertretungsmacht** steht im Zusammenhang mit der Neuregelung des Gebührenstreitwerts in § 49a Abs. 1 Satz 1 GKG.[93] § 27 Abs. 2 Nr. 4 WEG bezweckt aus rechtsstaatlichen Gründen im Wesentlichen, den Gebührenstreitwert in einem **angemessenen Verhältnis** zum Rechtsschutzinteresses eines klagenden Wohnungseigentümers zu halten. Durch die durchaus bewusste „Deckelung" des Gebührenstreitwerts ist es nach Auffassung des Gesetzgebers vorstellbar, dass kein Rechtsanwalt bereit ist, mit den Wohnungseigentümern einen Vertrag zur Vertretung ihrer Interessen zu schließen. 71

Beispiel:
Wird etwa der Beschluss aus einer Gemeinschaft mit 100 Wohnungseigentümern über eine Sanierungsmaßnahme, die Kosten in Höhe von € 100 000,00 verursacht, von einem Miteigentümer angefochten, auf den durch die Sanierung Kosten in Höhe von € 1000,00 zukämen, beträgt der Streitwert nach § 49a Abs. 1 Satz 2 Variante 2 GKG € 5000,00, nämlich das **Fünffache** seines Interesses von € 1000,00. Dieser Streitwert würde auch für den Rechtsanwalt gelten, der die übrigen, die Sanierungsmaßnahme bejahenden Miteigentümer vertritt, obwohl deren Interesse an der gerichtlichen Entscheidung gem. § 49a Abs. 1 Satz 1 GKG € 50 000,00 entspricht. 72

Um der Gefahr entgegenzutreten, dass die Wohnungseigentümer angesichts dieses relativ kleinen Gebührenstreitwerts keinen Rechtsanwalt finden, räumt das Gesetz auf Bitten des Bundesrates dem Verwalter eine **gesetzliche Vertretungsmacht** für eine den gesetzlichen Streitwert übersteigende **Gebührenvereinbarung** ein. Dies soll auch des- 73

---
[89] Siehe dazu *Elzer* ZMR 2004, 479 ff.
[90] § 13 Rdnr. 40.
[91] § 13 Rdnr. 51.
[92] § 13 Rdnr. 52.
[93] Siehe dazu § 13 Rdnr. 254 ff.

halb angezeigt sein, weil es den Wohnungseigentümern in aller Regel aus Zeitgründen nicht möglich sei, dem Verwalter durch einen entsprechenden Beschluss Vertretungsmacht einzuräumen.

Im Rahmen der Kostenerstattung können indes nur Kosten unter Zugrundelegung der **gesetzlichen Gebühren** verlangt werden. Die gesetzliche Zulässigkeit einer Gebührenvereinbarung führt nicht dazu, vereinbarte Mehrkosten als „notwendig" i.S.v. § 91 Abs. 1 ZPO anzusehen. Beleg hierfür ist bereits der systematische Zusammenhang mit § 49a GKG. Müsste der unterlegene Kläger über § 91 Abs. 1 ZPO auch erhöhte Gebühren ausgleichen, liefe die Wohltat des § 49a GKG leer. Die Wohnungseigentümer und der Anwalt können – wie stets im Recht – keine Vertrag zu Lasten Dritter schließen. Praktisch spricht hierfür, dass der Kostenrechtspfleger im Einzelfall nur schwer feststellen könnte, ob die Wohnungseigentümer in Höhe der gesetzlichen Gebühren keinen Rechtsanwalt hätten finden können und deshalb eine Gebührenvereinbarung notwendig war.

Beispiel:

74 Etwa im Beispielsfall könnte der Verwalter eine Vergütung auf der Basis eines Streitwertes von bis zu € 50 000,00 (§ 49a Abs. 1 Satz 1 GKG) vereinbaren. Diese Erhöhung läge allerdings ggf. gar nicht im Interesse des Verwalters. Muss er nämlich befürchten, gem. § 49 Abs. 2 WEG in die Kosten verurteilt zu werden, liegt nur ein kleiner Gebührenstreitwert im Verwalterinteresse. Kommt daher eine Verwalterhaftung in Betracht, sollte ein Rechtsanwalt auf die besonderen Risiken einer Vergütungsvereinbarung gerade für den Verwalter hinweisen.

75 Das Gesetz regelt allerdings nur das rechtliche Können, **nicht das rechtliche Dürfen**. Ob der Verwalter im wohlverstandenen Interesse der Wohnungseigentümer handelt, wenn er etwa einen wie im Beispiel zehnfach höheren Gebührenstreitwert vereinbart, erscheint **höchst zweifelhaft**. Die Gefahr, bei dem gesetzlichen Gebührenstreitwert keinen qualifizierten Rechtsanwalt zu finden, ist eher gering zu erachten – jedenfalls eine Frage, die sich erst in der Praxis erweisen muss. Dass die Anwaltschaft einen „Schulterschluss" macht, bleibt abzuwarten. In der Praxis sollte ein Verwalter zunächst auf keinem Fall auf eine Nachfrage bei den Wohnungseigentümern verzichten. Ggf. sollte er sich abstrakt und **im Vorwege** mit den Wohnungseigentümern verständigen, wie er sich in einem solchen Fall verhalten soll. Soweit der Gesetzentwurf davon ausgeht, dass sich der Verwalter gegenüber den Wohnungseigentümern bei Ausnutzung seiner Vertretungsmacht **nicht schadensersatzpflichtig** macht,[94] wenn er einen Gebührenstreitwert vereinbart, der nicht im Interesse der Wohnungseigentümer steht, ist ihm **nicht zu folgen**. Um sich zu schützen, sollten die Wohnungseigentümer den Verwalter durch Beschluss stets anweisen, sie vor einer Vereinbarung zu befragen. Dies nimmt dem Verwalter wegen § 27 Abs. 4 WEG zwar nicht seine Vertretungsmacht – wollte dies der Beschluss, wäre er nichtig –, verpflichtet den Verwalter aber, um Schadensersatzansprüche abzuwenden, die Wohnungseigentümer zu befragen.

bb) § 16 Abs. 8 WEG

76 § 27 Abs. 2 Nr. 5 WEG wird durch eine **besondere Vorschrift** in § 16 Abs. 8 WEG wegen der Tragung der Kosten **flankiert**.[95] Danach gehören die Kosten eines Rechtsstreits gem. § 43 WEG jedenfalls insoweit zu den Kosten der Verwaltung des gemeinschaftlichen Eigentums, wenn es sich bei ihnen um **Mehrkosten** gegenüber der gesetzlichen Vergütung eines Rechtsanwalts aufgrund einer Vereinbarung über die Vergütung

---

[94] BT-Drucksache 16/887 S. 77.
[95] Siehe § 5 Rdnr. 84.

III. Vertretung

handelt. Weil eine Entscheidung nach § 43 WEG gegen alle Wohnungseigentümer wirkt, ist es nach Auffassung des Gesetzgebers sachgerecht, dass alle Wohnungseigentümer die Differenz zu bezahlen haben. Es soll außerdem unbillig sein, wenn einzelne später im Rechtsstreit unterlegene Wohnungseigentümer an den Mehrkosten, die den anderen Miteigentümern durch die Klageerhebung oder Rechtsverteidigung entstehen, nicht beteiligt würden.[96] **Nachvollziehbar ist das kaum. Die Vorschrift ist verfehlt.** Warum ein Wohnungseigentümer, der etwa einen Wirtschaftsplan anficht, der unter einem evidenten formellen oder materiellem Mangel leidet, und der – ohne weiteres absehbar – mit seiner Klage obsiegt, sich kostenmäßig daran beteiligen soll, dass die anderen Wohnungseigentümer in Verkennung der Rechtslage vertreten durch den Verwalter den Gebührenstreitwert von z. B. € 5000,00 auf € 50 000,00 „hochgeschraubt haben", ist nicht erklärlich und spricht der gerichtlichen Kostenentscheidung nach § 91 Abs. 1 Satz 1 ZPO Hohn. Die Regelung nach § 16 Abs. 8 WEG verführt geradezu die unterliegenden Wohnungseigentümer, einen zu Recht anfechtenden Wohnungseigentümer über den erhöhten Mehrkostenanteil „abzustrafen".

cc) Beauftragung eines Rechtsanwalts

Dem Wortlaut des § 27 Abs. 2 Nr. 4 WEG kann nicht entnommen werden, ob der Verwalter befugt ist, einen **Rechtsanwalt** im Namen der Wohnungseigentümer zu **beauftragen**. Da indes eine Gebührenvereinbarung nur vor dem Hintergrund auch einer Beauftragung sinnvoll erscheint, sollte wenigstens aus **Sinn und Zweck** der Vorschrift, ein schnelles Handeln des Rechtsanwaltes für die Wohnungseigentümer zu ermöglichen, geschlossen werden, dass der Verwalter einen Rechtsanwalt im Namen der Wohnungseigentümer beauftragen kann.[97] Aus § 27 Abs. 2 Nr. 4 WEG folgt also sowohl für Passivprozesse nach § 27 Abs. 2 Nr. 2 WEG als auch für Aktivprozesse nach § 27 Abs. 2 Nr. 3 WEG mittelbar die Befugnis des Verwalters, einen Rechtsanwalt zu beauftragen.

2. Vertretung des Verbandes Wohnungseigentümergemeinschaft

Die Vorschrift des § 27 Abs. 3 WEG ist **notwendige Umsetzung** der „**Zwitterstellung**" des Verwalters als Diener zweier Herren und als Teil der Handlungsorganisation sowohl der Wohnungseigentümer als auch des Verbandes.[98] Weil das Gesetz dem Verband Wohnungseigentümergemeinschaft durch § 10 Abs. 6 WEG in bestimmten Belangen Rechtsfähigkeit zubilligt, musste erstens geklärt werden, wer ihn nach außen vertritt. Und zweitens musste geklärt werden, welche Befugnisse sein Vertreter hat. Die **ersten Fragen** nach dem Vertreter, besser nach der **notwendigen Handlungsorganisation** einer rechtsfähigen, gleichsam „juristischen" Person, jedenfalls einer rechtsfähigen Personengesellschaft i. S. v. § 14 Abs. 2 BGB,[99] werden in § 27 Abs. 3 Satz 1, Satz 2 und Satz 3 WEG beantwortet, die also gemeinsam gelesen werden müssen.[100] Primäres Handlungsorgan des Verbandes ist danach der Verwalter. Fehlt er oder ist er verhindert, übernehmen gem. § 27 Abs. 3 Satz 2 und 3 WEG hingegen alle oder einige Wohnungseigentümer diese Aufgabe. Die **zweite Frage** nach dem Umfang der Vertretungs-

---

[96] Siehe im Einzelnen § 5 Rdnr. 84.
[97] Wie hier *Merle* ZWE 2006, 365, 367; siehe dazu auch ausführlich *Elzer* ZMR 2004, 479 ff.
[98] So zuerst *Elzer* ZMR 2005, 683 f.
[99] Skeptisch PWW/*Prütting* § 1 BGB Rdnr. 4 und § 13 Rdnr. 8.
[100] Besser verortet wäre diese Bestimmung in § 10 Abs. 6 WEG gewesen. Ihr systematischer Ort ist dort.

befugnisse ist hingegen Gegenstand von § 27 Abs. 3 Satz 1 WEG. In den Nummern 1 bis 6 werden dabei gesetzliche Befugnisse des Verwalters angesprochen. Die Nummer 7 erlaubt es außerdem, diese Befugnisse **stark zu erweitern.**

79 Regelungsgegenstand des § 27 Abs. 3 WEG ist die Bestimmung, wann und inwieweit der Verwalter Vertretungsmacht besitzt, im Namen des Verbandes Wohnungseigentümergemeinschaft Willenserklärungen abzugeben und Rechtshandlungen vorzunehmen. Denn, wie sich aus § 27 Abs. 3 Satz 1 Nr. 1 bis 7 WEG ohne weiteres ableiten lässt, wird der Verband Wohnungseigentümergemeinschaft nach außen grundsätzlich vom Verwalter vertreten. Der Gesetzgeber hat allerdings bewusst darauf verzichtet, den Verwalter gesetzlich mit **umfassenden Befugnissen** für das von ihm vertretene Gebilde Wohnungseigentümergemeinschaft auszustatten. Der Verwalter kann den Verband mithin nur dann vertreten, wenn ihm das Gesetz oder die Wohnungseigentümer dazu Vertretungsmacht einräumen. Sofern Wohnungseigentümer den Verwalter mit weiteren Rechten ausstatten wollen, erfordert das nach § 27 Abs. 3 Satz 1 Nr. 7 WEG einer Vereinbarung oder eines Beschlusses.[101]

Übersicht:

80

Vorschrift des WEG	Gegenstand
§ 27 Abs. 3 Satz 1 Nr. 1	regelt Rechte des Verwalters für den Verband
§ 27 Abs. 3 Satz 1 Nr. 2	regelt Rechte des Verwalters für den Verband
§ 27 Abs. 3 Satz 1 Nr. 3	ist systematisch mit § 27 Abs. 1 Nr. 2 zu lesen; regelt Verwaltungsaufgaben des Verbandes nach außen und – notwendigerweise – die entsprechende Vertretungsmacht des Verwalters; entspricht im Wesentlichen § 27 Abs. 1 Nr. 2 WEG a. F.
§ 27 Abs. 3 Satz 1 Nr. 4	ist systematisch mit § 27 Abs. 1 Nr. 3 bis 5 und Nr. 8 zu lesen; regelt Verwaltungsaufgaben des Verbandes nach außen und – notwendigerweise – die entsprechende Vertretungsmacht des Verwalters; entspricht im Wesentlichen § 27 Abs. 1 Nr. 3, Abs. 2 Nr. 1, Nr. 2 und Nr. 6 WEG a. F.
§ 27 Abs. 3 Satz 1 Nr. 5	regelt Rechte des Verwalters für den Verband
§ 27 Abs. 3 Satz 1 Nr. 6	regelt Rechte des Verwalters für den Verband
§ 27 Abs. 3 Satz 1 Nr. 7	regelt das Recht der Wohnungseigentümer, die Handlungsorganisation des Verbandes zu stärken und die Rechte des Verwalters auszuweiten
§ 27 Abs. 3 Satz 2 und Satz 3	regelt, wer den Verband an Stelle des Verwalters vertritt

a) § 27 Abs. 3 Satz 1 Nr. 1 WEG: Willenserklärungen und Zustellungen

81 Der Verwalter ist nach § 27 Abs. 3 Satz 1 Nr. 1 WEG berechtigt, im Namen des Verbandes Wohnungseigentümergemeinschaft und mit Wirkung für und gegen ihn **Willenserklärungen und Zustellungen** entgegenzunehmen. Die Bestimmung ist Parallelvorschrift zu § 27 Abs. 2 Nr. 1 WEG und wie diese zu verstehen.[102] Die Besonderheit ist hier darin zu sehen, dass es auf das für die Wohnungseigentümer geltende **einschränkende Tatbestandmerkmal** „soweit sie an alle Wohnungseigentümer in dieser Eigenschaft gerichtet sind" natürlich **nicht ankommt**. Der Verwalter hat für den Verband **jegliche** Willenserklärungen und Zustellungen entgegenzunehmen, weil dieser ohne eine entsprechende Handlungsorganisation nicht geschäfts- und auch nicht prozessfähig sein kann.

---

[101] Siehe Rdnr. 91 ff.
[102] Siehe dort Rdnr. 64.

III. Vertretung 82–85 § 11

b) § 27 Abs. 3 Satz 1 Nr. 2 WEG: Eilmaßnahmen, vor allem Passivprozesse

Nach § 27 Abs. 3 Satz 1 Nr. 2 WEG ist der Verwalter berechtigt, **auch** im Namen des 82
Verbandes Wohnungseigentümergemeinschaft und mit Wirkung für und gegen ihn die
Maßnahmen zu treffen, die zur Wahrung einer Frist oder zur Abwendung eines sonstigen Rechtsnachteils erforderlich sind, insbesondere einen gegen den Verband gerichteten Rechtsstreit gem. § 43 Nr. 2 oder Nr. 5 WEG im Erkenntnis- und Vollstreckungsverfahren zu führen. § 27 Abs. 3 Satz 1 Nr. 2 WEG ist dabei wie § 27 Abs. 2 Nr. 2 WEG
auszulegen. Durch § 27 Abs. 3 Satz 1 Nr. 2 WEG erlangt der Verwalter also etwa die
Vertretungsmacht, eine einstweilige Verfügung zu beantragen oder für den Verband Berufung einzulegen. Er kann ferner für den Verband eine eidesstattliche Versicherung
analog §§ 807, 899 ZPO abgeben. An der Möglichkeit (und ggf. Pflicht) des Verwalters, eine eidesstattliche Versicherung abzugeben, ändert sich nichts, wenn er sein Amt
niedergelegt hat. Die Amtsniederlegung beendet zwar das organschaftliche Rechtsverhältnis mit sofortiger Wirkung. Die Möglichkeit (und ggf. Pflicht) der Verwalters, eine
eidesstattliche Versicherung abzugeben, besteht jedoch fort.[103]

c) § 27 Abs. 3 Satz 1 Nr. 3 WEG: Instandhaltung und Instandsetzung

§ 27 Abs. 3 Satz 1 Nr. 3, Abs. 1 Nr. 2 WEG weist dem Verwalter die Aufgabe zu, die 83
für die ordnungsmäßige Instandhaltung und Instandsetzung des gemeinschaftlichen Eigentums erforderlichen Maßnahmen zu treffen. Der Regelungsgegenstand ist wie der
frühere § 27 Abs. 1 Nr. 2 WEG a. F. zu verstehen. Für das Verständnis seines Inhalts ist
daher im Wesentlichen dorthin zu verweisen. Neu ist, dass es dem Verwalter erlaubt ist,
im Namen des Verbandes Wohnungseigentümergemeinschaft, die entsprechenden Erklärungen für die Erfüllung der Verwaltungsaufgabe ohne weiteres und ohne Ermächtigung abzugeben, vor allem Verträge zu schließen. Dass die Rechtsfolgen aus dem Vorliegen eines dringlichen Falles nach früherem Recht im Einzelnen umstritten und
unklar waren, hat den Gesetzgeber nicht davon abgehalten, die durchaus problematische Vorschrift gegenüber § 27 Abs. 1 Nr. 2 WEG a. F. inhaltlich **nicht zu verändern.**

Danach gilt Folgendes:
- für laufende Reparaturen oder außergewöhnliche Instandsetzungen geringeren Umfangs besitzt der Verwalter keine Vertretungsmacht; 84
- für eine außerordentliche nicht dringende Instandsetzung größeren Umfangs besitzt der Verwalter keine Vertretungsmacht;
- in außergewöhnlichen dringenden Instandsetzungsfällen besitzt der Verwalter Vertretungsmacht.

d) § 27 Abs. 3 Satz 1 Nr. 4 WEG: Maßnahmen gem. Abs. 1 Nr. 3, 5 und 8

§ 27 Abs. 3 Satz 1 Nr. 4, Abs. 1 Nr. 3 bis 5 und Nr. 8 WEG weisen dem Verwalter 85
vielfältige Aufgaben zum Wohl der Wohnungseigentümer zu. Diese Angelegenheiten
umfassen es erstens, in dringenden Fällen sonstige zur Erhaltung des gemeinschaftlichen
Eigentums erforderliche Maßnahmen zu treffen. Zweitens gehören dazu die Pflicht,
Lasten- und Kostenbeiträge, Tilgungsbeträge und Hypothekenzinsen anzufordern, in
Empfang zu nehmen und abzuführen, soweit es sich um gemeinschaftliche Angelegenheiten der Wohnungseigentümer handelt. Drittens ist es eine Verwalteraufgabe, alle
Zahlungen und Leistungen zu bewirken und entgegenzunehmen, die mit der laufenden

---

[103] BGH v. 28. 9. 2006 – I ZB 35/06 = NJW-RR 2007, 185, 186.

Verwaltung des gemeinschaftlichen Eigentums zusammenhängen. Und viertens ist es schließlich Aufgabe des Verwalters, die Erklärungen abzugeben, die zur Vornahme der in § 21 Abs. 5 Nr. 6 WEG bezeichneten Maßnahmen[104] erforderlich sind.[105] Soweit der Verband sich dabei rechtsgeschäftlich erklären oder anderweitig handeln muss, wird dem Verwalter durch § 27 Abs. 3 Satz 1 Nr. 4 WEG die entsprechende gesetzliche Vertretungsmacht zugewiesen, für den Verband nach außen auch handeln zu können.

e) § 27 Abs. 3 Satz 1 Nr. 5 WEG

aa) Allgemeines

86 § 27 Abs. 3 Satz 1 Nr. 5 WEG berechtigt den Verwalter, für im Rahmen der Verwaltung **eingenommene Gelder** im **Namen des Verbandes**[106] Konten zu errichten, zu führen und zu schließen.[107]

Beispiel:

87 Eingenommene Gelder sind gezahlte Wohngelder, der Ausgleich eines Negativsaldos einer Jahresabrechnung und die Zahlung auf eine Sonderumlage. Ferner Entgelte für die Nutzung gemeinschaftlicher Einrichtungen, z. B. einer Sauna, und auch die Instandhaltungsrückstellung.[108] Auch soweit Mieten wegen der Vermietung des Gemeinschaftseigentums erwirtschaftet werden, sind diese „eingenommene Gelder".

88 Der Wortlaut des § 27 Abs. 3 Satz 1 Nr. 5 WEG erwähnt nur das „Führen eines Kontos". Hierunter ist aber zweifelsfrei auch die **Eröffnung eines Kontos** sowie die **Beendigung des Bankvertrages** zu verstehen. Bei einem solchen Konto handelt es sich nicht wie früher um ein **offenes Treuhand- oder Fremdkonto**.[109] Der Verwalter vertritt vielmehr den Verband, der alleiniger Kontoinhaber wird – und auch sein soll. Ein Eigengeldkonto ist unzulässig.[110]

bb) Darlehen

89 Zur Aufnahme eines Darlehens für den Verband besitzt der Verwalter nach § 27 Abs. 3 Satz 1 Nr. 5 WEG **keine Vertretungsmacht**. Hierfür bedarf es wie auch bislang eines entsprechenden **Beschlusses** der Wohnungseigentümer.[111] Das ohne Beschluss oder sonstige Ermächtigung aufgenommene Darlehen, auch das auf einer Kontoüberziehung beruhende, ist ggf. schwebend unwirksam.[112] Versagen die Wohnungseigentümer die Genehmigung, ist Schuldner der Bank nicht der Verwalter.[113] Dieser haftet aber ggf. nach § 179 BGB. Von der h. M. wird bislang nur eine **kurzfristige Kreditaufnahme** zugelassen. Ferner soll der Darlehensbetrag die Summe der Hausgeldzahlungen aller Wohnungseigentümer für drei Monate nicht übersteigen und nur zur Überbrückung eines kurzfristigen Liquiditätsengpasses dienen. Ob dies auch künftig und auch für den Verband Wohnungseigentümergemeinschaft gilt, bleibt abzuwarten. Diese recht rigide

---

[104] Erklärungen, die zur Herstellung einer Fernsprechteilnehmereinrichtung, einer Rundfunkempfangsanlage oder eines Energieversorgungsanschlusses erforderlich sind.
[105] Zu allem siehe oben Rdnr. 36 ff.
[106] Siehe bereits OLG Hamburg ZMR 2006, 791, 792.
[107] Zur Anlage der gemeinschaftlichen Gelder siehe ausführlich § 3 Rdnr. 159 ff.
[108] Die Instandhaltungsrückstellung sollte allerdings auf einem separaten, hochverzinslichen Konto angelegt werden.
[109] *Merle* ZWE 2006, 365, 369.
[110] A. A. OLG Hamburg ZMR 2007, 59, 60.
[111] BGH NJW-RR 1993, 1228; OLG Schleswig ZMR 2002, 468; OLG Hamm ZMR 1997, 379; *J.-H. Schmidt* ZMR 2007, 90, 92.
[112] *J.-H. Schmidt* ZMR 2007, 90, 92.
[113] *J.-H. Schmidt* ZMR 2007, 90, 92.

III. Vertretung

Auffassung würde es dem Verband nicht erlauben, etwa Wohnungseigentum zu ersteigern,[114] wenn und soweit er nicht im Übrigen über ausreichende Mittel verfügt.

f) § 27 Abs. 3 Satz 1 Nr. 6 WEG: Gebührenvereinbarungen

Der Verwalter ist nach § 27 Abs. 3 Satz 1 Nr. 6 WEG berechtigt, mit einem Rechtsanwalt wegen eines Rechtsstreits gem. § 43 Nr. 2 oder Nr. 5 WEG (Streitigkeiten über die Rechte und Pflichten zwischen der Gemeinschaft der Wohnungseigentümer und Wohnungseigentümern und Klagen Dritter gegen den Verband), nicht aber bei vom Verband durchgeführten Mahnverfahren eine Vergütung nach Absatz 2 Nr. 4 zu vereinbaren.[115] Für Auslegung und Anwendung – z.B. die Beauftragung eines Anwalts – gilt das Gleiche wie für eine Gebührenvereinbarung gem. § 27 Abs. 2 Nr. 4 WEG.[116] Auch für § 27 Abs. 3 Satz 1 Nr. 6 WEG ist ferner § 16 Abs. 8 WEG anwendbar.[117]

g) § 27 Abs. 3 Satz 1 Nr. 7 WEG: Erweiterung der Verwalterrechte

aa) Inhalt

Nach § 27 Abs. 3 Satz 1 Nr. 7 WEG ist der Verwalter berechtigt, im Namen des Verbandes Wohnungseigentümergemeinschaft und mit Wirkung für und gegen ihn, sonstige Rechtsgeschäfte und Rechtshandlungen vorzunehmen, **soweit** er hierzu durch eine Vereinbarung oder einen Beschluss ermächtigt worden ist. Hier kommt vor allem die Ermächtigung zur Führung eines Aktivprozesses des Verbandes in Betracht. Etwa für eine **Wohngeldklage** hat der Verwalter – erstaunlicherweise – **keine gesetzliche Vertretungsmacht**, obwohl allein der Verband aus einem Beschluss nach §§ 16 Abs. 2, 28 Abs. 5 WEG berechtigt ist.

bb) Ergänzung der Verwalterrechte durch Vereinbarung

§ 27 Abs. 3 Satz 1 Nr. 7 WEG stellt für Vereinbarungen klar, dass die dem Verwalter nach § 27 Abs. 3 Satz 1 Nr. 1 bis Nr. 6 WEG eingeräumten Rechte **ergänzt** werden können und demnach **nicht abschließend** gemeint sind. Dass die Wohnungseigentümer für ihre Handlungsorganisation und die des Verbandes Vereinbarungen treffen können, ergibt sich freilich bereits aus **allgemeinen Überlegungen**.[118]

cc) Ergänzung durch Beschluss

Dass § 27 Abs. 3 Satz 1 Nr. 7 WEG eine Ergänzung der Verwalterrechte für den Verband auch **durch einen Beschluss** erlaubt, ist hingegen keine Klarstellung, sondern eine **konstitutive Anordnung**. Nach seinem systematischen Verständnis und auch nach Sinn und Zweck des § 27 Abs. 3 WEG **sollte** § 27 Abs. 3 Satz 1 Nr. 7 WEG Beschlussmacht zwar **voraussetzen,** diese aber nicht einräumen. Nach seinem klaren Wortlaut und auch nach seiner Entstehungsgeschichte sollen die Wohnungseigentümer durch § 27 Abs. 3 Satz 1 Nr. 7 WEG indes tatsächlich die Möglichkeit erhalten, die Vertretungsmacht des Verwalters – freilich ohne den Schutz des § 27 Abs. 4 WEG – für den Verband Wohnungseigentümergemeinschaft **umfassend zu gestalten** und der eines Organs einer juristischen Person oder der einer rechtsfähigen Personengesellschaft **gleichzustellen**.[119] § 27 Abs. 3 Satz 1 Nr. 7 WEG stellt dabei klar, dass eine umfassende Vertretungsmacht des

---

[114] Siehe § 15 Rdnr. 53.
[115] Siehe Rdnr. 71 ff.
[116] Siehe Rdnr. 71 ff.
[117] Siehe § 5 Rdnr. 84.
[118] Siehe dazu KK-WEG/*Elzer* § 20 WEG Rdnr. 43.
[119] BT-Drucksache 16/887 S. 71; *Merle* ZWE 2006, 365, 369.

Verwalters mit dem Grundsatz der ordnungsmäßigen Verwaltung im Einklang steht. Ferner stellt er klar, dass die Wohnungseigentümer eine Beschlusskompetenz haben.[120]

 Praxistipp:

94 Wie auch sonst, kann ein Beschluss nicht Teil des Verwaltervertrages sein. Werden die gesetzlichen Befugnisse des Verwalters im Verwaltervertrag ergänzt und erweitert, bindet dies die Wohnungseigentümer erst, wenn sie den Verwaltervertrag durch Beschluss billigen. Im „Billigungsbeschluss" ist dann zugleich der Beschluss i. S. v. § 27 Abs. 3 Satz 1 Nr. 7 WEG zu sehen.

dd) Grenzen

95 Die absoluten und relativen Grenzen für Vereinbarungen und Beschlüsse i. S. v. § 27 Abs. 3 Satz 1 Nr. 7 WEG sind jedenfalls die allgemeinen: §§ 134, 138, 242 BGB, das die Wohnungseigentümer verbindende Gemeinschaftsverhältnis sowie der Kernbereich des Wohnungseigentums. Der Verwalter darf danach z. B. nicht ermächtigt werden, anstelle der Wohnungseigentümer den Willen des Verbandes zu bilden. Außerdem ist zu erwägen, die durch § 27 Abs. 3 Satz 1 Nr. 7 WEG angeordnete Beschlussmacht auf die Vertretungsrechte des Verwalters für den Verband im Zusammenhang mit der Verwaltung des gemeinschaftlichen Eigentums einzuschränken,[121] z. B. auf die Führung einer Wohngeldklage.

3. Vertretung des Verbandes durch die Wohnungseigentümer

96 Bislang ist unsicher, wer den Verband Wohnungseigentümergemeinschaft vertritt, wenn ein Verwalter nicht bestellt wurde oder an der Ausübung seines Amtes gehindert ist. Diese **Lücke** schließen jetzt § 27 Abs. 3 Satz 2 und 3 WEG. Fehlt ein Verwalter oder ist er zur Vertretung nicht berechtigt, vertreten danach alle Wohnungseigentümer den Verband. Die Wohnungseigentümer können außerdem einen oder mehrere Wohnungseigentümer zur Vertretung ermächtigen.

Überblick:

97

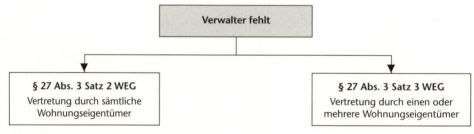

a) Gesamtvertretung: § 27 Abs. 3 Satz 2 WEG

98 Wenn ein Verwalter **fehlt** oder wenn ein Verwalter nicht zur Vertretung **berechtigt** ist, wird der Verband Wohnungseigentümergemeinschaft gem. § 27 Abs. 3 Satz 2 WEG grundsätzlich von **allen Wohnungseigentümern** vertreten.[122]

---

[120] BT-Drucksache 16/887 S. 71; kritisch *Merle* ZWE 2006, 365, 369, der diese Sätze nicht für verständlich hält.
[121] So *Merle* ZWE 2006, 365, 369.
[122] Diese Regelung entspricht § 125 Abs. 2 Satz 1 HGB.

III. Vertretung

aa) Voraussetzungen

Voraussetzung ist, dass ein Verwalter **fehlt** oder nicht zur Vertretung **berechtigt** ist. 99

(1) Verwalter fehlt

Ein Verwalter kann aus rechtlichen und aus tatsächlichen Gründen fehlen. Beide 100 Gründe sind regelmäßig **eng auszulegen**. Eine bloße Unsicherheit oder eine treuwidrige oder unzweckmäßige Ausübung des Verwalteramtes genügt nicht. Ein Wohnungseigentumsverwalter fehlt aus rechtlichen Gründen, wenn ein Verwalter nicht bestellt wurde,[123] die Amtszeit des ordentlich Bestellten abgelaufen ist, § 26 Abs. 1 Satz 2 WEG, der alte Verwalter seine Bestellung niederlegt,[124] der alte Verwalter wegen Todes,[125] Abberufung oder einer auflösenden Bedingung seine Eigenschaft als Verwalter rechtlich verloren hat oder wenn der alte Verwalter geschäftsunfähig oder beschränkt geschäftsfähig (geworden) ist.

Praxistipp:
Zweifelt ein Wohnungseigentümer bloß an, dass eine Verwalterwahl ordnungsmäßig ist, und beantragt er, 101 dass das Wohnungseigentumsgericht die Wahl in einem Anfechtungsverfahren i. S. v. § 46 WEG überprüft, fehlt der Verwalter nicht. Dies gilt auch dann, wenn ein Antrag auf Abberufung des Wohnungseigentumsverwalters gestellt worden ist. Denn der jeweilige Bestellungsbeschluss ist ungeachtet der Anfechtung zunächst weiterhin wirksam. Die Gemeinschaft hat ihre Verpflichtung zur ordnungsmäßigen Verwaltung zunächst formal erfüllt. Ob die Verwalterwahl auch inhaltlich ordnungsmäßiger Verwaltung entspricht, ist ggf. in einem Beschlussanfechtungsverfahren zu prüfen.

Ein Verwalter fehlt auch dann, wenn er zwar bestellt wurde, der bestellte Verwalter 102 im Einzelfall seine Aufgaben aber aus tatsächlichen Gründen dauerhaft nicht wahrnimmt oder wahrnehmen kann. Sowohl nach Sinn und Zweck der gesetzlichen Regelung, die eine verwalterlose Zeit beenden will, als auch nach dem Wortlaut des Gesetzes müssen die Fälle des rechtlichen und tatsächlichen „Fehlens" gleich behandelt werden. Auch dann, wenn der ordnungsgemäß bestellte Verwalter seine Aufgaben **dauerhaft**[126] und **vorsätzlich** in **großen Umfang** nicht wahrnimmt, **und** also die Ausübung seines Amtes verweigert, fehlt ein Verwalter aus tatsächlichen Gründen.[127] Dieser Fall kommt z. B. in Betracht, wenn eine Gemeinschaft von einem Eigentümer majorisiert wird und dieser ein Interesse daran hat, dass der von ihm bestimmte Verwalter nicht tätig wird. Kommt ein Verwalter seinen Aufgaben allerdings nur teilweise nicht nach oder bleibt er nur in einer bestimmten Angelegenheit untätig,[128] fehlt er nicht i. S. d. Gesetzes.[129] In diesen Fällen sind neben seiner Abwahl aber Zwangsmaßnahmen möglich. Ein Verwalter kann auch dann fehlen, wenn er zwar bestellt ist, seine Aufgaben aber wegen einer Erkrankung oder länger andauernder Abwesenheit nicht wahrnehmen kann. Dies kann aber nicht schrankenlos gelten.[130] Die verwalterlose Zeit muss von einiger Erheblichkeit, also **nicht nur vorübergehend** sein.

---

[123] Dieser Fall wird in BR-Drucksache 75/51 genannt.
[124] Eine Kündigung des Verwaltervertrages wäre nicht ausreichend.
[125] Auch wegen des „juristischen" Todes, also bei dem Verlust der Rechtsfähigkeit des Wohnungseigentumsverwalters.
[126] Eine Verweigerung im Einzelfall kann grundsätzlich nicht genügen, siehe zum Geschäftsführer *Helmschrott* ZIP 2001, 636.
[127] *Henze* DWE 1987, 66.
[128] Der Wohnungseigentumsverwalter ruft z. B. zu keiner Eigentümerversammlung ein. Siehe für das GmbH-Recht, OLG Frankfurt GmbHR 1986, 432.
[129] *Gottschalg* WE 1998, 242, 243.
[130] Ansonsten wäre z. B. auch dann von einem „Fehlen" auszugehen, wenn der Wohnungseigentumsverwalter nur im Urlaub wäre.

Beispiel:

103 Ein Wohnungseigentumsverwalter kann seine Aufgaben z. B. dann nicht dauerhaft wahrnehmen, wenn er schwer und nicht nur vorübergehend erkrankt und **dadurch**[131] daran gehindert ist, eine ordnungsmäßige Verwaltung sicherzustellen.

(2) Fehlende Berechtigung

104 Dem Verwalter fehlt eine Berechtigung, den Verband zu vertreten, wenn es zu einer Interessenskollision käme. Ferner gehören hierher die Fälle des § 181 BGB.

bb) Gemeinsames Handeln (Gesamtvertretung)

105 Die Wohnungseigentümer können die für den Verband verbindlichen Erklärungen als Gesamtvertreter nur **gemeinsam bewirken**. Willensmängel, Kenntnis oder „Kennen müssen" eines der mehreren Handelnden, wirken für und gegen den Verband (Gesamtvertretung).[132] Bei formbedürftigen Rechtsgeschäften müssen sämtliche Wohnungseigentümer in der vorgeschriebenen Form handeln. Ist die Erklärung auch nur eines Wohnungseigentümers wegen eines Formverstoßes unwirksam, ist das gesamte Rechtsgeschäft nichtig. Die Bestimmung des § 139 BGB ist mangels eines teilbaren Rechtsgeschäfts nicht anwendbar.[133] Die Wohnungseigentümer müssen nicht gleichzeitig handeln. Die erste Erklärung muss aber noch in Kraft sein, wenn die letzte folgt.

Hinweis:

106 Gegenstand von § 27 Abs. 3 Satz 2 WEG ist nach der klaren Systematik des Gesetzes **nicht die Geschäftsführung** für den Verband. Wer die Geschäfte des Verbandes führt, wenn ein Verwalter fehlt, ist ungeregelt geblieben.[134]

107 Wie sich die Wohnungseigentümer für die Wahrnehmung der Vertretung intern **verständigen**, lässt das Gesetz offen. Es gilt daher das **allgemeine Prinzip**. Ein bloßer Beschluss reicht grundsätzlich nicht aus. Zwar wird der Wille des Verbandes durch Mehrheitsbeschluss gebildet. Hierdurch ist aber nur die in § 27 Abs. 3 Satz 2 WEG nicht geregelte **Geschäftsführung** angesprochen. Die Mehrheitsmacht im Innenverhältnis hat auch **keine Bedeutung** für die Vertretung nach außen. Diese Fesselungen machen eine sinnvolle Vertretung des Verbandes durch die Wohnungseigentümer in größeren Gemeinschaften **unmöglich**. Etwa ein Einspruch gegen ein Versäumnisurteil gegen den Verband müssten bei 150 Wohnungseigentümer und keinem Prozessbevollmächtigen sämtliche Wohnungseigentümer unterschreiben.[135]

cc) Zustellungen, § 170 ZPO

108 Soll und muss dem Verband etwas zugestellt werden, etwa ein Beschluss oder ein Urteil oder eine Rechnung, genügt hierfür gem. § 170 Abs. 3 ZPO die Zustellung an **einen Wohnungseigentümer**.[136]

---

[131] Eine Erkrankung, die keine Auswirkungen auf die Verwaltung hat, kommt daher nicht in Betracht.
[132] Siehe auch *Merle* ZWE 2006, 365, 369.
[133] BGH NJW 1970, 806, 808.
[134] Siehe Rdnr. 59.
[135] Allerdings könnte ein Wohnungseigentümer zunächst – zur Fristwahrung – als vollmachtloser Vertreter der anderen auftreten. Diese könnten sein Handeln dann später genehmigen. Ggf. bietet sich auch eine Analogie zu § 10 Abs. 5 WEG an. Auf jeden Fall sollte von der Möglichkeit des § 27 Abs. 3 Satz 3 WEG Gebrauch gemacht werden.
[136] Dies entspricht §§ 35 Abs. 2 Satz 2 GmbHG, 78 Abs. 2 Satz 2 AktG, 125 Abs. 2 Satz 3 HGB.

b) Einzelvertretungsmacht: § 27 Abs. 3 Satz 3 WEG

aa) Allgemeines

Die Wohnungseigentümer können nach § 27 Abs. 3 Satz 3 WEG[137] mehrheitlich beschließen, **einen oder mehrere Wohnungseigentümer** zur Vertretung des Verbandes zu **ermächtigen**. Die Ermächtigung ist ihrer Rechtsnatur nach nicht einfache Vollmacht, sondern macht den Ermächtigten partiell zum organschaftlichen Alleinvertreter des Verbandes.[138] Die Erteilung der Ermächtigung erfolgt durch formlose, auch stillschweigende Erklärung an den oder die zu Ermächtigenden. Die Erteilung der Vertretungsmacht entsprechend §§ 167 Abs. 1, 170 ff. BGB (gegenüber Dritten, öffentlich) ist möglich, aber wenig praktisch.

Die Ermächtigung kann **jederzeit widerrufen** werden, auch ohne einen wichtigen Grund. Für die ermächtigten Wohnungseigentümer sollte § 27 Abs. 6 WEG analog angewendet werden. Auch und gerade „ermächtigte" Wohnungseigentümer müssen nach außen nachweisen, dass und inwieweit sie den Verband anstelle des Verwalters – dessen Rechte grundsätzlich ja gem. § 27 Abs. 4 WEG unentziehbar sind – vertreten können.

bb) Zustellungen

Haben die Wohnungseigentümer den Weg des § 27 Abs. 3 Satz 3 WEG beschritten, kann eine Zustellung dennoch weiterhin an **jeden Wohnungseigentümer** bewirkt werden. Die durch § 27 Abs. 3 Satz 1 WEG eingeräumte Zustellvollmacht sollte nach Sinn und Zweck als nicht abdingbar angesehen werden.[139]

IV. Unentziehbare Rechte

§ 27 Abs. 4 WEG **stellt** auch für das neue Recht **klar**, dass die **gesetzlichen Befugnisse** des Verwalters nach Absatz 1 bis 3 weder durch eine Vereinbarung noch durch einen Beschluss der Wohnungseigentümer eingeschränkt oder ausgeschlossen werden. Werden solche Bestimmungen dennoch getroffen, sind sie nichtig. Werden dem Verwalter i. S. v. § 27 Abs. 3 Satz 1 Nr. 7 WEG Rechte eingeräumt, sind diese allerdings **nicht geschützt**. Bei diesen Befugnissen handelt es sich nicht um „gesetzliche Befugnisse" des Verwalters.

V. § 27 Abs. 5 WEG: Absonderung eingenommener Gelder

1. Hinführung

Der Verwalter ist nach § 27 Abs. 5 Satz 1 WEG verpflichtet, eingenommene Gelder von seinem Vermögen gesondert zu halten. § 27 Abs. 5 Satz 1 WEG weist damit gegenüber der „Ursprungsnorm" § 27 Abs. 4 Satz 1 WEG a. F. **eine wesentliche Veränderung** auf: Er berücksichtigt, dass das Verwaltungsvermögen durch § 10 Abs. 7 Satz 1 WEG dem Verband zugewiesen ist.[140] Während es bislang hieß „Gelder der Wohnungseigentümer", heißt es nun – wie auch in § 27 Abs. 1 Nr. 6, Abs. 3 Nr. 5 WEG – „eingenommene Gelder". § 27 Abs. 5 Satz 2 WEG, wonach die Verfügung über eingenommene

---

[137] Der entspricht § 125 Abs. 2 Satz 2 HGB.
[138] Siehe auch BGHZ 64, 72, 76.
[139] *Merle* ZWE 2006, 365, 370; *Reichert* ZWE 2006, 477, 478.
[140] Vgl. § 3 Rdnr. 149 ff.

Gelder durch Vereinbarung oder Beschluss von der Zustimmung eines Wohnungseigentümers oder eines Dritten abhängig gemacht werden kann, entspricht hingegen **ohne inhaltliche Änderung** § 27 Abs. 4 Satz 2 WEG a. F.

2. Kritik

114 Die durch § 27 Abs. 5 Satz 1 WEG angesprochenen „eingenommenen Gelder" sind aus systematischen Gründen, vor allem wegen der engen Verknüpfung mit § 27 Abs. 1 Nr. 6, Abs. 3 Nr. 5 WEG, solche des Verbandes Wohnungseigentümergemeinschaft. Dass das Gesetz den Verwalter **beschränkt**, die Gelder des Verbandes ggf. nur mit Zustimmung eines Dritten zu verwenden, ist daher **unnötig** und nach außen nicht zu erkennen.

VI. Vollmachts- und Ermächtigungsurkunde

115 Der Verwalter kann von den Wohnungseigentümern nach § 27 Abs. 6 WEG die Ausstellung einer Vollmachts- und Ermächtigungsurkunde verlangen, aus der der Umfang seiner Vertretungsmacht ersichtlich ist. Dies entspricht ohne inhaltliche Änderungen § 27 Abs. 5 WEG a. F. **Neu** ist insoweit nur, dass die Wohnungseigentümer auch die Vertretungsmacht des Verwalters für den Verband Wohnungseigentümergemeinschaft beurkunden müssen.

§ 12 Verwalterbestellung

I. Hinführung

Ein Verwalter kann bereits nach bisherigem Recht auf **höchstens fünf Jahre** bestellt werden, § 26 Abs. 1 Satz 2 WEG a. F. Diese erst 1973 eingeführte und zunächst im Wohnungseigentumsgesetz gar nicht enthaltene Einschränkung der Privatautonomie beruhte auf entsprechenden Forderungen der Literatur.[1] Die Norm lehnt sich an das Vorbild in § 84 Abs. 1 Satz 1 AktG an, der für das Verhältnis zwischen Vorstand und Aktiengesellschaft das Amt des Vorstandes gleichfalls auf eine Höchstdauer von fünf Jahren begrenzt.[2] Die durch § 26 Abs. 1 Satz 2 WEG a. F. angeordnete Begrenzung soll u. a. sicherstellen, dass sich die Wohnungseigentümer zumindest alle fünf Jahre über die Fortführung der Verwaltertätigkeit verantwortlich befassen.[3]

1

II. Neues Recht: Höchstbestellungsdauer von drei Jahren für Erstverwalter

Im neuen Recht ändert sich an diesen Eckpunkten grundsätzlich nichts. **Besonderheiten** gelten künftig aber für den **ersten** nach der Begründung von Wohnungseigentum bestellten Verwalter. Für diesen Verwalter gelten gem. § 26 Abs. 1 Satz 2 Halbsatz 2 WEG als **Höchstbestellungsdauer** nunmehr **drei Jahre**. Der Gesetzgeber will durch diese Verkürzung **künftig**[4] möglichen Interessenskonflikten begegnen. Ein solcher Interessenskonflikt kann vor allem, aber nicht nur darin liegen, dass die Frist für die Verjährung von Mängelansprüchen bei neu errichteten Eigentumswohnungen fünf Jahre beträgt (§ 634a Abs. 1 Nr. 2 BGB). In der Praxis hat es sich immer wieder als problematisch erwiesen, dass der dem aufteilenden Alleineigentümer (meist einem Bauträger) wenigstens nahe stehende, wenn nicht sogar eng mit diesem wirtschaftlich verbundene Erstverwalter Mängeln der Gemeinschaftseigentums nicht energisch genug nachging und die Wohnungseigentümer nicht sachgerecht informierte. Nach dem Ende seiner Bestellungszeit waren die Mängelansprüche der Wohnungseigentümer dann verjährt und nicht mehr durchsetzbar.

2

Übersicht:

3

---

[1] Vgl. etwa *Diester* NJW 1970, 1111; NJW 1971, 1157.
[2] PiG 8 [1982] 247, 254.
[3] Vgl. zum Aktienrecht *Hüffer* § 84 AktG Rdnr. 6.
[4] Siehe Rdnr. 10 zum Übergangsrecht.

1. Anwendungsprobleme

a) Bestellung im Teilungsvertrag

4 Eine Interessenskollision ist nur bei einem vom Alleineigentümer[5] bestimmten Verwalter vorstellbar. Die Gefahr einer Interessenskollision besteht daher zum einen nicht, wenn Wohnungseigentum durch einen **Teilungsvertrag** begründet worden ist. Nach seinem Wortlaut ist § 26 Abs. 1 Satz 2 Halbsatz 2 WEG indes auch in diesem Falle anwendbar. Weil der Gesetzgeber diesen freilich seltenen Fall offensichtlich übersehen hat, sollte man das Gesetz insoweit **teleologisch reduzieren** und auf eine Begründung von Wohnungseigentum gem. § 3 WEG nicht anwenden.

5 Der Gesetzgeber folgt zum anderen – ggf. ohne dies zu erkennen – unausgesprochen der h. M., die die Bestellung des Erstverwalters durch den Alleineigentümer (Stichwort: Bestellung des Verwalters in der Teilungserklärung) für zulässig erachtet.[6] Da die „Bestellung" des Verwalters durch den Alleineigentümer aber keine Willensbildung der Eigentümer, sondern eine einseitige Maßnahme ist, ist durchaus zweifelhaft, ob dem Alleineigentümer eine Bestellung möglich ist.

b) Kurzfristige Neubestellung

6 Nicht deutlich ist, was gilt, wenn der Erstverwalter zunächst für drei Jahre bestellt ist, er aber noch vom die Gemeinschaft beherrschenden ehemaligen Alleineigentümer nach Ablauf von zwei Jahren[7] **wiederbestellt** wird. Unter dem Gesichtspunkt der Umgehung sollte man solche Bestellungen bei einer Anfechtung jedenfalls besonders genau prüfen. Im Zweifel entsprechen sie **nicht ordnungsmäßiger** Verwaltung.

2. Berechnung der Frist

7 Maßgeblich für die Berechnung der jeweiligen Höchstfristen ist der **Beginn der Amtszeit** des Verwalters. Dieser Beginn wird nach bisheriger Auffassung durch drei Komponenten bestimmt: Die Bestellung durch die Wohnungseigentümer, die Zustimmung des Verwalters zur Bestellung und die Entstehung der Wohnungseigentümergemeinschaft. Das Amt beginnt also noch nicht mit der Benennung des Erstverwalters in der Teilungserklärung und auch nicht durch die tatsächliche Aufnahme von Geschäften der Wohnanlage. § 26 Abs. 1 Satz 2 Halbsatz 2 WEG beinhaltet seinem Wortlaut nach somit auch den Fall, dass ein Verwalter erstmals Jahre nach der Begründung von Wohnungseigentum bestellt wird.

 Praxistipp:

8 Eine Vereinbarung oder ein Beschluss, die § 26 Abs. 1 Satz 2 WEG ändern wollen, sind nichtig. § 26 Abs. 1 Satz 2 WEG ist nicht abdingbar. Ein Bauträger könnte durch die Gemeinschaftsordnung also nicht bestimmen, dass die Höchstbestellungszeit fünf Jahre (oder gar mehr) beträgt.

3. Verstöße

9 Wird gegen § 26 Abs. 1 Satz 2 Halbsatz 2 WEG verstoßen, ist die Bestellung nicht insgesamt nichtig.[8] Die Bestelldauer endet nur von Gesetzes wegen mit dem Ablauf von drei Jahren.

---

[5] Meist von einem Bauträger.
[6] BGH ZMR 2002, 766, 770; KK-WEG/*Abramenko* § 26 Rdnr. 8 m. w. N.
[7] Eine frühere Bestellung hindert § 26 Abs. 2 Halbsatz 2 WEG.
[8] Staudinger/*Bub* § 26 WEG Rdnr. 29.

4. Altbestellungen (Übergangsrecht)

§ 26 Abs. 1 Satz 2 Halbsatz 2 WEG ist gem. § 62 Abs. 1 WEG **erst auf Neubestellungen** anwendbar. Vor dem 1. 7. 2007 erfolgte Bestellungen bleiben von der Neuregelung also **unberührt**.

§ 13 Verfahrensrecht

I. Einführung

1 Die wohnungseigentumsrechtlichen Verfahren werden bislang mit Ausnahme des Verfahrens zur Bestellung eines Notverwalters gem. §§ 43 Abs. 1 Nr. 4, 26 Abs. 3 WEG a. F.[1] als echte **Streitverfahren** der freiwilligen Gerichtsbarkeit verstanden.[2] Anwendbar ist bislang vor allem das Gesetz über die freiwillige Gerichtsbarkeit (FGG).[3] Nur die freilich unglücklich so benannte „Abmeierungsklage" (Eigentumsentziehungsklage) nach §§ 18, 19 und 51 ff. WEG ist ein Verfahren der streitigen Gerichtsbarkeit. Für Anträge in Wohnungseigentumssachen – Streitigkeiten, die sich aus der Gemeinschaft der Wohnungseigentümer untereinander und aus der Verwaltung des gemeinschaftlichen Eigentums sowie aus dem Verhältnis der Wohnungseigentümer zum Verwalter ergeben – enthielten §§ 43 bis 48 WEG a. F. allerdings Sonderregelungen gegenüber §§ 2 bis 34 FGG.[4] Da die Regelungen des FGG außerdem lückenhaft sind, waren ergänzend ferner die Vorschriften der ZPO in entsprechender Anwendung heranzuziehen.[5]

2 Die Zuweisung des wohnungseigentumsrechtlichen Verfahrens zum FGG war dabei nie die Folge „systematischer" Überlegungen, sondern Kalkül **pragmatischer Erwägungen:** Über die sich aus der Gemeinschaft der Wohnungseigentümer und aus der Verwaltung des gemeinschaftlichen Eigentums ergebenden Rechte und Pflichten der Wohnungseigentümer und des Verwalters sollte in erster Linie deshalb im Wege der freiwilligen Gerichtsbarkeit entschieden werden, weil dieses Verfahren angeblich einfacher, freier, elastischer, rascher und damit für Streitigkeiten mit einer häufig großen Zahl von Beteiligten besser geeignet erschien als der Zivilprozess.[6] Man erwartete durch die Anwendung des FGG ferner eine besondere Verfahrensförderung und -beschleunigung. Diese **Erwartungen** haben sich indes **nicht erfüllt**.[7] Ein FGG-Verfahren ist wegen der grundsätzlichen Verpflichtung des Gerichts zur Amtsermittlung von seiner Struktur her in der Praxis häufig aufwändiger und oft auch langsamer als ein Zivilprozess.

3 Die Wohnungseigentumsgerichte haben bislang beispielsweise keine Möglichkeiten zur Konzentration und Beschleunigung des Verfahrens, die ihnen im ZPO-Verfahren auf Grund der Verantwortung der Parteien für die Vor- und Aufbereitung des Prozessstoffs aber zur Verfügung stehen. Weder sind die Verspätungsvorschriften nach §§ 296, 296a oder 283 ZPO anwendbar noch ist ein Anerkenntnis- oder Versäumnisurteil vorstellbar. Auch dem Erlass einer Eilentscheidung nach §§ 916 ff. ZPO ist zurzeit die Tür versperrt.[8] Hinzu kommt, dass der mit einer Amtsermittlung verbundene erhöhte Einsatz staatlicher Ressourcen nur noch dort gerechtfertigt ist, wo eine erhöhte staatliche Verpflichtung besteht. Eine erhöhte staatliche Verpflichtung ist in Verfahren in Woh-

---

[1] Siehe dazu § 10 Rdnr. 4 ff.
[2] BGHZ 139, 305, 308 = MDR 1999, 28 = NJW 1998, 3648; BayObLG NZM 1998, 443; *Armbrüster* DNotZ 2003, 493, 514.
[3] BGH NJW 1985, 913, 914.
[4] Palandt/*Bassenge* § 43 WEG Rdnr. 14.
[5] BGH ZMR 2001, 809, 810; BayObLG NZM 1998, 443; MDR 1994, 306; *Elzer* MietRB 2006, 17.
[6] BGH ZMR 2002, 941, 943; NJW-RR 1991, 907, 908; BGHZ 78, 57, 65; BGHZ 71, 314, 317; BGHZ 59, 58, 61.
[7] Wegen der Begründung kritisch *Abramenko* ZMR 2005, 22, 26.
[8] Siehe aber § 44 Abs. 3 WEG a. F.

nungseigentumssachen aber nicht anzuerkennen, da sich deren Gegenstand von dem eines Zivilprozesses nicht wesentlich unterscheidet.

Der Gesetzgeber erklärt aus diesen Gründen der bisherigen Verortung des wohnungseigentumsrechtlichen Verfahrens im FGG gegen vielfach **geäußerte Widerstände** der Fachkreise[9] eine Absage: Für das Verfahren in Wohnungseigentumssachen gelten künftig die Vorschriften der Zivilprozessordnung (ZPO) und die des GVG, **ergänzt** durch §§ 43 bis 50 WEG. Es gibt nach Ansicht des Gesetzgebers keinen überzeugenden Grund mehr, die WEG-Verfahren im FGG zu belassen. Insbesondere die nach § 12 FGG vorgeschriebene aufwändige Amtsermittlung sah er als nicht mehr angemessen und unsystematisch an.[10] Von entscheidender Bedeutung war aber, dass schon jetzt wesentliche Grundsätze der ZPO auch in Verfahren nach dem WEG entsprechend anzuwenden sind.[11] Denn die Bestimmungen der Zivilprozessordnung sind im Verfahren der freiwilligen Gerichtsbarkeit – soweit eine entsprechende Anwendung nicht ohnehin ausdrücklich vorgesehen ist – immer dann **heranzuziehen,** wenn eine Regelungslücke besteht, die eine Anwendung von Normen der Zivilprozessordnung ungeachtet der Besonderheiten der freiwilligen Gerichtsbarkeit gebietet.[12] Schon nach bisherigem Recht hat sich das Wohnungseigentumsverfahren dadurch dem ZPO-Klageverfahren sehr **stark angenähert.**[13] Die Praxis hat sich bereits jetzt weitgehend von FGG-Grundsätzen entfernt und in weiten Teilen praktisch ein ZPO-Verfahren eingeführt.

Die gesetzlichen Änderungen zum Verfahrensrecht vollziehen daher letztlich konsequent den in der Praxis betriebenen „**Paradigmenwechsel**" vom FGG-Verfahren mit Amtsermittlung zum Zivilprozess mit Parteiverantwortung nach. Die Vorschriften der ZPO ermöglichen dabei im Ergebnis eine effizientere und stringentere Verfahrensführung, da das Gericht nunmehr – wie im Zivilprozess – Sanktionen ergreifen kann, wenn die Parteien ihrer Pflicht zur Verfahrensförderung nicht nachkommen. Hinzu kommt, dass das Gericht die Möglichkeit hat, ein Versäumnisurteil zu erlassen, die Vollstreckung auf Grund eines vorläufig vollstreckbaren Urteils anzuordnen und einstweiligen Rechtsschutz in einem gesetzlich normierten Verfahren zu geben. Ein wesentlicher Nachteil für die Wohnungseigentümer kann darin nicht erkannt werden.

II. Überblick zum neuen Recht

Die **wesentliche Neuerung** besteht darin, dass die Gerichte in Wohnungseigentumssachen künftig nach den Vorschriften der ZPO zu entscheiden haben. Die Sondervorschriften nach §§ 43 ff. WEG a. F. und auch die Anwendbarkeit des FGG sind entfallen. Diese Neuausrichtung ist **nicht überzubewerten.** Auch das neue Recht kann nicht auf zahlreiche, teils sehr **komplizierte Sonderregelungen** verzichten. Das hat seinen Grund vor allem in der Vielzahl der Parteien, in der besonderen Klageart der Anfechtungsklage, in der Rechtskraftproblematik und in den mit einem WEG-Verfahren verbundenen ggf. sehr hohen Kosten (Auslagen und Gebühren). Ferner musste in besonderer Weise bedacht werden, welche Gerichte örtlich, sachlich und funktional zuständig sein sollen. Allen diesen Rechtskreisen sind jeweils besondere Vorschriften gewidmet, die letztlich das Bild des WEG-Verfahrens nach bisherigem Verständnis durchaus „wahren" und

---

[9] Z. B. *Demharter* NZM 2006, 489, 494; *Lüke* ZWE 2005, 153; *Müller* ZWE 2005, 158; *Armbrüster* AnwBl 2005, 16, 20; a. A. aber *Armbrüster* DNotZ 2003, 493, 515.
[10] Kritisch *Lüke* ZWE 2005, 153.
[11] BGH ZMR 2001, 809, 810; BayObLG NZM 1998, 443; MDR 1994, 306; *Elzer* MietRB 2006, 171.
[12] BGH ZMR 2001, 809, 810; NJW 1990, 1794, 1795.
[13] *Armbrüster* AnwBl 2005, 16, 20.

nur behutsam neuen Verhältnissen anpassen. Nur rudimentär ist das Verfahrensrecht des Verbandes Wohnungseigentümergemeinschaft geregelt worden.

7 In einem Überblick zu den **Besonderheiten** des neuen Verfahrensrechts in Wohnungseigentumssachen sind wenigstens folgende Punkte **herauszustreichen:**

8
- **Zuständigkeit/Instanzen:** besondere Zuständigkeitsvorschriften finden sich in § 43 WEG i. V. m. §§ 23, 71 und 72 GVG; ob es sich um eine Wohnungseigentumssache handelt, ist an § 43 Nr. 1 bis 6 WEG zu messen; neuer Instanzenzug;
- **Vielzahl der Parteien:** Erleichterungen, aber auch besondere Anforderungen an die Klageschrift regelt § 44 WEG. Dieser erlaubt abweichend von §§ 253 Abs. 4, 130 Nr. 1 ZPO wenigstens vorübergehend eine **Sammelbezeichnung** für die Wohnungseigentümer; außerdem führt er i. V. m. § 44 WEG besondere Inhalte der Klageschrift ein. § 45 WEG regelt Besonderheiten für die Zustellungen, insbesondere gegenüber §§ 170, 184 ZPO;
- **Klage:** Erleichterungen für bestimmte Klagen ordnet § 21 Abs. 8 WEG an. Er erlaubt dem klagenden Wohnungseigentümer in Abweichung von § 253 Abs. 2 Nr. 2 ZPO, einen unbestimmten Antrag zu stellen. Dem Wohnungseigentumsgericht wird durch § 21 Abs. 8 WEG ähnlich § 315 Abs. 3 Satz 2 BGB eine Ermessensentscheidung ermöglicht. § 46 WEG regelt künftig hingegen die neue Klageart „Anfechtungsklage". § 47 WEG ordnet zwingend eine Verbindung mehrerer in Zusammenhang mit einem Beschluss stehender Klagen an;
- **Rechtskraft:** besondere Weiterungen enthält § 48 WEG. Dieser regelt mit dem Ziel einer **Rechtskrafterweiterung** die der ZPO bislang fast unbekannte „Beiladung";[14]
- **Kosten und Gebühren:** Besonderheiten gegenüber §§ 91 ff. ZPO regeln §§ 49 und 50 WEG (auch zur Erstattungsfähigkeit der Kosten eines Rechtsanwalts) sowie § 49 a GKG.
- **Verfahrensrecht des Verbandes:** der Verband Wohnungseigentümergemeinschaft ist gem. § 10 Abs. 6 Satz 5 WEG n. F. partei- und prozessfähig; er wird im Verfahren vom Verwalter oder den Wohnungseigentümern vertreten.

III. Zuständigkeit

9 Durch die Reform sind die örtlichen, sachlichen und funktionellen Zuständigkeiten in WEG-Sachen vollständig **neu geregelt** worden. Wichtigste Neuerung ist der neue Instanzenzug. Die notwendige Rechtseinheit wahrt das neue zentrale Berufungs- und Beschwerdegericht. Neu ist daneben, dass wenigstens in einigen Verfahren künftig ein **obligatorisches Einigungsverfahren** notwendig werden wird. Soweit nämlich ein Land von der Möglichkeit des § 15a Abs. 1 EGZPO Gebrauch gemacht hat, in bestimmten Sachlagen die Zulässigkeit einer Klage von einem Einigungsversuch vor einer Gütestelle abhängig zu machen, ist es nach Maßgabe der jeweiligen Landesgesetze jetzt vorstellbar, dass auch in Wohnungseigentumssachen vor einer Klageerhebung ein **Einigungsversuch** durchlaufen werden **muss**. Das kommt zwar wegen § 15a Abs. 2 Nr. 1 EGZPO nicht für Anfechtungsklagen nach § 46 Abs. 1 Satz 1 WEG in Betracht, da diese gem. § 46 Abs. 1 Satz 2 WEG binnen einer gesetzlichen Frist zu erheben sind. Ein Einigungsversuch ist aber vor allem in Wohngeldklagen bis zu € 750,00 vorstellbar. Bei diesen Klagen sollte daher dringend von der Möglichkeit eines **Mahnverfahrens** Gebrauch gemacht werden. § 15a Abs. 1 EGZPO findet nämlich keine Anwendung für die

---

[14] Siehe aber § 640e Abs. 1 S. 1 ZPO.

III. Zuständigkeit

Durchführung des streitigen Verfahrens, wenn ein Anspruch im Mahnverfahren geltend gemacht worden ist.

1. Örtliche Zuständigkeit

Für sämtliche Wohnungseigentumssachen i.S.v. § 43 WEG[15] ist das Gericht **örtlich** zuständig, in dessen **Bezirk das Grundstück** liegt. Die Zuständigkeit ist dabei **ausschließlich**, so dass eine Gerichtsstandvereinbarung gem. § 40 Abs. 2 Satz 1 Nr. 2 ZPO unzulässig ist. Auch durch rügeloses Verhandeln zur Hauptsache kann die Zuständigkeit des Gerichts also nicht begründet werden.

Durch die Nennung Dritter in § 43 Nr. 5 WEG wurde die **Sondernorm** des § 29b ZPO entbehrlich und **gestrichen**.

2. Sachliche Zuständigkeit

a) Binnenrechtsstreitigkeiten: § 23 Nr. 2 Buchstabe c GVG

Im ersten Rechtszug sind gem. § 23 Nr. 2 Buchstabe c GVG für Rechtsstreitigkeiten nach § 43 Nr. 1 bis 4 und Nr. 6 WEG **ohne Rücksicht** auf den Wert des Streitgegenstandes die **Amtsgerichte ausschließlich** zuständig.

b) Klagen Dritter: § 43 Nr. 5 WEG

Verklagt ein **Dritter** den Verband Wohnungseigentümergemeinschaft oder einen Wohnungseigentümer und bezieht sich der Streitgegenstand auf das gemeinschaftliche Eigentum, seine Verwaltung oder das Sondereigentum, richtet sich die sachliche Zuständigkeit hingegen nach den **allgemeinen Vorschriften**. Für Streitigkeiten über Ansprüche, deren Gegenstand an Geld oder Geldeswert die Summe von fünftausend Euro nicht übersteigt, sind gem. § 23 Nr. 1 GVG **die Amtsgerichte** zuständig. Für Streitigkeiten über Ansprüche, deren Gegenstand an Geld oder Geldeswert die Summe von fünftausend Euro übersteigt, sind hingegen gem. § 71 Abs. 1 GVG **die Landgerichte** zuständig.

3. Rechtsmittel

a) Berufung

Nach den ursprünglichen Planungen sollten die **Berufungen** in Wohnungseigentumssachen in **Abweichung** von dem für gewöhnliche Zivilprozesse geltenden Instanzenzug den **Oberlandesgerichten** zugewiesen werden. Dieses Vorhaben ist im Laufe des Gesetzgebungsverfahrens aber nicht weiter verfolgt worden. Es widersprach angeblich vor allem der Forderung nach Einheitlichkeit und Transparenz des Verfahrensrechts. Ferner sprachen Aspekte der Bürgernähe und des ökonomischen Umgangs mit den Ressourcen der Justiz dagegen. Gewichtige Gründe, die für Wohnungseigentumssachen eine Ausnahme erfordern, waren vor allem aus Sicht der Landesjustizverwaltungen nicht ersichtlich. Angesichts der ausgeprägten **Ortsbezogenheit von Wohnungseigentumssachen** sollten weder den Wohnungseigentümern lange Fahrten zur Wahrnehmung eines Verhandlungstermins beim Oberlandesgericht noch den Zivilsenaten lange Dienstreisen zur Durchführung einer Inaugenscheinnahme vor Ort auferlegt werden. Die Länder befürchteten ferner, dass ihren Haushalten Mehrbelastungen entstünden.

Das künftige Recht unterscheidet. Für **Streitigkeiten Dritter** gem. § 43 Nr. 5 WEG richtet sich die Zuständigkeit nach §§ 72, 119 GVG. Berufungsgerichte sind also die

---

[15] Dazu Rdnr. 34 ff.

Land- und Oberlandesgerichte. Für Streitigkeiten nach § 43 Nr. 1 bis 4 und Nr. 6 WEG (**Binnenrechtsstreitigkeiten**) sind hingegen ausschließlich die Landgerichte als gemeinsame Berufungs- und Beschwerdegerichte funktionell zuständig. Durch diese Regelung werden die Gründe, die Oberlandesgerichte abzulehnen, zwar verfehlt und der wahre Grund – höhere Einnahmen für die Landeskassen – nur wenig kaschiert. Die Lösung ist aber zweifelsohne sachgerecht. Sie führt das bisherige Konzept der Konzentration im Wesentlichen fort und sorgt auch künftig für Rechtseinheitlichkeit.

aa) Berufung in Binnenstreitigkeiten, § 43 Nr. 1 bis 4 und Nr. 6 WEG

16 Gem. § 72 Abs. 2 Satz 1 WEG GVG ist in den Streitigkeiten gem. § 43 Nr. 1 bis 4 und 6 WEG für den Sitz des Oberlandesgerichts[16] das Landgericht **gemeinsames Berufungs- und Beschwerdegericht** für den Bezirk des Oberlandesgerichts, in dem das Amtsgericht seinen Sitz hat.[17] Dies gilt gem. § 72 Abs. 2 Satz 2 GVG abweichend vom allgemeinen Recht auch dann, wenn ein Wohnungseigentümer seinen allgemeinen Gerichtsstand im Zeitpunkt der Rechtshängigkeit in erster Instanz außerhalb des Geltungsbereiches des GVG hatte oder in denen das Amtsgericht ausländisches Recht angewendet und dies in den Entscheidungsgründen ausdrücklich festgestellt hat (Fälle der in § 119 Abs. 1 Nr. 1 Buchstabe b und c GVG genannten Sachen).

17 Die Landesregierungen[18] sind durch § 72 Abs. 2 Satz 3 GVG ermächtigt worden, durch Rechtsverordnung ein **anderes Landgericht** im Bezirk des Oberlandesgerichts als gemeinsames Berufungs- und Beschwerdegericht zu bestimmen. Danach ist es zwar nicht möglich, dass es – wie bislang – in einem Oberlandesgerichtsbezirk mehrere Landgerichte gibt, die in WEG-Sachen zuständig sind. Das gemeinsame Berufungs- und Beschwerdegericht muss seinen Sitz aber auch nicht am Sitz des Oberlandesgerichts haben.

bb) Streitigkeiten gem. § 43 Nr. 5 WEG

18 In einer Sache gem. § 43 Nr. 5 WEG ist, sofern nach dem **Zuständigkeitsstreitwert** gem. § 23 Abs. 1 GVG erstinstanzlich das Amtsgericht zuständig war, nach § 72 Abs. 1 GVG das örtlich zuständige **Landgericht** das funktionell zuständige Berufungsgericht. War nach dem Zuständigkeitsstreitwert i. S. v. § 71 Abs. 1 GVG indes das Landgericht, in dem das Grundstück liegt, erstinstanzlich zuständig, sind nach § 119 Abs. 1 Nr. 2 GVG künftig die **Oberlandesgerichte** (das Kammergericht) für Berufungen funktionell zuständig. In Streitigkeiten über Ansprüche, die von einem Dritten erhoben werden, der seinen allgemeinen Gerichtsstand im Zeitpunkt der Rechtshängigkeit in erster Instanz außerhalb des Geltungsbereiches dieses Gesetzes hatte oder in denen das Amtsgericht ausnahmsweise auch ausländisches Recht angewendet und dies in den Entscheidungsgründen ausdrücklich festgestellt hat, sind gem. § 119 Abs. 1 N. 1 Buchstabe b und c GVG **stets die Oberlandesgerichte** (das Kammergericht) funktionell zuständig.

b) Revision

19 Der Bundesgerichtshof war gem. § 28 Abs. 2 Satz 1 FGG in Wohnungseigentumssachen bislang nur dann als Rechtsmittelgericht zuständig, wenn ein Oberlandesgericht bei seiner Auslegung des WEG von der auf weitere Beschwerde ergangenen Entschei-

---

[16] In Berlin am Sitz des Kammergerichts.
[17] Eine in der WEG-Novelle angedachte Formulierung war untauglich. Die geltende Fassung ist auf Art. 4 und Art. 5 des Gesetzes zur Vereinfachung des Insolvenzverfahrens v. 13. 4. 2007 (BGBl. I, S. 509) zurückzuführen.
[18] Die Landesregierungen können diese Befugnis auf die Landesjustizverwaltungen übertragen.

III. Zuständigkeit 20 § 13

dung eines anderen Oberlandesgerichts oder – falls über die Rechtsfrage bereits eine Entscheidung des Bundesgerichtshofs ergangen war – von dieser abweichen wollte und es die weitere Beschwerde unter Begründung vorlegte. Auch mit diesem Verfahren räumt das neue Recht auf. Gegen die Entscheidungen der Landgerichte ist jetzt nach § 133 GVG der Bundesgerichtshof – wie auch im übrigen Zivilprozessrecht – als Revisionsgericht zuständig. Voraussetzung ist allerdings, dass das Landgericht die Revision gem. § 543 Abs. 1 Nr. 1 ZPO **zugelassen** hat. Eine Nichtzulassungsbeschwerde ist nach § 62 Abs. 2 WEG für Binnenrechtsstreitigkeiten zunächst für **fünf Jahre** unzulässig, um eine Überlastung des Bundesgerichtshofs auszuschließen. Für Klagen nach § 43 Nr. 5 WEG gilt hingegen wieder etwas anderes, nämlich § 26 Nr. 8 EGZPO. Da es **einfacher** fällt, eine Revision zuzulassen als einen Vorlagebeschluss zu formulieren, ist davon auszugehen, dass gerade nach der Novellierung und den vielen neuen Fragen der Bundesgerichtshof sehr viel mehr als bislang Gelegenheit erhält, das Wohnungseigentumsrecht mitzuprägen. Eine Entwicklung wie im Mietrecht liegt nahe.

c) Überblick

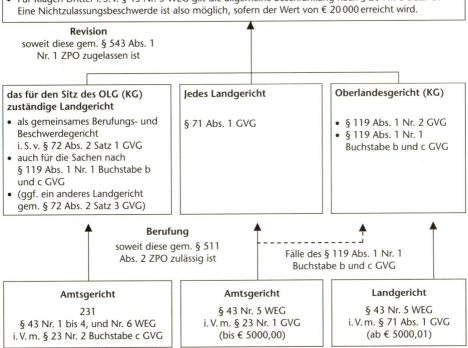

4. Mahnverfahren: § 43 Nr. 6 WEG

a) Hinführung

21 Das Mahnverfahren wird von den Amtsgerichten durchgeführt. Ausschließlich zuständig ist grundsätzlich das Amtsgericht, bei dem der **Antragsteller** seinen **allgemeinen Gerichtsstand** hat, § 689 Abs. 2 Satz 1 ZPO. Diese Zuständigkeit wäre in Wohnungseigentumssachen indes **nicht tunlich**. Bereits bislang bestimmte daher § 46 a Abs. 1 Satz 2 WEG, dass das Amtsgericht, in dessen Bezirk das Grundstück liegt, i.S.d. § 689 Abs. 2 Satz 1 ZPO für Zahlungsansprüche, über die nach § 43 Abs. 1 WEG a.F. zu entscheiden ist, zuständig ist.

22 Die entsprechende **Sondervorschrift** gegenüber § 689 Abs. 2 ZPO ist im neuen Recht § 43 Nr. 6 WEG Diese Bestimmung ordnet an, dass das Gericht, in dessen Bezirk das Grundstück liegt, ausschließlich zuständig ist für Mahnverfahren, **wenn der Verband Wohnungseigentümergemeinschaft Antragsteller** ist. Durch die Einschränkung des Anwendungsbereiches auf den Verband, ist künftig zwischen Anträgen des Verbandes Wohnungseigentümergemeinschaft und solchen der Wohnungseigentümer und des Verwalters zu unterscheiden.

Überblick:

23

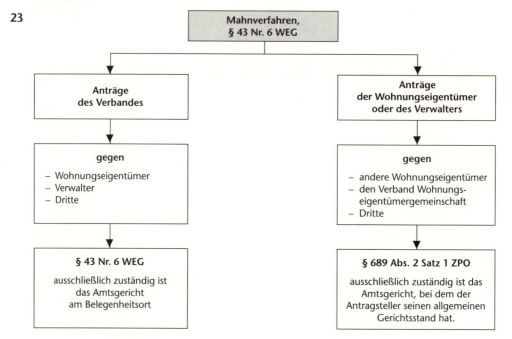

b) Anwendungsbereich

aa) Verbandsanträge

24 Für Mahnverfahren des Verbandes Wohnungseigentümergemeinschaft ist das Amtsgericht, in dessen Bezirk das Grundstück liegt, ausschließlich örtlich und sachlich zuständig.[19] Haben die Landesregierungen von ihren Verordnungsermächtigungen zur

---

[19] Ist von einem Land ein zentrales Mahngericht eingerichtet worden, ist dieses zuständig.

Konzentration des Mahnverfahrens Gebrauch gemacht, ist die danach angeordnete Zuständigkeit vorrangig.[20] Eine **Unterscheidung** danach, wer Antragsgegner ist, ist **nicht** zu treffen. Notwendig, aber auch ausreichend ist nach § 688 Abs. 1 ZPO, dass es sich um einen Anspruch handelt, der die Zahlung einer bestimmten Geldsumme in Euro zum Gegenstand hat.

Beispiel:

Als Gegenstand eines Mahnverfahrens kommen vor allem Zahlungsansprüche aus §§ 16 Abs. 2, 28 Abs. 2, Abs. 5 WEG gegen einen Wohnungseigentümer in Betracht, aber auch Ansprüche gegen den Verwalter, z. B. wegen eines Schadensersatzanspruches aus dem Verwaltervertrag. Hierher gehören ferner sämtliche Zahlungsansprüche des Verbandes gegen Dritte.

Die Regelung dieser **besonderen Zuständigkeit** wurde **notwendig**, weil der Verband Wohnungseigentümergemeinschaft keinen „Sitz" i. S. d. § 17 Abs. 1 Satz 1 ZPO hat. Wäre § 689 Abs. 2 Satz 1 ZPO anwendbar, müsste nach § 17 Abs. 1 Satz 2 ZPO auf den Ort, an dem die Verwaltung geführt wird, abgestellt werden. Dies wäre unbefriedigend, da in Abhängigkeit davon, ob ein Verwalter vorhanden ist und wo die Verwaltung geführt wird, unterschiedliche Gerichte für die Mahnanträge zuständig wären.

bb) Anträge der Wohnungseigentümer oder des Verwalters

Will ein Wohnungseigentümer oder der Verwalter ein Mahnverfahren mit Bezug auf sein Wohnungseigentum betreiben, ist hierfür – anders als nach dem unnötig weit gefassten § 46 a Abs. 1 Satz 1 WEG a. F. – künftig gem. § 689 Abs. 2 Satz 1 ZPO das Amtsgericht ausschließlich zuständig, **bei dem der Antragsteller seinen allgemeinen Gerichtsstand** hat. Hat der Antragsteller im Inland keinen allgemeinen Gerichtsstand, ist gem. § 689 Abs. 2 Satz 2 ZPO das Amtsgericht Schöneberg in Berlin ausschließlich zuständig.

Hinweis:

Die Rechtslage ist insofern vergleichbar mit der in Mietsachen. Auch dort kommt der ausschließliche Gerichtsstand des § 29 a ZPO nicht bereits im Mahnverfahren, sondern erst dann zum Tragen, wenn die Sache auf Grund eines Widerspruchs oder Einspruchs an das Gericht der Belegenheit abgegeben wird.

5. Zuständigkeitsstreitigkeiten

Wenn sich der zunächst mit der Angelegenheit des jeweiligen Gerichts befasste Spruchkörper nach der Geschäftsverteilung **nicht** für zuständig hält, hat er das Verfahren **von Amts wegen** an den zuständigen Spruchkörper abzugeben, anderenfalls die Sachbearbeitung aufzunehmen. „Anträge" oder besser „Anregungen" der Parteien sind dafür nicht erforderlich und haben auch keine verfahrensgestaltende Funktion. Wird eine in die Zuständigkeit der Wohnungseigentumsgerichte gehörende Wohnungseigentumssache[21] zunächst bei einer allgemeinen Zivilabteilung oder eine allgemeine Zivilsache vom Wohnungseigentumsgericht bearbeitet, können die Parteien danach zwar **anregen**, aber **nicht beantragen**, die Sache an das Wohnungseigentumsgericht oder eine Zivilabteilung desselben Gerichts abzugeben. Die Entscheidung darüber, ob eine Sache an das Wohnungseigentumsgericht oder eine Zivilabteilung desselben Gerichts abzugeben ist, ist **von Amts wegen** zu treffen. Da es sich lediglich um die eventuelle Abgabe **innerhalb desselben Gerichts** handelt, geht es um die in einem solchen Fall unmittelbar in § 43 WEG geregelte Geschäftsverteilung zwischen einer Zivilabteilung und dem Wohnungseigentumsgericht innerhalb des Amtsge-

---

[20] So schon zum alten Recht Bärmann/Pick/Merle/*Merle* § 46 a WEG Rdnr. 5.
[21] Zum Begriff siehe Rdnr. 34 ff.

richts.²² Die Geschäftsverteilung ist von dem Spruchkörper bei Eingang einer neuen Sache stets zu beachten und zu prüfen.

30 Lehnt die allgemeine Zivilabteilung einen „Antrag" auf Abgabe an das Wohnungseigentumsgericht desselben Amtsgerichts ab (oder umgekehrt), ist dieser Beschluss **unanfechtbar**.²³ Die vom Beschwerdegericht gleichwohl zugelassene Rechtsbeschwerde ist nicht statthaft. Nur wenn zwei Spruchkörper innerhalb eines Gerichts – etwa eine allgemeine Prozessabteilung und ein Wohnungseigentumsgericht – sich durch Beschlüsse für unzuständig erklären, besteht ein Rechtsschutzbedürfnis dafür, diesen „negativen Kompetenzkonflikt" **entsprechend § 36 Abs. 1 Nr. 6 ZPO** durch das im Rechtszuge zunächst höhere gemeinschaftliche Gericht klären zu lassen.²⁴

31 Die Abgrenzung zwischen der Zuständigkeit des Wohnungseigentumsgerichts und der des allgemeinen Zivilgerichts ist im Übrigen **kein Problem des Rechtsweges**, sondern von **funktioneller Bedeutung**. § 17a GVG ist nicht anwendbar. Ein Verweisungsbeschluss nach § 281 ZPO, der die sachliche Zuständigkeit eines Amtsgerichts feststellt, bindet nicht auch dahingehend, dass das Verfahren in der Abteilung für allgemeine Zivilsachen oder Wohnungseigentumssachen zu führen ist.²⁵

6. Nichtzulassungsbeschwerden: § 62 Abs. 2 WEG

a) Binnenrechtsstreitigkeiten

32 Um einer Überlastung des am Bundesgerichtshof zuständigen WEG-Senats vorzubeugen, **schließt** § 62 Abs. 2 WEG zunächst jedenfalls für fünf Jahre nach Inkrafttreten der WEG-Reform²⁶ (am 1. 7. 2007) für die **Binnenrechtsstreitigkeiten** nach § 43 Nr. 1 bis 4 WEG die Möglichkeit aus, eine **Nichtzulassungsbeschwerde** nach §§ 543 Abs. 1 Nr. 2, 544 ZPO zu erheben. Lässt das gemeinsame Berufungs- und Beschwerdelandgericht eine Revision nicht zu, ist den Wohnungseigentümern damit eine **zentrale Beschwerdemöglichkeit** genommen. Ggf. muss hier der Weg über § 321a ZPO gegangen werden. Ferner ist subsidiär eine Verfassungsbeschwerde möglich. Allerdings steht zu hoffen, dass die Landgerichte von der Möglichkeit der Zulassung regen Gebrauch machen werden.

b) Klagen Dritter

33 Für Klagen Dritter i. S. v. § 43 Nr. 5 WEG²⁷ gilt zwar nicht diese Beschränkung, wohl aber die **allgemeine Beschränkung** nach § 26 Nr. 8 EGZPO. Eine Nichtzulassungsbeschwerde ist für Klagen Dritter i. S. v. § 43 Nr. 5 WEG also nur dann möglich, sofern der Wert von € 20 000,00 erreicht wird.

IV. Begriff der Wohnungseigentumssachen

1. Einführung

34 Es gibt **keine generelle** Zuständigkeit des Wohnungseigentumsgerichts für Streitigkeiten mit einem bloßen „Zusammenhang" zu einem Wohnungs- oder Teileigentum i. S. v.

---

²² Vgl. BGH MDR 2004, 698, 699, zum parallel liegenden Problem des Verhältnisses des Familiengerichts zu einer Zivilabteilung.
²³ BGH MDR 2004, 698, 699.
²⁴ BayObLG BayObLGReport 2003, 243; OLG Dresden OLGReport Dresden 2001, 108.
²⁵ OLG Zweibrücken OLGReport Zweibrücken 2002, 291.
²⁶ Siehe dazu § 18 Rdnr. 1 ff.
²⁷ Siehe Rdnr. 52 ff.

IV. Begriff der Wohnungseigentumssachen

§ 1 WEG. Maßgeblich für die Zuständigkeit des Wohnungseigentumsgerichts ist vielmehr der insoweit abschließende Katalog des § 43 WEG. Nur § 43 WEG – eine Parallelnorm zu § 621 ZPO (Familiensachen) – bestimmt, wann eine Sache als eine **wohnungseigentumsrechtliche** zu verstehen ist. Die Vorschrift ist daher absondernd formuliert: Weitere als die dort freilich nur abstrakt genannten Streitgegenstände unterfallen nicht der Sonderzuständigkeit des Amtsgerichts als Wohnungseigentumsgericht gem. § 23 Nr. 2 Buchstabe c GVG.

Der bisherigen Zuständigkeitsregelung in § 43 Abs. 1 WEG a.F. lag das Bestreben des Gesetzgebers zu Grunde, Streitfälle innerhalb einer Wohnungseigentümergemeinschaft in möglichst **weitgehendem Umfang** dem Verfahren der freiwilligen Gerichtsbarkeit zu unterstellen.[28] Dementsprechend breit wurde die Zuständigkeitsbestimmung des § 43 Abs. 1 WEG a.F. ausgelegt:[29] Im Zweifel sprach stets eine Vermutung für die Zuständigkeit der Wohnungseigentumsgerichte bei allen **gemeinschaftsbezogenen Verfahrensgegenständen**.[30] Als bereits ausreichend wurde angesehen, dass ein Recht oder eine Pflicht in einem **inneren Zusammenhang** mit einer Angelegenheit steht, die aus dem Gesamtverhältnis der Wohnungseigentümer oder aus der Verwaltung des gemeinschaftlichen Eigentums erwachsen ist.[31] Klagte etwa ein Dritter nach einer Abtretung oder Verpfändung in Verfahrensstandschaft – z.B. ein Mieter ein seinem vermietenden Sondereigentümer oder ein noch nicht im Grundbuch eingetragener „künftiger" Wohnungseigentümer ein dem verkaufenden Wohnungseigentümer zustehendes Recht –, handelte es sich dennoch um eine Wohnungseigentumssache.[32]

Für dieses Anliegen, soweit als möglich sämtliche Streitfälle innerhalb einer Wohnungseigentümergemeinschaft ein und demselben Verfahren der freiwilligen Gerichtsbarkeit zu unterstellen, gibt es weiter **Anlass**. Es sind keine Gesichtspunkte ersichtlich, die eine Überprüfung der bisherigen Grundsätze notwendig machen würden. An der Zuordnung einer Sache als Wohnungseigentumssache wollte der Gesetzgeber durch die Überführung des wohnungseigentumsrechtlichen Verfahrens in die ZPO ersichtlich nichts ändern. Es ist daher davon auszugehen, dass an der bisherigen Rechtsprechung, wann eine Sache als Wohnungseigentumssache angesehen werden kann, **festzuhalten** ist. Hierfür spricht auch, dass nur mit einer umfassenden Zuständigkeit der Wohnungseigentumsgerichte ein **effizienter Rechtsschutz** verbunden ist. Die Konzentration aller sich aus dem Gemeinschaftsverhältnis ergebender Streitfragen auf ein mit dieser Rechtsmaterie vertrautes Gericht vermeidet nicht nur ein unwirtschaftliches Nebeneinander mehrerer Verfahren zu identischen Rechtsfragen bei verschiedenen Gerichten. Es verringert auch die Gefahr sich widersprechender oder unzutreffender Entscheidungen.[33] Mit der umfassenden Entscheidungskompetenz der Wohnungseigentumsgerichte ist zudem wegen § 43 WEG eine **sachgerechte lokale Konzentration** der Streitigkeiten vor dem für die jeweilige Wohnanlage zuständigen Gericht verbunden, was bei Zuständigkeit der allgemeinen Abteilungen allenfalls über eine erweiternde Auslegung des § 29 Abs. 1 ZPO erreicht werden könnte.[34] Etwas anderes sollte nur dort gelten, wo es zivilprozessuale Grundsätze notwendig machen, eine Zuordnung zu § 43 WEG zu überprüfen.

---

[28] BGH ZMR 2002, 941, 943; BGHZ 78, 57, 64 = NJW 1980, 2466.
[29] BGH ZMR 2002, 941, 943 m.w.N.; BayObLG ZMR 2003, 588, 589.
[30] BGH ZMR 2002, 941, 943; BayObLG ZMR 2003, 588, 589.
[31] BGH ZMR 2002, 941, 943; BGHZ 130, 159, 165; BayObLG ZMR 1998, 582, 583; KG NJW-RR 1988, 842, 843.
[32] BayObLG ZMR 2001, 906; Köhler/*Bassenge* Teil 17 Rdnr. 2 m.w.N.
[33] Siehe zu diesen Erwägungen BGH ZMR 2002, 941, 944.
[34] OLG Stuttgart ZMR 2000, 336.

37 Maßgebend für die Frage, ob eine Wohnungseigentumssache oder eine allgemeine Zivilsache vorliegt, ist die **Klagebegründung:** ein Kläger kann bestimmen, welchen Anspruch er der gerichtlichen Entscheidung zur Überprüfung stellt. Dies ist Ausfluss der den Zivilprozess beherrschenden Dispositionsmaxime. Indiz für die Zuständigkeit des Wohnungseigentumsgerichts ist dabei **nicht die jeweilige Anspruchsgrundlage,** aus der die Ansprüche hergeleitet werden, sondern **allein der Umstand,** ob das von einem Wohnungseigentümer (oder Teileigentümer, § 1 Abs. 6 WEG) in Anspruch genommene Recht oder die ihn treffende Pflicht in einem **inneren Zusammenhang** mit einer Angelegenheit steht, die aus dem Gemeinschaftsverhältnis der Wohnungseigentümer erwachsen ist.[35] Die behauptete Zuständigkeit muss sich hieraus **schlüssig** ergeben.[36]

38 Inhaltlich entsprechen § 43 Nr. 1 und Nr. 4 WEG weitgehend § 43 Abs. 1 Nr. 1 und Nr. 4 WEG. Die Vorschrift des § 43 Abs. 1 Nr. 2 findet sich ohne inhaltliche Änderungen in § 43 Nr. 3 WEG. Mit § 26 Abs. 3 WEG entfallen ist § 43 Abs. 1 Nr. 3 WEG (ein Notverwalter kann aber weiterhin nach §§ 21 Abs. 4, 43 Nr. 1 WEG bestellt werden).[37] **Neu** ist § 43 Nr. 2 WEG, der Streitigkeiten über die Rechte und Pflichten zwischen der Gemeinschaft der Wohnungseigentümer und Wohnungseigentümern zum Gegenstand hat. **Ferner neu** sind § 43 Nr. 5 WEG, der § 29 b ZPO ersetzt, sowie § 43 Nr. 6 WEG, der § 46 a WEG a. F. verdrängt.

Überblick:

39

alte Fassung	entspricht	neue Fassung	Inhalt
§ 43 Abs. 1 Nr. 1	ohne inhaltliche Änderung	§ 43 Nr. 1	Prozesse um Pflichten und Rechte der Wohnungseigentümer
neu	–	§ 43 Nr. 2	Prozesse zwischen Wohnungseigentümern und Verband
§ 43 Abs. 1 Nr. 2	ohne inhaltliche Änderung	§ 43 Nr. 3	Prozesse um Verwalterpflichten und -rechte
§ 43 Abs. 1 Nr. 4	ohne inhaltliche Änderung	§ 43 Nr. 4	Anfechtungsklagen
§ 29 b ZPO	mit inhaltlicher Änderung	§ 43 Nr. 5	Klagen Dritter gegen Wohnungseigentümer oder Verband
§ 46 a	mit inhaltlicher Änderung	§ 43 Nr. 6	Mahnverfahren, soweit der Verband Antragsteller ist
§ 43 Abs. 1 Nr. 3	–	entfallen	wegen Streichung des § 26 Abs. 3 WEG a. F.

2. § 43 Nr. 1 WEG

40 Nach § 43 Nr. 1 WEG ist das Wohnungseigentumsgericht zuständig für Streitigkeiten über die sich aus der Gemeinschaft der Wohnungseigentümer und aus der Verwaltung des gemeinschaftlichen Eigentums ergebenden Rechte und Pflichten der Wohnungseigentümer untereinander. Als solche **Streitigkeiten** kommen im neuen Recht z. B. in Betracht:

---

[35] BGH NJW-RR 1991, 907 f. = ZMR 1991, 310; BGHZ 59, 58, 62 = MDR 1972, 772 = NJW 1972, 1318; BayObLG ZMR 2003, 588, 589; NJW-RR 2002, 882 = ZMR 2002, 686; OLG München ZMR 2006, 156, 157 = ZWE 2006, 39 mit Anm. *Drabek*.

[36] BGHZ 133, 240, 243; BayObLG ZMR 2003, 588, 589; NJW-RR 2002, 882 = ZMR 2002, 686.

[37] Siehe § 10 Rdnr. 9 ff.

- die Klärung der Frage, ob eine Vereinbarung zu ändern ist, wenn keine Öffnungsklausel besteht;[38]
- wenn zwischen den Wohnungseigentümern eine Verpflichtung besteht, Gemeinschafts- in Sondereigentum **umzuwidmen**[39] oder die Raumgrenzen zu verändern sind;[40]
- wenn eine Aufhebung der Gemeinschaft vereinbart ist und sich ein Wohnungseigentümer weigert, daran teilzunehmen.[41] Davon zu unterscheiden sind die Ansprüche, die sich **aus der Aufhebung** der Gemeinschaft, vor allem gem. §§ 752 ff. ZPO, ergeben können: Für diese Ansprüche ist eine normale Zivilabteilung zuständig. Sie können erst erfolgreich geltend gemacht werden, nachdem die Verpflichtung zur Aufhebung der Gemeinschaft **rechtskräftig** ausgesprochen worden ist;[42]
- die Entscheidung über den Streit über die Zulässigkeit **baulicher Veränderungen**,[43] über den Inhalt und die Wirksamkeit von Gebrauchsregelungen und über Möglichkeit und Umfang des Gebrauchs von **gemeinschaftlichem Eigentum** sowie hiergegen gerichtete Unterlassungsansprüche;
- Ansprüche aus dem Gemeinschaftsverhältnis, die gegen einen oder von einem Wohnungseigentümer geltend gemacht werden, der bereits vor Rechtshängigkeit der Wohnungseigentumssache aus der Wohnungseigentümergemeinschaft ausgeschieden ist;[44]
- Streitigkeiten um Bestand oder Änderung des **Kostenverteilungsschlüssels**,[45] auch wenn hierbei inzident die sachenrechtliche Vorfrage der Änderung von Miteigentumsanteilen zu befinden ist;[46]
- Entscheidungen über die Einräumung von **Mitbesitz** am gemeinschaftlichen Eigentum;
- eine Klage auf **Schadensersatz** wegen unerlaubter Handlung zwischen zwei Miteigentümern im Zusammenhang mit dem Gemeinschaftsverhältnis unabhängig von der Anspruchsgrundlage;[47]
- Streitigkeiten über den Geltungsbereich eines eingetragenen Sondernutzungsrechts;[48]
- Klagen auf Bestellung eines **Verwalters** oder die Rechte und Pflichten des **Verwaltungsbeirats**;
- wenn ein Insolvenzverwalter über das Vermögen eines Wohnungseigentümers auf vorrangige Erfüllung gemeinschaftsbezogener Zahlungsverpflichtungen in Anspruch genommen wird oder seinerseits aus dem Gemeinschaftsverhältnis erwachsende Rechte geltend macht;[49]
- wenn über einen Anspruch zu entscheiden ist, der ausgeschiedenen und gegenwärtigen Wohnungseigentümern **gemeinschaftlich** zusteht;
- für eine **Entziehungsklage** nach § 18 Abs. 1 Satz 1 WEG. Eine Entziehung kann nach Wegfall der §§ 51, 43 Abs. 1 Nr. 1 WEG a.F. jetzt ohne weiteres unter § 43 Nr. 1 WEG subsumiert werden. Die frühere ausdrückliche Ausnahme nach § 43 Abs. 1 Nr. 1 WEG a.F., wonach die Ansprüche im Falle der Aufhebung der Gemeinschaft

---

[38] OLG München ZMR 2006, 156 = ZWE 2006, 39 mit Anm. *Drabek*.
[39] OLG Schleswig ZMR 2006, 73; BayObLG ZMR 1998, 583; a.A. KG ZMR 1998, 368; *Drabek* ZWE 2006, 40.
[40] OLG Düsseldorf MDR 1988, 410.
[41] BayObLG WuM 1999, 231, 232; BayObLGZ 1979, 414, 418 = Rpfleger 1980, 110.
[42] BayObLG WuM 1999, 231, 232.
[43] BayObLGZ 1975, 179.
[44] BGH ZMR 2002, 941, 942.
[45] BayObLG NZM 2003, 52; OLG Karlsruhe NJW-RR 1987, 975.
[46] KG WE 1998, 469; BayObLG ZMR 1985, 132.
[47] BGH NJW-RR 1991, 907.
[48] BGHZ 109, 396, 398 = ZMR 1990, 150 = NJW 1990, 1112.
[49] BGH ZMR 2002, 941, 942; BayObLG ZMR 1999, 119, 120; KG NJW-RR 1994, 85.

(§ 17) und auf Entziehung des Wohnungseigentums (§§ 18, 19) den **Prozessgerichten** zugewiesen war, ist entfallen.⁵⁰ Ein Bedürfnis dafür, die Entziehungsklage dem Prozessgericht zuzuweisen, ist **nicht** mehr **erkennbar**, weil in allen wohnungseigentumsrechtlichen Streitigkeiten die ZPO anwendbar ist. Entsprechendes gilt jetzt durch Wegfall des § 52 WEG a. F. für **Rechtsstreitigkeiten über das Dauerwohnrecht**.

42 Die **Zivilabteilung** des Amtsgerichts ist hingegen etwa für folgende Sachen zuständig:
43
- für Streitigkeiten zwischen dem verkaufenden Wohnungseigentümer und seinem Sondernachfolger aus dem Kaufvertrag;
- für Streitigkeiten um die sachenrechtlichen Grundlagen des Wohnungseigentums, etwa die Zugehörigkeit bestimmter Räume zum **Sondereigentum** eines Miteigentümers;⁵¹
- für Streitigkeiten um Rechte und Pflichten von **Teilhabern einer Bruchteilsgemeinschaft** an einem Teil- oder Wohnungseigentum;⁵²
- wegen der **Herausgabe** von Sondereigentum.⁵³ Dabei macht es keinen Unterschied, ob der Kläger die Feststellung verlangt, dass ein bestimmter Raum in seinem Sondereigentum steht oder ob er sogleich die daraus abgeleitete Rechtsfolge geltend macht und Herausgabe oder Grundbuchberichtigung verlangt; ⁵⁴
- für die Frage, wem ein **Sondernutzungsrecht** zusteht;⁵⁵
- für Ansprüche wegen der **Veräußerung** von Wohnungseigentum;⁵⁶
- für Ansprüche aus schuldrechtlichen Beziehungen wie der Vermietung gemeinschaftlichen Eigentums oder der Rechtsberatung, auch wenn die Verträge zwischen Miteigentümern geschlossen wurden, da sich diese hierbei wie Dritte gegenüberstehen.⁵⁷

3. § 43 Nr. 2 WEG

44 Der Verband Wohnungseigentümergemeinschaft ist gem. § 10 Abs. 6 Satz 5 WEG – wie auch bislang – **parteifähig**. Er kann mithin selbst Kläger und Beklagter sein. Die Parteifähigkeit betrifft dabei nicht nur Streitigkeiten mit Dritten, sondern auch Streitigkeiten mit Wohnungseigentümern. Als Streitigkeiten über die Rechte und Pflichten zwischen der Gemeinschaft der Wohnungseigentümer (dem Verband Wohnungseigentümergemeinschaft) und Wohnungseigentümern i. S. v. § 43 Nr. 2 WEG kommen z. B. in Betracht:

45
- die Verpflichtung eines Wohnungseigentümers, rückständige Wohngeldforderungen auszugleichen; die deutschen Gerichte sind dabei gem. Art. 5 Nr. 1a EuGVVO für einen Zahlungsanspruch des Verbandes gegen einen im **Ausland** wohnenden Wohnungseigentümer auch international zuständig;⁵⁸
- die Verpflichtung eines Wohnungseigentümers, den Saldo einer Jahresabrechnung oder den aus einer Sonderumlage geschuldeten Betrag auszugleichen;
- Schadensersatzansprüche des Verbandes Wohnungseigentümergemeinschaft gegen einen Wohnungseigentümer aus §§ 21 Abs. 4 WEG, 280 Abs. 1 Satz 1, 241 BGB;

---

⁵⁰ Zum früheren Recht siehe *Trautmann*, Die Verfahrenszuständigkeit in Wohnungseigentumssachen, 1973; *Stache*, Die Problematik der §§ 18, 19 WEG, 1968.
⁵¹ BGHZ 130, 159, 164 = ZMR 1995, 521 = NJW 1995, 2851; 73, 302, 304 = NJW 1979, 2391; BayObLG ZMR 1998, 583; NJW-RR 1991, 1356; BayObLGZ 1970, 264, 267.
⁵² BayObLG NJW-RR 1995, 589.
⁵³ BGHZ 130, 159, 164 = ZMR 1995, 521 = NJW 1995, 2851
⁵⁴ BGHZ 130, 159, 165 = ZMR 1995, 521 = NJW 1995, 2851; 73, 302, 304 = NJW 1979, 2391; BayObLG NJW-RR 1991, 1356, 1357.
⁵⁵ OLG Zweibrücken ZMR 2002, 471; OLG Saarbrücken ZMR 1998, 594.
⁵⁶ BGHZ 62, 388, 389 = NJW 1974, 1552 = MDR 1974, 1008.
⁵⁷ BayObLG NZM 1998, 516; WuM 1996, 359.
⁵⁸ OLG Stuttgart NJW-RR 2005, 814, 815.

IV. Begriff der Wohnungseigentumssachen

- der Streit, welche Rechte und Pflichten der Verband Wohnungseigentümergemeinschaft wahrzunehmen hat, z.B. der Streit über die vom Verband wahrzunehmende Verwaltung des Gemeinschaftseigentums, etwa Verkehrspflichten;
- Schadensersatzansprüche der Wohnungseigentümer gegen den Verband.

4. § 43 Nr. 3 WEG

Nach § 43 Nr. 3 WEG gehören auch die Streitigkeiten über die Rechte und Pflichten des Verwalters bei der Verwaltung des gemeinschaftlichen Eigentums zu den Wohnungseigentumssachen. Auch diese Zuständigkeit des Wohnungseigentumsgerichts ist – wie die anderen – weit zu verstehen. Es spielt keine entscheidende Rolle, worauf die Rechte und Pflichten eines Verwalters, um die gestritten wird, beruhen, ob auf dem Gesetz oder auf Vertrag. Der mit einem Verwalter geschlossene Vertrag umfasst immer zumindest die nach § 27 WEG unabdingbaren Aufgaben und Befugnisse des Verwalters. Dessen sich daraus ergebende Rechte und Pflichten stellen sich deshalb zugleich als solche aus dem Verwaltervertrag dar. Für sie gilt die Regelung des § 43 Nr. 3 WEG auf jeden Fall.[59]

§ 43 Nr. 3 WEG ist ferner auf weitere, aus dem Verwaltervertrag oder aus anderen Vorschriften herzuleitende Rechte und Pflichten des Verwalters in Bezug auf das von ihm und/oder dem Verband zu verwaltende **gemeinschaftliche Eigentum** der Wohnungseigentümer anzuwenden, etwa für die Rechenschaftspflicht des Verwalters nach §§ 666, 675 BGB.[60] Ausschlaggebend ist allein, ob das vom Verwalter in Anspruch genommene Recht oder die ihn treffende Pflicht in einem inneren Zusammenhang steht mit der ihm übertragenen Verwaltung des gemeinschaftlichen Eigentums. Ist das zu bejahen, ist nach dem der Regelung des § 43 WEG zu Grunde liegenden Sinn und Zweck die Streitigkeit vor dem Wohnungseigentumsgericht auszutragen.[61] Es genügt, dass eine Person mit Wissen und Billigung der Wohnungseigentümer Verwaltergeschäfte geführt hat (**faktischer Verwalter**), selbst wenn er nicht förmlich zum Verwalter bestellt war.[62] Als wohnungseigentumsrechtliche Streitigkeiten über die Rechte und Pflichten des Verwalters bei der Verwaltung des gemeinschaftlichen Eigentums i.S.v. § 43 Nr. 3 WEG kommen danach z.B. in Betracht:

- Abschluss und der Beendigung des Verwaltervertrages;
- Bestellung und Abberufung des Verwalters[63] (für Rechtsstreitigkeiten mit dem Verwalter ist das Wohnungseigentumsgericht selbst dann zuständig, wenn der Verwalter vor Rechtshängigkeit abberufen wurde, sofern nur die Streitigkeit in innerem Zusammenhang mit der ihm übertragenen Verwaltung des gemeinschaftlichen Eigentums steht);[64]
- Ansprüche aus dem Verwaltervertrag (z.B. Vergütungs- und Aufwendungsersatzansprüche,[65] sofern diese nicht nach Ablauf der Bestellungszeit auf Bitten des neuen Verwalters getätigt wurden;[66] Schadensersatzsprüche, auch wenn sich dieser zugleich auch aus unerlaubter Handlung herleiten lassen);[67]
- Fragen ordnungsmäßiger Verwaltung i.S.v. § 21 Abs. 4 WEG durch den Verwalter, etwa die Durchführung von Beschlüssen oder die Sorgetragung für die Einhaltung

---

[59] BGHZ 59, 58, 61 = MDR 1972, 772 = NJW 1972, 1318.
[60] BayObLGZ 1969, 209; OLG Hamburg NJW 1963, 818.
[61] BGHZ 65, 264, 265 = NJW 1980, 2466; 59, 58, 61 = MDR 1972, 772 = NJW 1972, 1318.
[62] KG OLGZ 1981, 304 = MDR 1981, 407 = WE 1981, 132.
[63] BGH ZMR 2002, 941, 943.
[64] BGH ZMR 2002, 941, 943; BGHZ 106, 34, 38; 78, 57, 65; BayObLGZ 1986, 348, 350.
[65] BayObLG WE 1997, 76.
[66] OLG Köln OLGReport Köln 2003, 19 = NZM 2002, 749.
[67] BGHZ 59, 58, 61 = MDR 1972, 772 = NJW 1972, 1318.

der Hausordnung nach § 27 Abs. 1 Nr. 1 WEG, die Einberufung der Eigentümerversammlung nach § 24 Abs. 1 WEG,[68] eine Berichtigung der Niederschrift,[69] Herausgabe von Unterlagen,[70] die Einsichtsgewährung in Verwaltungsunterlagen,[71] eine Auskunftserteilung,[72] eine Rechnungslegung, Erteilung oder Versagung der Zustimmung zur baulichen Veränderung oder zur Veräußerung nach § 12 WEG, ggf. eine Gewerbeausübung, Tierhaltung[73] oder Veräußerung des Wohnungseigentums;
- Ansprüche auf Erstellung von Wirtschaftsplan und Jahresabrechnung;
- Ansprüche des Verwalters wegen **ehrverletzender Äußerungen** von Wohnungseigentümern[74] und ebenso eines Wohnungseigentümers wegen entsprechender Äußerungen des Verwalters, sofern jeweils ein Zusammenhang mit der Verwaltung besteht;
- Streitigkeiten über Ansprüche „aus dem Verwaltervertrag",[75] wegen des Umfangs und des Inhalts der Verwalteraufgaben, wegen des Bestehen eines Verwaltervertrags oder die Wirksamkeit der Verwalterbestellung, sofern es sich nicht um eine Beschlussanfechtung nach § 43 Nr. 4 WEG handelt.

49 Die **Zivilabteilung** des Amtsgerichts ist hingegen etwa für folgende Sachen zuständig:
50 - für Streitigkeiten zwischen dem Verband Wohnungseigentümergemeinschaft oder den Wohnungseigentümern und dem Verwalter aus der Zeit **vor Beginn** seines Amtes.[76] Etwa ein Streit zwischen Wohnungseigentümern und dem später zum Verwalter bestellten Baubetreuer über die Verwendung von gemeinschaftlichen Geldern zur Deckung angeblicher Grundstückserwerbskosten ist jedenfalls dann nicht nach § 43 Nr. 3 WEG, sondern vor der Zivilabteilung des Amtsgerichts auszutragen, wenn die Gelder dem Baubetreuer anvertraut worden waren und er sie auch verwendet hat, bevor die Wohnungseigentümergemeinschaft gebildet oder tatsächlich vollzogen war;[77]
- für Streitigkeiten zwischen einem Sondereigentümer und dem Verwalter als Verwalter des Sondereigentums;
- für Streitigkeiten zwischen einem früheren Verwalter und dem nunmehrigen Verwalter wegen Widerrufs und Unterlassung von Behauptungen.[78]

5. § 43 Nr. 4 WEG

51 Unter § 43 Nr. 4 WEG fallen insgesamt alle Streitigkeiten über die Gültigkeit von Beschlüssen der Wohnungseigentümer. Dabei handelt es sich primär natürlich um **Anfechtungsklagen** nach § 46 WEG. Neben den Verfahren auf Ungültigerklärung eines Beschlusses fallen unter § 43 Nr. 4 WEG aber auch Verfahren auf Feststellung der Nichtigkeit eines Beschlusses.[79] Ferner sämtliche **Feststellungsklagen**, dass und ggf. mit welchem Inhalt ein Beschluss gefällt oder nicht gefällt wurde.[80]

---

[68] BayObLG WuM 1992, 450.
[69] BayObLGZ 1982, 447.
[70] OLG München NJW-RR 2006, 1024; BayObLGZ 1969, 211.
[71] OLG Frankfurt OLGZ 1979, 138.
[72] BayObLGZ 1972, 166 = NJW 1972, 1377.
[73] OLG Saarbrücken NZM 1999, 622.
[74] BayObLG ZWE 2001, 319, str.; a. A. OLG Düsseldorf ZWE 2001, 165; Köhler/*Bassenge* Teil 17 Rdnr. 9.
[75] BGHZ 59, 58, 60 = MDR 1972, 772 = NJW 1972, 1318.
[76] BGHZ 65, 264, 266 = NJW 1976, 239.
[77] BGHZ 65, 264, 266 = NJW 1976, 239.
[78] OLG München ZMR 2006, 156.
[79] BGH NJW 1989, 2059.
[80] Zu den Feststellungsklagen in diesem Zusammenhang siehe Rdnr. 174 und *Riecke/Schmidt/Elzer* Rdnr. 714ff.

IV. Begriff der Wohnungseigentumssachen

6. § 43 Nr. 5 WEG

a) Hinführung

§ 43 Nr. 5 WEG ist **neu**. Unter diese Bestimmung fallen künftig sämtliche Klagen 52 außenstehender Dritter wegen schuldrechtlicher Ansprüche. Notwendige **Voraussetzung** ist jeweils, dass sich die Klage zum einen gegen den Verband und/oder gegen Wohnungseigentümer richtet und zum anderen sich
- auf das gemeinschaftliche Eigentum, 53
- die Verwaltung des gemeinschaftlichen Eigentums oder
- auf die Verwaltung des Sondereigentum bezieht.

Durch § 43 Nr. 5 WEG wird § 29b ZPO in das Wohnungseigentumsgesetz integriert.[81] Dem Gesetzgeber schien es vorzugswürdig, die jetzt im Übrigen stets **ausschließliche** örtliche Zuständigkeit des Gerichts, in dessen Bezirk das Grundstück liegt, für alle Wohnungseigentumssachen **in nur einer Vorschrift** zu konzentrieren. Das früher mögliche Wahlrecht nach § 35 ZPO zwischen dem besonderen Gerichtsstand nach § 29b ZPO und anderen Gerichtsständen ist dadurch gefallen. § 43 Nr. 5 WEG sorgt für eine **einheitliche Zuständigkeit** am Ort der Belegenheit des Grundstücks gegenüber dem Verband Wohnungseigentümergemeinschaft und gegenwärtigen und früheren Wohnungseigentümern und vermeidet so vor allem dann Ungereimtheiten, wenn mehrere Wohnungseigentümer oder der Verband und mehrere Wohnungseigentümer **als** (teilweise) **Gesamtschuldner** (vgl. § 10 Abs. 8 Satz 1 WEG) in Anspruch genommen werden.[82] 54

b) Anwendungsbereich

aa) Kläger: Dritter

Von § 43 Nr. 5 WEG werden sämtliche **Klagen eines Dritten** erfasst. „Dritter" i. S. v. 55 § 43 Nr. 5 WEG ist, wer **kein Wohnungseigentümer** ist.[83] Dritter kann z. B. ein Werkunternehmer, ein Versicherer oder ein Dienstleister sein. Der Verwalter ist hingegen kein Dritter.[84]

bb) Beklagter

Beklagter kann ein Verband Wohnungseigentümergemeinschaft oder ein jetziger oder 56 früherer Wohnungseigentümer sein. Der **Anwendungsbereich** des § 43 Nr. 5 WEG ist damit gegenüber § 29b ZPO deutlich **weiter**. § 29b ZPO war nur auf Klagen Dritter anwendbar, die sich gegen Mitglieder oder frühere Mitglieder einer Wohnungseigentümergemeinschaft richteten. § 43 Nr. 5 WEG **erweitert** diese Zuständigkeit von Drittklagen zu Recht auch auf den Verband Wohnungseigentümergemeinschaft.

Wohnungseigentümer i. S. d. Vorschrift ist, wer zu Recht im Wohnungsgrundbuch 57 eingetragen ist.[85] Das ist auf Grund der gesetzlichen Vermutung des § 891 BGB grundsätzlich derjenige, der im Grundbuch als Wohnungseigentümer eingetragen ist.[86] Woh-

---

[81] Diese Bestimmung ist deshalb gestrichen worden. Zu ihrem Inhalt siehe zuletzt *Bub*, FS Blank, 601, 603.
[82] Zu diesem Gesetzeszweck siehe bereits BT-Drucksache 11/3621 S. 32.
[83] *Steike* NJW 1992, 2401.
[84] LG Karlsruhe NJW 1996, 1481.
[85] BGH NJW 1989, 1087, 1088; OLG Hamm ZMR 2000, 128, 129.
[86] BGH MDR 1983, 747 = NJW 1983, 1615.

nungseigentümer ist auch, wer (zunächst) nur isoliertes Miteigentum erworben hat.[87] Anderes gilt jedoch, wenn die Eintragung im Grundbuch mit der wahren Rechtslage nicht übereinstimmt. Der bloße Bucheigentümer ist kein Wohnungseigentümer.[88] Wohnungseigentümer ist ferner, wer durch Erbfall oder durch Zuschlag in der Zwangsversteigerung gem. § 90 Abs. 1 ZVG außerhalb des Grundbuchs Wohnungseigentum erwirbt.[89]

58 Das Gesetz erwähnt nicht – wie noch § 29 b ZPO – Klagen Dritter **gegen ehemalige Wohnungseigentümer** („früheres Mitglied einer Wohnungseigentümergemeinschaft"). Eine sachliche Änderung soll hiermit aber **nicht verbunden** sein.[90] Für die derzeitige Rechtslage ist es anerkannt, dass das Wohnungseigentumsgericht – nicht das Prozessgericht – auch für die Entscheidung über Ansprüche aus dem Gemeinschaftsverhältnis zuständig ist, die gegen einen oder von einem Wohnungseigentümer geltend gemacht werden, der bereits vor Rechtshängigkeit der Wohnungseigentumssache aus der Wohnungseigentümergemeinschaft ausgeschieden ist.[91] An dieser **weiten Auslegung** der Zuständigkeit des Wohnungseigentumsgerichts will das Gesetz nichts ändern, und zwar weder im Hinblick auf die Fallgruppen, die aus § 43 Abs. 1 WEG a. F. übernommen worden sind, noch im Hinblick auf den neu eingefügten § 43 Nr. 5 WEG.

cc) „WEG-Bezug"

59 **Weitere Voraussetzung** des § 43 Nr. 5 WEG ist, dass sich die Klage eines Dritten auf das gemeinschaftliche Eigentum, seine Verwaltung oder das Sondereigentum „bezieht". Damit ist gemeint, dass die Leistung des Dritten ihren **Schwerpunkt** im Gemeinschafts- oder Sondereigentum hatte oder für dieses bzw. die Verwaltung des Gemeinschaftseigentums erbracht wurde.

(1) Klagen in Bezug auf das gemeinschaftliche Eigentum

60 Unter § 43 Nr. 5 Variante 1 WEG fallen vor allem Klagen wegen Forderungen auf Grund Herstellung, Reparatur oder Modernisierung von denjenigen Teilen der Wohnungseigentumsanlage, die nicht im Sondereigentum oder im Eigentum Dritter stehen. Primärer Beklagter ist hier grundsätzlich der Verband.

(2) Klagen in Bezug auf die Verwaltung des gemeinschaftlichen Eigentums

61 Unter § 43 Nr. 5 Variante 2 WEG – der zu § 43 Nr. 5 Variante 1 WEG fließend und zu diesem nicht notwendig abzugrenzen ist – fallen Klagen, die sich aus Verwaltungsaufgaben des Verbandes, des Verwalters, des Beirats oder der Wohnungseigentümer für das gemeinschaftliche Eigentum ergeben. Hierher gehören etwa Klagen eines Dritten wegen Vernachlässigung der Verkehrspflichten oder die Klage eines Mieters von Gemeinschaftseigentum. Primärer Beklagter ist auch hier grundsätzlich der Verband.

(3) Klagen in Bezug auf die Verwaltung des Sondereigentums

62 Unter § 43 Nr. 5 Variante 3 WEG fallen Streitigkeiten mit Bezug auf die Verwaltung des Sondereigentums. Hierher gehören z. B. das Sondereigentum betreffende Vergü-

---

[87] KK-WEG/*Elzer* § 3 WEG Rdnr. 75.
[88] OLG Stuttgart MietRB 2006, 106, 107; OLG Düsseldorf ZMR 2005, 719.
[89] BayObLG ZMR 2004, 524.
[90] BT-Drucksache 16/3843 S. 27.
[91] BGH NZM 2002, 1003.

tungsansprüche des Sondereigentumsverwalters oder der Auflassungsanspruch aus einem Kaufvertrag mit einem Wohnungseigentümer.[92]

(4) Internationale Zuständigkeit

Im Geltungsbereich der EuGVVO wird § 43 Nr. 5 WEG durch Art. 5 Nr. 1 EuGVVO verdrängt; maßgeblich für die Bestimmung der internationalen und örtlichen Zuständigkeit ist dann der Erfüllungsort für die vertragliche Verpflichtung. Außerhalb der Anwendbarkeit der EuGVVO regelt hingegen § 43 Nr. 5 WEG neben der örtlichen auch die deutsche internationale Zuständigkeit.[93]

7. § 43 Nr. 6 Satz 1 WEG

Nach § 43 Nr. 6 Satz 1 WEG ist das Gericht am Belegenheitsort schließlich auch für Mahnverfahren zuständig, solange und soweit der **Verband Wohnungseigentümergemeinschaft** Antragsteller ist.[94] Für von einem Wohnungseigentümer oder dem Verwalter betriebene Mahnverfahren gilt hingegen künftig § 689 Abs. 2 Satz 1 ZPO.

V. Verfahrensrechtliche Besonderheiten der Wohnungseigentumssachen

1. Überblick

Die Überführung des wohnungseigentumsrechtlichen Verfahrens in die ZPO macht im Grundsatz sämtliche ihrer Vorschriften auf Wohnungseigentumssachen anwendbar, soweit sich nicht aus §§ 44 bis 50 WEG etwas anderes ergibt.[95] Neben rein semantischen Unterschieden,[96] gibt es durch den Paradigmenwechsel **handfeste Neuerungen.** Aus Sicht der Gerichte gehört hierzu sicherlich die bislang schmerzvoll vermisste Möglichkeit, in Wohnungseigentumssachen ein **Versäumnis- oder Anerkenntnisurteil** zu erlassen oder ein **Urkundsverfahren**, z. B. über fällige Wohngelder, zu führen. Ferner werden die **Präklusionsvorschriften** die Parteien künftig mehr disziplinieren, rechtzeitig und vollständig sowie sachgerecht vorzutragen. Dies führt zu höheren Anforderungen an alle Prozessbeteiligten.[97]

Die Parteien müssen jetzt ferner – wie auch sonst in einem ZPO-Verfahren – auf die Formulierung ihrer Anträge und Eingrenzung des Streitgegenstandes achten. Mit der Praxis, dass in Wohnungseigentumssachen an die Bestimmtheit eines Antrags grundsätzlich **weniger strenge Anforderungen** zu stellen sind als nach § 253 Abs. 2 Nr. 2 ZPO,[98] ist es vorbei. Ferner wird das hier nicht näher dargestellte **Strengbeweisverfahren** nach §§ 371 ff. ZPO für viele Wohnungseigentümer neu sein.

---

[92] BT-Drucksache 11/3621 S. 33.
[93] Musielak/*Heinrich* § 29 b ZPO Rdnr. 7.
[94] Dazu ausführlich Rdnr. 21 ff.
[95] Dazu Rdnr. 67 ff.
[96] Es gibt keine Beteiligten mehr, nur noch Parteien. Die Rechtsanwälte sind keine Verfahrensbevollmächtigten, sie sind Prozessbevollmächtigte. Es gibt auch keine Verfahrensstandschaft mehr, keine Beteiligten- oder Verfahrensfähigkeit usw.
[97] Die Grundlagen des Zivilprozesses sind hier nicht darzustellen. Auf der Hand liegt indes, dass es wegen der Vielzahl der möglichen Parteien zu ggf. völlig neuen Fragestellungen im Zivilprozess kommen wird.
[98] BGH ZMR 2003, 937, 941.

2. Besonderheiten für die Klageschrift

67 Grundsätzlich muss die Klageschrift gem. § 253 Abs. 2 Nr. 1 ZPO die **Bezeichnung der Parteien** enthalten. Kläger wie Beklagter – und ggf. ihre gesetzlichen Vertreter – sind dabei nach §§ 253 Abs. 4, 130 Nr. 1 ZPO[99] nach Namen, Stand oder Gewerbe, Wohnort und Parteistellung zu bezeichnen. **Neu** und im übrigen Zivilprozessrecht **unbekannt** ist, dass die Klageschrift teilweise auch solche Personen benennen **muss**, die weder Kläger noch Beklagte sind.

68 Zum einen muss der Kläger nämlich dann, wenn die übrigen Wohnungseigentümer Beklagte sind, in der Klageschrift den **Verwalter** und den gem. § 45 Abs. 2 Satz 1 WEG bestellten **Ersatzzustellungsvertreter** bezeichnen.[100] Zum anderen muss der Kläger auch dann, wenn an dem Rechtsstreit nicht alle Wohnungseigentümer als Partei beteiligt sind, gem. § 44 Abs. 2 Satz 1 WEG die **übrigen Wohnungseigentümer** entsprechend § 44 Abs. 1 WEG bezeichnen.

69 Für das Wohnungseigentumsverfahren kann es sich wegen der Vielzahl der möglichen Kläger oder Beklagten zu Beginn des Verfahrens als schwierig erweisen, alle Wohnungseigentümer **von Anfang an** namentlich und mit der vollständigen Adresse zu bezeichnen. Häufig wird einem „klagewilligen" Wohnungseigentümer keine aktuelle und auch keine vollständige Eigentümerliste zur Verfügung stehen. Die Vielzahl der Parteien stellt ferner ein Problem für die **Zustellung der Klage** dar. Als eine „Knacknuss" kann sich schließlich die konkrete Formulierung des Klageantrags erweisen – u. a., wenn die Wohnungseigentümer ihr Selbstorganisationsrecht nicht wahrgenommen haben. Um diesen Erschwernissen zu begegnen, stellt das WEG der klagenden Partei in **Bezug auf die Klageschrift** insgesamt **drei wichtige Erleichterungen** an die Seite:

70
- die Möglichkeit einer Sammelbezeichnung (§ 44 WEG);
- den Verwalter als regelmäßigen Zustellungsvertreter (§ 45 WEG);
- die Möglichkeit eines unbestimmten Klageantrages (§ 21 Abs. 8 WEG).

a) Sammelbezeichnung, § 44 WEG

71 Die Schwierigkeit, sämtliche beklagten Wohnungseigentümer namentlich zu benennen, gilt insbesondere für das **Anfechtungsverfahren** nach § 46 WEG. Die Schwierigkeit besteht aber auch für alle anderen nach § 43 WEG möglichen Wohnungseigentumssachen, insbesondere für Verfahren nach §§ 43 Nr. 1, 15 Abs. 3, 21 Abs. 4 und 8 WEG. Denn auch dann, wenn die Wohnungseigentümer ihr Selbstorganisationsrecht nicht oder nicht ordnungsmäßig wahrnehmen, ist die Klage auf eine gerichtliche Ersatzmaßnahme oder Klärung gegen **sämtliche übrigen Wohnungseigentümer** zu richten. Um eine Klage insbesondere – auch wegen der kurzen Anfechtungsfrist des § 46 Abs. 1 Satz 2 WEG – **nicht unnötig** zu erschweren, gestattet es § 44 Abs. 1 Satz 1 Halbsatz 1 WEG, die klagenden oder verklagten Wohnungseigentümer jedenfalls bis zum Schluss der mündlichen Verhandlung noch mit einer **Sammelbezeichnung** zu beschreiben. Sind an dem Rechtsstreit nicht alle Wohnungseigentümer als Partei beteiligt, gilt nach § 44 Abs. 2 Satz 1 WEG im Prinzip das Gleiche. Der namentlichen Bezeichnung der übrigen Wohnungseigentümer bedarf es hier aber dann nicht, wenn das Gericht von der Beiladung der anderen Wohnungseigentümer gem. § 48 Abs. 1 Satz 1 Variante 2 WEG absieht.

---

[99] Siehe auch § 313 Abs. 1 Nr. 1 ZPO.
[100] Rdnr. 107 ff.

V. Verfahrensrechtliche Besonderheiten

Überblick:

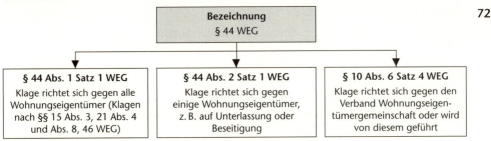

aa) Rechtsstreit, an dem alle Wohnungseigentümer Partei sind

Sind an einem Rechtsstreit **alle Wohnungseigentümer** Partei, gestattet § 44 Abs. 1 Satz 1 Halbsatz 1 WEG – als Ausnahme von §§ 253 Abs. 4, 130 Nr. 1 ZPO – zunächst eine **Kurzbezeichnung** (Sammelbezeichnung) für die klagenden oder beklagten Wohnungseigentümer.[101] Wird eine Klage durch oder gegen alle Wohnungseigentümer mit Ausnahme des Gegners erhoben (das sind Klagen nach §§ 15 Abs. 3, 21 Abs. 4 und Abs. 8, 46 WEG), genügt nach § 44 Abs. 1 Satz 1 Halbsatz 1 WEG für die Bezeichnung der Klage- oder Beklagtenseite in der Klageschrift vorerst die bestimmte **Angabe des gemeinschaftlichen Grundstücks**, z.B. nach der postalischen Anschrift oder nach der Grundbucheintragung.[102] Die „bestimmte Angabe des gemeinschaftlichen Grundstücks" entspricht zwar teilweise der in § 10 Abs. 6 Satz 4 WEG geforderten Angabe für die Bezeichnung des Verbandes Wohnungseigentümergemeinschaft in der Klageschrift. Der Zusatz „Wohnungseigentümergemeinschaft", den **nur** der Verband Wohnungseigentümergemeinschaft führen darf, stellt im **Einzelfall** aber klar, welcher Rechtsträger verklagt wird.

Formulierungsvorschlag:

Klage[103]

des Wohnungseigentümers Bernd Beispiel, A-Straße 1, 12345 Berlin,

Kläger,

– Prozessbevollmächtigter: Rechtsanwalt Bernd Wissend, B-Straße 1, 12346 Berlin –

gegen

die Wohnungseigentümer der Wohnungseigentumsanlage A-Straße 1–4, 12345 Berlin,[104]

Beklagte,

wegen Beschlussanfechtung.

Die namentliche Bezeichnung der übrigen Wohnungseigentümer (auch der **werdenden Wohnungseigentümer,** soweit sie Ersterwerber sind) – und die Angabe ihrer genauen Adressen[105] – muss sowohl im Aktiv- als auch im Passivverfahren **spätestens** bis

---

[101] Eine vereinfachende Kurzbezeichnung war allerdings auch bislang als zulässig abgesehen worden, vgl. BGHZ 78, 166, 173 = BGH NJW 1981, 282 = MDR 1981, 220; NJW 1977, 1686.
[102] BT-Drucksache 16/887 S. 36; siehe dazu auch *Demharter* ZWE 2005, 357, 359.
[103] Die Klage, die Klageerwiderung sowie sonstige Anträge und Erklärungen einer Partei, die zugestellt werden sollen, können auch mündlich zum Protokoll der Geschäftsstelle angebracht werden, § 496 ZPO.
[104] Oder: „die Wohnungseigentümer der in den Wohnungsgrundbüchern von Berlin-Neukölln Bl. 345–390 eingetragenen Teil- und Wohnungseigentumseinheiten".
[105] BGH NJW-RR 2004, 1503; BGHZ 102, 332, 334 ff. = ZZP 101, 457 mit Anm. *Zeiss*; BFH NJW 2001, 1158; BVerwG NJW 1999, 2608, 2609. Grundsätzlich nicht ausreichend ist die Adresse des Verwalters als Zustellvertreter. Eine Maßnahme der Zwangsvollstreckung gegen eine Klage- oder Beklagtenpartei kann dort nicht stattfinden.

zum Schluss der mündlichen Verhandlung **nachgeholt** werden, § 44 Abs. 1 Satz 2 WEG. Gelingt dies nicht, ist die Klage durch Prozessurteil (als unzulässig) abzuweisen.[106]

☞ **Praxistipp:**

76 Die namentliche Bezeichnung der verklagten Wohnungseigentümer sollte in der Praxis **so früh wie möglich** erfolgen. Kann der Mandant die anderen Wohnungseigentümer nicht von sich aus namentlich benennen, ist der Verwalter so schnell wie möglich aufzufordern, eine aktuelle und vollständige Eigentümerliste zur Verfügung zu stellen. Zur Herausgabe der Liste besteht eine Verpflichtung.[107] Wird ein Wohnungseigentümer erst spät benannt und entschließt sich dieser, am Verfahren aktiv teilzunehmen, kann dies eine Wiederholung der Verfahrenshandlungen, z. B. der Beweisaufnahme, erforderlich machen, wenn er vom Verwalter entgegen § 27 Abs. 1 Nr. 7 WEG nicht unverzüglich darüber unterrichtet wurde, dass ein Rechtsstreit gemäß § 43 WEG anhängig ist. Bedeutender ist, dass der Erlass eine Versäumnisurteils im schriftlichen Vorverfahren nach § 331 Abs. 3 Satz 1 ZPO ohne vollständige Parteiangaben nicht möglich ist.

bb) Rechtsstreit, an dem nicht alle Wohnungseigentümer Partei sind

77 Auch dann, wenn an einem Rechtsstreit **nicht** sämtliche Wohnungseigentümer als Partei beteiligt sind, muss der Kläger dem Gericht alle anderen Wohnungseigentümer namentlich mitteilen. Hierin liegt gegenüber dem allgemeinen Recht zwar eine **Erschwerung**. Die in der Nennung der anderen Wohnungseigentümer liegende Erschwernis ist aber **gerechtfertigt**. Sie dient allerdings **nicht** vorrangig **dem Zweck**, dem Gericht eine ggf. notwendige Beiladung der anderen Wohnungseigentümer gem. § 48 Abs. 1 Satz 1 WEG zu ermöglichen. Die vom Gericht für notwendig erachtete Beiladung erfolgt nach § 45 Abs. 1 WEG ja wiederum über den Verwalter. Die Bezeichnung ist aber notwendig, um den Umfang der nach § 48 Abs. 3 WEG eintretenden **Rechtskraft**, besser: ihre subjektive Reichweite, dem Urteil selbst **entnehmen** zu können. Die Nennung ist ferner für eine Zustellung notwendig, wenn der Verwalter und ggf. auch der Ersatzzustellvertreter als Zustellvertreter nicht in Betracht kommen.

78 Um die anderen Wohnungseigentümer zu benennen, kann sich der Kläger nach § 44 Abs. 2 Satz 1, Abs. 1 Satz 1 Halbsatz 1 WEG zunächst wieder einer **Sammelbezeichnung** bedienen. Und auch nach § 44 Abs. 2 Satz 1 WEG gilt, dass der Kläger gem. § 44 Abs. 1 Satz 2 WEG die namentliche Bezeichnung der Wohnungseigentümer spätestens bis zum **Schluss** der mündlichen Verhandlung nachholen muss. Fehlt es bis zum Schluss des Prozesses an einer Benennung, müsste aber beigeladen werden, ist eine **Klage** wohl **unzulässig**.[108] Der namentlichen Bezeichnung der übrigen Wohnungseigentümer und werdenden Wohnungseigentümer bedarf es nur ausnahmsweise und nur dann nicht, wenn das Gericht von ihrer Beiladung gem. § 48 Abs. 1 Satz 1 WEG absieht, weil ihre rechtlichen Interessen erkennbar nicht betroffen sind, § 44 Abs. 2 Satz 2 WEG.[109] Die Entscheidung hierüber obliegt dem **Gericht**.

☞ **Praxistipp:**

79 Aus dieser Verknüpfung folgt, dass die Benennung der anderen, nicht beteiligten Wohnungseigentümer es vor allem dem Gericht erleichtern und dieses in die Lage versetzen soll, eine Beiladung gem. § 48 WEG – sofern es diese für angebracht hält – so schnell wie möglich zu bewirken. Da der Kläger im Voraus nicht sicher feststellen kann, ob das Gericht eine Beiladung für angezeigt hält, sollten daher alle anderen Wohnungseigentümer bereits in der Klageschrift stets vollständig benannt werden. Hierzu genügt freilich die Übergabe einer aktuellen und vollständigen Eigentümerliste. Diese ist vom Verwalter abzufordern.

---

[106] Ggf. kann gem. §§ 233 ff. ZPO Wiedereinsetzung gewährt werden.
[107] OLG Saarbrücken ZMR 2007, 141.
[108] Um eine Klageabweisung abzuwenden, sollte der Kläger, der zunächst eine Sammelbezeichnung genutzt hat, jedenfalls bis zum Schluss der mündlichen Verhandlung klären, ob eine Beiladung noch gewollt ist.
[109] Ob auch das Gericht diese Sache so sieht, muss der Kläger ggf. erfragen.

V. Verfahrensrechtliche Besonderheiten   80–84 § 13

cc) Bezeichnung des Verbandes

Zur Bezeichnung des Verbandes Wohnungseigentümergemeinschaft in der Klageschrift ist auf die **Ausführungen zum Verbandsrecht** zu verweisen.[110]   80

b) Zustellungsvertreter

aa) Rechtsstreit, an dem alle Wohnungseigentümer Partei sind

Um eine Zustellung zu ermöglichen, sind in der Klageschrift dann, wenn mit Ausnahme des oder der Kläger die anderen Wohnungseigentümer **beklagt** sind, auch der Verwalter und der Ersatzzustellungsvertreter i.S.v. § 45 Abs. 2 Satz 1 WEG mit Namen und vollständigen Anschriften zu bezeichnen.[111] Der Ersatzzustellungsvertreter muss auch dann mitgeteilt werden, wenn ein Verwalter bestellt und bekannt ist. Die Entscheidung, an wen von diesen beiden zuzustellen ist, **obliegt** nämlich allein dem **Gericht**. Durch die Nennung beider Personen soll also **sichergestellt** werden, dass die Klage in jedem Falle **zugestellt** werden kann.   81

Für Aktivprozesse, also dann, wenn mit Ausnahme des oder der Beklagten sämtliche anderen Wohnungseigentümer auf der Klägerseite stehen, sieht der Gesetzgeber **keinen** entsprechenden **Regelungsbedarf**. Er geht davon aus, dass eine gemeinschaftliche Klageerhebung ohnehin durch einen Prozessbevollmächtigten erfolgen wird – ggf. mit Blick auf § 50 WEG. Dies ist vorstellbar, wird in vielen Fällen bereits aus wirtschaftlichen Erwägungen heraus aber nicht immer der Fall sein. Bereits aus diesem Grunde sollten die klagenden Wohnungseigentümer daher von vornherein den Verwalter und den gem. § 45 Abs. 2 WEG bestimmten Ersatzzustellungsvertreter bereits in der Klageschrift namentlich benennen. Da auch der Verwalter nach § 48 Abs. 1 Satz 2 WEG ggf. beizuladen ist, kann auf seine Benennung letztlich ja auch gar nicht verzichtet werden. Eine Benennung wird vielfach ferner das wegen § 49 Abs. 2 WEG anzubietende **rechtliche Gehör** befehlen.   82

bb) Rechtsstreit, an dem nicht alle Wohnungseigentümer Partei sind

Sind an dem Rechtsstreit nicht alle Wohnungseigentümer als Partei beteiligt, müssen nach dem Wortlaut des Gesetzes weder der Verwalter noch der Ersatzzustellungsvertreter benannt werden. Da der Verwalter indes nach § 45 Abs. 1 WEG auch in diesem Falle **Zustellungsvertreter** „der" – gemeint ist: eines oder mehrerer – beklagten und der ggf. beizuladenden Wohnungseigentümer ist, sollte indes wenigstens der Verwalter benannt werden.[112]   83

c) Unbestimmter Antrag

Soweit die Wohnungseigentümer ihr Selbstorganisationsrecht in einer nach dem Gesetz erforderlichen Maßnahme nicht wahrgenommen haben und ein Wohnungseigentümer seinen Individualanspruch auf eine subsidiäre Entscheidung des Gerichts geltend macht, ist ihm abweichend von § 253 Abs. 2 Nr. 2 ZPO gem. § 21 Abs. 8 WEG ausnahmsweise gestattet, einen **unbestimmten Antrag** zu stellen.[113] Der klagende Woh-   84

---
[110] Rdnr. 279 ff.
[111] Siehe dazu Rdnr. 86 ff.
[112] Hier gelten im Übrigen die in Rdnr. 82 mitgeteilten Erwägungen.
[113] Für ein Beispiel für einen Antrag siehe Rdnr. 227; *Algermissen* Recht und Realität, S. 227, lehnt einen unbestimmten Antrag ab.

nungseigentümer muss dabei die gewollte Maßnahme (z. B. den begehrten Wirtschaftsplan, eine Jahresabrechnung[114] oder eine Gebrauchs-[115] oder Nutzungsregelung[116]) nicht anstelle der an sich zuständigen Wohnungseigentümer formulieren, sondern kann die Entscheidung in das **Ermessen des Wohnungseigentumsgerichts** stellen.

☞ **Praxistipp:**

85 Dieser Weg, ungeachtet § 253 Abs. 2 Nr. 2 ZPO und außerhalb von § 254 ZPO unbestimmte Anträge zuzulassen, ist **nicht neu**. Nach ständiger Rechtsprechung[117] können auch im Übrigen unbestimmte Anträge zulässig sein. Dies ist der Fall, wenn dem Kläger eine genaue Festlegung seines Antrags nicht möglich oder nicht zumutbar ist, insbesondere wenn die Höhe des Anspruchs von billigem Ermessen oder einer Schätzung des Gerichts nach § 287 ZPO abhängt.[118]

3. Zustellungen an die Wohnungseigentümer, § 45 WEG

a) Einführung

86 Zustellungen in einem gerichtlichen Verfahren – in Betracht kommen Anträge und/oder Schriftsätze des Gegners, Verfügungen oder Entscheidungen des Gerichts (Urteile oder Beschlüsse) – sind grundsätzlich an den **Zustellungsadressaten** zu bewirken. Für ein wohnungseigentumsrechtliches Verfahren würde diese Maxime unter Geltung der ZPO bedeuten, dass eine gegen die Wohnungseigentümer erhobene Klage **jedem** Wohnungseigentümer zuzustellen wäre – sofern dieser keinen Bevollmächtigten oder Prozessbevollmächtigten bestellt hat. Angesichts der **Vielzahl** möglicher **Beklagter** läge darin einerseits eine besondere Erschwernis für den Kläger.[119] Andererseits wäre ohne einen einheitlichen Zustellungsvertreter der mit den Zustellungen verbundene **Aufwand für das Gericht** sehr hoch – und jedenfalls nach Ansicht der bisherigen Rechtsprechung nicht mehr zumutbar.[120]

87 § 45 WEG bestimmt daher, dass – wie bisher – **in einem gerichtlichen Verfahren** grundsätzlich der Verwalter Zustellungsvertreter der Wohnungseigentümer und der werdenden Wohnungseigentümer ist.[121] Die Notwendigkeit für die Zustellung an den Verwalter ergibt sich in der Praxis vor allem, wenn ein einzelner Wohnungseigentümer oder einige Wohnungseigentümer gegen die übrigen Wohnungseigentümer vorgehen, diese also Beklagte sind. Gleiches gilt, wenn an dem Rechtsstreit nicht alle Wohnungseigentümer als Partei beteiligt sind, hinsichtlich der gem. § 48 Abs. 1 Satz 1 WEG **beizuladenden übrigen Wohnungseigentümer**.

88 Dadurch, dass der Verwalter ein Schriftstück für die Wohnungseigentümer entgegennimmt, wird diesen das Wissen in Angelegenheiten vermittelt, welches die Wohnungseigentümer „als Gemeinschaft" betrifft. Dagegen wird das Wissen des Verwalters um den **Inhalt** eines Schreibens dem einzelnen Wohnungseigentümer nicht auch in einer Angelegenheit zugerechnet, die ihn persönlich betrifft.[122] Etwa dadurch, dass der Verwalter

---

[114] KG NJW-RR 1991, 463.
[115] OLG Hamburg ZMR 2004, 933, 934 für einen Stellplatz im Vorgarten und eine notwendige Entschädigung.
[116] BayObLG NJW-RR 1987, 1490, 1491.
[117] Seit RGZ 21, 386; vgl. auch BGHZ 45, 91 = NJW 1966, 780 = LM § 253 ZPO Nr. 41 m. w. N.
[118] BGH NJW 1970, 281.
[119] Siehe auch BGHZ 78, 166, 173 = MDR 1981, 220 = NJW 1981, 282.
[120] KG ZMR 2000, 698, 699; BayObLGZ 1989, 342, 344 = NJW-RR 1989, 1168 = MDR 1989, 1106; *Hinz* ZMR 2005, 271, 276: unermesslicher Aufwand.
[121] Bisher konnte § 27 Abs. 2 Nr. 3 WEG allerdings nur analog über seinen Wortlaut hinaus auch auf Verfahren gem. § 43 WEG und andere gerichtliche Verfahren angewendet werden, siehe nur BGH ZMR 2003, 937, 938 m. w. N.
[122] BGH MDR 2003, 259, 260 = ZMR 2003, 211.

V. Verfahrensrechtliche Besonderheiten

eine an alle Wohnungseigentümer gerichtete behördliche Aufforderung zur Beseitigung von Mängeln am Gemeinschaftseigentum als Zustellungsvertreter entgegennimmt, wird dem einzelnen Wohnungseigentümer bei einem Verkauf des Wohnungseigentums noch nicht die Kenntnis von dem Inhalt und den Mängeln vermittelt.

Überblick:

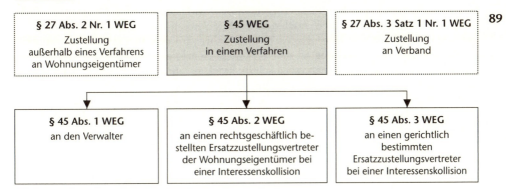

b) Verwalter als Zustellungsvertreter der Wohnungseigentümer

aa) Voraussetzungen

§ 45 Abs. 1 Satz 1 Variante 1 WEG bestimmt, dass der Verwalter in **zwei Fällen** Zustellungsvertreter der Wohnungseigentümer ist: Zum einen, wenn **sämtliche** Wohnungseigentümer **Beklagte** sind. Zum anderen, wenn einige Wohnungseigentümer gem. § 48 Abs. 1 Satz 1 WEG **beizuladen** sind.[123] Durch die Erwähnung der Beiladung ist jetzt bereits gesetzlich **klargestellt,** dass der Verwalter auch dann Zustellungsvertreter ist, wenn sich eine Klage nicht gegen alle Wohnungseigentümer richtet.[124] Diese Rechtslage entspricht dem bisherigen Recht. Denn auch bislang wurde angenommen, dass über den **Wortlaut** des § 27 Abs. 2 Nr. WEG a.F. **hinaus** eine Zustellungsvertretung auch dann gegeben ist, wenn einzelne Eigentümer den anderen Wohnungseigentümern als Verfahrensgegner gegenüberstehen.[125]

Praxistipp:

Ist der Verwalter persönlich oder als Wohnungseigentümer an einem Wohnungseigentumsverfahren beteiligt, so ist eine Zustellung, die über ihn als Zustellungsvertreter an die Wohnungseigentümer bewirkt wer-

---

[123] Siehe dazu Rdnr. 194 ff.
[124] Diese Auffassung entspricht der bisherigen in Rechtsprechung und im Schrifttum überwiegend vertretenen Ansicht. Danach war § 27 Abs. 2 Nr. 3 WEG a.F. dahin auszulegen, dass sie allgemein auch für die Verfahren nach § 43 Abs. 1 Nummer 1, 2 und 4 WEG gilt, also auch dann an die Wohnungseigentümer über den Verwalter Schriftsätze anderer Beteiligter und Entscheidungen des Gerichts zugestellt werden können, wenn einzelne Wohnungseigentümer Antragsteller oder Antragsgegner im Verfahren sind. Insbesondere sollte der Verwalter nach dieser Auffassung im Beschlussanfechtungsverfahren nach § 43 Abs. 1 Nr. 4 WEG a.F. Zustellungsvertreter sein, wenn ein Wohnungseigentümer oder eine Minderheit von Wohnungseigentümern einen Mehrheitsbeschluss anficht, sodass der Anfechtungsantrag dem Verwalter als Zustellungsvertreter der übrigen Wohnungseigentümer zugestellt werden kann, siehe BGH ZMR 2003, 937, 938; WuM 1984, 1254; KG ZMR 2000, 698, 699; OLG Stuttgart NJW-RR 1989, 1168; BayObLG ZMR 1997, 613, 614; BayObLGZ 1989, 342, 344 = NJW-RR 1989, 1168 = MDR 1989, 1106; OLG Köln ZMR 1980, 190, 191; zu allem *Drasdo*, FS Deckert, S. 147 ff.
[125] Siehe dazu BGHZ 78, 166, 174 = NJW 1981, 282 = MDR 1981, 220.

den soll, nur dann wirksam, wenn sich aus der „Adressierung" oder aus der zugestellten Ausfertigung ergibt, dass an ihn (auch) **als Zustellungsvertreter** zugestellt wird.[126] Der Zustellungsmangel wird aber geheilt, wenn Abschriften oder Fotokopien des zuzustellenden Schriftstücks allen Wohnungseigentümern zugegangen sind.[127]

92 Ein Gericht ist **nicht verpflichtet,** die Zustellung an den Verwalter anzuordnen – wenngleich allein dies regelmäßig sachgerecht sein wird. Der Verwalter ist ohne entsprechenden Beschluss der Wohnungseigentümer für diese weder Verfahrensbevollmächtigter i. S. v. § 172 ZPO[128] noch gesetzlicher Vertreter nicht prozessfähiger Personen i. S. v. § 170 ZPO.[129] Der Gesetzgeber hat daher zu Recht von einer „Anordnung" abgesehen, dass die Zustellung an den Verwalter zu erfolgen hat.[130] Vor allem in einer kleineren Wohnungseigentümergemeinschaft kann es sinnvoll sein, die Zustellung an alle betroffenen Wohnungseigentümer zu veranlassen. Erfolgt die Zustellung an alle Wohnungseigentümer, obwohl an den Verwalter hätte zugestellt werden können, sind die dafür entstandenen Kosten wegen **unrichtiger Sachbehandlung** ggf. **aber** nicht zu erheben.[131]

93 Tritt in einem Verfahren, etwa einer Anfechtungsklage nach § 46 WEG, in welchem mit Ausnahme des Klägers die übrigen Wohnungseigentümer vom Wohnungseigentumsverwalter hinsichtlich der Entgegennahme von Zustellungen vertreten werden, **ein Wohnungseigentümer** durch **Stellung eines eigenen Antrages** hervor, sind Zustellungen **zusätzlich** an diesen zu bewirken. Denn der Wohnungseigentumsverwalter kann diesen Wohnungseigentümer bei Zustellungen dann nicht mehr vertreten.[132] Dieser Wohnungseigentümer kann sich auch einen eigenen Rechtsanwalt mit der Folge nehmen, dass eine Erstattung der außergerichtlichen Kosten gefährdet ist, vgl. § 50 WEG.

☞ **Praxistipp:**

94 Weil der Verwalter als Zustellungsvertreter angesehen wurde, genügte nach § 189 Abs. 1 ZPO a. F. zur Zustellung an die Wohnungseigentümer die Übergabe nur einer Ausfertigung oder Abschrift.[133] Das neue Zustellungsrecht enthält über die Anzahl der zuzustellenden Ausfertigungen oder Abschriften keine ausdrücklichen Vorschriften mehr. Man wird aber annehmen dürfen, dass sich aus allgemeinen Grundsätzen auch im neuen Zustellungsrecht das gleiche Ergebnis gewinnen lässt.

95 Nach seinem Wortlaut könnte man annehmen, dass § 45 WEG nicht nur in einem Verfahren nach § 43 WEG, sondern in **jedem Verfahren** gilt, in dem an einen „Wohnungseigentümer" zuzustellen ist. Für eine solche weite Fassung gibt es indes **keinen Anlass.** § 45 WEG sollte daher einschränkend nur für Verfahren nach § 43 WEG angewendet werden.[134] Besteht auch außerhalb von § 43 WEG ein Bedürfnis für eine gemeinsame Zustellung, kann gem. §§ 57 Abs. 2, 494 Abs. 2, 779 Abs. 2, 787 Abs. 2 ZPO ggf. ein gemeinsamer Zustellbevollmächtigter bestimmt werden.

---

[126] BayObLG NZM 2004, 386; BayObLGReport 1999, 85; BayObLGReport 1994, 74.
[127] A. A. BayObLG BayObLGReport 1999, 85.
[128] BayObLG NJW-RR 1997, 396.
[129] *Bassenge* MDR 2004, 78, 79; Staudinger/*Bub* § 27 WEG Rdnr. 238.
[130] BT-Drucksache 16/887 S. 37.
[131] BayObLG ZMR 2005, 460; OLG Hamm Rpfleger 1985, 257; a. A. AG Essen ZMR 1986, 24; *Diester* ZMR 1986, 136.
[132] KG ZMR 2000, 698 = WuM 2000, 503 = WE 2001, 126 = NZM 2001, 105.
[133] BGHZ 78, 166, 172 = BGH NJW 1981, 282 = MDR 1981, 220. Einem bloßen Zustellungsbevollmächtigten nach § 189 Abs. 2 ZPO a. F. wurden hingegen Schriftstücke nach Zahl der Vollmachtgeber übergeben.
[134] So auch im Ergebnis *Reichert* ZWE 2006, 477.

V. Verfahrensrechtliche Besonderheiten

bb) Kardinalpflicht: Information der Wohnungseigentümer

Um der **Gefahr entgegenzubeugen,** dass der Verwalter die Wohnungseigentümer nicht unverzüglich (§ 121 Abs. 1 Satz 1 BGB) davon unterrichtet, dass ein Rechtsstreit gem. § 43 WEG anhängig ist, hat der Gesetzgeber die entsprechende Informationspflicht auf Vorschlag des Bundesrates in § 27 Abs. 1 Nr. 7 WEG zu einer Kardinalpflicht des Verwalters erhoben.[135] 96

cc) Ausnahme: Interessenskollisionen

Eine Zustellungsvertretung scheidet gem. § 45 Abs. 1 Satz 1 Variante 2 WEG aus, wenn eine **Interessenskollision** zwischen den Interessen der Wohnungseigentümer und denen des Verwalters zu befürchten steht.[136] Wo ein **echter Konflikt** zwischen den Interessen des Verwalters und denen der (übrigen) Wohnungseigentümer auftritt, darf eine Zustellung an den Verwalter als Zustellungsvertreter bereits zu seinem Schutz, aber auch zum Schutz der Wohnungseigentümer nicht erfolgen. Das Zustellstück ist vielmehr an die Wohnungseigentümer oder an einen **Ersatzzustellungsvertreter** gem. § 45 Abs. 2, Abs. 3 WEG zuzustellen oder es ist ein Prozesspfleger gem. §§ 57 Abs. 2, 494 Abs. 2, 779 Abs. 2, 787 Abs. 2 ZPO zu bestellen. 97

Eine Interessenskollision wird nach § 45 Abs. 1 WEG analog dem durch § 178 Abs. 2 ZPO ausgedrücktem Rechtsgedanken **unwiderleglich fingiert,** wenn der Verwalter **als Gegner** – etwa als Rechtsmittelführer der klagenden Wohnungseigentümer – an dem Verfahren beteiligt[137] ist. Das ist vor allem in einem Verfahren nach § 43 Nr. 3 WEG anzunehmen, in dem sich Wohnungseigentümer und Verwalter als Kläger und Beklagter gegenüberstehen, etwa wenn der Verwalter von den Wohnungseigentümern auf Schadensersatz in Anspruch genommen wird oder er gegen die Wohnungseigentümer klagt. Eine Interessenskollision liegt ferner dann nahe, wenn auf Grund des Streitgegenstandes die Gefahr besteht, der Verwalter werde die Wohnungseigentümer **nicht sachgerecht** unterrichten. Diese Gefahr ist jedenfalls grundsätzlich in allen Verfahren nach § 43 Nr. 2 WEG zwischen dem Verband und den Wohnungseigentümern anzunehmen, weil der Verwalter bereits als gesetzlicher Vertreter des Verbandes Wohnungseigentümergemeinschaft Aufgaben besitzt. Die Frage, ob im Übrigen in der Sache ein begründeter Interessenkonflikt – vor allem in Wohnungseigentumssachen gem. § 43 Nr. 3 WEG, aber auch bei einer Beschlussanfechtung wegen angeblichen Fehlverhaltens des Verwalters – vorliegt, ist nach hier vertretener, indes nicht einhelliger Meinung nur **im Einzelfall** (also nicht abstrakt)[138] und **nicht formal** (also konkret) zu beantworten.[139] Die Vertretungsmacht entfällt beispielsweise nicht ohne Weiteres, wenn der die Jahresabrechnungen billigende Beschluss oder ein Entlastungsbeschluss angefochten worden sind. Eine Interessenskollision liegt aber insbesondere **in folgenden Fällen** nahe: 98

---

[135] Siehe zu den Einzelheiten dort § 11 Rdnr. 51 ff.
[136] Siehe dazu BayObLG ZMR 2002, 532, 533 = ZWE 2002, 214; ZMR 1997, 613, 614 = WE 1998, 118; BayObLGZ 1990, 173, 174; OLG Zweibrücken ZMR 1987, 436.
[137] Siehe dazu etwa BayObLG ZMR 2005, 460, 461; ZMR 1997, 613, 614; BayObLGZ 1990, 173, 174; a. A. KG FGPrax 1997, 182 = ZMR 1997, 541. Siehe auch KG ZMR 2004, 142, 143 und BayObLG ZMR 2002, 533.
[138] So aber *Mansel,* FS Bärmann und Weitnauer, S. 471, 493; Staudinger/*Bub* § 27 WEG Rdnr. 235; Bärmann/Pick/Merle/*Merle* § 27 WEG Rdnr. 131.
[139] BayObLG ZMR 2002, 532, 533; ZMR 1998, 512, 513; ZMR 1997, 613, 614; BayObLGZ 1989, 342, 344 = NJW-RR 1989, 1168 = MDR 1989, 1106 unter Aufgabe von BayObLGZ 1973, 145; KK-WEG/*Abramenko* § 27 Rdnr. 31; *ders.* ZMR 2002, 885, 886 m.w.N.

99
- wenn über die Ungültigkeit von Beschlüssen gestritten wird, die die **Rechtsstellung** des Verwalters betreffen, also über die Anfechtung von Bestellungs- und Abberufungsbeschlüssen;[140]
- wenn **konkrete Pflichtwidrigkeiten** des Wohnungseigentumsverwalters in Frage stehen;[141]
- wenn der Verwalter einer Anfechtung als **Nebenintervenient** gem. § 66 ZPO beitritt;
- wenn der Verwalter Wohnungseigentümer nicht beteiligen will.[142]

100 **Keine Interessenskollisionen** sollen hingegen etwa in folgenden Beispielen vorliegen:

101
- wenn die **Wirksamkeit eines Verwalterwechsels** in Streit steht, ist der Verwalter als Zustellungsvertreter der übrigen Wohnungseigentümer nicht in jedem Falle ausgeschlossen;[143]
- wenn ein Wohnungseigentümer einen Eigentümerbeschluss über die **Entlastung des Verwalters** anficht und die Entlassung des Verwalters verlangt, kann dieser gleichwohl ggf. als Zustellungsvertreter der übrigen Wohnungseigentümer herangezogen werden.[144]

102 Wird an den Verwalter zugestellt, obwohl dieser wegen einer Interessenskollision als Zustellungsvertreter ausgeschlossen war, ist die Zustellung rechtlich **unwirksam**.[145] Wird ein Schriftstück dem Wohnungseigentumsverwalter zugestellt, obwohl er nicht Zustellungsvertreter ist, darf er aber auch **nicht untätig bleiben**. Es entspricht einer aus § 241 Abs. 2 BGB herrührenden vertraglichen Nebenpflicht, die Wohnungseigentümer von der Zustellung, den Absender hingegen von seiner Unzuständigkeit zu informieren.[146]

dd) Verhältnis zu § 172 ZPO

103 In einem anhängigen Verfahren hat gem. § 172 Abs. 1 Satz 1 ZPO die Zustellung an den für den Rechtszug bestellten **Prozessbevollmächtigten** zu erfolgen. Diese Vorschrift bleibt von § 45 WEG **unberührt**.[147] Dies bedeutet zweierlei:

104
- ist der Verwalter Prozessbevollmächtigter, erfolgt die Zustellung an ihn deshalb gemäß des insoweit als **Spezialvorschrift**[148] zu verstehenden § 27 Abs. 2 Nr. 3 WEG;
- ist hingegen ein Dritter – vor allem ein Rechtsanwalt – bevollmächtigt worden, ist an diesen zuzustellen.[149]

ee) Verhältnis zu § 27 Abs. 2 Nr. 1 WEG

105 Außerhalb eines gerichtlichen Verfahrens regelt § 27 Abs. 2 Nr. 1 WEG, dass der Verwalter berechtigt ist, im Namen aller Wohnungseigentümer und mit Wirkung für

---

[140] OLG Düsseldorf ZMR 1994, 520 = WE 1994, 375; BayObLG WuM 1991, 131; LG Lübeck DWE 1986, 63; offen gelassen von OLG Celle ZWE 2002, 474 = OLGReport Celle 2002, 75; a. A. KG ZMR 2004, 142, 143.
[141] BayObLG ZMR 1997, 613, 614 = WE 1998, 118; WE 1991, 297.
[142] OLG Düsseldorf ZMR 2007, 126, 127.
[143] BayObLG ZMR 2002, 532, 533 = BayObLGReport 2002, 227 = ZWE 2002, 214.
[144] BayObLG ZMR 1997, 613, 614 = WE 1998, 118.
[145] OLG Hamm ZMR 2001, 138, 139 = NJW-RR 2001, 226; Weitnauer/*Lüke* § 27 WEG Rdnr. 18; Staudinger/*Bub* § 27 WEG Rdnr. 237.
[146] Staudinger/*Bub* § 27 WEG Rdnr. 241; *Mansel*, FS Bärmann u Weitnauer, S. 471, 475.
[147] BT-Drucksache 16/887 S. 37.
[148] Hannich/Meyer-Seitz/*Häublein* § 171 ZPO Rdnr. 4.
[149] Siehe auch Rdnr. 93.

V. Verfahrensrechtliche Besonderheiten

und gegen sie Willenserklärungen und Zustellungen entgegenzunehmen, soweit sie an alle Wohnungseigentümer in dieser Eigenschaft gerichtet sind.[150] In seinem Anwendungsbereich verdrängt die **Spezialvorschrift** des § 45 Abs. 1 WEG diese Bestimmung. Soweit eine Zustellung nach § 45 Abs. 1 WEG wegen einer Interessenskollision **nicht möglich** ist, ist sie deshalb auch nicht nach der allgemeineren Norm des § 27 Abs. 2 Nr. 1 WEG möglich.

ff) Zustellungen an den Verband

106 Zustellungen an den **Verband Wohnungseigentümergemeinschaft** in einem Verfahren haben grundsätzlich an den Verwalter zu erfolgen. Dies ergibt sich indes nicht aus § 45 WEG, sondern aus § 27 Abs. 3 Satz 1 Nr. 1 WEG i. V. m. § 170 Abs. 1 Satz 1 ZPO. Fehlt ein Verwalter, kann die Zustellung grundsätzlich an jeden Wohnungseigentümer erfolgen, §§ 27 Abs. 3 Satz 2 WEG, 170 Abs. 3 ZPO. Haben die Wohnungseigentümer von der Möglichkeit des § 27 Abs. 3 Satz 3 WEG Gebrauch gemacht, und einen oder mehrere Wohnungseigentümer zur Vertretung ermächtigt, hat die Zustellung an einen von diesen oder aber an alle zu erfolgen, §§ 27 Abs. 3 Satz 3 WEG, 170 Abs. 3 ZPO.[151]

c) Ersatzzustellungsvertreter

aa) Bestellungspflicht

107 § 45 Abs. 2 Satz 1 WEG legt den Wohnungseigentümern die unabdingbare[152] und zwingende Pflicht („ius cogens") auf, als Maßnahme ordnungsmäßiger Verwaltung i. S. v. § 21 Abs. 4 WEG **präventiv** einen subsidiär zuständigen **Ersatzzustellungsvertreter**[153] und einen **Vertreter** für diesen zu bestimmen („kleiner Notverwalter"). Einer gesonderten Aufforderung des Gerichts bedarf es für diese Bestellungen nicht. Es kommt auch nicht darauf an, dass ein Rechtsstreit bereits anhängig ist. Der Ersatzzustellungsvertreter ist vielmehr **stets**[154] zu bestellen, damit das Gericht in einem möglichen, ggf. fern liegenden Rechtsstreit, in dem die Zustellung an den Verwalter wegen einer Interessenkollision i. S. v. § 45 Abs. 1 WEG oder aus sonstigen Gründen nicht in Betracht kommt, ohne Zeitverlust die Zustellung an ihn anordnen kann.[155] Ein Ersatzzustellungsvertreter ist auch dann zu bestellen, wenn es **keinen Verwalter** gibt.[156] § 45 Abs. 2 Satz 1 WEG knüpft nicht an eine Interessenskollision und Verhinderung des Verwalters an.

Praxistipp:
108 Nehmen die Wohnungseigentümer ihr Selbstorganisationsrecht nicht wahr und bestellen entgegen § 45 Abs. 2 Satz 1 WEG keinen Ersatzzustellungsvertreter, kann jeder Wohnungseigentümer gem. §§ 43 Nr. 1, 21 Abs. 8 WEG beantragen, dass an Stelle der Wohnungseigentümer das Wohnungseigentumsgericht den Ersatzzustellungsvertreter nach billigem Ermessen bestimmt.

---

[150] Dazu § 11 Rdnr. 64.
[151] Zu diesen Fragen siehe § 11 Rdnr. 96 ff.
[152] A. A. *Hogenschurz* ZMR 2005, 764, 765.
[153] Ablehnend *Hogenschurz* ZMR 2005, 764, 766, der auf §§ 57 Abs. 2, 494 Abs. 2, 779 Abs. 2, 787 Abs. 2 ZPO verweist. Siehe auch BayObLGZ 1973, 1148 und KK-WEG/*Abramenko* § 27 WEG Rdnr. 4.
[154] Wegen des Widerspruchs zu § 20 Abs. 2 WEG ist die Forderung systematisch unglücklich. Wie hier *Abramenko* ZMR 2005, 22, 26 und *Hogenschurz* ZMR 2005, 764; a. A. *Hinz* ZMR 2005, 271, 278.
[155] Hierzu ist das Gericht wiederum nicht verpflichtet.
[156] A. A. *Reichert* ZWE 2006, 477, der diesen Fall als nicht geregelt sieht.

bb) Verhältnis zum Verwalter

109 Durch den Begriff „Ersatzzustellungsvertreter" bringt das Gesetz einerseits zum Ausdruck, dass der Verwalter auch nach Bestimmung eines Ersatzzustellungsvertreters primärer Zustellungsvertreter bleibt. Solange der Verwalter seine Funktion als Zustellungsvertreter wahrnehmen kann, hat der Ersatzzustellungsvertreter also **keine Funktion**. An ihn kann nicht alternativ zugestellt werden. Ist der Verwalter aber als Zustellungsvertreter ausgeschlossen – was allein das Gericht zu beurteilen und ausdrücklich **anzuordnen** hat – tritt der Ersatzzustellungsvertreter gem. § 45 Abs. 2 Satz 2 Halbsatz 1 WEG in die dem Verwalter als Zustellungsvertreter der Wohnungseigentümer nach § 45 Abs. 1 WEG zustehenden Aufgaben und Befugnisse **vollständig** ein.

110 Ordnet das Gericht in einem Verfahren nach § 43 WEG[157] eine Zustellung an den Ersatzzustellungsvertreter an, ist an diesen zuzustellen, wenn die Wohnungseigentümer **Beklagte,** oder wenn einige von ihnen gem. § 48 Abs. 1 Satz 1 WEG **beizuladen** sind. Auch der Ersatzzustellungsvertreter ist also kein bloßer Zustellungsbevollmächtigter, sondern ein **echter Zustellungsvertreter.** Auch an ihn genügt die Übergabe nur einer Ausfertigung oder Abschrift des zuzustellenden Schriftstücks.[158] Und ebenso wie der Verwalter muss auch der Ersatzzustellungsvertreter die Wohnungseigentümer über Zustellungen an ihn in geeigneter Weise unterrichten.

111 Analog dem Verwalter **scheidet** auch der Ersatzzustellungsvertreter gem. § 45 Abs. 2 Satz 2 Halbsatz 2 WEG nach Prüfung des Gerichts **als Zustellungsvertreter aus,** wenn er als Gegner der anderen Wohnungseigentümer an dem Verfahren beteiligt ist – z.B. bei einer Beschlussanfechtung – oder auf Grund des Streitgegenstandes die Gefahr besteht, er werde die Wohnungseigentümer nicht sachgerecht unterrichten (Interessenskollision). In diesem Falle ist der Vertreter des Ersatzzustellungsvertreters für die Zustellung verantwortlich – wenn nicht in seiner Person dieselben „Ablehnungsgründe" wie in der Person des Ersatzzustellungsvertreters vorliegen.

cc) Person des Ersatzzustellungsvertreters

112 Zum Ersatzzustellungsvertreter – und zu dem entsprechenden Vertreter – kann jede natürliche oder juristische Person bestellt werden. Nach Ansicht des Gesetzgebers wird es in der Regel sinnvoll sein, Ersatzzustellungsvertreter und Vertreter aus den Reihen der Wohnungseigentümer auszuwählen.[159] Jedoch kommt auch jede andere für diese Aufgabe geeignete Person in Betracht, beispielsweise ein Mieter oder ein Rechtsanwalt. Erforderlich ist nur die **Bereitschaft** zur Übernahme der Aufgaben eines Ersatzzustellungsvertreters, da ein Beschluss zu Lasten Dritter nach allgemeinen Grundsätzen selbstverständlich unzulässig ist.

☞ **Praxistipp:**

113 Bereits bei der Bestellung des Ersatzzustellungsvertreters sollte geregelt werden, wie er und sein Vertreter an eine aktuelle und vollständige Eigentümerliste gelangen.[160] Ferner sollte bestimmt werden, wie der Aufwand des Ersatzzustellungsvertreters zu entgelten ist und woraus er die Mittel für seine Aufgaben entnehmen kann. Ggf. sollte für etwaige Schadensersatzansprüche eine Haftpflichtversicherung zu Gunsten des Ersatzzustellungsvertreters und seines Vertreters abgeschlossen werden.

---

[157] Für andere Verfahren gilt § 45 Abs. 2 Satz 1 WEG nicht, vgl. *Reichert* ZWE 2006, 477.
[158] Siehe bereits Rdnr. 94.
[159] Da bei diesen häufig eine Interessenkollision vorstellbar ist, bietet sich jedoch eher ein Dritter an. So auch *Hogenschurz* ZMR 2005, 764, 765.
[160] Im Prinzip ist der Verwalter verpflichtet, jedem Wohnungseigentümer auf Verlangen eine Liste der anderen Wohnungseigentümer (mit Namen und Anschriften) zu übergeben, OLG Saarbrücken ZMR 2007, 141.

V. Verfahrensrechtliche Besonderheiten

d) Gerichtlicher Ersatzzustellungsvertreter

Haben die Wohnungseigentümer entgegen der Anordnung nach § 45 Abs. 2 Satz 1 WEG keinen Ersatzzustellungsvertreter bestellt, oder ist die Zustellung aus sonstigen Gründen weder an den Verwalter noch an den Ersatzzustellungsvertreter der Wohnungseigentümer ausführbar – etwa weil ein Verwalter fehlt[161] –, **muss** das Gericht nach § 45 Abs. 3 WEG einen **Ersatzzustellungsvertreter**[162] **bestellen,** sofern es keine Zustellung an die Wohnungseigentümer anordnet. Wenn die Voraussetzungen nach § 45 Abs. 3 WEG vorliegen, muss das Wohnungseigentumsgericht ungeachtet des Wortlauts „kann" tätig werden und eine Bestimmung über die Person des Ersatzzustellungsvertreters treffen. Denn für das „Ob" einer Bestellung besteht hier anders als für das „Wie" kein Ermessen. Das Gericht ist bei einer Bestellung nicht an einen Antrag zur Person des Ersatzzustellungsvertreters gebunden. Werden von den Beteiligten vor allem im Interesse einer Verfahrensbeschleunigung Vorschläge zur Person des Ersatzzustellungsvertreters gemacht – was nicht notwendig ist –, muss sich das Gericht mit diesen auseinandersetzen, bleibt in seiner Entscheidung aber frei. Um keinen Ermessensfehler zu begehen, ist das Wohnungseigentumsgericht wohl von Amts wegen gehalten, zur Person des Ersatzzustellungsvertreters mehrere Vergleichsangebote einzuholen.[163] 114

Die Auswahlentscheidung setzt einen Vergleich der angebotenen Leistungen voraus. Die vorliegenden Angebote sind daraufhin zu überprüfen, welcher Ersatzzustellungsvertreter auf Grund des Leistungsumfangs sowie Eignung und Zuverlässigkeit am besten geeignet ist. Dieser Prüfungsaufwand entspricht demjenigen, den die Wohnungseigentümer bei der Auswahl eines Ersatzzustellungsvertreters betreiben müssten. Die Ermessensentscheidung des Gerichts, welchem Ersatzzustellungsvertreter es das „Amt" anträgt, ist nur eingeschränkt und daraufhin überprüfbar, ob die tatsächlichen Voraussetzungen des Ermessens vorlagen und das Gericht hiervon fehlerfrei Gebrauch gemacht hat. Ist also ein Ersatzzustellungsvertreter ermessensfehlerfrei bestellt worden, kann diese Entscheidung des Gerichts erster Instanz nicht deshalb vom Rechtsmittelgericht aufgehoben werden, weil dem Rechtsmittelführer die Wahl missfällt. 115

Praxistipp:

Auch das Gericht kann keine Person – weder einen Wohnungseigentümer noch einen Dritten – **gegen ihren Willen** zum Ersatzzustellungsvertreter bestellen.[164] Die Bestellung ist nur möglich, wenn die Person der Bestellung zustimmt. Dass sich leicht jemand finden wird, der bereit ist, diese Aufgabe, die Kosten verursacht und eine Haftung nach sich ziehen kann, scheint ausgeschlossen. Es ist mehr als unsicher, wie die Wohnungseigentumsgerichte – die gem. § 45 Abs. 3 WEG auch dann berufen sind, wenn eine andere Gerichtsbarkeit auf einen Ersatzzustellungsvertreter besteht – geeignete Personen „auffinden" werden. Findet sich unter den Wohnungseigentümern einer Anlage kein „Freiwilliger", wird das Gericht ggf. auf Kosten der Wohnungseigentümer (§ 16 Abs. 2 WEG) einen Dritten kostenpflichtig mit dieser Aufgabe betrauen.[165] 116

---

[161] Zweifelnd *Reichert* ZWE 2006, 477.
[162] Nicht aber dessen Vertreter.
[163] So auch OLG Düsseldorf NJW-RR 2000, 554 = NZM 2000, 833 zur Auswahl eines Notverwalters.
[164] BayObLGZ 1989, 342, 345 = NJW-RR 1989, 1168 = MDR 1989, 1106; *Kümmel* ZWE 2005, 156, 157; *Abramenko* ZMR 2005, 22, 26; a. A. *Hinz* ZMR 2005, 272, 276, der ein „Ablehnungsrecht" nicht einräumen will.
[165] Skeptisch auch *Kümmel* ZWE 2005, 156, 157.

4. Anfechtungsklagen, § 46 WEG

117 Das Recht, einen Beschluss anzufechten, ist **wichtiges Element** der Verwaltung des Gemeinschaftseigentums i. S. v. §§ 1 Abs. 5, 5 Abs. 2 WEG. Das Anfechtungsrecht dient nicht nur dem persönlichen Interesse des einzelnen Wohnungseigentümers oder dem Minderheitenschutz. Das Anfechtungsrecht dient auch dem Interesse der Wohnungseigentümer in ihrer **Gesamtheit** an einer ordnungsmäßigen Verwaltung. Der Verband Wohnungseigentümergemeinschaft, die Wohnungseigentümer und der Verwalter haben grundsätzlich ein berechtigtes, schutzwürdiges und sehr lebendiges Interesse an der Anfechtung oder Überprüfung angeblich fehlerhafter Beschlüsse: Denn alle sind gem. § 23 Abs. 4 Satz 2 WEG auch an zwar fehlerhaft ergangene, aber eben nicht nichtige Beschlüsse gebunden.[166] Der Verwalter ist sogar verpflichtet, ggf. bemakelte Beschlüsse nach § 27 Abs. 1 Nr. 1 WEG durchzuführen.

118 Die beim Amtsgericht – Wohnungseigentumsgericht (§ 43 Nr. 4 WEG) – zu erhebende **Anfechtungsklage** (eine Gestaltungsklage),[167] ist im neuen Recht wenigstens rudimentär durch § 46 WEG in einer **besonderen Verfahrensvorschrift** geregelt worden. Die neue Bestimmung enthält freilich nur einige, dem Gesetzgeber wesentlich erscheinende verfahrensrechtliche Regelungen für die Beschlussanfechtung (die bisher teilweise in § 23 Abs. 4 WEG geregelt waren).[168] § 46 WEG hat sein dogmatisches Vorbild in § 246 AktG,[169] der auch für einen Verband die Beschlussanfechtung zum Gegenstand hat. Wenn das Gesetz (bewusst) lückenhaft geblieben ist, kann es deshalb im Einzelfall angehen, eine Lösung bei §§ 245 ff. AktG zu suchen – soweit die Besonderheiten des Wohnungseigentumsrechts dabei gewahrt bleiben. Unter § 46 WEG fallen neben den eigentlichen Beschlussanfechtungen auch solche Klagen, die sich **im Übrigen** mit der Gültigkeit eines Beschlusses befassen, aber nicht auf eine gerichtliche Gestaltung abzielen (Feststellungsklagen).[170]

☞ Praxistipp:

119 Wird ein „Nichtbeschluss" angefochten, ist der Anfechtungsantrag ggf. dahin auszulegen, die anderen Wohnungseigentümer zu verpflichten, der begehrten Maßnahme zuzustimmen.[171] Die Frage, was zu geschehen hat, wenn **mehrere Wohnungseigentümer** unabhängig voneinander, einen Beschluss anfechten, ist jetzt in § 47 WEG geregelt worden: Mehrere Prozesse, in denen Klagen auf Erklärung oder Feststellung der Ungültigkeit desselben Beschlusses der Wohnungseigentümer erhoben werden, sind zur gleichzeitigen Verhandlung und Entscheidung zu **verbinden**.[172]

a) Kläger

aa) Wohnungseigentümer und Verwalter

120 § 46 Abs. 1 Satz 1 WEG ist zu entnehmen, dass, wie auch nach § 43 Abs. 4 Nr. 2 WEG a. F., primär die **Wohnungseigentümer** – auch werdende – anfechtungsbefugt sind. Aus § 46 Abs. 1 Satz 1 WEG, der den Verwalter als Kläger ausdrücklich nennt,

---

[166] Siehe § 8 Rdnr. 4 f.
[167] *Algermissen* Recht und Realität, S. 229.
[168] Für eine detailliertere Regelung der Anfechtungsklage sah der Gesetzgeber keinen Anlass, BT-Drucksache 16/887 S. 38.
[169] *Müller* ZWE 2005, 158.
[170] Siehe dazu Rdnr. 174 ff.
[171] BayObLG ZWE 2002, 214, 216 = ZMR 2002, 532; ZWE 2002, 75; NZM 2000, 672; BayObLGZ 1999, 149, 151.
[172] Siehe dazu ausführlich Rdnr. 182 ff.

V. Verfahrensrechtliche Besonderheiten

ist ferner abzuleiten, dass auch der **Verwalter** – wie bisher[173] – ein Anfechtungsrecht besitzt. Da dem Gesetz keine Einschränkung zu entnehmen ist, dass sich das Anfechtungsrecht des Verwalters auf bestimmte Gegenstände beschränkt, ist das Anfechtungsrecht anders als bislang, jedenfalls im neuen Recht **umfassend** zu verstehen. Dieses weite Anfechtungsrecht ist freilich nicht geboten, so dass sich eine teleologische Reduktion auf solche Gegenstände anbietet, die das Verhältnis des Verwalters zum Verband und den Wohnungseigentümern betreffen sowie auf die Durchführung von Beschlüssen.[174]

Praxistipp:
Der abberufene Verwalter kann gegen seine Abberufung auch noch nach Ablauf seiner Amtszeit vorgehen. **121**
Die Ungültigerklärung eines solchen Beschlusses führt zwar nicht mehr dazu, dass er die Organstellung zurückgewinnt. Sie hat aber im Allgemeinen noch Bedeutung für den Umfang des vertraglichen Vergütungsanspruchs.[175]

Ein Wohnungseigentümer verliert sein Anfechtungsrecht nicht dadurch, dass er wäh- **122** rend des Verfahrens „als Wohnungseigentümer" **ausscheidet**, weil er sein Eigentum veräußert.[176] Es entspricht allgemeiner Auffassung, dass auch ein ehemaliger Eigentümer einen vor seinem Ausscheiden gefassten, ihn weiterhin betreffenden Beschluss anfechten oder für nichtig erklären lassen kann.[177] Ein Wohnungseigentümer, der einen Beschluss mit der Nichtigkeits- und/oder Anfechtungsklage angegriffen hat, kann mithin den Rechtsstreit nach § 265 ZPO auch nach der Veräußerung seines Wohnungseigentums fortsetzen, sofern er daran noch ein rechtliches Interesse hat.[178] Ein werdender Wohnungseigentümer verliert sein Anfechtungsrecht auch nicht dadurch, dass die Wohnungseigentümergemeinschaft vor seiner Eintragung entsteht.

bb) Verband Wohnungseigentümergemeinschaft

Offen geblieben ist vor allem, ob auch der **Verband Wohnungseigentümergemein- 123 schaft** einen Beschluss anfechten kann. Nach hier vertretener, freilich bestrittener Auffassung kann der Verband Beschlüsse anfechten, soweit und solange seine Rechte betroffen sind.[179] Das ist z.B. anzunehmen, wenn die Wohnungseigentümer unzureichend über die Jahresabrechnung beschließen oder der Wirtschaftsplan nicht ordnungsmäßig ist. Es wäre im Ergebnis unerträglich, wenn der einzige durch einen Beschluss nach

---

[173] BGH NJW 2002, 3240, 3242; OLG Hamm v. 27. 9. 2006 – 15 W 98/06.
[174] Siehe zu diesen Fragen auch KK-WEG/*Abramenko* § 43 WEG Rdnr. 15 m.w.N.
[175] OLG Hamm v. 27. 9. 2006–15 W 98/06; BayObLG NZM 2002, 300; KG FGPrax 1997, 218.
[176] BGH ZMR 2002, 941, 943; KG ZWE 2000, 274, 277; OLG Düsseldorf FGPrax 1997, 181 = ZMR 1997, 545.
[177] Etwas anderes gilt für einen Beschluss, der einen Wohnungseigentümer nicht mehr betrifft, OLG Zweibrücken v. 12. 1. 2007–3 W 217/05.
[178] Siehe dazu BGH ZIP 2006, 2167 zum AktG; *Lutter/Hommelhoff* Anh. § 47 GmbHG Rdnr. 64; *Hüffer* § 245 AktG Rdnr. 8.
[179] Zweifelnd KK-WEG/*Abramenko* § 43 WEG Rdnr. 15 a. Das Gesellschaftsrecht gibt einer Aktiengesellschaft oder einer GmbH, die „eigene" Anteile hält, freilich kein Anfechtungsrecht; zur Aktiengesellschaft vgl. etwa *Hüffer* § 71 b AktG Rdnr. 4; MünchKomm-AktG/*Oechsler* § 71 b AktG Rdnr. 10. Zur GmbH siehe Scholz/*H. P. Westermann* § 33 GmbHG Rdnr. 37. Zum Verband Wohnungseigentümergemeinschaft als „Insichmitglied" siehe ferner *Häublein*, FS Seuß (2007), S. 125 ff. Im Gesellschaftsrecht werden aber nur die Rechte angesprochen, die aus einem Erwerb eigener Anteile erwachsen (Problem der „Insichmitgliedschaft"). Mit diesen Rechtsträgern ist der Verband insoweit aber nicht vergleichbar. Seine Rechte gegenüber den Wohnungseigentümern folgen nicht nur aus einer Mitgliedschaft. Die Verbandsrechte bestehen auch ohne Mitgliedschaft. Etwa nach § 43 Nr. 2 WEG kann der Verband gegen die Wohnungseigentümer klagen.

§§ 16 Abs. 2, 28 Abs. 2, Abs. 5 WEG berechtigte Rechtsträger nicht geltend machen könnte, dass er in seinen Rechten durch beispielsweise ein zu gering bemessenes Wohngeld verletzt ist. Etwas anderes gilt nur, wenn man die Ansicht vertritt, dass die Interessen des Verbandes immer **identisch** mit dem Mehrheitswillen der Wohnungseigentümer sein müssen. Das ist aber nicht anzunehmen. Das Verbandsinteresse ist vielmehr identisch mit dem Gesamtinteresse aller Wohnungseigentümer.[180] Entspräche das Mehrheitsinteresse dem Verbandsinteresse, könnte es der Mehrheitseigentümer dem Verband z. B. untersagen und den Verwalter entsprechend anweisen, gegen ihn keine Wohngeldklage zu erheben. Das aber wäre – wie auch sonst – nicht hinnehmbar. Ein „Weisungsrecht" findet seine Grenze dort, wo der Verband zu Lasten der Verbandsgläubiger geschädigt oder in den Ruin getrieben werden würde.[181] Für ein Anfechtungsrecht spricht schließlich, dass der Verband bereits im früheren Recht gem. § 43 Abs. 4 WEG a. F. zu beteiligen war.[182]

cc) Dritte

124 Neben Wohnungseigentümern und Verwaltern wurden bislang auch **sonstige Verwalter** eines Wohnungseigentums, z. B. der Insolvenzverwalter, der Zwangsverwalter oder der Nachlassverwalter, als anfechtungsbefugt angesehen.[183] Dritte, wie etwa Mieter, hatten auf Grund ihrer bloß schuldrechtlichen Beziehungen zu einem Wohnungseigentümer hingegen kein originäres eigenes Antragsrecht, auch wenn sie von einem Beschluss betroffen waren.[184] Auch dinglich Berechtigten wie Grundpfandrechtsgläubigern oder Nießbrauchern stand kein Antragsrecht zu.[185]

b) Beklagter

aa) Gesetz

125 Die Anfechtungsklage eines oder mehrerer Wohnungseigentümer ist – wie auch bisher,[186] nunmehr aber **ausdrücklich** – gem. § 46 Abs. 1 Satz 1 Variante 1 WEG **gegen** sämtliche **übrigen** Wohnungseigentümer (auch die werdenden) in notwendiger Streitgenossenschaft, § 62 Abs. 1 Fall 1 ZPO, zu richten.[187] Ist ein Dritter über das Sondereigentum verfügungsbefugt, z. B. ein Insolvenzverwalter, ist anstelle des Wohnungseigentümers der Dritte zu verklagen. Klagt der Verwalter, ist die Klage nach § 46 Abs. 1 Satz 1 Variante 2 WEG n. F. **gegen alle Wohnungseigentümer** zu richten. Verklagt werden müssen auch die Wohnungseigentümer, die **gegen** den Beschluss gestimmt oder sich enthalten haben oder bei der Beschlussfassung nicht anwesend waren. Diese Regelung

---

[180] Siehe § 9 Rdnr. 7.
[181] Siehe auch *Lutter/Hommelhoff* § 37 GmbHG Rdnr. 18 zu den Grenzen des Weisungsrechts der Gesellschafter.
[182] Siehe *Bub*, FS Blank, S. 601, 603.
[183] Bärmann/Pick/Merle/*Merle* § 43 WEG Rdnr. 80 ff.
[184] Es sei denn, sie waren entsprechend ermächtigt worden oder traten als Standschafter auf, siehe KG ZMR 2004, 460, 462; ZMR 1994, 524 = NJW-RR 1995, 147; OLG Celle ZWE 2001, 34; KK-WEG/*Abramenko* § 43 WEG Rdnr. 16. Ein Nichtwohnungseigentümer muss bei einem Beschlussanfechtungsantrag seine Verfahrensstandschaft allerdings spätestens innerhalb der Anfechtungsfrist nachweisen.
[185] OLG Düsseldorf ZMR 2005, 469; BayObLG ZMR 1998, 709.
[186] Siehe nur BGH ZMR 2005, 547, 555; OLG München ZMR 2006, 799, 800; KK-WEG/*Elzer* § 10 WEG Rdnr. 39.
[187] Aus der notwendigen Streitgenossenschaft folgt etwa, dass ein Anerkenntnis nur von allen Beklagten abgegeben werden kann oder dass zur Abwendung der Säumnis das Verhandeln eines Wohnungseigentümers genügt.

weicht bewusst von § 246 Abs. 2 Satz 1 AktG ab, wonach die Klage gegen die Gesellschaft zu richten ist.[188] Der Gesetzgeber ist ferner der Anregung des Bundesrates, aus Kostengründen die Klage auf diejenigen Wohnungseigentümer, die für den Beschluss gestimmt haben, zu beschränken,[189] leider nicht gefolgt.[190] Wird versehentlich der Verband verklagt, scheidet eine bloße Rubrumsberichtigung aus.[191] Will ein Wohnungseigentümer verhindern, bei Anfechtung eines auch aus seiner Sicht nicht ordnungsmäßigen Beschlusses in die Kosten verurteilt zu werden, darf er nicht passiv bleiben und muss auch selbst den Beschluss innerhalb der Anfechtungsfrist des § 46 Abs. 1 Satz 2 WEG anfechten.

Die den Beschluss verteidigenden Wohnungseigentümer werden bei der Anfechtungsklage gem. § 27 Abs. 2 Nr. 2 WEG grundsätzlich[192] **vom Verwalter** vertreten.[193] Die freilich einschränkende Formulierung des § 27 Abs. 2 WEG „im Namen **aller** Wohnungseigentümer" steht dem **nicht entgegen**.[194] Neu ist, dass der Verwalter nicht mehr eigens zur Prozessführung **ermächtigt** werden muss: Seine Vertretungsmacht jedenfalls für den **Passivprozess** folgt jetzt unmittelbar aus dem Gesetz.

Um die Beklagten zu bezeichnen, genügt in der Klageschrift nach § 44 Abs. 1 Satz 1 WEG zunächst die bestimmte Angabe des gemeinschaftlichen Grundstücks, z. B. „Wohnungseigentümer der ABC-Straße, 12 345 Berlin". Ihre namentliche Bezeichnung muss allerdings **spätestens** bis zum Schluss der mündlichen Verhandlung nachgeholt werden, § 44 Abs. 1 Satz 2 WEG. Neben den Wohnungseigentümern sind außerdem der Verwalter und der gem. § 45 Abs. 2 Satz 1 WEG bestellte Ersatzzustellungsvertreter zu benennen.[195]

bb) Gewillkürter Beklagter

Es könnte erwogen werden, ob die Wohnungseigentümer eine Übernahme des kapitalgesellschaftsrechtlichen Systems vereinbaren können mit der Folge, dass an ihrer Stelle der Verband Wohnungseigentümergemeinschaft Beklagter der Anfechtungsklage ist. In dem Gesellschaftsvertrag einer in der Form einer Kommanditgesellschaft geführten Publikumsgesellschaft kann z. B. bestimmt werden, dass Streitigkeiten der Gesellschafter über die Frage, ob jemand Mitglied der Gesellschaft ist oder nicht, mit der Gesellschaft selbst und nicht unter den Gesellschaftern ausgetragen werden.[196] Jedenfalls die bislang h. M. sieht zwar die §§ 43 ff. WEG als zwingend an.[197] Eine Abkehr von dieser Meinung und die Bestimmung des Verbandes Wohnungseigentümergemeinschaft als Beklagter hätten aber vor allem den Vorzug für sich, dass es für die Frage, wer Beklagter ist, nicht mehr auf die jeweiligen Wohnungseigentümer ankäme. Die Rechtskraft eines Urteils gegen den Verband würde auch die Wohnungseigentümer treffen.[198] Auf diese Weise könnten auch die Probleme „inkongruenter Anfechtungen" vermieden

---

[188] Kritisch *Armbrüster* ZWE 2006, 470, 474/475; *Bork* ZIP 2005, 1205 Fn. 2; KK-WEG/*Elzer* § 10 WEG Rdnr. 39.
[189] BT-Drucksache 16/887 S. 50/51; vgl. auch *Bonifacio* ZMR 2005, 327, 330 f.
[190] BT-Drucksache 16/887 S. 73.
[191] A. A. OLG München ZMR 2006, 799, 800.
[192] Selbstverständlich steht es jedem Wohnungseigentümer frei, für sich einen eigenen Prozessbevollmächtigten einzuschalten. Hierbei ist allerdings § 50 WEG zu beachten, vgl. Rdnr. 246 ff.
[193] BT-Drucksache 16/3843 S. 26. Siehe dazu § 11 Rdnr. 65 ff.
[194] BT-Drucksache 16/3843 S. 27.
[195] Für die Einzelheiten siehe Rdnr. 107 ff.
[196] BGH MDR 2003, 1961 = NJW 2003, 1729 m. Anm. *Armbrüster* LMK 2003, 106.
[197] KK-WEG/*Elzer* § 10 WEG Rdnr. 214.
[198] Siehe Rdnr. 292.

werden.¹⁹⁹ Schließlich könnte damit der vermisste „Gleichlauf" zur Aktiengesellschaft hergestellt werden. Nachteile für die Wohnungseigentümer sind hingegen nicht zu erkennen. Außerdem könnte jeder Wohnungseigentümer zur Wahrung seiner Rechte vor allem dem Verband als Streithelfer beitreten.

c) Anfechtungsfrist

aa) Allgemeines

129 Die Anfechtungsklage muss gem. § 46 Abs. 1 Satz 2 WEG **innerhalb eines Monats** nach der Beschlussfassung erhoben werden. Diese Regelung entspricht dem früheren § 23 Abs. 4 Satz 2 Halbsatz 1 WEG. Indem auf die „Erhebung" der Klage abgestellt wird, ist für die Wahrung der Anfechtungsfrist die **Rechtshängigkeit** maßgeblich (§ 253 i.V.m. § 261 Abs. 1 ZPO), wobei § 167 ZPO anwendbar ist. Die Frist für den Antrag auf Ungültigerklärung eines Eigentümerbeschlusses kann nicht durch eine Vereinbarung verlängert werden.²⁰⁰ Sie wird auch durch die Anrufung eines **unzuständigen Gerichts** gewahrt, sofern der Anfechtungsantrag bestimmt ist und die Zustellung der Klage demnächst i.S.v. § 167 ZPO erfolgt.²⁰¹

130 Im Hinblick auf die im Gesetz vorgesehene Ausschlussfrist muss **bis zum Fristablauf** feststehen, welche konkreten Beschlüsse angefochten sind.²⁰² Die Frist betrifft das gerichtliche Verfahren auf Ungültigerklärung eines Beschlusses, nicht dagegen einen Antrag auf **Feststellung der Nichtigkeit.**²⁰³

bb) Materiell-rechtliche Ausschlussfrist

131 Mit Verlagerung der Regelung über die Anfechtungsfrist in den verfahrensrechtlichen Teil des WEG werden die für die Beschlussanfechtung maßgeblichen Bestimmungen **zusammengeführt.** Es handelt sich bei der Anfechtungsfrist jedoch weiterhin um eine **materiell-rechtliche** Ausschlussfrist,²⁰⁴ nicht etwa um eine Zulässigkeitsvoraussetzung für die Anfechtungsklage.²⁰⁵ Ist der Anfechtungsantrag also verspätet gestellt, wird er als **unbegründet,** nicht als unzulässig abgewiesen.²⁰⁶ Insoweit gilt nichts anderes als für die aktienrechtliche Anfechtungsklage, für die ebenfalls eine Anfechtungsfrist vorgeschrieben ist, die unbeschadet des Standorts in einer Vorschrift, die überwiegend verfahrensrechtliche Bestimmungen trifft, aber als materiellrechtliche Frist eingestuft wird.

cc) Berechnung der Frist

132 Die Monatsfrist des § 46 Abs. 1 Satz 2 WEG beginnt am **Tag der Beschlussfassung** zu laufen.²⁰⁷ Ein Beschluss kommt mit Feststellung und Verkündung des Beschlusser-

---

[199] Dazu Rdnr. 186.
[200] BayObLG MDR 1981, 499, str.
[201] BGHZ 139, 305, 306 = ZMR 1999, 44, 45 = MDR 1999, 28 = NJW 1998, 3648; OLG Hamm ZMR 2005, 806; OLG Hamm OLGReport Hamm 2004, 159; OLG Zweibrücken ZMR 2003, 451, 453 = FGPrax 2002, 246; OLG Köln ZMR 2001, 661.
[202] OLG Köln OLGReport Köln 1998, 242.
[203] Siehe zu Fristfragen bei Feststellungsklagen noch Rdnr. 176 f.
[204] BGHZ 139, 305, 306 = MDR 1999, 28 = NJW 1998, 3648; OLG Hamm ZMR 2005, 806; OLGReport Hamm 2004, 159; KG ZMR 1996, 279, 280; AG Neukölln ZMR 2005, 315, 316; *Jacoby* ZMR 2005, 321, 322.
[205] OLG Hamm OLGReport Hamm 2004, 159; ZMR 1999, 199; BayObLG NJW-RR 1990, 210.
[206] BayObLG ZMR 2001, 292, 293; NJW-RR 1990, 210, 211.
[207] BayObLG NJW-RR 1989, 656 = BayObLGZ 1989, 13; OLG Hamm OLGZ 1985, 147; LG Bonn ZMR 2003, 784; *Häublein* NZM 2003, 785, 792 zur Beschlussfassung in Teilversammlungen.

gebnisses durch den Versammlungsleiter zustande.[208] Tag der Beschlussfassung ist bei einem Beschluss, der in einer Versammlung gefasst wurde, das **Datum** der Versammlung. Ein Beschluss im schriftlichen Verfahren nach § 23 Abs. 3 WEG kommt hingegen mit seiner Feststellung und einer an alle Wohnungseigentümer gerichteten Mitteilung des Beschlussergebnisses als „Verkündungsersatz" zustande.[209] Die Anfechtungsfrist beginnt dabei notwendigerweise mit der Mitteilung an den letzten Wohnungseigentümer. In einzelnen Fällen, z. B. bei einem Aushang, wird eine Unsicherheit bestehen, wann eine mögliche Kenntnisnahme anzunehmen ist. Der Fristbeginn ist nicht davon abhängig, wann ein Wohnungseigentümer Kenntnis von den in der Versammlung gefassten Beschlüssen nimmt, ob er an der Eigentümerversammlung teilgenommen oder wann ihn die Niederschrift über die Versammlung erreicht hat. Da jeder Wohnungseigentümer damit rechnen muss, dass auf einer Versammlung Beschlüsse gefasst werden, muss er sich bei Nichtteilnahme selbst Kenntnis vom Ergebnis der Versammlung verschaffen, wenn er nicht eine Fristversäumung riskieren will.[210] Enthält der Beschluss eine **aufschiebende Bedingung**, beginnt die Anfechtungsfrist gleichwohl mit der Beschlussfassung, da die aufschiebende Bedingung lediglich die Rechtswirkungen hinausschiebt, nicht aber das Zustandekommen des Beschlusses selbst.[211]

Praxistipp:
Geht eine Versammlung über Mitternacht hinaus, laufen für die verschiedenen Beschlüsse ggf. unterschiedliche Anfechtungsfristen. **133**

Bei schriftlichen Beschlüssen gem. § 23 Abs. 3 WEG ist die Feststellung und Bekanntgabe des Beschlussergebnisses maßgeblich. Die Monatsfrist berechnet sich nach den **allgemeinen Vorschriften,** also nach §§ 186 ff. BGB. Die Frist endet gem. § 188 Abs. 2 BGB mit Ablauf des Monatstages, der dem Tage der Beschlussfassung entspricht. Fällt das Fristende auf einen Samstag, Sonn- oder Feiertag, endet die Frist nach § 193 BGB am ersten darauf folgenden Werktag. **134**

Beispiel:
Ein Beschluss wird auf einer Eigentümerversammlung am 1. 4. 2007 gefasst. Die Klage muss dann spätestens am Ende des 2. 5. 2007 (ggf. per Fax) anhängig gemacht werden – der 1. 5. 2007 ist ein Feiertag. Wird ein Beschluss am 30. 4. 2007 gefasst, ist das Fristende der 30. 5. 2007. **135**

Wird zulässigerweise[212] die Anfechtung durch einen **Prozessstandschafter** eingereicht, ist die Frist nur gewahrt, wenn dieser auch innerhalb der Anfechtungsfrist deutlich macht, dass er das gerichtliche Verfahren nicht aus eigenem Recht, sondern für den Anfechtungsbefugten durchführt.[213] Ein Beitritt zum Anfechtungsverfahren eines anderen Wohnungseigentümers **nach Fristablauf** wahrt die Frist nicht.[214] **136**

dd) Wiedereinsetzung in den vorigen Stand

§ 46 Abs. 1 Satz 3 WEG ordnet nunmehr **ausdrücklich** an, dass §§ 233 bis 238 ZPO entsprechend gelten. Bislang war streitig geblieben, ob es bei Versäumung der Anfechtungsfrist möglich ist, Wiedereinsetzung in den vorigen Stand in entsprechender An- **137**

---

[208] Das folgt jetzt aus § 24 Abs. 6 Satz 2 WEG, der auf die „Verkündung" abstellt. Siehe ferner zum früheren Recht BGH ZMR 2001, 809, 811; *Kümmel* ZWE 2006, 278; *Becker* ZWE 2006, 157.
[209] BGH ZMR 2001, 809, 813; OLG Celle InfoM 2006, 192.
[210] BayObLG ZMR 2005, 559, 560.
[211] *Jennißen* NJW 1998, 2253, 2256.
[212] KG ZMR 2004, 460, 462; BayObLG NJW-RR 2000, 1324 = ZMR 2001, 906 = NZM 2000, 678.
[213] KG ZMR 2004, 460, 462; ZMR 1994, 524 = NJW-RR 1995, 147; OLG Celle ZWE 2001, 34.
[214] OLG Frankfurt aM WE 1989, 171; Staudinger/*Bub* § 23 WEG Rdnr. 301 a.

wendung des § 22 Abs. 2 FGG zu beantragen. In der Rechtsprechung wurde eine Wiedereinsetzung in den vorigen Stand zwar zugelassen.[215] Im Schrifttum wurde aber **zunehmend** darauf verwiesen, dass die Beschlussanfechtungsfrist des § 23 Abs. 4 Satz 2 WEG a. F. als materiell-rechtliche Ausschlussfrist[216] einer Anwendung prozessrechtlicher Vorschriften nicht zugänglich sei. Man verwies darauf, dass § 23 Abs. 4 Satz 2 WEG a. F. bezweckte, eine für die Gemeinschaft unerträglich längere Unklarheit über die Gültigkeit von Beschlüssen zu verhindern. Soweit einzelne Wohnungseigentümer von der Beschlussfassung nicht rechtzeitig erfahren hätten, realisiere sich lediglich die auch sonst vom Gesetzgeber in Kauf genommene Möglichkeit, dass ein Beschluss gegen oder ohne den Willen einzelner Wohnungseigentümer zustande komme, nämlich gegen den Willen der überstimmten.[217]

138 Diesen Stimmen hat der Gesetzgeber jetzt eine freilich unsystematische und dogmatisch unbefriedigende, aber **pragmatische** und für die Praxis hilfreiche **Absage** erteilt. Indem § 46 Abs. 1 Satz 3 WEG die „entsprechende" Geltung der §§ 233 bis 238 ZPO anordnet, kann grundsätzlich jedem Anfechtenden weiterhin unter bestimmten, vom Gesetz indes nicht benannten Voraussetzungen Wiedereinsetzung in die versäumte Anfechtungsfrist des § 46 Abs. 1 Satz 2 WEG gewährt werden. Im Anschluss an die bisherige Rechtsprechung ist dabei davon auszugehen, dass eine Wiedereinsetzung in den vorigen Stand wegen Versäumung der Frist zur Beschlussanfechtung auf Antrag oder von Amts wegen jedenfalls aus besonderen wohnungseigentumsrechtlichen Gründen[218] weiterhin nur **ausnahmsweise** in Betracht kommt.

139 Wiedereinsetzung ist grundsätzlich zu gewähren, wenn der Anfechtende **ohne sein Verschulden** verhindert war, die Anfechtungsfrist des § 46 Abs. 1 Satz 2 WEG einzuhalten, er einen Antrag innerhalb von zwei Wochen ab Beseitigung des Hindernisses stellt[219] und er Tatsachen, die eine Wiedereinsetzung begründen, darlegt und glaubhaft macht. Ein verspäteter Anfechtungsantrag ist ggf. in einen Antrag auf Wiedereinsetzung umzudeuten.[220] Nach Ablauf eines Jahres, von dem Ende der versäumten Anfechtungsfrist an gerechnet, kann Wiedereinsetzung nicht mehr beantragt werden, selbst wenn bis zu diesem Zeitpunkt weder die Einladung zur Eigentümerversammlung noch die Niederschrift bekannt gegeben worden sind.[221]

140 Zur Frage, wann **Verschulden anzunehmen** ist, hat sich eine nahezu unübersehbare Kasuistik gebildet. Eine Einteilung kann aber grob in **drei Gruppen** vorgenommen werden: Verhinderungen der Partei selbst, Verhinderungen durch zurechenbares Ver-

---

[215] BGHZ 54, 65, 70; BayObLG ZMR 2001, 994, 995; NJW-RR 1990, 210; KG ZMR 2002, 548, 549 = NZM 2002, 168; ZMR 1996, 279, 280; OLG Hamm ZMR 1999, 199; a. A. *Jacoby* ZMR 2005, 321, 322; *Bonifacio* ZMR 2002, 409; *Assmann* ZWE 2001, 294 ff.; *Suilmann*, Das Beschlußmängelverfahren im Wohnungseigentumsrecht, 1998, S. 78 f.; Bärmann/Pick/Merle/*Merle* § 23 WEG Rdnr. 198.

[216] Siehe Rdnr. 131.

[217] KG NJW 1969, 2205, 2206.

[218] Der Anspruch auf Gewährung wirkungsvollen Rechtsschutzes verbietet es im übrigen Recht den Gerichten, den Parteien den Zugang zu einer in der Verfahrensordnung eingeräumten Instanz in unzumutbarer, aus Sachgründen nicht mehr zu rechtfertigender Weise zu erschweren, BVerfG NJW 2004, 2583; NJW-RR 2002, 1004; BAG MDR 2005, 288; BGH MDR 2003, 766. Die Gerichte dürfen daher bei der Auslegung der die Wiedereinsetzung in den vorigen Stand regelnden Vorschriften die Anforderungen an das, was der Betroffene veranlasst haben muss, um Wiedereinsetzung zu erlangen, nicht überspannen, BVerfG NJW 2000, 1636; NJW 1996, 2857.

[219] Die Frist beginnt mit dem Tag, an dem das Hindernis behoben ist, d. h. ab Kenntnis bzw. kennen müssen der Nichtrechtzeitigkeit der Anfechtung, BGH NJW-RR 2005, 76; NJW-RR 2000, 1591; NJW 1992, 2098, 2099.

[220] LG Bonn ZMR 2003, 784.

[221] KG NZM 1999, 569.

V. Verfahrensrechtliche Besonderheiten

schulden des Prozessbevollmächtigten oder externe Hindernisse. In der Rechtsprechung zum WEG spielte bislang vor allem die erste Gruppe die entscheidende Rolle. Dazu folgender **Überblick**:

- Ein objektives Hindernis für die Fristwahrung stellt es dar, wenn die Niederschrift i.S.v. § 24 Abs. 6 WEG innerhalb der Frist des § 46 Abs. 1 Satz 2 WEG noch **nicht vorliegt** oder dem Wohnungseigentümer eine Einsichtnahme **nicht ermöglicht** wurde.[222] Die Niederschrift dient gerade der Information über Inhalt und – nach ihrem Kann-Inhalt – der Information über das Zustandekommen von Beschlüssen – und damit der Vorbereitung einer etwaigen Beschlussanfechtung.[223] Auf mündliche Auskünfte, insbesondere solche von anderen Versammlungsteilnehmern, muss sich der Wohnungseigentümer **nicht verlassen**. Etwas anderes gilt aber, wenn der Wohnungseigentümer in der Versammlung anwesend war[224] oder von ihr wusste: Dann bedarf er nicht des Schutzes eines Wiedereinsetzungsantrags.[225]

- Die verspätete **Zusendung einer Niederschrift** über eine Wohnungseigentümerversammlung kann eine Versäumung grundsätzlich **nicht entschuldigen**. Dies findet seinen Grund darin, dass der Verwalter vorbehaltlich einer anderweitigen Regelung zur Übersendung einer Niederschrift gar **nicht verpflichtet** ist.[226] Es ist vielmehr Sache des anfechtungswilligen Wohnungseigentümers, sich durch Einsicht in die Niederschrift i.S.v. § 24 Abs. 6 WEG oder in die Beschluss-Sammlung nach § 24 Abs. 7 WEG Kenntnis über die gefassten Beschlüsse zu verschaffen.[227] Eine Wiedereinsetzung in den vorigen Stand kann daher nicht bewilligt werden, wenn der Eigentümer unter Beigabe der Tagesordnung zur Eigentümerversammlung geladen wurde und die Möglichkeit bestand, dass er innerhalb der Anfechtungsfrist die Niederschrift oder Beschluss-Sammlung hätte einsehen können.[228]

- Die fehlende Kenntnis von einem Beschluss ist entschuldigt, wenn der anfechtende Wohnungseigentümer **nicht zur Eigentümerversammlung** geladen wurde und deshalb von ihr und den dort gefassten Beschlüssen keine Kenntnis erlangt hat.[229] Verschuldet ist die Fristversäumnis aber, wenn der Wohnungseigentümer nicht geladen worden ist, weil er **pflichtwidrig** seine neue Adresse nicht mitgeteilt hat.

- Ein Wohnungseigentümer, der **trotz ordnungsmäßiger Einladung** an einer Eigentümerversammlung nicht teilgenommen hat, muss sich rechtzeitig vor Ablauf der Anfechtungsfrist danach erkundigen, welche Beschlüsse gefasst worden sind – wozu ihm § 24 Abs. 6 WEG oder § 24 Abs. 7 WEG eine rechtliche Handhabe bietet.[230] **Unterlässt** der Wohnungseigentümer die gebotene Erkundigung, ist die Versäumung der Anfechtungsfrist nicht unverschuldet. Etwas anderes kann aber gelten, wenn der Kläger nicht damit zu rechnen brauchte, dass auf der Eigentümerversammlung Beschlüsse gefasst werden, die seine Belange oder Interessen beeinträchtigen.[231]

---

[222] BayObLG ZMR 2003, 435; KG ZMR 2002, 548, 549 = NZM 2002, 168.
[223] BayObLGZ 1974, 86, 89.
[224] Oder vertreten wurde. Die Kenntnis eines Vertreters ist einem Wohnungseigentümer zuzurechnen, BayObLG ZMR 2001, 292, 293; LG Köln DWE 1986, 20.
[225] BayObLG ZMR 2004, 212, 213.
[226] BayObLG ZMR 2003, 435.
[227] BayObLG ZMR 2003, 435; ZMR 2003, 360, 361; NJW-RR 1991, 976; KG ZMR 2002, 548, 549 = NZM 2002, 168.
[228] BayObLG ZMR 2005, 559, 560.
[229] BayObLGZ 1998, 145, 151; LG Berlin ZMR 2001, 738; *Häublein* NZM 2003, 785, 792.
[230] OLG Hamm ZMR 1999, 199, 200; KG ZMR 1997, 254, 256; OLG Düsseldorf NJW-RR 1995, 464 = ZMR 1995, 220; BayObLG NJW-RR 1991, 976; BayObLGZ 1989, 13 = NJW-RR 1989, 656.
[231] OLG Düsseldorf ZMR 1995, 220, 221; BayObLG NJW 1989, 656.

- Unrichtige Auskünfte des Verwalters über die Wirksamkeit eines Mehrheitsbeschlusses zu baulichen Veränderungen können die Wiedereinsetzung wegen unverschuldeter Verhinderung der Frist zur Beschlussanfechtung rechtfertigen.[232]
- Wiedereinsetzung in den vorigen Stand wegen Versäumung der Anfechtungsfrist kann nicht gewährt werden, wenn sich der Ersteher in der Zwangsversteigerung nicht um die Beschlusslage der Eigentümergemeinschaft, insbesondere darum, ob im Zeitpunkt des Zuschlags noch Anfechtungsfristen liefen, kümmert.[233]

142 Für die Wiedereinsetzung bedarf es **keines förmlichen Antrages**.[234] Auch in der verspäteten Einreichung einer Anfechtungsklage kann daher ein Wiedereinsetzungsantrag erblickt werden, wenn sämtliche eine Wiedereinsetzung begründenden Tatsachen, aus denen die Gründe für die unverschuldete Fristversäumung zumindest erkennbar sind, aktenkundig sind und die Datenangabe in der Klageschrift erkennen lässt, dass sie verspätet eingereicht ist.[235] Ein konkludenter Wille des Klägers, dass der durch die Fristversäumung eingetretene Nachteil beseitigt und das Verfahren durchgeführt werden solle, ist jedoch dann zu verneinen, wenn der Kläger seinen Antrag für rechtzeitig gestellt hält oder sich über die Notwendigkeit einer Fristwahrung keine Gedanken gemacht hat.

143 **Formulierungsvorschlag**: Antrag auf Wiedereinsetzung in den vorigen Stand

Klage

des Wohnungseigentümers Bernd Beispiel, A-Straße 1, 12345 Berlin,

Kläger,

– Prozessbevollmächtigter: Rechtsanwalt Bernd Wissend, B-Straße 1, 12346 Berlin –

gegen

die Wohnungseigentümer der Wohnungseigentumsanlage A-Straße 1–4, 12345 Berlin,[236]

Beklagte,

wegen Beschlussanfechtung

Namens (und in versicherter Vollmacht) des Klägers werde ich beantragen,

1. dem Kläger Wiedereinsetzung in den vorigen Stand wegen Versäumung der Anfechtungsfrist zu gewähren,
2. den Beschluss zu TOP 6 (Gesamt- und Einzeljahresabrechnung 2006) vom 2. 5. 2007 für ungültig zu erklären,
3. im Falle des § 331 Abs. 3 ZPO den Erlass eines Versäumnisurteils.

Streitwert: € ...

Begründung

1. Dem Kläger ist Wiedereinsetzung in den vorigen Stand wegen Versäumung der Anfechtungsfrist zu gewähren. Er hat die Anfechtungsfrist unverschuldet versäumt. Die Verwalterin lud den Kläger, dessen Adresse der Verwalterin bekannt war, nicht zur Versammlung am 2. 5. 2007 ein. Der Kläger erfuhr erst am 4. 6. 2007 zufällig von seinem Nachbarn, dem Wohnungseigentümer Herbert Bruchstelz, dass am 2. 5. 2007 eine Versammlung stattgefunden hatte und die Eigentümer dort mehrheitlich zu TOP 6 die von der Verwalterin vorgelegten Gesamt- und Einzeljahresabrechnungen 2006 billigten. Eine Niederschrift über die Versammlung liegt dem Kläger nicht vor. Beweis: Eidesstattliche Versicherungen des Klägers und des Herbert Bruchstelz, A-Straße 2, 12345 Berlin.
2. Sachverhalt und Beweisantritte
3. Rechtliche Würdigung

---

[232] BayObLG ZMR 2001, 292, 293.
[233] LG Frankfurt aM ZMR 1991, 193.
[234] OLG Hamm ZMR 1999, 199, 200.
[235] BGH NJW-RR 1993, 1091, 1092; OLG Hamm ZMR 1999, 199, 200.
[236] Oder: „die Wohnungseigentümer der in den Wohnungsgrundbüchern von Berlin-Neukölln Bl. 345–390 eingetragenen Teil- und Wohnungseigentumseinheiten".

V. Verfahrensrechtliche Besonderheiten 144–146 § 13

Ein Gerichtskostenvorschuss in Höhe von ... (nach einem Streitwert von ... €) ist beigefügt.

Verwalterin der Wohnungseigentumsanlage ist die Glaßer Hausverwaltungsgesellschaft mbH, gesetzlich vertreten durch ihren Geschäftsführer Heinrich Glaßer, Salzburger Str. 12, 12345 Berlin. Von den Wohnungseigentümern bestellter Ersatzzustellungsvertreter ist der Wohnungseigentümer Karl Dubben, A-Straße 4, 12345 Berlin.[237]

Eine vollständige und aktuelle Eigentümerliste reiche ich sofort nach Erhalt von der Verwalterin innerhalb der Frist des § 276 Abs. 1 ZPO[238] nach.

Eine beglaubigte und eine einfache Abschrift anbei.

Unterschrift
Rechtsanwalt

d) Anfechtungsantrag

Die in § 46 Abs. 1 Satz 2 WEG gesetzte **Antragsfrist** dient als Ausschlussfrist der Rechtssicherheit. Sie kann diese Aufgabe nur erfüllen, wenn auf Grund des Antrags **innerhalb der Frist** feststeht, welche Beschlüsse im Einzelnen angefochten werden sollen.[239] Ein Beschlussanfechtungsantrag muss deshalb gem. § 253 Abs. 2 Nr. 2 ZPO unter Berücksichtigung aller erkennbaren Umstände und der allgemeinen Auslegungsgrundsätze **klar erkennen** lassen, welche Beschlüsse im Einzelnen angefochten werden sollen.[240] Eine wirksame Beschlussanfechtung liegt nur vor, wenn sich dem Antrag unter Berücksichtigung aller erkennbaren Umstände sowie nach Maßgabe der allgemeinen Auslegungsgrundsätze entnehmen lässt, welche Beschlüsse im Einzelnen (ggf. welche Teile von ihnen – eine **Teilanfechtung** ist zulässig)[241] angefochten sein sollen.[242] 144

Der angefochtene Beschluss muss so bezeichnet werden, dass sich ohne weiteres beurteilen lässt, welche sonstigen von den Wohnungseigentümern gefassten Beschlüsse demgegenüber unanfechtbar geworden sind. Innerhalb der gesetzlich vorgesehenen Frist von einem Monat muss **unmissverständlich** geklärt sein, welche der zahlreichen von den Wohnungseigentümern gefassten Beschlüsse von der Anfechtung erfasst sein sollen. Ein unbestimmter Klageantrag ist grundsätzlich unzulässig, die Klage daher durch Prozessurteil abzuweisen. Um dies zu vermeiden, sollte der Klageantrag einer Anfechtungsklage neben der Nummer des Beschlusses ggf. den Ort und das Datum der Versammlung, den Gegenstand des Beschlusses sowie den entsprechenden Tagesordnungspunkt bezeichnen, zu dem der Beschluss gefasst wurde. Soll bei einem Beschluss nur ein einzelner Gegenstand angefochten werden, ist auch das klarzustellen. Fehlt es hieran, ist der gesamte Beschluss zur Überprüfung gestellt.[243] 145

Allein durch die Bezeichnung einer Eigentümerversammlung ist eine Konkretisierung des Anfechtungsgegenstandes regelmäßig nicht möglich.[244] Die Konkretisierung des Streitgegenstandes kann aber – mit entsprechendem Kostenrisiko (die Gebühren nach 146

---

[237] Vgl. § 44 Abs. 1 Satz 1 Halbsatz 2 WEG.
[238] Sonst kann kein Versäumnisurteil erlassen werden.
[239] OLG Zweibrücken ZMR 1994, 482, 483.
[240] OLG Frankfurt a.M. OLGReport Frankfurt 2005, 80; *Bonifacio* ZMR 2005, 327, 328.
[241] BGH v. 15.3. 2007 – VZB 1/06; OLG München ZMR 2006, 949; BayObLG ZMR 2005, 969; KG ZMR 2003, 874, 875; *Bonifacio* ZMR 2005, 327, 329; *Riecke/Schmidt/Elzer* Rdnr. 1000. Wird ein Eigentümerbeschluss nur teilweise für ungültig erklärt, muss der Umfang der Ungültigkeit aus der gerichtlichen Entscheidung eindeutig zu erkennen sein, BayObLG ZMR 2005, 969.
[242] OLG Frankfurt a.M. OLGReport Frankfurt 2005, 80, 81; OLG Celle OLGReport Celle 1994, 195; OLGZ 1989, 183.
[243] OLG München ZMR 2006, 949.
[244] Vgl. für das Aktienrecht Schüppen/Schaub/*Meller* MAH Aktienrecht § 38 Rdnr. 23.

dem GKG sind ca. um das Vierfache höher als die Gebühren nach der KostO)[245] – auch dadurch geschehen, dass **sämtliche** in einer fraglichen Eigentümerversammlung gefassten **Beschlüsse angefochten** werden.

Formulierungsvorschläge:

147

1. Es wird beantragt, den Beschluss zu TOP 3 (Balkonsanierung) der Eigentümerversammlung vom 18. 7. 2007 im Hotel „Bellevue" – Nr. 3/2007 der Beschluss-Sammlung der Wohnungseigentümergemeinschaft ABC Straße in 12345 Berlin – für ungültig zu erklären.
2. Es wird beantragt, den Beschluss über den Gesamtwirtschaftsplan und den Einzelwirtschaftsplan des Klägers der Eigentümerversammlung vom 18. 7. 2007 im Hotel „Bellevue" – Nr. 6/2007 der Beschluss-Sammlung der Wohnungseigentümergemeinschaft ABC Straße in 12345 Berlin – für ungültig zu erklären.
3. Es wird beantragt, den Beschluss zu TOP 2 (Gesamt- und Einzeljahresabrechnungen 2006) der Eigentümerversammlung vom 18. 7. 2007 im Hotel „Bellevue" für ungültig zu erklären, soweit dort auf den Kläger € 310,00 als „Sonderlasten" umgelegt wurden.

e) Anfechtungsgrund: Begründung und Begründungsfrist

aa) Einführung

148 Wegen des im FGG nach § 12 FGG geltenden Untersuchungsgrundsatzes musste ein Antragsteller bislang seine Anfechtungsklage **nicht zwingend begründen.**[246] Ein Antrag konnte nicht allein deswegen zurückgewiesen werden, weil eine Begründung fehlte.[247] Maßgebend für den Umfang einer Klage auf Ungültigerklärung eines Eigentümerbeschlusses war in erster Linie der Wortlaut des Antrags selbst, insbesondere, wenn der Antrag von einem Rechtsanwalt formuliert wurde.[248] Auch dann, wenn eine Begründung unterblieb, hatte das Gericht einen angefochtenen Eigentümerbeschluss von Amts wegen zu prüfen. Im Hinblick auf die bestehenden Mitwirkungspflichten der Beteiligten schwächte sich im Falle einer unterbliebenen Begründung des Antrags die Amtsermittlungspflicht nur ab.[249] Das Wohnungseigentumsgericht hatte also auch ohne eine eigene Begründung des Antragstellers zu ermitteln, ob ein Beschluss formell oder materiell fehlerhaft war.

bb) Neues Recht

149 Diese Möglichkeit, eine Beschlussanfechtung nämlich unbegründet zu lassen, entspricht allerdings **nicht zivilprozessualen** Grundsätzen. Gem. § 253 Abs. 2 Nr. 2 ZPO muss jede Klageschrift die bestimmte Angabe des Gegenstandes und des Grundes des erhobenen Anspruchs enthalten. Anders als § 243 AktG normiert das WEG selbst freilich keine einzelnen Anfechtungsgründe. Es gelten daher insoweit die allgemeinen Grundsätze.

 Praxistipp:

150 Vor einer Anfechtung ist stets zu fragen, ob ein Beschluss nichtig ist – in diesem Falle ist eine **Anfechtung entbehrlich** und es kann aus Gründen der Klarheit allein Feststellung verlangt werden. Besteht eine Unsicherheit, ob ein Beschluss nichtig ist, sollte neben der gestaltenden Ungültigerklärung des Gerichts hilfsweise die Feststellung der Nichtigkeit begehrt werden:

---

[245] BT-Drucksache 16/887 S. 41.
[246] OLG München ZMR 2006, 949; BayObLG ZMR 2003, 692; *Sauren* MietRB 2005, 244 [247]; Staudinger/*Wenzel* Vorbemerkungen zu §§ 43–50 WEG Rdnr. 25; Köhler/*Bassenge* Teil 17 Rdnr. 100.
[247] BayObLG ZWE 2001, 213, 214 = ZMR 2001, 294.
[248] BayObLG ZMR 2003, 692.
[249] BayObLG ZWE 2001, 213, 214 = ZMR 2001, 294.

1. Es wird beantragt, den Beschluss zu TOP 3 (Balkonsanierung) der Eigentümerversammlung vom 18. 7. 2007 im Hotel „Bellevue" – Nr. 3/2007 der Beschluss-Sammlung der Wohnungseigentümergemeinschaft ABC-Straße in 12345 Berlin – für unwirksam zu erklären
hilfsweise
2. festzustellen, dass der Beschluss zu TOP 3 (Balkonsanierung) der Eigentümerversammlung vom 18. 7. 2007 im Hotel „Bellevue" – Nr. 3/2007 der Beschluss-Sammlung der Wohnungseigentümergemeinschaft ABC-Straße in 12345 Berlin – nichtig ist.

Ist ein Beschluss nicht nichtig, kann er **mangelhaft** sein. Als Beschlussmängel kommen formelle und materielle Mängel in Betracht. Unter formellen Mängeln sind dabei solche zu verstehen, die an das Zustandekommen des Beschlusses anknüpfen, z.B. Ladungsmängel, Feststellungsmängel oder Mängel der Eigentümerversammlung. Materiell mangelhaft sind solche Beschlüsse, die inhaltlich nicht i.S.v. § 21 Abs. 4 WEG „ordnungsmäßig" sind.

bb) Begründung

Eine Anfechtungsklage muss nach §§ 46 Abs. 1 Satz 2 WEG, 253 Abs. 2 Nr. 2 ZPO künftig **zwingend begründet** werden. Der Kläger muss im Einzelnen darlegen, warum seiner Meinung nach der von ihm angegriffene Beschluss bemakelt und im Wege des Gestaltungsurteils aufzuheben ist. Außerdem muss der Kläger – will er nicht unterliegen – für die von ihm behaupteten und ihm günstigen Tatsachen die entsprechenden Beweise anbieten.

Unklar ist, wann eine Klage als „begründet" anzusehen ist, welches Maß die Begründung in der Klageschrift also erreichen muss. Hier kann ggf. auf die zu § 520 ZPO ergangene Rechtsprechung zurückgegriffen werden. Jedenfalls nicht ausreichend ist der Vortrag, ein Beschuss sei „nicht ordnungsmäßig". Was im Einzelnen gefordert werden muss, muss aber die Praxis zeigen. Die Voraussetzungen sollten hier **nicht zu streng** gehandhabt werden.

cc) Begründungsfrist

Für den Kläger besteht eine **Schwierigkeit** darin, dass er seine Angriffs- und Verteidigungsmittel, insbesondere Behauptungen, Bestreiten, Einwendungen, Einreden, Beweismittel und Beweiseinreden, so zeitig vorzubringen muss, wie es nach der Prozesslage einer sorgfältigen und auf Förderung des Verfahrens bedachten Prozessführung entspricht, § 282 ZPO. Es kann hieran indes gehindert sein, weil ihm etwa die Niederschrift über die Eigentümerversammlung nicht zeitig genug zur Verfügung steht.

Das Gesetz räumt dem Kläger einer Anfechtungsklage wegen dieser Schwierigkeiten durch § 46 Abs. 1 Satz 2 WEG die **Möglichkeit** ein, die Klage binnen der materiellen Ausschlussfrist zunächst nur zu erheben und erst später, nämlich binnen **zweier Monate** nach Beschlussfassung, zu **begründen**. Die hierin liegende Begünstigung gegenüber anderen Klägern erweist sich allerdings bei näherem Hinsehen als eine erstaunliche und letztlich wohl auch unnötige **Verschärfung** gegenüber den allgemeinen Bestimmungen.[250] Versäumt der Kläger die durch § 46 Abs. 1 Satz 2 WEG geschaffene **besondere Sachurteilsvoraussetzung**, ist die Anfechtungsklage nämlich, anders als sonst eine Klage erster Instanz, zwingend **als unzulässig** abzuweisen.[251]

---

[250] So auch *Bonifacio* ZMR 2005, 327, 329.
[251] Die Alternative bestünde darin, § 46 Abs. 1 S. 2 WEG als Präklusionsvorschrift neben §§ 282, 296, 296a ZPO zu begreifen. Dann liefe diese Vorschrift allerdings leer. Sie regelte nichts, was das Gesetz nicht auch an anderer Stelle anordnet.

156 Die Möglichkeit, die Begründungsfrist analog § 520 Abs. 1 Satz 2 ZPO **zu verlängern**, wenn der Gegner einwilligt, sieht das Gesetz jedenfalls nicht ausdrücklich vor.²⁵² Und auch die Möglichkeit, die Begründungsfrist ohne Einwilligung um bis zu einem Monat zu verlängern, wenn nach freier Überzeugung des Vorsitzenden der Rechtsstreit durch die Verlängerung nicht verzögert wird, oder wenn der Anfechtungskläger erhebliche Gründe darlegt – etwa, dass die Niederschrift immer noch nicht vorliegt oder wenn der Prozessbevollmächtigte eine besonders starke Arbeitsbelastung geltend machen kann²⁵³ – ist **nicht geregelt** worden.²⁵⁴ Ob die Gerichte daher künftig eine Analogie zu § 520 Abs. 1 Satz 2 oder Satz 3 ZPO erwägen und auch ergreifen werden, bleibt abzuwarten. Nach hier vertretener Auffassung wäre allein diese Ansicht **praktikabel** und wünschenswert.

 Praxistipp:

157 Nach den allgemeinen Bestimmungen kann jedenfalls wegen Versäumung der Begründungsfrist nach §§ 233 ff. ZPO Wiedereinsetzung in den vorigen Stand beantragt werden.²⁵⁵

f) Prozessverbindung

158 Wird ein und derselbe Beschluss von unterschiedlichen Wohnungseigentümern in selbstständigen Verfahren gem. §§ 46, 43 Nr. 4 WEG angefochten, sind die Verfahren zur gleichzeitigen Verhandlung und Entscheidung gem. § 47 Satz 1 WEG **zwingend** miteinander zu verbinden.²⁵⁶ Ein Ermessen besteht insoweit nicht. Die Verbindung bewirkt, dass die Kläger der vorher selbstständigen Prozesse als **notwendige Streitgenossen**, § 62 Abs. 1 Fall 1 ZPO, anzusehen sind.

g) Anerkenntnis

159 Die beklagten Wohnungseigentümer können den Anfechtungsantrag **anerkennen**. Das Gesetz sieht eine Einschränkung nicht vor. Ein Anerkenntnis kann allerdings nur von allen verklagten Wohnungseigentümern als notwendigen Streitgenossen i. S. v. § 62 Abs. 1 Fall 1 ZPO gemeinsam abgegeben werden.²⁵⁷ Das Anerkenntnis eines einzelnen Wohnungseigentümers ermöglicht also kein Teilanerkenntnisurteil.²⁵⁸ Werden die beklagten Wohnungseigentümer vom Verwalter nach § 27 Abs. 2 Nr. 2 WEG oder von einem Rechtsanwalt vertreten, umfasst deren Vertretungsmacht allerdings auch ein Anerkenntnis, vgl. § 81 ZPO.

h) Nichtigkeitsgründe

aa) Einführung

160 Bei einer Anfechtungsklage sind zunächst alle in Betracht kommenden **Nichtigkeitsgründe** zu prüfen.²⁵⁹ Ein nichtiger Beschluss lässt nämlich die gewollten Rechtswirkun-

---

²⁵² Für die Anwendung siehe die Stellungnahme des Deutschen Anwaltvereins NZM 2006, 767, 772 (*Müller*).
²⁵³ Vgl. BAG MDR 2005, 288.
²⁵⁴ Zur Verlängerung der Begründungsfrist siehe zuletzt etwa E. *Schneider* MDR 2005, 61.
²⁵⁵ Zur Berufungsbegründungsfrist und den Anforderungen an eine Wiedereinsetzung siehe z. B. BGH MDR 2005, 1184, 1185.
²⁵⁶ Siehe auch § 246 Abs. 3 S. 3 AktG.
²⁵⁷ *Algermissen*, Recht und Realität, S. 229.
²⁵⁸ *Müller* ZWE 2005, 158.
²⁵⁹ Also auch dann, wenn der Kläger keine gesonderte Feststellungsklage erhoben hat, siehe dazu Rdnr. 176.

gen **von Anfang an** nicht eintreten. Die Nichtigkeit eines Beschlusses wirkt grundsätzlich für und gegen alle, bedarf keiner Geltendmachung und ist im gerichtlichen Verfahren **von Amts wegen** zu berücksichtigen.[260] Sie kann zwar in einem gerichtlichen Verfahren nach Maßgabe der bestehenden Vorschriften (z. B. § 256 ZPO) ausdrücklich festgestellt werden; eine solche Entscheidung hat aber nur deklaratorische Bedeutung. Ein Wohnungseigentumsgericht hat daher bei einer Anfechtungsklage den angefochtenen Beschluss stets neben Anfechtungsgründen von Amts wegen auch auf Nichtigkeitsgründe hin zu prüfen.[261] Ein Beschlussanfechtungsantrag ist immer **auch** subsidiär auf die Feststellung der Nichtigkeit des angefochtenen Eigentümerbeschlusses gerichtet, falls dieser an einem als Nichtigkeitsgrund einzuordnenden Mangel leiden sollte. Es handelt sich insoweit nicht um unterschiedliche Verfahrensgegenstände.[262] Ist ein angefochtener Beschluss nichtig, entspricht die Feststellung der Nichtigkeit dem mit der Beschlussanfechtung zum Ausdruck gebrachten Rechtsschutzziel, eine verbindliche Klärung der Gültigkeit des zur Überprüfung gestellten Eigentümerbeschlusses herbeizuführen.[263]

161 Wird einerseits übersehen, dass ein Beschluss nichtig ist, und wird andererseits eine Anfechtungsklage als unbegründet abgewiesen, kann wegen der dem Gericht obliegenden umfassenden Prüfungspflicht nicht mehr geltend gemacht werden, der Beschluss sei nichtig. Nach der Abweisung eines Anfechtungsantrags ist auch die Berufung auf die Nichtigkeit eines Eigentümerbeschlusses ausgeschlossen, da die rechtskräftige Feststellung hinsichtlich der Wirksamkeit auch das Fehlen von Nichtigkeitsgründen umfasst.[264] Lediglich die „Vorprüfung" eines anderen Beschlusses im Verfahren nach § 43 Nr. 4 WEG hindert spätere Nichtigkeitsfeststellungsanträge nicht.[265]

bb) §§ 46 Abs. 2, 48 Abs. 4 WEG

162 § 48 Abs. 4 WEG ordnet diese bereits bislang bejahte **Rechtskraftwirkung** eines auf eine Anfechtungsklage ergehenden Urteils **zur Klarstellung** ausdrücklich an.[266] Eine Änderung der bisherigen Rechtslage ist damit – wie aufgezeigt – nicht verbunden. Wird ein Beschluss als „nicht ordnungsmäßig" angefochten oder behauptet der Antragsteller „Nichtigkeit" und weist das Gericht den Antrag als unbegründet ab, gilt mithin auch ein nichtiger Beschluss nach § 10 Abs. 4 Satz 1 WEG als wirksam. Wird ein Antrag auf Ungültigerklärung eines Eigentümerbeschlusses rechtskräftig abgewiesen, so steht die Rechtskraft dieser gerichtlichen Entscheidung außerdem auch dem späteren **Einwand entgegen**, mangels Abstimmung in der Eigentümerversammlung sei gar **kein Eigentümerbeschluss** zustande gekommen.[267] Zwar kann ein Wohnungseigentümer grundsätzlich unbeschränkt geltend machen, zu einem bestimmten Punkt der Tagesordnung habe gar keine Beschlussfassung stattgefunden.[268] Einer Ungültigerklärung durch gerichtlichen Beschluss nach § 23 Abs. 4 WEG bedarf es ebenso wenig wie bei einem nichtigen Beschluss.[269] Ausnahmsweise kann gem. § 48 Abs. 4 WEG nach einer rechtskräftigen An-

---

[260] BGHZ 107, 268, 270 = MDR 1989, 897. Siehe auch BT-Drucksache 16/887 S. 73.
[261] BGH ZMR 2003, 943, 947 = BGHZ 156, 279 = NJW 2003, 3550 = NZM 2003, 946; BayObLG ZMR 2005, 64; ZMR 2003, 763; OLG Zweibrücken ZWE 2002, 543.
[262] BGH ZMR 2003, 943, 947 = BGHZ 156, 279 = NJW 2003, 3550 = NZM 2003, 946.
[263] *Suilmann* ZWE 2001, 402, 404.
[264] BayObLG ZMR 2002, 142, 143; KK-WEG/*Abramenko* § 43 WEG Rdnr. 19.
[265] OLG Düsseldorf NZM 2001, 712.
[266] Zur bislang h. M. vgl. OLG Düsseldorf ZMR 2006, 141, 142 = NJW-RR 2005, 1095; OLG Zweibrücken ZMR 2005, 407, 408; BayObLG FGPrax 2003, 217, 218 = ZMR 2003, 763, 764.
[267] BayObLG ZMR 2005, 63, 64.
[268] BayObLG ZMR 1996, 151, 154 = BayObLGZ 1995, 407.
[269] BGH ZMR 2000, 771, 775 = BGHZ 145, 158.

tragsabweisung aber auch nicht mehr geltend gemacht werden, es lägen Nichtigkeitsgründe vor oder ein Beschluss sei gar nicht gefasst worden.[270]

163 Um solche umfassenden Rechtswirkungen annehmen zu können, muss sich ein Gericht allerdings mit dem Beschlussgegenstand auseinandergesetzt haben. Wird z. B. eine Anfechtungsklage bereits wegen der in § 46 Abs. 1 Satz 1 WEG angeordneten materiellen Anfechtungsfrist abgewiesen, ist § 48 Abs. 4 WEG **teleologisch zu reduzieren:** Eine Untersuchung des Beschlussgegenstandes i. S. des Gesetzes hat dann nicht stattgefunden.[271] Das Gleiche muss bei einem **Versäumnisurteil** gegen den Anfechtungskläger gelten.[272]

cc) Hinweispflichten des Gerichts

164 Trägt der Kläger eine dem Gericht aber bekannte **Tatsache nicht vor,** aus der sich ergibt, dass ein von ihm angefochtener Beschluss nichtig ist, hat das Gericht gem. § 46 Abs. 2 WEG auf die Tatsache, aus der sich ergibt, dass der Beschluss nichtig ist, hinzuweisen. Normalerweise darf ein Gericht zwar nicht auf eine sachdienliche **Ergänzung des Vortrages** hinwirken, wenn die allgemeine zivilprozessuale Hinweis- und Aufklärungspflicht hierfür keinen hinreichenden Anlass bietet. Im Interesse einer sachgerechten Entscheidung, insbesondere unter Berücksichtigung des Umstands, dass die Rechtskraft der Entscheidung gem. § 48 Abs. 4 WEG auch Nichtigkeitsgründe umfasst, war es daher erforderlich, eine – an die Regelungen in § 139 Abs. 2 und 3 ZPO angelehnte – **spezielle Hinweispflicht des Gerichts** zu schaffen.[273]

Hinweis:

165 Unklar ist allerdings, warum das Gericht **nur den Kläger** auf einen Nichtigkeitsgrund hinweisen soll.[274] Auch die beklagten Wohnungseigentümer müssen Gelegenheit erhalten, zu diesem völlig neuen rechtlichen Gesichtspunkt Stellung zu nehmen. Unter Umständen müssen gerade sie eine Schriftsatzfrist nach § 139 Abs. 5 ZPO beantragen, weil ihnen eine sofortige Erklärung zu dem Hinweis nicht möglich ist. § 46 Abs. 2 WEG sollte daher so gelesen werden, dass das Gericht die Parteien auf die zu einem Nichtigkeitsgrund führenden, bislang nicht dargelegten Tatsachen hinweisen soll.

166 Wenn sich der Kläger die zur Nichtigkeit des angefochtenen Beschlusses führenden Tatsachen nicht wenigstens hilfsweise „zu eigen macht" und nicht in das Verfahren einführt, kann vom Gericht **nicht berücksichtigt** werden, dass der angefochtene **Beschluss nichtig** ist.[275] Ungeachtet der daran vom Bundesrat geübten Kritik,[276] entspricht diese Folge geltendem Zivilverfahrensrecht. Der die Unwirksamkeit des angefochtenen Beschlusses rechtfertigende Lebenssachverhalt unterliegt nach allgemeinen zivilprozessualen Grundsätzen der Dispositionsbefugnis des Klägers. Beruft sich der Kläger also nicht auf eine ihm günstige Tatsache und stützt er sie hierauf nicht, darf eine ihm günstige Tatsache der Entscheidung auch nicht zu Grunde gelegt werden. An der Forderung, dass sich der Kläger eine ihm günstige Tatsache wenigstens hilfsweise zu eigen machen muss, hat der Bundesgerichtshof trotz der im Schrifttum[277] teilweise erhobenen Kritik

---

[270] BayObLG ZMR 2002, 142, 143.
[271] A. A. OLG Düsseldorf ZMR 2006, 141, 142 = NJW-RR 2005, 1095; BayObLG ZMR 2005, 63, 64.
[272] Siehe bereits § 8 Rdnr. 14.
[273] Siehe dazu auch *Hinz* ZMR 2005, 271, 278.
[274] *Hinz* ZMR 2005, 271, 278.
[275] BT-Drucksache 16/887 S. 73.
[276] BR-Drucksache 397/05 S. 8.
[277] *E. Schneider* MDR 2000, 189, 194; *ders.* MDR 1970, 727, 728; *Musielak* ZZP (103), 1990, S. 221; *Weyers*, FS Esser, S. 193, 210; *Jauernig*, FS Schwab, S. 253.

V. Verfahrensrechtliche Besonderheiten 167–169 § 13

im Zusammenhang mit dem so genannten „gleichwertigem (äquipollenten) Parteivorbringen" stets festgehalten.[278]

i) Eilmaßnahmen

aa) Problem

Ein fehlerhafter, aber nicht nichtiger Beschluss bindet Wohnungseigentümer, Verwalter und Gericht, bis er rechtskräftig für ungültig erklärt wurde. Der Verwalter ist gem. § 27 Abs. 1 Nr. 1 WEG außerdem verpflichtet, auch bemakelte Beschlüsse durchzuführen. Ein Eigentümerbeschluss wird vorbehaltlich einer späteren gerichtlichen Ungültigkeitserklärung **sofort** wirksam.[279] Problematisch ist weiter, dass einer Anfechtungsklage keine aufschiebende Wirkung zukommt. Die Durchführung des Anfechtungsverfahrens hat also **keinen Suspensiveffekt**. Hat ein Wohnungseigentümer etwa den Beschluss über eine Jahresabrechnung angefochten, und macht der Verwalter in einem anderen Verfahren gegen diesen Wohnungseigentümer entsprechend dem angefochtenen Eigentümerbeschluss Ansprüche auf Zahlung rückständigen Wohngelds geltend, ist es in der Regel deshalb nicht angezeigt, dass das Gericht das Verfahren auf Zahlung rückständigen Wohngelds von Amts wegen bis zur Entscheidung über die Anfechtung des Eigentümerbeschlusses gem. § 148 ZPO analog **aussetzt**.[280] Der Wohngeldschuldner ist insoweit auf die Klage nach § 767 ZPO oder auf eine Bereicherungsklage zu verweisen.[281]

bb) Wegfall von § 44 Abs. 3 WEG a. F.; §§ 916 ff. ZPO

Um alle diese Folgen zu mindern, war es bislang sachgerecht, begleitend zu einer Anfechtungsklage anzuregen, den angefochtenen Beschluss nach § 44 Abs. 3 WEG a. F. **einstweilen auszusetzen**. Diese Möglichkeit besteht nicht mehr. Es ist aber unter Geltung der ZPO jetzt vorstellbar, dass der Anfechtungskläger den Erlass einer **einstweiligen Verfügung** nach §§ 935, 940 ZPO (Regelungsverfügung) beantragt.[282]

j) Insolvenz des Anfechtenden

Nach allgemeiner Auffassung fanden die Regelungen zur Unterbrechung des Verfahrens durch Tod, Verlust der Verfahrensfähigkeit oder durch Insolvenzverfahren (§§ 239 ff. ZPO) in Wohnungseigentumsverfahren nur ausnahmsweise und nur dann Anwendung, wenn der Verfahrensgegenstand ein **subjektives Recht** des Antragstellers betraf, dieses Recht der Verfügung allein des Antragstellers unterlag und deshalb die Ausgangssituation des Verfahrens dem des Zivilprozesses entsprach.[283] Ein Beschlussanfechtungsverfahren wurde deshalb nach bislang h. M. nicht gem. § 240 ZPO durch Eröffnung des Insolvenzverfahrens **unterbrochen**.[284] Es durfte nicht durch eine Unterbrechung auf unabsehbare Dauer hinausgezögert werden.[285] Die Gültigkeit von Be-

---

[278] BGH NJW 2000, 1641; NJW 1989, 2756 = MDR 1989, 1090; WM 1984, 700 = VersR 1984, 537, 538.
[279] BayObLG ZMR 1998, 445.
[280] BayObLG WE 1996, 239.
[281] OLG Karlsruhe WuM 1992, 567.
[282] Siehe dazu Rdnr. 274.
[283] BayObLG WuM 1990, 323; MDR 1974, 238; KG MDR 1988, 329; *Elzer* MietRB 2006, 135.
[284] OLG Schleswig MietRB 2006, 135 mit Anm. *Elzer;* KG ZMR 2005, 647, 648; BayObLG BayObLGReport 2002, 157; OLG Köln NJW-RR 2001, 1417; KK-WEG/*Abramenko* Vorbemerkung vor §§ 43 ff. WEG Rdnr. 57.
[285] KG ZMR 2005, 647, 648.

schlüssen stand nicht zur Disposition der Beteiligten.[286] Ob sich an dieser Rechtslage etwas geändert hat, ist **unsicher**. Das Absehen von § 240 ZPO war schon nach altem Recht schwer begründbar.[287] Nach neuem Recht verändert sich die Argumentationslast, da nicht mehr die Analogie, sondern eine **teleologische Reduktion** des § 240 ZPO begründet werden muss.

170 Für die bisherige Rechtsmeinung sprechen im Wesentlichen **praktische Bedürfnisse** nach einer raschen Klärung, ob ein Beschluss wirksam ist. Gegen sie spricht, dass das Wohnungseigentum eines insolventen Wohnungseigentümers vom Insolvenzverwalter verwaltet wird. Sowohl dieser als auch der Wohnungseigentümer sollen durch ein rechtskräftiges Urteil gebunden werden. Dann kann aber nicht allein der Insolvenzschuldner den Prozess führen. Hieraus folgt, dass § 240 ZPO grundsätzlich greifen sollte, vor allem wenn der insolvente Wohnungseigentümer **Kläger** ist. Etwas anderes gilt ggf., wenn ein Wohnungseigentümer auf **Beklagtenseite** steht. Hier ist wohl eine Unterscheidung danach zu machen, auf welcher **Grundlage** die Prozessvertretung des insolventen Wohnungseigentümers stattfindet. Hat der insolvente Wohnungseigentümer selbst einen Vertreter bestellt, kann dieser nach Insolvenzeröffnung das Verfahren nicht mehr fortführen. Wird der Prozess aber nach § 27 Abs. 2 Nr. 2 WEG vom Verwalter geführt oder hat dieser für die beklagten Wohnungseigentümer einen Rechtsanwalt bestellt,[288] kommt es zu keiner Unterbrechung.

k) Rechtsschutzbedürfnis

171 Das Rechtsschutzbedürfnis des Anfechtenden ist im Regelfall während des Anfechtungsverfahrens **nicht** zu prüfen.[289] Da das Anfechtungsrecht nicht nur dem persönlichen Interesse des anfechtenden Wohnungseigentümers oder dem Minderheitenschutz dient, sondern auch dem Interesse der Gemeinschaft an einer ordnungsmäßigen Verwaltung, genügt für die Anfechtung nach h. M. grundsätzlich das Interesse des Wohnungseigentümers, eine solche ordnungsmäßige Verwaltung zu erreichen.

☞ **Praxistipp:**

172 Das Rechtsschutzbedürfnis besteht daher grundsätzlich auch für den Wohnungseigentümer, der dem angefochtenen Beschluss **zugestimmt** hat.[290] Eine Anfechtung ist aber ggf. dann rechtsmissbräuchlich, wenn ein Wohnungseigentümer der Beschlussfassung in Kenntnis des nunmehr geltend gemachten Verfahrensmangels zugestimmt hat.[291]

173 Das Rechtsschutzbedürfnis entfällt **ausnahmsweise** etwa mit Bestandskraft eines den angefochtenen Beschluss ersetzenden oder bestätigenden Zweitbeschlusses.[292] Ferner bei Anfechtung einer Verwalterbestellung. Denn auch dieses Verfahren erledigt sich nach h. M. in der Hauptsache, wenn der Zeitraum, für den die Verwalterbestellung erfolgt war, abgelaufen ist.[293] Es besteht ferner kein Rechtsschutzinteresse dafür, einen

---

[286] BayObLG MDR 1974, 238.
[287] *Lüke* ZWE 2006, 370, 376.
[288] Siehe § 8 Rdnr. 66 ff.
[289] BGH ZMR 2003, 750, 754; *Elzer* MietRB 2006, 199.
[290] OLG Karlsruhe ZMR 2003, 290, 291; BayObLG NJW-RR 1997, 715, 717 = ZMR 1997, 256; ZMR 1994, 279, 280; OLG Hamm NJW-RR 1997, 970 = ZMR 1997, 371.
[291] OLG Karlsruhe ZMR 2003, 290, 291; BayObLG NJW-RR 1992, 910; NJW-RR 1988, 1168; BayObLGZ 1992, 79, 83; OLG Düsseldorf DWE 1989, 28.
[292] BGH ZMR 2001, 809, 814; BayObLG ZMR 2005, 891.
[293] OLG Frankfurt OLGReport Frankfurt 2005, 28; OLG Hamm ZMR 1999, 280, 281; grundlegend KG MDR 1990, 249, 250 = NJW-RR 1990, 153. Diese Ansicht wird damit begründet, dass selbst eine etwaige spätere gerichtliche Entscheidung über die Unwirksamkeit des Mehrheitsbeschlusses nicht geeignet wäre, die Folgen einer ggf. nicht ordnungsmäßigen Verwalterbestellung und -anstellung rückwirkend zu vernichten.

V. Verfahrensrechtliche Besonderheiten 174–177 § 13

Beschluss anzufechten, der den Wohnungseigentümern bis zu einem bestimmten Zeitpunkt ermöglicht, zu einem Beratungsgegenstand Stellung zu nehmen. Etwas anderes kann gelten, wenn mit der Fristversäumung ein Nachteil verbunden ist.

l) Feststellungsklagen

Unter §§ 43 Nr. 4, 46 WEG fällt nicht nur die gerichtliche Gestaltung, mit der ein Beschluss für ungültig erklärt wird. Nach h. M. sind hier auch **Feststellungsklagen** verortet, die sich im Übrigen mit der Wirksamkeit oder dem Inhalt eines Beschlusses beschäftigen, ohne unbedingt auf eine **gerichtliche Gestaltung** abzuzielen.[294] Zu unterscheiden sind dabei solche Klagen, für die die Anfechtungsfrist des § 46 Abs. 1 Satz 2 WEG analog gilt, von solchen, die **fristungebunden** sind. 174

Praxistipp: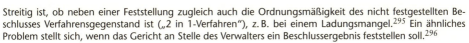
Streitig ist, ob neben einer Feststellung zugleich auch die Ordnungsmäßigkeit des nicht festgestellten Beschlusses Verfahrensgegenstand ist („2 in 1-Verfahren"), z. B. bei einem Ladungsmangel.[295] Ein ähnliches Problem stellt sich, wenn das Gericht an Stelle des Verwalters ein Beschlussergebnis feststellen soll.[296] 175

aa) Fristungebundene Feststellungsklagen

Zu diesen Klagen gehören etwa – wie sich mittelbar aus § 46 Abs. 2 WEG ergibt – Klagen auf Feststellung, dass ein **Beschluss nichtig** ist.[297] Weiter gehören hierher Klagen auf positive Feststellung der Wirksamkeit eines Beschlusses (Prüfung von Nichtigkeitsgründen), z. B. wenn der Verband an der Wirksamkeit eines Beschlusses zweifelt. Schließlich sind hier Klagen auf positive Feststellung des **Beschlussinhalts** bei unklar formulierten Beschlüssen oder bei Unbestimmtheit zu verorten oder Klagen auf „Feststellung" des **Zustandekommens eines Beschlusses,** wenn sich der Versammlungsleiter geweigert hatte, das Zustandekommen festzustellen.[298] 176

bb) Fristgebundene Feststellungsklagen

Zu den fristgebundenen Klagen gehört die Anfechtung eines **Negativbeschlusses**[299] und Feststellung des „richtigen" Stimmergebnisses.[300] In beiden Fällen kann dabei mit der Anfechtung eines Eigentümerbeschlusses ein Antrag auf Feststellung des wirklich 177

---

[294] Siehe nur BGH ZMR 2003, 943, 947 = BGHZ 156, 279 = NJW 2003, 3550 = NZM 2003, 946; BGHZ 107, 268, 270 = MDR 1989, 897.
[295] Siehe dazu *Riecke/Schmidt/Elzer* Rdnr. 720.
[296] *Müller* NZM 2003 222, 226, will für diesen Fall annehmen, dass dem Gericht ein umfassendes Prüfungsrecht zusteht. Nach hier vertretener Auffassung ersetzt das Gericht nur die konstitutive Feststellung und Verkündung des Beschlusses durch den Verwalter. Für eine inhaltliche Gestaltung (Erklärung der Ungültigkeit) durch das Gericht fehlt es an einem entsprechenden Antrag. Dieser könnte freilich auch erst nach der Feststellung gestellt werden. Vorher – also vor der Verkündung des Beschlusses durch das Gericht und der Zustellung an den Verwalter – gibt es (noch) keinen anfechtbaren Beschluss; siehe zu allem auch *Becker* ZWE 2006, 157 ff. und *Kümmel* ZWE 2006, 278 ff., mit jeweils a.A.
[297] In Verfahren über die Gültigkeit von Eigentümerbeschlüssen bilden dabei Anfechtungs- und Nichtigkeitsgründe denselben Verfahrensgegenstand, über den nach § 45 Abs. 2 WEG mit umfassender Rechtskraftwirkung entschieden wird, BGH ZMR 2003, 943, 947 = BGHZ 156, 279 = NJW 2003, 3550 = NZM 2003, 946; OLG Zweibrücken ZMR 2005, 407, 408; *Suilmann* ZWE 2001, 402, 404; KK-WEG/*Elzer* § 10 WEG Rdnr. 345.
[298] Der Antrag ist freilich kein Feststellungsantrag, sondern ein Gestaltungsantrag, da das Gericht die Rechtslage nicht bloß feststellt, sondern den Beschluss konstitutiv begründet, *Riecke/Schmidt/Elzer* Rdnr. 717.
[299] Dazu BGH ZMR 2002, 930.
[300] BayObLG ZMR 2004, 125; KG ZMR 2002, 697; dazu *Becker* ZWE 2006, 157, 160 ff.

gefassten, aber vom Versammlungsleiter nicht festgestellten Beschlussinhalts verbunden werden.[301] Unter §§ 43 Nr. 4, 46 WEG fällt nach h. M. ferner der auch fristgebundene[302] Antrag festzustellen, dass ein Eigentümerbeschluss mit einem bestimmten (in einer Versammlungsniederschrift aber protokollierten) Inhalt **nicht zustande** gekommen ist.[303]

m) Anforderung eines Kostenvorschusses, § 12 Abs. 1 Satz 1 GKG

178 In bürgerlichen Rechtsstreitigkeiten „soll" die Klage gem. § 12 Abs. 1 Satz 1 GKG im Allgemeinen erst **nach Zahlung** der Gebühr für das Verfahren zugestellt werden. Hiervon ist für Anfechtungsklagen aber eine Ausnahme zu machen. Auch nach bislang h. M. durfte ein Gericht die Zustellung eines Anfechtungsantrags nicht von der Zahlung eines Kostenvorschusses abhängig machen und war stets zur unverzüglichen Zustellung verpflichtet.[304] An dieser **Rechtsprechung** sollte **festgehalten** werden. § 12 Abs. 1 Satz 1 GKG ermöglicht dies auch. Diese Bestimmung ist eine Ermessensvorschrift. Auch sie erlaubt es einem Gericht also, das Sicherungsinteresse der Staatskasse und das Interesse der am Verfahren Beteiligten an der beschleunigten Vornahme des Geschäfts **abzuwägen**. Die Abwägung ergibt nach hier vertretener Auffassung, dass **kein Vorschuss** für die Zustellung eines Anfechtungsantrages einzuholen ist. Im Beschlussanfechtungsverfahren überwiegt im Hinblick auf den mit der Anfechtungsfrist verfolgten Zweck der schnellen Klärung der Bestandskraft gefasster Eigentümerbeschlüsse ausnahmsweise das Interesse an einer raschen Lösung. Diesem Zweck widerspricht es, wenn es dem Kläger erlaubt würde, die Anfechtung durch Nichtzahlung des Vorschusses in der Schwebe und vor den anderen Wohnungseigentümern geheim zu halten. Wird **dennoch** ein Kostenvorschuss verlangt und die Zustellung der Klage deshalb nicht i. S. v. § 167 ZPO „demnächst" veranlasst, macht diese Verzögerung eine Anfechtungsklage wegen Verfehlung der Anfechtungsfrist nicht unbegründet. Die Zurückweisung eines Anfechtungsantrags mit der Begründung, die materielle Ausschlussfrist des § 46 Abs. 1 Satz 2 WEG sei nicht gewahrt, weil die Klage wegen der verspäteten Einzahlung des angeforderten Kostenvorschusses nicht rechtzeitig, d. h. nicht demnächst i. S. v. § 167 ZPO zugestellt worden sei, setzt nämlich **voraus**, dass das Amtsgericht die Zustellung der Antragsschrift von der Einzahlung eines einzufordernden Kostenvorschusses **abhängig machen durfte** und also nicht von sich aus verpflichtet war, die Anfechtungsklage auch ohne Anforderung eines Kostenvorschusses den weiteren Beteiligten zuzustellen.[305] Geht man daher wie hier davon aus, dass ein Kostenvorschuss nicht verlangt werden darf, führt eine aus der verspäteten Einzahlung folgende Verzögerung der Zustellung nicht zur Fristversäumung.

---

[301] Es handelt sich teilweise um keine Feststellungs-, sondern um eine Gestaltungsklage: der „richtige" Beschluss muss vom Gericht konstitutiv und rechtsgestaltend erst geschaffen werden.
[302] KG NJW-RR 1991, 213, 214 = MDR 1990, 925 = WE 1990, 207 = WuM 1990, 363 = GE 1991, 53; zweifelnd BayObLG NJW-RR 1990, 210, 211; offen gelassen von BayObLGZ 1999, 149, 153; WE 1996, 97; ZMR 1995, 151, 153.
[303] BayObLG ZMR 1995, 151, 153; NJW-RR 1990, 210; WE 1989, 183; KG NJW-RR 1991, 213 = MDR 1990, 925 = WE 1990, 207 = WuM 1990, 363 = GE 1991, 53; OLG Hamm OLGZ 1979, 296, 298; OLG Celle NJW 1958, 307, 308.
[304] OLG Hamm ZMR 2005, 806; OLG Zweibrücken ZMR 2003, 451, 453 = FGPrax 2002, 246; OLG Hamm NZM 2002, 562; OLG Köln ZMR 2001, 661 = MDR 2004, 271; BayObLG NJW-RR 2001, 1233, 1234 = BayObLGZ 2000, 340 = ZMR 2001, 294, 295 = NZM 2001, 143; offen gelassen von KG ZMR 2005, 223, 224 und OLG Schleswig-Holstein FGPrax 2003, 114 = NJW-RR 2003, 951.
[305] OLG Hamm OLGReport Hamm 2005, 463; OLG Zweibrücken OLGReport Zweibrücken 2002, 455, 456.

V. Verfahrensrechtliche Besonderheiten   179–182 § 13

n) Schiedsbarkeit

Für Wohnungseigentumssachen kann grundsätzlich die staatliche Gerichtsbarkeit durch eine Schiedsvereinbarung[306] und auch durch eine Schlichtungsvereinbarung **ausgeschlossen** werden.[307] Eine **Anfechtungsklage** kann indes **nicht schiedsfähig** sein. Wie auch bei der aktienrechtlichen Anfechtungsklage[308] gibt es durchgreifende Bedenken gegen die Schiedsfähigkeit einer Anfechtungsklage, die nur durch eine gesetzliche Regelung überwunden werden könnten. Die Bedenken gegen die Schiedsfähigkeit von Beschlussmängelstreitigkeiten ergeben sich vor allem aus dem Gesichtspunkt, dass die in Rechtsstreitigkeiten dieser Art ergehenden, der Klage stattgebenden Entscheidungen über die nur zwischen den Parteien wirkende Rechtskraft des § 325 Abs. 1 ZPO hinaus für und gegen alle Wohnungseigentümer und Verbandsorgane wirken, auch wenn sie an dem Verfahren nicht als Partei teilgenommen haben, § 48 WEG. Es handelt sich dabei um eine **Sonderbestimmung** des WEG, die nicht ohne weiteres aus dem Zusammenhang mit den sie ergänzenden verfahrensrechtlichen Vorschriften herausgelöst und auf den Spruch eines privaten Schiedsgerichts übertragen werden kann.[309]

179

o) Vergleich

Die Wohnungseigentümer können sich im Rahmen einer Anfechtungsklage ohne weiteres **vergleichen**. Beschlüsse unterliegen der privaten Disposition.[310] Sie können von den Wohnungseigentümern daher wieder – gem. § 23 Abs. 3 WEG auch außerhalb der Eigentümerversammlung – aufgehoben werden, ggf. durch Vertrag, ggf. durch Beschluss (Zweitbeschluss).[311]

180

p) Darlegungs- und Beweislast

Für die Anfechtungsklage gilt der allgemeine Grundsatz, dass jede Partei die ihr günstigen Haupt- und Hilfstatsachen zu beweisen hat. Im Prozess trifft daher den Kläger die Darlegungs- und Beweislast dafür, dass ein Beschluss nicht ordnungsmäßig ist. Berufen sich die Wohnungseigentümer, die die Wirksamkeit eines Beschlusses verteidigen, darauf, dass nur ein **formeller Beschlussmangel** vorliege und dieser unbeachtlich sei, haben aber sie diese Tatsachen darzulegen und zu beweisen. Nach der Rechtsprechung gilt nämlich die „Vermutung" (der Erfahrungssatz), dass ein Beschluss auf einem formellen Mangel beruht. Von der Ursächlichkeit eines formellen Beschlussmangels ist daher so lange auszugehen, bis der Beweis des Gegenteils **zweifelsfrei** festgestellt ist.[312]

181

5. Prozessverbindung mehrerer Anfechtungsklagen, § 47 WEG

a) Einführung

Die Gültigkeit eines Beschlusses einer Wohnungseigentümerversammlung kann durch Anträge **mehrerer Wohnungseigentümer** zum Gegenstand eines gerichtlichen

182

---

[306] BayObLGZ 1973, 1; Weitnauer/*Mansel* § 43 WEG Rdnr. 34; *Suilmann* WE 1997, 337.
[307] BayObLG WE 1996, 237. Ein entsprechender Beschluss wäre aber nichtig, *Wenzel*, FS Hagen, S. 231, 239; KK-WEG/*Elzer* § 10 WEG Rdnr. 266.
[308] Dazu BGHZ 132, 278, 281.
[309] Zum Aktienrecht siehe Schüppen/Schaub/*Meller* MAH Aktienrecht § 38 Rdnr. 7.
[310] Etwas anderes gilt bei der aktienrechtlichen Anfechtungsklage, vgl. *Hüffer* § 246 AktG Rdnr. 18; Schüppen/Schaub/*Meller* MAH Aktienrecht § 38 Rdnr. 130.
[311] Zum Vergleich im Wohnungseigentumsrecht im Übrigen siehe Rdnr. 277 ff.
[312] KG ZMR 1999, 426, 428; OLG Hamm ZMR 1995, 498.

Verfahrens gem. § 43 Nr. 4 WEG gemacht werden. Diese **mehrfache Anfechtungsmöglichkeit** ist auch notwendig. Denn nur sie verhindert, dass der zunächst anfechtende Eigentümer allein über den Fortgang des Verfahrens bestimmen kann, indem er nach Ablauf der Anfechtungsfrist nach § 46 Abs. 1 Satz 2 WEG seinen Antrag **zurücknimmt**.[313]

183 Liegen Anträge mehrerer Wohnungseigentümer vor, darf es freilich nicht zu inhaltlich divergierenden Entscheidungen kommen.[314] Nach der bisher h. M. war deshalb eine Mehrzahl gleichgerichteter Anträge **analog § 147 ZPO** zu verbinden.[315] Zwar war diese Pflicht der Verfahrensverbindung im Gegensatz zu einer entsprechenden Regelung im Aktienrecht (§ 246 Abs. 3 Satz 5 AktG)[316] nicht kodifiziert. Die Pflicht ergab sich jedoch aus dem Vorliegen eines einheitlichen Verfahrensgegenstandes.[317] Unter Geltung der ZPO stellte sich die Frage, ob eine solche Verfahrensverbindung weiterhin **verpflichtend** sein konnte. Problematisch war insofern, dass ein Gericht nach § 147 ZPO zwar nach billigem Ermessen die Verbindung mehrerer bei ihm anhängiger Prozesse derselben oder verschiedener Parteien zum Zwecke der gleichzeitigen Verhandlung und Entscheidung anordnen kann – aber nicht muss. Diese Freiheit erschien dem Gesetzgeber bei einer Anfechtungsklage aber (weiterhin) **untunlich**: Wie auch im aktienrechtlichen Anfechtungsverfahren (vgl. § 246 Abs. 3 Satz 3 AktG) sollte vielmehr auch in Wohnungseigentumssachen gewährleistet werden, dass die Entscheidung in allen Anfechtungsklagen, die denselben Beschluss der Wohnungseigentümer betreffen, **stets einheitlich** ergeht. Die entsprechende Verfahrenssperre und einen „Verbindungszwang" statuierte dabei nicht erst die Rechtskraft, sondern schon die **Rechtshängigkeitssperre** in analoger Anwendung von § 261 Abs. 3 Nr. 1 ZPO.[318] Der Reformgesetzgeber schloss sich daher dem Modell des § 246 Abs. 3 Satz 3 AktG an und ordnet abweichend von § 147 ZPO eine zwingende Verfahrensverbindung an.

b) Verbindungsvoraussetzungen

184 Gem. § 47 Satz 1 WEG sind mehrere Prozesse, in denen Klagen auf Erklärung der Ungültigkeit **desselben Beschlusses** nach § 46 WEG erhoben werden (Anfechtungsklagen), zur gleichzeitigen Verhandlung und Entscheidung **zwingend** und in Abweichung von dem sonst dem Gericht zugebilligten Entscheidungsspielraum gem. § 147 ZPO im Wege des Beschlusses zu **verbinden**. Ferner ist eine Anfechtungsklage mit solchen Verfahren zu verbinden, in denen es „im Übrigen" um die Gültigkeit desselben Beschlusses der Wohnungseigentümer geht, unabhängig davon, ob die Erklärung oder die Feststellung der Ungültigkeit begehrt wird. Es kommt also nicht darauf an, ob die Klage auf ein Gestaltungsurteil (Anfechtungsklage) oder ein Feststellungsurteil (z. B. eine Nichtigkeitsklage) abzielt, da ein einheitlicher Streitgegenstand vorliegt. Neben einer Beschlussanfechtung kommen daher auch diverse **Feststellungsklagen** für eine Verfahrensverbindung in Betracht. Zu verbinden sind auch mehrere Feststellungsklagen. **Überblick** möglicher Feststellungsklagen:[319]

---

[313] BayObLGZ 1977, 226, 228; *Jacoby* ZMR 2003, 591; KK-WEG/*Abramenko* Vorbemerkung vor §§ 43 ff. WEG Rdnr. 43.
[314] *Löke* ZMR 2003, 722, 723.
[315] OLG Köln v. 9. 2. 2007 – I 6 WX 206/06; OLG Saarbrücken ZMR 2005, 407, 408; BayObLG ZMR 2003, 590 m. Anm. *Jacoby*; KG OLGZ 93, 190, 192 = WuM 1993, 93 = ZMR 1993, 82; LG Berlin ZMR 2001, 146, 147; LG Frankfurt NJW-RR 1987, 1423, 1424.
[316] Dazu *Jacoby* ZMR 2003, 592; *Bork* ZIP 1995, 609, 612.
[317] OLG Saarbrücken ZMR 2005, 407, 408; LG Frankfurt NJW-RR 1987, 1423, 1424; *Löke* ZMR 2003, 722, 723.
[318] *Jacoby* ZMR 2003, 592.
[319] Siehe bereits Rdnr. 174 ff.

V. Verfahrensrechtliche Besonderheiten

- Feststellungsklagen auf Gültigkeit eines Beschlusses;[320]
- Feststellungsklagen auf Nichtigkeit eines Beschlusses;
- Feststellungsklagen auf den Inhalt eines unbestimmten oder unklaren Beschlusses;[321]
- Feststellungsklagen, dass ein Beschluss – ggf. mit einem anderen als dem festgestellten Inhalt – gefasst wurde.

185

Offen geblieben ist, was gilt, wenn ein Wohnungseigentümer **mehrere Beschlüsse** einer Versammlung angefochten hat, ein weiterer aber nur einen von diesen. Dann besteht nur eine „Teilidentität" (**inkongruente** Anfechtungen). Da § 46 WEG von „demselben Beschluss" ausgeht, wäre vorstellbar, die Verfahren auch nur **insoweit** zu verbinden. Dann wäre das Verfahren, in dem mehrere Beschlüsse angefochten worden waren, teilweise zu trennen. Sachgerecht wäre dies nicht: Da es sich jeweils um dieselbe Eigentümerversammlung handelt und allen Beschlüssen z.B. derselbe formelle Beschlussmangel anhaften kann, wäre eine solche Aufspaltung prozessunökonomisch. Mehrere Beschlussanfechtungsverfahren mit jedenfalls teilweise verschiedenen Streitgegenständen sollten daher **stets** miteinander verbunden werden. Dass dadurch jedenfalls ein Kläger **zugleich** teilweise **zum Beklagten wird** – soweit er selbst einen Beschluss nicht angefochten hat – ist auch angesichts der dann nicht leichten Kostenentscheidung hinzunehmen.

186

c) Wirkungen

Die Verbindung bewirkt nach § 47 Satz 2 WEG, dass die Kläger der vorher selbstständigen Prozesse nunmehr als **Streitgenossen** anzusehen sind, für welche die allgemeinen Vorschriften der §§ 59 bis 63 ZPO gelten. Diese Festlegung, dass mehrere selbstständige Kläger jetzt Streitgenossen sind, war notwendig, weil die vormaligen Kläger in den vorher selbstständigen Prozessen **entgegengesetzte Parteirollen** innehatten. Bei einer Beschlussanfechtung sind **alle Wohnungseigentümer** mit Ausnahme des oder der Anfechtenden **Beklagte**.[322] In dem zunächst selbstständigen Beschlussanfechtungsverfahren des Klägers „A" war der Kläger „B" also Beklagter – und umgekehrt.

187

Beispiel:

In der Wohnanlage ABC-Straße 10 mit 6 Wohnungseigentumseinheiten ficht Wohnungseigentümer A am 18. 5. 2007 den Beschluss zu TOP 6 (Jahresabrechnung 2006) der Eigentümerversammlung vom 2. 5. 2007 gegen Wohnungseigentümer B–F an. Am 27. 5. 2007 ficht auch B (Beklagter im Verfahren des A) diesen Beschluss an.

188

Die jeweilige Stellung als Kläger würde nach der derzeitigen zivilprozessualen Rechtslage einer Verbindung zwar **nicht entgegenstehen:**[323] Jedoch würde die später anhängig gewordene Klage im verbundenen Prozess zur Widerklage, was in Anbetracht des einheitlichen Streitgegenstandes nicht sachgerecht wäre. Da die Kläger in einem wohnungseigentumsrechtlichen Verfahren – anders als sonst bei gegeneinander erhobenen Klagen – **dasselbe** prozessuale Ziel verfolgen, sind sie ohne Rücksicht auf ihre zunächst unterschiedlichen Parteirollen als Streitgenossen anzusehen. Einer Regelung dahingehend, dass in der Neuordnung der Parteirollen keine Klagerücknahme im Hinblick auf die früheren Gegner und jetzigen Streitgenossen zu sehen ist, bedurfte es nach Ansicht des Gesetzgebers nicht. Er nimmt an, dass sich dies von selbst verstehe, da die Wirkung

189

---

[320] OLG Hamm NJW 1981, 465.
[321] BayObLG ZMR 2004, 126; OLG Köln OLGZ 1979, 284.
[322] Siehe Rdnr. 125.
[323] So bereits *Jacoby* ZMR 2003, 591, 592.

der Verbindung gesetzlich angeordnet wird. Aus demselben Grund seien mit der Verbindung auch keine kostenrechtlichen Folgen verbunden.

Hinweis:

190 Im Ergebnis wird durch § 47 Satz 2 WEG die derzeitige Rechtslage in Wohnungseigentumssachen, in denen sich diese Problematik wegen der flexibleren Parteirollen[324] nicht stellt, also unter anderen Vorzeichen bloß **fortgeschrieben**.

d) Unterbliebene Verbindung

191 Wird ein Eigentümerbeschluss von **mehreren** Wohnungseigentümern angefochten (oder liegen parallel Feststellungs- und Gestaltungsklagen vor) und nimmt das Amtsgericht dennoch eine Verfahrensverbindung **nicht** vor, tritt nach der Rechtsprechung in den weiteren Anfechtungsverfahren bislang eine Erledigung der Hauptsache ein, wenn nur in einem Verfahren der Antrag auf Ungültigerklärung des Beschlusses **rechtskräftig** zurückgewiesen wird.[325] Sind zwei divergierende Entscheidungen **rechtskräftig** geworden, dürfte die spätere Entscheidung auf Antrag im Wege des Restitutionsverfahrens gem. § 580 Nr. 7a ZPO aufzuheben sein.[326]

6. Beiladung, Wirkungen des Urteils: § 48 WEG

a) Hinführung

192 Das Wohnungseigentumsgericht hat derzeit von Amts wegen gem. § 43 Abs. 4 WEG a. F. die Beteiligten im materiellen Sinne, also diejenigen, deren Rechte und Pflichten durch das Verfahren unmittelbar beeinflusst werden, auch **formell** zu beteiligen. Diese Beteiligung ist nicht nur ein Gebot der Sachaufklärung und der nach § 12 FGG angeordneten Amtsermittlung, sondern – wegen der in § 45 Abs. 2 Satz 2 WEG a. F. geregelten **Rechtskrafterstreckung** – auch des rechtlichen Gehörs.

193 Hieran – an der grundsätzlichen Beteiligung aller Wohnungseigentümer und des Verwalters in den Verfahren nach § 43 Nr. 1 und Nr. 3 WEG – will der Gesetzgeber nichts ändern.[327] Mit § 48 Abs. 1 WEG führt er deshalb eine Vorschrift ein, die hinsichtlich der Beteiligung der Wohnungseigentümer und der Rechtskrafterstreckung der gerichtlichen Entscheidung im Wesentlichen der bisherigen Rechtslage entspricht. Um eine Beteiligung zu **erzwingen** und dadurch die über § 325 Abs. 1 ZPO hinausgehende und erwünschte Rechtskrafterstreckung des § 48 Abs. 3 WEG zu legitimieren, bedient er sich dazu analog der Bestimmung des § 640e Abs. 1 Satz 1 ZPO der **Beiladung**.[328]

b) Beiladung

aa) Beiladung der Wohnungseigentümer

194 Richtet sich die Klage eines Wohnungseigentümers, der in einem Rechtsstreit gem. § 43 Nr. 1 oder Nr. 3 WEG einen ihm allein zustehenden Anspruch geltend macht, nur gegen einen oder einzelne Wohnungseigentümer oder nur gegen den Verwalter, sind nach § 48 Abs. 1 Satz 1 Variante 1 WEG grundsätzlich die **übrigen Wohnungseigen-**

---

[324] *Jacoby* ZMR 2003, 591, 592.
[325] OLG München v. 24. 1. 2007 – 34 Wx 110/06; BayObLG ZMR 2003, 590 m. Anm. *Jacoby*; KK-WEG/*Abramenko* Vorbemerkung vor §§ 43 ff. WEG Rdnr. 54.
[326] *Löke* ZMR 2003, 722, 727; KK-WEG/*Abramenko* Vorbemerkung vor §§ 43 ff. WEG Rdnr. 54.
[327] BT-Drucksache 16/887 S. 39 f.
[328] Siehe auch § 65 VwGO und § 74 GWB.

V. Verfahrensrechtliche Besonderheiten 195–199 § 13

tümer und die werdenden Wohnungseigentümer beizuladen.[329] Wird ein Wohnungseigentum von einem Dritten gehalten, z.B. einem Zwangsverwalter, einem Insolvenzverwalter oder einem Testamentsvollstrecker, ist **dieser** beizuladen.

Die Beiladung der anderen Wohnungseigentümer will aus Gründen der in § 48 Abs. 3 WEG angeordneten **Rechtskrafterstreckung** sicherstellen, dass formell diejenigen Personen beteiligt werden, die auch **materiell betroffen** sind.[330] Denn es gibt auch nach der WEG-Reform weiterhin Rechtsstreitigkeiten, in denen zwar nicht sämtliche Wohnungseigentümer Partei des Verfahrens sind. Inhaltlich geht es aber auch dort um Angelegenheiten, die alle Wohnungseigentümer betreffen, so dass den nicht als Partei beteiligten Wohnungseigentümern rechtliches Gehör zu verschaffen ist. 195

Beispiel:
Die Klage eines Wohnungseigentümers gegen den Verwalter auf ordnungsmäßige Verwaltung, etwa auf Vorlage der Jahresabrechnung (§§ 21 Abs. 4, 28 Abs. 3 WEG), oder gegen einen anderen Wohnungseigentümer auf Beseitigung einer baulichen Veränderung (§ 1004 Abs. 1 BGB, §§ 14 Nr. 1, 15 Abs. 3, 22 Abs. 1 WEG). In beiden Fällen kann jeder Wohnungseigentümer den Anspruch allein und ohne eine Ermächtigung durch die übrigen Wohnungseigentümer gerichtlich durchsetzen. Betroffen sind aber jeweils alle Wohnungseigentümer. 196

Den beizuladenden Wohnungseigentümern und Dritten soll es möglich sein, ihre rechtlichen Interessen von Anfang an zu wahren. Die Beiladung hat daher bereits im ggf. angeordneten **schriftlichen Vorverfahren** zu erfolgen. Diese Forderung kollidiert zwar damit, dass der Kläger nach § 44 Abs. 2 Satz 1 WEG die beizuladenden Wohnungseigentümer zunächst nicht namentlich benennen muss. Diese Regelung erweist sich aus diesem Grunde aber eben als verfehlt und sollte unbeachtet bleiben.[331] Jedenfalls muss eine Benennung so schnell wie möglich erfolgen. Daran ändert nichts, dass die Klage dem Verwalter als Zustellvertreter der Beizuladenden zuzustellen ist. 197

Andere Wohnungseigentümer als Kläger und Beklagter sind nach § 48 Abs. 1 Satz 1 Variante 2 WEG ausnahmsweise nicht beizuladen, wenn ihre **rechtlichen Interessen** erkennbar nicht betroffen sind. Denn ein bloßes „Informationsinteresse" der übrigen Wohnungseigentümer reicht für eine Beiladung nicht aus.[332] In Angelegenheiten, die nur einen **begrenzten Kreis** von Wohnungseigentümern in ihren rechtlichen Interessen betreffen, sind auch nur diese zu beteiligen.[333] Dies ist etwa dann der Fall, wenn ausschließlich **Individualansprüche** eines Eigentümers gegen einen anderen Wohnungseigentümer[334] oder gegen den Verwalter[335] geltend gemacht werden, welche die anderen Miteigentümer in keinem Fall berühren. 198

Beispiel:
Eine solche Ausnahme ist beispielsweise vorstellbar, wenn ein Wohnungseigentümer einen ihm allein zustehenden Schadensersatzanspruch gegen den Verwalter[336] geltend macht.[337] Gleiches gilt, wenn ein 199

---

[329] Nicht nach § 43 Nr. 2 WEG. Hier ist eine Beiladung entbehrlich, weil grundsätzlich alle Wohnungseigentümer Partei sind. Ist dies aber ausnahmsweise nicht der Fall, sollten die anderen Wohnungseigentümer analog § 48 Abs. 1 S. 1 Variante 1 WEG beigeladen werden, soweit ihre Interessen erkennbar betroffen sind.
[330] BGH ZMR 1992, 30 = NJW 1992, 182, 183 = BGHZ 115, 253, 256; OLG Hamm ZMR 1996, 41.
[331] Siehe bereits Rdnr. 76.
[332] BGH ZMR 1992, 30 = NJW 1992, 182, 183 = BGHZ 115, 253, 256.
[333] BayObLG WuM 1995, 672; BayObLGZ 1975, 177, 180.
[334] BayObLG ZMR 2003, 514 = NZM 2003, 246; ZMR 1996, 41; OLG Hamburg ZMR 2001, 135.
[335] OLG Hamburg ZMR 2001, 134, 135; BayObLG ZMR 2000, 314, 315.
[336] So in BGH ZMR 1992, 30 = NJW 1992, 182, 183 = BGHZ 115, 253, 256; BayObLG ZMR 2000, 314, 315.
[337] Kann der Schaden dagegen auch bei anderen Wohnungseigentümern eingetreten sein, sind alle zu beteiligen, BayObLG WuM 1991, 711.

Wohnungseigentümer vom Verwalter die Übersendung von Kopien aus den Verwalterunterlagen verlangt.[338]

200 Eine Beiladung kann danach etwa in folgenden Beispielsfällen **unterbleiben:**
201
- wenn zwei Teileigentümer über die Auslegung einer nur sie betreffenden Konkurrenzschutzklausel streiten;[339]
- bei „nachbarrechtlichen Streitigkeiten" unter Wohnungseigentümern;[340]
- wenn die Wohnungseigentümer durch eine im Grundbuch eingetragene Gebrauchsregelung vom Mitgebrauch einer Gartenfläche ausgeschlossen sind und es nur um die Aufteilung des Sondernutzungsrechtes unter den Berechtigten geht;[341]
- wenn ein Wohnungseigentümer vom Verwalter die Zustimmung zur Veräußerung seines Wohnungseigentums verlangt.[342]

bb) Beiladung des Verwalters

202 Soweit der Verwalter in einem Rechtsstreit gem. § 43 Nr. 3 oder 4 WEG **nicht Partei** ist, ist auch er nach § 48 Abs. 1 Satz 2 WEG beizuladen. Die Beiladung verfolgt dabei **dieselbe Intention** wie die der anderen Wohnungseigentümer nach Satz 1 – die Anhörung seiner Interessen wegen der in § 48 Abs. 3 WEG angeordneten Rechtskrafterstreckung. Die Beiladung muss auch erfolgen, wenn der Verwalter bereits als Organ des Verbandes Wohnungseigentümergemeinschaft oder als Vertreter eines Wohnungseigentümers am Verfahren beteiligt ist.[343]

203 Bei einem **Verwalterwechsel** sind, wenn es um die früheren Rechte und Pflichten des Verwalters und um deren Abwicklung geht, insbesondere um seine Entlastung,[344] sowohl der alte als auch der neue Verwalter beizuladen. Entsprechendes gilt bei einer Anfechtungsklage. Der alte Verwalter hat die Beschlussanfechtung ggf. zu vertreten und wird gem. § 49 Abs. 2 WEG in die Kosten verurteilt,[345] der neue Verwalter ist zu laden, weil er Beschlüsse auszuführen und somit in seinen Rechten und Pflichten betroffen ist.[346]

cc) Beiladung des Verbandes

204 Eine **Beiladung des Verbandes** sieht das Gesetz nicht vor. Auch sie könnte aber erwogen werden, sofern die Interessen des Verbandes erkennbar betroffen sind. Ist z.B. der Beschluss über die Jahresabrechnung angefochten worden, geht es um die dem Verband zustehenden Gelder. Hier sollte daher wegen der auch den Verband als Verbandsperson treffenden Rechte und Pflichten eine Beiladung erfolgen.[347]

dd) Beitritt

205 Die Beigeladenen (Wohnungseigentümer und/oder Verwalter) können gem. § 48 Abs. 2 Satz 2 WEG der einen oder der anderen Partei zu deren **Unterstützung beitreten.** Sie werden dann zu Nebenintervenienten.

---

[338] BayObLG ZMR 2003, 514 = NZM 2003, 246.
[339] BayObLG WE 1997, 477.
[340] BayObLG ZMR 2001, 362; WE 1991, 197.
[341] BayObLG WE 1992, 229.
[342] BayObLG NJW-RR 1997, 1307; WE 1992, 142.
[343] OLG Köln ZMR 2002, 972.
[344] BayObLG NZM 2003, 815; WE 1991, 360.
[345] Siehe Rdnr. 235 ff.
[346] BGH NJW 1998, 755.
[347] Ablehnend KK-WEG/*Abramenko* § 43 WEG Rdnr. 29 b. Der Verband ist indes bereits jetzt gem. § 43 Abs. 4 WEG a. F. zu beteiligen.

V. Verfahrensrechtliche Besonderheiten

ee) Veräußerung des Sondereigentums

206 Da sich die Bestimmung des § 265 Abs. 2 ZPO auf „Parteien" bezieht (arg. § 265 Abs. 1 ZPO), ist sie auf bloße „Beigeladene" nicht anwendbar. Es erschien dem Gesetzgeber indes sachgerecht, seine entsprechende Anwendbarkeit gesetzlich anzuordnen. Veräußert ein beigeladener Wohnungseigentümer während des Prozesses sein Wohnungseigentum, ist gem. § 48 Abs. 2 Satz 3 WEG die Bestimmung des § 265 Abs. 2 ZPO entsprechend anzuwenden. Anderenfalls müsste bei Veräußerungen während der Anhängigkeit des Verfahrens jeder Erwerber **erneut beigeladen** werden. In großen Wohnungseigentumsanlagen führte dies nicht nur zu einem erhöhten Aufwand des Gerichts und höheren Zustellungskosten für die Wohnungseigentümer, sondern es könnte vor allem kaum sichergestellt werden, dass das Gericht von jedem Eigentümerwechsel Kenntnis erlangt.

207 Durch die entsprechende Anwendung von § 265 Abs. 2 ZPO ändert eine Rechtsnachfolge nichts an der Stellung des bisherigen Beigeladenen: Er wird gesetzlicher Prozessstandschafter seines Rechtsnachfolgers.[348] Dies entspricht der bisherigen Rechtsauffassung. Auch zurzeit geht die h.M. davon aus, dass der Veräußerer gesetzlicher Prozessstandschafter des Erwerbers ist.[349]

Praxistipp:
208 Der künftige Eigentümer ist daher nicht zu beteiligen, kann aber als Streitgenosse gem. § 66 ZPO auf Seiten des Veräußerers beitreten.

ff) Durchführung der Beiladung, § 48 Abs. 2 Satz 1 WEG, und Kosten der Beiladung

209 Die Form des Beitritts regelt § 70 ZPO. Die Art und Weise der Beiladung erfolgt gem. § 48 Abs. 2 Satz 1 WEG durch Zustellung der Klageschrift, der die Verfügungen des Vorsitzenden beizufügen sind. Die Zustellung kann gem. § 45 Abs. 1 WEG grundsätzlich an den Verwalter oder – im Falle einer Interessenskollision – an den gem. § 45 Abs. 2 Satz 1 WEG bestimmten Ersatzzustellungsvertreter erfolgen. Von dem anberaumten Termin sind die Beizuladenden zu benachrichtigen. Eine Ladung ist wie stets nicht erforderlich. Wer die Kosten der Beiladung, etwa eines eingeschalteten Rechtsanwalts oder Reisekosten, zu tragen hat, ist ungeregelt geblieben. Eine § 162 Abs. 3 VwGO entsprechende Anordnung fehlt. Nahe liegt, § 101 ZPO analog anzuwenden, weil die Nebenintervention in ihren Wirkungen der Beiladung entspricht. Die durch die Beiladung verursachten Kosten sind daher dem Gegner der Hauptpartei aufzuerlegen, soweit er nach den Vorschriften der §§ 91 bis 98 ZPO die Kosten des Rechtsstreits zu tragen hat; soweit dies nicht der Fall ist, sind sie dem Beizuladenden aufzuerlegen.

c) Rechtskrafterstreckung, § 48 Abs. 3 WEG

210 Das rechtskräftige Urteil wirkt gem. § 325 Abs. 1 ZPO für und gegen die Parteien sowie für und gegen deren Rechtsnachfolger. Die Rechtskrafterstreckung auf Rechtsnachfolger bezieht sich dabei auch auf die Rechtsnachfolge nach rechtskräftig abgeschlossenem Prozess.[350] § 48 Abs. 3 WEG ordnet **darüber hinaus** an, dass das rechtskräftige Urteil auch für und gegen die **beigeladenen Wohnungseigentümer** und ihre Rechtsnachfolger sowie gegen den **beigeladenen Verwalter** wirkt.

---

[348] Zöller/*Greger* § 265 ZPO Rdnr. 6.
[349] BGH ZMR 2001, 810; BayObLG ZMR 2003, 367.
[350] Zöller/*Vollkommer* § 325 ZPO Rdnr. 13.

Überblick:

211

212 Soweit der Verband nicht klagt oder verklagt ist, ist er an einem Gerichtsverfahren nicht zu beteiligen und auch nicht nach § 48 Abs. 1 WEG beizuladen. Die in § 48 Abs. 3 WEG angeordnete Rechtskrafterstreckung muss aber nach Sinn und Zweck auch den Verband treffen. Das Gesetz ist insoweit – um **Friktionen** zu vermeiden – **erweiternd** auszulegen.[351]

d) Übersehene nichtige Beschlüsse, § 48 Abs. 4 WEG

213 Es würde dem Gedanken des Rechtsfriedens innerhalb einer Wohnungseigentümergemeinschaft widersprechen, wenn nach Abschluss eines – möglicherweise langwierigen – Verfahrens über die Frage der Ungültigerklärung eines Eigentümerbeschlusses immer wieder in dem Verfahren nicht ausdrücklich zur Sprache gekommene Nichtigkeitsgründe noch geltend gemacht werden und Gegenstand neuer Verfahren sein könnten. Um dies zu vermeiden, ordnet § 48 Abs. 4 WEG an, dass dann, wenn eine Anfechtungsklage als unbegründet abgewiesen wird, **nicht** mehr geltend **gemacht** werden kann, der angefochtene Beschluss sei nichtig.[352] Diese Präklusion entspricht auch der bisherigen Rechtslage. Es ist bereits jetzt allgemein anerkannt, dass sich die Rechtskraft eines Urteils, durch das eine Anfechtungsklage als unbegründet abgewiesen wird, auch **auf etwaige Nichtigkeitsgründe** erstreckt. Der angefochtene Beschluss ist sowohl in Bezug auf Anfechtungsgründe als auch auf Nichtigkeitsgründe als rechtswirksam zu erachten.[353] Um die Vorschrift des § 48 Abs. 4 WEG **rechtsstaatlich zu legitimieren,** flankieren zwei weitere Regelungen diese strenge Bindung:

214
- In § 46 Abs. 2 WEG ist eine **Hinweispflicht** eingeführt worden;[354]
- außerdem muss das Wohnungseigentumsgericht mehrere Verfahren, die sich mit der Gültigkeit eines Beschlusses befassen, miteinander **verbinden**.[355]

7. Regelungsstreitigkeiten, § 21 Abs. 8 WEG

a) Hinführung

215 Sind über die gesetzlichen Bestimmungen hinaus Regelungen zum Gemeinschaftsverhältnis der Wohnungseigentümer erforderlich und können sich die Wohnungseigentümer darüber **nicht einigen,** entscheidet über diesen Punkt nach geltendem Recht gem. § 43 Abs. 1 Nr. 1 Abs. 2 WEG a. F. der Richter nach **billigem Ermessen.**[356] Würde diese

---
[351] Siehe bereits Rdnr. 204.
[352] Siehe bereits § 8 Rdnr. 12.
[353] BayObLG ZMR 1982, 63; Bärmann/Pick/Merle/*Merle* § 43 WEG Rdnr. 63.
[354] Siehe Rdnr. 162.
[355] Siehe dazu Rdnr. 182 ff.
[356] BGH ZMR 2004, 762, 763; BGHZ 130, 304 312 = ZMR 1995, 483; NJW 1992, 978 = ZMR 1992, 167; siehe auch BGH ZMR 2002, 762, 763; ZMR 1995, 483; NJW 1992, 978 = ZMR 1992, 167; KG GE 2004, 757; BayObLG NJW-RR 1988, 1164; MDR 1981, 937; *Bassenge* MDR 2004, 78, 82.

V. Verfahrensrechtliche Besonderheiten

Möglichkeit einer **Ermessensentscheidung** des Gerichts entfallen, wäre künftig ein Wohnungseigentümer bei Durchsetzung seines Individualanspruchs auf eine ordnungsmäßige Verwaltung i. S. v. § 21 Abs. 4 WEG oder einen ordnungsmäßigen Gebrauch wegen § 253 Abs. 2 Nr. 2 ZPO gezwungen, stets eine **bestimmte Maßnahme** zu beantragen.

Diese Härte erschien dem Gesetzgeber nicht sachgerecht. Nach Vorbild des § 315 Abs. 3 Satz 2 BGB ist deshalb mit § 21 Abs. 8 WEG eine **Sondervorschrift** in das WEG aufgenommen worden, die es dem Wohnungseigentumsgericht künftig unter bestimmten Voraussetzungen ermöglicht, eine **Ermessensentscheidung** zu treffen.[357] Diese Bestimmung ist künftig gesetzliche Grundlage für sämtliche Ermessensentscheidungen des Gerichts, wenn in einer Streitigkeit über eine nach dem Gesetz „erforderliche", aber von den Wohnungseigentümern unterlassene Maßnahme bindende Vorgaben für die Entscheidung fehlen. Klageart ist anders als bei § 745 Abs. 2 BGB keine Leistungsklage,[358] sondern eine **Gestaltungsklage**. Während sich nämlich eine Klage nach § 745 Abs. 2 BGB auf eine konkrete Maßnahme beziehen muss, kann nach § 21 Abs. 8 WEG ein unbestimmter Antrag gestellt werden.[359]

b) Voraussetzungen

§ 21 Abs. 8 WEG nennt für eine Entscheidung des Wohnungseigentumsgerichts anstelle der an sich zuständigen Wohnungseigentümer **drei Voraussetzungen:**

- Erstens haben die Wohnungseigentümer eine Entscheidung nicht selbst durch eine Vereinbarung oder einen Beschluss getroffen, sie haben ihr **Selbstorganisationsrecht**[360] also nicht wahrgenommen.
- Diese Entscheidung muss zweitens nach dem Gesetz „erforderlich" sein.
- Drittens darf sich die notwendige Entscheidung nicht bereits aus dem Gesetz, einer Vereinbarung oder einem Beschluss der Wohnungseigentümer ergeben (**Subsidiarität**).

aa) Selbstorganisationsrecht

Das WEG gibt den Wohnungseigentümern für ihre Angelegenheiten ein **Selbstorganisationsrecht**. Es räumt ihnen, den Funktionsträgern des gemeinschaftlichen Eigentums und den Organen des in bestimmten Beziehungen rechtsfähigen Verbandes Wohnungseigentümergemeinschaft für Gebrauchs- und Verwaltungsregelungen weite Handlungsspielräume ein. In §§ 15 Abs. 3, 21 Abs. 4 wählt das WEG zur Umschreibung dieser jeweilig zugeordneten Prärogative (Vorrechte) den Begriff des „Ermessens".[361]

bb) Nach dem Gesetz erforderlich

Nach § 21 Abs. 4 WEG kann jeder Wohnungseigentümer eine Verwaltung verlangen, die den Vereinbarungen und Beschlüssen und, soweit solche nicht bestehen, dem Interesse der Gesamtheit der Wohnungseigentümer nach billigem Ermessen entspricht. Als eine Maßnahme, die nach dem Gesetz „erforderlich" ist, kommen also alle Beschlüsse in Betracht, die einer ordnungsmäßigen Verwaltung entsprechen und ohne die das Zusammenleben der Wohnungseigentümer nicht ausreichend geordnet ist. Als solche Beschlüsse kommen z. B. in Betracht:

---

[357] Zum Ermessen im WEG siehe *Elzer* ZMR 2006, 85 ff.
[358] Für § 745 Abs. 2 BGB siehe BGHZ 34, 367, 371; PWW/*von Ditfurth* § 745 BGB Rdnr. 5.
[359] A. A. *Algermissen* Recht und Realität, S. 231.
[360] Siehe dazu BGH ZMR 1999, 41, 43.
[361] *Elzer* ZMR 2006, 85.

221
- Ein Beschluss über Wirtschaftsplan und Jahresabrechnung;[362]
- ein Beschluss über eine Gebrauchs-[363] und /oder Nutzungsregelung,[364] z. B. Regelung der Stellplatzvergabe;[365]
- ein Beschluss über eine Vollmacht oder eine Prozessstandschaft;
- ein Beschluss zur Hausordnung;[366]
- ein Beschluss zur Markierung von Parkflächen;[367]
- ein Beschluss zur Erzwingung eines Verwalters.[368]

cc) Keine Regelung

222 Ein Antrag nach § 21 Abs. 8 WEG hat **keinen Erfolg**, wenn sich die notwendige Entscheidung bereits aus dem Gesetz, einer Vereinbarung oder einem Beschluss der Wohnungseigentümer ergibt. Problematisch ist insoweit vor allem, ob auch eine **nicht ordnungsmäßige Regelung** der Wohnungseigentümer einem Antrag nach § 21 Abs. 8 WEG entgegensteht und als Regelung im dortigen Sinne verstanden werden kann. Wägt man die Vor- und Nachteile ab, spricht nichts für eine Sperre.[369] Gegen eine Sperre spricht vor allem, dass jeder Wohnungseigentümer, aber auch die Gesamtheit der Wohnungseigentümer einen Anspruch auf eine ordnungsmäßige Verwaltung haben. Dieser Anspruch kann nicht, auch nicht durch Hinweis auf die angeblich vorrangige Rechtsbeständigkeit, durch einen ordnungswidrigen Beschluss **versperrt** werden. Die Wohnungseigentümer müssen einen Erstbeschluss aufheben oder abändern, wenn er den Grundsätzen ordnungsmäßiger Verwaltung nicht entspricht, sei es von Anfang an oder auf Grund neuer tatsächlicher Verhältnisse. Ein Interesse für eine andere Sichtweise ist nicht anzuerkennen. Es kann vor allem nicht in der Rechtssicherheit erkannt werden. Die Rechtssicherheit kann die Ordnungsmäßigkeit nicht überspielen. § 21 Abs. 4 WEG und der ganzen Systematik des Wohnungseigentumsrechts ist zu entnehmen, dass eine Sperrwirkung nicht ordnungsmäßiger Beschlüsse nicht anzuerkennen ist. Dem ist nicht entgegenzuhalten, dass die Anfechtungsfrist dadurch entbehrlich wird. Denn das ist nicht der Fall. Für die Anfechtungsfrist besteht weiterhin Raum. Vor allem dann, wenn eine Entscheidung unter formellen Mängeln leidet. Ferner dann, wenn eine Entscheidung ermessensfehlerfrei ist. Eben hier ist auch der originäre – und eigentliche – Anwendungsbereich der Anfechtungsfrist.

c) Subsidiarität

223 Gerichtliches Ermessen ist subsidiär.[370] Für eine gerichtliche Geltendmachung und einen Antrag auf richterliche Gestaltung besteht kein Rechtsschutzbedürfnis, solange die Eigentümer mit der Maßnahme nicht befasst waren.[371] Es müssen daher **besondere Voraussetzungen** erfüllt sein, um ein Rechtsschutzbedürfnis für einen außerordentli-

---

[362] KG NJW-RR 1992, 1298; NJW-RR 1991, 463.
[363] OLG Hamburg ZMR 2004, 933, 934 für einen Stellplatz im Vorgarten und eine notwendige Entschädigung.
[364] BayObLG NJW-RR 1987, 1490, 1491.
[365] KG ZMR 1994, 379 = NJW-RR 1994, 912.
[366] OLG Hamm OLGZ 1969, 278 = NJW 1969, 884.
[367] BayObLG NJW-RR 1987, 1490, 1491.
[368] § 10 Rdnr. 11.
[369] *Bub* ZWE 2000, 194, 204; Staudinger/*Bub* § 21 WEG Rdnr. 112; a. A. Bärmann/Pick/Merle/ *Merle* § 21 WEG Rdnr. 83.
[370] KG ZMR 1999, 509 = ZWE 2000, 40.
[371] OLG Hamm WE 1996, 33; LG Köln ZMR 2005, 311.

V. Verfahrensrechtliche Besonderheiten

chen, die Funktionsabgrenzung des geschriebenen Rechts überschreitenden staatlichen Eingriff annehmen zu können. Der Antragsteller eines solchen Verfahrens muss, um zulässigerweise den Gestaltungsantrag stellen zu können, zuvor im Rahmen des Möglichen und Zumutbaren alles versucht haben, eine dem Gesetz entsprechende Tätigkeit des primär zuständigen „Beschlussorgans" zu erreichen, nämlich der Wohnungseigentümerversammlung.

Eine Ausnahme gilt dort, wo eine Befassung der Eigentümer aussichtslos und unzumutbar und damit eine **unnötige Förmelei** wäre.[372] Die Durchführung eines Vorschaltverfahrens ist daher entbehrlich, wenn auf Grund besonderer Umstände feststeht, dass das Begehren des antragstellenden Miteigentümers in einer Eigentümerversammlung mit Sicherheit keine Mehrheit gefunden hätte.[373] Anders verhält es sich bereits, wenn etwa auf Grund des Fehlverhaltens des Versammlungsleiters eine ordnungsgemäße, eine Diskussion aller stimmberechtigten Eigentümer ermöglichende Eigentümerversammlung nicht stattgefunden hat, aus einer gewissen zeitlichen Verzögerung keine ernstlichen Nachteile zu befürchten sind und dem Antragsteller deshalb eine nochmalige Befassung der Eigentümerversammlung zugemutet werden kann.[374] Dabei wird die Dringlichkeit der verlangten Verwaltungsmaßnahme zu beachten sein, etwa wenn es um den Erlass eines Wirtschaftsplans oder eines Beschlusses über eilige Reparaturmaßnahmen geht. Wegen der Festlegung der gegenseitigen Beitragspflichten besteht auch an der Bestätigung einer Jahresabrechnung oder einer Sonderumlage ein gewichtiges Bedürfnis. Dieses hat jedoch zurückzutreten, wenn inhaltliche Mängel der Beschlussvorlage erkennbar sind und nach Behebung von Bedenken der ablehnenden Mehrheit eine positive Beschlussfassung nicht ausgeschlossen erscheint. Die Ersetzung von Eigentümermaßnahmen durch gerichtliche Entscheidung kann nur letztes Mittel sein. Die eigenverantwortliche Gestaltung der Wohnungseigentümer muss demgegenüber vorrangig bleiben. Die Voraussetzungen für ein gerichtliches Eingreifen sind **weniger streng**, wenn es nicht um die Abänderung oder Ersetzung bestehender Regelungen, sondern um deren **Ergänzung** durch zusätzliche Gebrauchs- oder Verwaltungsregelungen geht.[375] Auch bei der Entscheidung darüber ist aber die Verwaltungsautonomie der Wohnungseigentümer zu beachten; eine ergänzende oder ersetzende gerichtliche Regelung wird nur dann in Betracht kommen, wenn sie als für das Zusammenleben der Wohnungseigentümer unverzichtbar oder dringend geboten erscheint, wenn also gewichtige Gründe für sie sprechen und im Rahmen des dem Gericht eingeräumten Entscheidungsermessens nur eine einzige Entscheidung als richtig erscheint.[376] Denn anderenfalls wäre es bei der Vielzahl der denkbaren sinnvollen oder zweckmäßigen Verhaltensregeln einem einzelnen Wohnungseigentümer möglich, die Gemeinschaft ständig mit der Forderung nach weiteren Regelungen zu überziehen und der Mehrheit seinen Willen aufzuzwingen.[377]

Beispiel:

Ein Wohnungseigentümer kann durch eine gerichtliche Entscheidung grundsätzlich kein Rauchverbot in den gemeinschaftlichen Räumen durchsetzen, wenn die Gemeinschaft schon eine Hausordnung mit Verhaltensregeln für solche Räume hat und der Antrag, einen Eigentümerbeschluss für ein Rauchverbot zu fassen, mit großer Mehrheit abgelehnt worden ist.

---

[372] OLG Düsseldorf WE 1991, 242.
[373] BayObLG NJW-RR 1986, 445; OLG Stuttgart OLGZ 1977, 433.
[374] KG NJW-RR 1989, 976 = GE 1989, 787.
[375] BayObLG WuM 2005, 475, 477.
[376] BayObLG WuM 1999, 536 = NZM 1999, 504, 506.
[377] Vgl. BayObLG WuM 1999, 536, 538 = NZM 1999, 504.

d) Unbestimmter Antrag; Kostenentscheidung (§ 49 Abs. 2 WEG)

226 Eine Klage nach § 21 Abs. 8 WEG erlaubt es, abweichend von § 253 Abs. 2 Nr. 2 ZPO einen **unbestimmten Antrag** zu stellen und den Ausspruch in das billige Ermessen des Gerichts zu stellen.[378] Es liegt nahe, dass dieser Antrag erstens nur dann zulässig ist, wenn der Kläger diesen eine **ausreichende tatsächliche Schätzgrundlage** für die Ausübung des richterlichen Ermessens nach § 287 ZPO mitteilt. Zweitens sollte gefordert werden, dass der Kläger eine **eigene Vorstellung** äußert, wie die von ihm geforderte Verwaltung aussehen sollte. Beklagte sind sämtliche anderen Wohnungseigentümer in **notwendiger Streitgenossenschaft**, § 62 Abs. 1 Fall 1 ZPO.

Beispiele:

227 „Es wird beantragt, über die Verteilung der im Gemeinschaftseigentum stehenden Parkflächen (Nr. 1 – Nr. 17 nach dem Aufteilungsplan) nach billigem Ermessen des Gerichts eine angemessene Regelung zu treffen, die berücksichtigt, dass der Kläger am Abend regelmäßig erst gegen 23.00 Uhr heimkehrt."
„Es wird beantragt, dass das Gericht nach billigem Ermessen einen Ersatzzustellungsvertreter bestimmt."

228 Bei einer Klage nach § 21 Abs. 8 WEG ist häufig nicht feststellbar, warum die Wohnungseigentümer ihr Selbstorganisationsrecht nicht ordnungsmäßig wahrgenommen haben und wer hierfür die „Verantwortung" trägt. Der Gesetzgeber hat den Gerichten daher die Möglichkeit eingeräumt, die Kosten des Rechtsstreits nach billigem Ermessen zu verteilen, § 49 Abs. 2 WEG.[379]

8. Kostenentscheidung, § 49 WEG

a) Einführung

229 Die Erstreckung der ZPO-Vorschriften auf Wohnungseigentumssachen hat zur Folge, dass die Kostentragung künftig grundsätzlich nicht mehr nach billigem Ermessen erfolgt, sondern sich nach §§ 91 ff. ZPO richtet. Dies hat vor allem Auswirkungen auf die Erstattung **außergerichtlicher Kosten**: In der derzeitigen Regelung des § 47 Satz 2 WEG a. F. kommt der Grundsatz der freiwilligen Gerichtsbarkeit zum Ausdruck, dass die Beteiligten ihre **außergerichtlichen Kosten** selbst tragen. Die Erstattung außergerichtlicher Kosten ist danach nur dann anzuordnen, wenn dies unter Berücksichtigung aller Umstände der Billigkeit entspricht. Eine Kostenerstattung findet also nur **ausnahmsweise** statt. Auch wenn ein Beteiligter im Verfahren unterliegt, müssen besondere Gründe vorliegen, die es rechtfertigen, ihm die außergerichtlichen Kosten des Gegners aufzuerlegen, z. B. in einem Wohngeldverfahren. Dies wird künftig **anders** sein, da die unterliegende Partei nach dem Grundsatz des § 91 Abs. 1 Satz 1 ZPO nicht nur die Gerichtskosten, sondern insbesondere auch die Rechtsanwaltskosten der Gegenseite zu erstatten hat – sofern nicht § 50 WEG greift.[380] Diese Kostenfolge erschien dem Gesetzgeber – mit zwei Ausnahmen – zu Recht für die Streitverfahren des § 43 WEG **angemessener** als die derzeitige Rechtslage.[381] Im **Grundsatz** gelten also die allgemeinen Kostenvorschriften der §§ 91 ff. ZPO.

230 Die **erste Sonderheit** gegenüber §§ 91 ff. ZPO ist eine §§ 91 a, 269 Abs. 3 Satz 3 ZPO sehr ähnliche **Billigkeitsentscheidung**. Eine Verteilung der Prozesskosten nach billigem

---

[378] Siehe auch Rdnr. 84 f.
[379] Siehe Rdnr. 232.
[380] Dazu Rdnr. 246 ff.
[381] § 47 WEG a. F. verführte zu viele Gerichte, von einer Auferlegung außergerichtlicher Kosten abzusehen.

V. Verfahrensrechtliche Besonderheiten

Ermessen des Gerichts ist gem. § 49 Abs. 1 WEG ausnahmsweise dann möglich, wenn das Wohnungseigentumsgericht anstelle der Wohnungseigentümer eine nach dem Gesetz erforderliche Maßnahme in einem Rechtsstreit nach billigem Ermessen nach § 21 Abs. 8 WEG[382] entschieden hat. Die **zweite Ausnahme** ist die sehr ungewöhnliche und dem Zivilprozessrecht bislang **fremde Möglichkeit** des Gerichts, gem. § 49 Abs. 2 WEG einem Dritten und ggf. nicht einmal Verfahrensbeteiligten, also weder Kläger noch Beklagtem noch Nebenintervenienten, die Prozesskosten aufzuerlegen. Bei der zu treffenden Kostenentscheidung darf künftig ausdrücklich berücksichtigt werden, dass der Verwalter den Anfall der gerichtlichen und außergerichtlichen Kosten wegen Verletzung seiner Vertragspflichten gem. §§ 675, 276 BGB zu vertreten hat und deswegen nach materiellem Recht kostenerstattungspflichtig ist.

Überblick:

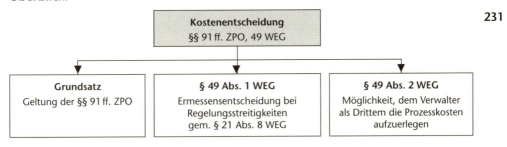

231

b) § 49 Abs. 1 WEG: Regelungsstreitigkeiten

aa) Einführung

Sofern das Gericht bei der Entscheidung in der Hauptsache gem. § 21 Abs. 8 WEG **Ermessen** hat,[383] können gem. § 49 Abs. 1 WEG auch die Prozesskosten nach billigem Ermessen verteilt werden. Diese Möglichkeit hat ihren Grund darin, dass sich bei den Regelungsstreitigkeiten im Einzelfall kaum genau feststellen lässt, welche Partei in welchem Verhältnis obsiegt hat oder unterlegen ist.

232

bb) Voraussetzungen

§ 49 Abs. 1 WEG nennt **keine Voraussetzungen,** mithin keine Prüfsteine für die Ermessensentscheidung des Wohnungseigentumsgerichts im Einzelfall. Nach allgemeinen Grundsätzen wird sich diese daher daran auszurichten haben, wer ein Verfahren veranlasst und die Tätigkeit des Gerichts herausgerufen hat. Haben es die Wohnungseigentümer etwa unterlassen, mehrheitlich einen Wirtschaftsplan zu beschließen, sollten diejenigen Wohnungseigentümer die Kosten tragen, die gegen den Beschluss gestimmt haben.

233

cc) Rechtsmittel

Gem. § 99 Abs. 1 ZPO ist die Anfechtung der Kostenentscheidung unzulässig, wenn nicht gegen die Entscheidung in der Hauptsache ein Rechtsmittel eingelegt wird. Dies erscheint allerdings für eine Ermessensentscheidung nur über die Kosten nach § 49 Abs. 1 WEG nicht als angemessen. Will sich eine Partei nur gegen die Kostenentscheidung wehren, böte es sich vielmehr an, §§ 91 a Abs. 2 Satz 1, 99 Abs. 2 Satz 1 ZPO

234

---
[382] Dazu Rdnr. 215 ff.
[383] Siehe dazu Rdnr. 215 ff.

analog anzuwenden. Die Ermessensentscheidung erster Instanz gem. § 49 Abs. 1 WEG ist vom Beschwerdegericht dann allerdings nur auf **Ermessensfehler** hin zu kontrollieren.[384]

c) § 49 Abs. 2 WEG: Kostentragungspflicht des Verwalters

aa) Einführung

235 Die prozessuale Kostenentscheidung des Zivilprozesses ist nicht erschöpfend. Die Kostenvorschriften der ZPO befassen sich nur mit dem **prozessualen Kostenerstattungsanspruch.** Die Kostenpflicht muss sich also aus der Prozesssituation ergeben. Materiell-rechtliche Erwägungen dürfen dabei grundsätzlich **keine Rolle** spielen. Das Gericht soll nicht gezwungen sein, im Rahmen der Kostenentscheidung – von den gesetzlich begründeten Ausnahmefällen abgesehen – materiell-rechtliche Anspruchsgrundlagen zu prüfen.[385] Die prozessuale Kostenentscheidung lässt deshalb im Grundsatz durchaus Raum für die **spätere Durchsetzung** materiell-rechtlicher Ansprüche auf Kostenerstattung.[386]

236 Übt ein Gericht bei einer Kostenentscheidung Ermessen aus, kann es allerdings bereits bei der prozessualen Kostenentscheidung auch materiell-rechtliche Gesichtspunkte beachten.[387] Zu diesen Aspekten gehört u. a. die Frage, ob ein **Dritter** nach materiellem Recht **kostenerstattungspflichtig** ist.[388] Diesen allgemeinen Gedanken greift jetzt § 49 Abs. 2 WEG auf. Nach dieser Bestimmung können dem Verwalter die Prozesskosten auch dann auferlegt werden, wenn er nicht Kläger, Beklagter oder Nebenintervenient ist. Ist der Verwalter Partei des Rechtsstreits, gelten §§ 91 ff. ZPO. Ist er nicht Partei, kann § 49 Abs. 2 WEG greifen. Danach können dem Verwalter auch dann die Kosten des Rechtsstreits auferlegt werden, soweit die Tätigkeit des Gerichts durch ihn „veranlasst" wurde und ihn daneben ein „grobes Verschulden" trifft.[389] Diese Möglichkeit, den Verwalter mit den Prozesskosten zu belasten, **entspricht** dem Grunde nach der **bisherigen Rechtsprechung.** Auch bei einer nach § 47 WEG a. F. zu treffenden Billigkeitsentscheidung darf[390] nach Ansicht der h. M. berücksichtigt werden, dass der Verwalter den Anfall der gerichtlichen und außergerichtlichen Kosten wegen Verletzung seiner **Vertragspflichten** gem. §§ 675, 276 BGB zu vertreten hat und deswegen **gegenüber den Wohnungseigentümern** nach materiellem Recht kostenerstattungspflichtig ist.[391] Vor allem Gründe der Prozessökonomie sprechen dafür, bei der Kostenentscheidung einen materiell-rechtlichen Kostenerstattungsanspruch zu berücksichtigen.[392] Das Gesetz **ignoriert** allerdings, dass zurzeit die Stellung des Verwalters im Verhältnis zu den Wohnungseigentümern umstritten ist. Ferner ignoriert es, dass nach derzeit h. M. Vertrags-

---

[384] OLG Hamburg ZMR 2007, 61; KG KGReport 2006, 282 = ZOV 2006, 90 = ZWE 2006, 203.
[385] Siehe zu allem BGH NJW 2004, 223, 224.
[386] BGH NJW 2002, 680 = MDR 2002, 473, 474; NJW-RR 1995, 495; NJW 1990, 1906; NJW 1966, 1513.
[387] BayObLG ZMR 2003, 124, 125; BayObLG ZMR 1994, 36, 37; BayObLGZ 1988, 287, 293; 1975, 369, 371; OLG Zweibrücken NZM 1999, 1154 = ZMR 1999, 662 = OLGReport Zweibrücken 2000, 106; KG OLGZ 1989, 174, 178.
[388] Für das WEG: BGH ZMR 1998, 171, 173 m. w. N.; für die ZPO: BGH MDR 2002, 473, 474.
[389] Siehe dazu im Einzelnen Rdnr. 238 ff.
[390] Eine Berücksichtigung muss aber nicht erfolgen, siehe nur KK-WEG/*Abramenko* § 47 WEG Rdnr. 17 m. w. N.
[391] BGH ZMR 1998, 171, 173 = NZM 1998, 78 = NJW 1998, 755; ZMR 1997, 531, 534 = NJW 1997, 2956; BGHZ 111, 148, 153; OLG Köln ZMR 2006, 384; OLG Düsseldorf ZMR 2006, 140, 141; BayObLG ZMR 2003, 125, 126.
[392] BayObLG ZMR 2003, 125, 126.

V. Verfahrensrechtliche Besonderheiten

partner des Verwaltervertrages der Verband Wohnungseigentümergemeinschaft ist.[393] Vertragliche „materiell-rechtliche" Ansprüche der Wohnungseigentümer – die ihren Niederschlag in § 49 Abs. 2 WEG finden könnten –, wären danach nur solche wegen der auch die Wohnungseigentümer treffenden Schutzwirkungen des Verwaltervertrages.[394]

bb) Veranlassung der Tätigkeit durch Verwalter

Eine **Kostentragungspflicht des Verwalters** ist vor allem, aber nicht nur,[395] in einem Anfechtungsverfahren nach § 46 WEG möglich. Das ist dann der Fall, wenn der Verwalter die „Tätigkeit des Gerichts" – also das Anfechtungsverfahren und die Anrufung des Gerichts durch den oder die Kläger – **veranlasst** hat. Unter „Veranlassung" ist zu verstehen, dass ein Tun oder Unterlassen oder ein Fehler des Verwalters einen Wohnungseigentümer dazu aufgerufen haben, einen Beschluss anzufechten. Die Gründe, die der Verwalter für einen Beschlussmangel gesetzt haben kann, sind dabei **vielfältig**. Sie beginnen mit der Formulierung eines Beschlusses, die meist vom Verwalter vorgeschlagen wird. Ist die Formulierung etwa zu unbestimmt, kann dies eine Anfechtung oder Klarstellung notwendig machen. Ferner sind Fehler im Zusammenhang mit der Eigentümerversammlung vorstellbar. Zu denken ist an Fehler im Zusammenhang mit der Ladung, der Auswahl des Versammlungsortes,[396] der Tagesordnung oder der Leitung der Eigentümerversammlung, z. B. Missachtung der Vereinbarungen aus der Gemeinschaftsordnung.[397] Weitere Fehler sind, dass eine Versammlung nicht beschlussfähig ist und der Verwalter dies übersieht oder dass Beschlüsse unter „Sonstiges" gefasst werden. Ferner kann ein Fehlverhalten darin liegen, dass keine oder eine mangelhafte Feststellung des Beschlussergebnisses erfolgte, die Versendung der Niederschrift versagte oder eine falsche Abfassung der Niederschrift versandt wurde.[398] Auch sind „materielle" Fehler vorstellbar, etwa wenn der Verwalter eine falsche Jahresabrechnung präsentiert oder seine Prognosen für den neuen Wirtschaftsplan fehlgehen.

237

cc) Grobes Verschulden

Die Verfahrenskosten können dem Verwalter allerdings **nicht bei jedem Verschulden** i. S. v. § 276 BGB – und also auch nicht bei bereits einfacher Fahrlässigkeit – auferlegt werden. Das Gesetz hält eine **Milderung** der Verwalterhaftung für angemessen. Nach § 49 Abs. 2 WEG kommt eine Haftung nur dann in Betracht, wenn den Verwalter an der Tätigkeit des Gerichts – am Verfahren – i. S. v. § 13 a Abs. 1 Satz 2 FGG ein **grobes Verschulden** trifft (grobe Fahrlässigkeit).[399] Grobes Verschulden liegt dann vor, wenn der Verwalter nach einer wertenden Gesamtschau die im Verkehr erforderliche Sorgfalt in besonders schwerem und ungewöhnlich hohem Maße unbeachtet lässt.[400] Vorausgesetzt wird eine das gewöhnliche Maß der Fahrlässigkeit erheblich übersteigende Schwere des Sorgfaltsverstoßes.[401]

238

---

[393] Siehe aber *Müller*, FS Seuß (2007), 211, 218 ff.
[394] Dazu § 8 Rdnr. 43.
[395] Eine Kostentragungspflicht ist etwa auch dann vorstellbar, wenn der Verwalter, der für den Verband handelt, den „falschen" Wohnungseigentümer verklagt. Ferner dann, wenn er für die Wohnungseigentümer einen Anspruch geltend macht, der aber vom Verband einzuklagen wäre oder diesem sogar zusteht.
[396] OLG Köln ZMR 2006, 384.
[397] BGH ZMR 1998, 171, 173; 1997, 531, 534.
[398] Siehe auch *Drasdo* FGPrax 2004, 191, 193.
[399] Wie hier stellt *Becker* ZWE 2006, 157, 164, die Begriffe gleich.
[400] BGH MDR 2006, 1188; MDR 2003, 505, 506; vgl. auch die Definition in § 45 Abs. 2 Satz 3 Nr. 3 SGB X.
[401] BGH MDR 2006, 1188; BGHZ 119, 147, 149 = MDR 1992, 945; BGH NJW 1988, 1265, 1266.

☞ **Praxistipp:**

239 Als Faustformel für das Vorliegen des besonders groben Sorgfaltsverstoßes lässt sich mit der Formulierung arbeiten, der Verwalter habe bereits „einfachste, nahe liegende Überlegungen unterlassen und das nicht beachtet, was im gegebenen Fall jedem einleuchten musste".[402]

240 Im **Gegensatz** zur einfachen Fahrlässigkeit muss es sich bei einem grob fahrlässigen Verhalten um ein auch in **subjektiver Hinsicht** unentschuldbares Fehlverhalten handeln, das ein gewöhnliches Maß erheblich übersteigt.[403] Es sind also auch Umstände zu berücksichtigen, welche die subjektive, personale Seite der Verantwortlichkeit betreffen.[404] Subjektive Besonderheiten können im Einzelfall etwa im Sinne einer Entlastung ins Gewicht fallen.

dd) Rechtliches Gehör

241 Um jemandem die Kosten eines Verfahrens auferlegen zu können, ist es wegen Art. 103 GG (**rechtliches Gehör**) grundsätzlich erforderlich, dass der künftige Kostenschuldner vor seiner Verurteilung in die Kosten vom Gericht **angehört** wird.[405] Das rechtliche Gehör stellt jedenfalls für den in der Praxis am häufigsten vorkommenden Fall – nämlich die Anfechtungsklage – künftig § 48 Abs. 1 Satz 2 WEG sicher.

Überblick:

242
- in einer Wohnungseigentumssache nach § 43 Nr. 4 WEG ist der Verwalter stets beizuladen;
- die gleiche Regelung gilt für eine Wohnungseigentumssache nach § 43 Nr. 3 WEG – sofern dort der Verwalter nicht sowieso Partei ist;
- in einem Verfahren nach § 43 Nr. 2 WEG ist der Verwalter im Übrigen jedenfalls als gesetzlicher Vertreter des Verbandes stets auch in der Lage, wegen behaupteter materiell-rechtlicher Ansprüche des Verbandes oder der Wohnungseigentümer gegen ihn Stellung zu nehmen, sofern dies für die Kostenentscheidung von Bedeutung ist;
- in einem Verfahren nach § 43 Nr. 1 WEG muss das Gericht ggf. von sich aus das rechtliche Gehör sicherstellen.

243 **Ohne** eine Beteiligung des Verwalters an einem Verfahren scheidet eine Auferlegung der Kosten aus.[406] § 49 Abs. 2 WEG ist insoweit von Verfassungs wegen **teleologisch** zu reduzieren.

ee) Rechtsmittel

244 Im Gesetz ist nicht bestimmt, in welcher Weise der durch eine Kostenentscheidung benachteiligte Verwalter als Dritter seine Kostenlast **angreifen** kann. In Analogie zu § 99 Abs. 2 Satz 1 ZPO bietet sich die **sofortige Beschwerde** gem. §§ 567 ff. ZPO an. Die Ermessensentscheidung erster Instanz gem. § 49 Abs. 2 WEG ist vom Beschwerdegericht allerdings nur auf Ermessensfehler hin zu kontrollieren.[407]

---

[402] Siehe allgemein BGH MDR 2002, 1242, 1243; BGHZ 89, 153, 161 = MDR 1984, 469; 77, 274, 276; 10, 14, 16.
[403] BGH MDR 2003, 505, 506; MDR 1998, 29, 30.
[404] Vgl. BGH MDR 2006, 1188; MDR 2003, 505, 506; BGHZ 119, 147, 149 = MDR 1992, 945; BGHZ 10, 14, 17; BAG DB 1972, 780, 781; OLG Koblenz ZMR 2006, 531, 532.
[405] Ein etwaiger Vortrag des Verwalters ist im Tatbestand des Urteils nach dem Vorbringen der Partei darzustellen, die im Wesentlichen den Vortrag des Verwalters teilt. Im Rubrum ist der Verwalter gesondert aufzunehmen.
[406] KG ZMR 2006, 380; a. A. KG NZM 2005, 462 = MietRB 2005, 237 = ZMR 2005, 724.
[407] OLG Hamburg ZMR 2007, 61; KG KGReport 2006, 282 = ZOV 2006, 90 = ZWE 2006, 203.

V. Verfahrensrechtliche Besonderheiten

ff) Rechtskraft

245 Ist die Kostenentscheidung rechtskräftig geworden, ist unter den Verfahrensbeteiligten über die Kostentragungspflicht und die Erstattung außergerichtlicher Kosten **abschließend** entschieden. Dies galt im Bereich des FGG nach Rechtsprechung der Oberlandesgerichte[408] **auch** im Hinblick auf **materiell-rechtliche** Kostenerstattungsansprüche: Solche Ansprüche konnten in einem neuen Verfahren nicht mehr geltend gemacht werden.[409] Außerhalb der Kostenentscheidung nach § 47 Satz 2 WEG a. F. gab es **keinen materiell-rechtlichen Erstattungsanspruch**.[410] Unter Geltung der ZPO gilt etwas anderes. Das Wohnungseigentumsgericht darf zwar neben dem prozessualen auch noch einen **materiellen Erstattungsanspruch** in seine Ermessensentscheidung mit einbeziehen, muss es jetzt aber nicht mehr. In der Regel wird die gerichtliche Kostenverteilung allerdings nur dann billigem **Ermessen** entsprechen, wenn sie auch einer – unbezweifelbaren – materiellen Erstattungspflicht Rechnung trägt. Hat das Wohnungseigentumsgericht die sachlich-rechtliche Erstattungspflicht in seine Entscheidung – erkennbar – mit einbezogen, verbietet es die **Rechtskraft**, dieselbe Frage unter materiell-rechtlichen Gesichtspunkten abweichend zu prüfen.

d) Begrenzung der Kostenerstattung, § 50 WEG

aa) Hinführung

246 Gem. § 91 Abs. 1 Satz 1 ZPO hat die **unterliegende Partei** die Kosten des Rechtsstreits zu tragen, insbesondere die dem Gegner erwachsenen Kosten zu erstatten, soweit sie zur zweckentsprechenden Rechtsverfolgung oder Rechtsverteidigung notwendig waren. § 91 Abs. 1 Satz 1 ZPO berücksichtigt in dieser notwendigen Allgemeinheit nicht, dass im Einzelfall – insbesondere im Wohnungseigentumsrecht – eine **Vielzahl von Parteien** beteiligt ist und damit der unterliegenden Partei i. S. v. § 91 Abs. 1 Satz 1 ZPO ein **unverhältnismäßiges Kostenrisiko** droht. Nähme sich in einer Binnenrechtsstreitigkeit der Wohnungseigentümer jeder Wohnungseigentümer einen eigenen Rechtsanwalt, wäre dies für den klagenden Wohnungseigentümer, ggf. aber auch einen beklagten Wohnungseigentümer wegen der möglichen Vielzahl der als Streitgenossen (§ 62 Abs. 1 Fall 1 ZPO) auftretenden anderen Wohnungseigentümer mit einem nicht hinnehmbaren Kostenrisiko verbunden.

Beispiel:
247 Wenn Wohnungseigentümer W1 den Beschluss über die Jahresabrechnung 2007 zu einem Gebührenstreitwert von € 20 000,00 anficht und die weiteren Wohnungseigentümer W 2 – W 300 den Beschluss unter Einschaltung eines jeweils eigenen Rechtsanwalts verteidigen, müsste W1, sofern er mit seinem Antrag unterliegt, die außergerichtlichen Kosten und damit die Anwaltskosten von W 2 – W 300 tragen.

248 Die dem Klagewilligen drohenden Kosten könnten ihn im Einzelfall auch dann von einer Klage abhalten, wenn diese objektiv Aussicht auf Erfolg hätte. Dem beklagten Wohnungseigentümer könnte hingegen der „finanzielle Ruin" drohen.

---

[408] Anders wohl BGH ZMR 1998, 171, 173 = MDR 1998, 28, 29.
[409] OLG Zweibrücken NZM 1999, 1154 = ZMR 1999, 662 = OLGReport Zweibrücken 2000, 106; BayObLG ZMR 1994, 36, 37; BayObLGZ 1988, 287, 293; 1975, 369, 371; KG WuM 1991, 451; OLGZ 1989, 174, 178; Bärmann/Pick/Merle/*Merle* § 47 WEG Rdnr. 11 f.
[410] Davon abweichend BayObLG ZMR 2003, 124, 125: Ein materiell-rechtlicher Kostenerstattungsanspruch könne in einem weiteren Verfahren geltend gemacht werden, wenn bei der Kostenentscheidung nach § 47 WEG die Einbeziehung eines Kostenerstattungsanspruchs ausdrücklich abgelehnt wurde.

bb) Kosten eines gemeinsam bevollmächtigten Anwalts

(1) Grundsatz

249 Um dem beschriebenen Kostenrisiko **entgegenzuwirken**, können „die" klagenden oder „die" beklagten Wohnungseigentümer als Kosten einer zweckentsprechenden Rechtsverfolgung oder Rechtsverteidigung grundsätzlich gem. § 50 WEG nur die Kosten „eines" bevollmächtigten Rechtsanwalts erstattet verlangen. § 50 WEG **zwingt** damit Wohnungseigentümer, soweit sie in einem Wohnungseigentumsverfahren gemeinsam Kläger oder Beklagte sind, sich in ihrem eigenen Kosteninteresse auf einen gemeinsamen Rechtsanwalt zu verständigen. Nach ihrem eindeutigen Tatbestand ist die Norm dabei nicht nur anwendbar, wenn **alle Wohnungseigentümer** mit Ausnahme des Klägers oder des Beklagten Partei sind, sondern bereits dann, wenn mehrere Wohnungseigentümer gemeinsam Kläger oder Beklagte sind. Der Tatbestand lässt es ferner zu, § 50 WEG auch dann anzuwenden, wenn es sich **nicht** um einen Rechtsstreit i. S. v. § 43 WEG handelt. Nach Sinn und Zweck sollte man die durch § 50 WEG angeordnete Kostenbegrenzung indes zum einen auf wohnungseigentumsrechtliche Verfahren beschränken. Ferner bietet es sich an, § 50 WEG **teleologisch zu reduzieren** und nur dann anzuwenden, wenn alle Wohnungseigentümer mit Ausnahme des Gegners Kläger oder Beklagter sind. In diesem Falle wäre § 50 WEG vor allem in Anfechtungsklagen und bei Klagen nach § 21 Abs. 8 WEG anwendbar.[411] Auch der in dieser einschränkenden Sichtweise liegende Eingriff in die Vertragsfreiheit der Wohnungseigentümer ist freilich verfassungsrechtlich bedenklich und auch vor dem Hintergrund des Kostenrisikos kaum erträglich.

250 Nach Sinn und Zweck der Vorschrift ist § 50 WEG ferner **nicht anwendbar**, sofern der Verband Wohnungseigentümergemeinschaft am Verfahren beteiligt, also Kläger oder Beklagter ist.

(2) Ausnahme

251 Eine Kostenerstattung für mehrere Rechtsanwälte ist gem. § 50 WEG im Einzelfall vorstellbar, wenn aus Gründen, die nicht mit dem Gegenstand des Rechtsstreits zusammenhängen, eine Vertretung durch mehrere Rechtsanwälte **geboten** war. Den Materialien lässt sich nicht entnehmen, **wann** dieser Fall vorliegen soll. Es ist vorstellbar, dass dies etwa dann anzunehmen ist, wenn einem Wohnungseigentümer mit einem Rechtsanwalt ein besonderes Vertrauensverhältnis verbindet oder eine Abneigung trennt, eine Sache besonders schwierig ist oder die Wohnungseigentümer an verschiedenen Orten wohnen. Ob allerdings dann die Wohnungseigentümer, die an einem Ort wohnen oder für sich ein Vertrauensverhältnis nicht geltend machen können, die Kosten ihres gemeinsam bevollmächtigten Rechtsanwalt erstattet bekommen, muss die Praxis entscheiden. Eine Erstattung liegt jedenfalls nahe.

(3) Anwendungsprobleme

252 Die dem Grunde nach richtige und nach ihrem Leitgedanken leicht nachvollziehbare Vorschrift des § 50 WEG wird der Praxis voraussichtlich **große Schwierigkeiten** bereiten. In der Anwendung leicht ist nämlich nur der Fall, in denen sich die Wohnungseigentümer unschwer auf einen gemeinsamen Rechtsanwalt einigen. Offen ist hingegen, was gilt, wenn sich zur Verteidigung eines Beschlusses im Rahmen einer Anfechtungsklage z. B. 20 Wohnungseigentümer einen Rechtsanwalt nehmen und ein weiterer Wohnungseigentümer einen eigenen. Nach dem Wortlaut der Norm haben sich die Woh-

---

[411] Ferner nach §§ 15 Abs. 3, 21 Abs. 4 WEG.

nungseigentümer dann nicht auf „einen" bevollmächtigten Rechtsanwalt geeinigt. Eine Erstattung der Kosten eines Rechtsanwalts wäre dann keinem Wohnungseigentümer möglich. Hierin liegt ein **Gerechtigkeitsdefizit**, weil es damit einem einzelnen Wohnungseigentümer möglich wird, den anderen einen ihm genehmen Rechtsanwalt aufzuzwingen. Können sich die anderen mit diesem nicht identifizieren, verlieren sie die Möglichkeit einer Kostenerstattung für ihren Rechtsanwalt. Hierin liegt ggf. ein Verfassungsverstoß. Probleme werden ggf. auch dann entstehen, wenn der Verwalter zulässigerweise für die verklagten Wohnungseigentümer bereits einen Rechtsanwalt bestellt hat.[412] Ein „Vorrecht" des Verwalters, den Anwalt zu küren, wird man aber auch dann nicht anerkennen können. Schließlich ist auch unsicher, ob sich mehrere Wohnungseigentümer ggf. die Kostenerstattung „teilen" müssen. Wenn die Kosten „eines" bevollmächtigten Rechtsanwalts zu erstatten sind, fragt sich nämlich, wenn z. B. fünf Wohnungseigentümer einen Anwalt genommen hatten, ob dann jeder einen Anspruch auf Erstattung von $1/5$ haben soll.

(4) Vertragspartei

Das Gesetz bestimmt mittelbar, wer Vertragspartner des bevollmächtigen Rechtsanwalts wird: Da die Grundnorm des § 91 Abs. 1 Satz 1 ZPO nur die Kosten der Rechtsverfolgung erstattet, müssen **alle Wohnungseigentümer** Vertragspartei werden. Beim Vertragsabschluss werden sie gem. § 27 Abs. 2 Nr. 2 und Nr. 3 WEG ggf. vom Verwalter vertreten.

9. Gebührenstreitwert in Wohnungseigentumssachen, § 49a GKG

In wohnungseigentumsrechtlichen Verfahren ist künftig nicht mehr die Kostenordnung, sondern das Gerichtskostengesetz (GKG) anwendbar. Die Gebühren nach dem Gerichtskostengesetz sind bei demselben Wert deshalb um etwa das **Vierfache höher** als die Gebühren nach der Kostenordnung.[413] Diese „dramatische" Erhöhung von Kosten und Kostenrisiko ist vor allem für die unterlegene Partei ungünstig, weil über die Kosten künftig keine Billigkeitsentscheidung nach § 47 WEG a. F. mehr ergeht, sondern grundsätzlich §§ 91 ff. ZPO gelten, soweit nicht §§ 49, 50 WEG etwas anderes bestimmen. Zum Schutz der Parteien hielt der Gesetzgeber deshalb gleich zwei Mechanismen für unabdingbar: Zum einen **klare Vorgaben** hinsichtlich der Gebührenstreitwertfestsetzung. Zum anderen – wegen der aus dem Rechtsstaatsprinzip folgenden Justizgewährungspflicht – einen gegenüber der bisherigen Regelung des § 48 Abs. 1 Satz 1 WEG **grundsätzlich reduzierten Gebührenstreitwert**.

Die Vorschriften über den Streitwert in Wohnungseigentumssachen sind dabei recht **kompliziert** gefasst. Sie sind jedenfalls von dem Willen getragen, einerseits dem Wert des Streitgegenstandes und dem Gesamtinteresse angemessen Rechnung zu tragen. Andererseits soll aber jedenfalls die Höhe der Kosten einen Wohnungseigentümer auch nicht davon abhalten, etwa gegen einen Beschluss zu klagen. Das Gesetz ist daher **gestuft** aufgebaut und nimmt vor allem, aber nicht nur, auf die Interessen des Klägers Rücksicht. § 49a GKG geht dabei, anders als seine **Parallelvorschrift** § 247 AktG[414]

---

[412] Siehe § 11 Rdnr. 66.
[413] BT-Drucksache 16/887 S. 41.
[414] § 247 Abs. 1 Satz 1 AktG beruht wesentlich darauf, dass die gerichtliche Erklärung oder Feststellung der Nichtigkeit eines Beschlusses der Hauptversammlung einer Aktiengesellschaft infolge der ihr nach §§ 248, 249 AktG zukommenden erweiterten Rechtskraftwirkung nicht nur das Interesse des klagenden Aktionärs, sondern auch die möglicherweise sehr viel bedeutenderen Interessen der Gesellschaft und anderer Aktionäre erfasst, BGH NJW-RR 1992, 1209.

und anders als der im Gesetzgebungsverfahren zunächst angedachte § 50 WEG,[415] nicht vom Gesamtinteresse, sondern in vielen Belangen letztlich vom (wirtschaftlich verstandenen) Interesse des Klägers oder des Beklagten am Verfahren aus.

256 Für den Gebührenstreitwert in Wohnungseigentumssachen ist **danach** zu unterscheiden, ob es sich um einen bezifferten Anspruch handelt, ob einer oder mehrere Wohnungseigentümer gegen die anderen Wohnungseigentümer klagen, oder ob sich eine Klage gegen einen oder mehrere Wohnungseigentümer richtet. Im ersten Falle sind §§ 48 Abs. 1 GKG i.V.m. 3 ZPO anwendbar. Im zweiten ist § 49a Abs. 1 GKG einschlägig, im dritten hingegen § 49a Abs. 2 GKG. Der **wesentliche Unterschied** zwischen den beiden Absätzen des § 49a GKG besteht dabei darin, dass eine Klage gegen einen oder einige Wohnungseigentümer keine Wertgrenze nach unten (**Mindeststreitwert**) erhalten hat.

a) Bezifferte Klagen

257 Ist eine Klage in Wohnungseigentumssachen beziffert, folgt aus § 48 Abs. 1 GKG i.V.m. § 3 ZPO, dass für den Streitwert die **Höhe der Forderung** maßgeblich ist. Es wäre gegenüber anderen zivilrechtlichen Verfahren nicht gerechtfertigt, in diesen Fällen nur ein bestimmtes Interesses der Beteiligten zu Grunde zu legen.[416] Klagt daher beispielsweise der Verband Wohnungseigentümergemeinschaft gestützt auf §§ 16 Abs. 2, 28 Abs. 2, Abs. 5 WEG rückständiges Wohngeld und den aus einer Jahresabrechnung geschuldeten Saldo ein, wird **allein hierdurch** der Gebührenstreitwert bestimmt. Andere bezifferte Klagen sind vor allem Schadensersatzklagen gegen einen Verwalter, einen Wohnungseigentümer oder auch gegen den Verband.

Beispiel:

258 Wohnungseigentümer W wird wegen **rückständigen Wohngelds** i.H.v. € 3400,00 in Anspruch genommen. Der Gebührenstreitwert ist **identisch** mit der Klageforderung und beträgt auch € 3400,00.

b) § 49a Abs. 1 GKG

aa) Überblick

259 § 49a Abs. 1 GKG ist einschlägig, soweit eine Klage nicht beziffert ist und einer oder mehrere Wohnungseigentümer gegen die anderen Wohnungseigentümer klagen. Solche Klagen sind vor allem Anfechtungsklagen nach § 46 WEG; ferner Klagen nach §§ 15 Abs. 3, 21 Abs. 4 und Abs. 8 WEG. Der Streitwert einer Wohnungseigentumssache ist in diesem Falle gem. § 49a Abs. 1 Satz 1 GKG grundsätzlich auf 50 Prozent des Interesses der Parteien, aller beigeladenen Wohnungseigentümer und, soweit dieser betroffen ist, des Verwalters an der Entscheidung festzusetzen (**Normalstreitwert**). Dieser Streitwert ist dann **doppelt** zu überprüfen: Er darf zum einen das Interesse der Klageparteien und der auf ihrer Seite Beigetretenen an der Entscheidung **nicht unterschreiten** (Mindeststreitwert). Zum anderen darf er **nicht den fünffachen Wert** des für die Klagepartei und die auf ihrer Seite Beigetretenen maßgeblichen Interesses an der Entscheidung und auch nicht den Verkehrswert ihrer Wohneigentumsanteile **übersteigen** (Höchststreitwert).

---

[415] Siehe dazu BT-Drucksache 16/3843 S. 14. Die Umkehr kritisiert etwa die Herausgebernotiz von *Müller* NZM 2006, V, VI.
[416] BT-Drucksache 16/887 S. 53.

V. Verfahrensrechtliche Besonderheiten

Übersicht:

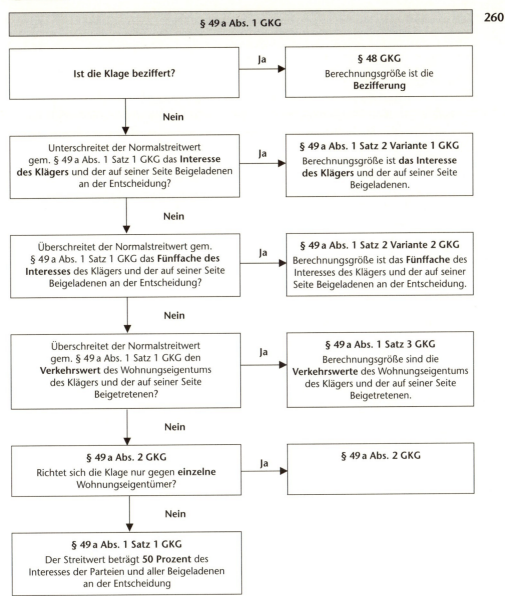

bb) Normalstreitwert, § 49a Abs. 1 Satz 1 GKG

Ist eine Klage in Wohnungseigentumssachen i.S.v. § 43 WEG nicht beziffert, bemisst sich der Gebührenstreitwert einer Wohnungseigentumssache gem. § 49a Abs. 1 Satz 1 GKG grundsätzlich auf **50 Prozent** des Interesses der Parteien (Kläger + Beklagter), aller gem. § 48 WEG beigeladenen Wohnungseigentümer und, soweit dieser betroffen ist, des Interesses des Verwalters an der Entscheidung (**Normalstreitwert**).

Beispiel:

262 Wird etwa ein Wirtschaftsplan mit einem Volumen von € 80 000,00 angefochten, beträgt der Streitwert danach vorbehaltlich des Mindest- und des Höchststreitwertes € 40 000,00. Wird eine Jahresabrechnung vollständig zur Überprüfung gestellt und ergeben sich daraus insgesamt Nachforderungen i. H. v. € 44 000,00, beläuft sich der Streitwert vorbehaltlich des Mindest- und des Höchststreitwertes auf € 22 000,00 (Normalstreitwert).

cc) Mindeststreitwert, § 49a Abs. 1 Satz 2 Fall 1 GKG

263 Der **Mindeststreitwert** beschreibt das Interesse der Klageparteien und der auf ihrer Seite Beigetretenen an der Entscheidung. Ist das Interesse auf Seiten der Klagepartei einschließlich der ihr Beigetretenen an der Entscheidung **ausnahmsweise höher** als 50 Prozent des Gesamtinteresses, so ist der Wert **dieses** Interesses maßgebend, § 49a Abs. 1 Satz 2 Fall 1 GKG Diese Ausnahme ist notwendig, um die Beteiligten in einem Verfahren nach dem WEG **nicht** gegenüber den Parteien in anderen ZPO-Verfahren **besser zu stellen**.[417] Für eine Besserstellung gibt es keinen sachlichen Grund. Mit § 49a Abs. 1 Satz 2 Fall 1 GKG sind vor allem, aber nicht nur solche Fälle angesprochen, in denen ein Mehrheitseigentümer einen Beschluss anficht.

Beispiel:

264 Der frühere Alleineigentümer und jetzige Mehrheitseigentümer AE besitzt noch 700/1000 Miteigentumsanteile. AE ficht einen Sonderumlagenbeschluss i. H. v. insgesamt € 140 000,00 an. Auf seiner Seite tritt keiner bei. Nach § 49a Abs. 1 Satz 2 Fall 1 GKG beträgt der Gebührenstreitwert nicht € 70 000,00 (Normalstreitwert), sondern € 98 000,00 (Mindeststreitwert).

dd) Höchststreitwert, § 49a Abs. 1 Satz 2 Fall 2, Satz 3 GKG

265 Mit der aus dem **Rechtsstaatsprinzip** folgenden Justizgewährungspflicht wäre es nicht vereinbar, Rechtsuchenden durch Vorschriften über die Gerichts- und Anwaltsgebühren mit einem Kostenrisiko zu belasten, das **außer Verhältnis** zu deren Interesse an dem Verfahren steht und die Anrufung des Gerichtes bei vernünftiger Abwägung als wirtschaftlich nicht mehr sinnvoll erscheinen lässt.[418] Nach § 49a Abs. 1 Satz 2 Fall 2 und Satz 3 GKG ist deshalb bei Bemessung des Geschäftswertes nicht nur das Gesamtinteresse aller am Verfahren Beteiligten, sondern auch das ggf. **niedrigere subjektive Interesse des Klägers** zu berücksichtigen.[419] Die Berücksichtigung des Interesses aller Miteigentümer an Erfolg oder Misserfolg einer Klage könnte im Einzelfall zu unzumutbar hohen Geschäftswerten führen, wenn das Interesse des Einzelnen an einem Verfahren vergleichsweise gering ist.[420] Ein zu hoher Streitwert wäre in diesen Fällen mit dem in Art. 103 GG verankerten Justizgewährungsanspruch nicht zu vereinbaren.[421] Der Streitwert ist deshalb gleich **doppelt** begrenzt. Bei der Prüfung ist der eigentlich festzusetzende Gebührenstreitwert zum einen in Beziehung zum **fünffachen Wert** des für die Klagepartei und die auf ihrer Seite Beigetretenen maßgeblichen Interesses an der Entscheidung **sowie** zum anderen zum Verkehrswert ihrer Wohneigentumsanteile zu setzen.

---

[417] BT-Drucksache 16/887 S. 53.
[418] BVerfG NJW 1992, 1673 = MDR 1992, 713 = BVerfGE 85, 337. In Umsetzung dieser Entscheidung wurde § 48 Abs. 3 Satz 2 WEG a. F. eingeführt.
[419] Anders § 247 Abs. 1 AktG. Hinter dieser Bestimmung steht vor allem die gesetzgeberische Absicht, Kleinaktionäre davon abzuhalten, mutwillig ohne echtes eigenes wirtschaftliches Interesse mit geringst möglichem Kostenrisiko Klagen zu erheben, welche die wirtschaftlichen Belange der Gesellschaft erheblich in Mitleidenschaft ziehen können, BGH NJW-RR 1992, 1209.
[420] KK-WEG/*Abramenko* § 48 WEG Rdnr. 14.
[421] BVerfG NJW 1992, 1673, 1674 = MDR 1992, 713; BayObLG ZMR 2005, 3 872 003, 50; ZMR 2001, 127, 128; OLG Hamburg ZMR 2001, 379, 380; a. A. *Müller* NZM 2006, V, VI.

Überblick:

- **§ 49a Abs. 1 Satz 2 Fall 2 GKG:** Der Gebührenstreitwert bemisst sich zum einen höchstens nach dem **fünffachen Wert**[422] des für die Klagepartei und die auf ihrer Seite Beigetretenen maßgeblichen Interesses an der Entscheidung.
- **§ 49a Abs. 1 Satz 3 GKG:** Der Gebührenstreitwert darf nicht den **Verkehrswert** ihrer Wohneigentumsanteile übersteigen.[423]

Das Interesse fällt vor allem in großen Wohnanlagen beim Streit um Wirtschaftspläne oder Jahresabrechnungen[424] auseinander. Ferner bei Anfechtung einer Sonderumlage, eines Sanierungsbeschlusses[425] oder bei Streit um die Abbestellung eines Verwalters. Das Abänderungsinteresse des Einzelnen ist hier oftmals gering und beläuft sich jeweils auf den von ihm zu tragenden Anteil.

Beispiele:

Eine Sonderumlage ist auf € 70 000,00 festgesetzt und wird nach Höhe der Miteigentumsanteile verteilt. Ein anfechtender Wohnungseigentümer mit 10/1000 Miteigentumsanteilen hat nur ein Interesse i. H. v. € 700,00. Der Gebührenstreitwert beträgt deshalb nicht € 35 000,00 (50% des Gesamtinteresses = Normalstreitwert gem. § 49a Abs. 1 Satz 1 GKG), sondern nach § 49a Abs. 1 Satz 2 Fall 2 GKG nur € 3500,00 (5 x das Interesse des Klägers). Wohnungseigentümer W ficht eine Sonderumlage i. H. v. € 400 000,00 an. Auf ihn entfiele ein Anteil von € 20 000,00. Der Verkehrswert seines Wohnungseigentums beträgt € 80 000,00. Nach dem fünffachen Wert seines Interesses müsste der Streitwert € 100 000,00 betragen (§ 49a Abs. 1 Satz 2 Fall 2 GKG). Der Streitwert ist indes durch den Verkehrswert seines Wohnungseigentums gem. § 49a Abs. 1 Satz 3 GKG auf € 80 000,00 begrenzt.

c) § 49a Abs. 2 GKG

Der § 49a Abs. 2 GKG ist einschlägig, wenn die Klage nicht beziffert ist und **einer oder mehrere**, aber eben nicht alle **Wohnungseigentümer** mit Ausnahme des Klägers beklagt sind.[426] Wer Kläger ist, ist unerheblich. § 49a Abs. 2 GKG ist bei Klagen Dritter, bei Klagen des Verbandes gegen einen Wohnungseigentümer oder bei Unterlassungsklagen einzelner Wohnungseigentümer gegen den störenden Wohnungseigentümer anwendbar. Anders als nach § 49a Abs. 1 GKG gibt es keinen „Mindeststreitwert" und also kein den Gebührenstreitwert begrenzendes Interesse nach unten.

Stehen nur ein Wohnungseigentümer oder einige Wohnungseigentümer, aber nicht alle Wohnungseigentümer mit Ausnahme des Klägers auf Beklagtenseite, knüpft das Gesetz maßgeblich an ihr Interesse an. Hierbei geht es vor allem um Unterlassungsklagen nach § 15 Abs. 3 WEG, ggf. i. V. m. § 1004 BGB. Auch hier sind zwei Fälle eines **Höchststreitwertes** dem Normalstreitwert gegenüber zu stellen. Der Streitwert darf – soweit er nicht beziffert ist – einerseits das **Fünffache des Werts** des Interesses der verklagten Wohnungseigentümer sowie des Interesses der auf ihrer Seite Beigetretenen nicht übersteigen, § 49a Abs. 2 Satz 1 GKG. Und der Wert darf andererseits den **Verkehrswert des Wohnungseigentums** des oder der Beklagten und der auf ihrer Seite Beigetretenen nicht übersteigen, § 49a Abs. 2 Satz 2, Abs. 1 Satz 3 GKG.

---

[422] Diese Begrenzung erwog bereits BayObLG BayObLGReport 2004, 345, 346; NZM 2001, 713.
[423] Die Begrenzung des Streitwerts auf den Verkehrswert des Wohnungseigentums dient der Justizgewährungspflicht für solche Ausnahmefälle, in denen das Fünffache des Eigeninteresses der klagenden Partei zwar geringer ist als 50 Prozent des Interesses aller an dem Rechtsstreit Beteiligten, gleichwohl der Streitwert nach dem Fünffachen des Eigeninteresses so hoch ausfiele, dass ein zu dem wirtschaftlichen Interesse an dem Verfahren unverhältnismäßig hohes Kostenrisiko entstünde.
[424] BayObLG BayObLGReport 2005, 221, 222.
[425] OLG Hamburg ZMR 2001, 379, 380.
[426] Diese Eingrenzung ist notwendig, weil sonst die Absätze 1 und 2 in einen Konflikt geraten.

Überblick:

270
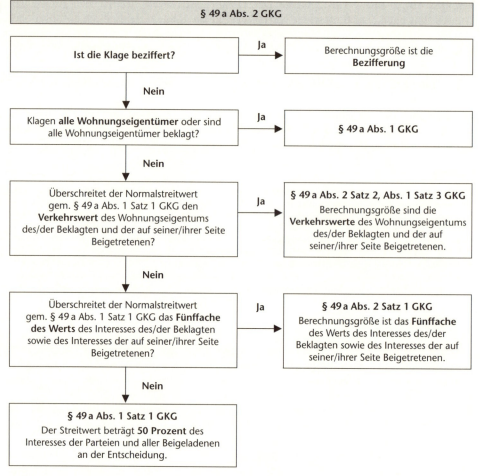

Beispiel:

272 Wohnungseigentümer W mit einem Miteigentumsanteil von 10/1000 wird nach § 14 Nr. 4 WEG verklagt, das Betreten und die Benutzung der in seinem Sondereigentum stehenden Gebäudeteile zu dulden. Das Betreten ist erforderlich, um einen Mangel des Gemeinschaftseigentums zu beheben, dessen Instandsetzung insgesamt € 10 000,00 beträgt. Der Gebührenstreitwert beträgt dann nicht € 5000,00 (§ 49 a Abs. 1 Satz 1 GKG), sondern nach § 49 a Abs. 2 Satz 1 GKG € 500,00.

d) Inhaltsübersicht des GKG

273 Die Einführung des § 49 a GKG macht im Übrigen eine Änderung der Inhaltsübersicht des GKG notwendig.

10. Eilverfahren in Wohnungseigentumssachen

a) Hinführung

274 De lege lata ist der **einstweilige Rechtsschutz** im Wohnungseigentumsrecht – so wie auch im ganzen Bereich der freiwilligen Gerichtsbarkeit – nur **unzureichend** normiert.

V. Verfahrensrechtliche Besonderheiten

Der Gesetzgeber hatte die Notwendigkeit eines einstweiligen Rechtsschutzes in WEG-Verfahren zwar erwogen, sich allerdings aus **prozessökonomischen** Gründen gegen eine Übernahme der Vorschriften des zivilprozessualen einstweiligen Rechtsschutzes (§§ 916 ff. ZPO) entschieden.[427] Das wohnungseigentumsrechtliche Verfahren kennt, anders als die ZPO, zurzeit weder einen Arrest (§§ 916 ff. ZPO) noch eine einstweilige Verfügung (§ 935 ff. ZPO). Vorläufiger Rechtsschutz kann bislang allein über eine **einstweilige Anordnung** nach § 44 Abs. 3 Satz 1 WEG a. F. gewährt werden.[428] Einstweilige Anordnungen ergehen im Gegensatz zu Arrest und einstweiliger Verfügung freilich **nicht** in einem **eigenständigen Verfahren**, sondern als Teil eines bereits anhängigen Verfahrens.

b) Neues Recht

Die Überführung in die ZPO **verbessert** diesen rudimentären Rechtsschutz ganz erheblich. Die Parteien können zukünftig vor allem Anfechtungsklagen, z.B. über die Verwalterbestellung, mit einem Verfahren nach §§ 916 ff. ZPO **flankieren** und/oder auch **vorbereiten**. Beklagte sind wie im Verfahren der Hauptsache sämtliche anderen Wohnungseigentümer.

Formulierungsvorschlag für eine einstweilige Verfügung, die eine Anfechtungsklage flankiert:
Der Beschluss zu TOP 3 (Balkonsanierung) der Eigentümerversammlung vom 18. 7. 2007 im Hotel „Bellevue" – Nr. 3/2007 der Beschluss-Sammlung der Wohnungseigentümergemeinschaft ABC-Straße in 12345 Berlin – wird bis zur Entscheidung über die Anfechtungsklage im Verfahren ... einstweilen außer Kraft gesetzt.

11. Vergleiche in Wohnungseigentumssachen

§ 10 Abs. 4 WEG enthält **keine** § 19 Abs. 3 WEG **entsprechende Anordnung**, dass ein gerichtlicher Vergleich einem Urteil „gleich steht".[429] Zu den gerichtlichen Entscheidungen i. S. d. § 10 Abs. 4 WEG gehören daher **keine** vor einem Gericht geschlossenen Prozessvergleiche. Ein Prozessvergleich steht zwar in manchen Beziehungen einer rechtskräftigen Entscheidung gleich. Er wird damit aber nicht zu einer gerichtlichen Entscheidung, sondern bleibt allein ein Vertrag und damit ein **Rechtsgeschäft der Beteiligten**. Ein Prozessvergleich als Verfahrenshandlung kann daher etwaige Sondernachfolger der am Prozessvergleich Beteiligten **nicht** nach § 10 Abs. 4 WEG als „gerichtliche Entscheidung" **binden**. Er bindet nur die an seinem Abschluss Beteiligten. Die Bindung anderer Wohnungseigentümer an das Ergebnis eines Vergleichs ist freilich möglich. Das ist etwa vorstellbar, wenn

- die Wohnungseigentümer den Inhalt des Vergleichs – wenn hierzu eine bloße Mehrheitskompetenz besteht – in einer Eigentümerversammlung auch beschließen;
- alle Wohnungseigentümer vor Gericht erscheinen oder vertreten sind (Universalversammlung), in Kenntnis des Einberufungsmangels mit einem Beschluss einverstanden sind und der Beschluss von einem „Versammlungsleiter" festgestellt und verkündet wird. Eine einfachere Lösung besteht darin, dass ein anwesender Beteiligter als vollmachtloser Vertreter für die restlichen Wohnungseigentümer auftritt und sich als solcher – für den Fall fehlender Vollmachtserteilung – ein Vergleichswiderrufsrecht einräumen lässt;[430]
- alle Wohnungseigentümer dem Vergleich schriftlich gem. § 23 Abs. 3 WEG zustimmen und damit beschließen;

---

[427] *Witt* ZMR 2005, 493, 497.
[428] *Witt* ZMR 2005, 493.
[429] Zur Frage der Eintragung in die Beschluss-Sammlung siehe § 8 Rdnr. 29.
[430] *Riecke* ZMR 1999, 493.

die Wohnungseigentümer die Regelung als Vereinbarung nachvollziehen und – am besten – „verdinglichen", also die Vereinbarung im Grundbuch eintragen. Da der gerichtliche Vergleich wegen seiner **Doppelnatur** auch materiell-rechtliches Rechtsgeschäft ist, kann er dabei (zugleich) als eine schuldrechtliche Vereinbarung der Wohnungseigentümer angesehen werden. Eine Vereinbarung kann z. B. durch „Zustimmung" aller im Termin anwesenden Wohnungseigentümer zu einem gerichtlichen Vergleich geschlossen werden.[431] Um eine Vereinbarung annehmen zu können, müssen sich im Übrigen nicht alle Wohnungseigentümer am Verfahren aktiv beteiligt haben.[432] Werden Wohnungseigentümer vor Gericht von einem dazu ermächtigten Verwalter vertreten oder tritt für die Wohnungseigentümer ein Rechtsanwalt auf, können diese nach § 81 ZPO sämtliche Wohnungseigentümer beim Vertragsschluss vertreten. Die entsprechenden Verfahrensvollmachten erstrecken sich neben den notwendigen Verfahrenshandlungen auch auf die materiell-rechtlichen Erklärungen für die Wohnungseigentümer.[433]

VI. Verfahrensrecht des Verbandes

1. Parteifähigkeit

279 Der Verband Wohnungseigentümergemeinschaft ist – wie auch bisher –[434] und in Anlehnung an § 124 Abs. 1 HGB, gem. § 10 Abs. 6 Satz 5 WEG jetzt aber ausdrücklich sowohl gegenüber Dritten als auch, z. B. in einem Verfahren nach § 43 Nr. 2 WEG, gegenüber den Wohnungseigentümern **parteifähig**, § 50 Abs. 1 ZPO. Der Verband kann also als solcher klagen und auch verklagt werden, ohne dass es auf den aktuellen „Mitgliederbestand" ankommt: Eigentümerwechsel während des Rechtsstreits haben auf den Verbandsprozess **keinen** Einfluss; etwas anderes kann nur gelten, wenn ein Wohnungseigentümer oder mehrere Wohnungseigentümer nach § 10 Abs. 8 Satz 1 WEG als Gesamtschuldner mit verklagt wurden.

280 Da für den Verband Wohnungseigentümergemeinschaft nach § 10 Abs. 6 Satz 3 WEG eine **gesetzliche Pflicht** zur Geltendmachung fremder Forderungen besteht (Ausübungsbefugnis und -recht), kann er eine ihm fremde Wohnungseigentümerforderung auch **im eigenen Namen** einklagen. Nur durch die rechtliche Möglichkeit, die Klage zu erheben, erlangt die Ausübungsbefugnis nach § 10 Abs. 6 Satz 3 WEG die ihr eigentlich zukommende Bedeutung.[435] Im Prozess ist der Verband Wohnungseigentümergemeinschaft, soweit er auch dort die Rechte der Eigentümer ausübt, also **gesetzlicher Prozessstandschafter**.[436] Durch die Ausübungsbefugnis ist die früher notwendige Ermächtigung der Eigentümer für eine Prozessführung des Verbandes Wohnungseigentümergemeinschaft **entbehrlich** geworden. Eine Prozessstandschaft ist auf Beklagtenseite grundsätzlich nicht vorstellbar.[437]

---

[431] OLG Köln ZMR 2004, 59 = NZM 2003, 400.
[432] OLG Köln ZMR 2004, 59, 60 = NZM 2003, 400.
[433] KG ZMR 2002, 72.
[434] Siehe nur *Armbrüster* ZWE 2006, 53, 55.
[435] Siehe auch BGHZ 150, 94, 101.
[436] Vgl. BGH v. 12. 4. 2007 – VII ZR 236/05.
[437] BGHZ 78, 166, 169 = NJW 1981, 282 = MDR 1981, 220; BayObLG ZMR 1976, 313 = BayObLGZ 1975, 233, 238. Zur anders liegenden Frage, ob der Verband als Standschafter der Wohnungseigentümer vereinbart werden kann, siehe Rdnr. 128.

VI. Verfahrensrecht des Verbandes

2. Prozessfähigkeit

Der Verband ist geschäftsfähig und daher nach § 51 Abs. 1 ZPO auch prozessfähig. Er handelt vor Gericht durch seine **Handlungsorganisation**. Zu unterscheiden sind insoweit Passiv- und Aktivverfahren.

a) Passivverfahren

Wird der Verband **verklagt**, wird er nach § 27 Abs. 3 Satz 1 Nr. 2 WEG gesetzlich durch den Verwalter vertreten.[438] Eine Klage richtet sich also gegen die „Wohnungseigentümergemeinschaft ABC-Straße 1, 12345 B-Stadt, gesetzlich vertreten durch den Verwalter A. Mustermann, BCD-Straße 4, 12345 B-Stadt".[439]

b) Aktivverfahren

Will der Verband klagen, bedarf es eines besonderen Beschlusses, dass geklagt werden soll. Ferner ist zu regeln, ob der Verwalter **abweichend** von der Regel des § 27 Abs. 3 Satz 2 WEG, der den **Wohnungseigentümern** in ihrer Gesamtheit die Vertretung des Verbandes im Aktivprozess zuweist,[440] den Verband vertreten soll sowie ob, und ggf. wer für den Verband einen Rechtsanwalt „einschalten" darf. Für Aktivverfahren des Verbandes gibt es also jedenfalls **keine gesetzliche Vertretungsmacht** für den Verwalter. Die Wohnungseigentümer können eine solche Rechtsmacht allerdings nach § 27 Abs. 3 Satz 1 Nr. 7 WEG beschließen oder auch vereinbaren.

Anstelle der anderen Wohnungseigentümer oder des Verwalters kann auch ein Wohnungseigentümer im Wege der Verfahrensstandschaft zur Durchsetzung von Ansprüchen des Verbandes ermächtigt werden.[441] Unsicher ist hingegen, ob auch dem Verwalter eine **Prozessstandschaft** für den Verband zu erlauben ist. Weder ein Bedürfnis noch die Voraussetzungen hierfür dürften regelmäßig vorliegen.[442] Für eine Zulässigkeit könnte allerdings die Rechtsprechung des Bundesgerichtshofes sprechen.

3. Gerichtsstand und Schiedsvertrag

Für Streitigkeiten über Rechte und Pflichten zwischen dem Verband Wohnungseigentümergemeinschaft und den Wohnungseigentümern ist gem. § 43 Nr. 2 WEG i. V. m. § 23 Nr. 2 Buchstabe c GVG das **Amtsgericht ausschließlich** sachlich und örtlich zuständig, in dessen Bezirk das Grundstück liegt. Für gegen den Verband gerichtete Klagen Dritter ist danach zu unterscheiden, ob die Wertgrenze des § 23 Nr. 1 GVG erreicht wird, oder ob § 71 Abs. 1 GVG einschlägig ist.[443] Die Entscheidungen über Berufungen und Beschwerden gegen die erstinstanzlichen Entscheidungen der Amtsgerichte in Verfahren nach § 43 WEG obliegt jetzt grundsätzlich dem **Landgericht**.[444]

Eine Gerichtsstandsvereinbarung zwischen einem Gläubiger und dem Verband Wohnungseigentümergemeinschaft ist in einem Passivprozess gem. § 40 Abs. 2 Satz 1 Nr. 2

---

[438] Für die Frage, ob der Verwalter einen Rechtsanwalt beauftragen darf, siehe § 11 Rdnr. 50.
[439] §§ 10 Abs. 6 S. 4, 27 Abs. 3 S. 2 WEG.
[440] Siehe § 4 Rdnr. 82. So bereits zum früheren Recht *Bub/Petersen* NZM 2005, 2590, 2591; *Häublein* ZIP 2005, 1720, 1725; *Elzer* ZMR 2004, 873, 880.
[441] BGH ZMR 2005, 880, 881 mit Anm. *Elzer*; ZMR 2005, 884 mit Anm. *Elzer*; *Elzer* ZMR 2005, 886, 887.
[442] *Elzer* ZMR 2005, 886, 888; a. A. OLG Hamburg ZMR 2007, 59, 60. Siehe dazu auch KG ZMR 2007, 111, 112, das mit der h. M. zu Recht eine Prozessstandschaft des Hausverwalters ablehnt.
[443] Siehe Rdnr. 13.
[444] Rdnr. 16.

ZPO unzulässig. Der vom Verband Wohnungseigentümergemeinschaft geschlossene **Schiedsvertrag** bindet aber nicht nur diesen, sondern auch einen anteilig haftenden Wohnungseigentümer.

4. Bezeichnung des Verbandes im Prozess

287 Der Verband Wohnungseigentümergemeinschaft muss, wenn er klagt oder verklagt wird, nach § 10 Abs. 6 Satz 4 WEG die **Bezeichnung „Wohnungseigentümergemeinschaft"** gefolgt von der bestimmten Angabe des gemeinschaftlichen Grundstücks führen, z. B. nach der postalischen Anschrift oder nach der Grundbucheintragung. Die Bezeichnung „Wohnungseigentümergemeinschaft" und die Angabe des Grundstücks dient dabei der **Rechtssicherheit**.[445] Fehlen die Angaben, kann der Verwalter in einem Aktivverfahren nach § 164 BGB ggf. selbst Partei werden.

Beispiel:

288

Klage

des Wohnungseigentümers Bernd Beispiel, A-Straße 1, 12345 Berlin,

Kläger,

Prozessbevollmächtigter: Rechtsanwalt Bernd Wissend, B-Straße 1, 12346 Berlin –

gegen

die Wohnungseigentümergemeinschaft A-Straße 1–4, 12345 Berlin, gesetzlich vertreten durch den Verwalter Anton Mustermann, B-Straße 1, 12346 Berlin,

Beklagte,

...

5. Altverfahren

289 Gemeinschaftsbezogene Verträge – wie z. B. ein Bankvertrag – kommen grundsätzlich[446] mit dem Verband Wohnungseigentümergemeinschaft zustande. Dies gilt auch für solche Verträge, die noch vor der Rechtsprechungsänderung im Juni 2005[447] geschlossen worden waren. Konnte in einem Prozess noch nicht auf die neue Sichtweise Rücksicht genommen werden (Altverfahren), fragt sich für eine Übergangsfrist, wie der Kläger darauf reagieren kann, dass die Wohnungseigentümer wegen dieser neuen Sichtweise nicht mehr passivlegitimiert sind.

290 Vorgeschlagen wird bislang mehrheitlich eine **Berichtigung des Rubrums**.[448] Eine Minderansicht hält hingegen die Änderung der Klage für geboten.[449] Zu folgen ist der h. M. Die Rechtsprechungsänderung und ihre Umsetzung durch die WEG-Reform bedeutet nicht, dass in Altverfahren ein Parteiwechsel erforderlich wäre. Vielmehr ist – ggf. von Amts wegen – das Rubrum zu berichtigen. Diese Berichtigung beruht entgegen der h. M. indes nicht darauf, dass die Gemeinschaft von Anfang an bereits Partei war. Sie findet ihren Grund vielmehr darin, dass die Gemeinschaft den Rechtsstreit von den Eigentümern kraft Gesetzes übernimmt. Denn die Anerkennung von Rechts- und Par-

---

[445] BT-Drucksache 16/887 S. 62.
[446] Sofern nicht ausnahmsweise auch ein oder mehrere Wohnungseigentümer Vertragspartei werden sollen.
[447] BGH ZMR 2005, 547, 556.
[448] OLG Hamburg ZMR 2007, 59; OLG Düsseldorf NZM 2006,182; OLG München ZMR 2006, 226, 227 = NZM 2006, 110; ZMR 2005, 729, 730; LG Krefeld ZMR 2007, 72, 73.
[449] *Demharter* NZM 2006, 81, 82; *Abramenko* ZMR 2006, 542; *ders.* ZMR 2005, 749, 751. Nach Ansicht des OLG Schleswig (InfoM 2006, 194 mit Anm. *Elzer*) kommt außerdem „Vertrauensschutz" in Betracht.

6. Alttitel

Noch von den Wohnungseigentümern selbst erstrittene Titel, können und müssen nach §§ 724, 727 ZPO auf den Verband Wohnungseigentümergemeinschaft als Rechtsnachfolger **umgeschrieben** werden.[451] Haben etwa die Wohnungseigentümer gegen einen säumigen Sondereigentümer **Wohngeld** titulieren lassen, kann der Verband Wohnungseigentümergemeinschaft aus diesem Titel nur zwangsvollstrecken, z.B. die Zwangsverwaltung einleiten, wenn der Titel auf den Verband lautet. Eine **Berichtigung des Rubrums** „von Amts wegen" durch das zuständige Vollstreckungsorgan, etwa das Vollstreckungsgericht, **scheidet aus**. Eine Prüfung vor der Zwangsvollstreckung ist bereits deshalb unumgänglich, weil **nicht alle** von den Eigentümern erlangte Titel auf den Verband Wohnungseigentümergemeinschaft umschreibbar sind. Eine **Umschreibung** scheidet **aus**, wenn der Anspruch auch nach der Entdeckung des Verbandes vermögensrechtlich den Wohnungseigentümern zugewiesen ist. Eine Zuordnung auf den Verband ist auf die Teilbereiche des Rechtslebens beschränkt, bei denen die Wohnungseigentümer im Rahmen der Verwaltung des gemeinschaftlichen Eigentums als Gemeinschaft am Rechtsverkehr teilnehmen, wie dies insbesondere bei Rechtsgeschäften oder Rechtshandlungen im Außenverhältnis der Fall ist. Steht den Wohnungseigentümern als Gesamtgläubigern etwa ein gesetzlicher Störungsbeseitigungsanspruch zu, kann ein Alttitel nicht auf den Verband übertragen werden.[452]

7. Rechtskraft

Die Rechtskraft früherer Entscheidungen wirkt nach § 325 ZPO für und gegen den Verband Wohnungseigentümergemeinschaft, soweit das Verfahren Fragen behandelt hat, für die der Verband zuständig ist.[453] Ein vom Verband Wohnungseigentümergemeinschaft für die Wohnungseigentümer erstrittenes Urteil entfaltet hingegen diese Rechtskraft.[454] Ein gegen den Verband Wohnungseigentümergemeinschaft ergangenes Urteil wirkt also gegen jeden Wohnungseigentümer,[455] nicht aber gegen einen bereits ausgeschiedenen.[456] Das Urteil nimmt dem Wohnungseigentümer die Einwendungen, die dem Verband Wohnungseigentümergemeinschaft durch das Urteil abgesprochen worden sind. Umgekehrt kann sich ein Wohnungseigentümer gegenüber dem Gläubiger wegen der Akzessorietät seiner Haftung auf ein zu Gunsten des Verbandes Wohnungseigentümergemeinschaft ergangenes Urteil berufen. Ein im Verfahren des Verbandsgläubigers gegen den Wohnungseigentümer ergangenes Urteil wirkt hingegen weder für noch gegen den Verband Wohnungseigentümergemeinschaft.[457]

8. Sonstiges

Verband Wohnungseigentümergemeinschaft und Wohnungseigentümer sind **verschiedene** Prozessparteien. Im Prozess des Verbandes Wohnungseigentümergemein-

---

[450] AG Neukölln ZMR 2005, 744; *Elzer* ZMR 2005, 730, 731.
[451] *Abramenko* ZMR 2006, 409, 413; *Böhringer* Rpfleger 2006, 53, 55.
[452] BGH NJW 2007, 518.
[453] *Briesemeister* ZWE 2006, 15, 18.
[454] BGH NJW 1979, 924, 925.
[455] Siehe auch BGH MDR 1998, 1240, 1241 für § 128 HGB.
[456] BGH NJW 1966, 499 = BGHZ 44, 229. Daran ändert § 10 Abs. 8 Satz 1 WEG nichts.
[457] Hier hilft ggf. eine Streitverkündung.

schaft gegen Dritte können die Wohnungseigentümer als Zeugen gehört werden. Werden der Verband und ein Wohnungseigentümer gemeinsam verklagt, sind sie nur **einfache Streitgenossen** i.S.d. § 59 ZPO.[458] Dies gilt auch dann, wenn der Wohnungseigentümer sich nicht mit persönlichen Einwendungen verteidigt. Die für die Stellung der Streitgenossen im Verfahren wesentliche Entscheidung, ob notwendige oder einfache Streitgenossenschaft vorliegt, darf nicht von den Zufälligkeiten der Prozessführung, nämlich davon abhängen, ob ein Wohnungseigentümer sich im Einzelfall mit persönlichen Einwendungen verteidigt oder nicht. Gründe der Rechtssicherheit und Klarheit gebieten es vielmehr, nur eine einfache Streitgenossenschaft anzunehmen.[459] Aus der **notwendigen Trennung** von Verbandsprozess und Klage gegen den Wohnungseigentümer folgt, dass ein persönlich verklagter Wohnungseigentümer nicht die Einrede der **anderweitigen** Rechtshängigkeit (§ 261 Abs. 3 Nr. 1 ZPO) erheben kann, weil bereits ein Prozess gegen den Verband Wohnungseigentümergemeinschaft anhängig ist.[460] Jeder Wohnungseigentümer kann dem Verband Wohnungseigentümergemeinschaft oder dessen Prozessgegner als Streithelfer beitreten.

294 Das Bestehen einer Verbandsverbindlichkeit führt in der Regel dazu, dass einer gleichlautenden Feststellungsklage gegen einen Wohnungseigentümer das Rechtsschutzbedürfnis fehlt, weil zum einen das Urteil gegen den Verband auch einen Wohnungseigentümer hinsichtlich der Einwendungen des Verbandes bindet und zum anderen ein Feststellungsurteil kein zur Zwangsvollstreckung geeigneter Titel ist. Ergeht ein der Leistungsklage stattgebendes Urteil gegen Verband und Wohnungseigentümer, so werden sie – obwohl kein Fall der Gesamtschuld vorliegt – anteilig „als wären sie Gesamtschuldner" verurteilt. Die Kostenfolge richtet sich nach § 100 Abs. 4 ZPO. Die Klage gegen den Verband Wohnungseigentümergemeinschaft und gegen die Wohnungseigentümer wegen einer Verbindlichkeit kann getrennt erhoben oder miteinander verbunden werden.

295 Wer klagt oder verklagt wird, oder wer für wen welche Prozesshandlungen mit Wirkung für welche Partei vornimmt, ist stets **klarzustellen,** kann aber im Wege der Auslegung ermittelt werden. Der Übergang vom Verbandsprozess zu einem Prozess der Wohnungseigentümer ist – außer bei Altverfahren[461] – ein gewillkürter Parteiwechsel. Eine gegenseitige Streithilfe ist möglich. Verband und Wohnungseigentümer können auch gegeneinander prozessieren, z.B. bei einer Wohngeldklage, oder wenn der Verband als gesetzlicher Prozessstandschafter der Eigentümer auftritt, etwa bei einer Unterlassungsklage gem. §§ 1004 Abs. 1 Satz 2 BGB, 15 Abs. 3 WEG, oder in einem Verfahren nach § 43 Nr. 2 WEG.

296 Dem Verband Wohnungseigentümergemeinschaft als parteifähiger Vereinigung i.S.d. § 116 ZPO Ziffer 2 ZPO kann **Prozesskostenhilfe** gewährt werden.[462] Das setzt neben der gem. § 114 ZPO erforderlichen Erfolgsaussicht der Rechtsverfolgung oder Rechtsverteidigung und dem Fehlen von Mutwillen voraus, dass weder der Verband noch die wirtschaftlich Beteiligten – die Wohnungseigentümer – die Kosten aufbringen können. Darüber hinaus darf Prozesskostenhilfe nur bewilligt werden, wenn die Unterlassung der Rechtsverfolgung oder Rechtsverteidigung dem allgemeinen Interesse zuwider laufen würde.

297 Eine Zwangsvollstreckung in das Verwaltungsvermögen i.S.v. § 10 Abs. 7 WEG setzt einen gegen den Verband Wohnungseigentümergemeinschaft gerichteten Titel voraus;

---

[458] So für § 128 HGB BGH NJW 1988, 2113; NJW 1970, 1740 = BGHZ 54, 251, 254.
[459] BGH NJW 1988, 2113; NJW 1970, 1740 = BGHZ 54, 251, 255.
[460] Siehe auch *BGH* NJW 1974, 338 = BGHZ 62, 133
[461] Siehe dazu Rdnr. 285.
[462] LG Berlin ZMR 2007, 145 mit Anm. *Meffert.*

VI. Verfahrensrecht des Verbandes

ein Titel gegen einen oder alle Wohnungseigentümer reicht nicht aus, sondern ermöglicht nur die Vollstreckung in deren Vermögen, § 10 Abs. 8 WEG. Will ein Gläubiger in das Verbandsvermögen vollstrecken, benötigt er einen gegen den Verband Wohnungseigentümergemeinschaft gerichteten Titel. Für die Zwangsvollstreckung gegen den in Anspruch genommenen jetzigen oder früheren Wohnungseigentümer ist hingegen ein gegen ihn gerichteter Titel erforderlich. Ein Titel gegen den Verband genügt nicht.[463] Zustellungen an den Verband haben gem. § 27 Abs. 3 Satz 1 Nr. 1 WEG an den Verwalter zu erfolgen.[464]

---

[463] BT-Drucksache 16/887 S. 67; siehe auch § 129 Abs. 4 HGB.
[464] So bereits zum früherem Recht *Lüke* ZfIR 2005, 516, 518; KK-WEG/*Elzer* § 10 WEG Rdnr. 39.

§ 14 Aufhebung der §§ 51 bis 58 und 59 WEG

I. Zuständigkeits- und Verfahrensregelungen für Entziehungsklagen

1   Eine **wesentliche Änderung** haben die Entziehungsklagen nach §§ 18, 19 WEG erfahren. Die für diese bestimmenden Zuständigkeits- und Verfahrensregelungen in §§ 51 bis 58 WEG a. F. sind nämlich aufgehoben worden. Die Aufhebung ist **Folge der Erstreckung der ZPO-Regelungen** auf die Verfahren in Wohnungseigentumssachen. Auf die Entziehung des Wohnungseigentums sind jetzt die **ZVG-Vorschriften** anzuwenden. Die in §§ 53 ff. WEG a. F. vorgesehene **freiwillige Versteigerung** hatte sich als „stumpfe Waffe" erwiesen.[1] In der Praxis sind daher kaum Versteigerungen bekannt geworden. **Zuständiges Gericht** für die Entziehung des Wohnungseigentums ist jetzt gem. § 43 Nr. 1 WEG das Wohnungseigentumsgericht.[2] Entsprechendes gilt jetzt für **Rechtsstreitigkeiten über das Dauerwohnrecht**.

2   Der Streitwert richtet sich künftig nach § 49 a GKG.[3] Für die Kostenentscheidung, die im bisherigen § 47 WEG geregelt ist, sind künftig § 91 ff. ZPO und § 49 WEG maßgeblich. Die Gerichtskosten richten sich künftig nach dem GKG, nicht mehr nach § 48 WEG a. F. und der KostO.

II. Aufhebung des § 59 WEG

3   Die Aufhebung des § 59 WEG ist Folge des Beschlusses des 2. Senats des Bundesverfassungsgerichts vom 2. März 1999.[4] Das BVerfG hatte für den Bereich der **Bundesauftragsverwaltung** entschieden, dass allgemeine Verwaltungsvorschriften für den Vollzug der Bundesgesetze durch die Länder im Auftrag des Bundes nach Art. 85 Abs. 2 Satz 1 GG ausschließlich von der **Bundesregierung als Kollegium** mit Zustimmung des Bundesrates erlassen werden können. Da dies nach allgemeiner Meinung auch für den Erlass allgemeiner Verwaltungsvorschriften nach Art. 84 Abs. 2 GG, also für den hier einschlägigen Bereich des **landeseigenen Gesetzesvollzugs** gilt, war § 59 WEG aus Gründen der Rechtsklarheit aufzuheben.[5]

4   Auf die Tätigkeit der Baubehörden und eine Aufgabenübertragung auf einen Sachverständigen gem. § 7 Abs. 4 und § 32 Abs. 2 WEG hat die Aufhebung des § 59 WEG **keinen Einfluss**, weil die Allgemeine Verwaltungsvorschrift für die Ausstellung von Abgeschlossenheitsbescheinigungen vom 19. März 1974[6] auf der Grundlage des Art. 84 Abs. 2 GG von der Bundesregierung als Kollegium mit Zustimmung des Bundesrates erlassen worden war.

---

[1] So auch *Röll* Rpfleger 2003, 277, 280 m. w. N.
[2] Vgl. § 13 Rdnr. 41.
[3] Zum bisherigen Recht siehe BGH MDR 2007, 663 und OLG Rostock ZMR 2006, 476: Verkehrswert des zu veräußernden Wohnungs- oder Teileigentums nach §§ 3 ZPO, 48 Abs. 1 GKG.
[4] BVerfGE 100, 249.
[5] Einer neuen ausdrücklichen Ermächtigung zum Erlass allgemeiner Verwaltungsvorschriften durch die Bundesregierung bedurfte es nicht, da sich eine solche Ermächtigung bereits unmittelbar aus Art. 84 Abs. 2 GG ergibt.
[6] BAnz. Nr. 58 vom 23. März 1974.

§ 15 Änderungen des ZVG

I. Einführung

Auf Grundlage der bisherigen Vorschriften des Gesetzes über die Zwangsversteigerung und die Zwangsverwaltung (ZVG) fielen **rückständige Wohngeldansprüche** bei der Zwangsvollstreckung in das Wohnungseigentum praktisch meist **aus**.[1] Wohngeldansprüche, geschuldete Beiträge auf Sonderumlagen und Salden aus Jahresabrechnungen waren ganz überwiegend nur der schlechten Rangklasse des § 10 Abs. 1 Nr. 5 ZVG zugeordnet. Nur unter bestimmten, von der Rechtsprechung außerdem eng verstandenen Voraussetzungen konnten Wohngelder auch unter die Rangklasse 1 fallen (Anspruch eines die Zwangsverwaltung betreibenden Gläubigers auf Ersatz seiner Ausgaben zur Erhaltung oder nötigen Verbesserung des Grundstücks) – aus der freilich **nicht** vollstreckt werden konnte.[2] Um diesem Ausfall **entgegenzuwirken**, werden durch die WEG-Reform die **Rangklassen** des § 10 ZVG **geändert** und einigen Ansprüchen des Verbandes Wohnungseigentümergemeinschaft, unter Umständen aber auch den Ansprüchen eines einzelnen Wohnungseigentümers in der Zwangsversteigerung ein **begrenztes Vorrecht** vor den Grundpfandrechten – auch jenen, die bereits eingetragen sind – eingeräumt. Die Änderung hat Bedeutung für die Versteigerung eines Wohnungs- oder eines Teileigentums, aber auch für die eines **Wohnungs- oder Teilerbbaurechts**.[3] Dass der Realkredit dadurch als Sicherungsmittel angeblich „ausgehöhlt" wird,[4] nimmt der Gesetzgeber unter Abwägung aller Umstände hin.[5] Er sichert aber die Ansprüche der Realgläubiger, indem er das Vorrecht **nicht schrankenlos** gewährt.[6] Die im Gesetz gefundene Lösung wird voraussichtlich den Interessen sowohl des Verbandes als auch der Gläubiger gerecht, weil der Vorrang im Rahmen des § 10 Abs. 1 Nr. 2 ZVG die nachfolgenden dinglich berechtigten Gläubiger jedenfalls nicht unangemessen benachteiligt.[7] Die Änderung der Rangklassen entspricht Anregungen aus den Ländern, von Gerichten, aus der Praxis der Verwaltung von Eigentumswohnungen sowie Forderungen des Schrifttums.[8]

1

Praxistipp:
Es ist vorstellbar, dass die Kredit gewährenden Institute die Beleihungsgrenze generell um 5% senken, um den Änderungen des § 10 ZVG Rechnung zu tragen.[9] Die Neuregelung könnte dann zwar günstige Wirkungen für den Verband Wohnungseigentümergemeinschaft haben, sich aber für alle Wohnungserwerber wegen der sinkenden Beleihung insgesamt als ungünstig erweisen.[10]

2

Der Verband Wohnungseigentümergemeinschaft erlangt durch § 10 Abs. 3, Abs. 1 Nr. 2 ZVG **erstmals** die Möglichkeit, **aussichtsreich** eine Zwangsversteigerung zu be-

3

---

[1] *Schmidberger* Rpfleger 2006, 431.
[2] Siehe Rdnr. 41.
[3] Siehe noch Rdnr. 16.
[4] So *Mayer* RpflStud. 2006, 71.
[5] *Vogl* ZMR 2003, 716, 722, vermutet, dass „die Kreditwirtschaft ... gegen [die] Gesetzesnovelle natürlich Sturm laufen" wird. Siehe auch *Drasdo* ZWE 2005, 161.
[6] Siehe Rdnr. 13.
[7] *Demharter* NZM 2006, 489, 45; *Vogl* ZMR 2003, 716, 722.
[8] BT-Drucksache 16/887 S. 43; *Schmidberger* Rpfleger 2006, 431, 432; *Häublein* ZWE 2004, 48, 62; *Vogl* ZMR 2003, 716, 721; *J.-H. Schmidt* NZM 2002, 847, 852; a. A. *Böttcher/Hintzen* ZfIR 2003, 445, 452; *Röll* Rpfleger 2003, 277, 280.
[9] *Köhler* ZMR 2005, 19, 22.
[10] *Drasdo* ZWE 2005, 161.

treiben.[11] Dies war bislang ausgeschlossen, weil die durch das WEG erst im Jahr 1951 geschaffene Möglichkeit der Bildung von Wohnungseigentum bei Erlass des ZVG, insbesondere der Normierung des § 10 ZVG, nicht vorhersehbar war.[12] Dem ZVG geht es bislang, wie auch an § 10 Abs. 1 Nr. 1 ZVG zu erkennen ist, darum, den Realgläubigern nur diejenigen Aufwendungen vorgehen zu lassen, die zur Erhaltung oder zur nötigen Verbesserung des Grundstücks erforderlich sind. Durch ein zu weites Verständnis der „Ausgaben zur Erhaltung oder nötigen Verbesserung des Grundstücks" befürchtete man früher eine nachteilige Beeinflussung des Realkredits. Mit der Ergänzung in § 10 Abs. 1 Nr. 2 ZVG wird bewusst dieses enge Verständnis **durchbrochen**. Es wird die Möglichkeit geschaffen, die anteiligen Lasten und Kosten, zu denen auch verbrauchsabhängige Ausgaben der Wohnungseigentümer (etwa Strom, Wasser und Gas) gehören, den nachfolgenden dinglich gesicherten Ansprüchen – die ggf. gelöscht werden[13] – vorgehen zu lassen.

4 Um die Zwangsversteigerung einzuleiten, bedarf es keines „dinglichen Titels", der wie nach § 1147 BGB auf Duldung der Zwangsvollstreckung lautet. Notwendig, aber auch ausreichend ist vielmehr **jeder Zahlungstitel**, auch ein Vollsteckungsbescheid.[14] Auf diese Weise wird künftig verhindert, dass ein säumiger Schuldner auf Kosten des Verbandes Wohnungseigentümergemeinschaft in seiner Wohnung verbleiben kann.[15] Dies ist nach geltendem Recht möglich, da die von Wohnungseigentümern betriebene Zwangsversteigerung vielfach gem. § 77 ZVG einstweilen eingestellt oder sogar aufgehoben wird, weil nicht einmal ein einziges Gebot abgegeben wird. Solche Eigentumswohnungen sind häufig bis an den Verkehrswert oder sogar darüber hinaus mit Grundpfandrechten der Kreditinstitute belastet, die in der Zwangsversteigerung in Rangklasse 4 dem Anspruch des Verbandes Wohnungseigentümergemeinschaft aus der Rangklasse 5 bislang vorgingen. Die Sicherung vor allem der Verbandsansprüche in § 10 ZVG und die jetzige Einräumung eines Vorrechtes gegenüber den Grundpfandrechten ist **systemgerecht** in § 10 ZVG angesiedelt worden. Die durch diese Bestimmung **festgelegte Rangordnung** ist Grundlage für **alle Verfahren** nach dem ZVG. Sie bestimmt die Ansprüche, die ein Recht auf Befriedigung aus dem Grundstück gewähren, ihre Reihenfolge und ihre Verhältnis untereinander. Andere als die in § 10 ZVG genannten Ansprüche haben kein Recht auf Befriedigung aus dem Grundstück. Die Bestimmung der Rangklassen ist damit Grundlage aller Verfahren nach dem ZVG: Die Rangklassen sind sowohl bei Berechnung des geringsten Gebots in der Vollstreckungsversteigerung (§§ 44, 49, 52 ZVG), für die Verteilung des Erlöses (§§ 109, 112–114 ZVG) als auch für die Verteilung der laufenden Nutzungen in der Zwangsverwaltung (§§ 155, 156 ZVG) von **zentraler Bedeutung**.[16]

Überblick zu den **wichtigsten Neuerungen**:

5
- neue Rangklasse 2 in § 10 Abs. 1 Nr. 2 ZVG;
- Möglichkeit der **Zwangsversteigerung aus der Rangklasse 2** durch § 10 Abs. 3 ZVG in bestimmten Grenzen (laufende Beiträge, Rückstände aus den letzten zwei Jahren und Höchstbetrag von 5% des Verkehrswertes);

---

[11] Dies begrüßt etwa *Müller* ZWE 2006, 378, 385.
[12] *Schmidberger* Rpfleger 2006, 431.
[13] *Müller* Info M 2006, 135.
[14] *Mayer* RpflStud. 2006, 71.
[15] Daneben bleibt die Möglichkeit einer Versorgungssperre, siehe dazu OLG Frankfurt NJW-RR 2006, 1673 und PWW/*Elzer* § 535 Rdnr. 70 m. w. N. Das Recht zur Versorgungssperre, steht dem Verband Wohnungseigentümergemeinschaft zu, *Wenzel* ZWE 2006, 462, 469. Darauf, wer als Lieferant auftritt, kommt es nicht an, *Wenzel* ZWE 2006, 462, 469; a. A. *B. Müller* ZWE 2006, 454, 455.
[16] *Böttcher/Hintzen* ZfIR 2003, 445, 450.

- **Berücksichtigung** der ggf. nicht titulierten Verbandsansprüche bei der **Zwangsversteigerung eines Dritten** durch § 45 Abs. 3 WEG;
- **Schutz von Dienstbarkeiten** bei Zwangsversteigerung;
- einfache **Berücksichtigung** der Ansprüche aus §§ 16 Abs. 2, 28 Abs. 2, Abs. 5 WEG im **Verteilungstermin**.

Für die Einzelheiten des neuen Rechts ist danach zu unterscheiden, ob es sich um die **6 Zwangsversteigerung** eines Wohnungs- oder Teileigentums (bzw. Wohnungs- oder Teilerbbaurechts) handelt und wer die Zwangsversteigerung betreibt: Der Verband Wohnungseigentümergemeinschaft oder ein Dritter. Das Vorrecht nach § 10 Abs. 1 Nr. 2 ZVG kann einerseits geltend gemacht werden, wenn die Zwangsversteigerung von anderen Gläubigern betrieben wird. Dann werden die bevorrechtigten Wohngeldansprüche auf Anmeldung hin berücksichtigt, § 45 Abs. 3 ZVG. Betreibt der Verband die Zwangsversteigerung hingegen selbst, eröffnet ihm § 10 Abs. 1 Nr. 2 ZVG in der **Mehrzahl der Fälle** erstmals die Möglichkeit, eine **Erfolg versprechende** Vollstreckung in das Wohnungseigentum des säumigen Miteigentümers durchzuführen.[17] Besonderheiten gelten außerdem, wenn es sich um die **Zwangsverwaltung** eines Wohnungseigentums handelt.

II. Zwangsversteigerungsantrag

1. Durch den Verband oder einen Wohnungseigentümer

Der Verband Wohnungseigentümergemeinschaft sowie ein einzelner Wohnungseigentümer, der gegen den Wohngeldschuldner Rückgriffsansprüche besitzt, können unter bestimmten Voraussetzungen nunmehr nach § 10 Abs. 3 ZVG wegen der in § 10 Abs. 1 Nr. 2 ZVG genannten Beiträge die Zwangsversteigerung betreiben. Daneben ist weiterhin eine Zwangsvollstreckung nach § 10 Abs. 1 Nr. 5 ZVG möglich. Der Weg über § 10 Abs. 1 Nr. 1 ZVG (Ausgaben der Verwaltung i. S. v. § 155 Abs. 1 ZVG) ist künftig indes versperrt.

Überblick:

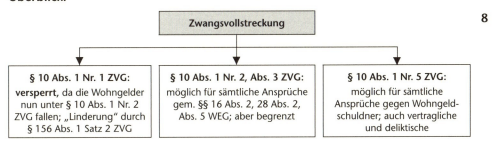

a) § 10 Abs. 3 ZVG

Der Verband Wohnungseigentümergemeinschaft, aber nach § 10 Abs. 1 Nr. 2 Satz 1 **9** ZVG ggf. mal auch ein einzelner Wohnungseigentümer, können gem. § 10 Abs. 3 ZVG aus jedem Titel – auch aus einem Vollstreckungsbescheid – die **Zwangsversteigerung** in

---

[17] Ggf. wird es in der Praxis häufig zu einer „Ablösung" durch Zahlung eines nachrangigen Gläubigers gem. §§ 268, 1150 BGB kommen. Abzulösen ist dabei stets die Gesamtsumme, wegen der das Verfahren betrieben wird (Hauptsumme, Zinsen und Kosten einschließlich der Kosten des Verfahrens). Siehe dazu auch BGH Rpfleger 2005, 555.

ein Wohnungs- oder Teileigentum (Entsprechendes gilt für ein Wohnungs- oder Teilerbbaurecht)[18] **betreiben.** Für die Vollstreckung genügt jedenfalls ein gegen den Schuldner gerichteter Titel,

10
- aus dem die **Verpflichtung** des Schuldners zur Zahlung,
- die „Art", der der Vollstreckung zu Grunde liegenden Ansprüche
- der **Bezugszeitraum** der Ansprüche sowie
- ihre **Fälligkeit**[19] zu erkennen sind.

11 Unter der „Art" der der Vollstreckung zu Grunde liegenden Ansprüche ist ihre „Qualität", ihr „Charakter" als nach § 10 Abs. 1 Nr. 2 ZVG geeignete Forderung zu verstehen.[20] Unter „Bezugszeitraum" ist hingegen der Zeitraum zu verstehen, in dem die Ansprüche entstanden sind.[21] Die Angabe des Bezugszeitraums ist erforderlich, weil nach § 10 Abs. 1 Nr. 2 ZVG nur bestimmte Zeiträume geschützt sind.[22] Durch die Angabe von Art, Bezugszeitraum und Fälligkeit wird vermieden, dass das Vollstreckungsgericht selbst prüfen und feststellen muss, ob es sich um berücksichtigungsfähige Wohngeldforderungen handelt und wann diese fällig geworden sind. Denn die eigentliche materiellrechtliche Prüfung ist Aufgabe des Prozessgerichts im Erkenntnisverfahren. Die dortige Entscheidung ist im Vollstreckungsverfahren ohne weiteres zu Grunde zu legen. Soweit die Art und der Bezugszeitraum des Anspruchs sowie seine Fälligkeit **nicht aus dem Titel** selbst zu erkennen sind, können sie allerdings auch glaubhaft gemacht werden. Glaubhaft gemacht ist dabei eine Tatsache, wenn ihr Vorliegen überwiegend wahrscheinlich (50% Wahrscheinlichkeit + x) erscheint. Die bloße Glaubhaftmachung hat für den Beweisführer den Vorteil, dass das **Prinzip des Strengbeweises** nicht gilt. Damit kann sich der Verband Wohnungseigentümergemeinschaft **jeder Art** des Beweismittels bedienen, ob innerhalb oder außerhalb der Formen der §§ 371 ff. ZPO. Auch die Versicherung an Eides Statt ist zugelassen. Eine Beweisaufnahme, die nicht sofort erfolgen kann, ist allerdings unstatthaft.

☞ **Praxistipp:**

12 Einem Vollstreckungsbescheid oder aus einem Anerkenntnis- oder Versäumnisurteil kann etwa nicht entnommen werden, ob es sich um nach § 10 Abs. 1 Nr. 2 ZVG bevorrechtigte Beiträge handelt. Hier empfiehlt es sich, dass bereits mit dem Antrag auf Zwangsversteigerung eine eidesstattliche Versicherung des Verwalters eingereicht wird, dass es sich um **bevorrechtigte Beiträge** handelt. Zur Sicherheit sollte ferner die Niederschrift, die den Beschluss beurkundet sowie die „Anlagen" von Niederschrift/Beschluss, vor allem eine Gesamt- und Einzeljahresabrechnung oder ein Gesamt- und ein Einzelwirtschaftsplan, eingereicht werden, ggf. auch ein Auszug aus der Beschluss-Sammlung. Das in der Gesetzesbegründung genannte „Doppel der Klageschrift"[23] ist für sich genommen für eine Glaubhaftmachung i. S. v. § 294 ZPO sicher nicht ausreichend.

13 Der Antrag auf Zwangsvollstreckung ist zum Schutz der anderen Gläubiger und des betroffenen Wohnungseigentümers erst dann zulässig, wenn die durch § 10 Abs. 1 Nr. 2 WEG bevorrechtigen Beträge eine **bestimmte Höhe** erreichen (**Verzugsbetrag**). § 10 Abs. 3 ZVG verweist dazu auf § 18 Abs. 2 Nr. 2 WEG.[24] Der betroffene Woh-

---

[18] BT-Drucksache 16/887 S. 45.
[19] Siehe dazu Rdnr. 20.
[20] Siehe dazu ausführlich Rdnr. 17 ff.
[21] BT-Drucksache 16/887 S. 45.
[22] Vgl. Rdnr. 32.
[23] BT-Drucksache 16/877 S. 46.
[24] Unterhalb des Verzugsbetrages ist freilich eine Zwangsvollstreckung aus § 10 Abs. 1 Nr. 5 ZVG möglich, siehe Rdnr. 39. Die Annahme, ohne § 10 Abs. 3 ZVG träte ein Wertungswiderspruch auf, weil das Wohnungseigentum im Wege der Vollstreckung aus Rangklasse 2 bei einem niedrigeren Betrag als dem in § 18 Abs. 2 Nr. 2 WEG festgelegten Verzugsbetrag entzogen werden könnte, steht daher auf schwankenden Fuß; so aber BT-Drucksache 16/887 S. 45.

nungseigentümer muss sich danach mit der Erfüllung seiner Verpflichtungen zur Lasten- und Kostentragung nach § 16 Abs. 2 WEG in Höhe eines Betrages, der drei vom Hundert des Einheitswertes[25] (§ 93 BewG) seines Wohnungseigentums übersteigt, länger als drei Monate in Verzug befinden.

Beispiel:
Wohnungseigentümer W befindet sich mit der Zahlung des Wohngelds i. H. v. € 3000,00 in Verzug. Nach § 93 Abs. 2 BewG beträgt der Einheitswert des Wohnungseigentums € 100 000,00. Eine Zwangsversteigerung wäre in diesem Falle wegen der bis dahin aufgelaufenen Rückstände **unzulässig** (3% von 100 000 = 3000). Das rückständige Wohngeld **übersteigt** nicht 3% des Einheitswertes.

Ungeregelt geblieben ist, was gilt, wenn der säumige Schuldner im Laufe des Zwangsversteigerungsverfahrens einen Teil der rückständige Beträge **ausgleicht** und damit der Verzugsbetrag unter die in § 18 Abs. 2 Nr. 2 WEG genannte Summe fällt. Nahe liegt es, wie in § 19 Abs. 2 WEG nur eine **vollständige Tilgung** genügen zu lassen. Eine teilweise Tilgung geht also ins Leere.

b) § 10 Abs. 1 Nr. 2 ZVG

Die Reform ermöglicht durch § 10 Abs. 1 Nr. 2 ZVG erstmals für die Wohngeldansprüche eine **Befriedung aus dem Grundstück** aus der Rangklasse 2.[26] Wird in ein Wohnungseigentum – Gleiches gilt entsprechend § 1 Abs. 6 WEG für Teileigentum; warum die Begünstigung für die Vollstreckung in ein Teileigentum nicht gelten soll, wäre nicht einzusehen – nach § 10 Abs. 3 ZVG vollstreckt, stehen allerdings nur **bestimmte Forderungen** des Verbandes oder eines Wohnungseigentümers[27] unter dem besonderen Schutz dieser Rangklasse. Der Gesetzgeber musste zum Schutz der dinglichen Gläubiger Grenzen ziehen. Insbesondere Schadensersatzansprüche der Wohnungseigentümer untereinander bleiben **schutzlos**. Schutzlos bleiben ferner solche Ansprüche der Wohnungseigentümer untereinander, die nicht nach §§ 16 Abs. 2, 28 Abs. 2, Abs. 5 WEG begründet werden, z.B. solche nach § 21 Abs. 7 WEG. Das Gesetz nennt abschließend **vier mögliche Ansprüche:**

- fällige Ansprüche des Verbandes Wohnungseigentümergemeinschaft auf Zahlung der Beiträge zu den Lasten und Kosten des gemeinschaftlichen Eigentums oder des Sondereigentums, die nach den §§ 16 Abs. 2, 28 Abs. 2 und 5 WEG geschuldet werden;
- Vorschüsse;
- Rückstellungen;
- Rückgriffsansprüche einzelner Wohnungseigentümer.

Das durch 10 Abs. 1 Nr. 2 ZVG bestimmte **Vorrecht** erfasst außerdem nicht sämtliche rückständigen Beträge. Die Belastung der nachfolgenden Gläubiger soll in überschaubaren Grenzen gehalten werden. Das Vorrecht wurde dazu gleich **zweifach begrenzt:**

---

[25] Der Einheitswert beschreibt die Bemessungsgrundlage bei der Grund-, Erbschafts- und Schenkungsteuer. Durch die Feststellung eines Einheitswertes soll vermieden werden, dass bei verschiedenen Steuern jeweils verschiedene Wertansätze gebildet werden. Es gibt Einheitswerte für das Betriebsvermögen und für das Grundvermögen sowie für land- und forstwirtschaftliches Vermögen. Die Verfahren zur Feststellung des Einheitswertes sind im Bewertungsgesetz (BewG) geregelt.
[26] Die Vorgängervorschrift, die ein Vorrecht für so genannte „Litlohnansprüche" anordnete, entfällt dafür ersatzlos. Sie hatte seit Jahrzehnten jede praktische Bedeutung verloren, *Mayer* RpflStud. 2006, 71; *Hock/Mayer/Hilbert/Deimann*, Immobiliarvollstreckung, 3. Aufl. 2006, Rdnr. 313; *Stöber* § 10 Rdnr. 4.
[27] Siehe Rdnr. 30.

19
- nach **Rückständigkeit** der Ansprüche;
- nach **Höhe** der Ansprüche.

aa) Fällige Ansprüche

20 Als Ansprüche kommen nach § 10 Abs. 1 Nr. 2 ZVG die wegen des Wohnungseigentums fälligen Ansprüche des Verbandes auf Zahlung der Beiträge zu den Lasten und Kosten des gemeinschaftlichen Eigentums oder des Sondereigentums, die nach den §§ 16 Abs. 2, 28 Abs. 2 und 5 WEG geschuldet werden in Betracht. Warum das Gesetz die Lasten und Kosten des Sondereigentums anspricht, ist nicht ganz deutlich: Lasten und Kosten des Sondereigentums sind **kein Gegenstand** nach §§ 16 Abs. 2, 28 Abs. 2 und 5 WEG. Die Betriebskosten des Sondereigentums zählen nicht zu den in § 16 WEG geregelten Lasten und Kosten des gemeinschaftlichen Eigentums.[28] Für diese ist § 16 Abs. 2 WEG direkt **nicht** anwendbar. Die Wohnungseigentümer sind nach § 16 Abs. 3 WEG zwar befugt, den Kostenverteilungsschlüssel für die Kosten und Lasten des Sondereigentums zu ändern. Die Kosten und Lasten werden dadurch aber nicht zu Kosten und Lasten des Gemeinschaftseigentums. Als Ansprüche i. S. v. § 10 Abs. 1 Nr. 2 ZVG kommen damit allein in Betracht:

21
- Forderungen aus Negativsalden einer Einzeljahresabrechnung;
- Forderungen aus einem Einzelwirtschaftsplan;
- Forderungen aus einer Sonderumlage.

22 Voraussetzung ist jeweils, dass die Ansprüche „wegen des Wohnungseigentums" entstanden sind und nach §§ 16 Abs. 2, 28 Abs. 2, Abs. 5 WEG **begründet** wurden. Vertragliche Ansprüche der Wohnungseigentümer untereinander fallen daher ebenso wie deliktische Ansprüche gegen den Schuldner nicht unter die Rangklasse 2, sondern nur unter die Rangklasse 5.

☞ **Praxistipp:**

23 Das Gesetz verlangt allerdings nicht, dass die Ansprüche bestandskräftig sein müssen. Daher ist für § 10 Abs. 1 Nr. 2 ZVG **ohne Bedeutung,** dass der den Anspruch deckende Beschluss angefochten wurde. Es ist ohne weiteres vorstellbar, dass es zu einer Zwangsvollstreckung wegen eines Anspruches z. B. aus einer Sonderumlage kommt, die von einem Gericht nachträglich für ungültig erklärt wird. Wegen der dem Verband in diesem Falle drohenden Schadensersatzansprüche sollte genau abgewogen werden, ob noch nicht bestandskräftige Ansprüche dennoch zur Zwangsvollstreckung genutzt werden sollen.

24 Die Ansprüche nach § 10 Abs. 1 Nr. 2 ZVG müssen „fällig" sein. Die Bestimmung der Leistungszeit obliegt in erster Linie den Wohnungseigentümern durch Vereinbarung und/oder einen Beschluss gem. § 21 Abs. 7 WEG.[29] Nach dem Gesetz tritt die Fälligkeit der Wohngelder ein mit dem Abruf durch den Verwalter (§ 28 Abs. 2 WEG), also mit Zugang der Zahlungsaufforderung bzw. zu dem in der Aufforderung angegebenen Termin.

25 Der Abruf durch den Verwalter löst nach der gesetzlichen Grundkonzeption die Gesamtfälligkeit des Wohngeldes nur dann aus, wenn der gesamte Betrag **auf einmal** abgerufen wird. Der Abruf des gesamten Jahresbetrages ist daher mangels anderweitiger Bestimmung in einer Vereinbarung oder einem Beschluss nach dem Gesetz ohne weiteres zulässig.[30]

---

[28] BGH ZMR 2003, 937, 939; a. A. OLG Düsseldorf NJW-RR 2002, 731, 732; BayObLG ZMR 1997, 152,153; WuM 1994, 160, 161.
[29] Dazu § 5 Rdnr. 4.
[30] BGH NJW 2005, 3146, 3147 m. w. N.

II. Zwangsversteigerungsantrag

Praxistipp:

Die Praxis verfährt anders. Wohngeld ist fast immer in zwölf gleich hoch bemessenen Monatsraten zum 3. Werktag eines Monats zu zahlen, entweder weil dies in der Gemeinschaftsordnung oder – praktisch häufigster Fall – in dem die Zahlungspflicht begründenden Beschluss bestimmt wird.

Wann ein Negativsaldo gemäß einer Jahreseinzelabrechnung oder der Saldo aus einer Sonderumlage fällig ist, muss stets **individuell** durch Vereinbarung oder in dem jeweiligen Beschluss oder nach § 21 Abs. 7 WEG bestimmt werden. Fehlt eine Regelung, ist § 271 Abs. 1 BGB anwendbar.[31] Ein Abrechnungsbeschluss stellt für den Anspruch auf rückständige Wohngeldzahlungen zusätzlich zum genehmigten Wirtschaftsplan eine Grundlage dar. Der Beschluss über eine Jahresabrechnung tritt für rückständiges Wohngeld als **Rechtsgrund also neben** einen beschlossenen Wirtschaftsplan.[32] Für die Fälligkeit bedeutet das, dass ggf. für eine Forderung **zwei verschiedene** Fälligkeiten gelten.

bb) Vorschüsse und Rückstellungen

Um Zweifel über ihren Vorrang auszuschließen, nennt § 10 Abs. 1 Nr. 2 ZVG neben den aus einer **Einzeljahresabrechnung** geschuldeten **Beiträgen** auch die aus einem **Einzelwirtschaftsplan** geschuldeten **Vorschüsse**. Dieser Klarstellung hätte es angesichts des klaren Wortlauts nicht bedurft: Die aus einem Einzelwirtschaftsplan geschuldeten Beiträge werden ohne weiteres bereits von dem Begriff „fällige Ansprüche" umfasst.

Nur deklaratorisch ist ferner die Nennung der **Rückstellungen** i. S. v. § 21 Abs. 5 Nr. 2 WEG. Wohnungseigentümer schulden Beiträge zur Instandhaltungsrückstellung **nur** auf Grund eines Beschlusses über Wirtschaftsplan, Jahresabrechnung oder Sonderumlage. Die Rückstellungen werden also bloß ausdrücklich genannt, um **deutlich** zu machen, dass die für sie vorgesehenen Beiträge selbstverständlich auch vom Vorrecht des § 10 Abs. 1 Nr. 2 ZVG erfasst werden – und mithin nicht hinauszurechnen sind.

cc) Rückgriffsansprüche einzelner Wohnungseigentümer

Nach § 10 Abs. 1 Nr. 2 Satz 1 ZVG können ausnahmsweise auch die **Regressansprüche** eines **einzelnen Wohnungseigentümers** bevorrechtigt sein. Grundsätzlich setzt ein Anspruch auf Wohngeld gegen einen Wohnungseigentümer zwar einen Eigentümerbeschluss über den Gesamt- und Einzelwirtschaftsplan oder über die Gesamt- und Einzeljahresabrechnung oder eine Sonderumlage voraus. In so genannten **Zweiergemeinschaften** kann aber ausnahmsweise etwas anderes gelten. Ist z.B. in einer Zweiergemeinschaft kein Verwalter bestellt und sind wegen des gesetzlichen Kopfprinzips (§ 25 Abs. 2 Satz 1 WEG) keine Mehrheitsbeschlüsse möglich, können die gemeinschaftlichen Lasten und Kosten nur in der Weise beglichen werden, dass ein Wohnungseigentümer in Vorlage tritt. Dieser kann bei dem anderen Wohnungseigentümer anteilig Regress nehmen.[33]

Beispiel:

A begründet gem. § 8 WEG an einem auf seinem Grundstück zu errichtenden Zweifamilienhaus Wohnungseigentum. Eine Dachgeschosswohnung nebst Nebenräumen veräußert er an B, die Erdgeschosswohnung nebst Nebenräumen behält er selbst. Beschlüsse über Wirtschaftsplan oder Jahresabrechnung kommen wegen der Zerstrittenheit von A und B nicht zustande. In diesem Falle können die gemeinschaftlichen Kosten und Lasten nur in der Weise beglichen werden, dass ein Wohnungseigentümer in Vorlage tritt und anschließend vom anderen Wohnungseigentümer Erstattung des auf diesen entfallenden Anteils verlangt. Der Erstattungsanspruch ergibt sich aus § 812 Abs. 1 Satz 1 Variante 1 BGB, weil durch die Zahlung des ei-

---

[31] Bärmann/Pick/Merle/*Merle* § 28 WEG Rdnr. 110.
[32] OLG Dresden MietRB 2006, 168 mit. Anm. *Elzer*.
[33] BayObLG ZMR 2002, 607, 608; ZMR 2002, 68.

nen Wohnungseigentümers die gesamtschuldnerische Haftung des anderen gegenüber dem Verband Wohnungseigentümergemeinschaft und die anteilige Haftung gegenüber dem außenstehenden Gläubiger nach § 10 Abs. 8 Satz 1 WEG erlischt. Verauslagt A also jeweils die gesamten Kosten für Heizung und Warmwasserbereitung, für Wasser und Abwasser, für Abfallbeseitigung und für die Gebäudebrandversicherung, kann er von B den auf ihn entfallenden Teil dieser Kosten verlangen. Außerdem kann A den Verband Wohnungseigentümergemeinschaft verklagen. Dieser haftet kumulativ neben B.[34]

dd) Rückständigkeit der Ansprüche

32 Nach § 10 Abs. 1 Nr. 2 Satz 2 ZVG im Rahmen der Zwangsversteigerung erfasst werden nur **laufende** (§ 13 Abs. 1 ZVG) und **rückständige Beträge** aus dem Kalenderjahr der (ersten) Beschlagnahme (vgl. § 13 Abs. 4 ZVG) und der beiden Kalenderjahre vor dieser Beschlagnahme.[35] Die Beschlagnahme eines Wohnungseigentums wird nach § 22 Abs. 1 ZVG wirksam, in welchem der Beschluss, durch den die Zwangsversteigerung angeordnet ist, dem Wohnungseigentümer zugestellt wird. Sie wird außerdem wirksam mit dem Zeitpunkt, in welchem das Ersuchen um Eintragung des Versteigerungsvermerkes dem Grundbuchamte zugeht, sofern auf das Ersuchen die Eintragung demnächst erfolgt, oder schließlich mit Besitzerlangung des Zwangsverwalters am Objekt, wobei auch eine mittelbare Besitzerlangung genügt (z. B. durch die Anzeige der Zwangsverwaltung gegenüber den Mietern). Der Zeitraum entspricht dem Zeitraum für wiederkehrende Leistungen der Rangklassen 3 und 4 (§ 10 Abs. 1 Nr. 3 und 4 ZVG). Bei einer rechtzeitigen Geltendmachung ermöglicht es dieser Zeitraum, dass der Anspruch dem Umfang nach weitgehend durchgesetzt werden kann.

Beispiel:

33 Die Beschlagnahme eines Wohnungseigentums erfolgt am 15. 12. 2007. Vom Vorrecht des § 10 Abs. 1 Nr. 2 ZVG erfasst sind danach sämtliche in 2007 fällig werdende Ansprüche (inkl. aller bis zum Zuschlag) sowie alle aus den Jahren 2006 und 2005.

34 Unter „laufenden Beiträgen" i. S. v. § 10 Abs. 1 Nr. 2 Satz 2 , 13 Abs. 1 Satz 1 ZVG sind die aus einem Wirtschaftsplan geschuldeten Vorschüsse (Wohn- bzw. Hausgelder) zu verstehen. Unter das Vorrecht des § 10 Abs. 1 Nr. 2 Satz 2 ZVG fallen das letzte vor der Beschlagnahme fällig gewordene Wohngeld sowie die später fällig werdenden Beträge. Unter den Begriff der „rückständigen Beträge" des § 13 Abs. 1 Satz 2 ZVG fallen hingegen Wohngelder aus dem Jahr der Beschlagnahme, die aus Jahresabrechnungen geschuldeten Salden sowie aus Sonderumlagen geschuldete Beiträge. Ferner Wohngelder, soweit deren Fälligkeit in das Jahr vor der Beschlagnahme gefallen ist.

Beispiel:

35 Aus dem Wirtschaftsplan 2007 schuldet Wohnungseigentümer W monatlich zum Monatsersten jeweils € 300,00. Außerdem schuldet er die Salden aus den Jahresabrechnungen 2006 und 2005 in Höhe von jeweils € 3600,00 sowie eine Sonderumlage aus 2006 i. H. eines auf ihn entfallenden Anteils von € 2500,00. Die Beschlagnahme erfolgt am 5. 4. 2007. Vom Vorrecht des § 10 Abs. 1 Nr. 2 WEG erfasst sind danach laufende Beträge ab März 2007 bis zum Zuschlag sowie insgesamt € 10 600,00 rückständige Beträge aus 2007 (Wohngeld Januar – März 2007) sowie aus 2005 und 2006.

ee) Höhe der Ansprüche

36 Das Vorrecht **einschließlich aller Nebenleistungen** – Kosten, die gem. § 10 Abs. 2 ZVG Befriedigung in der Rangstelle des Hauptrechts finden können, fallen neben dem Hauptanspruch unter die für den Vorrang bestehende Höchstgrenze – ist im Rahmen

---

[34] *Elzer* ZMR 2006, 955.
[35] *Drasdo* ZWE 2005, 161, 162, hält die Beschränkung auf zwei Jahre für unzweckmäßig.

II. Zwangsversteigerungsantrag

der Zwangsversteigerung **begrenzt** auf Beträge in Höhe von nicht mehr als fünf vom Hundert des Verkehrswertes des Wohnungseigentums i. S. v. § 74a Abs. 5 Satz 1 ZVG.

Beispiel:

In den Jahren 2005–2007 (dem Jahr der Beschlagnahme) sind durch Wohngelder und Sonderumlagen € 15 000,00 rückständige Beiträge fällig geworden. Für das betroffene Wohnungseigentum ist vom Vollstreckungsgericht ein Verkehrswert von € 100 000,00 festgesetzt worden. In diesem Falle ist nach § 10 Abs. 1 Nr. 2 ZVG nur ein Drittel der rückständigen Beiträge (= € 5000,00) bevorrechtigt.

ff) Nochmalige Anmeldung

Dem Gesetz ist nicht zu entnehmen, dass der Verband säumige Wohngeldansprüche **nur einmalig** für einen Antrag auf Zwangsversteigerung nutzen kann. Wird der vollstreckende Verband von einem nachrangigen Gläubiger vor der Vollstreckung nach §§ 268, 1150 BGB **abgelöst** – wovon in der Praxis wohl auszugehen ist – und wird das erste Zwangsvollstreckungsverfahren durch Rücknahme beendet, kann der Verband, sofern der Verzugsbetrag wieder erreicht ist, erneut den Weg über § 10 Abs. 1 Nr. 2 ZVG gehen. Wird er auch hier wiederum abgelöst, können nachrangige Gläubiger ggf. sogar **regelmäßig** gezwungen werden, die ausstehenden Wohngelder auszugleichen, um die eigene Sicherheit nicht zu verlieren. Ggf. können die Parteien eine Sperre vereinbaren. Ob §§ 138, 242 BGB Grenzen setzen, bleibt abzuwarten. Die Bewertung liegt jedenfalls nicht ganz fern, weil die vom Gesetzgeber gewollte **Höchstgrenze** von 5% des Verkehrswertes[36] auf diese Weise **umgangen** wird.

c) § 10 Abs. 1 Nr. 5 ZVG

Eine Zwangsversteigerung des Verbandes Wohnungseigentümergemeinschaft oder eines einzelnen Wohnungseigentümers ist gem. § 10 Abs. 1 Nr. 5 ZVG auch aus der **Rangklasse 5** möglich.[37] Die Beschränkungen des § 10 Abs. 3 ZVG gelten dann nicht. Ferner kommen dort als Gegenstand der Zwangsvollstreckung sämtliche Ansprüche in Betracht, auch vertragliche und deliktische.

Eine Zwangsversteigerung aus dieser Rangklasse ist freilich wenig aussichtsreich, wenn das Wohnungseigentum bis zur Wertgrenze oder darüber hinaus beliehen ist. Da Vorschüsse nach § 28 Abs. 2 WEG und sonstige Kosten und Lasten in der Zwangsversteigerung nach § 10 Abs. 1 Nr. 5 ZVG **keinen** Vorrang genießen, hängt eine aussichtsreiche Verwertung von den **besserrangigen Gläubigern**, in der Regel Kreditinstituten, ab. Treten diese dem Zwangsversteigerungsverfahren nicht bei, wird es regelmäßig ergebnislos verlaufen, da die vorrangigen Grundpfandrechte gemäß §§ 44, 52 ZVG übernommen werden müssten. Hierzu wird ein außenstehender Bieter üblicherweise nicht bereit sein.[38]

d) §§ 10 Abs. 1 Nr. 1 ZVG und 156 Abs. 1 Satz 2 ZVG

Wohngeldansprüche berechtigten bislang unter besonderen Voraussetzungen auch nach § 10 Abs. 1 Nr. 1 ZVG aus der aussichtsreichen Rangklasse 1 wenigstens zu einer **Teilnahme** an einer Zwangsversteigerung. Diese Rangklasse beruht auf der Erwägung, dass die Realgläubiger in einer Zwangsversteigerung zu Lasten des die Zwangsverwal-

---

[36] Rdnr. 36.
[37] Auch aus einem Entziehungsurteil nach § 19 Abs. 1 WEG wird immer aus Rangklasse 5, nicht aus Rangklasse 2 vollstreckt.
[38] *Abramenko* ZMR 2006, 338.

tung betreibenden Gläubigers bereichert würden, wenn das Grundstück durch die Verwendung der von diesem Gläubiger geleisteten Verwaltungsvorschüsse erhalten oder verbessert worden ist, der hierdurch erzielte Erlös aber nur den Realgläubigern nach der unter ihnen geltenden Rangordnung zu Gute käme.[39] Die Rangklasse 1 berechtigt und berechtigte allerdings **nicht,** aus ihr das Zwangsversteigerungsverfahren zu betreiben.[40] Die Geltendmachung von „Wohngeldvorschüssen" als Zwangsverwaltungsvorschüssen i.S.v. § 10 Abs. 1 Nr. 1 ZVG erfolgt allein durch Anmeldung, zur Rangwahrung spätestens im Versteigerungstermin vor Aufforderung zur Abgabe von Geboten. Voraussetzung neben der Anmeldung ist dabei stets, dass die Zwangsverwaltung bis zum Zuschlag fortdauert und die Ausgaben nicht aus den Nutzungen erstattet werden können.[41] Aufwendungen des Verbandes Wohnungseigentümergemeinschaft genossen bei einer Zwangsvollstreckung den Vorrang des § 10 Abs. 1 Nr. 1 ZVG außerdem nur dann, soweit sie der **Erhaltung oder Verbesserung** des Versteigerungsobjekts dienten – was der die Zwangsverwaltung betreibende **Gläubiger** darlegen und beweisen musste.[42] Für die Annahme einer Erhaltung oder Verbesserung reichte es dabei nicht aus, dass die Ausgaben des Zwangsverwalters wie beispielsweise das Wohngeld zur Bestreitung der Bewirtschaftungskosten der Wohnungseigentumsanlage und der versteigerten Wohnung **objektiv** bestimmt waren. Die Leistungen des die Zwangsverwaltung betreibenden Gläubigers mussten vielmehr für den Gegenstand der Zwangsverwaltung auch zweckentsprechend verwendet worden sein und sich **werterhöhend** ausgewirkt haben.[43]

42 Die Bewirtschaftungskosten der Wohnungseigentumsanlage, zu denen der Zwangsverwalter durch Zahlung der Wohngelder beiträgt, stellten nach h.M. Ausgaben der Verwaltung i.S. des § 155 Abs. 1 ZVG dar.[44] Diese Sichtweise ist indes **nicht mehr vertretbar.**[45] Keine Forderung kann gleichzeitig unter § 155 Abs. 1 ZVG (Aufwand) und § 155 Abs. 2 Satz 1 ZVG (einer Rangklasse zugehörig) eingeordnet werden – soweit nicht ausnahmsweise § 155 Abs. 3 oder Abs. 4 ZVG einschlägig ist.[46] Eben um diese **Schlechterstellung** der Wohnungseigentümergemeinschaft zu vermeiden, sieht deshalb § 156 Abs. 1 Satz 2 ZVG eine den laufenden öffentlichen Lasten entsprechende Regelung vor.[47] Danach sind vom Zwangsverwalter bei der Vollstreckung in ein Wohnungseigentum **ohne weiteres Verfahren** zu berücksichtigen **die laufenden Beträge** der daraus fälligen Ansprüche auf Zahlung der Beiträge zu Lasten und Kosten des gemeinschaftlichen Eigentums oder des Sondereigentums, die nach den §§ 16 Abs. 2, 28 Abs. 2 und 5 WEG geschuldet werden, einschließlich der Vorschüsse und Rückstellungen sowie der Rückgriffsansprüche einzelner Wohnungseigentümer. Die Vorwegzahlung nach § 156 Abs. 1 Satz 2 ZVG erfasst – ebenso wie die der öffentlichen Lasten – nicht die rückständigen Beträge der neuen Rangklasse 2. Dies ist richtig, da die Zwangsverwaltung in erster Linie dazu dient, das Zwangsverwaltungsobjekt zu erhalten. Erst wenn alle lau-

---

[39] RGZ 41, 321, 323; OLG München ZMR 2006, 645, 646 = InfoM 2006, 135.
[40] *Stöber* § 10 ZVG Rdnr. 2.9.
[41] LG Bochum Rpfleger 1994, 517; *Stöber* § 10 Rdnr. 2.5.
[42] BGH NZM 2005, 637, 338; BGHZ 154, 387, 391 = NJW 2003, 2162, 2163 = NZM 2003, 602; LG Heilbronn Rpfleger 2006, 430, 431; *Häublein* ZWE 2004, 48, 62.
[43] Siehe dazu die Übersicht bei *J.-H. Schmidt* NZM 2002, 847, 851 ff.
[44] Für einen Antrag, mit dem die Feststellung des Ranges einer Forderung nach § 10 Abs. 1 Nr. 1 ZVG begehrt wird, fehlt im Verfahren vor dem Wohnungseigentumsgericht regelmäßig das besondere Feststellungsinteresse, OLG München ZMR 2006, 645, 646.
[45] *Mayer* RpflStud. 2006, 71, 72.
[46] *Mayer* RpflStud. 2006, 71, 72.
[47] BT-Drucksache 16/887 S. 47.

fenden Beträge durch die vorhandenen Einnahmen gedeckt sind, kann das darüber hinaus noch vorhandene Geld zur Erfüllung anderer Ansprüche – dann aber erst im Rahmen eines Teilungsplanes i. S. v. § 106 ZVG – genutzt werden.

Die nach § 10 Abs. 1 Nr. 2 ZVG vorgesehene Höchstgrenze von fünf Prozent des festgesetzten Verkehrswertes ist gem. § 156 Abs. 1 Satz 3 ZVG **nicht** zu beachten. Denn ein Wertungswiderspruch zu § 18 Abs. 2 Nr. 2 WEG steht bei einer Vollstreckung durch einen Dritten nicht zu befürchten.[48] Eine Begrenzung wäre auch unbillig, da die Zwangsverwaltung – im Unterschied zur Zwangsversteigerung – eine auf **Dauer** angelegte Vollstreckungsart ist. Für den Verband Wohnungseigentümergemeinschaft wäre es nicht hinnehmbar, wenn die laufenden Beträge nach Erreichen der Höchstgrenze nicht mehr gezahlt würden. Hierdurch entsteht für die anderen Gläubiger auch kein Nachteil. Sie müssen sich auch jetzt schon das Wohngeld über die **gesamte Dauer** der Zwangsverwaltung vorgehen lassen. Sie werden durch die Regelung also nicht schlechter gestellt. 43

Unsicher ist, ob durch die Neuregelung der Zwangsverwalter die Ansprüche des Verbandes Wohnungseigentümergemeinschaft nur noch aus den „Einnahmen", nicht aber mehr aus den **Vorschüssen** befriedigen kann.[49] Da der Gesetzgeber die Ansprüche des Verbandes Wohnungseigentümergemeinschaft durch die Reform nicht schlechter stellen wollte, liegt es nahe, die bisherige Praxis weiter **zuzulassen**. 44

2. Durch einen Dritten

a) Allgemeines

Beantragt ein **Dritter** die Zwangsversteigerung eines Wohnungseigentums, kann der Verband Wohnungseigentümergemeinschaft (oder gem. § 10 Abs. 2 Nr. 2 Satz 5 ZVG ein nach § 10 Abs. 1 Nr. 2 Satz 1 ZVG besonders berechtigter Wohnungseigentümer) nach § 10 Nr. 2 Satz 4 ZVG bevorrechtigte Forderungen zum Verfahren **begünstigt** anmelden. Eine Anmeldung ist erforderlich, weil die Rechte des Verbandes Wohnungseigentümergemeinschaft – ebenso wie Ansprüche der öffentlichen Hand aus der Rangklasse 3 – zur Zeit der Eintragung des Zwangsversteigerungsvermerks aus dem Grundbuch ja noch **nicht ersichtlich sind**. Die laufenden und rückständigen Beträge sind – soweit sie nach § 10 Abs. 1 Nr. 2 ZVG ein Vorrecht genießen, **in das geringste Gebot** (Bargebot) **aufzunehmen**, § 45 Abs. 3 ZVG. Soweit § 95 Abs. 3 ZVG die Wohnungseigentümer und nicht den Verband nennt, handelt es sich um einen Redaktionsfehler.[50] 45

b) Anmeldung

Das Vorrecht wird allerdings – im Unterschied zu anderen Rechten, die meist durch öffentliche Stellen angemeldet werden und die erst auf Widerspruch glaubhaft zu machen sind – **nicht von Amts wegen** berücksichtigt: Es muss durch den Verband Wohnungseigentümergemeinschaft gem. § 10 Nr. 2 Satz 4 ZVG **extra angemeldet** werden. Durch die Anmeldung soll ein möglicher Missbrauch bei einer für die übrigen Beteiligten nicht nachvollziehbaren Anmeldung ausgeschlossen werden.[51] Ohne Glaubhaftmachung der angemeldeten Ansprüche könnte es häufiger als bislang – und nicht nur im Ausnahmefall – zu einem Widerspruch des die Zwangsvollstreckung betreibenden Gläubigers und damit zu Verzögerungen des Verfahrens kommen. Die Anmeldung 46

---

[48] BT-Drucksache 16/887 S. 45.
[49] Siehe *Mayer* RpflStud. 2006, 71, 72.
[50] Dazu *Elzer* ZMR 2007, Heft 7.
[51] BT-Drucksache 16/887 S. 46.

selbst ist eine **originäre Aufgabe des Verwalters,** für die er nach §§ 27 Abs. 1 Nr. 4, Abs. 3 Nr. 4 WEG keiner besonderen Ermächtigung bedarf.[52] Besitzt ein Wohnungseigentümer Rückgriffsansprüche, werden diese von ihm selbst angemeldet, § 10 Nr. 2 Satz 5 ZVG.

c) Glaubhaftmachung

47 Anders als sonst sind die Ansprüche gem. § 45 Abs. 3 ZVG bei der Anmeldung **ohne Aufforderung glaubhaft** zu machen. Besitzt der Verband gegen den Vollstreckungsschuldner einen **Titel,**[53] ist dem Meldeschriftsatz zur Glaubhaftmachung eine beglaubigte Abschrift beizufügen. Gibt der Titel keine Auskunft darüber, ob es sich um Ansprüche i. S. v. § 10 Abs. 1 Nr. 2 ZVG handelt (z. B. ein Vollstreckungsbescheid, ein Anerkenntnis- oder Versäumnisurteil), muss sich aus dem weiteren Vorbringen die Zahlungspflicht des Schuldners, die „Art" der Ansprüche (Wohngeld, Saldo der Jahresabrechnung oder Zahlung auf eine Sonderumlage), der Bezugszeitraum[54] des Anspruchs sowie seine Fälligkeit ergeben. Ein Titel wird jedoch **nicht generell** gefordert. Oftmals wird es dem Verband Wohnungseigentümergemeinschaft auch gar nicht möglich sein, bis zum Zwangsversteigerungstermin, bis zu dem die Ansprüche angemeldet sein müssen, einen Titel gegen den säumigen Schuldner zu erlangen. Insbesondere dann, wenn der Schuldner gleichzeitig seine Zahlungen an die Grundpfandgläubiger und den Verband einstellt, ist dies zu erwarten. Deshalb reicht es zur Glaubhaftmachung der Ansprüche auch aus, eine **einfache Niederschrift** i. S. v. § 24 Abs. 6 WEG[55] der maßgeblichen Beschlüsse der Wohnungseigentümer einschließlich ihrer Anlagen – etwa den Wirtschaftsplan oder die Jahresabrechnung – vorzulegen, aus der die Zahlungspflicht (§ 28 Abs. 2 und 5 WEG) hervorgeht, oder die Ansprüche in sonst geeigneter Weise i. S. v. § 294 ZPO darzustellen. Aus dem Vorbringen müssen sich auch hier[56] die Zahlungspflicht, die Art und der Bezugszeitraum des Anspruchs sowie seine Fälligkeit ergeben. Sind die Ansprüche weder Tenor noch Urteil zu entnehmen oder sind sie nicht tituliert, sollten zur Glaubhaftmachung dem Anmeldeschriftsatz folgende Unterlagen **beigefügt** werden:

48
- die Gesamt- und Einzeljahresabrechnung, die der Schuldner noch nicht (vollständig) ausgeglichen hat;
- den Gesamt- und Einzelwirtschaftsplan zum Beleg der laufenden und rückständigen Beträge aus dem Jahr der Beschlagnahme;
- ggf. einen Sonderumlagenbeschluss;[57]
- die Niederschriften, in denen die jeweiligen Beschlüsse nach §§ 16 Abs. 2, 28 Abs. 2, Abs. 5 WEG beurkundet worden sind;
- ggf. ein Auszug aus der Beschluss-Sammlung;
- ggf. eine zulässige Vereinbarung (meist Teil des Teilungsvertrages oder der Teilungserklärung) über besondere Fälligkeitsmodalitäten;

---

[52] Natürlich muss aber von den Wohnungseigentümern beschlossen werden, dass der vom Verwalter vertretene Verband Wohnungseigentümergemeinschaft so handeln soll.
[53] Etwa einen Vollstreckungsbescheid oder ein Urteil oder eine Unterwerfungsurkunde des Schuldners (§ 794 Abs. 1 Nr. 5 ZPO).
[54] Siehe Rdnr. 32 ff.
[55] Es wurde in Erwägung gezogen, für die Glaubhaftmachung auf eine öffentlich beglaubigte Niederschrift über Beschlüsse (§ 24 Abs. 6 WEG) abzustellen. Dies hielt man aber nicht für sinnvoll, vgl. BT-Drucksache 16/887 S. 46.
[56] Vgl. bereits Rdnr. 11.
[57] Muster bei *Elzer* MietRB 2006, 141, 146.

- ggf. die Gemeinschaftsordnung (meist Teil des Teilungsvertrages oder der Teilungserklärung);
- ggf. Kontoauszüge.

Formulierungsvorschlag für ein Schreiben gegenüber dem Vollstreckungsgericht:

In dem Zwangsvollstreckungsverfahren gegen den Wohnungseigentümer XY, Aktenzeichen 70 L 4/07, melde ich gem. § 45 Abs. 3 Satz 1 ZVG für die Wohnungseigentümergemeinschaft ABC-Straße 16, 12345 Berlin (im Folgenden: Wohnungseigentümergemeinschaft), Ansprüche nach § 10 Abs. 1 Nr. 2 ZVG an.[58] Sämtliche Ansprüche sind nicht tituliert. Die Wohnungseigentümergemeinschaft hat gegen XY Ansprüche aus den Jahresabrechnungen 2005 und 2006 i. H. v. insgesamt € 3200,00 (2005: € 1000,00; 2006: € 2200,00). Ferner ist XY rückständige Wohngelder zwischen Januar bis April 2007 in Höhe von insgesamt € 1200,00 schuldig geblieben.[59] Schließlich melde ich die laufenden Wohngelder ab Mai 2007 (monatlich jeweils € 300,00) bis zum Zuschlag an.

Zur Glaubhaftmachung der Ansprüche füge ich diesem Schriftsatz als Anlagen bei: Die Gesamt- und Einzeljahresabrechnungen 2005 und 2006, den Wirtschaftsplan 2007 und die Niederschriften der Eigentümerversammlungen vom 2. 5. 2006 und 1. 4. 2007. Die Gesamt- und Einzeljahresabrechnung 2005 ist in der Eigentümerversammlung vom 2. 5. 2006 Beschluss Nr. 213 zu TOP 3, die Gesamt- und Einzeljahresabrechnung 2006 sowie der Wirtschaftsplan 2007 ist in der Eigentümerversammlung vom 1. 4. 2007 Beschlüsse Nr. 218 sowie Nr. 219 zu TOP 3 bzw. TOP 2 beschlossen worden.

Die Sollsalden aus den Jahresabrechnungen wurden dort jeweils sofort fällig gestellt. Die gemäß Wirtschaftsplan 2007 geschuldeten Wohngeldvorauszahlungen waren in zwölf gleichen Beträgen jeweils zum 3. Werktag eines Monats fällig. Es war bestimmt worden, dass für den Fall, dass ein Eigentümer mit mehr als zwei Monatsraten in Verzug kommt, der gesamte Restjahresbetrag in einer Summe auf einmal fällig wird. Für die Rechtzeitigkeit der Zahlung kommt es auf die Gutschrift auf dem Verwaltungskonto an. XY blieb die Wohngelder für Januar und Februar 2007 schuldig, sodass der gesamte Restjahresbetrag 2007 fällig ist.[60] Für die jeweilige Nichtzahlung sind die Kontoauszüge des Verwaltungskontos in Kopie beigefügt.

Genügen dem **Vollstreckungsgericht** (funktionell zuständig ist ein Rechtspfleger) die eingereichten Unterlagen nicht, kann es – auch ohne Widerspruch des betreibenden Gläubigers – eine Ergänzung des Vorbringens und weitere Urkunden oder Erklärungen verlangen. Unzulässig wäre es, wenn das Vollstreckungsgericht die Darstellung verlangt, dass die Ansprüche bestandskräftig sind. Für § 10 Abs. 1 Nr. 2 ZVG ist ohne Bedeutung, dass der den Anspruch deckende Beschluss **angefochten** wurde.[61] Bleibt der Anspruch nicht hinreichend glaubhaft, wird er nicht in das geringste Gebot aufgenommen. Eine Zuteilung auf den angemeldeten Anspruch erfolgt dann nicht.

d) Rechtsbehelfe

Werden Ansprüche des Verbandes Wohnungseigentümergemeinschaft vom Vollstreckungsgericht nicht in das geringste Gebot aufgenommen, besteht für den Verband **kein Rechtsbehelf**. Nimmt der Rechtspfleger die Ansprüche hingegen auf, besteht auch kein Rechtsbehelf. Bei Aufstellung des geringsten Gebots handelt es sich nämlich jeweils um eine unselbstständige Zwischenentscheidung zur Vorbereitung des Zuschlags, die nicht nach § 95 ZVG anfechtbar ist. Wird die Anmeldung im Übrigen zu Unrecht nicht für das geringste Gebot berücksichtigt, sind die geltend gemachten Ansprüche dennoch in den **Teilungsplan** nach § 106 ZVG einzustellen.

Gegen den **Zuschlagsbeschluss** kann hingegen nach §§ 83 Nr. 1, 95, 96 ZVG, 569 ff. ZPO **sofortige Beschwerde** mit der Behauptung eingelegt werden, dass die Vorschriften über die Feststellung des geringsten Gebots verletzt sind. Diese Beschwerde wird erfolgreich sein, wenn der Versteigerungserlös ganz ausnahmsweise für die Rangklasse 2

---

[58] Für die Bezeichnung des Verbandes siehe § 10 Abs. 6 S. 4 WEG.
[59] Damit ist die „Art" der Ansprüche und ihr „Bezugszeitraum" dargelegt.
[60] Damit ist die „Fälligkeit" der Ansprüche dargelegt.
[61] Siehe Rdnr. 23.

nicht ausreicht. Außerdem kann sowohl der Verband als auch ein anderer Gläubiger Widerspruch gegen den Teilungsplan gem. §§ 115 Abs. 1 Satz 2 ZVG, 876 bis 882 ZPO einlegen, wenn dort die Verbandsansprüche berücksichtigt/nicht berücksichtigt worden sind. Der Widerspruch hat zur Folge, dass der streitige Betrag zu hinterlegen ist. Werden die Verbandsansprüche nicht in den Teilungsplan aufgenommen, gilt ihre erfolgte (oder ggf. wiederholte) Anmeldung nach § 15 Abs. 2 ZVG als Widerspruch gegen den Plan. Stellt sich nach dem Versteigerungsverfahren heraus, dass ein angeblicher Anspruch des Verbandes zu Unrecht berücksichtigt wurde oder entfällt der Anspruch nachträglich, kann sich der Verband ggf. einem Anspruch aus ungerechtfertigter Bereicherung (§ 812 BGB) gegenüber sehen.[62]

3. Verband Wohnungseigentümergemeinschaft als Ersteigerer

53   Noch unsicher ist, ob auch der Verband Wohnungseigentümergemeinschaft ein Wohnungseigentum im Wege der Zwangsversteigerung **ersteigern** kann.[63] Unproblematisch ist, wenn die Wohnungseigentümer einen Eigentumserwerb des Verbandes vereinbaren. Es gibt keinen Anlass anzunehmen, dass der Verband Wohnungseigentümergemeinschaft keinen **Grundbesitz** halten könnte.[64] Fraglich ist nur, ob es vorstellbar ist, dass die Wohnungseigentümer den Eigentumserwerb bloß mehrheitlich **beschließen**.[65] Zweifelhaft könnte sein, ob ein Eigentumserwerb durch bloßen Beschluss und ggf. also auch gegen den Willen anderer Wohnungseigentümer **ordnungsmäßig** sein kann. Ferner ist zu fragen, ob der Verband für einen Erwerb ein Darlehen aufnehmen könnte. Der gesamten Rechtsordnung ist jedenfalls immanent, dass der Erwerb von Grundeigentum etwas Besonderes darstellt, siehe nur § 311a Abs. 1 Satz 1 BGB. Den Erwerb zum Gegenstand eines **bloßen Mehrheitswillens** zu machen – für den alle Wohnungseigentümer gem. § 10 Abs. 8 WEG subsidiär haften müssten – könnte deshalb die Grenze der Ordnungsmäßigkeit überschreiten und in den Kernbereich des Wohnungseigentums eingreifen. Hierfür spräche auch, dass durch eine bloß mehrheitliche Entscheidung jeder Wohnungseigentümer „mittelbar" Sondereigentümer werden würde, da er letztlich alle Lasten des Eigentums des Verbandes tragen muss.[66] Diese zusätzliche Kostenlast ist möglicherweise nicht hinnehmbar, da es im Wohnungseigentumsrecht – anders als z. B. bei der AktG oder der GmbH – ein „**freies Nachforderungsrecht**" gibt – und also ein Wohnungseigentümer auf unkalkulierbare Zeiten belastet wäre.[67] Ferner ist zu bedenken, ob – soweit der Verband nicht über ausreichende Mittel verfügt – gleichfalls im Wege eines Mehrheitsbeschlusses über ein den Erwerb finanzierendes Darlehen abge-

---

[62] Zweifelnd *Mayer* RpflStud. 2006, 71, 72.

[63] Dazu vor allem § 3 Rdnr. 72 ff.

[64] *Häublein,* FS Seuß (2007), S. 125, 132; *Wenzel* ZWE 2006, 462, 464; *Abramenko* ZMR 2006, 338, 340; *Hügel* DNotZ 2005, 753, 771. Zu klären ist noch, ob es für den Erwerb der Menge nach Grenzen gibt. Erwirbt der Verband viele Wohnungseigentumseinheiten, ist ggf. das ganze Gefüge der Stimmrechte, Minderheitenrechte und gesetzlichen Stimmquoren neu zu denken. Eine Grenze ist nach § 10 Abs. 7 S. 4 WEG jedenfalls erreicht, wenn es nur noch zwei Wohnungseigentümer gibt.

[65] Dagegen LG-Nürnberg-Fürth ZMR 2006, 812, 813; *Jennißen* NZM 2006, 203, 205; dafür *Wenzel* ZWE 2006, 462, 464; *Schneider* ZMR 2006, 813, 815; *Abramenko* ZMR 2006, 338, 340; *Wenzel* NZM 2006, 321, 323.

[66] Diese Argumentation setzt voraus, dass der Verband Wohnungseigentümergemeinschaft als Wohnungseigentümer Beiträge schuldet. Man könnte auch – wie überwiegend im Gesellschaftsrecht – eine Konfusion annehmen, siehe dazu *Häublein,* FS Seuß (2007), 125, 137.

[67] Etwas anderes könnte nur angenommen werden, wenn die Wohnungseigentümer, die für den Beschluss gestimmt haben, sich zugleich verpflichten, sämtliche insoweit anfallenden Lasten zu tragen. Für einen solchen Willen dürfte es in den meisten Fällen aber an einem entsprechenden Willen fehlen.

4. Bestehen bleibende Rechte

Im Zwangsversteigerungsverfahren **erlöschen** mit Zuschlag die dem Anspruch des betreibenden Gläubigers **nachgehenden** Rechte – auch die Grundpfandrechte der Rangklasse 4. Betroffen davon sind ferner **Dienstbarkeiten,** die nicht nur auf dem versteigerten Wohnungseigentum selbst, sondern auch auf den übrigen Eigentumswohnungen der Anlage lasten (Belastung des Grundstücks als Ganzem). Dies sind in der Regel Leitungs- und Versorgungsrechte, Wegerechte oder Stellplatzrechte am Grundstück. Wird die Dienstbarkeit als Folge der Zwangsversteigerung bei dem einen Wohnungseigentum gelöscht, ist sie ebenfalls bei den anderen Wohnungen **als inhaltlich unzulässig** zu löschen. Die zur dauerhaften Geltung erforderliche dingliche Absicherung dieser Rechte im Grundbuch ist nachträglich kaum wieder zu erreichen. Erforderlich sind nämlich die Bewilligung durch alle Wohnungseigentümer und der Rangrücktritt der Gläubiger der auf den einzelnen Eigentumswohnungen lastenden Grundpfandrechte. Deshalb hilft sich die Praxis dadurch weiter, dass auf Antrag eines Beteiligten nach § 59 ZVG **abweichende Versteigerungsbedingungen** festgelegt werden, die das bestehen Bleiben dieser Rechte vorsehen. Andere Beteiligte, deren Rechte durch die Abweichung betroffen sind, müssen aber dem abweichenden Ausgebot zustimmen. Wenn nicht feststeht, ob ein Recht betroffen ist, und wenn auch die Zustimmung des Berechtigten nicht vorliegt, muss das Wohnungseigentum sowohl mit als auch ohne die Abweichung im Termin ausgeboten werden (**Doppelausgebot,** § 59 Abs. 2 ZVG).

Durch die Einführung der neuen Rangklasse 2 wird die bisherige Ausnahme zur **Regel,** wenn aus ihr die Zwangsversteigerung betrieben wird. Hinzu kommt, dass auch im Fall des Doppelausgebots das „bestehen Bleiben" der Rechte nicht immer gewährleistet ist, nämlich dann nicht, wenn der Zuschlag auf das Meistgebot mit den gesetzlichen Versteigerungsbestimmungen erfolgt, etwa weil der durch die Abweichung Beeinträchtigte dieser nicht zustimmt. § 52 Abs. 2 Satz 2 Buchstabe b ZVG sieht deshalb für solche Grunddienstbarkeiten und beschränkte persönliche Dienstbarkeiten, die auf dem Grundstück als Ganzem lasten, vor, dass sie entsprechend Satz 1 – dort wird das bestehen Bleiben des Rechts auf die in den §§ 912–917 BGB bezeichneten Überbau- und Notwegrenten geregelt – **auch ohne Berücksichtigung** im geringsten Gebot **bestehen bleiben,** wenn aus dem Vorrecht der Rangklasse 2 vollstreckt wird.

Beispiel:
Im Grundbuch ist an erster Rangstelle ein Wegerecht am gesamten Grundstück für sämtliche Wohnungseigentümer eingetragen. An zweiter Rangstelle ist eine Grundschuld i. H. v. € 30 000,00 für die A-Bank eingetragen. Der Verband Wohnungseigentümergemeinschaft betreibt aus der Rangklasse 2 die Zwangsvollstreckung in das Teileigentum des T. Wird das Teileigentum zwangsversteigert, bleibt das Wegerecht bestehen.

Das „bestehen Bleiben" wird jedoch auf die Fälle **beschränkt,** in denen diesen Rechten **kein Recht der Rangklasse 4** vorgeht, aus dem die Versteigerung betrieben werden kann. Ansonsten würde den Dienstbarkeiten durch das bestehen Bleiben faktisch generell ein Vorrang vor anderen in der Abteilung II oder III des Grundbuchs eingetragenen

---

[68] Dazu § 9 Rdnr. 7.

Rechten eingeräumt. Diesen Vorrang hätten sich die Berechtigten der Dienstbarkeiten – wie bisher – durch Rangänderungen verschaffen können mit der Folge, dass sie nach der neuen Regelung nicht erlöschen müssten. Soweit sie nicht auf eine erstrangige Eintragung hingewirkt haben, so haben sie schon bisher in Kauf genommen, im Zwangsversteigerungsverfahren – bei Betreiben aus einem vorrangigen Recht – zu erlöschen.

Beispiel:

58 Im Grundbuch ist an erster Rangstelle eine Grundschuld i. H. v. € 30 000,00 für die A-Bank eingetragen. An zweiter Rangstelle ist ein Wegerecht am gesamten Grundstück für sämtliche Wohnungseigentümer eingetragen. Der Verband Wohnungseigentümergemeinschaft betreibt aus der Rangklasse 2 die Zwangsvollstreckung in das Teileigentum des T. Wird das Teileigentum zwangsversteigert, erlischt das Wegerecht.

59 Der bisher in § 52 Abs. 2 Satz 2 ZVG allein geregelte Fall des bestehen Bleibens des Erbbauzinses,[69] wenn Ersteres als Inhalt der Reallast vereinbart wurde, ist in § 52 Abs. 2 Satz 2 ZVG **inhaltsgleich** als Buchstabe a übernommen worden.

III. Zwangsverwaltung

1. Allgemeines

60 Statt ein Wohnungseigentum zur Zwangsversteigerung zu bringen, kann der Verband Wohnungseigentümergemeinschaft über ein Wohnungs- oder Teileigentum auch die **Zwangsverwaltung** anordnen lassen. Auch die Anordnung der Zwangsverwaltung aus der Rangklasse 2 ist nach §§ 146 Abs. 1 ZVG i. V. m. 10 Abs. 3 Satz 1 ZVG allerdings nur dann zulässig, wenn die Beträge i. S. v. § 10 Abs. 1 Nr. 2 ZVG die Höhe des Verzugsbetrages nach § 18 Abs. 2 Nr. 2 WEG übersteigen. Die nach § 10 Abs. 1 Nr. 2 ZVG vorgesehene **Höchstgrenze** von fünf Prozent des festgesetzten Verkehrswertes ist gem. §§ 146 Abs. 1 ZVG i. V. m. 10 Abs. 1 Nr. 2 Satz 3 ZVG aber **nicht** zu beachten.

61 Für die weiterhin mögliche Zwangsverwaltung aus der Rangklasse 5 gelten §§ 146 Abs. 1 ZVG i. V. m. 10 Abs. 3 Satz 1 ZVG **nicht**.[70]

2. Ausgaben der Verwaltung

62 Die Bewirtschaftungskosten der Wohnungseigentumsanlage, zu denen der Zwangsverwalter durch Zahlung der Wohngelder beiträgt, stellen nach h. M. **Ausgaben der Verwaltung** i. S. des § 155 Abs. 1 ZVG dar. Da aber keine Forderung gleichzeitig unter § 155 Abs. 1 ZVG (Aufwand) und § 155 Abs. 2 Satz 1 ZVG (einer Rangklasse zugehörig) eingeordnet werden kann soweit nicht ausnahmsweise § 155 Abs. 3 oder Abs. 4 ZVG einschlägig ist, ist dieser Weg künftig versperrt.[71] Um die dadurch für die anderen Wohnungseigentümer und den Verband Wohnungseigentümergemeinschaft verbundenen Einbußen zu lindern, sieht § 156 Abs. 1 Satz 2 ZVG eine den laufenden öffentlichen Lasten entsprechende Regelung vor (nach § 156 Abs. 1 Satz 1 ZVG sind die laufenden Beträge der öffentlichen Lasten von dem Verwalter ohne weiteres Verfahren zu berichtigen).[72]

---

[69] Siehe § 17 Rdnr. 1.
[70] *Mayer* RpflStud. 2006, 71, 72.
[71] Siehe dazu Rdnr. 41.
[72] *Mayer* RpflStud. 2006, 71, 73, hält diese Anordnung für verfehlt. Richtig ist, dass die Praxisprobleme nicht gering sind.

3. Verfahrensfragen

Die Ansprüche des Verbandes Wohnungseigentümergemeinschaft nach § 10 Abs. 1 Nr. 2 ZVG sind – anders als öffentliche Lasten der Rangklasse 3 – in den **Teilungsplan** i.S.v. § 156 Abs. 2 Satz 2 ZVG **einzustellen**, soweit sie vom Zwangsverwalter anerkannt werden. Würden sie nicht aufgenommen, wären andere Gläubiger der Möglichkeit beraubt, **Widerspruch** einzulegen. Nur durch den Widerspruch ist aber eine gerichtliche Prüfung der häufig nicht einmal titulierten und ggf. sogar angefochtenen Verbandsansprüche vorstellbar. Soweit der Zwangsverwalter nur **geringe Einnahmen** hat und damit zu rechnen ist, dass die Einnahmen nicht vollständig für die öffentlichen Lasten **und** den Verband Wohnungseigentümergemeinschaft ausreichen oder zu vermuten steht, dass der die Zwangsverwaltung betreibende Gläubiger Ansprüche aus der Rangklasse 1 besitzt, ist § 156 Abs. 1 ZVG **teleologisch zu reduzieren:** In diesem Falle sind sämtliche Ansprüche – auch die öffentlichen Lasten – in den Teilungsplan aufzunehmen. Eine vorherige Berichtigung ohne Aufnahme in den Teilungsplan hat zu unterbleiben.[73] Ist dem Vollstreckungsgericht die Vermögenslage – ggf. nach einer Anzeige durch einen Gläubiger – bekannt, kann es den Zwangsverwalter ggf. nach § 153 Abs. 1 Satz 1 ZVG anweisen, entsprechend zu verfahren.

63

Eine Berichtigung nach § 156 Abs. 1 Satz 1 ZVG hat zu unterbleiben, solange bei einer Vollstreckung in ein Wohnungseigentum zu vermuten steht, dass die Einnahmen nicht auch für die vollständigen nach § 156 Abs. 1 Satz 2 ZVG geschützten Beträge ausreichen. In diesem Falle muss eine anteilige Berichtigung erfolgen oder sämtliche Ansprüche sind in den Teilungsplan einzustellen und eine Berichtigung hat vollständig zu unterbleiben.

64

IV. Insolvenz des Wohngeldschuldners

Inwieweit die Neufassung des § 10 ZVG auch in der **Insolvenz eines Wohnungseigentümers** eine (neue) Chance für den Verband Wohnungseigentümergemeinschaft bietet, für solche Forderungen **volle Befriedigung** zu erlangen, die im Insolvenzverfahren nur als Insolvenzforderung einzuordnen sind, ist noch unsicher. Die Antwort hängt davon ab, ob die aus § 10 Abs. 1 Nr. 2, Abs. 3 ZVG folgenden Befugnisse des Verbandes als Absonderungsrecht i.S.d. § 49 InsO qualifiziert werden können.[74] Geht man diesen Weg, könnte der Verband in der Tat auch in der Insolvenz eines Wohnungseigentümers die Zwangsversteigerung aus dem bevorrechtigten Rang nach Maßgabe des § 10 Abs. 3 ZVG beantragen. Ferner könnte sich der Verband einem fremden Zwangsversteigerungsantrag anschließen.

65

Fraglich ist dann allerdings, was gilt, wenn es gar nicht zu einer Zwangsversteigerung kommt. In der Insolvenz ist etwa vorstellbar, dass der Insolvenzverwalter das Wohnungseigentum (mit Zustimmung der im Grundbuch gesicherten Gläubiger) **außerhalb** eines Zwangsversteigerungsverfahrens **freihändig** veräußert. Diesen Weg der Veräußerung kann der Verband nur **verhindern,** wenn er selbst die Zwangsversteigerung betreibt. Dafür aber ist ein Titel gegen den Insolvenzverwalter auf **Duldung** der Zwangsversteigerung notwendig. Über einen solchen Titel verfügt der Verband regelmäßig indes nicht. Entweder, weil er gar keinen Titel besitzt. Oder, weil er vor Insolvenzeröffnung seine Forderungen gegen den säumigen Wohnungseigentümer hat titu-

66

---

[73] Siehe auch *Mayer* RpflStud. 2006, 71, 73.
[74] So *Jacoby*, Die Insolvenz in der Wohnungseigentümergemeinschaft, Vortrag auf dem Rhein-Main-Verwalterforum am 16. 3. 2007.

lieren lassen, nicht gegen den Insolvenzverwalter. Stuft man die aus § 10 Abs. 1 Nr. 2 ZVG folgenden Rechte indes als **Vorrecht** ein, hätte der Verband einen entsprechenden Anspruch gegen den Insolvenzverwalter, den er sich auch titulieren lassen kann. Entweder erhebt der Verband dazu eine Klage (der Insolvenzverwalter könnte den Kosten eines Prozesses dadurch entgehen, dass er sich in notarieller Urkunde der sofortigen Zwangsvollstreckung unterwirft, § 794 Abs. 1 Nr. 5 ZPO). Oder der Verband lässt sich einen vorhandenen Zahlungstitel gegen den in die Insolvenz gefallenen Wohnungseigentümer gegen den Insolvenzverwalter nach §§ 724 ff. ZPO umschreiben.

§ 16 Änderungen des RVG

I. Vergütungsvereinbarung

§ 27 Abs. 2 Nr. 4, Abs. 3 Nr. 6 räumen dem Verwalter von Wohnungseigentum künftig die **gesetzliche Vertretungsmacht** ein, sowohl im Namen der Wohnungseigentümer als auch im Namen des Verbandes Wohnungseigentümergemeinschaft eine **Vergütungsvereinbarung** i. S. v. § 4 Abs. 1 RVG zu schließen.[1] 1

Für eine Vergütungsvereinbarung gegenüber einem Verband Wohnungseigentümergemeinschaft oder den Wohnungseigentümern gelten dabei **keine Besonderheiten**. Zu beachten sind also u. a.: 2

- die Erklärung des Auftraggebers muss **schriftlich** erfolgen, wenn eine höhere als die gesetzliche Vergütung vereinbart werden soll; 3
- die Vergütungsvereinbarung darf **nicht in einer Vollmacht** enthalten sein;
- sofern die Vereinbarung nicht vom Auftraggeber verfasst wurde, muss sie als „**Vergütungsvereinbarung**" bezeichnet und von anderen Vereinbarungen deutlich **abgesetzt** werden;
- die Vergütungsvereinbarung muss so **genau bestimmt** sein, dass es dem Mandanten möglich ist, die Höhe der Vergütung zu erkennen;
- die Vergütungsvereinbarung ist **jederzeit möglich,** auch noch nach Abschluss des Mandats.

II. Redaktionelle Änderungen

Weil § 43 WEG neu gefasst ist und die Vorschriften der ZPO auf Verfahren in Wohnungseigentumssachen erstreckt werden, sind künftig die besonderen Bestimmungen des RVG zum WEG nicht mehr erforderlich. In Absatz 2 der Anmerkung zu Nummer 3101 des Vergütungsverzeichnisses zum RVG wird deshalb die Angabe „in Verfahren nach § 43 des Wohnungseigentumsgesetzes" gestrichen. In der Vorbemerkung 3.2.1 Abs. 1 Nr. 2 wird außerdem der Buchstabe „c" gestrichen; die bisherigen Buchstaben „d" und „e" werden zu Buchstaben „c" und „d". 4

---

[1] Siehe dazu § 11 Rdnr. 71 und 90.

§ 17 Änderungen von ErbbauVO und LuftVG

I. Änderungen der ErbbauVO

1. Bestehen bleiben der Erbbauzinsreallast

1 Nach § 9 Abs. 3 Satz 1 Nr. 1 ErbbauVO kann bislang vereinbart werden, dass die Erbaubauzinsreallast abweichend von § 52 Abs. 1 ZVG mit ihrem Hauptanspruch bestehen bleibt, wenn der Grundstückseigentümer aus der Reallast oder der Inhaber eines vorrangigen oder gleichstehenden Rechts die Zwangsversteigerung des Erbbaurechts betreibt. Die Regelung ist zurzeit auf **vor- oder gleichrangige dingliche Rechte** beschränkt. Wird wegen Ansprüchen aus den Rangklassen 1 bis 3 des § 10 Abs. 1 ZVG die Zwangsversteigerung betreiben, führt dies bislang zum **Erlöschen** und zur Kapitalisierung des Erbbauzinses.[1]

2 Um dieser **Gefahr entgegenzuwirken**, wird § 9 Abs. 3 Satz 1 Nr. 1 ErbbauVO geändert. Künftig kann auch der Inhaber der in § 10 Abs. 1 Nr. 2 ZVG genannten Ansprüche auf Zahlung der Beiträge zu den Lasten und Kosten des Wohnungserbbaurechts vereinbaren, dass die Erbbauzinsreallast **bestehen bleibt**. Diese – auf einen Aufsatz von *Wolfgang Schneider* zurückgehende – Vorschrift[2] berücksichtigt allerdings nicht, dass die vor der Novelle zwischen 1994 bis 2007 geschlossenen „bestehen-Bleiben-Vereinbarungen" die neue Rechtslage nicht berücksichtigen konnten. Hier könnte es sich anbieten, dass der Verband ein Sondereigentum nicht selbst zur Versteigerung bringt und nur seine Ansprüche anmeldet. Ferner wäre zu überlegen, ob man den Grundstückseigentümern nicht einen auf Treu und Glauben gestützten **Anspruch** einräumen will, die bisherigen „bestehen-Bleiben-Vereinbarungen" zwangsweise an das neue Recht anzupassen. Im Einzelfall kann auch eine ergänzende Vertragsauslegung ergeben, dass von der Vereinbarung die Ansprüche des Verbandes Wohnungseigentümergemeinschaft erfasst sein sollen.[3] Für eine Benachteiligung der Grundstückseigentümer gibt es jedenfalls **keinen nachvollziehbaren Grund**. Notfalls ist das Gesetz daher zu ändern.

2. Redaktionelle Anpassungen

3 Das WEG-Reformgesetz wird im Übrigen dazu genutzt, fehlgehende Verweisungsvorschriften auf das BGB in § 31 Abs. 3 ErbbauVO anzupassen. Es handelt sich nicht um Folgeänderungen auf Grund der WEG-Reform, sondern um solche, die eigentlich bereits mit dem Gesetz zur Modernisierung des Schuldrechts vor fünf Jahren hätten vollzogen werden müssen.

II. Änderungen des Luftfahrzeuggesetzes

4 Das WEG-Reformgesetz wird auch genutzt, Verweisungsvorschriften in § 98 Abs. 2 Satz 1 LuftVG auf das BGB anzupassen. Es handelt sich auch hier nicht um Folgeänderungen auf Grund der WEG-Reform, sondern um solche, die bereits mit dem Gesetz zur Modernisierung des Schuldrechts vor fünf Jahren hätten vollzogen werden müssen.

---

[1] *Schneider* ZMR 2006, 660, 663 m. w. N.
[2] *Schneider* ZMR 2006, 660.
[3] Siehe zu diesem Gedanken BGH WuM 2007, 30, 31.

§ 18 Übergangsvorschriften

I. Änderungen von WEG, GKG, GVG, RVG und ZPO

1. Inkrafttreten

Die **umfangreichen Änderungen** des WEG, des GKG, des GVG, des RVG und der ZPO gem. Art. 4 Satz 2 des Gesetzes zur Änderung des Wohnungseigentumsgesetzes und anderer Gesetze treten 1. 7. 2007 in Kraft.[1] Das bedeutet, dass die neuen Zuständigkeiten in Wohnungseigentumssachen, die neuen Verfahrensvorschriften und das neue Kosten- und Gebührenrecht **erstmals** für Verfahren anwendbar werden, die am 1. 7. 2007 bei einem Gericht **anhängig** werden. Auf die Rechtshängigkeit (§ 261 Abs. 1 ZPO) stellt das Gesetz nicht ab.

Beispiel:

Ist eine Beschlussanfechtung vor dem 1. 7. 2007 bei einem Gericht[2] eingegangen (= anhängig geworden), ist noch das **bisherige Recht** anzuwenden. Auch wenn die Zustellung des Antrages erst nach dem 1. 7. 2007 oder später erfolgt, ist das WEG in seiner bisherigen Fassung und auch das bisherige Verfahrensrecht anzuwenden. Soweit sich allerdings Änderungen bereits durch die Rechtsprechung ergeben hatten, z. B. die Teilrechtsfähigkeit des Verbandes Wohnungseigentümergemeinschaft, ändert sich hieran nichts. Ist am 1. 5. 2007 ein Anfechtungsverfahren anhängig, weil es an einer Beschlusskompetenz fehlt, die nach neuem Recht aber besteht, müssen die Wohnungseigentümer einen entsprechenden Beschluss nachholen und sollten dann das Verfahren für erledigt erklären.

Die **Vorlaufzeit** von **drei** vollen **Kalendermonaten** lässt den Betroffenen nach Ansicht des Gesetzgebers ausreichend Zeit, sich auf die veränderte Situation einzustellen und die erforderlichen organisatorischen Maßnahmen zu treffen. Dies gilt vor allem für die Landesjustiz im Hinblick auf die Erstreckung der ZPO-Vorschriften auf Wohnungseigentumsverfahren, insbesondere den hiermit einhergehenden neuen Instanzenzug in Wohnungseigentumssachen; ebenso für die Verwalter im Hinblick auf die nach § 24 Abs. 7 WEG vorgeschriebene Beschluss-Sammlung.

2. Laufende Verfahren

a) Verfahren in den jeweiligen Instanzen

Für die vor Inkrafttreten bereits bei einem Gericht der ersten Instanz oder bei einem Beschwerdegericht **anhängigen Verfahren** in Wohnungseigentumssachen sind weder die neuen Vorschriften des WEG zum Verfahren noch die zum materiellen Recht anzuwenden. Für diese Verfahren verbleibt es gem. § 62 Abs. 1 WEG bei Anwendung des WEG und des ZVG in ihrer bis dahin geltenden Fassung. Die Erstreckung der ZPO-Regelungen auf Verfahren in WEG-Sachen, die Streichung der Versteigerungsvorschriften des Wohnungseigentumsgesetzes sowie die Einführung eines begrenzten Vorrangs für Hausgeldforderungen sollten die im Zeitpunkt des Inkrafttretens anhängigen Ver-

---

[1] Gesetz zur Änderung des Wohnungseigentumsgesetzes und anderer Gesetze vom 26. 3. 2007 (BGBl. I, S. 370 sowie das Gesetz zur Vereinfachung des Insolvenzverfahrens v. 13. 4. 2007 (BGBl. I, S. 509) bzgl. § 72 GVG.

[2] Dabei ist egal, ob dieses Gericht örtlich unzuständig ist und das Verfahren erst an das örtlich zuständige Gericht verweisen muss, vgl. auch BGH NJW 1998, 3648 = BGHZ 139, 305.

fahren **nicht berühren**. Der Übergang vom alten auf das neue Recht könnte ansonsten zu Verzögerungen und Erschwerungen führen.³

b) Rechtsmittel

5   Ohne dass dies explizit von § 62 Abs. 1 WEG angesprochen wird, muss auch davon ausgegangen werden, dass für die Altverfahren i.S.d. Vorschrift die bisherige **Rechtsmittelsystematik** gilt. Zwar wird das FGG in § 62 Abs. 1 WEG nicht erwähnt. Dieses Ergebnis ergibt sich aber aus der Anwendung des § 45 Abs. 1 WEG a.F. für diese Verfahren. Die Oberlandesgerichte werden daher auch in den nächsten Jahren noch das Wohnungseigentumsrecht prägen, soweit ihnen die Beteiligten Beschwerden antragen.

3. Beschluss-Sammlung

6   Eine Beschluss-Sammlung ist gem. § 24 Abs. 7 Satz 2 WEG **erstmals** für die am 1. 7. 2007 ergehenden Beschlüsse und gerichtlichen Entscheidungen zu führen. Vor diesem Tag ergangene Beschlüsse und gerichtliche Entscheidungen müssen jedenfalls **nicht von Gesetzes wegen** in die Beschluss-Sammlungen aufgenommen werden.⁴

4. Höchstdauer der Bestellung, § 26 Abs. 1 Satz 2 Halbsatz 2 WEG

7   § 26 Abs. 1 Satz 2 Halbsatz 2 WEG ist nur auf die erstmalige Bestellung eines Verwalters nach Inkrafttreten der Novelle anwendbar. **Unberührt** bleiben also noch vor dem 1. 7. 2007 vorgenommene Bestellungen.⁵

5. ZVG und §§ 53 ff. WEG a. F.

8   Auch für am Tage des Inkrafttretens bereits bei einem Gericht **anhängige Verfahren** in Zwangsversteigerungssachen oder für die bei einem Notar beantragte freiwillige Versteigerungen, verbleibt es bei Anwendung der bis dahin geltenden Vorschriften. Das gilt auch für die bis dahin geltenden Rechtsmittel.

6. Teilrechtsfähigkeit

9   Soweit die Reform die Entscheidung des Bundesgerichtshofes zur Teilrechtsfähigkeit umsetzt⁶ und vor allem durch §§ 10 Abs. 1, 6 bis 8 und 27 Abs. 1 bis 3 WEG hierauf reagiert, können die Umsetzungen teilweise als deklaratorisch verstanden werden. Der Verband ist z.B. auch in Verfahren, für die noch altes Recht anwendbar ist, weiterhin parteifähig, bzw. bei Verträgen mit Dritten geschäftsfähig.

II. Änderungen der ErbbauVO und des Luftfahrzeuggesetzes

10   Die rein **redaktionellen Änderungen** der ErbbauVO und des Luftfahrzeuggesetzes treten bereits mit **Verkündung** des Gesetzes zur Änderung des Wohnungseigentumsgesetzes und anderer Gesetze in Kraft, also am 20. 3. 2007. Für diese Änderungen waren eine Vorlaufzeit und Übergangsvorschriften entbehrlich.

---

³ BT-Drucksache 16/887 S. 43.
⁴ Siehe dazu § 8 Rdnr. 21 f.
⁵ BT-Drucksache 16/3843 S. 26.
⁶ BGH MDR 2005, 1156.

Anhang

1. Synopse zum neuen und alten WEG

WEG – Neue Fassung	WEG – Alte Fassung
Gesetz über das Wohnungseigentum und das Dauerwohnrecht (Wohnungseigentumsgesetz) Vom 15. März 1951 (BGBl. I S. 175, ber. S. 209) zuletzt geänd. durch G v. 26. 3. 2007 (BGBl. I S. 370) FNA 403-1	**Gesetz über das Wohnungseigentum und das Dauerwohnrecht (Wohnungseigentumsgesetz)** Vom 15. März 1951 (BGBl. I S. 175, ber. S. 209) zuletzt geänd. durch G v. 5. 5. 2004 (BGBl. I S. 718) FNA 403-1
I. Teil. Wohnungseigentum	**I. Teil. Wohnungseigentum**
§ 1 Begriffsbestimmungen (1) Nach Maßgabe dieses Gesetzes kann an Wohnungen das Wohnungseigentum, an nicht zu Wohnzwecken dienenden Räumen eines Gebäudes das Teileigentum begründet werden. (2) Wohnungseigentum ist das Sondereigentum an einer Wohnung in Verbindung mit dem Miteigentumsanteil an dem gemeinschaftlichen Eigentum, zu dem es gehört. (3) Teileigentum ist das Sondereigentum an nicht zu Wohnzwecken dienenden Räumen eines Gebäudes in Verbindung mit dem Miteigentumsanteil an dem gemeinschaftlichen Eigentum, zu dem es gehört. (4) Wohnungseigentum und Teileigentum können nicht in der Weise begründet werden, daß das Sondereigentum mit Miteigentum an mehreren Grundstücken verbunden wird. (5) Gemeinschaftliches Eigentum im Sinne dieses Gesetzes sind das Grundstück sowie die Teile, Anlagen und Einrichtungen des Gebäudes, die nicht im Sondereigentum oder im Eigentum eines Dritten stehen. (6) Für das Teileigentum gelten die Vorschriften über das Wohnungseigentum entsprechend.	**§ 1 Begriffsbestimmungen** (1) Nach Maßgabe dieses Gesetzes kann an Wohnungen das Wohnungseigentum, an nicht zu Wohnzwecken dienenden Räumen eines Gebäudes das Teileigentum begründet werden. (2) Wohnungseigentum ist das Sondereigentum an einer Wohnung in Verbindung mit dem Miteigentumsanteil an dem gemeinschaftlichen Eigentum, zu dem es gehört. (3) Teileigentum ist das Sondereigentum an nicht zu Wohnzwecken dienenden Räumen eines Gebäudes in Verbindung mit dem Miteigentumsanteil an dem gemeinschaftlichen Eigentum, zu dem es gehört. (4) Wohnungseigentum und Teileigentum können nicht in der Weise begründet werden, daß das Sondereigentum mit Miteigentum an mehreren Grundstücken verbunden wird. (5) Gemeinschaftliches Eigentum im Sinne dieses Gesetzes sind das Grundstück sowie die Teile, Anlagen und Einrichtungen des Gebäudes, die nicht im Sondereigentum oder im Eigentum eines Dritten stehen. (6) Für das Teileigentum gelten die Vorschriften über das Wohnungseigentum entsprechend.
1. Abschnitt. Begründung des Wohnungseigentums	**1. Abschnitt. Begründung des Wohnungseigentums**
§ 2 Arten der Begründung Wohnungseigentum wird durch die vertragliche Einräumung von Sondereigentum (§ 3) oder durch Teilung (§ 8) begründet.	**§ 2 Arten der Begründung** Wohnungseigentum wird durch die vertragliche Einräumung von Sondereigentum (§ 3) oder durch Teilung (§ 8) begründet.

WEG – Neue Fassung	WEG – Alte Fassung
§ 3 Vertragliche Einräumung von Sondereigentum (1) Das Miteigentum (§ 1008 des Bürgerlichen Gesetzbuches) an einem Grundstück kann durch Vertrag der Miteigentümer in der Weise beschränkt werden, daß jedem der Miteigentümer abweichend von § 93 des Bürgerlichen Gesetzbuches das Sondereigentum an einer bestimmten Wohnung oder an nicht zu Wohnzwecken dienenden bestimmten Räumen in einem auf dem Grundstück errichteten oder zu errichtenden Gebäude eingeräumt wird. (2) Sondereigentum soll nur eingeräumt werden, wenn die Wohnungen oder sonstigen Räume in sich abgeschlossen sind. Garagenstellplätze gelten als abgeschlossene Räume, wenn ihre Flächen durch dauerhafte Markierungen ersichtlich sind.	**§ 3 Vertragliche Einräumung von Sondereigentum** (1) Das Miteigentum (§ 1008 des Bürgerlichen Gesetzbuches) an einem Grundstück kann durch Vertrag der Miteigentümer in der Weise beschränkt werden, daß jedem der Miteigentümer abweichend von § 93 des Bürgerlichen Gesetzbuches das Sondereigentum an einer bestimmten Wohnung oder an nicht zu Wohnzwecken dienenden bestimmten Räumen in einem auf dem Grundstück errichteten oder zu errichtenden Gebäude eingeräumt wird. (2) Sondereigentum soll nur eingeräumt werden, wenn die Wohnungen oder sonstigen Räume in sich abgeschlossen sind. Garagenstellplätze gelten als abgeschlossene Räume, wenn ihre Flächen durch dauerhafte Markierungen ersichtlich sind. (3) Unbeschadet der im übrigen Bundesgebiet bestehenden Rechtslage wird die Abgeschlossenheit von Wohnungen oder sonstigen Räumen, die vor dem 3. Oktober 1990 bauordnungsrechtlich genehmigt worden sind, in dem in Artikel 3 des Einigungsvertrages bezeichneten Gebiet nicht dadurch ausgeschlossen, daß die Wohnungstrennwände und Wohnungstrenndecken oder die entsprechenden Wände oder Decken bei sonstigen Räumen nicht den bauordnungsrechtlichen Anforderungen entsprechen, die im Zeitpunkt der Erteilung der Bescheinigung nach § 7 Abs. 4 Nr. 2 gelten. Diese Regelung gilt bis zum 31. Dezember 1996.
§ 4 Formvorschriften (1) Zur Einräumung und zur Aufhebung des Sondereigentums ist die Einigung der Beteiligten über den Eintritt der Rechtsänderung und die Eintragung in das Grundbuch erforderlich. (2) Die Einigung bedarf der für die Auflassung vorgeschriebenen Form. Sondereigentum kann nicht unter einer Bedingung oder Zeitbestimmung eingeräumt oder aufgehoben werden. (3) Für einen Vertrag, durch den sich ein Teil verpflichtet, Sondereigentum einzuräumen, zu erwerben oder aufzuheben, gilt § 311b Abs. 1 des Bürgerlichen Gesetzbuchs entsprechend.	**§ 4 Formvorschriften** (1) Zur Einräumung und zur Aufhebung des Sondereigentums ist die Einigung der Beteiligten über den Eintritt der Rechtsänderung und die Eintragung in das Grundbuch erforderlich. (2) Die Einigung bedarf der für die Auflassung vorgeschriebenen Form. Sondereigentum kann nicht unter einer Bedingung oder Zeitbestimmung eingeräumt oder aufgehoben werden. (3) Für einen Vertrag, durch den sich ein Teil verpflichtet, Sondereigentum einzuräumen, zu erwerben oder aufzuheben, gilt § 311b Abs. 1 des Bürgerlichen Gesetzbuchs entsprechend.
§ 5 Gegenstand und Inhalt des Sondereigentums (1) Gegenstand des Sondereigentums sind die gemäß § 3 Abs. 1 bestimmten Räume sowie die zu diesen Räumen gehörenden Bestandteile des Gebäudes, die verändert, beseitigt oder eingefügt werden können, ohne daß dadurch das	**§ 5 Gegenstand und Inhalt des Sondereigentums** (1) Gegenstand des Sondereigentums sind die gemäß § 3 Abs. 1 bestimmten Räume sowie die zu diesen Räumen gehörenden Bestandteile des Gebäudes, die verändert, beseitigt oder eingefügt werden können, ohne daß dadurch das

1. Synopse zum neuen und alten WEG — Anhang

WEG – Neue Fassung	WEG – Alte Fassung
gemeinschaftliche Eigentum oder ein auf Sondereigentum beruhendes Recht eines anderen Wohnungseigentümers über das nach § 14 zulässige Maß hinaus beeinträchtigt oder die äußere Gestaltung des Gebäudes verändert wird. (2) Teile des Gebäudes, die für dessen Bestand oder Sicherheit erforderlich sind, sowie Anlagen und Einrichtungen, die dem gemeinschaftlichen Gebrauch der Wohnungseigentümer dienen, sind nicht Gegenstand des Sondereigentums, selbst wenn sie sich im Bereich der im Sondereigentum stehenden Räume befinden. (3) Die Wohnungseigentümer können vereinbaren, daß Bestandteile des Gebäudes, die Gegenstand des Sondereigentums sein können, zum gemeinschaftlichen Eigentum gehören: (4) Vereinbarungen über das Verhältnis der Wohnungseigentümer untereinander können nach den Vorschriften des 2. und 3. Abschnittes zum Inhalt des Sondereigentums gemacht werden. Ist das Wohnungseigentum mit der Hypothek, Grund- oder Rentenschuld oder der Reallast eines Dritten belastet, so ist dessen nach anderen Rechtsvorschriften notwendige Zustimmung zu der Vereinbarung nur erforderlich, wenn ein Sondernutzungsrecht begründet oder ein mit dem Wohnungseigentum verbundenes Sondernutzungsrecht aufgehoben, geändert oder übertragen wird. Bei der Begründung eines Sondernutzungsrechts ist die Zustimmung des Dritten nicht erforderlich, wenn durch die Vereinbarung gleichzeitig das zu seinen Gunsten belastete Wohnungseigentum mit einem Sondernutzungsrecht verbunden wird. **§ 6 Unselbständigkeit des Sondereigentums** (1) Das Sondereigentum kann ohne den Miteigentumsanteil, zu dem es gehört, nicht veräußert oder belastet werden. (2) Rechte an dem Miteigentumsanteil erstrecken sich auf das zu ihm gehörende Sondereigentum. **§ 7 Grundbuchvorschriften** (1) Im Falle des § 3 Abs. 1 wird für jeden Miteigentumsanteil von Amts wegen ein besonderes Grundbuchblatt (Wohnungsgrundbuch, Teileigentumsgrundbuch) angelegt. Auf diesem ist das zu dem Miteigentumsanteil gehörende Sondereigentum und als Beschränkung des Miteigentums die Einräumung der zu den anderen Miteigentumsanteilen gehörenden Sondereigentumsrechte einzutragen. Das Grundbuchblatt des Grundstücks wird von Amts wegen geschlossen.	gemeinschaftliche Eigentum oder ein auf Sondereigentum beruhendes Recht eines anderen Wohnungseigentümers über das nach § 14 zulässige Maß hinaus beeinträchtigt oder die äußere Gestaltung des Gebäudes verändert wird. (2) Teile des Gebäudes, die für dessen Bestand oder Sicherheit erforderlich sind, sowie Anlagen und Einrichtungen, die dem gemeinschaftlichen Gebrauch der Wohnungseigentümer dienen, sind nicht Gegenstand des Sondereigentums, selbst wenn sie sich im Bereich der im Sondereigentum stehenden Räume befinden. (3) Die Wohnungseigentümer können vereinbaren, daß Bestandteile des Gebäudes, die Gegenstand des Sondereigentums sein können, zum gemeinschaftlichen Eigentum gehören. (4) Vereinbarungen über das Verhältnis der Wohnungseigentümer untereinander können nach den Vorschriften des 2. und 3. Abschnittes zum Inhalt des Sondereigentums gemacht werden. **§ 6 Unselbständigkeit des Sondereigentums** (1) Das Sondereigentum kann ohne den Miteigentumsanteil, zu dem es gehört, nicht veräußert oder belastet werden. (2) Rechte an dem Miteigentumsanteil erstrecken sich auf das zu ihm gehörende Sondereigentum. **§ 7 Grundbuchvorschriften** (1) Im Falle des § 3 Abs. 1 wird für jeden Miteigentumsanteil von Amts wegen ein besonderes Grundbuchblatt (Wohnungsgrundbuch, Teileigentumsgrundbuch) angelegt. Auf diesem ist das zu dem Miteigentumsanteil gehörende Sondereigentum und als Beschränkung des Miteigentums die Einräumung der zu den anderen Miteigentumsanteilen gehörenden Sondereigentumsrechte einzutragen. Das Grundbuchblatt des Grundstücks wird von Amts wegen geschlossen.

WEG – Neue Fassung	WEG – Alte Fassung
(2) Von der Anlegung besonderer Grundbuchblätter kann abgesehen werden, wenn hiervon Verwirrung nicht zu besorgen ist. In diesem Falle ist das Grundbuchblatt als gemeinschaftliches Wohnungsgrundbuch (Teileigentumsgrundbuch) zu bezeichnen. (3) Zur näheren Bezeichnung des Gegenstandes und des Inhalts des Sondereigentums kann auf die Eintragungsbewilligung Bezug genommen werden. (4) Der Eintragungsbewilligung sind als Anlagen beizufügen: 1. eine von der Baubehörde mit Unterschrift und Siegel oder Stempel versehene Bauzeichnung, aus der die Aufteilung des Gebäudes sowie die Lage und Größe der im Sondereigentum und der im gemeinschaftlichen Eigentum stehenden Gebäudeteile ersichtlich ist (Aufteilungsplan); alle zu demselben Wohnungseigentum gehörenden Einzelräume sind mit der jeweils gleichen Nummer zu kennzeichnen; 2. eine Bescheinigung der Baubehörde, daß die Voraussetzungen des § 3 Abs. 2 vorliegen. Wenn in der Eintragungsbewilligung für die einzelnen Sondereigentumsrechte Nummern angegeben werden, sollen sie mit denen des Aufteilungsplanes übereinstimmen. Die Landesregierungen können durch Rechtsverordnung bestimmen, dass und in welchen Fällen der Aufteilungsplan (Satz 1 Nr. 1) und die Abgeschlossenheit (Satz 1 Nr. 2) von einem öffentlich bestellten oder anerkannten Sachverständigen für das Bauwesen statt von der Baubehörde ausgefertigt und bescheinigt werden. Werden diese Aufgaben von dem Sachverständigen wahrgenommen, so gelten die Bestimmungen der Allgemeinen Verwaltungsvorschrift für die Ausstellung von Bescheinigungen gemäß § 7 Abs. 4 Nr. 2 und § 32 Abs. 2 Nr. 2 des Wohnungseigentumsgesetzes vom 19. März 1974 (BAnz. Nr. 58 vom 23. März 1974) entsprechend. In diesem Fall bedürfen die Anlagen nicht der Form des § 29 der Grundbuchordnung. Die Landesregierungen können die Ermächtigung durch Rechtsverordnung auf die Landesbauverwaltungen übertragen. (5) Für Teileigentumsgrundbücher gelten die Vorschriften über Wohnungsgrundbücher entsprechend. **§ 8 Teilung durch den Eigentümer** (1) Der Eigentümer eines Grundstücks kann durch Erklärung gegenüber dem Grundbuchamt das Eigentum an dem Grundstück in Miteigen-	(2) Von der Anlegung besonderer Grundbuchblätter kann abgesehen werden, wenn hiervon Verwirrung nicht zu besorgen ist. In diesem Falle ist das Grundbuchblatt als gemeinschaftliches Wohnungsgrundbuch (Teileigentumsgrundbuch) zu bezeichnen. (3) Zur näheren Bezeichnung des Gegenstandes und des Inhalts des Sondereigentums kann auf die Eintragungsbewilligung Bezug genommen werden. (4) Der Eintragungsbewilligung sind als Anlagen beizufügen: 1. eine von der Baubehörde mit Unterschrift und Siegel oder Stempel versehene Bauzeichnung, aus der die Aufteilung des Gebäudes sowie die Lage und Größe der im Sondereigentum und der im gemeinschaftlichen Eigentum stehenden Gebäudeteile ersichtlich ist (Aufteilungsplan); alle zu demselben Wohnungseigentum gehörenden Einzelräume sind mit der jeweils gleichen Nummer zu kennzeichnen; 2. eine Bescheinigung der Baubehörde, daß die Voraussetzungen des § 3 Abs. 2 vorliegen. Wenn in der Eintragungsbewilligung für die einzelnen Sondereigentumsrechte Nummern angegeben werden, sollen sie mit denen des Aufteilungsplanes übereinstimmen. (5) Für Teileigentumsgrundbücher gelten die Vorschriften über Wohnungsgrundbücher entsprechend **§ 8 Teilung durch den Eigentümer** (1) Der Eigentümer eines Grundstücks kann durch Erklärung gegenüber dem Grundbuchamt das Eigentum an dem Grundstück in Miteigen-

1. Synopse zum neuen und alten WEG

WEG – Neue Fassung	WEG – Alte Fassung
tumsanteile in der Weise teilen, daß mit jedem Anteil das Sondereigentum an einer bestimmten Wohnung oder an nicht zu Wohnzwecken dienenden bestimmten Räumen in einem auf dem Grundstück errichteten oder zu errichtenden Gebäude verbunden ist. (2) Im Falle des Absatzes 1 gelten die Vorschriften des § 3 Abs. 2 und der §§ 5, 6, § 7 Abs. 1, 3 bis 5 entsprechend. Die Teilung wird mit der Anlegung der Wohnungsgrundbücher wirksam. **§ 9 Schließung der Wohnungsgrundbücher** (1) Die Wohnungsgrundbücher werden geschlossen: 1. von Amts wegen, wenn die Sondereigentumsrechte gemäß § 4 aufgehoben werden; 2. auf Antrag sämtlicher Wohnungseigentümer, wenn alle Sondereigentumsrechte durch völlige Zerstörung des Gebäudes gegenstandslos geworden sind und der Nachweis hierfür durch eine Bescheinigung der Baubehörde erbracht ist. 3. auf Antrag des Eigentümers, wenn sich sämtliche Wohnungseigentumsrechte in einer Person vereinigen. (2) Ist ein Wohnungseigentum selbständig mit dem Rechte eines Dritten belastet, so werden die allgemeinen Vorschriften, nach denen zur Aufhebung des Sondereigentums die Zustimmung des Dritten erforderlich ist, durch Absatz 1 nicht berührt. (3) Werden die Wohnungsgrundbücher geschlossen, so wird für das Grundstück ein Grundbuchblatt nach den allgemeinen Vorschriften angelegt; die Sondereigentumsrechte erlöschen, soweit sie nicht bereits aufgehoben sind, mit der Anlegung des Grundbuchblatts. **2. Abschnitt.** **Gemeinschaft der Wohnungseigentümer** **§ 10 Allgemeine Grundsätze** (1) Inhaber der Rechte und Pflichten nach den Vorschriften dieses Gesetzes, insbesondere des Sondereigentums und des gemeinschaftlichen Eigentums, sind die Wohnungseigentümer, soweit nicht etwas anderes ausdrücklich bestimmt ist. (2) Das Verhältnis der Wohnungseigentümer untereinander bestimmt sich nach den Vorschriften dieses Gesetzes und, soweit dieses Gesetz keine besonderen Bestimmungen enthält, nach den Vorschriften des Bürgerlichen Gesetzbuches	tumsanteile in der Weise teilen, daß mit jedem Anteil das Sondereigentum an einer bestimmten Wohnung oder an nicht zu Wohnzwecken dienenden bestimmten Räumen in einem auf dem Grundstück errichteten oder zu errichtenden Gebäude verbunden ist. (2) Im Falle des Absatzes 1 gelten die Vorschriften des § 3 Abs. 2 und der §§ 5, 6, § 7 Abs. 1, 3 bis 5 entsprechend. Die Teilung wird mit der Anlegung der Wohnungsgrundbücher wirksam. **§ 9 Schließung der Wohnungsgrundbücher** (1) Die Wohnungsgrundbücher werden geschlossen: 1. von Amts wegen, wenn die Sondereigentumsrechte gemäß § 4 aufgehoben werden; 2. auf Antrag sämtlicher Wohnungseigentümer, wenn alle Sondereigentumsrechte durch völlige Zerstörung des Gebäudes gegenstandslos geworden sind und der Nachweis hierfür durch eine Bescheinigung der Baubehörde erbracht ist. 3. auf Antrag des Eigentümers, wenn sich sämtliche Wohnungseigentumsrechte in einer Person vereinigen. (2) Ist ein Wohnungseigentum selbständig mit dem Rechte eines Dritten belastet, so werden die allgemeinen Vorschriften, nach denen zur Aufhebung des Sondereigentums die Zustimmung des Dritten erforderlich ist, durch Absatz 1 nicht berührt. (3) Werden die Wohnungsgrundbücher geschlossen, so wird für das Grundstück ein Grundbuchblatt nach den allgemeinen Vorschriften angelegt; die Sondereigentumsrechte erlöschen, soweit sie nicht bereits aufgehoben sind, mit der Anlegung des Grundbuchblatts. **2. Abschnitt.** **Gemeinschaft der Wohnungseigentümer** **§ 10 Allgemeine Grundsätze** (1) Das Verhältnis der Wohnungseigentümer untereinander bestimmt sich nach den Vorschriften dieses Gesetzes und, soweit dieses Gesetz keine besonderen Bestimmungen enthält, nach den Vorschriften des Bürgerlichen Gesetzbuches über die Gemeinschaft. Die Wohnungseigentümer können von den Vorschriften dieses Gesetzes abweichende Vereinbarungen treffen, soweit nicht etwas anderes ausdrücklich bestimmt ist. (2) Vereinbarungen, durch die die Wohnungseigentümer ihr Verhältnis untereinander in Er-

Anhang

1. Synopse zum neuen und alten WEG

WEG – Neue Fassung	WEG – Alte Fassung
über die Gemeinschaft. Die Wohnungseigentümer können von den Vorschriften dieses Gesetzes abweichende Vereinbarungen treffen, soweit nicht etwas anderes ausdrücklich bestimmt ist. Jeder Wohnungseigentümer kann eine vom Gesetz abweichende Vereinbarung oder die Anpassung einer Vereinbarung verlangen, soweit ein Festhalten an der geltenden Regelung aus schwerwiegenden Gründen unter Berücksichtigung aller Umstände des Einzelfalles, insbesondere der Rechte und Interessen der anderen Wohnungseigentümer, unbillig erscheint. (3) Vereinbarungen, durch die die Wohnungseigentümer ihr Verhältnis untereinander in Ergänzung oder Abweichung von Vorschriften dieses Gesetzes regeln, sowie die Abänderung oder Aufhebung solcher Vereinbarungen wirken gegen den Sondernachfolger eines Wohnungseigentümers nur, wenn sie als Inhalt des Sondereigentums im Grundbuch eingetragen sind. (4) Beschlüsse der Wohnungseigentümer gemäß § 23 und gerichtliche Entscheidungen in einem Rechtsstreit gemäß § 43 bedürfen zu ihrer Wirksamkeit gegen den Sondernachfolger eines Wohnungseigentümers nicht der Eintragung in das Grundbuch. Dies gilt auch für die gemäß § 23 Abs. 1 aufgrund einer Vereinbarung gefaßten Beschlüsse, die vom Gesetz abweichen oder eine Vereinbarung ändern. (5) Rechtshandlungen in Angelegenheiten, über die nach diesem Gesetz oder nach einer Vereinbarung der Wohnungseigentümer durch Stimmenmehrheit beschlossen werden kann, wirken, wenn sie auf Grund eines mit solcher Mehrheit gefaßten Beschlusses vorgenommen werden, auch für und gegen die Wohnungseigentümer, die gegen den Beschluß gestimmt oder an der Beschlußfassung nicht mitgewirkt haben. (6) Die Gemeinschaft der Wohnungseigentümer kann im Rahmen der gesamten Verwaltung des gemeinschaftlichen Eigentums gegenüber Dritten und Wohnungseigentümern selbst Rechte erwerben und Pflichten eingehen. Sie ist Inhaberin der als Gemeinschaft gesetzlich begründeten und rechtsgeschäftlich erworbenen Rechte und Pflichten. Sie übt die gemeinschaftsbezogenen Rechte der Wohnungseigentümer aus und nimmt die gemeinschaftsbezogenen Pflichten der Wohnungseigentümer wahr, ebenso sonstige Rechte und Pflichten der Wohnungseigentümer, soweit diese gemeinschaftlich geltend gemacht werden können oder zu erfüllen sind. Die Gemeinschaft muss die Bezeichnung „Wohnungseigentümergemeinschaft" gefolgt	gänzung oder Abweichung von Vorschriften dieses Gesetzes regeln, sowie die Abänderung oder Aufhebung solcher Vereinbarungen wirken gegen den Sondernachfolger eines Wohnungseigentümers nur, wenn sie als Inhalt des Sondereigentums im Grundbuch eingetragen sind. (3) Beschlüsse der Wohnungseigentümer gemäß § 23 und Entscheidungen des Richters gemäß § 43 bedürfen zu ihrer Wirksamkeit gegen den Sondernachfolger eines Wohnungseigentümers nicht der Eintragung in das Grundbuch. (4) Rechtshandlungen in Angelegenheiten, über die nach diesem Gesetz oder nach einer Vereinbarung der Wohnungseigentümer durch Stimmenmehrheit beschlossen werden kann, wirken, wenn sie auf Grund eines mit solcher Mehrheit gefaßten Beschlusses vorgenommen werden, auch für und gegen die Wohnungseigentümer, die gegen den Beschluß gestimmt oder an der Beschlußfassung nicht mitgewirkt haben.

1. Synopse zum neuen und alten WEG — Anhang

WEG – Neue Fassung	WEG – Alte Fassung
von der bestimmten Angabe des gemeinschaftlichen Grundstücks führen. Sie kann vor Gericht klagen und verklagt werden. (7) Das Verwaltungsvermögen gehört der Gemeinschaft der Wohnungseigentümer. Es besteht aus den im Rahmen der gesamten Verwaltung des gemeinschaftlichen Eigentums gesetzlich begründeten und rechtsgeschäftlich erworbenen Sachen und Rechten sowie den entstandenen Verbindlichkeiten. Zu dem Verwaltungsvermögen gehören insbesondere die Ansprüche und Befugnisse aus Rechtsverhältnissen mit Dritten und mit Wohnungseigentümern sowie die eingenommenen Gelder. Vereinigen sich sämtliche Wohnungseigentumsrechte in einer Person, geht das Verwaltungsvermögen auf den Eigentümer des Grundstücks über. (8) Jeder Wohnungseigentümer haftet einem Gläubiger nach dem Verhältnis seines Miteigentumsanteils (§ 16 Abs. 1 Satz 2) für Verbindlichkeiten der Gemeinschaft der Wohnungseigentümer, die während seiner Zugehörigkeit zur Gemeinschaft entstanden oder während dieses Zeitraums fällig geworden sind; für die Haftung nach Veräußerung des Wohnungseigentums ist § 160 des Handelsgesetzbuches entsprechend anzuwenden. Er kann gegenüber einem Gläubiger neben den in seiner Person begründeten auch die der Gemeinschaft zustehenden Einwendungen und Einreden geltend machen, nicht aber seine Einwendungen und Einreden gegenüber der Gemeinschaft. Für die Einrede der Anfechtbarkeit und Aufrechenbarkeit ist § 770 des Bürgerlichen Gesetzbuches entsprechend anzuwenden. Die Haftung eines Wohnungseigentümers gegenüber der Gemeinschaft wegen nicht ordnungsmäßiger Verwaltung bestimmt sich nach Satz 1.	
§ 11 Unauflöslichkeit der Gemeinschaft (1) Kein Wohnungseigentümer kann die Aufhebung der Gemeinschaft verlangen. Dies gilt auch für eine Aufhebung aus wichtigem Grund. Eine abweichende Vereinbarung ist nur für den Fall zulässig, daß das Gebäude ganz oder teilweise zerstört wird und eine Verpflichtung zum Wiederaufbau nicht besteht. (2) Das Recht eines Pfändungsgläubigers (§ 751 des Bürgerlichen Gesetzbuchs) sowie das im Insolvenzverfahren bestehende Recht (§ 84 Abs. 2 der Insolvenzordnung), die Aufhebung der Gemeinschaft zu verlangen, ist ausgeschlossen. (3) Ein Insolvenzverfahren über das Verwaltungsvermögen der Gemeinschaft findet nicht statt.	**§ 11 Unauflöslichkeit der Gemeinschaft** (1) Kein Wohnungseigentümer kann die Aufhebung der Gemeinschaft verlangen. Dies gilt auch für eine Aufhebung aus wichtigem Grund. Eine abweichende Vereinbarung ist nur für den Fall zulässig, daß das Gebäude ganz oder teilweise zerstört wird und eine Verpflichtung zum Wiederaufbau nicht besteht. (2) Das Recht eines Pfändungsgläubigers (§ 751 des Bürgerlichen Gesetzbuchs) sowie das im Insolvenzverfahren bestehende Recht (§ 84 Abs. 2 der Insolvenzordnung), die Aufhebung der Gemeinschaft zu verlangen, ist ausgeschlossen.

Anhang

1. Synopse zum neuen und alten WEG

WEG – Neue Fassung	WEG – Alte Fassung
§ 12 Veräußerungsbeschränkung (1) Als Inhalt des Sondereigentums kann vereinbart werden, daß ein Wohnungseigentümer zur Veräußerung seines Wohnungseigentums der Zustimmung anderer Wohnungseigentümer oder eines Dritten bedarf. (2) Die Zustimmung darf nur aus einem wichtigen Grunde versagt werden. Durch Vereinbarung gemäß Absatz 1 kann dem Wohnungseigentümer darüber hinaus für bestimmte Fälle ein Anspruch auf Erteilung der Zustimmung eingeräumt werden. (3) Ist eine Vereinbarung gemäß Absatz 1 getroffen, so ist eine Veräußerung des Wohnungseigentums und ein Vertrag, durch den sich der Wohnungseigentümer zu einer solchen Veräußerung verpflichtet, unwirksam, solange nicht die erforderliche Zustimmung erteilt ist. Einer rechtsgeschäftlichen Veräußerung steht eine Veräußerung im Wege der Zwangsvollstreckung oder durch den Insolvenzverwalter gleich. (4) Die Wohnungseigentümer können durch Stimmenmehrheit beschließen, dass eine Veräußerungsbeschränkung gemäß Absatz 1 aufgehoben wird. Diese Befugnis kann durch Vereinbarung der Wohnungseigentümer nicht eingeschränkt oder ausgeschlossen werden. Ist ein Beschluss gemäß Satz 1 gefasst, kann die Veräußerungsbeschränkung im Grundbuch gelöscht werden. Der Bewilligung gemäß § 19 der Grundbuchordnung bedarf es nicht, wenn der Beschluss gemäß Satz 1 nachgewiesen wird. Für diesen Nachweis ist § 26 Abs. 3 entsprechend anzuwenden.	**§ 12 Veräußerungsbeschränkung** (1) Als Inhalt des Sondereigentums kann vereinbart werden, daß ein Wohnungseigentümer zur Veräußerung seines Wohnungseigentums der Zustimmung anderer Wohnungseigentümer oder eines Dritten bedarf. (2) Die Zustimmung darf nur aus einem wichtigen Grunde versagt werden. Durch Vereinbarung gemäß Absatz 1 kann dem Wohnungseigentümer darüber hinaus für bestimmte Fälle ein Anspruch auf Erteilung der Zustimmung eingeräumt werden. (3) Ist eine Vereinbarung gemäß Absatz 1 getroffen, so ist eine Veräußerung des Wohnungseigentums und ein Vertrag, durch den sich der Wohnungseigentümer zu einer solchen Veräußerung verpflichtet, unwirksam, solange nicht die erforderliche Zustimmung erteilt ist. Einer rechtsgeschäftlichen Veräußerung steht eine Veräußerung im Wege der Zwangsvollstreckung oder durch den Insolvenzverwalter gleich.
§ 13 Rechte des Wohnungseigentümers (1) Jeder Wohnungseigentümer kann, soweit nicht das Gesetz oder Rechte Dritter entgegenstehen, mit den im Sondereigentum stehenden Gebäudeteilen nach Belieben verfahren, insbesondere diese bewohnen, vermieten, verpachten oder in sonstiger Weise nutzen, und andere von Einwirkungen ausschließen. (2) Jeder Wohnungseigentümer ist zum Mitgebrauch des gemeinschaftlichen Eigentums nach Maßgabe der §§ 14, 15 berechtigt. An den sonstigen Nutzungen des gemeinschaftlichen Eigentums gebührt jedem Wohnungseigentümer ein Anteil nach Maßgabe des § 16.	**§ 13 Rechte des Wohnungseigentümers** (1) Jeder Wohnungseigentümer kann, soweit nicht das Gesetz oder Rechte Dritter entgegenstehen, mit den im Sondereigentum stehenden Gebäudeteilen nach Belieben verfahren, insbesondere diese bewohnen, vermieten, verpachten oder in sonstiger Weise nutzen, und andere von Einwirkungen ausschließen. (2) Jeder Wohnungseigentümer ist zum Mitgebrauch des gemeinschaftlichen Eigentums nach Maßgabe der §§ 14, 15 berechtigt. An den sonstigen Nutzungen des gemeinschaftlichen Eigentums gebührt jedem Wohnungseigentümer ein Anteil nach Maßgabe des § 16.
§ 14 Pflichten des Wohnungseigentümers Jeder Wohnungseigentümer ist verpflichtet: 1. die im Sondereigentum stehenden Gebäudeteile so instand zu halten und von diesen so-	**§ 14 Pflichten des Wohnungseigentümers** Jeder Wohnungseigentümer ist verpflichtet: 1. die im Sondereigentum stehenden Gebäudeteile so instand zu halten und von diesen so-

1. Synopse zum neuen und alten WEG

WEG – Neue Fassung	WEG – Alte Fassung
wie von dem gemeinschaftlichen Eigentum nur in solcher Weise Gebrauch zu machen, daß dadurch keinem der anderen Wohnungseigentümer über das bei einem geordneten Zusammenleben unvermeidliche Maß hinaus ein Nachteil erwächst; 2. für die Einhaltung der in Nummer 1 bezeichneten Pflichten durch Personen zu sorgen, die seinem Hausstand oder Geschäftsbetrieb angehören oder denen er sonst die Benutzung der in Sonder- oder Miteigentum stehenden Grundstücks- oder Gebäudeteile überläßt; 3. Einwirkungen auf die im Sondereigentum stehenden Gebäudeteile und das gemeinschaftliche Eigentum zu dulden, soweit sie auf einem nach Nummer 1, 2 zulässigen Gebrauch beruhen; 4. das Betreten und die Benutzung der im Sondereigentum stehenden Gebäudeteile zu gestatten, soweit dies zur Instandhaltung und Instandsetzung des gemeinschaftlichen Eigentums erforderlich ist; der hierdurch entstehende Schaden ist zu ersetzen. **§ 15 Gebrauchsregelung** (1) Die Wohnungseigentümer können den Gebrauch des Sondereigentums und des gemeinschaftlichen Eigentums durch Vereinbarung regeln. (2) Soweit nicht eine Vereinbarung nach Absatz 1 entgegensteht, können die Wohnungseigentümer durch Stimmenmehrheit einen der Beschaffenheit der im Sondereigentum stehenden Gebäudeteile und des gemeinschaftlichen Eigentums entsprechenden ordnungsmäßigen Gebrauch beschließen. (3) Jeder Wohnungseigentümer kann einen Gebrauch der im Sondereigentum stehenden Gebäudeteile und des gemeinschaftlichen Eigentums verlangen, der dem Gesetz, den Vereinbarungen und Beschlüssen und, soweit sich die Regelung hieraus nicht ergibt, dem Interesse der Gesamtheit der Wohnungseigentümer nach billigem Ermessen entspricht. **§ 16 Nutzungen, Lasten und Kosten** (1) Jedem Wohnungseigentümer gebührt ein seinem Anteil entsprechender Bruchteil der Nutzungen des gemeinschaftlichen Eigentums. Der Anteil bestimmt sich nach dem gemäß § 47 der Grundbuchordnung im Grundbuch eingetragenen Verhältnis der Miteigentumsanteile. (2) Jeder Wohnungseigentümer ist den anderen Wohnungseigentümern gegenüber ver-	wie von dem gemeinschaftlichen Eigentum nur in solcher Weise Gebrauch zu machen, daß dadurch keinem der anderen Wohnungseigentümer über das bei einem geordneten Zusammenleben unvermeidliche Maß hinaus ein Nachteil erwächst; 2. für die Einhaltung der in Nummer 1 bezeichneten Pflichten durch Personen zu sorgen, die seinem Hausstand oder Geschäftsbetrieb angehören oder denen er sonst die Benutzung der in Sonder- oder Miteigentum stehenden Grundstücks- oder Gebäudeteile überläßt; 3. Einwirkungen auf die im Sondereigentum stehenden Gebäudeteile und das gemeinschaftliche Eigentum zu dulden, soweit sie auf einem nach Nummer 1, 2 zulässigen Gebrauch beruhen; 4. das Betreten und die Benutzung der im Sondereigentum stehenden Gebäudeteile zu gestatten, soweit dies zur Instandhaltung und Instandsetzung des gemeinschaftlichen Eigentums erforderlich ist; der hierdurch entstehende Schaden ist zu ersetzen. **§ 15 Gebrauchsregelung** (1) Die Wohnungseigentümer können den Gebrauch des Sondereigentums und des gemeinschaftlichen Eigentums durch Vereinbarung regeln. (2) Soweit nicht eine Vereinbarung nach Absatz 1 entgegensteht, können die Wohnungseigentümer durch Stimmenmehrheit einen der Beschaffenheit der im Sondereigentum stehenden Gebäudeteile und des gemeinschaftlichen Eigentums entsprechenden ordnungsmäßigen Gebrauch beschließen. (3) Jeder Wohnungseigentümer kann einen Gebrauch der im Sondereigentum stehenden Gebäudeteile und des gemeinschaftlichen Eigentums verlangen, der dem Gesetz, den Vereinbarungen und Beschlüssen und, soweit sich die Regelung hieraus nicht ergibt, dem Interesse der Gesamtheit der Wohnungseigentümer nach billigem Ermessen entspricht. **§ 16 Nutzungen, Lasten und Kosten** (1) Jedem Wohnungseigentümer gebührt ein seinem Anteil entsprechender Bruchteil der Nutzungen des gemeinschaftlichen Eigentums. Der Anteil bestimmt sich nach dem gemäß § 47 der Grundbuchordnung im Grundbuch eingetragenen Verhältnis der Miteigentumsanteile. (2) Jeder Wohnungseigentümer ist den anderen Wohnungseigentümern gegenüber ver-

Anhang

1. Synopse zum neuen und alten WEG

WEG – Neue Fassung	WEG – Alte Fassung
pflichtet, die Lasten des gemeinschaftlichen Eigentums sowie die Kosten der Instandhaltung, Instandsetzung, sonstigen Verwaltung und eines gemeinschaftlichen Gebrauchs des gemeinschaftlichen Eigentums nach dem Verhältnis seines Anteils (Absatz 1 Satz 2) zu tragen.	pflichtet, die Lasten des gemeinschaftlichen Eigentums sowie die Kosten der Instandhaltung, Instandsetzung, sonstigen Verwaltung und eines gemeinschaftlichen Gebrauchs des gemeinschaftlichen Eigentums nach dem Verhältnis seines Anteils (Absatz 1 Satz 2) zu tragen.
(3) Die Wohnungseigentümer können abweichend von Absatz 2 durch Stimmenmehrheit beschließen, dass die Betriebskosten des gemeinschaftlichen Eigentums oder des Sondereigentums im Sinne des § 556 Abs. 1 des Bürgerlichen Gesetzbuches, die nicht unmittelbar gegenüber Dritten abgerechnet werden, und die Kosten der Verwaltung nach Verbrauch oder Verursachung erfasst und nach diesem oder nach einem anderen Maßstab verteilt werden, soweit dies ordnungsmäßiger Verwaltung entspricht.	(3) Ein Wohnungseigentümer, der einer Maßnahme nach § 22 Abs. 1 nicht zugestimmt hat, ist nicht berechtigt, einen Anteil an Nutzungen, die auf einer solchen Maßnahme beruhen, zu beanspruchen; er ist nicht verpflichtet, Kosten, die durch eine solche Maßnahme verursacht sind, zu tragen.
(4) Die Wohnungseigentümer können im Einzelfall zur Instandhaltung oder Instandsetzung im Sinne des § 21 Abs. 5 Nr. 2 oder zu baulichen Veränderungen oder Aufwendungen im Sinne des § 22 Abs. 1 und 2 durch Beschluss die Kostenverteilung abweichend von Absatz 2 regeln, wenn der abweichende Maßstab dem Gebrauch oder der Möglichkeit des Gebrauchs durch die Wohnungseigentümer Rechnung trägt. Der Beschluss zur Regelung der Kostenverteilung nach Satz 1 bedarf einer Mehrheit von drei Viertel aller stimmberechtigten Wohnungseigentümer im Sinne des § 25 Abs. 2 und mehr als der Hälfte aller Miteigentumsanteile.	
(5) Die Befugnisse im Sinne der Absätze 3 und 4 können durch Vereinbarung der Wohnungseigentümer nicht eingeschränkt oder ausgeschlossen werden.	
(6) Ein Wohnungseigentümer, der einer Maßnahme nach § 22 Abs. 1 nicht zugestimmt hat, ist nicht berechtigt, einen Anteil an Nutzungen, die auf einer solchen Maßnahme beruhen, zu beanspruchen; er ist nicht verpflichtet, Kosten, die durch eine solche Maßnahme verursacht sind, zu tragen. Satz 1 ist bei einer Kostenverteilung gemäß Absatz 4 nicht anzuwenden.	
(7) Zu den Kosten der Verwaltung im Sinne des Absatzes 2 gehören insbesondere Kosten eines Rechtsstreits gemäß § 18 und der Ersatz des Schadens im Falle des § 14 Nr. 4.	(4) Zu den Kosten der Verwaltung im Sinne des Absatzes 2 gehören insbesondere Kosten eines Rechtsstreits gemäß § 18 und der Ersatz des Schadens im Falle des § 14 Nr. 4.
(8) Kosten eines Rechtsstreits gemäß § 43 gehören nur dann zu den Kosten der Verwaltung im Sinne des Absatzes 2, wenn es sich um Mehrkosten gegenüber der gesetzlichen Vergütung eines Rechtsanwalts aufgrund einer Vereinbarung über die Vergütung (§ 27 Abs. 2 Nr. 4, Abs. 3 Nr. 6) handelt.	(5) Kosten eines Verfahrens nach § 43 gehören nicht zu den Kosten der Verwaltung im Sinne des Absatzes 2.

1. Synopse zum neuen und alten WEG

WEG – Neue Fassung	WEG – Alte Fassung
§ 17 Anteil bei Aufhebung der Gemeinschaft Im Falle der Aufhebung der Gemeinschaft bestimmt sich der Anteil der Miteigentümer nach dem Verhältnis des Wertes ihrer Wohnungseigentumsrechte zur Zeit der Aufhebung der Gemeinschaft. Hat sich der Wert eines Miteigentumsanteils durch Maßnahmen verändert, deren Kosten der Wohnungseigentümer nicht getragen hat, so bleibt eine solche Veränderung bei der Berechnung des Wertes dieses Anteils außer Betracht.	**§ 17 Anteil bei Aufhebung der Gemeinschaft** Im Falle der Aufhebung der Gemeinschaft bestimmt sich der Anteil der Miteigentümer nach dem Verhältnis des Wertes ihrer Wohnungseigentumsrechte zur Zeit der Aufhebung der Gemeinschaft. Hat sich der Wert eines Miteigentumsanteils durch Maßnahmen verändert, denen der Wohnungseigentümer gemäß § 22 Abs. 1 nicht zugestimmt hat, so bleibt eine solche Veränderung bei der Berechnung des Wertes dieses Anteils außer Betracht.
§ 18 Entziehung des Wohnungseigentums (1) Hat ein Wohnungseigentümer sich einer so schweren Verletzung der ihm gegenüber anderen Wohnungseigentümern obliegenden Verpflichtungen schuldig gemacht, daß diesen die Fortsetzung der Gemeinschaft mit ihm nicht mehr zugemutet werden kann, so können die anderen Wohnungseigentümer von ihm die Veräußerung seines Wohnungseigentums verlangen. Die Ausübung des Entziehungsrechts steht der Gemeinschaft der Wohnungseigentümer zu, soweit es sich nicht um eine Gemeinschaft handelt, die nur aus zwei Wohnungseigentümern besteht. (2) Die Voraussetzungen des Absatzes 1 liegen insbesondere vor, wenn 1. der Wohnungseigentümer trotz Abmahnung wiederholt gröblich gegen die ihm nach § 14 obliegenden Pflichten verstößt; 2. der Wohnungseigentümer sich mit der Erfüllung seiner Verpflichtungen zur Lasten- und Kostentragung (§ 16 Abs. 2) in Höhe eines Betrages, der drei vom Hundert des Einheitswertes seines Wohnungseigentums übersteigt, länger als drei Monate in Verzug befindet. (3) Über das Verlangen nach Absatz 1 beschließen die Wohnungseigentümer durch Stimmenmehrheit. Der Beschluß bedarf einer Mehrheit von mehr als der Hälfte der stimmberechtigten Wohnungseigentümer. Die Vorschriften des § 25 Abs. 3, 4 sind in diesem Falle nicht anzuwenden. (4) Der in Absatz 1 bestimmte Anspruch kann durch Vereinbarung der Wohnungseigentümer nicht eingeschränkt oder ausgeschlossen werden.	**§ 18 Entziehung des Wohnungseigentums** (1) Hat ein Wohnungseigentümer sich einer so schweren Verletzung der ihm gegenüber anderen Wohnungseigentümern obliegenden Verpflichtungen schuldig gemacht, daß diesen die Fortsetzung der Gemeinschaft mit ihm nicht mehr zugemutet werden kann, so können die anderen Wohnungseigentümer von ihm die Veräußerung seines Wohnungseigentums verlangen. (2) Die Voraussetzungen des Absatzes 1 liegen insbesondere vor, wenn 1. der Wohnungseigentümer trotz Abmahnung wiederholt gröblich gegen die ihm nach § 14 obliegenden Pflichten verstößt; 2. der Wohnungseigentümer sich mit der Erfüllung seiner Verpflichtungen zur Lasten- und Kostentragung (§ 16 Abs. 2) in Höhe eines Betrages, der drei vom Hundert des Einheitswertes seines Wohnungseigentums übersteigt, länger als drei Monate in Verzug befindet. (3) Über das Verlangen nach Absatz 1 beschließen die Wohnungseigentümer durch Stimmenmehrheit. Der Beschluß bedarf einer Mehrheit von mehr als der Hälfte der stimmberechtigten Wohnungseigentümer. Die Vorschriften des § 25 Abs. 3, 4 sind in diesem Falle nicht anzuwenden. (4) Der in Absatz 1 bestimmte Anspruch kann durch Vereinbarung der Wohnungseigentümer nicht eingeschränkt oder ausgeschlossen werden.
§ 19 Wirkung des Urteils (1) Das Urteil, durch das ein Wohnungseigentümer zur Veräußerung seines Wohnungseigentums verurteilt wird, berechtigt jeden Miteigen-	**§ 19 Wirkung des Urteils** (1) Das Urteil, durch das ein Wohnungseigentümer zur Veräußerung seines Wohnungseigentums verurteilt wird, ersetzt die für die freiwillige

Anhang

1. Synopse zum neuen und alten WEG

WEG – Neue Fassung	WEG – Alte Fassung
tümer zur Zwangsvollstreckung entsprechend den Vorschriften des Ersten Abschnitts des Gesetzes über die Zwangsversteigerung und die Zwangsverwaltung. Die Ausübung dieses Rechts steht der Gemeinschaft der Wohnungseigentümer zu, soweit es sich nicht um eine Gemeinschaft handelt, die nur aus zwei Wohnungseigentümern besteht. (2) Der Wohnungseigentümer kann im Falle des § 18 Abs. 2 Nr. 2 bis zur Erteilung des Zuschlags die in Absatz 1 bezeichnete Wirkung des Urteils dadurch abwenden, daß er die Verpflichtungen, wegen deren Nichterfüllung er verurteilt ist, einschließlich der Verpflichtung zum Ersatz der durch den Rechtsstreit und das Versteigerungsverfahren entstandenen Kosten sowie die fälligen weiteren Verpflichtungen zur Lasten- und Kostentragung erfüllt. (3) Ein gerichtlicher oder vor einer Gütestelle geschlossener Vergleich, durch den sich der Wohnungseigentümer zur Veräußerung seines Wohnungseigentums verpflichtet, steht dem in Absatz 1 bezeichneten Urteil gleich. **3. Abschnitt. Verwaltung** **§ 20 Gliederung der Verwaltung** (1) Die Verwaltung des gemeinschaftlichen Eigentums obliegt den Wohnungseigentümern nach Maßgabe der §§ 21 bis 25 und dem Verwalter nach Maßgabe der §§ 26 bis 28, im Falle der Bestellung eines Verwaltungsbeirats auch diesem nach Maßgabe des § 29. (2) Die Bestellung eines Verwalters kann nicht ausgeschlossen werden. **§ 21 Verwaltung durch die Wohnungseigentümer** (1) Soweit nicht in diesem Gesetz oder durch Vereinbarung der Wohnungseigentümer etwas anderes bestimmt ist, steht die Verwaltung des gemeinschaftlichen Eigentums den Wohnungseigentümern gemeinschaftlich zu. (2) Jeder Wohnungseigentümer ist berechtigt, ohne Zustimmung der anderen Wohnungseigentümer die Maßnahmen zu treffen, die zur Abwendung eines dem gemeinschaftlichen Eigentum unmittelbar drohenden Schadens notwendig sind. (3) Soweit die Verwaltung des gemeinschaftlichen Eigentums nicht durch Vereinbarung der Wohnungseigentümer geregelt ist, können die Wohnungseigentümer eine der Beschaffenheit	Versteigerung des Wohnungseigentums und für die Übertragung des Wohnungseigentums auf den Ersteher erforderlichen Erklärungen. Aus dem Urteil findet zugunsten des Erstehers die Zwangsvollstreckung auf Räumung und Herausgabe statt. Die Vorschriften des § 93 Abs. 1 Satz 2 und 3 des Gesetzes über die Zwangsversteigerung und Zwangsverwaltung gelten entsprechend. (2) Der Wohnungseigentümer kann im Falle des § 18 Abs. 2 Nr. 2 bis zur Erteilung des Zuschlags die in Absatz 1 bezeichnete Wirkung des Urteils dadurch abwenden, daß er die Verpflichtungen, wegen deren Nichterfüllung er verurteilt ist, einschließlich der Verpflichtung zum Ersatz der durch den Rechtsstreit und das Versteigerungsverfahren entstandenen Kosten sowie die fälligen weiteren Verpflichtungen zur Lasten- und Kostentragung erfüllt. (3) Ein gerichtlicher oder vor einer Gütestelle geschlossener Vergleich, durch den sich der Wohnungseigentümer zur Veräußerung seines Wohnungseigentums verpflichtet, steht dem in Absatz 1 bezeichneten Urteil gleich. **3. Abschnitt. Verwaltung** **§ 20 Gliederung der Verwaltung** (1) Die Verwaltung des gemeinschaftlichen Eigentums obliegt den Wohnungseigentümern nach Maßgabe der §§ 21 bis 25 und dem Verwalter nach Maßgabe der §§ 26 bis 28, im Falle der Bestellung eines Verwaltungsbeirats auch diesem nach Maßgabe des § 29. (2) Die Bestellung eines Verwalters kann nicht ausgeschlossen werden. **§ 21 Verwaltung durch die Wohnungseigentümer** (1) Soweit nicht in diesem Gesetz oder durch Vereinbarung der Wohnungseigentümer etwas anderes bestimmt ist, steht die Verwaltung des gemeinschaftlichen Eigentums den Wohnungseigentümern gemeinschaftlich zu. (2) Jeder Wohnungseigentümer ist berechtigt, ohne Zustimmung der anderen Wohnungseigentümer die Maßnahmen zu treffen, die zur Abwendung eines dem gemeinschaftlichen Eigentum unmittelbar drohenden Schadens notwendig sind. (3) Soweit die Verwaltung des gemeinschaftlichen Eigentums nicht durch Vereinbarung der Wohnungseigentümer geregelt ist, können die Wohnungseigentümer eine der Beschaffenheit

1. Synopse zum neuen und alten WEG — Anhang

WEG – Neue Fassung	WEG – Alte Fassung
des gemeinschaftlichen Eigentums entsprechende ordnungsmäßige Verwaltung durch Stimmenmehrheit beschließen. (4) Jeder Wohnungseigentümer kann eine Verwaltung verlangen, die den Vereinbarungen und Beschlüssen und, soweit solche nicht bestehen, dem Interesse der Gesamtheit der Wohnungseigentümer nach billigem Ermessen entspricht. (5) Zu einer ordnungsmäßigen, dem Interesse der Gesamtheit der Wohnungseigentümer entsprechenden Verwaltung gehört insbesondere: 1. die Aufstellung einer Hausordnung; 2. die ordnungsmäßige Instandhaltung und Instandsetzung des gemeinschaftlichen Eigentums; 3. die Feuerversicherung des gemeinschaftlichen Eigentums zum Neuwert sowie die angemessene Versicherung der Wohnungseigentümer gegen Haus- und Grundbesitzerhaftpflicht; 4. die Ansammlung einer angemessenen Instandhaltungsrückstellung; 5. die Aufstellung eines Wirtschaftsplans (§ 28); 6. die Duldung aller Maßnahmen, die zur Herstellung einer Fernsprechteilnehmereinrichtung, einer Rundfunkempfangsanlage oder eines Energieversorgungsanschlusses zugunsten eines Wohnungseigentümers erforderlich sind. (6) Der Wohnungseigentümer, zu dessen Gunsten eine Maßnahme der in Absatz 5 Nr. 6 bezeichneten Art getroffen wird, ist zum Ersatz des hierdurch entstehenden Schadens verpflichtet. (7) Die Wohnungseigentümer können die Regelung der Art und Weise von Zahlungen, der Fälligkeit und der Folgen des Verzugs sowie der Kosten für eine besondere Nutzung des gemeinschaftlichen Eigentums oder für einen besonderen Verwaltungsaufwand mit Stimmenmehrheit beschließen. (8) Treffen die Wohnungseigentümer eine nach dem Gesetz erforderliche Maßnahme nicht, so kann an ihrer Stelle das Gericht in einem Rechtsstreit gemäß § 43 nach billigem Ermessen entscheiden, soweit sich die Maßnahme nicht aus dem Gesetz, einer Vereinbarung oder einem Beschluss der Wohnungseigentümer ergibt. **§ 22 Besondere Aufwendungen, Wiederaufbau** (1) Bauliche Veränderungen und Aufwendungen, die über die ordnungsmäßige Instandhaltung oder Instandsetzung des gemeinschaftlichen Eigentums hinausgehen, können be-	des gemeinschaftlichen Eigentums entsprechende ordnungsmäßige Verwaltung durch Stimmenmehrheit beschließen. (4) Jeder Wohnungseigentümer kann eine Verwaltung verlangen, die den Vereinbarungen und Beschlüssen und, soweit solche nicht bestehen, dem Interesse der Gesamtheit der Wohnungseigentümer nach billigem Ermessen entspricht. (5) Zu einer ordnungsmäßigen, dem Interesse der Gesamtheit der Wohnungseigentümer entsprechenden Verwaltung gehört insbesondere: 1. die Aufstellung einer Hausordnung; 2. die ordnungsmäßige Instandhaltung und Instandsetzung des gemeinschaftlichen Eigentums; 3. die Feuerversicherung des gemeinschaftlichen Eigentums zum Neuwert sowie die angemessene Versicherung der Wohnungseigentümer gegen Haus- und Grundbesitzerhaftpflicht; 4. die Ansammlung einer angemessenen Instandhaltungsrückstellung; 5. die Aufstellung eines Wirtschaftsplans (§ 28); 6. die Duldung aller Maßnahmen, die zur Herstellung einer Fernsprechteilnehmereinrichtung, einer Rundfunkempfangsanlage oder eines Energieversorgungsanschlusses zugunsten eines Wohnungseigentümers erforderlich sind. (6) Der Wohnungseigentümer, zu dessen Gunsten eine Maßnahme der in Absatz 5 Nr. 6 bezeichneten Art getroffen wird, ist zum Ersatz des hierdurch entstehenden Schadens verpflichtet. **§ 22 Besondere Aufwendungen, Wiederaufbau** (1) Bauliche Veränderungen und Aufwendungen, die über die ordnungsmäßige Instandhaltung oder Instandsetzung des gemeinschaftlichen Eigentums hinausgehen, können nicht

Anhang

1. Synopse zum neuen und alten WEG

WEG – Neue Fassung	WEG – Alte Fassung
schlossen oder verlangt werden, wenn jeder Wohnungseigentümer zustimmt, dessen Rechte durch die Maßnahmen über das in § 14 Nr. 1 bestimmte Maß hinaus beeinträchtigt werden. Die Zustimmung ist nicht erforderlich, soweit die Rechte eines Wohnungseigentümers nicht in der in Satz 1 bezeichneten Weise beeinträchtigt werden. (2) Maßnahmen gemäß Absatz 1 Satz 1, die der Modernisierung entsprechend § 559 Abs. 1 des Bürgerlichen Gesetzbuches oder der Anpassung des gemeinschaftlichen Eigentums an den Stand der Technik dienen, die Eigenart der Wohnanlage nicht ändern und keinen Wohnungseigentümer gegenüber anderen unbillig beeinträchtigen, können abweichend von Absatz 1 durch eine Mehrheit von drei Viertel aller stimmberechtigten Wohnungseigentümer im Sinne des § 25 Abs. 2 und mehr als der Hälfte aller Miteigentumsanteile beschlossen werden. Die Befugnis im Sinne des Satzes 1 kann durch Vereinbarung der Wohnungseigentümer nicht eingeschränkt oder ausgeschlossen werden. (3) Für Maßnahmen der modernisierenden Instandsetzung im Sinne des § 21 Abs. 5 Nr. 2 verbleibt es bei den Vorschriften des § 21 Abs. 3 und 4. (4) Ist das Gebäude zu mehr als der Hälfte seines Wertes zerstört und ist der Schaden nicht durch eine Versicherung oder in anderer Weise gedeckt, so kann der Wiederaufbau nicht gemäß § 21 Abs. 3 beschlossen oder gemäß § 21 Abs. 4 verlangt werden.	gemäß § 21 Abs. 3 beschlossen oder gemäß § 21 Abs. 4 verlangt werden. Die Zustimmung eines Wohnungseigentümers zu solchen Maßnahmen ist insoweit nicht erforderlich, als durch die Veränderung dessen Rechte nicht über das in § 14 bestimmte Maß hinaus beeinträchtigt werden. (2) Ist das Gebäude zu mehr als der Hälfte seines Wertes zerstört und ist der Schaden nicht durch eine Versicherung oder in anderer Weise gedeckt, so kann der Wiederaufbau nicht gemäß § 21 Abs. 3 beschlossen oder gemäß § 21 Abs. 4 verlangt werden.
§ 23 Wohnungseigentümerversammlung (1) Angelegenheiten, über die nach diesem Gesetz oder nach einer Vereinbarung der Wohnungseigentümer die Wohnungseigentümer durch Beschluß entscheiden können, werden durch Beschlußfassung in einer Versammlung der Wohnungseigentümer geordnet. (2) Zur Gültigkeit eines Beschlusses ist erforderlich, daß der Gegenstand bei der Einberufung bezeichnet ist. (3) Auch ohne Versammlung ist ein Beschluß gültig, wenn alle Wohnungseigentümer ihre Zustimmung zu diesem Beschluß schriftlich erklären. (4) Ein Beschluss, der gegen eine Rechtsvorschrift verstößt, auf deren Einhaltung rechtswirksam nicht verzichtet werden kann, ist nichtig. Im Übrigen ist ein Beschluss gültig, solange er nicht durch rechtskräftiges Urteil für ungültig erklärt ist.	**§ 23 Wohnungseigentümerversammlung** (1) Angelegenheiten, über die nach diesem Gesetz oder nach einer Vereinbarung der Wohnungseigentümer die Wohnungseigentümer durch Beschluß entscheiden können, werden durch Beschlußfassung in einer Versammlung der Wohnungseigentümer geordnet. (2) Zur Gültigkeit eines Beschlusses ist erforderlich, daß der Gegenstand bei der Einberufung bezeichnet ist. (3) Auch ohne Versammlung ist ein Beschluß gültig, wenn alle Wohnungseigentümer ihre Zustimmung zu diesem Beschluß schriftlich erklären. (4) Ein Beschluß ist nur ungültig, wenn er gemäß § 43 Abs. 1 Nr. 4 für ungültig erklärt ist. Der Antrag auf eine solche Entscheidung kann nur binnen eines Monats seit der Beschlußfassung gestellt werden, es sei denn, daß der Beschluß gegen eine Rechtsvorschrift verstößt, auf deren Einhaltung rechtswirksam nicht verzichtet werden kann.

1. Synopse zum neuen und alten WEG

Anhang

WEG – Neue Fassung	WEG – Alte Fassung
§ 24 Einberufung, Vorsitz, Niederschrift	**§ 24 Einberufung, Vorsitz, Niederschrift**
(1) Die Versammlung der Wohnungseigentümer wird von dem Verwalter mindestens einmal im Jahre einberufen.	(1) Die Versammlung der Wohnungseigentümer wird von dem Verwalter mindestens einmal im Jahre einberufen.
(2) Die Versammlung der Wohnungseigentümer muß von dem Verwalter in den durch Vereinbarung der Wohnungseigentümer bestimmten Fällen, im übrigen dann einberufen werden, wenn dies schriftlich unter Angabe des Zweckes und der Gründe von mehr als einem Viertel der Wohnungseigentümer verlangt wird.	(2) Die Versammlung der Wohnungseigentümer muß von dem Verwalter in den durch Vereinbarung der Wohnungseigentümer bestimmten Fällen, im übrigen dann einberufen werden, wenn dies schriftlich unter Angabe des Zweckes und der Gründe von mehr als einem Viertel der Wohnungseigentümer verlangt wird.
(3) Fehlt ein Verwalter oder weigert er sich pflichtwidrig, die Versammlung der Wohnungseigentümer einzuberufen, so kann die Versammlung auch, falls ein Verwaltungsbeirat bestellt ist, von dessen Vorsitzenden oder seinem Vertreter einberufen werden.	(3) Fehlt ein Verwalter oder weigert er sich pflichtwidrig, die Versammlung der Wohnungseigentümer einzuberufen, so kann die Versammlung auch, falls ein Verwaltungsbeirat bestellt ist, von dessen Vorsitzenden oder seinem Vertreter einberufen werden.
(4) Die Einberufung erfolgt in Textform. Die Frist der Einberufung soll, sofern nicht ein Fall besonderer Dringlichkeit vorliegt, mindestens zwei Wochen betragen.	(4) Die Einberufung erfolgt in Textform. Die Frist der Einberufung soll, sofern nicht ein Fall besonderer Dringlichkeit vorliegt, mindestens eine Woche betragen.
(5) Den Vorsitz in der Wohnungseigentümerversammlung führt, sofern diese nichts anderes beschließt, der Verwalter.	(5) Den Vorsitz in der Wohnungseigentümerversammlung führt, sofern diese nichts anderes beschließt, der Verwalter.
(6) Über die in der Versammlung gefaßten Beschlüsse ist eine Niederschrift aufzunehmen. Die Niederschrift ist von dem Vorsitzenden und einem Wohnungseigentümer und, falls ein Verwaltungsbeirat bestellt ist, auch von dessen Vorsitzenden oder seinem Vertreter zu unterschreiben. Jeder Wohnungseigentümer ist berechtigt, die Niederschriften einzusehen.	(6) Über die in der Versammlung gefaßten Beschlüsse ist eine Niederschrift aufzunehmen. Die Niederschrift ist von dem Vorsitzenden und einem Wohnungseigentümer und, falls ein Verwaltungsbeirat bestellt ist, auch von dessen Vorsitzenden oder seinem Vertreter zu unterschreiben. Jeder Wohnungseigentümer ist berechtigt, die Niederschriften einzusehen.
(7) Es ist eine Beschluss-Sammlung zu führen. Die Beschluss-Sammlung enthält nur den Wortlaut 1. der in der Versammlung der Wohnungseigentümer verkündeten Beschlüsse mit Angabe von Ort und Datum der Versammlung, 2. der schriftlichen Beschlüsse mit Angabe von Ort und Datum der Verkündung und 3. der Urteilsformeln der gerichtlichen Entscheidungen in einem Rechtsstreit gemäß § 43 mit Angabe ihres Datums, des Gerichts und der Parteien, soweit diese Beschlüsse und gerichtlichen Entscheidungen nach dem 1. Juli 2007 ergangen sind. Die Beschlüsse und gerichtlichen Entscheidungen sind fortlaufend einzutragen und zu nummerieren. Sind sie angefochten oder aufgehoben worden, so ist dies anzumerken. Im Falle einer Aufhebung kann von einer Anmerkung abgesehen und die Eintragung gelöscht werden. Eine Eintragung kann auch gelöscht werden,	

Anhang

1. Synopse zum neuen und alten WEG

WEG – Neue Fassung	WEG – Alte Fassung
wenn sie aus einem anderen Grund für die Wohnungseigentümer keine Bedeutung mehr hat. Die Eintragungen, Vermerke und Löschungen gemäß den Sätzen 3 bis 6 sind unverzüglich zu erledigen und mit Datum zu versehen. Einem Wohnungseigentümer oder einem Dritten, den ein Wohnungseigentümer ermächtigt hat, ist auf sein Verlangen Einsicht in die Beschluss-Sammlung zu geben. (8) Die Beschluss-Sammlung ist von dem Verwalter zu führen. Fehlt ein Verwalter, so ist der Vorsitzende der Wohnungseigentümerversammlung verpflichtet, die Beschluss-Sammlung zu führen, sofern die Wohnungseigentümer durch Stimmenmehrheit keinen anderen für diese Aufgabe bestellt haben.	
§ 25 Mehrheitsbeschluß (1) Für die Beschlußfassung in Angelegenheiten, über die die Wohnungseigentümer durch Stimmenmehrheit beschließen, gelten die Vorschriften der Absätze 2 bis 5. (2) Jeder Wohnungseigentümer hat eine Stimme. Steht ein Wohnungseigentum mehreren gemeinschaftlich zu, so können sie das Stimmrecht nur einheitlich ausüben. (3) Die Versammlung ist nur beschlußfähig, wenn die erschienenen stimmberechtigten Wohnungseigentümer mehr als die Hälfte der Miteigentumsanteile, berechnet nach der im Grundbuch eingetragenen Größe dieser Anteile, vertreten. (4) Ist eine Versammlung nicht gemäß Absatz 3 beschlußfähig, so beruft der Verwalter eine neue Versammlung mit dem gleichen Gegenstand ein. Diese Versammlung ist ohne Rücksicht auf die Höhe der vertretenen Anteile beschlußfähig; hierauf ist bei der Einberufung hinzuweisen. (5) Ein Wohnungseigentümer ist nicht stimmberechtigt, wenn die Beschlußfassung die Vornahme eines auf die Verwaltung des gemeinschaftlichen Eigentums bezüglichen Rechtsgeschäfts mit ihm oder die Einleitung oder Erledigung eines Rechtsstreits der anderen Wohnungseigentümer gegen ihn betrifft oder wenn er nach § 18 rechtskräftig verurteilt ist.	**§ 25 Mehrheitsbeschluß** (1) Für die Beschlußfassung in Angelegenheiten, über die die Wohnungseigentümer durch Stimmenmehrheit beschließen, gelten die Vorschriften der Absätze 2 bis 5. (2) Jeder Wohnungseigentümer hat eine Stimme. Steht ein Wohnungseigentum mehreren gemeinschaftlich zu, so können sie das Stimmrecht nur einheitlich ausüben. (3) Die Versammlung ist nur beschlußfähig, wenn die erschienenen stimmberechtigten Wohnungseigentümer mehr als die Hälfte der Miteigentumsanteile, berechnet nach der im Grundbuch eingetragenen Größe dieser Anteile, vertreten. (4) Ist eine Versammlung nicht gemäß Absatz 3 beschlußfähig, so beruft der Verwalter eine neue Versammlung mit dem gleichen Gegenstand ein. Diese Versammlung ist ohne Rücksicht auf die Höhe der vertretenen Anteile beschlußfähig; hierauf ist bei der Einberufung hinzuweisen. (5) Ein Wohnungseigentümer ist nicht stimmberechtigt, wenn die Beschlußfassung die Vornahme eines auf die Verwaltung des gemeinschaftlichen Eigentums bezüglichen Rechtsgeschäfts mit ihm oder die Einleitung oder Erledigung eines Rechtsstreits der anderen Wohnungseigentümer gegen ihn betrifft oder wenn er nach § 18 rechtskräftig verurteilt ist.
§ 26 Bestellung und Abberufung des Verwalters (1) Über die Bestellung und Abberufung des Verwalters beschließen die Wohnungseigentümer mit Stimmenmehrheit. Die Bestellung darf auf höchstens fünf Jahre vorgenommen werden,	**§ 26 Bestellung und Abberufung des Verwalters** (1) Über die Bestellung und Abberufung des Verwalters beschließen die Wohnungseigentümer mit Stimmenmehrheit. Die Bestellung darf auf höchstens fünf Jahre vorgenommen werden.

1. Synopse zum neuen und alten WEG — Anhang

WEG – Neue Fassung	WEG – Alte Fassung
im Falle der ersten Bestellung nach der Begründung von Wohnungseigentum aber auf höchstens drei Jahre Die Abberufung des Verwalters kann auf das Vorliegen eines wichtigen Grundes beschränkt werden. Ein wichtiger Grund liegt regelmäßig vor, wenn der Verwalter die Beschluss-Sammlung nicht ordnungsmäßig führt. Andere Beschränkungen der Bestellung oder Abberufung des Verwalters sind nicht zulässig.	Die Abberufung des Verwalters kann auf das Vorliegen eines wichtigen Grundes beschränkt werden. Andere Beschränkungen der Bestellung oder Abberufung des Verwalters sind nicht zulässig.
(2) Die wiederholte Bestellung ist zulässig; sie bedarf eines erneuten Beschlusses der Wohnungseigentümer, der frühestens ein Jahr vor Ablauf der Bestellungszeit gefaßt werden kann.	(2) Die wiederholte Bestellung ist zulässig; sie bedarf eines erneuten Beschlusses der Wohnungseigentümer, der frühestens ein Jahr vor Ablauf der Bestellungszeit gefaßt werden kann.
	(3) Fehlt ein Verwalter, so ist ein solcher in dringenden Fällen bis zur Behebung des Mangels auf Antrag eines Wohnungseigentümers oder eines Dritten, der ein berechtigtes Interesse an der Bestellung eines Verwalters hat, durch den Richter zu bestellen.
(3) Soweit die Verwaltereigenschaft durch eine öffentlich beglaubigte Urkunde nachgewiesen werden muß, genügt die Vorlage einer Niederschrift über den Bestellungsbeschluß, bei der die Unterschriften der in § 24 Abs. 6 bezeichneten Personen öffentlich beglaubigt sind.	(4) Soweit die Verwaltereigenschaft durch eine öffentlich beglaubigte Urkunde nachgewiesen werden muß, genügt die Vorlage einer Niederschrift über den Bestellungsbeschluß, bei der die Unterschriften der in § 24 Abs. 6 bezeichneten Personen öffentlich beglaubigt sind.
§ 27 Aufgaben und Befugnisse des Verwalters	**§ 27 Aufgaben und Befugnisse des Verwalters**
(1) Der Verwalter ist gegenüber den Wohnungseigentümern und gegenüber der Gemeinschaft der Wohnungseigentümer berechtigt und verpflichtet,	(1) Der Verwalter ist berechtigt und verpflichtet:
1. Beschlüsse der Wohnungseigentümer durchzuführen und für die Durchführung der Hausordnung zu sorgen;	1. Beschlüsse der Wohnungseigentümer durchzuführen und für die Durchführung der Hausordnung zu sorgen;
2. die für die ordnungsmäßige Instandhaltung und Instandsetzung des gemeinschaftlichen Eigentums erforderlichen Maßnahmen zu treffen;	2. die für die ordnungsmäßige Instandhaltung und Instandsetzung des gemeinschaftlichen Eigentums erforderlichen Maßnahmen zu treffen;
3. in dringenden Fällen sonstige zur Erhaltung des gemeinschaftlichen Eigentums erforderliche Maßnahmen zu treffen;	3. in dringenden Fällen sonstige zur Erhaltung des gemeinschaftlichen Eigentums erforderliche Maßnahmen zu treffen;
4. Lasten- und Kostenbeiträge, Tilgungsbeträge und Hypothekenzinsen anzufordern, in Empfang zu nehmen und abzuführen, soweit es sich um gemeinschaftliche Angelegenheiten der Wohnungseigentümer handelt;	4. gemeinschaftliche Gelder zu verwalten.
5. alle Zahlungen und Leistungen zu bewirken und entgegenzunehmen, die mit der laufenden Verwaltung des gemeinschaftlichen Eigentums zusammenhängen;	
6. eingenommene Gelder zu verwalten;	
7. die Wohnungseigentümer unverzüglich darüber zu unterrichten, dass ein Rechtsstreit gemäß § 43 anhängig ist;	

Anhang

1. Synopse zum neuen und alten WEG

WEG – Neue Fassung	WEG – Alte Fassung
8. die Erklärungen abzugeben, die zur Vornahme der in § 21 Abs. 5 Nr. 6 bezeichneten Maßnahmen erforderlich sind.	
(2) Der Verwalter ist berechtigt, im Namen aller Wohnungseigentümer und mit Wirkung für und gegen sie	(2) Der Verwalter ist berechtigt, im Namen aller Wohnungseigentümer und mit Wirkung für und gegen sie:
1. Willenserklärungen und Zustellungen entgegenzunehmen, soweit sie an alle Wohnungseigentümer in dieser Eigenschaft gerichtet sind;	1. Lasten- und Kostenbeiträge, Tilgungsbeträge und Hypothekenzinsen anzufordern, in Empfang zu nehmen und abzuführen, soweit es sich um gemeinschaftliche Angelegenheiten der Wohnungseigentümer handelt;
2. Maßnahmen zu treffen, die zur Wahrung einer Frist oder zur Abwendung eines sonstigen Rechtsnachteils erforderlich sind, insbesondere einen gegen die Wohnungseigentümer gerichteten Rechtsstreit gemäß § 43 Nr. 1, Nr. 4 oder Nr. 5 im Erkenntnis- und Vollstreckungsverfahren zu führen;	2. alle Zahlungen und Leistungen zu bewirken und entgegenzunehmen, die mit der laufenden Verwaltung des gemeinschaftlichen Eigentums zusammenhängen;
3. Ansprüche gerichtlich und außergerichtlich geltend zu machen, sofern er hierzu durch Vereinbarung oder Beschluss mit Stimmenmehrheit der Wohnungseigentümer ermächtigt ist;	3. Willenserklärungen und Zustellungen entgegenzunehmen, soweit sie an alle Wohnungseigentümer in dieser Eigenschaft gerichtet sind;
4. mit einem Rechtsanwalt wegen eines Rechtsstreits gemäß § 43 Nr. 1, Nr. 4 oder Nr. 5 zu vereinbaren, dass sich die Gebühren nach einem höheren als dem gesetzlichen Streitwert, höchstens nach einem gemäß § 49a Abs. 1 Satz 1 des Gerichtskostengesetzes bestimmten Streitwert bemessen.	4. Maßnahmen zu treffen, die zur Wahrung einer Frist oder zur Abwendung eines sonstigen Rechtsnachteils erforderlich sind;
(3) Der Verwalter ist berechtigt, im Namen der Gemeinschaft der Wohnungseigentümer und mit Wirkung für und gegen sie	5. Ansprüche gerichtlich und außergerichtlich geltend zu machen, sofern er hierzu durch Beschluß der Wohnungseigentümer ermächtigt ist;
1. Willenserklärungen und Zustellungen entgegenzunehmen;	6. die Erklärungen abzugeben, die zur Vornahme der in § 21 Abs. 5 Nr. 6 bezeichneten Maßnahmen erforderlich sind.
2. Maßnahmen zu treffen, die zur Wahrung einer Frist oder zur Abwendung eines sonstigen Rechtsnachteils erforderlich sind, insbesondere einen gegen die Gemeinschaft gerichteten Rechtsstreit gemäß § 43 Nr. 2 oder Nr. 5 im Erkenntnis- und Vollstreckungsverfahren zu führen;	(3) Die dem Verwalter nach den Absätzen 1, 2 zustehenden Aufgaben und Befugnisse können durch Vereinbarung der Wohnungseigentümer nicht eingeschränkt werden.
3. die laufenden Maßnahmen der erforderlichen ordnungsmäßigen Instandhaltung und Instandsetzung gemäß Absatz 1 Nr. 2 zu treffen;	
4. die Maßnahmen gemäß Absatz 1 Nr. 3 bis 5 und 8 zu treffen;	
5. im Rahmen der Verwaltung der eingenommenen Gelder gemäß Absatz 1 Nr. 6 Konten zu führen;	
6. mit einem Rechtsanwalt wegen eines Rechtsstreits gemäß § 43 Nr. 2 oder Nr. 5 eine Vergütung gemäß Absatz 2 Nr. 4 zu vereinbaren;	

1. Synopse zum neuen und alten WEG — Anhang

WEG – Neue Fassung	WEG – Alte Fassung
7. sonstige Rechtsgeschäfte und Rechtshandlungen vorzunehmen, soweit er hierzu durch Vereinbarung oder Beschluss der Wohnungseigentümer mit Stimmenmehrheit ermächtigt ist. Fehlt ein Verwalter oder ist er zur Vertretung nicht berechtigt, so vertreten alle Wohnungseigentümer die Gemeinschaft. Die Wohnungseigentümer können durch Beschluss mit Stimmenmehrheit einen oder mehrere Wohnungseigentümer zur Vertretung ermächtigen. (4) Die dem Verwalter nach den Absätzen 1 bis 3 zustehenden Aufgaben und Befugnisse können durch Vereinbarung der Wohnungseigentümer nicht eingeschränkt oder ausgeschlossen werden. (5) Der Verwalter ist verpflichtet, eingenommene Gelder von seinem Vermögen gesondert zu halten. Die Verfügung über solche Gelder kann durch Vereinbarung oder Beschluss der Wohnungseigentümer mit Stimmenmehrheit von der Zustimmung eines Wohnungseigentümers oder eines Dritten abhängig gemacht werden. (6) Der Verwalter kann von den Wohnungseigentümern die Ausstellung einer Vollmachts- und Ermächtigungsurkunde verlangen, aus der der Umfang seiner Vertretungsmacht ersichtlich ist.	(4) Der Verwalter ist verpflichtet, Gelder der Wohnungseigentümer von seinem Vermögen gesondert zu halten. Die Verfügung über solche Gelder kann von der Zustimmung eines Wohnungseigentümers oder eines Dritten abhängig gemacht werden. (5) Der Verwalter kann von den Wohnungseigentümern die Ausstellung einer Vollmachtsurkunde verlangen, aus der der Umfang seiner Vertretungsmacht ersichtlich ist.
§ 28 Wirtschaftsplan, Rechnungslegung (1) Der Verwalter hat jeweils für ein Kalenderjahr einen Wirtschaftsplan aufzustellen. Der Wirtschaftsplan enthält: 1. die voraussichtlichen Einnahmen und Ausgaben bei der Verwaltung des gemeinschaftlichen Eigentums; 2. die anteilmäßige Verpflichtung der Wohnungseigentümer zur Lasten- und Kostentragung; 3. die Beitragsleistung der Wohnungseigentümer zu der in § 21 Abs. 5 Nr. 4 vorgesehenen Instandhaltungsrückstellung. (2) Die Wohnungseigentümer sind verpflichtet, nach Abruf durch den Verwalter dem beschlossenen Wirtschaftsplan entsprechende Vorschüsse zu leisten. (3) Der Verwalter hat nach Ablauf des Kalenderjahres eine Abrechnung aufzustellen. (4) Die Wohnungseigentümer können durch Mehrheitsbeschluß jederzeit von dem Verwalter Rechnungslegung verlangen.	**§ 28 Wirtschaftsplan, Rechnungslegung** (1) Der Verwalter hat jeweils für ein Kalenderjahr einen Wirtschaftsplan aufzustellen. Der Wirtschaftsplan enthält: 1. die voraussichtlichen Einnahmen und Ausgaben bei der Verwaltung des gemeinschaftlichen Eigentums; 2. die anteilmäßige Verpflichtung der Wohnungseigentümer zur Lasten- und Kostentragung; 3. die Beitragsleistung der Wohnungseigentümer zu der in § 21 Abs. 5 Nr. 4 vorgesehenen Instandhaltungsrückstellung. (2) Die Wohnungseigentümer sind verpflichtet, nach Abruf durch den Verwalter dem beschlossenen Wirtschaftsplan entsprechende Vorschüsse zu leisten. (3) Der Verwalter hat nach Ablauf des Kalenderjahres eine Abrechnung aufzustellen. (4) Die Wohnungseigentümer können durch Mehrheitsbeschluß jederzeit von dem Verwalter Rechnungslegung verlangen.

WEG – Neue Fassung	WEG – Alte Fassung
(5) Über den Wirtschaftsplan, die Abrechnung und die Rechnungslegung des Verwalters beschließen die Wohnungseigentümer durch Stimmenmehrheit.	(5) Über den Wirtschaftsplan, die Abrechnung und die Rechnungslegung des Verwalters beschließen die Wohnungseigentümer durch Stimmenmehrheit.
§ 29 Verwaltungsbeirat	**§ 29 Verwaltungsbeirat**
(1) Die Wohnungseigentümer können durch Stimmenmehrheit die Bestellung eines Verwaltungsbeirats beschließen. Der Verwaltungsbeirat besteht aus einem Wohnungseigentümer als Vorsitzenden und zwei weiteren Wohnungseigentümern als Beisitzern.	(1) Die Wohnungseigentümer können durch Stimmenmehrheit die Bestellung eines Verwaltungsbeirats beschließen. Der Verwaltungsbeirat besteht aus einem Wohnungseigentümer als Vorsitzenden und zwei weiteren Wohnungseigentümern als Beisitzern.
(2) Der Verwaltungsbeirat unterstützt den Verwalter bei der Durchführung seiner Aufgaben.	(2) Der Verwaltungsbeirat unterstützt den Verwalter bei der Durchführung seiner Aufgaben.
(3) Der Wirtschaftsplan, die Abrechnung über den Wirtschaftsplan, Rechnungslegungen und Kostenanschläge sollen, bevor über sie die Wohnungseigentümerversammlung beschließt, vom Verwaltungsbeirat geprüft und mit dessen Stellungnahme versehen werden.	(3) Der Wirtschaftsplan, die Abrechnung über den Wirtschaftsplan, Rechnungslegungen und Kostenanschläge sollen, bevor über sie die Wohnungseigentümerversammlung beschließt, vom Verwaltungsbeirat geprüft und mit dessen Stellungnahme versehen werden.
(4) Der Verwaltungsbeirat wird von dem Vorsitzenden nach Bedarf einberufen.	(4) Der Verwaltungsbeirat wird von dem Vorsitzenden nach Bedarf einberufen.
4. Abschnitt. Wohnungserbbaurecht	**4. Abschnitt. Wohnungserbbaurecht**
§ 30	**§ 30**
(1) Steht ein Erbbaurecht mehreren gemeinschaftlich nach Bruchteilen zu, so können die Anteile in der Weise beschränkt werden, daß jedem der Mitberechtigten das Sondereigentum an einer bestimmten Wohnung oder an nicht zu Wohnzwecken dienenden bestimmten Räumen in einem auf Grund des Erbbaurechts errichteten oder zu errichtenden Gebäude eingeräumt wird (Wohnungserbbaurecht, Teilerbbaurecht).	(1) Steht ein Erbbaurecht mehreren gemeinschaftlich nach Bruchteilen zu, so können die Anteile in der Weise beschränkt werden, daß jedem der Mitberechtigten das Sondereigentum an einer bestimmten Wohnung oder an nicht zu Wohnzwecken dienenden bestimmten Räumen in einem auf Grund des Erbbaurechts errichteten oder zu errichtenden Gebäude eingeräumt wird (Wohnungserbbaurecht, Teilerbbaurecht).
(2) Ein Erbbauberechtigter kann das Erbbaurecht in entsprechender Anwendung des § 8 teilen.	(2) Ein Erbbauberechtigter kann das Erbbaurecht n entsprechender Anwendung des § 8 teilen.
(3) Für jeden Anteil wird von Amts wegen ein besonderes Erbbaugrundbuchblatt angelegt (Wohnungserbbaugrundbuch, Teilerbbaugrundbuch). Im übrigen gelten für das Wohnungserbbaurecht (Teilerbbaurecht) die Vorschriften über das Wohnungseigentum (Teileigentum) entsprechend.	(3) Für jeden Anteil wird von Amts wegen ein besonderes Erbbaugrundbuchblatt angelegt (Wohnungserbbaugrundbuch, Teilerbbaugrundbuch). Im übrigen gelten für das Wohnungserbbaurecht (Teilerbbaurecht) die Vorschriften über das Wohnungseigentum (Teileigentum) entsprechend.
II. Teil. Dauerwohnrecht	**II. Teil. Dauerwohnrecht**
§ 31 Begriffsbestimmungen	**§ 31 Begriffsbestimmungen**
(1) Ein Grundstück kann in der Weise belastet werden, daß derjenige, zu dessen Gunsten die Belastung erfolgt, berechtigt ist, unter Ausschluß	(1) Ein Grundstück kann in der Weise belastet werden, daß derjenige, zu dessen Gunsten die Belastung erfolgt, berechtigt ist, unter Ausschluß

1. Synopse zum neuen und alten WEG — Anhang

WEG – Neue Fassung	WEG – Alte Fassung
des Eigentümers eine bestimmte Wohnung in einem auf dem Grundstück errichteten oder zu errichtenden Gebäude zu bewohnen oder in anderer Weise zu nutzen (Dauerwohnrecht). Das Dauerwohnrecht kann auf einen außerhalb des Gebäudes liegenden Teil des Grundstücks erstreckt werden, sofern die Wohnung wirtschaftlich die Hauptsache bleibt. (2) Ein Grundstück kann in der Weise belastet werden, daß derjenige, zu dessen Gunsten die Belastung erfolgt, berechtigt ist, unter Ausschluß des Eigentümers nicht zu Wohnzwecken dienende bestimmte Räume in einem auf dem Grundstück errichteten oder zu errichtenden Gebäude zu nutzen (Dauernutzungsrecht). (3) Für das Dauernutzungsrecht gelten die Vorschriften über das Dauerwohnrecht entsprechend. **§ 32 Voraussetzungen der Eintragung** (1) Das Dauerwohnrecht soll nur bestellt werden, wenn die Wohnung in sich abgeschlossen ist. (2) Zur näheren Bezeichnung des Gegenstandes und des Inhalts des Dauerwohnrechts kann auf die Eintragungsbewilligung Bezug genommen werden. Der Eintragungsbewilligung sind als Anlagen beizufügen: 1. eine von der Baubehörde mit Unterschrift und Siegel oder Stempel versehene Bauzeichnung, aus der die Aufteilung des Gebäudes sowie die Lage und Größe der dem Dauerwohnrecht unterliegenden Gebäude- und Grundstücksteile ersichtlich ist (Aufteilungsplan); alle zu demselben Dauerwohnrecht gehörenden Einzelräume sind mit der jeweils gleichen Nummer zu kennzeichnen; 2. eine Bescheinigung der Baubehörde, daß die Voraussetzungen des Absatzes 1 vorliegen. Wenn in der Eintragungsbewilligung für die einzelnen Dauerwohnrechte Nummern angegeben werden, sollen sie mit denen des Aufteilungsplans übereinstimmen. Die Landesregierungen können durch Rechtsverordnung bestimmen, dass und in welchen Fällen der Aufteilungsplan (Satz 2 Nr. 1) und die Abgeschlossenheit (Satz 2 Nr. 2) von einem öffentlich bestellten oder anerkannten Sachverständigen für das Bauwesen statt von der Baubehörde ausgefertigt und bescheinigt werden. Werden diese Aufgaben von dem Sachverständigen wahrgenommen, so gelten die Bestimmungen der Allgemeinen Verwaltungsvorschrift für die Ausstellung von Bescheinigungen gemäß § 7 Abs. 4 Nr. 2 und § 32	des Eigentümers eine bestimmte Wohnung in einem auf dem Grundstück errichteten oder zu errichtenden Gebäude zu bewohnen oder in anderer Weise zu nutzen (Dauerwohnrecht). Das Dauerwohnrecht kann auf einen außerhalb des Gebäudes liegenden Teil des Grundstücks erstreckt werden, sofern die Wohnung wirtschaftlich die Hauptsache bleibt. (2) Ein Grundstück kann in der Weise belastet werden, daß derjenige, zu dessen Gunsten die Belastung erfolgt, berechtigt ist, unter Ausschluß des Eigentümers nicht zu Wohnzwecken dienende bestimmte Räume in einem auf dem Grundstück errichteten oder zu errichtenden Gebäude zu nutzen (Dauernutzungsrecht). (3) Für das Dauernutzungsrecht gelten die Vorschriften über das Dauerwohnrecht entsprechend. **§ 32 Voraussetzungen der Eintragung** (1) Das Dauerwohnrecht soll nur bestellt werden, wenn die Wohnung in sich abgeschlossen ist. § 3 Abs. 3 gilt entsprechend. (2) Zur näheren Bezeichnung des Gegenstandes und des Inhalts des Dauerwohnrechts kann auf die Eintragungsbewilligung Bezug genommen werden. Der Eintragungsbewilligung sind als Anlagen beizufügen: 1. eine von der Baubehörde mit Unterschrift und Siegel oder Stempel versehene Bauzeichnung, aus der die Aufteilung des Gebäudes sowie die Lage und Größe der dem Dauerwohnrecht unterliegenden Gebäude- und Grundstücksteile ersichtlich ist (Aufteilungsplan); alle zu demselben Dauerwohnrecht gehörenden Einzelräume sind mit der jeweils gleichen Nummer zu kennzeichnen; 2. eine Bescheinigung der Baubehörde, daß die Voraussetzungen des Absatzes 1 vorliegen. Wenn in der Eintragungsbewilligung für die einzelnen Dauerwohnrechte Nummern angegeben werden, sollen sie mit denen des Aufteilungsplans übereinstimmen.

Anhang

1. Synopse zum neuen und alten WEG

WEG – Neue Fassung	WEG – Alte Fassung
Abs. 2 Nr. 2 des Wohnungseigentumsgesetzes vom 19. März 1974 (BAnz. Nr. 58 vom 23. März 1974) entsprechend. In diesem Fall bedürfen die Anlagen nicht der Form des § 29 der Grundbuchordnung. Die Landesregierungen können die Ermächtigung durch Rechtsverordnung auf die Landesbauverwaltungen übertragen.	
(3) Das Grundbuchamt soll die Eintragung des Dauerwohnrechts ablehnen, wenn über die in § 33 Abs. 4 Nr. 1 bis 4 bezeichneten Angelegenheiten, über die Voraussetzungen des Heimfallanspruchs (§ 36 Abs. 1) und über die Entschädigung beim Heimfall (§ 36 Abs. 4) keine Vereinbarungen getroffen sind.	(3) Das Grundbuchamt soll die Eintragung des Dauerwohnrechts ablehnen, wenn über die in § 33 Abs. 4 Nr. 1 bis 4 bezeichneten Angelegenheiten, über die Voraussetzungen des Heimfallanspruchs (§ 36 Abs. 1) und über die Entschädigung beim Heimfall (§ 36 Abs. 4) keine Vereinbarungen getroffen sind.
§ 33 Inhalt des Dauerwohnrechts	**§ 33 Inhalt des Dauerwohnrechts**
(1) Das Dauerwohnrecht ist veräußerlich und vererblich. Es kann nicht unter einer Bedingung bestellt werden.	(1) Das Dauerwohnrecht ist veräußerlich und vererblich. Es kann nicht unter einer Bedingung bestellt werden.
(2) Auf das Dauerwohnrecht sind, soweit nicht etwas anderes vereinbart ist, die Vorschriften des § 14 entsprechend anzuwenden.	(2) Auf das Dauerwohnrecht sind, soweit nicht etwas anderes vereinbart ist, die Vorschriften des § 14 entsprechend anzuwenden.
(3) Der Berechtigte kann die zum gemeinschaftlichen Gebrauch bestimmten Teile, Anlagen und Einrichtungen des Gebäudes und Grundstücks mitbenutzen, soweit nichts anderes vereinbart ist.	(3) Der Berechtigte kann die zum gemeinschaftlichen Gebrauch bestimmten Teile, Anlagen und Einrichtungen des Gebäudes und Grundstücks mitbenutzen, soweit nichts anderes vereinbart ist.
(4) Als Inhalt des Dauerwohnrechts können Vereinbarungen getroffen werden über:	(4) Als Inhalt des Dauerwohnrechts können Vereinbarungen getroffen werden über:
1. Art und Umfang der Nutzungen;	1. Art und Umfang der Nutzungen;
2. Instandhaltung und Instandsetzung der dem Dauerwohnrecht unterliegenden Gebäudeteile;	2. Instandhaltung und Instandsetzung der dem Dauerwohnrecht unterliegenden Gebäudeteile;
3. die Pflicht des Berechtigten zur Tragung öffentlicher oder privatrechtlicher Lasten des Grundstücks;	3. die Pflicht des Berechtigten zur Tragung öffentlicher oder privatrechtlicher Lasten des Grundstücks;
4. die Versicherung des Gebäudes und seinen Wiederaufbau im Falle der Zerstörung;	4. die Versicherung des Gebäudes und seinen Wiederaufbau im Falle der Zerstörung;
5. das Recht des Eigentümers, bei Vorliegen bestimmter Voraussetzungen Sicherheitsleistung zu verlangen.	5. das Recht des Eigentümers, bei Vorliegen bestimmter Voraussetzungen Sicherheitsleistung zu verlangen.
§ 34 Ansprüche des Eigentümers und der Dauerwohnberechtigten	**§ 34 Ansprüche des Eigentümers und der Dauerwohnberechtigte**
(1) Auf die Ersatzansprüche des Eigentümers wegen Veränderungen oder Verschlechterungen sowie auf die Ansprüche der Dauerwohnberechtigten auf Ersatz von Verwendungen oder auf Gestattung der Wegnahme einer Einrichtung sind die §§ 1049, 1057 des Bürgerlichen Gesetzbuches entsprechend anzuwenden.	(1) Auf die Ersatzansprüche des Eigentümers wegen Veränderungen oder Verschlechterungen sowie auf die Ansprüche der Dauerwohnberechtigten auf Ersatz von Verwendungen oder auf Gestattung der Wegnahme einer Einrichtung sind die §§ 1049, 1057 des Bürgerlichen Gesetzbuches entsprechend anzuwenden.
(2) Wird das Dauerwohnrecht beeinträchtigt, so sind auf die Ansprüche des Berechtigten die	(2) Wird das Dauerwohnrecht beeinträchtigt, so sind auf die Ansprüche des Berechtigten die

1. Synopse zum neuen und alten WEG

WEG – Neue Fassung	WEG – Alte Fassung
für die Ansprüche aus dem Eigentum geltenden Vorschriften entsprechend anzuwenden.	für die Ansprüche aus dem Eigentum geltenden Vorschriften entsprechend anzuwenden.
§ 35 Veräußerungsbeschränkung Als Inhalt des Dauerwohnrechts kann vereinbart werden, daß der Berechtigte zur Veräußerung des Dauerwohnrechts der Zustimmung des Eigentümers oder eines Dritten bedarf. Die Vorschriften des § 12 gelten in diesem Falle entsprechend.	**§ 35 Veräußerungsbeschränkung** Als Inhalt des Dauerwohnrechts kann vereinbart werden, daß der Berechtigte zur Veräußerung des Dauerwohnrechts der Zustimmung des Eigentümers oder eines Dritten bedarf. Die Vorschriften des § 12 gelten in diesem Falle entsprechend.
§ 36 Heimfallanspruch (1) Als Inhalt des Dauerwohnrechts kann vereinbart werden, daß der Berechtigte verpflichtet ist, das Dauerwohnrecht beim Eintritt bestimmter Voraussetzungen auf den Grundstückseigentümer oder einen von diesem zu bezeichnenden Dritten zu übertragen (Heimfallanspruch). Der Heimfallanspruch kann nicht von dem Eigentum an dem Grundstück getrennt werden. (2) Bezieht sich das Dauerwohnrecht auf Räume, die dem Mieterschutz unterliegen, so kann der Eigentümer von dem Heimfallanspruch nur Gebrauch machen, wenn ein Grund vorliegt, aus dem ein Vermieter die Aufhebung des Mietverhältnisses verlangen oder kündigen kann. (3) Der Heimfallanspruch verjährt in sechs Monaten von dem Zeitpunkt an, in dem der Eigentümer von dem Eintritt der Voraussetzungen Kenntnis erlangt, ohne Rücksicht auf diese Kenntnis in zwei Jahren von dem Eintritt der Voraussetzungen an. (4) Als Inhalt des Dauerwohnrechts kann vereinbart werden, daß der Eigentümer dem Berechtigten eine Entschädigung zu gewähren hat, wenn er von dem Heimfallanspruch Gebrauch macht. Als Inhalt des Dauerwohnrechts können Vereinbarungen über die Berechnung oder Höhe der Entschädigung oder die Art ihrer Zahlung getroffen werden.	**§ 36 Heimfallanspruch** (1) Als Inhalt des Dauerwohnrechts kann vereinbart werden, daß der Berechtigte verpflichtet ist, das Dauerwohnrecht beim Eintritt bestimmter Voraussetzungen auf den Grundstückseigentümer oder einen von diesem zu bezeichnenden Dritten zu übertragen (Heimfallanspruch). Der Heimfallanspruch kann nicht von dem Eigentum an dem Grundstück getrennt werden. (2) Bezieht sich das Dauerwohnrecht auf Räume, die dem Mieterschutz unterliegen, so kann der Eigentümer von dem Heimfallanspruch nur Gebrauch machen, wenn ein Grund vorliegt, aus dem ein Vermieter die Aufhebung des Mietverhältnisses verlangen oder kündigen kann. (3) Der Heimfallanspruch verjährt in sechs Monaten von dem Zeitpunkt an, in dem der Eigentümer von dem Eintritt der Voraussetzungen Kenntnis erlangt, ohne Rücksicht auf diese Kenntnis in zwei Jahren von dem Eintritt der Voraussetzungen an. (4) Als Inhalt des Dauerwohnrechts kann vereinbart werden, daß der Eigentümer dem Berechtigten eine Entschädigung zu gewähren hat, wenn er von dem Heimfallanspruch Gebrauch macht. Als Inhalt des Dauerwohnrechts können Vereinbarungen über die Berechnung oder Höhe der Entschädigung oder die Art ihrer Zahlung getroffen werden.
§ 37 Vermietung (1) Hat der Dauerwohnberechtigte die dem Dauerwohnrecht unterliegenden Gebäude- oder Grundstücksteile vermietet oder verpachtet, so erlischt das Miet- oder Pachtverhältnis, wenn das Dauerwohnrecht erlischt. (2) Macht der Eigentümer von seinem Heimfallanspruch Gebrauch, so tritt er oder derjenige, auf den das Dauerwohnrecht zu übertragen ist, in das Miet- oder Pachtverhältnis ein; die Vorschriften der §§ 566 bis 566e des Bürgerlichen Gesetzbuches gelten entsprechend.	**§ 37 Vermietung** (1) Hat der Dauerwohnberechtigte die dem Dauerwohnrecht unterliegenden Gebäude- oder Grundstücksteile vermietet oder verpachtet, so erlischt das Miet- oder Pachtverhältnis, wenn das Dauerwohnrecht erlischt. (2) Macht der Eigentümer von seinem Heimfallanspruch Gebrauch, so tritt er oder derjenige, auf den das Dauerwohnrecht zu übertragen ist, in das Miet- oder Pachtverhältnis ein; die Vorschriften der §§ 566 bis 566e des Bürgerlichen Gesetzbuches gelten entsprechend.

Anhang

1. Synopse zum neuen und alten WEG

WEG – Neue Fassung	WEG – Alte Fassung
(3) Absatz 2 gilt entsprechend, wenn das Dauerwohnrecht veräußert wird. Wird das Dauerwohnrecht im Wege der Zwangsvollstreckung veräußert, so steht dem Erwerber ein Kündigungsrecht in entsprechender Anwendung des § 57a des Gesetzes über die Zwangsversteigerung und Zwangsverwaltung zu.	(3) Absatz 2 gilt entsprechend, wenn das Dauerwohnrecht veräußert wird. Wird das Dauerwohnrecht im Wege der Zwangsvollstreckung veräußert, so steht dem Erwerber ein Kündigungsrecht in entsprechender Anwendung des § 57a des Gesetzes über die Zwangsversteigerung und Zwangsverwaltung zu.
§ 38 Eintritt in das Rechtsverhältnis (1) Wird das Dauerwohnrecht veräußert, so tritt der Erwerber an Stelle des Veräußerers in die sich während der Dauer seiner Berechtigung aus dem Rechtsverhältnis zu dem Eigentümer ergebenden Verpflichtungen ein. (2) Wird das Grundstück veräußert, so tritt der Erwerber an Stelle des Veräußerers in die sich während der Dauer seines Eigentums aus dem Rechtsverhältnis zu dem Dauerwohnberechtigten ergebenden Rechte ein. Das gleiche gilt für den Erwerb auf Grund Zuschlages in der Zwangsversteigerung, wenn das Dauerwohnrecht durch den Zuschlag nicht erlischt.	**§ 38 Eintritt in das Rechtsverhältnis** (1) Wird das Dauerwohnrecht veräußert, so tritt der Erwerber an Stelle des Veräußerers in die sich während der Dauer seiner Berechtigung aus dem Rechtsverhältnis zu dem Eigentümer ergebenden Verpflichtungen ein. (2) Wird das Grundstück veräußert, so tritt der Erwerber an Stelle des Veräußerers in die sich während der Dauer seines Eigentums aus dem Rechtsverhältnis zu dem Dauerwohnberechtigten ergebenden Rechte ein. Das gleiche gilt für den Erwerb auf Grund Zuschlages in der Zwangsversteigerung, wenn das Dauerwohnrecht durch den Zuschlag nicht erlischt.
§ 39 Zwangsversteigerung (1) Als Inhalt des Dauerwohnrechts kann vereinbart werden, daß das Dauerwohnrecht im Falle der Zwangsversteigerung des Grundstücks abweichend von § 44 des Gesetzes über die Zwangsversteigerung und Zwangsverwaltung auch dann bestehen bleiben soll, wenn der Gläubiger einer dem Dauerwohnrecht im Range vorgehenden oder gleichstehenden Hypothek, Grundschuld, Rentenschuld oder Reallast die Zwangsversteigerung in das Grundstück betreibt. (2) Eine Vereinbarung gemäß Absatz 1 bedarf zu ihrer Wirksamkeit der Zustimmung derjenigen, denen eine dem Dauerwohnrecht im Range vorgehende oder gleichstehende Hypothek, Grundschuld, Rentenschuld oder Reallast zusteht. (3) Eine Vereinbarung gemäß Absatz 1 ist nur wirksam für den Fall, daß der Dauerwohnberechtigte im Zeitpunkt der Feststellung der Versteigerungsbedingungen seine fälligen Zahlungsverpflichtungen gegenüber dem Eigentümer erfüllt hat; in Ergänzung einer Vereinbarung nach Absatz 1 kann vereinbart werden, daß das Fortbestehen des Dauerwohnrechts vom Vorliegen weiterer Voraussetzungen abhängig ist.	**§ 39 Zwangsversteigerung** (1) Als Inhalt des Dauerwohnrechts kann vereinbart werden, daß das Dauerwohnrecht im Falle der Zwangsversteigerung des Grundstücks abweichend von § 44 des Gesetzes über die Zwangsversteigerung und Zwangsverwaltung auch dann bestehen bleiben soll, wenn der Gläubiger einer dem Dauerwohnrecht im Range vorgehenden oder gleichstehenden Hypothek, Grundschuld, Rentenschuld oder Reallast die Zwangsversteigerung in das Grundstück betreibt. (2) Eine Vereinbarung gemäß Absatz 1 bedarf zu ihrer Wirksamkeit der Zustimmung derjenigen, denen eine dem Dauerwohnrecht im Range vorgehende oder gleichstehende Hypothek, Grundschuld, Rentenschuld oder Reallast zusteht. (3) Eine Vereinbarung gemäß Absatz 1 ist nur wirksam für den Fall, daß der Dauerwohnberechtigte im Zeitpunkt der Feststellung der Versteigerungsbedingungen seine fälligen Zahlungsverpflichtungen gegenüber dem Eigentümer erfüllt hat; in Ergänzung einer Vereinbarung nach Absatz 1 kann vereinbart werden, daß das Fortbestehen des Dauerwohnrechts vom Vorliegen weiterer Voraussetzungen abhängig ist.
§ 40 Haftung des Entgelts (1) Hypotheken, Grundschulden, Rentenschulden und Reallasten, die dem Dauerwohn-	**§ 40 Haftung des Entgelts** (1) Hypotheken, Grundschulden, Rentenschulden und Reallasten, die dem Dauerwohn-

1. Synopse zum neuen und alten WEG

WEG – Neue Fassung	WEG – Alte Fassung
recht im Range vorgehen oder gleichstehen, sowie öffentliche Lasten, die in wiederkehrenden Leistungen bestehen, erstrecken sich auf den Anspruch auf das Entgelt für das Dauerwohnrecht in gleicher Weise wie auf eine Mietforderung, soweit nicht in Absatz 2 etwas Abweichendes bestimmt ist. Im Übrigen sind die für Mietforderungen geltenden Vorschriften nicht entsprechend anzuwenden. (2) Als Inhalt des Dauerwohnrechts kann vereinbart werden, daß Verfügungen über den Anspruch auf das Entgelt, wenn es in wiederkehrenden Leistungen ausbedungen ist, gegenüber dem Gläubiger einer dem Dauerwohnrecht im Range vorgehenden oder gleichstehenden Hypothek, Grundschuld, Rentenschuld oder Reallast wirksam sind. Für eine solche Vereinbarung gilt § 39 Abs. 2 entsprechend. **§ 41 Besondere Vorschriften für langfristige Dauerwohnrechte** (1) Für Dauerwohnrechte, die zeitlich unbegrenzt oder für einen Zeitraum von mehr als zehn Jahren eingeräumt sind, gelten die besonderen Vorschriften der Absätze 2 und 3. (2) Der Eigentümer ist, sofern nicht etwas anderes vereinbart ist, dem Dauerwohnberechtigten gegenüber verpflichtet, eine dem Dauerwohnrecht im Range vorgehende oder gleichstehende Hypothek löschen zu lassen für den Fall, daß sie sich mit dem Eigentum in einer Person vereinigt, und die Eintragung einer entsprechenden Löschungsvormerkung in das Grundbuch zu bewilligen. (3) Der Eigentümer ist verpflichtet, dem Dauerwohnberechtigten eine angemessene Entschädigung zu gewähren, wenn er von dem Heimfallanspruch Gebrauch macht. **§ 42 Belastung eines Erbbaurechts** (1) Die Vorschriften der §§ 31 bis 41 gelten für die Belastung eines Erbbaurechts mit einem Dauerwohnrecht entsprechend. (2) Beim Heimfall des Erbbaurechts bleibt das Dauerwohnrecht bestehen. **III. Teil. Verfahrensvorschriften** **§ 43 Zuständigkeit** Das Gericht, in dessen Bezirk das Grundstück liegt, ist ausschließlich zuständig für	recht im Range vorgehen oder gleichstehen, sowie öffentliche Lasten, die in wiederkehrenden Leistungen bestehen, erstrecken sich auf den Anspruch auf das Entgelt für das Dauerwohnrecht in gleicher Weise wie auf eine Mietforderung, soweit nicht in Absatz 2 etwas Abweichendes bestimmt ist. Im übrigen sind die für Mietforderungen geltenden Vorschriften nicht entsprechend anzuwenden. (2) Als Inhalt des Dauerwohnrechts kann vereinbart werden, daß Verfügungen über den Anspruch auf das Entgelt, wenn es in wiederkehrenden Leistungen ausbedungen ist, gegenüber dem Gläubiger einer dem Dauerwohnrecht im Range vorgehenden oder gleichstehenden Hypothek, Grundschuld, Rentenschuld oder Reallast wirksam sind. Für eine solche Vereinbarung gilt § 39 Abs. 2 entsprechend. **§ 41 Besondere Vorschriften für langfristige Dauerwohnrechte** (1) Für Dauerwohnrechte, die zeitlich unbegrenzt oder für einen Zeitraum von mehr als zehn Jahren eingeräumt sind, gelten die besonderen Vorschriften der Absätze 2 und 3. (2) Der Eigentümer ist, sofern nicht etwas anderes vereinbart ist, dem Dauerwohnberechtigten gegenüber verpflichtet, eine dem Dauerwohnrecht im Range vorgehende oder gleichstehende Hypothek löschen zu lassen für den Fall, daß sie sich mit dem Eigentum in einer Person vereinigt, und die Eintragung einer entsprechenden Löschungsvormerkung in das Grundbuch zu bewilligen. (3) Der Eigentümer ist verpflichtet, dem Dauerwohnberechtigten eine angemessene Entschädigung zu gewähren, wenn er von dem Heimfallanspruch Gebrauch macht. **§ 42 Belastung eines Erbbaurechts** (1) Die Vorschriften der §§ 31 bis 41 gelten für die Belastung eines Erbbaurechts mit einem Dauerwohnrecht entsprechend. (2) Beim Heimfall des Erbbaurechts bleibt das Dauerwohnrecht bestehen. **III. Teil. Verfahrensvorschriften** **1. Abschnitt. Verfahren der freiwilligen Gerichtsbarkeit in Wohnungseigentumssachen** **§ 43 Entscheidung durch den Richter** (1) Das Amtsgericht, in dessen Bezirk das Grundstück liegt, entscheidet im Verfahren der freiwilligen Gerichtsbarkeit:

Anhang

1. Synopse zum neuen und alten WEG

WEG – Neue Fassung	WEG – Alte Fassung
1. Streitigkeiten über die sich aus der Gemeinschaft der Wohnungseigentümer und aus der Verwaltung des gemeinschaftlichen Eigentums ergebenden Rechte und Pflichten der Wohnungseigentümer untereinander; 2. Streitigkeiten über die Rechte und Pflichten zwischen der Gemeinschaft der Wohnungseigentümer und Wohnungseigentümern; 3. Streitigkeiten über die Rechte und Pflichten des Verwalters bei der Verwaltung des gemeinschaftlichen Eigentums; 4. Streitigkeiten über die Gültigkeit von Beschlüssen der Wohnungseigentümer; 5. Klagen Dritter, die sich gegen die Gemeinschaft der Wohnungseigentümer oder gegen Wohnungseigentümer richten und sich auf das gemeinschaftliche Eigentum, seine Verwaltung oder das Sondereigentum beziehen; 6. Mahnverfahren, wenn die Gemeinschaft der Wohnungseigentümer Antragstellerin ist. Insoweit ist § 689 Abs. 2 der Zivilprozessordnung nicht anzuwenden.	1. auf Antrag eines Wohnungseigentümers über die sich aus der Gemeinschaft der Wohnungseigentümer und aus der Verwaltung des gemeinschaftlichen Eigentums ergebenden Rechte und Pflichten der Wohnungseigentümer untereinander mit Ausnahme der Ansprüche im Falle der Aufhebung der Gemeinschaft (§ 17) und auf Entziehung des Wohnungseigentums (§§ 18, 19); 2. auf Antrag eines Wohnungseigentümers oder des Verwalters über die Rechte und Pflichten des Verwalters bei der Verwaltung des gemeinschaftlichen Eigentums; 3. auf Antrag eines Wohnungseigentümers oder Dritten über die Bestellung eines Verwalters im Falle des § 26 Abs. 3; 4. auf Antrag eines Wohnungseigentümers oder des Verwalters über die Gültigkeit von Beschlüssen der Wohnungseigentümer. (2) Der Richter entscheidet, soweit sich die Regelung nicht aus dem Gesetz, einer Vereinbarung oder einem Beschluß der Wohnungseigentümer ergibt, nach billigem Ermessen. (3) Für das Verfahren gelten die besonderen Vorschriften der §§ 44 bis 50. (4) An dem Verfahren Beteiligte sind: 1. in den Fällen des Absatzes 1 Nr. 1 sämtliche Wohnungseigentümer; 2. in den Fällen des Absatzes 1 Nr. 2 und 4 die Wohnungseigentümer und der Verwalter; 3. im Falle des Absatzes 1 Nr. 3 die Wohnungseigentümer und der Dritte.
§ 44 Bezeichnung der Wohnungseigentümer in der Klageschrift (1) Wird die Klage durch oder gegen alle Wohnungseigentümer mit Ausnahme des Gegners erhoben, so genügt für ihre nähere Bezeichnung in der Klageschrift die bestimmte Angabe des gemeinschaftlichen Grundstücks; wenn die Wohnungseigentümer Beklagte sind, sind in der Klageschrift außerdem der Verwalter und der gemäß § 45 Abs. 2 Satz 1 bestellte Ersatzzustellungsvertreter zu bezeichnen. Die namentliche Bezeichnung der Wohnungseigentümer hat spätestens bis zum Schluss der mündlichen Verhandlung zu erfolgen. (2) Sind an dem Rechtsstreit nicht alle Wohnungseigentümer als Partei beteiligt, so sind die übrigen Wohnungseigentümer entsprechend Absatz 1 von dem Kläger zu bezeichnen. Der namentlichen Bezeichnung der übrigen Wohnungseigentümer bedarf es nicht, wenn das Gericht von ihrer Beiladung gemäß § 48 Abs. 1 Satz 1 absieht.	**§ 44 Allgemeine Verfahrensgrundsätze** (1) Der Richter soll mit den Beteiligten in der Regel mündlich verhandeln und hierbei darauf hinwirken, daß sie sich gütlich einigen. (2) Kommt eine Einigung zustande, so ist hierüber eine Niederschrift aufzunehmen, und zwar nach den Vorschriften, die für die Niederschrift über einen Vergleich im bürgerlichen Rechtsstreit gelten. (3) Der Richter kann für die Dauer des Verfahrens einstweilige Anordnungen treffen. Diese können selbständig nicht angefochten werden. (4) In der Entscheidung soll der Richter die Anordnungen treffen, die zu ihrer Durchführung erforderlich sind. Die Entscheidung ist zu begründen.

Anhang

1. Synopse zum neuen und alten WEG

WEG – Neue Fassung	WEG – Alte Fassung
§ 45 Zustellung (1) Der Verwalter ist Zustellungsvertreter der Wohnungseigentümer, wenn diese Beklagte oder gemäß § 48 Abs. 1 Satz 1 beizuladen sind, es sei denn, dass er als Gegner der Wohnungseigentümer an dem Verfahren beteiligt ist oder aufgrund des Streitgegenstandes die Gefahr besteht, der Verwalter werde die Wohnungseigentümer nicht sachgerecht unterrichten. (2) Die Wohnungseigentümer haben für den Fall, dass der Verwalter als Zustellungsvertreter ausgeschlossen ist, durch Beschluss mit Stimmenmehrheit einen Ersatzzustellungsvertreter sowie dessen Vertreter zu bestellen, auch wenn ein Rechtsstreit noch nicht anhängig ist. Der Ersatzzustellungsvertreter tritt in die dem Verwalter als Zustellungsvertreter der Wohnungseigentümer zustehenden Aufgaben und Befugnisse ein, sofern das Gericht die Zustellung an ihn anordnet; Absatz 1 gilt entsprechend. (3) Haben die Wohnungseigentümer entgegen Absatz 2 Satz 1 keinen Ersatzzustellungsvertreter bestellt oder ist die Zustellung nach den Absätzen 1 und 2 aus sonstigen Gründen nicht ausführbar, kann das Gericht einen Ersatzzustellungsvertreter bestellen.	**§ 45 Rechtsmittel, Rechtskraft** (1) Gegen die Entscheidung des Amtsgerichts ist die sofortige Beschwerde, gegen die Entscheidung des Beschwerdegerichts die sofortige weitere Beschwerde zulässig, wenn der Wert des Gegenstandes der Beschwerde oder der weiteren Beschwerde 750 Euro übersteigt. (2) Die Entscheidung wird mit der Rechtskraft wirksam. Sie ist für alle Beteiligten bindend. (3) Aus rechtskräftigen Entscheidungen, gerichtlichen Vergleichen und einstweiligen Anordnungen findet die Zwangsvollstreckung nach den Vorschriften der Zivilprozeßordnung statt. (4) Haben sich die tatsächlichen Verhältnisse wesentlich geändert, so kann der Richter auf Antrag eines Beteiligten seine Entscheidung oder einen gerichtlichen Vergleich ändern, soweit dies zur Vermeidung einer unbilligen Härte notwendig ist.
§ 46 Anfechtungsklage (1) Die Klage eines oder mehrerer Wohnungseigentümer auf Erklärung der Ungültigkeit eines Beschlusses der Wohnungseigentümer ist gegen die übrigen Wohnungseigentümer und die Klage des Verwalters ist gegen die Wohnungseigentümer zu richten. Sie muss innerhalb eines Monats nach der Beschlussfassung erhoben und innerhalb zweier Monate nach der Beschlussfassung begründet werden. Die §§ 233 bis 238 der Zivilprozessordnung gelten entsprechend. (2) Hat der Kläger erkennbar eine Tatsache übersehen, aus der sich ergibt, dass der Beschluss nichtig ist, so hat das Gericht darauf hinzuweisen.	**§ 46 Verhältnis zu Rechtsstreitigkeiten** (1) Werden in einem Rechtsstreit Angelegenheiten anhängig gemacht, über die nach § 43 Abs. 1 im Verfahren der freiwilligen Gerichtsbarkeit zu entscheiden ist, so hat das Prozeßgericht die Sache insoweit an das nach § 43 Abs. 1 zuständige Amtsgericht zur Erledigung im Verfahren der freiwilligen Gerichtsbarkeit abzugeben. Der Abgabebeschluß kann nach Anhörung der Parteien ohne mündliche Verhandlung ergehen. Er ist für das in ihm bezeichnete Gericht bindend. (2) Hängt die Entscheidung eines Rechtsstreits vom Ausgang eines in § 43 Abs. 1 bezeichneten Verfahrens ab, so kann das Prozeßgericht anordnen, daß die Verhandlung bis zur Erledigung dieses Verfahrens ausgesetzt wird. **§ 46 a Mahnverfahren** (1) Zahlungsansprüche, über die nach § 43 Abs. 1 zu entscheiden ist, können nach den Vorschriften der Zivilprozeßordnung im Mahnverfahren geltend gemacht werden. Ausschließlich zuständig im Sinne des § 689 Abs. 2 der Zivilprozeßordnung ist das Amtsgericht, in dessen Bezirk das Grundstück liegt. § 690 Abs. 1 Nr. 5 der Zivilprozeßordnung gilt mit der Maßgabe,

Anhang

1. Synopse zum neuen und alten WEG

WEG – Neue Fassung	WEG – Alte Fassung
	daß das nach § 43 Abs. 1 zuständige Gericht der freiwilligen Gerichtsbarkeit zu bezeichnen ist. Mit Eingang der Akten bei diesem Gericht nach § 696 Abs. 1 Satz 4 oder § 700 Abs. 3 Satz 2 der Zivilprozeßordnung gilt der Antrag auf Erlaß des Mahnbescheids als Antrag nach § 43 Abs. 1.
	(2) Im Falle des Widerspruchs setzt das Gericht der freiwilligen Gerichtsbarkeit dem Antragsteller eine Frist für die Begründung des Antrags. Vor Eingang der Begründung wird das Verfahren nicht fortgeführt. Der Widerspruch kann bis zum Ablauf einer Frist von zwei Wochen seit Zustellung der Begründung zurückgenommen werden; § 699 Abs. 1 Satz 3 der Zivilprozeßordnung ist anzuwenden.
	(3) Im Falle des Einspruchs setzt das Gericht der freiwilligen Gerichtsbarkeit dem Antragsteller eine Frist für die Begründung des Antrags, wenn der Einspruch nicht als unzulässig verworfen wird. Die §§ 339, 340 Abs. 1, 2 und § 341 Abs. 1 der Zivilprozessordnung sind anzuwenden. Vor Eingang der Begründung wird das Verfahren vorbehaltlich einer Maßnahme nach § 44 Abs. 3 nicht fortgeführt. Geht die Begründung bis zum Ablauf der Frist nicht ein, wird die Zwangsvollstreckung auf Antrag des Antragsgegners eingestellt. Bereits getroffene Vollstreckungsmaßregeln können aufgehoben werden. Für die Zurücknahme des Einspruchs gelten Absatz 2 Satz 3 erster Halbsatz und § 346 der Zivilprozeßordnung entsprechend. Entscheidet das Gericht in der Sache, ist § 343 der Zivilprozeßordnung anzuwenden. Das Gericht der freiwilligen Gerichtsbarkeit entscheidet über die Zulässigkeit des Einspruchs und in der Sache durch Beschluss, gegen den die sofortige Beschwerde nach § 45 Abs. 1 stattfindet.
§ 47 Prozessverbindung Mehrere Prozesse, in denen Klagen auf Erklärung oder Feststellung der Ungültigkeit desselben Beschlusses der Wohnungseigentümer erhoben werden, sind zur gleichzeitigen Verhandlung und Entscheidung zu verbinden. Die Verbindung bewirkt, dass die Kläger der vorher selbständigen Prozesse als Streitgenossen anzusehen sind.	**§ 47 Kostenentscheidung** Welche Beteiligten die Gerichtskosten zu tragen haben, bestimmt der Richter nach billigem Ermessen. Er kann dabei auch bestimmen, daß die außergerichtlichen Kosten ganz oder teilweise zu erstatten sind.
§ 48 Beiladung, Wirkung des Urteils (1) Richtet sich die Klage eines Wohnungseigentümers, der in einem Rechtsstreit gemäß § 43 Nr. 1 oder Nr. 3 einen ihm allein zustehenden Anspruch geltend macht, nur gegen einen oder einzelne Wohnungseigentümer oder nur gegen den Verwalter, so sind die übrigen Woh-	**§ 48 Kosten des Verfahrens** (1) Für das gerichtliche Verfahren wird die volle Gebühr erhoben. Kommt es zur gerichtlichen Entscheidung, so erhöht sich die Gebühr auf das Dreifache der vollen Gebühr. Wird der Antrag zurückgenommen, bevor es zu einer Entscheidung oder einer vom Gericht vermittelten Eini-

WEG – Neue Fassung	WEG – Alte Fassung
nungseigentümer beizuladen, es sei denn, dass ihre rechtlichen Interessen erkennbar nicht betroffen sind. Soweit in einem Rechtsstreit gemäß § 43 Nr. 3 oder Nr. 4 der Verwalter nicht Partei ist, ist er ebenfalls beizuladen. (2) Die Beiladung erfolgt durch Zustellung der Klageschrift, der die Verfügungen des Vorsitzenden beizufügen sind. Die Beigeladenen können der einen oder anderen Partei zu deren Unterstützung beitreten. Veräußert ein beigeladener Wohnungseigentümer während des Prozesses sein Wohnungseigentum, ist § 265 Abs. 2 der Zivilprozessordnung entsprechend anzuwenden. (3) Über die in § 325 der Zivilprozessordnung angeordneten Wirkungen hinaus wirkt das rechtskräftige Urteil auch für und gegen alle beigeladenen Wohnungseigentümer und ihre Rechtsnachfolger sowie den beigeladenen Verwalter. (4) Wird durch das Urteil eine Anfechtungsklage als unbegründet abgewiesen, so kann auch nicht mehr geltend gemacht werden, der Beschluss sei nichtig.	gung gekommen ist, so ermäßigt sich die Gebühr auf die Hälfte der vollen Gebühr. Ist ein Mahnverfahren vorausgegangen (§ 46a), wird die nach dem Gerichtskostengesetz zu erhebende Gebühr für das Verfahren über den Antrag auf Erlaß eines Mahnbescheids auf die Gebühr für das gerichtliche Verfahren angerechnet; die Anmerkung zu Nummer 1210 des Kostenverzeichnisses zum Gerichtskostengesetz gilt entsprechend. § 12 Abs. 3 Satz 3 des Gerichtskostengesetzes ist nicht anzuwenden. (2) Sind für Teile des Gegenstands verschiedene Gebührensätze anzuwenden, so sind die Gebühren für die Teile gesondert zu berechnen; die aus dem Gesamtbetrag der Wertteile nach dem höchsten Gebührensatz berechnete Gebühr darf jedoch nicht überschritten werden. (3) Der Richter setzt den Geschäftswert nach dem Interesse der Beteiligten an der Entscheidung von Amts wegen fest. Der Geschäftswert ist niedriger festzusetzen, wenn die nach Satz 1 berechneten Kosten des Verfahrens zu dem Interesse eines Beteiligten nicht in einem angemessenen Verhältnis stehen. (4) Im Verfahren über die Beschwerde gegen eine den Rechtszug beendende Entscheidung werden die gleichen Gebühren wie im ersten Rechtszug erhoben.
§ 49 Kostenentscheidung (1) Wird gemäß § 21 Abs. 8 nach billigem Ermessen entschieden, so können auch die Prozesskosten nach billigem Ermessen verteilt werden. (2) Dem Verwalter können Prozesskosten auferlegt werden, soweit die Tätigkeit des Gerichts durch ihn veranlasst wurde und ihn ein grobes Verschulden trifft, auch wenn er nicht Partei des Rechtsstreits ist.	**§ 49** *aufgehoben*
§ 50 Kostenerstattung Den Wohnungseigentümern sind als zur zweckentsprechenden Rechtsverfolgung oder Rechtsverteidigung notwendige Kosten nur die Kosten eines bevollmächtigten Rechtsanwalts zu erstatten, wenn nicht aus Gründen, die mit dem Gegenstand des Rechtsstreits zusammenhängen, eine Vertretung durch mehrere bevollmächtigte Rechtsanwälte geboten war.	**§ 50 Kosten des Verfahrens vor dem Prozeßgericht** Gibt das Prozeßgericht die Sache nach § 46 an das Amtsgericht ab, so ist das bisherige Verfahren vor dem Prozeßgericht für die Erhebung der Gerichtskosten als Teil des Verfahrens vor dem übernehmenden Gericht zu behandeln.

Anhang

1. Synopse zum neuen und alten WEG

WEG – Neue Fassung	WEG – Alte Fassung
	2. Abschnitt. Zuständigkeit für Rechtsstreitigkeiten
§§ 51–58 *aufgehoben*	**§ 51 Zuständigkeit für die Klage auf Entziehung des Wohnungseigentums** Das Amtsgericht, in dessen Bezirk das Grundstück liegt, ist ohne Rücksicht auf den Wert des Streitgegenstandes für Rechtsstreitigkeiten zwischen Wohnungseigentümern wegen Entziehung des Wohnungseigentums (§ 18) zuständig **§ 52 Zuständigkeit für Rechtsstreitigkeiten über das Dauerwohnrecht** Das Amtsgericht, in dessen Bezirk das Grundstück liegt, ist ohne Rücksicht auf den Wert des Streitgegenstandes zuständig für Streitigkeiten zwischen dem Eigentümer und dem Dauerwohnberechtigten über den in § 33 bezeichneten Inhalt und den Heimfall (§ 36 Abs. 1 bis 3) des Dauerwohnrechts. **3. Abschnitt. Verfahren bei der Versteigerung des Wohnungseigentums** **§ 53 Zuständigkeit, Verfahren** (1) Für die freiwillige Versteigerung des Wohnungseigentums im Falle des § 19 ist jeder Notar zuständig, in dessen Amtsbezirk das Grundstück liegt. (2) Das Verfahren bestimmt sich nach den Vorschriften der §§ 54 bis 58. Für die durch die Versteigerung veranlaßten Beurkundungen gelten die allgemeinen Vorschriften. **§ 54 Antrag, Versteigerungsbedingungen** (1) Die Versteigerung erfolgt auf Antrag eines jeden der Wohnungseigentümer, die das Urteil gemäß § 19 erwirkt haben. (2) In dem Antrag sollen das Grundstück, das zu versteigernde Wohnungseigentum und das Urteil, auf Grund dessen die Versteigerung erfolgt, bezeichnet sein. Dem Antrag soll eine beglaubigte Abschrift des Wohnungsgrundbuches und ein Auszug aus dem amtlichen Verzeichnis der Grundstücke beigefügt werden. (3) Die Versteigerungsbedingungen stellt der Notar nach billigem Ermessen fest; die Antragsteller und der verurteilte Wohnungseigentümer sind vor der Feststellung zu hören. **§ 55 Terminsbestimmung** (1) Der Zeitraum zwischen der Anberaumung des Termins und dem Termin soll nicht mehr als

1. Synopse zum neuen und alten WEG — Anhang

WEG – Neue Fassung	WEG – Alte Fassung
	drei Monate betragen. Zwischen der Bekanntmachung der Terminsbestimmung und dem Termin soll in der Regel ein Zeitraum von sechs Wochen liegen.
	(2) Die Terminsbestimmung soll enthalten:
	1. die Bezeichnung des Grundstücks und des zu versteigernden Wohnungseigentums;
	2. Zeit und Ort der Versteigerung;
	3. die Angabe, daß die Versteigerung eine freiwillige ist;
	4. die Bezeichnung des verurteilten Wohnungseigentümers sowie die Angabe des Wohnungsgrundbuchblattes …;
	5. die Angabe des Ortes, wo die festgestellten Versteigerungsbedingungen eingesehen werden können.
	(3) Die Terminsbestimmung ist öffentlich bekanntzugeben:
	1. durch einmalige, auf Verlangen des verurteilten Wohnungseigentümers mehrmalige Einrückung in das Blatt, das für Bekanntmachungen des nach § 43 zuständigen Amtsgerichts bestimmt ist;
	2. durch Anschlag der Terminsbestimmung in der Gemeinde, in deren Bezirk das Grundstück liegt, an die für amtliche Bekanntmachungen bestimmte Stelle;
	3. durch Anschlag an die Gerichtstafel des nach § 43 zuständigen Amtsgerichts.
	(4) Die Terminsbestimmung ist dem Antragsteller und dem verurteilten Wohnungseigentümer mitzuteilen.
	(5) Die Einsicht der Versteigerungsbedingungen und der in § 54 Abs. 2 bezeichneten Urkunden ist jedem gestattet.
	§ 56 Versteigerungstermin
	(1) In dem Versteigerungstermin werden nach dem Aufruf der Sache die Versteigerungsbedingungen und die das zu versteigernde Wohnungseigentum betreffenden Nachweisungen bekanntgemacht. Hierauf fordert der Notar zur Abgabe von Geboten auf.
	(2) Der verurteilte Wohnungseigentümer ist zur Abgabe von Geboten weder persönlich noch durch einen Stellvertreter berechtigt. Ein gleichwohl erfolgtes Gebot gilt als nicht abgegeben. Die Abtretung des Rechtes aus dem Meistgebot an den verurteilten Wohnungseigentümer ist nichtig.
	(3) Hat nach den Versteigerungsbedingungen ein Bieter durch Hinterlegung von Geld oder

Anhang

1. Synopse zum neuen und alten WEG

WEG – Neue Fassung	WEG – Alte Fassung
	Wertpapieren Sicherheit zu leisten, so gilt in dem Verhältnis zwischen den Beteiligten die Übergabe an den Notar als Hinterlegung.

§ 57 Zuschlag

(1) Zwischen der Aufforderung zur Abgabe von Geboten und dem Zeitpunkt, in welchem die Versteigerung geschlossen wird, soll ... mindestens eine Stunde liegen. Die Versteigerung soll so lange fortgesetzt werden, bis ungeachtet der Aufforderung des Notars ein Gebot nicht mehr abgegeben wird.

(2) Der Notar hat das letzte Gebot mittels dreimaligen Aufrufs zu verkünden und, soweit tunlich, den Antragsteller und den verurteilten Wohnungseigentümer über den Zuschlag zu hören.

(3) Bleibt das abgegebene Meistgebot ... hinter sieben Zehnteln des Einheitswertes des versteigerten Wohnungseigentums zurück, so kann der verurteilte Wohnungseigentümer bis zum Schluß der Verhandlung über den Zuschlag (Absatz 2) die Versagung des Zuschlags verlangen.

(4) Wird der Zuschlag nach Absatz 3 versagt, so hat der Notar von Amts wegen einen neuen Versteigerungstermin zu bestimmen. Der Zeitraum zwischen den beiden Terminen soll sechs Wochen nicht übersteigen, sofern die Antragsteller nicht einer längeren Frist zustimmen.

(5) In dem neuen Termin kann der Zuschlag nicht nach Absatz 3 versagt werden.

§ 58 Rechtsmittel

(1) Gegen die Verfügung des Notars, durch die die Versteigerungsbedingungen festgesetzt werden, sowie gegen die Entscheidung des Notars über den Zuschlag findet das Rechtsmittel der sofortigen Beschwerde mit aufschiebender Wirkung statt. Über die sofortige Beschwerde entscheidet das Landgericht, in dessen Bezirk das Grundstück liegt. Eine weitere Beschwerde ist nicht zulässig.

(2) Für die sofortige Beschwerde und das Verfahren des Beschwerdegerichts gelten die Vorschriften des Reichsgesetzes über die Angelegenheiten der freiwilligen Gerichtsbarkeit.

1. Synopse zum neuen und alten WEG — Anhang

WEG – Neue Fassung	WEG – Alte Fassung
IV. Teil Ergänzende Bestimmungen	**IV. Teil Ergänzende Bestimmungen**
§ 59 *aufgehoben*	**§ 59 Ausführungsbestimmungen für die Baubehörden** Das Bundesministerium für Verkehr, Bau- und Wohnungswesen erläßt im Einvernehmen mit dem Bundesministerium der Justiz Richtlinien für die Baubehörden über die Bescheinigung gemäß § 7 Abs. 4 Nr. 2, § 32 Abs. 2 Nr. 2.
§ 60 Ehewohnung Die Vorschriften der Verordnung über die Behandlung der Ehewohnung und des Hausrats *(Sechste Durchführungsverordnung zum Ehegesetz)* vom 21. Oktober 1944 (Reichsgesetzbl. I S. 256) gelten entsprechend, wenn die Ehewohnung im Wohnungseigentum eines oder beider Ehegatten steht oder wenn einem oder beiden Ehegatten das Dauerwohnrecht an der Ehewohnung zusteht.	**§ 60 Ehewohnung** Die Vorschriften der Verordnung über die Behandlung der Ehewohnung und des Hausrats (Sechste Durchführungsverordnung zum Ehegesetz) vom 21. Oktober 1944 (Reichsgesetzbl. I S. 256) gelten entsprechend, wenn die Ehewohnung im Wohnungseigentum eines oder beider Ehegatten steht oder wenn einem oder beiden Ehegatten das Dauerwohnrecht an der Ehewohnung zusteht.
§ 61 Veräußerung ohne Zustimmung Fehlt eine nach § 12 erforderliche Zustimmung, so sind die Veräußerung und das zugrundeliegende Verpflichtungsgeschäft unbeschadet der sonstigen Voraussetzungen wirksam, wenn die Eintragung der Veräußerung oder einer Auflassungsvormerkung in das Grundbuch vor dem 15. Januar 1994 erfolgt ist und es sich um die erstmalige Veräußerung dieses Wohnungseigentums nach seiner Begründung handelt, es sei denn, daß eine rechtskräftige gerichtliche Entscheidung entgegensteht. Das Fehlen der Zustimmung steht in diesen Fällen dem Eintritt der Rechtsfolgen des § 878 des Bürgerlichen Gesetzbuchs nicht entgegen. Die Sätze 1 und 2 gelten entsprechend in den Fällen der §§ 30 und 35 des Wohnungseigentumsgesetzes.	**§ 61 Veräußerung ohne Zustimmung** Fehlt eine nach § 12 erforderliche Zustimmung, so sind die Veräußerung und das zugrundeliegende Verpflichtungsgeschäft unbeschadet der sonstigen Voraussetzungen wirksam, wenn die Eintragung der Veräußerung oder einer Auflassungsvormerkung in das Grundbuch vor dem 15. Januar 1994 erfolgt ist und es sich um die erstmalige Veräußerung dieses Wohnungseigentums nach seiner Begründung handelt, es sei denn, daß eine rechtskräftige gerichtliche Entscheidung entgegensteht. Das Fehlen der Zustimmung steht in diesen Fällen dem Eintritt der Rechtsfolgen des § 878 des Bürgerlichen Gesetzbuchs nicht entgegen. Die Sätze 1 und 2 gelten entsprechend in den Fällen der §§ 30 und 35 des Wohnungseigentumsgesetzes.
§ 62 Übergangsvorschrift (1) Für die am 1. Juli 2007 bei Gericht anhängigen Verfahren in Wohnungseigentums- oder in Zwangsversteigerungssachen oder für die bei einem Notar beantragten freiwilligen Versteigerungen sind die durch die Artikel 1 und 2 des Gesetzes vom 26. März 2007 (BGBl. I S. 370) geänderten Vorschriften des III. Teils dieses Gesetzes sowie die des Gesetzes über die Zwangsversteigerung und die Zwangsverwaltung in ihrer bis dahin geltenden Fassung weiter anzuwenden. (2) In Wohnungseigentumssachen nach § 43 Nr. 1 bis 4 finden die Bestimmungen über die	**§ 62** *aufgehoben*

WEG – Neue Fassung	WEG – Alte Fassung
Nichtzulassungsbeschwerde (§ 543 Abs. 1 Nr. 2, § 544 der Zivilprozessordnung) keine Anwendung, soweit die anzufechtende Entscheidung vor dem 1. Juli 2012 verkündet worden ist.	
§ 63 Überleitung bestehender Rechtsverhältnisse (1) Werden Rechtsverhältnisse, mit denen ein Rechtserfolg bezweckt wird, der den durch dieses Gesetz geschaffenen Rechtsformen entspricht, in solche Rechtsformen umgewandelt, so ist als Geschäftswert für die Berechnung der hierdurch veranlaßten Gebühren der Gerichte und Notare im Falle des Wohnungseigentums ein Fünfundzwanzigstel des Einheitswertes des Grundstückes, im Falle des Dauerwohnrechtes ein Fünfundzwanzigstel des Wertes des Rechtes anzunehmen. (2) *gegenstandslose Übergangsvorschrift* (3) Durch Landesgesetz können Vorschriften zur Überleitung bestehender, auf Landesrecht beruhender Rechtsverhältnisse in die durch dieses Gesetz geschaffenen Rechtsformen getroffen werden.	**§ 63 Überleitung bestehender Rechtsverhältnisse** (1) Werden Rechtsverhältnisse, mit denen ein Rechtserfolg bezweckt wird, der den durch dieses Gesetz geschaffenen Rechtsformen entspricht, in solche Rechtsformen umgewandelt, so ist als Geschäftswert für die Berechnung der hierdurch veranlaßten Gebühren der Gerichte und Notare im Falle des Wohnungseigentums ein Fünfundzwanzigstel des Einheitswertes des Grundstückes, im Falle des Dauerwohnrechtes ein Fünfundzwanzigstel des Wertes des Rechtes anzunehmen. (2) *gegenstandslose Übergangsvorschrift* (3) Durch Landesgesetz können Vorschriften zur Überleitung bestehender, auf Landesrecht beruhender Rechtsverhältnisse in die durch dieses Gesetz geschaffenen Rechtsformen getroffen werden.
§ 64 Inkrafttreten Dieses Gesetz tritt am Tage nach seiner Verkündung in Kraft	**§ 64 Inkrafttreten** Dieses Gesetz tritt am Tage nach seiner Verkündung in Kraft

2. Änderungen im Verfahrensrecht

Folgende weitere Änderungen und Neureglungen im Verfahrensrecht treten außerhalb des WEG zum 1. Juli 2007 in Kraft (Änderungen durch G v. 26. 3. 2007, BGBl. I S. 370, und G v. 13. 4. 2007, BGBl. I S. 509):

§ 23 GVG Zuständigkeit in Zivilsachen in 1. Instanz

Die Zuständigkeit der Amtsgerichte umfasst in bürgerlichen Rechtsstreitigkeiten, soweit sie nicht ohne Rücksicht auf den Wert des Streitgegenstandes den Landgerichten zugewiesen sind:
1. Streitigkeiten über Ansprüche, deren Gegenstand an Geld oder Geldeswert die Summe von fünftausend Euro nicht übersteigt;
2. ohne Rücksicht auf den Wert des Streitgegenstandes:
   ...
   c) Streitigkeiten nach § 43 Nr. 1 bis Nr. 4 und Nr. 6 des Wohnungseigentumsgesetzes; diese Zuständigkeit ist ausschließlich;

§ 72 GVG Zuständigkeit in Zivilsachen in 2. Instanz

...

(2) In Streitigkeiten nach § 43 Nr. 1 bis 4 und 6 des Wohnungseigentumsgesetzes ist das für den Sitz des Oberlandesgerichts zuständige Landgericht gemeinsames Berufungs- und Beschwerdegericht für den Bezirk des Oberlandesgerichts, in dem das Amtsgericht seinen Sitz hat. Dies gilt auch für die in § 119 Abs. 1 Nr. 1 Buchstabe b und c genannten Sachen. Die Landesregierungen werden ermächtigt, durch Rechtsverordnung anstelle dieses Gerichts ein anderes Landgericht im Bezirk des Oberlandesgerichts zu bestimmen. Sie können die Ermächtigung auf die Landesjustizverwaltungen übertragen.

§ 49 a GKG Wohnungseigentumssachen

(1) Der Streitwert ist auf 50 Prozent des Interesses der Parteien und aller Beigeladenen an der Entscheidung festzusetzen. Er darf das Interesse des Klägers und der auf seiner Seite Beigetretenen an der Entscheidung nicht unterschreiten und das Fünffache des Wertes ihres Interesses nicht überschreiten. Der Wert darf in keinem Fall den Verkehrswert des Wohnungseigentums des Klägers und der auf seiner Seite Beigetretenen übersteigen.

(2) Richtet sich eine Klage gegen einzelne Wohnungseigentümer, darf der Streitwert das Fünffache des Wertes ihres Interesses sowie des Interesses der auf ihrer Seite Beigetretenen nicht übersteigen.

Tabellarische Übersichten:

Allgemeine Übersicht zu den verfahrensrechtlichen Änderungen

neues Recht	altes Recht
§§ 43 WEG	§§ 43, 46a WEG, 29b ZPO
§ 44 WEG (Sammelbezeichnung)	Rechtsprechung
§ 45 WEG (Zustellung)	§ 27 Abs. 2 Nr. 3 WEG
§ 46 WEG (Anfechtungsklage)	§ 23 Abs. 4 WEG
§ 47 WEG (Prozessverbindung)	Rechtsprechung
§ 48 WEG (Rechtskraft)	§§ 45 II 1, 43 Abs. 4 WEG
§ 49 Abs. 1 WEG (Kosten)	§ 47 WEG
§ 49 Abs. 2 WEG (Kosten)	Rechtsprechung
§ 50 WEG (Kostenerstattung)	§ 47 WEG
§ 49 a GKG	§ 48 Abs. 3 WEG

Anhang

2. Änderungen im Verfahrensrecht

Zuständigkeit der Wohnungseigentumsgerichte

alte Norm WEG	Änderung	neue Norm WEG	Inhalt
§ 43 I 1 Nr. 1	ohne inhaltliche Änderung	§ 43 Nr. 1	Prozesse um Pflichten und Rechte WE
neu	---	§ 43 Nr. 2	Prozesse zwischen WE und Verband
§ 43 I 1 Nr. 2	ohne inhaltliche Änderung	§ 43 Nr. 3	Verwalterpflichten und -rechte
§ 43 I 1 Nr. 3	---	entfallen	Streichung § 26 Abs. 3 WEG a.F.
§ 43 I 1 Nr. 4	ohne inhaltliche Änderung	§ 43 Nr. 4	Anfechtungsklagen
§ 29 b ZPO	mit inhaltlicher Änderung	§ 43 Nr. 5	Klagen Dritter gegen WE oder Verband
§ 46 a	mit inhaltlicher Änderung	§ 43 Nr. 6	Mahnverfahren, des Verbandes

Änderungen im Streitwertrecht

Vorschrift des GKG	Streitwert	Inhalt
§ 48 Abs. 1 i.V.m. § 3 ZPO		Bezifferung
§ 49 Abs. 1 Satz 1	Normalstreitwert	
§ 49 Abs. 1 Satz 2 Fall 1	Mindeststreitwert	Interesse der Kläger + Beigetretene
§ 49 Abs. 1 Satz 2 Fall 2	Höchststreitwert	5 x Interesse der Kläger + Beigetretene
		Verkehrswert
§ 48 Abs. 1 i.V.m. § 3 ZPO		Bezifferung
§ 49 Abs. 1 Satz 1	Normalstreitwert	
§ 49 Abs. 2 Satz 1	Höchststreitwert	Interesse der Beklagten + Beigetretene
§ 49 Abs. 2 Satz 2, Abs. 1 Satz 3	Höchststreitwert	Verkehrswert

Der Verband im neuen WEG

Vorschrift	Inhalt
§ 10 VI 5	Parteifähigkeit
§ 27 III 2	Vertretung durch alle Wohnungseigentümer im Aktivprozess
§ 27 III 1 Nr. 2	Vertretung durch Verwalter im Passivprozess
§ 27 III 1 Nr. 1	Entgegennahme von Zustellungen für den Verband
§ 43 Nr. 2	Möglichkeit einer Klage auch gegen Wohnungseigentümer
§ 10 VI 4	Bezeichnung
§ 27 III 1 Nr. 6	Gebührenvereinbarungen

Weiterführende und ergänzende Informationen zu diesem (und anderen) Gesetzgebungsverfahren finden sich im Internet unter:

www.gesetzgebung.beck.de

Sachverzeichnis

Fette Zahlen = §§, magere Zahlen = Randnummern

Abänderung 3 122
der Mehrheitsherrschaft **3** 122
Abfall 5 4, 37
Abgeschlossenheit 2 9
Abgeschlossenheitsbescheinigung 2 1 ff.
Abgeschlossenheitserfordernis 2 8
Zweck des ~ **2** 8
Absonderung 11 113
~ eingenommener Gelder **11** 113
Abstimmungsergebnis 5 77
Pflicht zur Ermittlung des ~ **5** 77
Abwasser 5 4, 11, 37
Aktiengesellschaften 3 65
Alleineigentümer 3 18
Allgemeine Verwaltung 3 42
~ mit Innenorganisation **3** 42
Allgemeine Verwaltungsvorschrift für die Ausstellung von Abgeschlossenheitsbescheinigungen 2 14
Allstimmigkeit 7 28
Altfälle 3 59 f., 71
Altgemeinschaft 4 9
Alttitel 13 291
Altverfahren 13 289
Amtlicher Plan 2 2
Amtsgericht 13 12
Zuständigkeit des ~ **13** 41, 50
Änderungsbeschluss 5 71
Anerkenntnisurteil 13 65, 159
Anfechtbarkeit 5 78
~ des Mehrheitsbeschluss **5** 78
Anfechtungsfrist 8 2, 81; **13** 129
Anfechtungsgrund 8 16
Begründung **13** 148 ff., 152
Begründungsfrist **13** 148 ff., 153
Einführung **13** 148
Neues Recht **13** 149
Verlängerung der Begründungsfrist **13** 155
Anfechtungsklage 8 2; **13** 51, 117 f.
Beiladung **13** 192
Beitritt **13** 205
Beweislast **13** 181
Darlegungslast **13** 181
Eilmaßnahmen **13** 167
fehlende Schiedsfähigkeit **13** 179
Hinweispflichten des Gerichts **13** 164
inkongruente ~ (Teilidentität) **13** 186
Insolvenz des Anfechtenden **13** 169
Nichtigkeitsgründe **13** 160, 166
Prozessverbindung **13** 181

Rechtskraft **13** 191
Rechtskraftwirkung **13** 162
unterbliebene Verbindung **13** 191
Verbindungsvoraussetzungen **13** 184
Verwalterwechsel **13** 203
Wirkungen einer ~ **13** 187
Anfechtungsrecht 9 7
Anfechtungsverfahren 13 71
Anfechtunsantrag 13 144
Frist **13** 144
Konkretisierung des Anfechtungsgegenstandes **13** 146
Teilanfechtung **13** 145
Anfechtunsmöglichkeit 13 182
mehrfache ~ **13** 182
Anhängigkeit 13 206
~ eines Verfahrens **13** 206
Anmeldung 15 38
nochmalige ~ **15** 38
Anpassungsmaßnahme 5 74; **7** 42
Anschrift 3 56
~ der Eigentümergemeinschaft **3** 56
Ansprüche 3 42
~ aus dem Gemeinschaftsverhältnis **13** 41
Sicherstellung der ~ **3** 42
Anspruchskonkurrenz 3 225
Antrag 13 84, 93
unbestimmter ~ **13** 84
Anwaltskosten 13 249 ff.
Anwendungsprobleme **13** 252
Ausnahme **13** 251
Grundsatz **13** 249 f.
Vertragspartei **13** 253
Aufgabenbereich 3 42
Unrichtigkeit des ~ **3** 42
Aufhebung 3 96; **5** 80
~ der Gemeinschaft **3** 103
~ der rechtsfähigen Gemeinschaft **3** 96
vertragliche ~ **3** 97
Aufhebungsbeschluss 4 15
Auflassung 3 74
Aufopferungsanspruch 3 180
Aufteilung 2 3
einseitige ~ **3** 91 f.
~ sachenrechtliche **2** 3
Aufteilungsplan 2 1 ff.; **3** 29; **15** 51 f.
s. a. Teilungsplan
Aufwendungsersatzanspruch 3 180
Ausschlussfrist 8 2; **13** 129
Berechnung **13** 132
Materiell-rechtliche Ausschlussfrist **13** 131

Sachverzeichnis

Fette Zahlen = §§

Außenhaftung
~ der Wohnungseigentümer und des Verbands **3** 27
~ des Verwalters **3** 27
teilschuldnerische ~ **3** 188
Außenverhältnis 3 35
~ der Wohnungseigentümergemeinschaft **3** 35
Außergerichtliche Kosten 13 229
außergewöhnliche Umstände 13 125
Ausübungsbefugnis 3 90, 166, 170, 175
geborene ~ des Verbandes **3** 175 f.
gekorene ~ des Verbandes **3** 91
Rechtsnatur **3** 175 f.
unmittelbare ~ **6** 25
Auswechslung 3 45
~ des Wohnungseigentumsrechts **3** 45

Balkon 5 67
Bauaufsichtsbehörde 2 12
Baubehörde 2 13
Zuständigkeit der ~ **2** 13
Baubezeichnung 2 2
Baugenehmigung 2 17
Bauliche Maßnahmen 7 1 ff.; **13** 41
Stufenverhältnis **7** 46
Bauliche Veränderung 3 33; **5** 58, 76; **7** 1 ff.; **9** 8
Abgrenzung zu Instandsetzung und Instandhaltung **7** 11
Abgrenzung zur modernisierenden Instandsetzung **7** 24 ff.
abweichende Vereinbarungen **3** 34, 66
Anspruch auf ~ der Gemeinschaftsordnung **7** 43
Begriff **7** 8
Beschlusskompetenz **7** 6
Zustimmung aller Wohnungseigentümer **7** 5
Bauträger 3 182 ff.
Mängelrechte gegen den ~ **3** 182 ff.
Beeinträchtigung 7 18 ff.
Befriedigung 15 65
~ im Insolvenzverfahren **15** 65
Befriedung 15 16
~ aus dem Grundstück **15** 16
Begründung 3 91
Beiladung 13 87, 192, 194
~ der Wohnungseigentümer **13** 194
~ des Verbandes Wohnungseigentümergemeinschaft **13** 203
~ des Verwalters **13** 202
Durchführung der ~ **13** 209
Unterbleiben der ~ **13** 200
Wirkungen des Urteils **13** 191
Beiträge 15 12
bevorrechtigte ~ **15** 12
Beitragsvolumen 3 57
Beitritt 13 206
Veräußerung des Sondereigentums **13** 206 f.
Wirkung **6** 21

Beklagter 13 125 ff.
Gesetz **13** 125
Gewillkürter Beklagter **13** 128
Benachteiligung 1 2
rechtliche **1** 2
Berechtigte 3 55
Berechtigtes Interesse 8 51
Berufung 13 14 ff.
Berufungsgericht **13** 16
~ in Binnenrechtsstreitigkeiten **13** 16
Ortsbezogenheit **13** 14
Beschlagnahme 15 32
Art und Weise **6** 20
~ durch den Verwalter **6** 20
Beschluss 3 42, 133 ff.; **8** 4 ff.; **13** 213
Abgrenzung zur Vereinbarung **7** 15
Anforderungen **8** 80
angefochtener ~ **8** 9
Durchführung **3** 42
Einsichtnahme **8** 80
Förmliches Beschlussverfahren **8** 4 ff.
Führung **8** 73 ff.
Herbeiführung **8** 1 ff.
mangelhafter ~ **8** 4 ff.
modernisierender ~ **3** 42, 114 ff., 129
nichtiger ~ **8** 7
Nichtigkeitsgründe **8** 27
schriftlicher ~ **8** 47 ff.
schwebend unwirksamer ~ **8** 26
~ über Prozessstandschaft **13** 221
~ über Vollmacht **13** 221
übersehener nichtiger ~ **8** 213
~ und Prozeßvergleich **8** 51
ungültiger ~ **8** 13
Versammlungs~ **8** 29
~ zur Erzwingung eines Verwalters **13** 221
Beschlussfassung 5 21; **6** 17
Folgen einer nicht ordnungmäßigen ~ **8** 2
mangelhafte ~ **5** 21, 62
nichtige ~ **6** 17
ordnungsmäßige ~ **5** 32
Tag der ~ **13** 132
zustimmende ~ **8** 2
Beschlusskompetenz 3 74, 113 ff., 136; **4** 13; **5** 11, 39, 60 f., 68; **7** 3 ff.
Ausschluss der ~ **7** 34
~ der Eigentümergemeinschaft **5** 81 f.
Einschränkungen der ~ **4** 14
Erklärung der ~ **4** 7, 13 f.
erweiterte ~ **5** 81
~ für bauliche Veränderungen und Aufwendungen **8** 56
Grenzen der ~ **8** 72
Umfang der ~ **5** 52, 56
~ zur Kostenverteilung **5** 82
zwingende ~ **7** 5
s. a. Beschlussmacht

magere Zahlen = Randnummern

Sachverzeichnis

Beschlusslage 8 24
dokumentierte ~ **8** 24
Beschlussmacht
s. *Beschlusskompetenz*
Beschlussmangel 13 181
formeller ~ **13** 181
Beschlussmehrheit 4 12; **9** 8
Beschlussrecht 8 1 ff.
Allgemeines **8** 2
Beschluss-Sammlung 8 2, 15 f., 21, 29; **18** 6
Aktualität **8** 35, 40
~ als Beweismittel **8** 55
~ als Beweiswert **8** 55
Anmerkungen **8** 31
Aufgabenkreis des Verwalters **8** 51
Äußeres Erscheinungsbild **8** 36
Charakter **8** 40
Disponibiltät **9** 10
Eintragung **8** 31
Elektronische Form **8** 38
Form **8** 36
Grundsatz der Unverzüglichkeit **8** 36
Guter Glaube **8** 39
Inhalt der ~ **8** 23
Inhaltsverzeichnis **8** 38
Kann-Inhalt **8** 35
Löschungen **8** 31
materiell-rechtliche ~ **8** 17
Missbrauchsverbot **8** 54
Nummerierung **8** 31
Ordnungsmäßige Führung **8** 51
Recht auf Einsichtnahme **8** 54
Schikaneverbot **8** 51 ff.
Schriftlichkeit **8** 36
Sinn und Zweck **8** 21
Soll-Inhalt **8** 34
~ und Prozessvergleich **8** 30
Verhältnis zum Grundbuch **8** 30 f.
Verhältnis zur Niederschrift **8** 24
Beschlussstand 8 2, 38
Korrektur unrichtiger Beurkundungen **8** 2, 38
Beschwerde 15 51
sofortige ~ **15** 51
Beschwerdegericht 13 16
Beseitigungsanspruch 3 170
Besondere Kosten 8 63
für besonderen Verwaltungsaufwand **8** 64
für eine Nutzung **8** 71
in der Jahresabrechnung **8** 64
s. a. *Kosten*
Bestandskraft 3 133; **7** 2
~ von Beschlüssen **3** 134
~ von Vereinbarung und Beschluss **3** 133
Bestehende Gemeinschaften 5 82
Bestellungsurkunde 3 67
~ des öffentlichen Rechts **3** 68
Bestimmtheit 2 2
Grundsatz der ~ **2** 2
sachenrechtliche ~ **2** 2

Betreutes Wohnen 4 10
Betriebskosten 5 13, 69
Beweisverfahren 13 66; **15** 11
Strengbeweisverfahren **13** 66
Bezifferte Klagen 13 257
Höchststreitwert **13** 265
Mindeststreitwert **13** 256, 263
Normalstreitwert **13** 261
subjektives Interesse des Klägers **13** 266
Überblick **13** 259
Verkehrswert **13** 266
Bezugszeitraum 15 10
Billigkeitsentscheidung 13 230
Bindungswirkung 8 13
Binnenhaftung 9 9
~ eines Wohnungseigentümers **9** 9
Bruchteilseigentum 3 2
Bruchteilsgemeinschaft 3 1, 13, 15, 23; **13** 43
modifizierte ~ **3** 1, 22
Zuständigkeitsbereich **3** 15
Bruchteilsmitberechtigung 3 13, 18
Bruchteilsmiteigentum 3 1, 18
Bruchteilsvermögen 3 13
Buchführung 3 42
Bundesauftragsverwaltung 13 3
Bundesgerichtshof 13 20 ff.
Zuständigkeit in Wohnungseigentumssachen **13** 20
Bundesregierung 14 3
Bürobetrieb
~ der Verwaltung **3** 42

Dauernutzungsrecht 1 27
Dauerwohnrecht 1 27
Rechtsstreitigkeiten über das ~ **13** 41
Deliktische Ansprüche 15 22
Dienstbarkeit 1 27; **3** 60, 66 ff., 180; **15** 54
beschränkte persönliche **1** 27
Grunddienstbarkeiten **1** 27
Untergang der ~ **3** 69
Dingliche Grundlagen 3 38
unstreitige ~ **3** 38
Dingliche Rechte 3 55
gleichrangige ~ **17** 1
Dingliche Veränderungen 3 39
Direktanspruch 8 70
Dreigliedrige Einheit 3 1, 22
Drei-Objekt-Grenze 3 68
Dreiseitiger Vertrag 3 48
s. a. *Vertrag*
Dringlichkeit 10 6
Duldung 15 66
~ der Zwangsversteigerung **15** 66
Durchsetzung 6 8 ff.
~ der Entziehung **6** 8 ff.

Eigentum 3 43; **11** 36
gemeinschaftliches ~ **3** 44

331

Sachverzeichnis

Fette Zahlen = §§

Eigentümergemeinschaft 3 1 ff., 31
teilrechtsfähige ~ **3** 1 ff.
Willensbildung der ~ **7** 26
Eigentümerversammlung 3 32, 40, 42; **13** 224
Auswahl des Versammlungsortes **13** 237
Ladung zur ~ **13** 141, 237
Leitung der ~ **13** 237
ordnungsmäßige Einladung **13** 141
Tagesordnung **13** 237
s. a. Wohnungseigentümerversammlung
Eigentumsschutz 5 64
Eigentumsverschaffung 3 182
Eigentumswohnanlage 3 61; **5** 72, 77; **7** 34
s. a. Wohneigentumsanlage
Eigentumswohnung 4 1
Eigentumswohnungsanlage 3 25
Eilmaßnahmen 11 36
Eilverfahren 13 274
in Wohnungseigentumssachen **13** 274
Einberufungsfrist 9 2
Abdingbarkeit **9** 6
kürzere ~ **9** 3
längere ~ **9** 3
Mindestfrist **9** 4
Sollvorschrift **9** 6
Zwei-Wochen-Frist **9** 6
s. a. Mindesteinberufungsfrist
Einheitstheorie 3 10, 18, 23
Einrichtungsgegenstände 3 44
Einsichtnahme 8 51
durch die Wohnungseigentümer **8** 51
durch Dritte **8** 53
Einstweiliger Rechtsschutz 13 274
in Wohnungseigentumssachen **13** 274
Einzelfallentscheidung 5 61
permanente ~ **5** 61
Einzelfallgerechtigkeit 5 30
Einzeljahresabrechnung 15 28
s. a. Jahreseinzelabrechnung
Einzelvertretung 11 108
Widerruf der ~ **11** 110
Zustellungen **11** 111
Einzelwirtschaftsplan 15 21, 29, 48
Entgelte 5 26
nutzungsabhängige ~ **5** 26
Entscheidungsmacht 11 34
Entsorgung 3 42
Sicherstellung der ~ **3** 42
Entziehung 6 1 ff.
Ausübung des Rechts zur ~ **6** 23
besondere Tatbestände für ~ **6** 12
~ des Wohnungseigentums **6** 4 ff.
Durchsetzung der ~ **6** 13
Einschränkung des Rechts zur ~ **6** 2
Neuregelung der ~ **6** 23
Recht zur ~ **6** 1 ff.
Unabdingbarkeit des ~ anspruchs **6** 23
Voraussetzungen für die ~ **6** 8 ff.

Entziehungsklage 6 8 ff.; **13** 41; **14** 1
Verfahrensregelungen **14** 1 ff.
Zuständigkeitsregelungen **14** 1 ff.
Erbbaurecht 3 65
ErbbauVO 17 1; **18** 10
Änderungen der ~ **17** 1
Erbbauzinsreallast 17 2
Erbfähigkeit 3 86
Erfassungsart 5 23, 35, 40
Ermessen 13 84
~ des Wohnungseigentumsgerichts **13** 84
Ermessensentscheidung 13 216
Ersatzvornahme 3 185
Ersatzzustellungsvertreter 13 68, 107
gerichtlicher ~ **13** 114
Person des ~ **13** 112
Verhältnis zum Verwalter **13** 109
Erstbeschluss 5 39; **13** 222
Ersteigerer 15 53
Verband Wohnungseigentümergemeinschaft als ~ **15** 53
Erstverwalter 12 3
Erwerb
in Teilbereichen **3** 75
originärer ~ **3** 75
sachenrechtlicher Erwerbsvorgang **3** 78

Fahrradraum 3 78
Faktischer Verwalter 13 47
Fälligkeit 8 59
von Forderungen **8** 59, *s. a. Vorfälligkeit*
Vorfälligkeitsregelung **8** 59
Familienanlagen 4 8 f.
Fassaden 7 9
Faust- und Hilfsregel 5 1
Ferienimmobilien 4 10
Feststellungsklage 13 51, 174
auf abweichenden Inhalt **13** 185
~ auf Gültigkeit eines Beschlusses **13** 185
~ auf Inhalt eines unbestimmten oder unklaren Beschlusses **13** 185
~ auf Nichtigkeit eines Beschlusses **13** 185
Fristgebundene Feststellungsklagen **13** 175 f., 177
Rechtsschutzbedürfnis **13** 295
Überblick über mögliche ~ **13** 185
Feststellungsurteil 8 5
Finanzausstattung
rechtsgeschäftliche ~ Auswechslung **3** 46
Finanzmittel
anteilige ~ **3** 27
Formerfordernis 2 16
nach § 29 GBO **2** 16
Fotokopien 8 51
Fertigung und Aushändigung **8** 51
Freihändige Veräußerung 15 66
Funktionsgehilfe 11 2
s. a. Verwalter
Fürsorgeverfahren 10 4

magere Zahlen = Randnummern

Sachverzeichnis

Gartenfläche **13** 201
Gas **3** 44
Geborene Rechte und Plichten **3** 175 ff.
Gebrauch **5** 65
 Möglichkeit des ~ **5** 65
Gebrauchsmaßstab **5** 63, 65
Gebrauchsregelung **1** 13; **13** 221
 Beschluss über ~ **13** 221
Gebühren **11** 71 ff.
 ~streitwert **11** 73 f.
 ~vereinbarung **11** 71 ff.
Gebührenstreitwert **13** 254
 reduzierter ~ **13** 254
Gebührenstreitwertfestsetzung **13** 254
Gefahrenquelle **3** 52
Gekorene Rechte und Pflichten **3** 175 ff.
Geldanlagen **3** 42
 Vertretung durch den Verwalter **3** 42
Geldverwaltung **3** 42
 Vertretung durch den Verwalter **3** 42
Gemeinschaft der Wohnungseigentümer **3** 8
 s. a. Wohnungseigentumsgesetz
Gemeinschaftliche Gelder **3** 159
 Verwaltung der ~ **3** 159
Gemeinschaftliches Eigentum **3** 2, 11, 36, 38; **5** 11
 Klagen in Bezug auf das ~ **13** 60
 Klagen in Bezug auf die Verwaltung des ~ **13** 61
Gemeinschaftsbezogene Rechte und Plfichten **3** 180
 s. a. Wohnungseigentümergemeinschaft
Gemeinschaftsbezogener Vertrag **13** 289
Gemeinschaftsbezogenheit **3** 179 ff.
Gemeinschaftseigentum **2** 3; **3** 1, 185; **8** 1
 dingliche Veränderungen am ~ **3** 39
Gemeinschaftsfrieden **6** 2
 Störung des ~ **6** 2
Gemeinschaftsordnung **1** 1; **3** 2, 29, 120; **5** 51, 57; **8** 18
 Abänderung der ~ **3** 133
 Anspruch auf Abänderung der ~ **3** 122
Gemeinschaftsorgan **3** 2
Genossenschaften **3** 65
Gerichtliche Überprüfung **5** 31
Gerichtsentscheidungen **8** 28
Gerichtskostengesetz **13** 254
Gerichtsstand **13** 27
 Allgemeiner ~ des Antragstellers **13** 27
 ~ und Schiedsvertrag **13** 285
Gerichtsstandsvereinbarung **13** 286
Geringstes Gebot **15** 52, 55
Gesamtakt **7** 15
Gesamteigentümergemeinschaft **3** 26, 32
 Rechtsfähigkeit der ~ **3** 26
Gesamtrechtsnachfolge **3** 161, 164
Gesamtschuldner **13** 12, 33, 54
Gesamtvertretung **11** 98
 Voraussetzungen **11** 99 ff.

Zustellungen **11** 108
 s. a. Vertretung
Geschädigte **3** 54
Geschäftsführung **3** 35; **11** 1, 20 f., 107
 Erleichterung der ~ **3** 35
Gesellschaft bürgerlichen Rechts **3** 2, 18
Gesellschaftsvertrag **3** 3
Gesetz über das Wohnungseigentum und das Dauerwohnrecht Einleitung 1
 s. a. Wohnungseigentumsgesetz
Gesetz zur Änderung des Wohnungseigentumsgesetzes und anderer Gesetze Einleitung 5
Gesetzesbegründung **3** 14
Gesetzesvollzug **14** 3
 landeseigener ~ **14** 3
Gestaltungsklage **13** 216
Gestaltungsrechte **11** 67
Gläubiger **3** 222, 228
Grenzabstände **3** 62
Grobes Verschulden **13** 238
Grundbesitz **15** 53
Grundbuch **1** 3; **3** 40, 55, 66 f., 145 f.; **4** 2; **7** 23; **8** 24
 Eintragung im ~ **5** 5, 43, 49
Grundbuchberichtigung **3** 60, 145; **4** 20; **5** 43 f., 46
 löschungsfähige ~ **3** 58
Grundbuchfähigkeit **3** 55
Grundbuchrechtliche Bezeichnung **3** 56
Grunddienstbarkeit **3** 63 f.
Grunderwerbsteuer **3** 158
Grundpfandrecht **1** 7 ff., 27
Grundpfandrechtsgläubiger **3** 57
Grundschulden
 postalische ~ **3** 57
Grundstückseigentümer **3** 51, 82
Grundversorgung **11** 58
Grünflächen **3** 25
Gütestelle **13** 9

Haftung **3** 27, 186 ff., 201
 akzessorische ~ **3** 203
 ~ der Miteigentümer **3** 27
 ~ des Bucheigentümers **3** 221
 ~ des Verwalters **3** 186, 201, 212
 ~ des Wohnungseigentümers ggü. der Gemeinschaft **3** 229
 Durchsetzung der ~ **3** 226
 Einwendungen und Einreden **3** 215 ff.
 gesamtschuldnerische ~ **3** 188
 Nachhaftung **3** 219
 Voraussetzungen **3** 210
Haftungskonzeption **3** 49
Haftungssystem **3** 186 ff.
Handelsgesellschaften **3** 65
Handlungsorganisation **11** 78
 notwendige ~ **11** 78
 ~ und Prozessfähigkeit **13** 281

333

Sachverzeichnis

Fette Zahlen = §§

Handwerker 3 44
Beauftragung von ~ 3 44
Hausmeister 3 42, 44
s. a. Hausmeisterwohnung
Hausmeisterwohnung 3 72, 76 ff.
s. a. Hausmeister
Hausordnung 11 28
Beschluss zur ~ 13 221
Heizöl 3 44
Herrschendes Grundstück 3 65
Hinweispflicht 13 214
~ des Gerichts 13 214
Höchstbestellungsdauer 12 2; 18 7
~ für Erstverwalter 12 2
~ für Zweitverwalter 12 3
Höchststreitwert 13 259
Hypothek 3 57
s. a. Sicherungshypothek, Zwangssicherungshypothek

Identifizierbarkeit 2 2
Individualansprüche 13 198
Informationsinteresse 13 198
Informationspflicht d. Verwalters 11 51 ff.
Art und Weise der ~ 11 57
Kosten 11 51
~ über Rechtsstreitigkeiten 11 56
Informationspflichten 3 42
Inhaberwechsel 3 167
Inkrafttreten 18 1
Innenhaftung 3 196
Innenorganisation 3 42
Innenverhältnis 3 27
Bindung des Verwalters im ~ 3 35, 74
~ des Verbands 3 35; 11 1
Insich-Mitglied 9 7
Insolvenz 3 96; 13 169
~ des Anfechtenden 13 169
~ des Wohngeldschuldners 15 65
~ nach § 3 WEG 3 96 f.
Insolvenzfähigkeit
Kostentragungspflicht bei ~ der Gemeinschaft 3 97
Insolvenzverfahren 3 97
Instandhaltung 3 42; 5 58, 75; 11 31
Durchführung von ~ 7 8
Maßnahme zur ~ 11 83
Instandhaltungsrücklagen 3 31
Instandhaltungsrückstellung 11 46
Instandhaltunsmaßnahme 3 33
Instandsetzung 5 58; 11 31
Abgrenzung zu baulichen Veränderungen 5 75; 11 83
Durchführung von ~ 7 8
Maßnahme zur ~ 7 9, 29
Vertretung durch den Verwalter 3 42
Instandsetzungsmaßnahme 3 33
Instanhaltungsmaßnahmen 3 42; 7 8
Interessenkollision 13 97 ff.

Interessenvertreter 11 3
s. a. Verwalter

Jahresabrechnung 3 42; 13 221
Beschluss über ~ 13 221
Jahreseinzelabrechung 15 27, 48
s. a. Einzeljahresabrechnung
Janusköpfiges Gebilde 3 18

Kabelanschluss 5 4
Kardinalpflicht 13 96
Klagebegründung 13 37
Klagefrist 8 11
Klagen Dritter 13 55, 58
Kläger 13 120 ff.
Dritte 13 124
Verband Wohnungseigentümergemeinschaft 13 123
Wohnungseigentümer und Verwalter 13 120 ff.
Klageschrift 13 67 ff.
Besonderheiten der ~ 13 67 ff.
Kompetenzzuweisung 3 113
Konkurrenzschutzklausel 13 201
Kopfmehrheit 8 81
Kopfprinzip 5 73
s. a. Kopfteilsprinzip
Kopfteilsprinzip 5 70; 7 40
s. a. Kopfprinzip
Körperschaften 3 65
Kosten 3 31; 5 4
~ der Maßnahmen 8 63
~ der Verwaltung 6 37
~ eines Rechtsstreits 5 84
Verbrauchsabhängige Verteilung 5 84
Kostenentscheidung nach § 49 WEG 13 229 ff.
außergerichtliche Kosten 13 229
Billigkeitsentscheidung 13 230
Einführung 13 229 f.
Kostenerstattungsanspruch 13 235
prozessualer ~ 13 235
Kostenerstattungspflicht 13 236
Begrenzung 13 246
~ des Verwalters 13 236
~ eines Dritten 13 236
Kosten eines gemeinsam bevollmächtigten Anwalts 13 246
Materiell-rechtliche Ansprüche 13 245
Rechtliches Gehör 13 241
Voraussetzungen einer ~ des Verwalters 13 237
s. a. Kostentragungspflicht
Kostenordnung 13 254
Kostenregelung 3 132; 5 70
Aufhebung einer ~ 3 132
dauerhafte ~ 3 133
Kostenrisiko 13 246
Kostentragungspflicht 5 4; 13 236
anteilige ~ 5 79

334

magere Zahlen = Randnummern   **Sachverzeichnis**

Begrenzung **13** 246
~ des nicht zustimmenden Eigentümers **5** 79
~ des nicht zustimmenden Eigentümers bei Aufhebung der Gemeinschaft **5** 80
~ des Verwalters **13** 237
~ eines Dritten **13** 236
~ eines gemeinsam bevollmächtigten Anwalts **13** 249
Materiell-rechtliche Ansprüche **13** 245
Rechtliches Gehör **13** 241
Voraussetzungen einer ~ des Verwalters **13** 237
s. a. Kostenerstattungspflicht
Kostentragungsregelung 1 25; **7** 48
Kostenverteilung 5 59, 74
Änderung der ~ **5** 59
Befugnis zur Veränderung der ~ durch Mehrheitsbeschluss **5** 71
~ für den Einzelfall **5** 81
Kostenverteilungsbeschluss 5 19 f.
Anfechtbarkeit des ~ **5** 78
Nichtigkeit des **5** 78
s. a. Kostenverteilungsvereinbarung
Kostenverteilungsschlüssel 3 130; **5** 50, 54, 57, 59
Änderung des ~ **5** 8 f., 10
Anspruch auf Änderung ~ **5** 63
Neuer ~ **4** 1 ff.
Neuregelung des ~ **5** 63
Streitigkeiten um Bestand oder Änderung **13** 41
s. a. Verteilungsschlüssel
Kostenverteilungsvereinbarung 3 27
s. a. Kostenverteilungsbeschluss
Kostenvorschuss 3 185; **13** 178
Kredit 11 89
kurzfristige ~Aufnahme durch den Verwalter **11** 89
Kurzbezeichnung 13 71, 73
s. a. Sammelbezeichnung

Ladungsmangel 9 4
Länderöffnungsklausel 2 1 ff.
Landgericht 13 15 f.
Lasten 3 31
besondere ~ **3** 31
Lastschriftverfahren 8 58, 69
Laufende Beträge 15 42
Laufende Verfahren 18 4 ff.
~ in den jeweiligen Instanzen **18** 4
Rechtsmittel **18** 5
Lebenssachverhalt 5 53
einheitlicher ~ **5** 53, 68
Legitimation 3 113; **13** 213
~ rechtsstaatliche **13** 213
lex specialis 3 131
Liquidität 3 99
Löschung 3 58; **4** 15, 17 ff., 19
~ der Veräußerungsbeschränkung **8** 31

Löschungsbewilligung
deklaratorische Natur **3** 58
LuftVG 17 1; **18** 10
Änderungen des ~ **17** 1, 4

Mahnverfahren 13 21, 23
Anträge der Wohnungseigentümer **13** 27
Anträge des Verwalters **13** 27
Besondere Zuständigkeit **13** 26
Verbandsanträge **13** 24
Mängelbeseitigung 3 185
Mangelfreiheit 3 182
Mängelrechte 3 182
Gemeinschaftsbezogenheit der ~ **3** 185
s. a. Bauträger
Maßnahme 3 23
Maßstabskontinuität 5 68
Materiell-Rechtliche Betroffenheit 13 195
Mehrhausanlage 3 25 f., 28 ff.; **4** 11; **8** 76
Mehrheit 5 69, 78; **8** 76
doppelt qualifizierte ~ **5** 74
doppelte ~ **5** 69
einfache ~ **7** 39, 47
erforderliche ~ **5** 69, 78
fehlende ~ **8** 75
nach Köpfen **8** 76
notwendige ~ **7** 39
qualifizierte ~ **5** 73
überwiegende ~ **5** 69
Mehrheitsbeschluss 3 2, 74, 113; **7** 2; **8** 73
Mehrheitsherrschaft 3 113
Mehrheitswille 15 53
Mehrkosten 5 84; **11** 76
Minderheit 8 81
Schutz der ~ **8** 81
Minderung 3 185
Mindesteinberufungsfrist 9 1
s. a. Einberufungsfrist
Missbrauchsverbot 8 51
Mitbesitz 13 41
Miteigentum 3 22 f.
besonders ausgestaltetes ~ **3** 22
Miteigentümergemeinschaft 3 1
~ nach Bruchteilen **3** 1
Miteigentumsanteile 3 196, 200; **5** 69 ff.
s. a. Miteigentumsbruchteile
Miteigentumsbruchteile 3 31 f.
s. a. Miteigentumsanteil
Miteigentumsquote 3 27
Mitgebrauchsrecht 1 12
Entzug des **1** 12
Modernisierende Instandsetzung 7 9
Abgrenzung zur baulichen Maßnahme **7** 11
Modernisierungsmaßnahme 5 74; **7** 26, 30 ff., 42
Müllraum 3 78

Nachbarrechtliche Streitigkeiten 13 201
Nachforderungsrecht 15 53
freies ~ **15** 53

Sachverzeichnis

Fette Zahlen = §§

Nachträgliche Nutzungsbeschränkung 1 25
Natürliche Person 3 34
Nebenleistungen 15 36
Negativbeschluss 13 177
Negativsalden 15 21
Neuausrichtung 3 45
Nichtzulassungsbeschwerden 13 32 ff.
bei Binnenrechtsstreitigkeiten 13 32
Klagen Dritter 13 33
Zentrale Beschwerdemöglichkeit 13 32
Niederschrift 4 21; 5 47; 9 8
Beweiswert 4 21
einfache ~ 15 47
Kann-Inhalt 9 10
Muss-Inhalt 9 10
~ über den Aufhebungsbeschluss 8 23
Verhältnis zur Beschluss-Sammlung 9 8 ff.,
s. a. Versammlungsniederschrift
Versammlungs~ 9 8
Zusendung einer ~ 13 141
Nießbrauch 1 27
Normalstreitwert 13 259
Notmaßnahmen 3 42
Vertretung durch den Verwalter 3 42
Wirksamkeitsvoraussetzungen 3 42
Notverwalter 10 1 ff.
Antrag eines Dritten 10 9
Auswahlermessen 10 1
Benennung 10 11
Bestellung 10 7
Bestellung als Maßnahme ordnungsgemäßer Verwaltung 10 9
Bisherige Rechtslage 10 1 ff.
Dringlichkeit 10 9
erforderliche Maßnahme 10 1
kleiner ~ 13 107
Neue Rechtslage 10 6
Notwegerecht 3 180
Nummerierung 3 108
neue Nummerierung nach § 10 WEG 3 108 f.
Nutzfläche 5 20
Nutzungsregelung 13 221
Beschluss über ~ 13 221

Oberlandesgericht 13 14 f.
Objektbewirtschaftung 3 42
Vertretung durch den Verwalter 3 42
Objektverwaltung 3 42
Obligatorisches Einigungsverfahren 13 3
Öffentliche Beglaubigung 4 4, 17
Öffnungsklausel 1 24; 2 13; 3 136 ff.; 8 18
rechtsgeschäftliche ~ 3 133
Ordnungsgemäßer Zustand 7 8
Erhaltung bzw. Wiederherstellung 7 8
Ordnungsmäßige Verwaltung 3 37, 41, 183; 5 21

Abgrenzung zur baulichen Maßnahme 7 12
s. a. Verwaltung

Paradigmenwechsel 13 5
Parkflächen 13 221
Beschluss über ~ 13 221
Parteifähigkeit 13 11, 279 ff.
~ des Verbands Wohnungseigentümergemeinschaft 13 44
Parteirolle 13 189
Neuordnung der ~ 13 189
Passivprozess 13 126
Pauschalierung 5 65
Personengesellschaften 3 65, 66
Personenzahl 5 20
Pflege 3 42
Vertretung durch den Verwalter 3 42
Pflicht 3 34
Pflichtverletzung 6 2 f.
~ als Voraussetzung für eine Entziehung des Wohnungseigentums 6 1
Präklusionsvorschriften 13 65
Prärogative 13 219
Prozeßbevollmächtigter 13 103 f.
Prozessfähigkeit 13 281
~ des Verbandes 13 281
im Aktivverfahren 13 283
im Passivverfahren 13 282
Prozesskostenhilfe 13 297
Prozessökonomie 13 274
Prozessstandschafter 13 136, 228
~ gesetzlicher 13 207
Prozessverbindung 13 158, 182
Voraussetzungen 13 184
Prozessvergleich 8 29; 11 67
Doppelnatur des ~ 13 278
~ in Wohnungseigentumssachen 13 277
s. a. Vergleich
Publizität des Grundbuchs 3 139; 5 49

Quittung
in der Beschluss-Sammlung 3 58
Quorum 7 17, 41
doppeltes ~ 9 8
Nichterreichen des ~ 8 80

Rangklasse 3 57; 6 16 ff.; 15 1
Rangordnung 15 4
Rangrücktritt 3 65
Rasenmäher 3 44
Räumpflicht 3 53
Reallasten 1 7
Rechtliche Interessen 13 198
Rechtliches Gehör 13 241
Rechtsbehelfe 15 51
~ des Verbandes 15 51
Rechtserwerb 3 22
dinglicher ~ 3 22

Sachverzeichnis

magere Zahlen = Randnummern

Rechtsfähigkeit 3 1 ff.; **13** 11
Beginn der ~ **3** 91
Beschränkung der ~ **3** 34
der Untergemeinschaften **3** 26
der Wohnungseigentümergemeinschaft **3** 1 ff.
Ende der ~ **3** 99
Vorteil der ~ **3** 45
Rechtshängigkeit 13 129; **18** 1
~sperre **13** 183
Rechtshängigkeitssperre 13 183
Rechtsinhaber 3 87
Rechtskraft 8 4; **13** 244
~ einer Anfechtungsklage **13** 191
~ einer Wohnungseigentumsanlage **8** 4
~ früherer Entscheidungen **13** 292
Rechtskrafterstreckung 13 192, 195, 210 f.
Rechtskreis 3 23
Rechtsmittel 13 244
Rechtsnachfolger 7 21
Bindung an eine erteilte Zustimmung **7** 21
Rechtspersönlichkeit 3 1
der Wohnungseigentümergemeinschaft **3** 1 ff.
Rechtsqualität 3 133
Beschluss **3** 133
Rechtsschutzbedürfnis 13 171 ff.
Rechtssicherheit 13 287
Rechtsstreit 11 51
Verfahrensführung **11** 51
Vertretung durch den Verwalter **11** 67
Verwaltungsrechtsstreit **11** 66
Rechtssubjekt 3 14, 47
Rechtsverkehr 3 47; **11** 1
Reform Einleitung 3 ff.
Reformen Einleitung 3
Regelungsbestand 8 28
Regelungsinstrumente 3 110 ff.
Regelungsstreitigkeiten (49 Abs. 1 WEG) 13 232 ff.
Einführung **13** 232
Rechtsmittel **13** 234
Voraussetzungen **13** 233
Regelungsstreitigkeiten nach 21 Abs. 8 WEG 13 215 ff.
Kostenentscheidung **13** 226
notwendige Streitgenossenschaft **13** 226
Schätzgrundlage **13** 226
Voraussetzungen **13** 217
Regelungsverfügung 8 4
Regressansprüche 15 30
Reinigung 3 42, 53
Reparaturmaßnahmen 7 8; **11** 84; **13** 224
~ durch den Verwalter **7** 8
Restitutionsverfahren 13 191
Revision 13 19
Rubrum 13 290
Berichtigung des ~ **13** 290 f.
Rückgriffansprüche 15 30
Rücklagen 3 42
Vertretung durch den Verwalter **3** 42

Rückständige Ansprüche 15 32
~ im Rahmen der Zwangsversteigerung **15** 32
Rückstellungen 15 28 f.
RVG 16 1
~ Änderungen des RVG **16** 1 ff.
Redaktionelle Änderungen **16** 4
Vergütungsvereinbarung **16** 1

Sachaufklärung 13 192
Sachenrechtliche Grundlagen
~ der Gemeinschaft **3** 40, 128
Sachliche Zuständigkeit 13 12 f.
Besondere Zuständigkeit im Mahnverfahren **13** 26
Binnenrechtsstreitigkeiten **13** 12
~ des Wohnungseigentumsgerichts **13** 31
~ des Zivilgerichts **13** 31
Internationale ~ **15** 45, 63
Klagen Dritter **13** 12
s. a. Zuständigkeit
Sachlicher Grund 5 22, 39 f.
Sachurteilsvoraussetzung 13 154
Sachverständiger 2 13, 16
Länderöffnungsklausel **2** 13
Möglicher ~ **2** 14
öffentlich bestellter und staatlich anerkannter ~ **2** 13, 16
Sammelbezeichnung 13 71
s. a. Kurzbezeichnung
Sammelüberweisung 8 69
Satzung 3 2
Schadenersatzansprüche 3 53, 185
kleine ~ **3** 185
~ statt der Leistung **3** 185
Schadensersatzansprüche 3 170, 229
~ der Wohnungseigentümergemeinschaft **3** 170
Klage auf ~ **15** 41
Schadensfeststellung 3 42
Vertretung durch den Verwalter **3** 42
Scheckfähigkeit 3 86
Schiedsbarkeit 13 179
Schiedsvertrag 13 285 f.
Schikaneverbot 8 51
Schlechterstellung 15 42
~ der Wohnungseigentümer **15** 42
Schlechtleistung 3 53
Schuldverhältnisse 3 35
gesetzliche ~ **3** 35
Schutzwürdige Belange 5 35 f.
Schwebende Unwirksamkeit 4 1
Schwerwiegende Gründe 3 125
Selbstorganisationsrecht 13 219
Selbstvornahme 3 185
Separierung 3 12
~ des Verbandsvermögens **3** 12
Sicherungshypothek 3 57, 222, 224
s. a. Zwangssicherungshypothek
Siegel 2 16
grundbuchrelevantes ~ **2** 16

337

Sachverzeichnis

Fette Zahlen = §§

Sollvorschrift 2 11
Sondereigentum 1 2 ff., 25; **3** 1, 22, 38, 72, 185; **4** 15; **5** 7, 11; **7** 7; **8** 1; **17** 2
Inhaltsänderung **3** 139
Klage auf Herausgabe von ~ **13** 43
Klage in Zusammenhang mit ~ **13** 43, 62
Veräußerung von ~ **13** 206 f.
Sondereigentümer 3 38
Sondernachfolger 3 134
Sondernutzungsrecht 1 8, 12, 25
Begriff **1** 12
eintragungsfähiges **3** 139
eintragungspflichtiges **3** 139
Formulierungsvorschlag **3** 30
gutgläubiger Erwerb **3** 139
Klagen in Zusammenhang mit ~ **13** 43
nichteintragungsfähiges **3** 139
Überblick **1** 8
Übertragung **3** 139
vereinbartes und beschlossenes ~ **3** 139 ff.
Wesen **1** 12
Sonderrechtsnachfolge 3 48
Sonderumlage 3 27, 42; **15** 21
~beschluss **15** 48
Saldo aus einer ~ **15** 27
Sondervergütung 8 69
Sorgfaltsmaßstab 5 29
Sozialansprüche 3 46
Sparsamkeit 5 28
Sperre nach § 21 Abs. 8 WEG 13 222
nicht ordnungsgemäße Regelung der Wohnungseigentümergemeinschaft als ~ **13** 222
Stand der Technik 7 27 ff.
Begriff **7** 32
Stellplätze
Umgestaltung der ~ **3** 62
Stellplatzrechte 15 54
Stimmberechtigung 5 69 f.; **6** 8
Stimmenmehrheit 4 12; **5** 69, 75 f.
einfache ~ **5** 78
fehlende ~ **5** 76
~ für die Kostenverteilung **4** 12
Stimmenzahl 7 17
benötigte ~ **7** 17
Stimmrecht 3 27, 32; **8** 76
Ausschluss vom ~ **9** 7
Stimmrechtsprinzip 5 70
Stimmrechtsregelungen 4 12
~ des Verbands als Wohnungseigentümer **3** 27
Streitgenossenschaft 13 187, 226, 294
Streupflicht 3 53
Stromkosten 5 11
Stufenverhältnis 7 46
~ der baulichen Maßnahmen **7** 46
Stundung 8 59
Subsidiarität 13 223
~ des gerichtlichen Ermessens **13** 223
Suspensiveffekt 13 167

Technische Verwaltung 3 42
Vertretung durch den Verwalter **3** 42
Teileigentum 3 1, 22
Teilerbbaurecht 15 1
Teilhabe 3 22
Teilnahmerecht 9 7
~ des Verbands als Wohnungseigentümer **9** 7
Teilrechtsfähigkeit Einleitung 5; **18** 9
Teilrechtsfähigkeit der Eigentümergemeinschaft 3
Begriff **3** 34 ff.
~ der werdenden Eigentümergemeinschaft **3** 93
Rechtliche Einordnung **3** 1 bis 33
Teilung 3 94
vertragliche ~ Begründung von Wohnungseigentum **3** 94
Teilungserklärung 3 3
Teilungsplan 2 1 ff.; **3** 29; **15** 51 f.
s. a. Aufteilungsplan
Teilungsvertrag 12 4 ff.
Teleologische Reduktion 15 63
Tilgung 15 15
teilweise ~ **15** 15
vollständige ~ **15** 15
Titel 3 188; **15** 47
~ der Wohnungseigentümergemeinschaft **6** 16
Zahlungstitel **15** 4, 66
s. a. Wohnungseigentümergemeinschaft
Trennungstheorie 3 11, 21, 23
Treu und Glaube 3 122
Verstoß gegen ~ **3** 125

Übergang 3 100
~ des Verbandsvermögens **3** 100
Übergangsvorschriften 18 1
Übertragungskompetenz 2 15
Übertragungsvorschrift 2 13
Übertragunskompetenz 2 14
Umgehung 1 18
~sstrategien **1** 18
Umzugskostenpauschale 8 64
Unabdingbarkeit 6 12
Unbestimmter Antrag 13 225
Unbestimmter Rechtsbegriff 3 126
Unbilligkeit 5 84
Unbillige Beeinträchtigung **7** 36 f.
Ungültigerklärung 8 7; **9** 4
Universalversammlung 13 277
Unrichtigkeit 4 20; **5** 45 ff.
~ des Grundbuchs **4** 20
Nachweis der ~ **5** 47
Unsachgemäße Ergebnisse 5 85
Unschädlichkeitsgesetz 1 30
Unschädlichkeitszeugnis 1 29
Untereigentümergemeinschaft 3 24, 32
Zuordnung einer ~ **3** 25 ff.
Untergemeinschaft
Rechtsfähigkeit der ~ **3** 25 ff.
Unterlassungsanspruch 3 170

magere Zahlen = Randnummern

Sachverzeichnis

Unterrichtungspflicht 11 51
Urkunden 2 16
  öffentliche ~ 2 16
Urkundsverfahren 13 65

Veräußerung 4 3
  Klagen i. Zshg. mit der ~ von Wohneigentum 15 43
Veräußerungsbeschränkung 3 132; 4 1 ff.
Veräußerungsverbot 6 20
Verband 3 10, 15, 23; 9 7
  ~ als Wohnungseigentümer 3 72
  Bezeichnung des ~ im Prozess 13 287
  Ende des rechtsfähigen ~ 3 104
  rechtsfähiger ~ 3 22
  teilrechtsfähiger ~ 3 51
  Verteilung der Aufgaben im Innenverhältnis 11 1
  Wohnungseigentümergemeinschaft 13 123
  Zweck des ~ 11 1
Verbandsvermögen
  Haftung mit dem ~ 3 185
  Übergang des ~ 3 100
Verbindlichkeit 3 34, 152 f.
  ~ der Wohnungseigentümergemeinschaft 3 203
  ~ des Verbands 3 203
  Entstehungszeitpunkt 3 34
Verbrauch 5 20
Vereinbarungen 1 1; 3 113 f.; 8 1 ff.
  abändernde ~ 3 122
  Abgrenzung zum Beschluss 3 133 ff.
  dingliche ~ 3 120
  schuldrechtliche ~ 3 120
  zustimmende ~ 7 22
Vereine 3 65
  rechtsfähige ~ 3 65
Vereinssatzung 3 3
Verfahrensrecht 13 1 ff.
  Besonderheiten des neuen ~ 13 7 f.
  ~ des Verbandes 13 8, 279 ff.
  Einführung 13 1 ff.
  Gebühren 13 8
  Instanzen 13 8
  Klagen 13 8
  Kosten 13 8
  Parteienvielzahl 13 8
  Rechtskraft 13 8
  Rechtskrafterweiterung 13 8
  Rechtsmittel 13 14 ff.
  Überblick zum neuen Recht 13 6 ff.
  Zuständigkeit 13 8, 9 ff.
Verfahrensverbindung 13 184
Verfahrensvorschriften 8 11
Verfallklausel 8 59
Verfassungsverstoß 13 252
Verfügungen 3 20, 41
Vergleich 8 29; 11 67; 13 277 ff.
  Doppelnatur des ~ 13 278
  s. a. Prozessvergleich

Vergütungsvereinbarung 5 84
Verhältnismäßigkeit 5 29
Verkehrssicherungspflichten 3 50, 53, 180
  gemeinschaftliche ~ 3 51
  Wahrung der ~ 3 51
Verkehrswert 13 260
Verkündung 8 80
  ~ beschluss 8 80
  unrichtige ~ 8 80
Vermietung 3 180
  ~ von Gemeinschaftseigentum 3 180
Vermögen 11 49
  ~ der Wohnungseigentümer 11 49
Vermögensmasse 3 13
Vermögensverwaltung 3 42
  ~ der Gemeinschaft 3 42
  Vertretung durch den Verwalter 3 42
Versammlungsbeschluss 8 26
Versammlungsleiter 7 40
Versammlungsniederschrift 9 8 ff.
Versäumnisurteil 13 65
Verschulden 13 139
  ~ in Zusammenhang mit Wiedereinsetzung in den vorigen Stand 13 139 ff.
Versicherungsvertrag 3 54
Versorgung
  ~ der Anlagen 3 42
  ~ der Einrichtungen 3 42
Versorgungsrechte 15 54
Versteigerung 6 9
  ~ Abwendung durch Zahlung 6 9
  ~ des Eigentums 6 15, 19
  ~ nach dem Zwangsversteigerungsgesetz 6 9
Versteigerungsbedingungen 15 54
  ~ abweichende 15 54
Versteigerungsobjekt 15 41
  Erhaltung des ~ 15 41
  Verbesserung des ~ 15 41
  Werterhöhung 15 41
Verteilungsgerechtigkeit 5 28, 64
Verteilungsmaßstab 5 18
  Kosten- 5 18
Verteilungsschlüssel 3 130; 5 50, 54, 57, 59
  Änderung des ~ 3 130, 196
  Anspruch auf Änderung des ~ 5 63
  Kosten- 8 25
  neuer ~ 4 1 ff.
  Neuregelung des ~ 5 63
  Streitigkeiten um Bestand oder Änderung 13 41
  s. a. Kostenverteilungsschlüssel
Vertrag 3 48, 53; 8 43
  dreiseitiger ~ 8 43
  ~ mit Schutzwirkung zugunsten Dritter 3 49, 53
  ~ zu Gunsten Dritter 3 48
  s. a. Dreiseitiger Vertrag
Verträge 3 43
  ~ mit Dritten 3 155
  Nicht-~ 3 43

339

Sachverzeichnis

Fette Zahlen = §§

Vertrauensverhältnis 6 2
Störung des ~ **6** 2
Vertretung
~ durch den Verwalter **11** 60 ff.
~ durch die Wohnungseigentümer **11** 96
Gesamtvertretung **11** 98
Vertretung durch den Verwalter 11 60 ff.
~ bei Aktivprozessen **11** 69
~ bei Darlehen **11** 89
~ bei Eilmaßnahmen **11** 65, 81
~ bei Instandhaltung und Instandsetzung **11** 83
~ bei Passivprozessen **11** 66
~ bei Willenserklärungen **11** 63, 81
~ bei Zustellungen **11** 65
~ der Wohnungseigentümer **11** 63, 81
~ des Verbandes Wohnungseigentümergemeinschaft **11** 78
Führen eines Rechtsstreits **11** 69
Gebührenvereinbarungen **11** 90
Grenzen der Verwalterrechte **11** 95
~ in Rechtssachen **11** 71
Vereinbarungen mit Rechtsanwälten **11** 71
**Vertretung durch die Wohnungseigentümer
11** 96
Vertretungsmacht 3 15
~ des Verwalters **11** 15 f.
Verursachung 5 20
~ schlüssel **5** 26
Verwalter 3 15; **8** 70; **11** 1 ff., 15 f., 21 f., 33,
60; **12** 1 ff.; **13** 283; **16** 1
Abberufung des ~ **8** 41
Abgabe von Erklärungen **11** 58
Aufgaben für den Verband **11** 8
Aufgaben für die Wohnungseigentümer **11** 9
Aufgabenkreis des ~ **8** 39
Aufteilung der Aufgaben im Innenbereich **11** 1
Beauftragung eines Rechtsanwalts **11** 77
Befugnisse des ~ **11** 1 ff.
Beschlüsse **11** 28
Bestellung **12** 1 ff.
Beziehungen im Innenverhältnis **11** 20 f.
Darlehen **11** 89
Eilmaßnahmen **11** 36
Einflussnahme (v. a. bei Prozessen) **11** 82
Ergänzung der Verwalterrechte durch Beschluss
11 93
Ergänzung der Verwalterrechte durch
Vereinbarung **11** 92
Ermächtigungsurkunde **11** 115
Erweiterung der Verwalterrechte **11** 91
Erzwingung eines ~ **13** 221
faktischer ~ **13** 47
Fehlen eines ~ **11** 59, 100
Fehlende Berechtigung des ~ **11** 104
Funktionsgehilfe **11** 2
Gebührenvereinbarungen **11** 90
Geschäftsführung **11** 15, 18 ff.
gesetzliche Vertretungsmacht **11** 28, 38, 50
Gestaltungsrechte **11** 67

Grenzen der Verwalterrechte **11** 95
Haftung des ~ **8** 42
Haftung ggü. d. Wohnungseigentümern **8** 42
Haftung ggü. Dritten **8** 46
Haftung ggü. d.Verband **8** 42
Hausordnung **11** 28
Instandhaltung und Instandsetzung **11** 83
Interessenvertreter **11** 3
Kontoeröffnung **11** 88
Kostentragungspflicht (§ 49 Abs. 2 WEG)
13 235
Maßnahmen gem. § 27 Abs. 1 Nr. 3, 5, 8 **11** 85
Not~ **10** 1 ff.
Originäre Verwalteraufgaben **11** 11
Pflichtwidrigkeiten d. Verwalters **8** 43
Rechtsnatur des ~ **11** 3
Schadensersatzpflicht **8** 42
Streitigkeiten über Rechte und Pflichten **13** 46 f.
Unentziehbare Rechte **11** 112
Unterrichtungspflicht **11** 51
Vereinbarungen mit Rechtsanwälten **11** 71
vertraglicher Schadensersatzanspruch **8** 42
Vertretung des Verbandes Wohnungseigentümergemeinschaft **11** 78
Vertretungsmacht **3** 15
Verwalterwechsel **11** 68
Verwaltung eingenommener Gelder **11** 45
Vollmachtsurkunde **11** 115
Zahlungen **11** 43
Zwitterstellung des ~ **11** 78
Verwalterbestellung 12 1 ff.
Altbestellungen **12** 10
Fristberechnung **12** 7
~ Höchstbestellungsdauer **12** 2 f.
~ im Teilungsvertrag **12** 4 f.
Klagen auf ~ **15** 41
~ Kurzfristige Neubestellung **12** 6
Verstöße **12** 9
Verwaltervertrag 3 47
Abschluss des ~ **3** 47
Verwalterwechsel 13 101
Wirksamkeit des ~ **13** 101, 203
Verwaltung 3 35, 41
Abgrenzung **3** 42
Auslegung des Begriffs ~ **3** 41
~ des gemeinschaftlichen Eigentums **3** 37, 41,
183
gesamte ~ **3** 41
ordnungsmäßige ~ **5** 68
organisatorische ~ **3** 42
technische **8** 57
Verwaltungsangelegenheit 3 37, 47
Verwaltungsaufgaben 3 41, 51
orginäre ~ **3** 51
Verwaltungsaufwand 8 66 f.
Verwaltungsautonomie 13 224
Verwaltungsbeirat 3 42
Klagen über Rechte und Pflichten des ~
13 41

340

magere Zahlen = Randnummern

Sachverzeichnis

Verwaltungskosten 5 14
Begriff **5** 14
Verwaltungsmaßnahme 3 35
~ des Verwalters **3** 35, 41
unstreitige ~ **3** 41
Verwaltungsvermögen 3 12f., 15, 23, 57, 149, 151ff.; **11** 45
Übertragung eines Anteils am ~ **3** 156
Verweisungsvorschriften 17 3
Verwertungsbefugnis 3 169
Verwirkung 6 7
~ der Entziehungsmöglichkeiten **6** 7
Verzug 8 61ff.
Beginn **8** 62
Folgen des Verzug **8** 61
Verzugsbetrag 15 13
Vollrechtsübertragung 3 166
Regelung zur ~ **3** 167
Vollstreckung 3 216
Vollstreckungsbescheid 8 28; **15** 4
Vorfälligkeitsregelung 8 60
s. a. Fälligkeit
Vorlaufzeit 18 3
Vormerkung 1 28
Vorrecht 13 219
Vorschaltverfahren 13 224
Entbehrlichkeit eines ~ **13** 224
Vorschüsse 15 28
Vorverahren 13 197
schriftliches ~ **13** 197
Vorwegzahlung 15 42

Wahlfreiheit 5 63
fehlende ~ **5** 63
Wahlrecht 3 185
Wartung 3 42
Vertretung durch den Verwalter **3** 42
Wäschespinne 3 44
Wasserkosten 5 4, 11, 37
Wechselfähigkeit 3 86
Wegerechte 15 54
Wertprinzip 5 71; **7** 40
Widerklage 13 189
Widerspruch 5 34; **15** 63
Wiedereinsetzung in den vorigen Stand 13 137ff.
Antrag auf ~ **13** 142
Verschulden **13** 139
Wirtschaftlichkeit 5 29
Wirtschaftsplan 3 42; **13** 221, 224
Beschluss über ~ **13** 221
Wirtschaftsverwaltung 3 42
Vertretung durch den Verwalter **3** 42
Wohneigentumsanlage 3 61; **5** 72, 77; **7** 34
Umgestaltung der ~ **7** 34
s. a. Eigentumswohnanlage
Wohnfläche 5 20
Wohngeld 3 46; **13** 291

Wohngeldansprüche 3 57
rückständige ~ **15** 1
säumige ~ **15** 38
Wohngeldverfahren 13 229
Wohnungsbaurecht 14 1
Wohnungseigentum Einleitung 1; **3** 1, 22; **6** 1ff.
Entzug des ~ **3** 36
Veräußerung des ~ **7** 38
Vertragliche Aufhebung **3** 164
Wohnungseigentümer 3 8, 23; **7** 39; **8** 76
Ansprüche des ~ gegen den Verband **13** 45
ausgeschiedener ~ **11** 54
Begriff **11** 54
Bindung der ~ **8** 20
Gesamtheit der ~ **3** 8
stimmberechtigte **5** 69f.
~ und Verwalter **13** 120
werdende ~ **13** 75
Wohnungseigentümergemeinschaft 3 1ff.; **8** 69
gemeinschaftsbezogene Rechte und Pflichten **3** 165, *s. a. Gemeinschaftsbezogene Rechte und Pflichten*
Grundbuchfähigkeit der ~ **3** 55
Haftungssystem der ~ **3** 186ff., *s. a. Haftungssystem*
individuelle Rechte und Pflichten **3** 170
Pflichten der ~ **3** 107
Rechte der ~ **3** 107
Rechtliche Bewertung **3** 6
Schadensersatzansprüche gg. einen Wohnungseigentümer **13** 45
sonstige Rechte und Pflichten **3** 175
Streitigkeiten über Rechte und Pflichten **13** 45
teilrechtsfähige ~ **3** 2
teilrechtsfähige ~ nach dem Verständnis des BGH **3** 2, 4ff.
Unauflöslichkeit der ~ **6** 1
werdende ~ **3** 93
s. a. Gemeinschaft der Wohnungseigentümer
Wohnungseigentümerversammlung 9 1
s. a. Eigentümerversammlung
Wohnungseigentumsgericht 10 3
Wohnungseigentumsgesetz Einleitung 1
s. a. Gesetz über das Wohnungseigenum und das Dauerwohnrecht
Wohnungseigentumsrechte 3 69, 100
Vereinigung in einer Person **3** 74
Wohnungseigentumsrechtliche Streitigkeiten 13 48
Wohnungseigentumssachen 13 34ff., 274
Abgrenzung zur freiwilligen Gerichtsbarkeit **13** 36
Begriff der ~ **13** 34ff.
Eilverfahren in ~ **13**
Gemeinschaftsbezogene Verfahrensgegenstände **13** 35

341

Sachverzeichnis

Fette Zahlen = §§

Geschäftsverteilung zwischen Zivil- und Wohnungseigentumsgericht **13** 34
Verfahrensrechtliche Besonderheiten **13** 65
Zuständigkeit **13** 34
Wohnungsgrundbücher 3 57
Wohnungsrechte 1 27

Zahlungen 6 19; **8** 58
Entziehungsanspruch aufgrund rückständiger ~ **6** 19
rückständige Wohngeld~ **11** 43
Zahlungstitel 15 4
s. a. Titel
Zentralblatt 8 18
Zentralgrundbuch 8 18
Verhinderung des ~ **8** 18
Zitterbeschluss Einleitung 3; **3** 135; **7** 17
Zugang 7
barrierefreier ~ **7** 25
Zuschlagbeschluss 15 51
Zuständigkeit 13 9 ff.
ausschließlich örtliche ~ **13** 54
~ des Amtsgerichts **13** 41
örtliche ~ **13** 10 f.
sachliche ~ **13** 12 ff., s. a. Sachliche Zuständigkeit
~ Streitigkeiten **13** 29
Zuständigkeitsstreitigkeit 13 29
Zustellungen 11 108, 111
~ an den Verband **15** 106
Zustellungsadressat 13 86
Zustellungsvertreter 13 81
echter ~ **13** 110
Verwalter als ~ **13** 90
Zustimmung 1 2 ff.; **7** 19
~ der beeinträchtigten Wohnungseigentümer **7** 16 ff.
dinglich Berechtigter **1** 2 ff.

Entbehrlichkeit der ~ **1** 8 f.
Erklärung der ~ **7** 13, s. a. Zustimmungserklärung
Zustimmungserklärung 7; **7** 13
Rechtsnatur **7** 13 ff.
s. a. Zustimmung
ZVG 14 1 ff.
Änderungen des ~ **14** 1 ff.
Zwangssicherungshypothek 3 55, 57
s. a. Sicherungshypothek
Zwangsversteigerung 6 15 ff.
Ausübung des Rechts zur ~ **6** 25
Recht zur ~ **6** 24
Zwangsversteigerungsantrag 15 7 ff.
~ durch den Verband **15** 7
~ durch einen Wohnungseigentümer **15** 7
Zwangsversteigerungsverfahren 3 57; **15** 3 ff.
Anmeldung zum ~ **15** 46
begünstigte Anmeldung zum ~ **15** 45
~ durch einen Dritten **15** 45
Glaubhaftmachung im ~ **15** 47
Zwangsverwaltung 15 60 ff.
Allgemeines **15** 60
Ausgaben der Verwaltung **15** 62
Verfahrensfragen **15** 63
Zwangsvollstreckung 15 8
Zweiergemeinschaften 15 30
Zweitbeschluss 5 33 f., 39
abändernder ~ **5** 34
Zweitverwalter 12 3
Zweiversammlung 8 75
Zwitterstellung 3 139; **11** 78
~ am Gemeinschaftsverhältnis **3** 23
Definition des ~ **2** 9
~ des Verwalters **11** 78
Streitigkeiten um ~ **13** 41